AF747587

CONSTITUTIONS ET DOCUMENTS FINANCIERS

ESPACE UMOA/UEMOA

Centre d'Études et de Recherches en Administration et Finances (CERAF)

Créé par Arrêté rectoral n° 074-10/UAC/SG/VR-AAIP/SA du 23 décembre 2010 le Centre d'Études et de Recherches en Administration et Finances (CERAF) de l'Université d'Abomey Calavi au Bénin est un *think tank* régional dédié à la gouvernance financière performante. Notre vision est celle d'une Afrique rayonnante, émergente, débarrassée de la pauvreté envahissante parce qu'elle aura pris le chemin d'une autre forme de gouvernante publique et financière, plus moderne et plus performante. Notre mission est (i) d'animer, de susciter et de conduire la recherche fondamentale et la recherche-action dans les domaines de l'administration publique et des finances, et d'une manière générale sur les questions de gouvernance publique ; (ii) d'être un laboratoire d'accueil pour les chercheurs et les doctorants des universités nationales du Bénin et d'ailleurs ; (iii) de rechercher et de piloter les partenariats scientifiques, techniques et financiers ; (iv) d'initier et de conduire toutes activités académiques (colloque, séminaire, table ronde, voyages d'études, conférences…).

Le CERAF est situé dans l'enceinte de l'Université d'Abomey-Calavi en République du Bénin. BP 990, Cotonou.

(ceraf.uac@gmail.com)

Sous la direction de
Nicaise MEDE

CONSTITUTIONS ET DOCUMENTS FINANCIERS

ESPACE UMOA/UEMOA

Vol. 1

Préface de
Abdallah BOUREIMA
Président de la Commission de l'UEMOA

L'Harmattan Sénégal

© L'Harmattan-Sénégal, 2018
10 VDN, Sicap Amitié 3, Lotissement Cité Police, DAKAR

http://www.harmattansenegal.com
senharmattan@gmail.com
senlibrairie@gmail.com

ISBN : 978-2-343-14861-8
EAN : 9782343148618

SOMMAIRE

AVERTISSEMENT

Ce manuel est, en tout point, une œuvre collective et engage tous les contributeurs dans sa globalité. Cependant, les auteurs tiennent à assumer la responsabilité de leurs textes particuliers et des opinions émises. Sous ces réserves, le tableau ci-après décrit la part du travail accompli par chacun de façon spécifique.

Le prologue et le chapitre sur les constitutions	MEDE Nicaise
Le chapitre relatif aux codes de transparence	Pélagie THEOUA et SASSO Pagnou
Le chapitre relatif aux lois relatives aux lois de finances	Djibril OUEDRAOGO et TONI Errol
Le chapitre relatif aux nomenclatures budgétaires de l'Etat	Djibril OUEDRAOGO, TONI Errol et Fiacre AVAHOUNDJE
Le chapitre relatif aux règlements généraux sur la comptabilité publique	KEBE Dabakh et AFFOUKOU Hervé
Le chapitre relatif aux plans comptables de l'Etat	BATONON Serge et Issifou ADAMOU
Le chapitre relatif aux tableaux des opérations financières de l'Etat	AFFOUKOU Hervé

Les Docteurs KOMBIENI Hervé et HINNOU Patrick ont assuré le travail de relecture et de correction. Messieurs Calice SOSSOU, Richard DJOWAMON et Pierrot SEGO ont fait le secrétariat.

Le travail en lui-même comporte sept grandes parties à savoir : les constitutions, les codes de transparence, les lois relatives aux lois de finances, les nomenclatures budgétaires de l'Etat, les règlements généraux sur la comptabilité publique, les plans comptables de l'Etat, les tableaux des opérations financières de l'Etat. La première partie fait une appréciation de conformité entre les textes constitutionnels et les directives communautaires. Les autres parties sont centrées sur les textes nationaux de transposition. Chaque partie est précédée d'un commentaire critique des auteurs. Ces commentaires :

- font une revue de conformité des textes nationaux de transposition avec les directives communautaires : conformité globale, écarts négligeables, écarts rédhibitoires ;
- distinguent les dispositions dites *praeter legem* (ne sont pas prévues par les directives mais ne sont pas contraires aux contenux desdites directives communautaires), *contra legem* (sont contraires aux dispositions contenues dans les directives communautaires) et les dispositions dites novatrices qui sont des créations originales qui enrichissent le droit communautaire et les droits des Etats.

SIGLES
ET ABREVIATIONS

A.C.D.I.	Agence canadienne de Développement international
A.C.P	Afrique, Caraïbes, Pacifique
A.F.D.	Agence Française de Développement
A.J.D.A	Actualité Juridique Droit Administratif
A.O.F	Afrique Occidentale Française
A.P.E	Accord de Partenariat Economique
Article	Article
A.T.A.F.	African Tax Administration Forum
A.T.R.N.	African Tax Research Network
A.U.T.	Agence UMOA-Titres
AFCO	Afrique contemporaine
AFRISTAT	Observatoire économique et statistique d'Afrique subsaharienne
AFROSAI	Organisation africaine des institutions supérieures de contrôle des finances publiques
B.A.D	Banque Africaine de Développement
B.A.G.	Bureau de l'Auditeur Général
B.C.E.A.O	Banque Centrale des Etat de l'Afrique de l'Ouest
B.E.A.C.	Banque des Etats de l'Afrique Centrale
B.I.D.C.	Banque d'Investissement et de Développement de la Cedeao
B.O.A.D	Banque Ouest Africaine de Développement
B.R.I.C.S.	Brésil, Russie, Inde, Chine, Afrique du Sud
B.R.V.M	Banque Régionale des Valeurs Mobilières
B.V.G.	Bureau du Vérificateur Général
C.A.B.R.I.	Collaborative Africa Budget Reform Initiative (Initiative africaine concertée sur la réforme budgétaire)
C.B.M.T.	Cadre budgétaire à moyen terme
C.C.J.A.	Cour Commune de Justice et d'Arbitrage
C.C.N.U.C.C.	Convention-cadre des Nations-Unies sur les Changements Climatiques
C.D.B.F.	Cour de discipline budgétaire et financière
C.E.A.	Commission Economique des Nations Unies pour l'Afrique
C.E.A.O	Communauté Economique de l'Afrique Ouest
C.E.D.A.	Centre d'Edition et de Diffusion Africaines
C.E.D.E.A.O	Communauté Economique des Etats de l'Afrique de l'Ouest
C.E.E.I.	Centre d'étude de l'écriture et de l'image
C.E.M.A.C	Communauté Economique et Monétaire de l'Afrique Centrale
C.E.R.D.I.	*Centre d'Etudes et de Recherches sur le Développement*

	International
C.H.F.P.	Cadre harmonisé des finances publiques
C.N.D.J.	Centre National De Documentation Juridique
C.N.P.E.	Comité National de Politique Economique
C.N.S.S.	Caisse nationale de sécurité sociale
C.P.U.	Centre de Production Universitaire de l'Université d'Abomey-Calavi
C.R.E.D.I.L.A.	Centre de Recherche, d'Etude et de Documentation sur les Institutions et les Législations Africaines
C.S.T.	Comptes spéciaux du Trésor
CDMT	Cadre de dépense à moyen terme
D.A.B.	Distributeurs Automatiques de Billets
D.G.T.C.P.	Direction générale du Trésor et de la Comptabilité publique
D.L.F.	Directive relative aux Lois de Finances
D.O.B.	Débat d'orientation budgétaire
D.P.B.E.P.	Document de programmation budgétaire et économique pluriannuelle
D.P.P.D.	Document de programmation pluriannuelle des dépenses
D.R.F.C.T.	Directive portant Règlement Financier des Collectivités Territoriales
D.R.G.C.P.	Directive portant Règlement Général sur la Comptabilité Publique
D.S.R.P.	Document de Stratégie de Réduction de la Pauvreté
dir.	Sous la direction de
E.D.J.A.	Edition juridique africaine
E.I.T.I.	Extractive Industries Transparency Initiative (Initiative pour la Transparence des Industries Extractives)
F.C.F.A.	Franc de la Communauté financière africaine
F.M.I	Fonds Monétaire International
F.O.S.I.D.E.C	Fonds de Solidarité et d'Intervention pour le développement de la Communauté
G.A.B.	Guichets Automatiques de Banque
G.A.O.	Government Accountability office (Etats-Unis)
G.A.T.T.	Accord général sur les tarifs et le Commerce
I.A.D.M.	Initiative d'Allègement de la Dette Multilatérale
I.B.P.	Partenariat budgétaire international
I.G.E.	Inspection générale d'Etat
I.G.F.	Inspection générale des Financière
I.G.M.	Inspection générale des ministères
I.I.A.P.	Institut international d'administration publique
I.P.P.T.E.	Initiative en faveur des pays pauvres très endettés
INTOSAI	International Organisation of Supreme Audit Institutions (Organisation Internationale des Institutions Supérieures de Contrôle des Finances publiques)
L.G.D.J	Librairie Générale de Droit et de jurisprudence
L.O.L.F.	Loi organique relative aux lois de finances

L.O.L.F.S.S.	Loi organique relative aux lois de financement de la Sécurité sociale
M.A.E.P.	Mécanisme africain d'évaluation par les pairs
N.B.E.	Nomenclature Budgétaire de l'Etat
N.E.A	Nouvelles Editions Africaines
N.E.P.A.D.	New Partnership for Africa's Development (Le Nouveau Partenariat pour le Développement de l'Afrique)
NAO	National audit office (Grande-Bretagne)
NCCC	Nouveaux cahiers du Conseil constitutionnel
O.B.I.	Open Budget Initiative
O.C.D.E	Organisation de Coopération et de développement Economiques
O.D.D.	Objectifs de Développement Durable
O.H.A.D.A.	Organisation pour l'Harmonisation en Afrique du Droit des Affaires
O.M.C.	Organisation mondiale du Commerce
O.M.D.	Objectif du millénaire pour le développement
O.N.U	Organisation des Nations unies
O.U.A	Organisation de l'Unité africaine
P.A.D.E.G.	Projet d'Appui à la Consolidation du Processus Démocratique
P.A.S.	Programme/Politiques d'ajustement Structurel
P.C.S.	Prélèvement Communautaire de Solidarité
P.E.F.A.	Public Expenditure and Financial Accountability (Dépenses publiques et responsabilité financière)
P.E.R.	Programme Economique Régional
P.I.B.	Produit Intérieur Brut
P.N.U.D.	Programme des Nations Unies pour le Développement
P.P.B.S.	Planning programming budgeting system
P.P.T.E.	Pays pauvres très endettés
P.U.A.M.	Presses Universitaires d'Aix-Marseille
P.U.F.	Presses universitaires de France
R.A.	Revue Administrative
R.A.F.I.P.	Revue africaine de finances publiques
R.B.S.J.A.	Revue béninoise des sciences juridiques et administratives
R.C.B.	Rationalisation des choix budgétaires
R.D.P	Revue de Droit Public et de la science politique en France et à l'étranger
R.E.L.F.	Rapport sur l'Exécution des Lois de Finances
R.F.A.P.	Revue Française d'Administration Publiques
R.F.D.A.	Revue française de droit administratif
R.F.D.C.	Revue française de droit constitutionnel
R.F.F.P	Revue française de Finances Publiques
R.F.O.-U.E.M.O.A.	Règlement Financier des Organes de l'Union Economique et Monétaire Ouest-Africaine
R.G.C.P.	Règlement général sur la comptabilité publique
R.G.F.I.P.	Revue Gestion et finances publiques

R.I.D.C.	Revue internationale de droit comparé
R.I.P.A.S.	Revue des Institutions Politiques et Administratives du Sénégal
R.I.S.A.	Revue internationale de science administrative
R.J.P.F.	Revue juridique et politique des Etats Francophones
R.J.P.I.C.	Revue Juridique et Politique Indépendance et Coopération
R.S.D.	Revue Sénégalaise de Droit
R.S.F.	Revue de Science financière
R.S.L.F.	Revue de Science et de Législation Financières
R.T.D. eur.	Revue trimestrielle de droit européen
S.G.I.	Société de gestion et d'intermédiation
S.R.P.	Stratégie de Réduction de la Pauvreté
SYSCOA	Système Comptable Ouest Africain
SYSCOHADA	Système Comptable de l'Organisation pour l'Harmonisation du Droit des Affaires en Afrique
T.E.C	Tarif extérieur Commun
T.O.F.E.	Tableau des opérations financière de l'Etat
T.V.A	Taxe sur la Valeur Ajoutée
U.E	Union Européenne
U.E.M.O.A	Union Economique et monétaire Ouest Africaine
U.M.O.A	Union Monétaire Ouest-Africaine
U.S. dollar	Dollar américain

PRÉFACE

Après la parution en 2017 de l'excellent ouvrage du Pr Nicaise MEDE intitulé « Finances Publiques -Espace UEMOAIUMOA » qui présentait déjà avec clarté et pédagogie, la réforme des finances publiques réalisée en 2009 par l'UEMOA, une équipe de chercheurs ouest-africains met cette fois à la disposition des acteurs financiers, un travail qui analyse les liens entre les constitutions et les textes financiers des États de l'Union.

Dans cet ouvrage, les auteurs dans une démarche comparative des constitutions et des actes législatifs et réglementaires des États membres avec les directives communautaires, mettent en lumière la façon dont la Loi fondamentale affirme de manière expresse ou indirecte les grands principes du droit des finances publiques. Par la même occasion, cet ouvrage fournit un recueil des textes nationaux à l'attention de tous les utilisateurs.

Ainsi, le lecteur est frappé par l'homogénéité voire la similitude des textes constitutionnels des États de l'Union. Ce qui n'est d'ailleurs pas très étonnant, nos pays ayant en commun l'héritage du droit français.

La Commission se réjouit de ces initiatives de chercheurs, enseignants et de cadres des administrations publiques ressortissants de la communauté, qui de plus en plus, font œuvre utile en mettant à la portée de tout le monde, les grands principes et règles souvent ésotériques du droit des finances publiques. Cette action de vulgarisation est fort salutaire pour la large diffusion des textes communautaires auprès des citoyens.

C'est pourquoi, je réitère mes félicitations aux auteurs qui s'illustrent, par la richesse de leurs travaux sur les finances publiques, comme les grands porte-voix de la cause de la bonne gouvernance financière dans les États de l'Union.

Il est de notoriété publique que pour les Hautes Autorités de l'Union, toutes les réformes engagées pour harmoniser les législations nationales relatives au droit comptable et budgétaire, au droit fiscal et au droit de la commande publique n'ont qu'un but : créer les conditions d'une plus grande efficacité, efficience et transparence dans la gestion des finances de nos États.

Puisse cet ouvrage, à la suite de ceux déjà publiés par le Centre d'Études et de Recherches sur l'Administration et les Finances (CERAF) dont Mr MEDE est le Directeur, aider à atteindre ce but.

Abdallah BOUREIMA
Président de la Commission de l'UEMOA

PROLOGUE

Si les théories scientifiques ont un intérêt, c'est celui de structurer la pensée, le vécu et les discours qui parcourent le quotidien des hommes. A quoi servent les organisations internationales, de dimension régionale ou mondiale ? Quelle est leur raison d'être ? La réponse à ces questions divise deux écoles de pensée : les tenants du réalisme et ceux du libéralisme et leurs déclinaisons contemporaines que sont les néoréalistes et les partisans du néolibéralisme.

Pour les premiers, la force qui fait bouger le monde est l'aspiration des nations souveraines à la puissance. Le moteur des relations internationales est l'instinct de puissance et la prévalence des intérêts des nations.[1] On peut, certes, envisager une sorte d'harmonie globale entre les peuples, une espèce de paix mondiale par la loi ou par « l'empire ». Mais la paix par la loi est une pensée vaine, le fruit de l'imagination féconde de « quelques juristes ivres de concepts ou (de) quelques idéalistes qui confond(ent) leurs rêves avec la réalité. »[2] La paix par l'empire devrait consacrer « la victoire d'un des candidats au pouvoir suprême »[3], à l'hégémonie mondiale. Mais cette perspective n'a jamais eu d'illustration historique. L'empire romain allait de l'Angleterre à Carthage au sud et à Constantinople (Ankara) à l'est, mais n'avait pas de prise sur les entités politiques indiennes, chinoises, africaines ou amérindiennes.

Par ailleurs, la fin de la guerre froide et la capitulation du bloc soviétique a généré *de facto* l'hyperpuissance américaine,[4] pendant que l'émergence de nouveaux pôles militaires et économiques fragilisent l'avènement d'un empire planétaire. Au surplus, la naissance de nouveaux modes de contre-régulation dans les relations internationales (fondamentalisme islamiste) et l'entrée des multinationales du sud dans le jeu de la gouvernance économique mondialisée finissent de condamner l'idée d'une paix mondiale acquise sous le glaive d'une seule nation qui mettrait ainsi l'humanité entière sous sa domination.

---

1 H. J. Morgenthau, cité par M. D. Bébada, *L'ONU et le défi politique de la mondialisation, critique de la doctrine de la gouvernance globale et l'option des grands ensembles régionaux*, Thèse droit, Lyon3, 2017, p. 22.

2 R. Aron, *Paix et guerre entre les nations*, Paris, Calmann-Lévy, 8ème édit. 1984, p.691.

3 *Idem* p.743.

4 H. Védrine, *Face à l'hyperpuissance : textes et discours, 1995-2003*, Paris, Fayard, 2003.

La doctrine du libéralisme dans les relations internationales, notamment sa version néo-institutionnalisme libéral prend le contre-pied des thèses ci-dessus énoncées. Elle est un acte de volonté, un acte de raison et de foi en la Raison humaine. En un certain sens, elle est un humanisme positif qui s'incarne dans une « société internationale » faite de « règles et (d')institutions communes »[5] et qui régulent les relations interétatiques sur la scène internationale. En lieu et place de l'instinct de puissance, le maître mot devient l'idée de "coopération"[6] dans un environnement international où coexistent des "intérêts complémentaires."[7] La théorie des "régimes internationaux"[8] traduit davantage encore la doctrine du libéralisme sur la scène internationale. Selon un auteur, le régime international est « un ensemble d'anticipations communes, de règles et de régulations, de plans, d'accords et d'engagements (...) qui sont acceptés par un groupe de pays. »[9] Il en est ainsi de l'UEMOA.

Le principe même d'une intégration régionale avait été exclu par les thèses du panafricanisme messianique du 20ème siècle, du caribéen Henry Sylvester Williams à Kwame Nkrumah, sans oublier le savant Cheikh Anta Diop et le chanteur Bob Marley. Se fondant sur le constat que l'Afrique « recèle 97% des réserves mondiales de chrome et 85% des réserves mondiales de platine, 64% des réserves mondiales de manganèse, 25% des réserves mondiales d'uranium et 13% des réserves mondiales de cuivre sans parler de la bauxite, du nickel, du plomb, 20% du potentiel hydro-électrique mondial, 20% du pétrole commercialisé dans le monde (si nous excluons les USA et l'URSS), 70% de la production mondiale de cacao, 33% de la production mondiale de café et 50% de l'huile de palme », le Plan d'Action de Lagos (1980-2000) se voulait une initiative très volontaire pour le développement pensé et conduit par les Africains. Il préconise une démarche graduelle reprise par le Traité d'Abuja (1991) portant création de la Communauté économique africaine (CEA). Selon les signataires du traité, la CEA sera une réalité au bout d'un parcours sérié en six étapes qui culmineront en 2034 avec la naissance de l'Union Économique et Monétaire continentale. L'*Agenda 2063* adopté par les Chefs d'Etat de l'Union africaine en janvier 2015 fait aussi l'option du gradualisme et rappelle dans son préambule "le rôle essentiel des Communautés économiques régionales en tant que pierres angulaires de l'unité du continent." L'UEMOA trouve là un regain de légitimité mais aussi d'instrumentalité.

Partant d'une communauté de langue (ou presque) et de monnaie, les huit pays membres de l'Union économique et monétaire ouest-africaine fondent leur politique d'intégration régionale sur l'intégration par les politiques économiques, budgétaires et les domaines connexes d'une part, l'intégration par les règles et notamment les règles financières, d'autre part Les directives portant nouveau cadre harmonisé des finances publiques au sein de l'Union font partie de cette

---

5 H. Bull cité par M. D. Bébada, thèse précitée, p. 52.

6 S. Krasner cité par M. D. Bébada, thèse précitée, p.60.

7 *Idem* p. 61.

8 R. O. Keohane et J.S. Nye, cité par M. D. Bébada, thèse précitée, p.60.

9 J. Ruggie, cité par M. D. Bébada, thèse précitée p.61.

deuxième catégorie. Elles fixent le cadre juridique, statistique et comptable de la gestion des finances publiques dans les pays membres. Lesdites directives ont été transposées dans chaque Etat au moyen d'instruments juridiques divers : lois organiques, lois et décrets.

Le panorama normatif global nous offre une cinquantaine de textes dont l'ensemble doit former un tout harmonieux. La relation d'imputation des textes nationaux à l'égard des directives communautaires implique une conformité des premiers vis-à-vis des seconds. Ceci est une exigence juridique découlant du libellé du Traité de l'UEMOA ("La primauté bénéficie à toutes les normes communautaires, primaires comme dérivées, immédiatement applicables ou non et s'exerce à l'encontre de toutes les normes nationales, administratives, législatives, juridictionnelles et même constitutionnelles parce que l'ordre juridique communautaire l'emporte dans son intégralité sur les ordres juridiques nationaux" article 43), de la jurisprudence de la Cour de justice de l'UEMOA (Avis n°001/2003 du 18 mars 2003, Création d'une Cour des comptes au Mali) et de l'interprétation logique d'une décision de la Cour constitutionnelle du Bénin (Décision DCC 19-94 du 30 juin 1994, *Président de la République*).[10]

En effet, le monisme juridique auquel les Etats membres de l'Union adhèrent (Les traités ou accords régulièrement ratifiés ont, dès leur publication, une autorité supérieure à celle des lois, sous réserve pour chaque accord ou traité, de son application par l'autre partie), autorise et impose la conformité des textes nationaux avec le droit communautaire.[11] La cohérence des ordres juridiques est un impératif pour l'effectivité de la sécurité juridique dans les Etats membres de l'UEMOA.

Ce triple objectif de sécurité, de cohérence et de conformité implique une veille des juristes sur la qualité et le contenu des normes en vigueur. C'est dans cette logique que le CERAF (Centre d'Etudes et de Recherche sur l'Administration et les Finances), *think tank* de référence, a réuni une équipe d'universitaires et de praticiens des finances publiques de l'Afrique de l'ouest pour faire un travail de *screening* scientifique et de mise en exergue des incongruités qu'on peut relever, à l'occasion, dans notre belle architecture d'intégration par les règles. Il livre, ci-après, le fruit de ses travaux, sans autre prétention que la satisfaction d'avoir justifié sa mission : être un bailleur d'expertise !

Abomey-Calavi le 10 juillet 2017

nmede@becg-i.com

[10] Voir commentaires *in* N. MEDE, *Les grandes décisions de la Cour constitutionnelle du Bénin*, Saarbrücken, EUE, 2012, p. 404.

[11] Voir décision similaire de la Cour de justice des Communautés européennes (CJCE), arrêt Costa c/Enel, affaire 6/64 du 15 juillet 1964.

LES CONSTITUTIONS

COMMENTAIRES GENERAUX

INTRODUCTION

Les constitutions des Etats membres de l'UEMOA ne sont pas, par essence des documents financiers. Elles comportent cependant des dispositions financières importantes qu'il est intéressant de mettre en parallèle avec le nouveau cadre harmonisé des finances publiques au sein de l'UEMOA.

Ces dispositions sont relatives à :

1. La technique de l'amendement gagé.
2. Les définitions des lois de finances.
3. Les notions de budget et de loi de finances.
4. Les douzièmes provisoires.
5. Les ordonnances relatives aux lois de finances de l'année.

I.- DISPOSITIONS *CONTRA LEGEM*

Certaines dispositions des textes constitutionnels ne sont pas conformes au texte du nouveau cadre harmonisé des finances publiques.

La technique de l'amendement gagé : elle est consacrée par les constitutions des Etats membres de l'UEMOA (Bénin, Togo, Sénégal, Burkina Faso)[12] et les dispositions des lois organiques relatives aux lois de finances.[13] Elle autorise les parlementaires à amender les projets de loi de finances. Or, la directive n°06/2009/CM/UEMOA relative aux lois de finances au sein de l'UEMOA pose en son article 59 le principe d'un droit d'amendement asymétrique des projets de lois de finances.

[12] Bénin, art. 107; Togo, art. 90 ; Sénégal, art. 82 ; Burkina Faso, art. 120.

[13] République du Niger, Loi organique n° 2012-09 du 26 mars 2012 relative aux lois de finances, art. 59 ; République du Mali, loi n°2013-028 du 11 juillet 2013 relative aux lois de finances, art. 58 ; République de Côte d'Ivoire, Loi organique n°204-336 du 5 juin 2014 relative aux lois de finances, art. 61.

Les projets de lois de finances ne peuvent recevoir d'amendement que si lesdits amendements améliorent l'équilibre du projet de loi de finances par la réduction des dépenses ou l'augmentation des recettes. L'inverse est prohibé. C'est la signification du texte de l'article 59 de la Directive n°06/2009/CM/UEMOA :

> *Aucun article additionnel, aucun amendement à un projet de loi de finances ne peut être proposé par le Parlement, sauf s'il tend à supprimer ou à réduire effectivement une dépense, à créer ou à accroître une recette. De même, le Parlement ne peut proposer ni la création ni la suppression d'un programme, d'un budget annexe ou d'un compte spécial du Trésor.*
>
> *Tout article additionnel et tout amendement doit être motivé et accompagné des développements des moyens qui le justifient. La disjonction d'articles additionnels ou d'amendements qui contreviennent aux dispositions du présent article ou à l'objet des lois de finances défini à l'article 3 de la présente Directive est de droit.*[14]

II.- LES DISPOSITIONS *PRAETER LEGEM*

Certaines dispositions des textes constitutionnels des Etats ont besoin d'être complétées, précisées, sans pour autant être franchement contraires aux dispositions du nouveau cadre harmonisé des finances publiques au sein de l'UEMOA

1.- Définitions des lois de finances

Certaines constitutions définissent les lois de finances (loi de finances de l'année, loi de règlement) soit de manière lacunaire, soit de façon incomplète. En comparaison des dispositions du nouveau cadre harmonisé des finances publiques au sein de l'UEMOA, voici ce que disent les constitutions de certains Etats :

---

[14] Le Guide didactique de la Directive n° 06/2009/CM/UEMOA du 26 juin 2009 relative aux lois de finances au sein de l'UEMOA, élaboré par la Commission de l'UEMOA, fait une ouverture vers la recevabilité des amendements parlementaires par le biais d'un amendement gagé. La Commission affirme que l'augmentation des dépenses ou la réduction des recettes "doit pouvoir être recevable par voie d'amendement." Le problème est que le Guide didactique n'a pas, en lui-même, de valeur juridique.

	Bénin	Mali	Burkina Faso	Niger	Directive N° 06/2009/CM/UEMOA du 26 juin 2009
Loi de finances de l'année	« Les lois de finances déterminent les recettes et les dépenses de l'État » **(Article 99, al. 1er)**	« La loi de finances détermine les ressources et les charges de l'État » **(Article 70, *in fine*)**	« La loi de finances détermine, pour chaque année, les ressources et les charges de l'État » **(Article 102)**	« La loi de finances de l'année prévoit et autorise pour chaque année civile l'ensemble des ressources et des charges de l'État » **(Article 101, al. 1er)**	« la loi de finances de l'année prévoit et autorise, pour chaque année civile, l'ensemble des ressources et des charges de l'État » **(article 5, al. 2)**
Loi de règlement	« les lois de règlement contrôlent l'exécution des lois de finances » **(Article 99 al. 2)**	-	-	-	« La loi de règlement constate les résultats financiers de chaque année civile et rend compte de l'exécution du budget ainsi que de l'utilisation des crédits. » **(article 5, *in fine*)**

2.- Confusion entre les notions de budget et de loi de finances de l'année

Les constitutions de certains Etats emploient les expressions loi de finances de l'année et budget de manière indifférenciée. Elles prennent ces notions comme des synonymes comme l'indique le tableau ci-après :

	BENIN	MALI	BURKINA FASO	NIGER	Directive N°06/2009/CM/UEMOA du 26 juin 2009
Loi de finances de l'année	« Le projet de loi de finances doit prévoir les recettes nécessaires à la couverture intégrale des dépenses » **(Article 106)**	« l'Assemblée Nationale est saisie du *projet de loi de Finances* dès l'ouverture de la session ordinaire précédant la période budgétaire » **(article 77-2)**	« Si le projet de loi de finances n'a pu être déposé en temps utile pour être voté et promulgué (…) le Premier Ministre demande d'urgence (…) l'autorisation de reprendre le budget de l'année précédente par douzièmes provisoire. » **(Article 103)**	« Le projet de loi de finances doit prévoir les recettes nécessaires à la couverture intégrale des dépenses » **(Article 114, al. 1er)**	La loi de finances de l'année, « prévoit et autorise, pour chaque année civile, l'ensemble des ressources et des charges de l'État » **(article 4)**
Budget	« L'Assemblée nationale vote le budget en équilibre » **(Article 110)**	« Si elle ne vote pas le *budget*, le Gouvernement renvoie le *projet de budget* dans les quinze jours à l'Assemblée Nationale. » **(article 77-2)**	« En cours d'exécution du budget, (…) le Gouvernement propose au Parlement l'adoption de lois de finances rectificatives » **(Article 104)**	"L'assemblée nationale vote le budget en équilibre" (Article 114, al. 2).	Le budget est « constitué par l'ensemble des comptes qui décrivent, pour une année civile, toutes les ressources et toutes les charges de l'État » **(article 17)**

3.- Les douzièmes provisoires

Selon les termes de la Directive n°06/2009/CM/UEMOA du 26 juin 2009, les douzièmes interviennent lorsque deux conditions sont réunies : (i) le projet de loi de finances n'a pas été déposé au plus tard au début de la session budgétaire ; (ii) l'examen et le vote du projet de loi de finances va se prolonger au-delà du 31 décembre et provoquer un vide juridico-financier du point de vue de l'engagement, de l'ordonnancement et du paiement ou de l'encaissement des dépenses et des recettes publiques.

Les constitutions des Etats membres reprennent cette double condition pour le vote des douzièmes provisoires : Bénin, Article 111 ; Togo, Article 91 ; Côte d'Ivoire, Article 112 ; Burkina Faso, Article 103 ; Niger, Article 114. Sauf en ce qui concerne le Mali et le Sénégal, deux pays dans lesquels les constitutions ne prévoient pas de douzièmes provisoires mais de mise en vigueur du projet de loi de finances par la prise d'un acte règlementaire.

	Mali	**Sénégal**	**Directive n°06/2009/CM/UEMOA du 26 juin 2009**
Douzième provisoire	« Si cette délibération n'a pas abouti au vote du budget, celui-ci est alors établi d'office par le Gouvernement sur la base des recettes de l'exercice précédent et après avis de la Cour suprême » **(Article 77)**	« Si le projet de loi de finances n'est pas voté définitivement à l'expiration du délai de soixante jours prévus ci-dessus, il est mis en vigueur par décret, compte tenu des amendements votés par l'Assemblée nationale et acceptés par le Président de la République » **(Article 68 al. 5)**	« Dans la mesure où, compte tenu de la procédure prévue à l'alinéa précédent, le projet de loi de finances n'a pu être voté avant le début de l'année financière, le Gouvernement est autorisé, conformément aux dispositions constitutionnelles en vigueur, à continuer de percevoir les impôts et à reprendre en dépenses le budget de l'année précédente par douzièmes provisoires » **(Article 58 *in fine*)**

4.- Les ordonnances en matière budgétaire

Selon les dispositions de la Directive n°06/2009/CM/UEMOA du 26 juin 2009, le Gouvernement est autorisé à mettre en vigueur le projet de loi de finances par voie d'ordonnance dans deux cas : (i) le projet de loi de finances est déposé au parlement avant ou le jour de l'ouverture de la session budgétaire mais n'a pu être adopté par les parlementaires à la fin de la session (Article 58, al. 1er) ; (ii) le projet de loi de finances n'a pas pu être déposé au parlement avant l'ouverture de la session budgétaire. La session budgétaire se termine sans l'adoption de la loi de finances. Une session extraordinaire est convoquée de droit mais n'aboutit pas non plus à l'adoption du projet de loi de finances. Dans ce cas, le Gouvernement est autorisé à prendre une ordonnance pour mettre en vigueur le projet de loi de finances (Article 85, al. 2).

Les textes constitutionnels des Etats ne reprennent formellement que l'hypothèse n°1 prévu par l'article 58 de la Directive n°06/2009/CM/UEMOA du 26 juin 2009. Il en est ainsi au Bénin (Article 110), au Togo (Article 91) en Côte d'Ivoire (Article112), au Burkina Faso (Article 103), et au Niger (Article 114).

Au Sénégal (Article 68, al. 4,5 et 6) et au Mali (Article77), lorsque le parlement ne vote pas le projet de loi de finances dans les délais constitutionnels, en tout cas avant le 31 décembre, le Gouvernement met en vigueur le projet de loi de finances par acte règlementaire.

III.- DISPOSITIONS NOVATRICES

La constitution de la 3ème République en Côte d'Ivoire apporte un élément nouveau par rapport aux grandes idées développées dans le nouveau cadre harmonisé des finances publiques au sein de l'UEMOA.

En effet, les Directives du nouveau cadre harmonisé des finances publiques mettent en exergue les principes d'efficacité et de transparence dans la gestion des dépenses et des charges. Par contre, l'efficacité et la transparence dans la collecte des recettes et des ressources ne sont pas suffisamment valorisées. La constitution de la 3ème République de Côte d'Ivoire met aussi l'accent sur les recettes et les ressources.

> *Tout résident a le devoir de s'acquitter de ses obligations fiscales conformément à la loi. L'Etat prend les mesures nécessaires pour garantir le recouvrement des impôts, la lutte contre l'évasion et la fraude fiscales (Article 43).*

CONSTITUTION DU BENIN

Loi n° 90-32 du 11 décembre 1990 portant Constitution de la République du Bénin.

Article 98

Sont du domaine de la loi les règles concernant :

- l'assiette, le taux et les modalités de recouvrement des impositions de toute nature ;
- le régime d'émission de la monnaie ;

Article 99

Les lois de finances déterminent les recettes et les dépenses de L'Etat.

Les lois de règlement contrôlent l'exécution des lois de finances, sous réserve de l'apurement ultérieur des comptes de la Nation par la Chambre des Comptes de la Cour Suprême.

Article 107

Les propositions et amendements déposés par les députés ne sont pas recevables lorsque leur adoption aurait pour conséquence soit une diminution des ressources publiques, soit la création ou l'aggravation d'une charge publique, à moins qu'ils ne soient accompagnés d'une proposition d'augmentation de recettes ou d'économies équivalentes.

Article 109

L'Assemblée Nationale vote le projet de loi de finances dans les conditions déterminées par la loi.

Le projet de loi de finances doit prévoir les recettes nécessaires à la couverture intégrale des dépenses

Article 110

L'Assemblée Nationale vote le budget en équilibre. Si l'Assemblée Nationale ne s'est pas prononcée, à la date du 31 décembre, les dispositions du projet de loi de finances peuvent être mises en vigueur par ordonnance.

Article 111

Si le projet de loi de finances n'a pu être déposé en temps utile pour être promulgué avant le début de l'exercice, le Président de la République demande d'urgence à l'Assemblée Nationale l'autorisation d'exécuter les recettes et les dépenses par douzièmes provisoires.

Article 112

L'Assemblée Nationale règle les comptes de la Nation selon les modalités prévues par la loi organique des finances.

Article 145

Les traités de paix, les traités ou accords relatifs à l'organisation internationale, ceux qui engagent les finances de L'Etat, ceux qui modifient les lois internes de L'Etat, ceux qui comportent cession, échange ou adjonction de territoire, ne peuvent être ratifiés qu'en vertu d'une loi.

Article 151

Ces collectivités s'administrent librement par des conseils élus et dans les conditions prévues par la loi.

Article 152

Aucune dépense de souveraineté de l'Etat ne saurait être imputée à leur budget.

CONSTITUTION DU BURKINA-FASO

(11 juin 1991)

Article 17

Le devoir de s'acquitter de ses obligations fiscales conformément à la loi, s'impose à chacun.

Article 84

Le parlement vote la loi, consent l'impôt et contrôle l'action du Gouvernement conformément aux dispositions de la présente Constitution.

Article 101

La loi fixe les règles concernant :

- l'assiette, le taux et les modalités de recouvrement des impositions de toutes natures (La modification opérée par la loi du 27 janvier 1997 a consisté à remplacer à l'alinéa 1, 10ème tiret « Assemblée des députés du peuple » par « Assemblée nationale ». Celle opérée par la loi constitutionnelle du 11 juin 2012 a consisté à l'ajout d'un 6éme tiret et à l'ajout du sénat au 11ème tiret).
- le régime d'émission de la monnaie ;

Article 102

La loi de finances détermine, pour chaque année, les ressources et les charges de l'Etat. Le projet de loi de finances doit prévoir les recettes nécessaires à la couverture intégrale des dépenses.

Article 103

Le Parlement vote les projets de lois de finances dans les conditions prévues par la loi. L'Assemblée nationale est saisie du projet de loi de finances dès l'ouverture de la deuxième session ordinaire.

(...) Si le budget n'est pas voté à la fin de la session extraordinaire, il est définitivement établi par Ordonnance. Si le projet de loi de finances n'a pu être déposé en temps utile pour être voté et promulgué avant le début de l'exercice, le Premier ministre demande d'urgence à l'Assemblée l'autorisation de reprendre le budget de l'année précédente par douzièmes provisoires.

Article 104

En cours d'exécution du budget, lorsque les circonstances l'exigent, le Gouvernement propose au Parlement, l'adoption de lois de finances rectificatives.

46 La modification opérée par la loi constitutionnelle du 27 janvier 1997 a consisté à remplacer au niveau de l'alinéa 1er « Assemblée des députés du peuple » par « Assemblée nationale » et à l'alinéa 2, à porter le délai imparti à l'Assemblée nationale pour se prononcer sur le projet de loi de finances de quarante-cinq à soixante jours.

Article 105

Le Parlement règle les comptes de la Nation, selon les modalités prévues par la loi de finances. Il est, à cet effet, assisté par la Cour des comptes qu'elle charge de toutes enquêtes et études se rapportant à l'exécution des recettes et des dépenses publiques, ou la gestion de la trésorerie nationale, des collectivités territoriales, des administrations ou institutions relevant de l'Etat ou soumises à son contrôle.

Article 120

Les propositions et amendements concernant la loi de finances déposés par les membres du Parlement sont irrecevables lorsque leur adoption aurait pour conséquence, soit une diminution des ressources publiques, soit la création ou l'aggravation d'une charge publique, à moins qu'ils ne soient accompagnés d'une proposition d'augmentation de recettes ou d'économie équivalentes.

Article 127

La Cour des comptes est la juridiction supérieure de contrôle des finances publiques.

Article 149

Les traités de paix, les traités de commerce, les traités qui engagent les finances de l'Etat, ceux qui modifient les dispositions de nature législative, ceux qui sont relatifs à l'état des personnes, ne peuvent être ratifiés ou approuvés qu'en vertu d'une loi. Ils ne prennent effet qu'après avoir été ratifiés ou approuvés.

CONSTITUTION DE LA CÔTE D'IVOIRE
(8 novembre 2016)

Article 43

Tout résident a le devoir de s'acquitter de ses obligations fiscales conformément à la loi. L'Etat prend les mesures nécessaires pour garantir le recouvrement des impôts, la lutte contre l'évasion et la fraude fiscales.

Article 88

Tous les parlementaires sont soumis à l'obligation de régularité fiscale.

Article 93

Le Parlement vote la loi et consent l'impôt.

Article 111

Le Parlement vote le projet de loi de finances, dans les conditions déterminées par la loi organique.

Article 112

Le Parlement est saisi du projet de loi de finances avant la fin de la session ordinaire. Le projet de loi de finances doit prévoir les recettes nécessaires à la couverture intégrale des dépenses. Le Parlement vote le budget en équilibre (...) Si le Parlement n'a pas voté le budget à la fin de cette session extraordinaire, le budget est établi définitivement par ordonnance. Si le projet de loi de finances n'a pu être déposé en temps utile pour être promulgué avant le début de l'exercice, le Président de la République demande d'urgence au Parlement l'autorisation de reprendre le budget de l'année précédente par douzième provisoire.

Article 118

Le Parlement règle les comptes de la Nation selon les modalités prévues par la loi de finances. Le projet de loi de règlement doit être déposé au Parlement un an au plus tard après l'exécution du budget. La Cour des Comptes assiste le Parlement et le Gouvernement dans le contrôle de l'exécution des lois de finances et dans les domaines relevant de sa compétence.

Article 152

La Cour des Comptes est l'Institution suprême de contrôle des finances publiques.

Article 153

Le Président de la Cour des Comptes est nommé par le Président de la République pour une durée de cinq ans renouvelable une fois parmi les personnalités reconnues pour leur compétence et leur expertise avérées en matière d'économie, de gestion, de comptabilité ou de finances publiques.

Article 173

Les collectivités territoriales bénéficient de ressources dont elles peuvent disposer librement dans les conditions fixées par la loi. Elles peuvent recevoir tout ou partie des produits des impositions de toute nature.

Les recettes fiscales et les autres ressources propres des collectivités territoriales représentent une part déterminante de l'ensemble de leurs ressources.

Article 174

Tout transfert de compétences entre l'Etat et les collectivités territoriales s'accompagne de l'attribution de ressources équivalentes à celles qui étaient consacrées à leur exercice.

CONSTITUTION DE LA GUINEE BISSAU

(Approuvée le 27 novembre 1996
Promulguée le 4 décembre 1996)

Article 7°

1. Dans le cadre de sa structure unitaire et de la réalisation de l'intérêt national, l'Etat de Guinée-Bissau promeut la création et soutient l'action des collectivités territoriales décentralisées et dotées de l'autonomie aux termes de la loi.

Article 85°

1. L'Assemblée Nationale Populaire est compétente pour :

g°) Approuver le budget général de l'Etat et le plan national de développement, ainsi que les lois respectives.

m°) Apprécier les comptes de l'Etat relatifs à chaque année économique ;

Article 100°

1. Dans l'exercice de ses fonctions, le gouvernement est compétent pour:

c°) Préparer le plan de développement national et le budget général de l'Etat et assurer son exécution ;

Article 105°

1. L'Organisation du pouvoir politique de l'Etat comprend l'existence des municipalités locales, qui jouissent de l'autonomie administrative et financière.

Article 110°

1. Les municipalités locales ont patrimoine et finances propres.

2. Le régime des finances locales, à établir par la loi, devra viser la juste répartition des ressources publiques par l'Etat et par les autorités locales et la correction nécessaire des inégalités entre les municipalités.

3. Sont recettes propres des municipalités locales celles provenant de la gestion de son patrimoine et celles payées pour utilisation de ses services.

CONSTITUTION DU MALI

Article 23

Tout citoyen doit œuvrer pour le bien commun. Il doit remplir toutes ses obligations civiques et notamment s'acquitter de ses contributions fiscales.

Article 70

La loi est votée par l'Assemblée Nationale à la majorité simple. Cependant, les lois auxquelles la présente Constitution confère le caractère de loi organique sont votées dans les conditions suivantes :

- La proposition ou le projet n'est soumis à la délibération et au vote de l'Assemblée Nationale qu'après l'expiration d'un délai de quinze jours après son dépôt sur le bureau de l'Assemblée Nationale ;
- Le texte ne peut être adopté qu'à la majorité absolue des membres composant l'Assemblée Nationale. Les lois organiques ne peuvent être promulguées qu'après déclaration par la Cour Constitutionnelle de leur conformité à la Constitution.

La loi fixe les règles concernant :

- Le régime d'émission de la monnaie, l'assiette, le taux et les modalités de recouvrement des impôts ;
- de la comptabilité publique ;

La loi de Finances détermine les ressources et les charges de l'Etat.

Article 77

L'Assemblée Nationale est saisie du projet de loi de Finances dès l'ouverture de la session ordinaire précédant la période budgétaire. Le projet de loi de Finances doit prévoir les recettes nécessaires à la couverture intégrale des dépenses.

Si l'Assemblée Nationale ne s'est pas prononcée avant l'ouverture de la période budgétaire ou si elle ne vote pas le budget, le Gouvernement renvoie le projet de budget dans les quinze jours à l'Assemblée Nationale convoquée à cet effet en session extraordinaire. L'Assemblée Nationale doit alors statuer dans les huit jours. Si cette délibération n'a pas abouti au vote du budget, celui-ci est alors établi d'office par le Gouvernement sur la base des recettes de l'exercice précédent et après avis de la Cour Suprême.

Article 108

Le Conseil Economique, Social et Culturel est obligatoirement consulté sur tout projet de loi de Finances, tout projet de plan ou de programme économique, social et culturel ainsi que toutes dispositions législatives à caractère fiscal, économique, social et culturel.

CONSTITUTION DU NIGER
(25 novembre 2010)

Article 40

Tout citoyen a le devoir de travailler avec dévouement pour le bien commun, de remplir ses obligations civiques et professionnelles et de s'acquitter de ses contributions fiscales.

Article 90

L'Assemblée nationale vote la loi et consent l'impôt.

Article 101

La loi de finances de l'année prévoit et autorise pour chaque année civile l'ensemble des ressources et des charges de l'État.

Les lois de finances dites rectificatives peuvent, en cours d'année, modifier les dispositions de la loi de finances de l'année.

Article 113

L'Assemblée nationale vote les projets de loi de finances dans les conditions déterminées par la loi.

Article 114

L'Assemblée nationale est saisie du projet de loi de finances dès l'ouverture de la session budgétaire ; le projet de loi de finances doit prévoir les recettes nécessaires à la couverture intégrale des dépenses.

L'Assemblée nationale vote le budget en équilibre.

(…) Si l'Assemblée nationale n'a pas voté le budget à la fin de cette session extraordinaire, le budget est établi définitivement par ordonnance.

Si le projet de loi de finances n'a pu être déposé en temps utile pour être promulgué avant le début de l'exercice, le Premier ministre demande d'urgence à l'Assemblée nationale l'autorisation de continuer à percevoir les impôts et à reprendre en dépenses, le budget de l'année précédente par douzièmes provisoires.

Article 115

L'Assemblée nationale règle les comptes de la nation selon les modalités prévues par la loi de finances.

La loi de règlement doit être déposée sur le bureau de l'Assemblée nationale à la session budgétaire de l'année suivant celle de l'exécution du budget pour être débattue à la prochaine session parlementaire et adoptée au plus tard le 31 décembre de la deuxième année qui suit l'exécution du budget.

L'Assemblée nationale peut demander à la Cour des comptes de mener toutes enquêtes et études se rapportant à l'exécution des recettes et des dépenses publiques.

Article 141

La Cour des comptes est la plus haute juridiction de contrôle des finances publiques. Elle exerce une compétence juridictionnelle, une compétence de contrôle ainsi qu'une compétence consultative.

Article 152

Les recettes réalisées sur les ressources naturelles et du sous-sol sont réparties entre le budget de l'État et les budgets des collectivités territoriales conformément à la loi.

CONSTITUTION DU SENEGAL

(2001 révisée en 2016)

Article 63

A l'exception de la date d'ouverture de la première session de l'Assemblée nouvellement élue, qui est fixée par le Président de la République, l'Assemblée nationale fixe la date d'ouverture et la durée de ses sessions ordinaires. Celles-ci sont toutefois régies par les règles ci-après :

L'assemblée Nationale tient, chaque année, deux sessions ordinaires :

(...) La loi de finances de l'année est examinée au cours de la seconde session ordinaire.

Article 67

L'Assemblée nationale détient le pouvoir législatif. Elle vote seule la loi.

La loi fixe les règles concernant :

- l'assiette, le taux et les modalités de recouvrement des impositions de toutes natures,
- le régime d'émission de la monnaie.

Article 68

L'Assemblée nationale vote les projets de lois de finances dans les conditions prévues par une loi organique.

Le projet de loi de finances de l'année, qui comprend notamment le budget, est déposé sur le bureau de l'Assemblée nationale, au plus tard le jour de l'ouverture de la session fixée.

L'Assemblée nationale dispose de soixante jours au plus pour voter les projets de lois de finances.

Si, par suite d'un cas de force majeure, le Président de la République n'a pu déposer le projet de loi de finances de l'année en temps utile pour que l'Assemblée dispose, avant la fin de la session fixée, du délai prévu à l'alinéa précédent, la session est immédiatement et de plein droit prolongée jusqu'à l'adoption de la loi de finances.

Si le projet de loi de finances n'est pas voté définitivement à l'expiration du délai de soixante jours prévu ci-dessus, il est mis en vigueur par décret, compte tenu des amendements votés par l'Assemblée nationale et acceptés par le Président de la République.

Si compte tenu de la procédure prévue ci-dessus, la loi de finances de l'année n'a pu être mise en vigueur avant le début de l'année financière, le Président de la République est autorisé à reconduire par décret les services votés.

La Cour des Comptes assiste le Président de la République, le Gouvernement et l'Assemblée nationale, dans le contrôle de l'exécution des lois de finances.

Article 82

Les propositions et amendements formulés par les députés ne sont pas recevables lorsque leur adoption aurait pour conséquence, soit une diminution des ressources publiques, soit la création ou l'aggravation d'une charge publique, à moins que ces propositions ou amendements ne soient assortis de propositions de recettes compensatrices.

CONSTITUTION DU TOGO

(Adoptée par référendum le 27 septembre 1992
Promulguée le 14 octobre 1992
Révisée par la loi n°2002-029 du 31 décembre 2002.)

Article 81

Le Sénat donne obligatoirement son avis avant le vote par l'Assemblée nationale de tout projet ou proposition de loi constitutionnelle, de tous les textes relatifs à l'organisation territoriale de la République et du projet de loi de finances.

Article 90

Les députés et le Gouvernement ont le droit d'amendement. Les propositions et amendements formulés par les députés ne sont pas recevables lorsque leur adoption aurait pour conséquence, soit une diminution des ressources publiques, soit la création ou l'aggravation d'une charge publique, à moins que ces propositions ou amendements ne soient assortis de propositions de recettes compensatrices.

Article 91

L'Assemblée nationale vote les projets de loi de finances dans les conditions prévues par une loi organique. Les dispositions du projet peuvent être mises en vigueur par ordonnance si l'Assemblée ne s'est pas prononcée dans un délai de quarante-cinq (45) jours suivant le dépôt du projet et que l'année budgétaire vient à expirer. Dans ce cas, le Gouvernement demande la convocation d'une session extraordinaire, pour la ratification. Si le projet de loi de finances n'a pu être déposé en temps utile pour être voté et promulgué avant le début de l'exercice, le Premier Ministre demande, d'urgence, à l'Assemblée, l'autorisation de reprendre le budget de l'année précédente par douzièmes provisoires.

Article 107

La Cour des Comptes juge les comptes des comptables publics. Elle assure la vérification des comptes et de la gestion des établissements publics et des entreprises publiques. Elle assiste le parlement et le gouvernement dans le contrôle de l'exécution des lois de finances. Elle procède à toutes études de finances et de comptabilité publique qui lui sont demandées par le Gouvernement, par l'Assemblée nationale ou le Sénat.

LES CODES DE TRANSPARENCE

COMMENTAIRES GENERAUX

INTRODUCTION

L'UEMOA a adopté en 2009 un nouveau code de transparence en remplacement de celui de 2000. Ce changement a été guidé par la nécessité de renforcer davantage la gestion transparente des finances publiques de ses Etats membres, conformément aux nouveaux standards internationaux et dans la logique de la consolidation de l'Etat de droit. Ces Etats (à l'exception de la Guinée-Bissau) ont, à cet effet, été amenés à adopter les textes nationaux de transposition de la directive communautaire portant code de transparence, en vue de son internalisation dans leurs droits publics internes.

A l'examen, d'un Etat à l'autre, ces textes nationaux de transposition comportent quelques variantes de forme et de fond.

I.- SUR LA FORME

En raison de la marge de manœuvre dont ils disposent en matière de transposition des directives communautaires, des divergences ont pu être constatées dans les choix des textes nationaux et des délais de transposition.

1.- Nature juridique des textes de transposition

A l'exception du Bénin qui a choisi la voie réglementaire[15] pour transposer la directive portant code de transparence dans la gestion des finances publiques au sein de l'UEMOA, les six autres Etats ont opté pour la voie législative[16] avec cependant plusieurs variantes.

---

15 Décret n° 2015-035 du 29 janvier 2015 portant code de transparence dans la gestion des finances publiques

16 Il s'agit de :

En effet, tandis que la Côte d'Ivoire a opté pour l'adoption d'une loi organique, les cinq (5) autres Etats ont procédé à une transposition par l'adoption d'une loi ordinaire.

Toutes ces transpositions ont été faites hors délai.

2.- Délais de transposition

Aucun Etat membre n'a respecté le délai du 31 décembre 2011 fixé par la directive communautaire pour sa transposition. On constate des retards allant d'un à quatre ans : un an pour le Sénégal, deux ans pour le Burkina et le Mali, trois ans pour le Niger, la Côte d'Ivoire et le Togo et quatre ans pour le Bénin.

Les divergences constatées sur la forme des normes de transposition sont aussi perceptibles sur le fond.

II.- SUR LE FOND

De façon générale, les différents textes adoptés par les Etats membres de l'Union en vue de la transposition de la directive communautaire sont conformes à l'esprit de celle-ci. On ne distingue pas, de ce fait, des dispositions *contra legem* dans ces textes. Toutefois, il est important de souligner que l'approche des Etats pour respecter l'esprit de la norme communautaire a été bien différente.

Certains ont intégralement repris la directive. Il s'agit, d'une part, du Niger qui en annexant le texte communautaire à la loi ordinaire de transposition reprend la directive en l'état. Il s'agit, d'autre part, du Mali, du Sénégal et, à quelques nuances près, du Togo qui bien que reconduisant la directive, opèrent des réaménagements de forme se rapportant essentiellement à la formulation des intitulés des parties et sous-parties.

Au contraire, pour les autres Etats, même si l'esprit de la directive est respecté, le souci d'adaptation, de précision, voire de renforcement du texte communautaire a fait apparaître des dispositions *praeter legem* et des omissions qu'il faut relever.

- la loi n° 008-2013/AN portant code de transparence dans la gestion des finances publiques au Burkina Faso,
- la loi organique n° 2014-33 du 05 juin 2014 portant code de transparence dans la gestion des finances publiques en Côte d'Ivoire,
- la loi n° 2013-031 du 23 juillet 2013 portant code de transparence dans la gestion des finances publiques au Mali,
- la loi n° 2014-07 du 16 avril 2014 portant adoption du code de transparence dans la gestion des finances publiques au sein de l'UEMOA, au Niger,
- la loi n° 2012-22 du 27 décembre 2012 portant code de transparence dans la gestion des finances publiques au Sénégal,
- la loi n° 2014-009 du 11 juin 2014 portant Code de transparence dans la gestion des finances publiques au Togo

1.- Dispositions *praeter legem*

Outre, les réaménagements formels constatés dans la plupart des textes nationaux, l'essentiel des dispositions *praeter legem* se trouvent dans le texte ivoirien. Plusieurs dispositions de ce texte ajoutent des éléments nouveaux à la directive communautaire. Il s'agit de :

- **Article 5 :** *Le cadre juridique de la transparence est le dispositif constitutionnel, législatif et réglementaire qui régit la gestion des finances publiques.*
- **Article 11 :** *Des aides peuvent être octroyées aux entreprises dans le cadre de programmes de dépenses explicites, ou sous forme de régime fiscal préférentiel* ».
- **Article 17 :** *Les autorités contractantes s'obligent à définir, de façon complète et neutre, les besoins à satisfaire.*
- **Article 18 :** *Les dossiers d'appel d'offres contiennent des informations complètes concernant notamment les règles du jeu de la compétition, ces dernières devant être objectives, écrites et compréhensibles par tous.*
- **Article 19** : *Il est interdit aux autorités contractantes et aux candidats à un marché ou à un contrat public de s'adonner à des pratiques de corruption ou des manœuvres frauduleuses.*
- **Article 20 :** *Aux fins d'application de la présente loi, est coupable : de corruption, quiconque offre, donne, sollicite ou accepte un quelconque avantage en vue d'influencer l'action d'un agent public au cours de la sélection ou de l'exécution d'un contrat ; de manœuvres frauduleuses, quiconque déforme ou dénature des faits afin d'influencer l'attribution ou l'exécution d'un contrat.*
- **Article 21 :** *Afin de faire jouer pleinement la concurrence, les autorités contractantes s'obligent à :*
    - *éviter d'octroyer des avantages injustifiés par le biais du favoritisme ou de la prise illégale d'intérêts ;*
    - *fonder exclusivement la comparaison des offres sur des critères mesurables et connus des soumissionnaires avant le dépôt de leurs offres ;*
    - *affranchir l'application des procédures de passation des marchés de l'interventionnisme des autorités supérieures et de toute autre personne ne figurant pas au nombre des acteurs reconnus par la réglementation ;*
    - *s'abstenir d'influencer les décisions des acteurs en évitant, notamment, de s'impliquer dans les opérations et réserver leurs actions à l'approbation des actes posés en amont par les subordonnés.*

- **Article 22 :** *Tout candidat à un marché public s'oblige à :*
    - *s'abstenir de toutes pratiques de corruption en relation avec l'attribution et l'exécution dudit marché ;*
    - *apporter la preuve d'une réglementation mise en place dans son entreprise afin d'interdire à son personnel, toute implication dans des pratiques de corruption dans la conclusion des marchés publics ;*
    - *rendre public, tout paiement effectué au profit de toute personne physique ou morale, au cours de la procédure de soumission, d'attribution et d'exécution du marché.*

Les soumissionnaires s'obligent à éviter les infractions telles que le faux, les ententes illégales, la concurrence déloyale, le dumping et le renoncement injustifié à l'exécution d'un marché.

- **Article 24 :** *La réglementation par l'administration publique du secteur bancaire et financier doit être fondée sur des objectifs clairement définis.*

  Tous les actifs de l'Etat sous forme de participations dans le secteur bancaire doivent être identifiés dans les documents budgétaires.

  L'acquisition, la vente d'actifs et les objectifs visés par les pouvoirs publics doivent être clairement expliqués dans la documentation budgétaire.
- **Article 25 :** *Les biens immobiliers appartenant au domaine public de l'Etat sont inaliénables.*

  Les biens meubles et immeubles corporels et incorporels appartenant à l'Etat ou à tout organisme public doté d'un comptable public sont insaisissables.

  La vente ou la cession de biens publics appartenant au domaine public de l'Etat ne peut être effectuée qu'après autorisation préalable du Parlement habilitant le gouvernement à procéder à ladite opération.

  En application de cette autorisation, le gouvernement prend un acte de déclassement portant transfert du bien concerné au domaine privé de l'Etat.

  La vente de biens publics s'effectuant de manière ouverte et les transactions font l'objet d'une information spécifique.
- **Article 27 :** *Il est établi une distinction claire entre les rôles commerciaux et non commerciaux des Compagnies extractives.*

  Le ministre chargé des Finances et/ou les ministres sectoriels doivent exercer les tâches de surveillance et les responsabilités en matière de décisions stratégiques liées aux activités non commerciales.
- **Article 37 :** *L'Etat est propriétaire de tout ou partie des parts ou actions des sociétés à participations financières publiques.*
- **Article 39 :** *Le rapport annuel des sociétés à participations financières publiques fournit des détails sur le montant des bénéfices distribués, des bénéfices non distribués ou toute autre utilisation des bénéfices, ainsi que sur la part de l'Etat transférée au budget.*

  Ces informations figurent dans les documents budgétaires annuels.
- **Article 44 :** *Le cadrage budgétaire permet, à partir de l'évaluation des recettes, de définir un montant global de dépenses et de mesurer l'existence ou l'absence de besoins de financement complémentaire. Il permet aussi la*

répartition globale des crédits entre sections avant toutes les répartitions internes.

Il doit être conforme aux engagements du pacte de stabilité de l'UEMOA et comporter les informations nécessaires à la surveillance multilatérale ».

- **Article 58 :** *Les opérations administratives de recettes pour les impôts directs font l'objet de constatation des droits, de liquidation et d'émission d'ordre de recettes sous forme de rôle administratif.*
- **Article76 :** *Les actes juridiques pris en violation des dispositions du présent code sont nuls.*

D'un point de vue général, ces dispositions précisent ou complètent celles de la directive à la lumière de certains textes nationaux en vigueur. C'est le cas, du rappel des relations entre l'Etat et les sociétés à participation financière publique, des principes de passation des marchés publics, des principes budgétaires ou encore des procédures d'exécution des recettes et des dépenses.

D'autres dispositions ***praeter legem*** peuvent également être soulignées dans les cas béninois et burkinabè. S'agissant du Bénin, c'est l'article 47 qui en rajoute à la directive communautaire. Il prévoit que « les administrations et organismes en charge des statistiques peuvent collecter, traiter et diffuser les informations en toute indépendance par rapport aux autorités politiques ». L'article 18 du texte burkinabè, quant à lui, reprend le point 2.7 du Code tout en identifiant « la Cour des Comptes » comme l'«organe public indépendant » désigné par celui-ci.

2.- Dispositions omises

Des omissions importantes sont à relever dans les textes burkinabè et togolais. Relativement à la loi burkinabè, l'article 48 de ce texte omet la phrase : « Une loi spécifique précise les conditions et le périmètre d'application de ce principe et définit les infractions de tout enrichissement illicite ». Cette phrase constitue la suite des dispositions du point 7. 1 du texte communautaire. Cette omission ne dénature pas totalement la disposition communautaire concernée. Cependant, elle crée une incertitude sur la nature juridique du texte qui définira les conditions d'application du principe de la déclaration des biens, tel que posé par ce point 7.1 du code. En effet, alors que la directive communautaire indique qu'une loi spécifique doit être prise pour poser les règles de la déclaration des biens, le législateur burkinabè ne donne aucune précision sur la nature juridique du texte devant régir cette matière. Il s'ensuit, que tout texte pourrait constituer un fondement juridique valable.

De même, l'article 51 ne reprend que partiellement le point 7. 4 de la directive. Il omet une phrase tout aussi importante : « Les procédures et les conditions d'emploi dans la fonction publique sont fixées par la loi ». Cette omission pourrait s'expliquer par le fait qu'il existe déjà, au Burkina Faso, la loi relative au statut général de la fonction publique.

Concernant le texte togolais, il est surprenant de constater de nombreuses omissions qui corrompent le sens des dispositions. Il s'agit notamment de l'article 13 reprenant le point 2.1 du code qui omet le verbe ; de l'article 20 qui est dénué de sens parce qu'il reprend les dispositions du point 2.8 de la directive sans achever la phrase. On peut également noter l'article 24 correspondant au point 3.4 de la directive. Il remplace l'adjectif « principales » utilisé dans la directive par le terme « principes » ; introduisant une incohérence dans la compréhension du texte.

Au total, il est appréciable de constater que, à travers l'adoption de ces textes nationaux, les Etats membres de l'UEMOA sont inscrits dans la dynamique communautaire de faire de la transparence le fondement de la gestion financière publique. Mais, il ne faut pas occulter que seule une pratique effective donne tout son sens à une norme juridique.

CODE DE TRANSPARENCE DU BÉNIN

REPUBLIQUE DU BENIN

Fraternité Justice Travail

PRESIDENCE DE LA REPUBLIQUE

DECRET N°2015-035 DU 29 JANVIER 2015 portant Code de transparence dans la gestion des finances publiques en République du Bénin.

LE PRESIDENT DE LA REPUBLIQUE,

CHEF DE L'ETAT,

CHEF DU GOUVERNEMENT

Vu la loi n°90-32 du 11 décembre 1990 portant Constitution de la République du Bénin ;

Vu la loi organique n°2013-14 du 27 septembre 2013 relative aux lois de finances ;

Vu le Traité de l'UEMOA notamment en ses articles 16, 20, 21 et 67 ;

Vu la Directive n°01/2009/CM/UEMOA du 27 mars 2009 portant Code de transparence dans la gestion des finances publiques au sein de l'UEMOA ;

Vu la Directive n°06/CM/UEMOA du 26 juin 2009 portant Lois de Finances au sein de l'UEMOA ;

Vu la Directive n°07/CM/UEMOA du26 juin 2009 portant Règlement Général sur la Comptabilité Publique au sein de l'UEMOA ;

Vu la Directive n°08/CM/UEMOA du 26 juin 2009 portant Nomenclature Budgétaire de l'Etat ;

Vu la Directive n°09/CM/UEMOA du 26 juin 2009 portant Plan Comptable de l'État ;

Vu la Directive n°10/2009/CM/UEMOA du 26 juin 2009 portant Tableau des Opérations Financières de l'Etat (TOFE) au sein de l'UEMOA ;

Vu la proclamation, le 29 mars 2011 par la Cour constitutionnelle, des résultats définitifs de l'élection présidentielle du 13 mars 2011 ;

Vu le décret n°2014-512 du 20 août 2014 portant composition du Gouvernement ;

Vu le décret n°2014-564 du 1er octobre 2014 portant attributions, organisation et fonctionnement du Ministère de l'Economie, des Finances et des Programmes de Dénationalisation ;

Sur proposition du ministre de l'Economie, des Finances et des Programmes de Dénationalisation ;

Le Conseil des Ministres, entendu en sa séance du 24 décembre 2014,

DÉCRÈTE :

CHAPITRE 1 : DES DISPOSITIONS GENERALES

Article 1 : Le présent décret :

- définit les principes et les obligations en matière de gestion des fonds publics ;
- énonce les principes de l'Etat de droit et de démocratie que sont la légalité, la transparence, le contrôle démocratique et la responsabilité dans la collecte et l'utilisation des fonds publics ;
- détermine les missions et responsabilités des institutions de l'État dans la préservation et l'usage des fonds publics pour le bien de tous ;
- met en évidence, à court et à long termes, les impacts des finances publiques sur l'économie ;
- apporte une garantie de sécurité, à travers la clarté et la simplicité de l'organisation et de la procédure de gestion des fonds publics.

Article 2 : Les contribuables et les usagers des services publics sont clairement, régulièrement et complétement informés de tout ce qui concerne la gouvernance et la gestion des fonds publics.

Ils sont mis dans les conditions d'exercer, dans le débat public, leur droit de regard sur les finances de toutes les administrations publiques.

Article 3 : L'État et les autres institutions publiques prennent les dispositions nécessaires pour conformer la préparation et l'adoption des textes se rapportant directement ou indirectement à la gestion des finances publiques aux principes et règles définis par le présent décret.

Les dispositions de l'alinéa premier s'appliquent notamment à la préparation et à l'adoption :

- des lois de Finances ;
- du Règlement Général sur la Comptabilité Publique ;
- du Plan Comptable de l'Etat ;
- de la Nomenclature Budgétaire de l'Etat ;
- du Tableau des Opérations Financières de l'Etat ;
- du Plan Comptable et Nomenclature Budgétaire des Collectivités locales.

CHAPITRE II : DE LA LEGALITE ET DE LA PUBLICITE DES OPERATIONS FINANCIERES PUBLIQUES

Article 4 : Les règles relatives à l'assiette, au taux et au recouvrement des impositions de toute nature sont définies par la loi. Les textes relatifs à la fiscalité sont facilement lisibles et compréhensibles. Une information large, régulière et approfondie sur la fiscalité et ses évolutions est faite au bénéfice des contribuables.

Article 5 : Les contestations liées aux obligations fiscales et non fiscales sont examinées dans les délais tels que fixés par les textes spécifiques.

Article 6 : Aucune dépense publique ne peut être engagée et payée si elle n'est préalablement définie dans un texte législatif ou réglementaire, régulièrement adopté et publié.

L'administration fixe, de façon explicite, les règles et critères qu'elle suit dans le choix des dépenses et l'attribution des crédits. Ces règles sont accessibles au public.

Article 7 : Toutes les dispositions législatives et réglementaires relatives aux marchés publics et aux délégations de service public sont mises à contribution pour amener tous les acteurs concernés par le présent décret à lui assurer toute la garantie de son application.

Article 8 : Toutes ventes de biens publics s'effectuent de manière ouverte et les transactions importantes font l'objet d'une information spécifique.

Article 9 : Les contrats entre l'administration publique et les entreprises, publiques ou privées, notamment les entreprises d'exploitation de ressources naturelles et les entreprises exploitant des concessions de service public, sont clairs et rendus publics. Ces principes valent tant pour la procédure d'attribution du contrat que pour son contenu.

Article 10 : Les relations entre l'administration publique et les entreprises publiques sont régies par des dispositions claires et accessibles au public.

Article 11 : Toute concession de droit d'utilisation ou d'exploitation d'actifs publics ainsi que les partenariats public-privés s'appuient sur des bases juridiques formelles et explicites.

Article 12 : Lorsque les décisions gouvernementales sont susceptibles d'avoir un impact financier, un chiffrage de l'impact budgétaire complet desdites décisions, en recettes comme en dépenses, est rendu public.

CHAPITRE III : DES ATTRIBUTIONS ET DES RESPONSABILITES DES INSTITUTIONS

Article 13 : La répartition des compétences, des charges et des ressources publiques entre les différents niveaux de collectivités publiques ainsi que les relations financières qu'elles entretiennent entre elles, sont clairement définies et font régulièrement l'objet d'une information globale, claire et cohérente.

Article 14 : Les compétences et responsabilités respectives du Gouvernement et de l'Assemblée Nationale en matière de conduite de la politique budgétaire, de choix des dépenses et des recettes publiques ainsi qu'en matière d'exécution et de contrôle budgétaires, sont clairement définies en application de la Constitution et de la loi organique relative aux lois de finances.

Article 15 : En matière budgétaire, l'Assemblée Nationale délibère, chaque année, sur le projet de budget de l'Etat et sur son exécution.

Les députés disposent d'un droit d'information et de communication sans réserve sur tous les aspects relatifs à la gestion des deniers publics.

Article 16 : Un calendrier de préparation du budget est établi et rendu public. Ce calendrier prévoit notamment, dans un délai déterminé précédant le dépôt des projets de loi de finances, la publication par le Gouvernement de ses hypothèses économiques, de ses grandes orientations budgétaires pour l'année à venir et des principales mesures du prochain projet de budget. Le rapport y relatif fait l'objet d'un débat à l'Assemblée Nationale.

Article 17 : Au sein du Gouvernement, le rôle et les responsabilités respectives du ministre en charge des finances, des autres ministres et du chef du Gouvernement sont clairement définis ; les grandes options de politique budgétaire sont arrêtées par le gouvernement en Conseil des Ministres.

Article 18 : Les juridictions compétentes pour statuer sur les litiges et les contentieux en matière de recettes fiscales et non fiscales, en matière de dépenses, de financement, de gestion domaniale, de marchés publics et de délégation de service public sont saisies conformément aux règles de compétence en vigueur en République du Bénin.

Article 19 : Dans les trois (3) mois, suivant chaque élection présidentielle, la situation globale des finances publiques et en particulier la situation du budget de l'Etat et de la dette publique, fait l'objet d'un rapport préparé par le Gouvernement, audité par la juridiction financière et publié.

Cette disposition est applicable aux collectivités locales. La situation globale des finances publiques locales et en particulier, la situation budgétaire de la collectivité fait l'objet d'un rapport préparé par le conseil communal ou municipal dans les trois (3) mois suivant l'élection communale.

Article 20 : Les principes ci-dessus sont transposés au plan local, avec les adaptations nécessaires, pour déterminer en matière de finances publiques, les pouvoirs respectifs des exécutifs locaux et des assemblées délibérantes, ainsi que la procédure budgétaire locale.

CHAPITRE IV : DU CADRE ECONOMIQUE

Article 21 : Le budget de l'Etat s'insère dans un cadre global de politique macroéconomique, financière et budgétaire à moyen terme couvrant l'année à venir et les deux (2) années suivantes. Ce cadre global est conforme aux engagements pris en application du Pacte de stabilité de l'UEMOA et comporte toutes les informations nécessaires à l'application des dispositifs de surveillance associés audit pacte.

Les hypothèses économiques retenues sont explicitées et justifiées.

Article 22 : Le Gouvernement établit et publie, une (1) fois tous les cinq (5) ans au moins, un rapport sur les perspectives d'évolution des finances publiques à long terme permettant notamment d'apprécier leur soutenabilité.

Article 23 : Le solde du budget de l'Etat est arrêté par une loi de finances.

Le solde global consolidé de l'ensemble des administrations publiques ajoutant aux finances de l'Etat, celles des collectivités locales et celles des organismes de protection sociale est publié dans des documents annexés aux lois de finances.

Article 24 : Le Gouvernement publie des informations détaillées sur le niveau et la composition de :

- son endettement interne et externe ;
- ses actifs financiers et de ses principales obligations non liées à la dette notamment sur les droits acquis concernant les retraites de la fonction publique ainsi que sur les garanties accordées aux entités publiques et privées ;
- ses avoirs en ressources naturelles.

Article 25 : La documentation budgétaire rend compte de la situation financière consolidée des :

- collectivités territoriales ;
- organismes de protection sociale ;
- sociétés et établissements publics.

CHAPITRE V : DE L'ELABORATION ET DE LA PRESENTATION DES BUDGETS PUBLICS

Article 26 : Les budgets annuels sont réalistes et sincères tant dans leurs prévisions de dépenses que de recettes.

Article 27 : Les budgets et les comptes publics couvrent l'ensemble des opérations budgétaires et extrabudgétaires de l'administration publique.

Aucune recette ne peut être affectée à une dépense prédéterminée, exception faite, lorsqu'un lien économique réel existe entre une recette donnée et la dépense qu'elle finance.

Article 28 : Les données financières sont présentées sur une base brute, en distinguant les recettes, les dépenses et le financement de la trésorerie.

Les dépenses de fonctionnement et d'investissement sont contenues dans un même budget et la procédure de préparation et d'adoption est unique et commune à ces deux (2) catégories de dépenses.

Article 29 : Des informations comparables à celles du budget de l'année sont fournies sur l'exécution du budget de l'année précédente.

Les changements de règles et périmètres de budgétisation opérés d'une année sur l'autre sont signalés de façon à pouvoir disposer de séries homogènes dans le temps.

Article 30 : A l'appui des documents budgétaires, une description des principales mesures de dépenses et de recettes est fournie sur la base des objectifs et des missions des administrations publiques, en précisant leur contribution aux objectifs de politique économique et leur cohérence avec chacune des grandes politiques publiques conduites par le Gouvernement.

Article 31 : Chaque catégorie de dépenses est prévue et autorisée selon une nomenclature stable et claire permettant de déterminer l'autorité responsable de la gestion du crédit, la nature économique de la dépense et la politique publique à laquelle elle contribue.

Article 32 : Une comparaison des résultats et des objectifs, tant financiers que physiques, des principaux programmes budgétaires représentatifs des politiques publiques est communiquée à l'Assemblée Nationale chaque année.

Article 33 : Le produit de toutes les sources de recettes, y compris celles liées aux activités de mise en valeur des ressources naturelles et à l'assistance extérieure, apparaît de façon détaillée et justifiée dans la présentation du budget annuel.

Article 34 : La nature et le coût budgétaire des exonérations et des dérogations fiscales ainsi que les prêts, les avances et les garanties font l'objet d'une présentation détaillée dans le budget de l'Etat.

Article 35 : Tout écart significatif entre une prévision budgétaire et le résultat effectif correspondant ainsi que toute proposition de révision de prévision et d'autorisation budgétaires font l'objet de justifications détaillées et explicites.

CHAPITRE VI : DE LA MISE EN ŒUVRE DES RECETTES ET DES DEPENSES

Article 36 : Les modifications des budgets publics éventuellement nécessaires dans le courant de l'exercice, sont présentées dans les mêmes formes que celles suivies pour le budget initial.

Article 37 : La situation de l'exécution budgétaire fait l'objet périodiquement, en cours d'année, de rapports publics.

Article 38 : Chaque étape du processus d'exécution de la dépense et de la recette est clairement définie, sans confusion, ni duplication.

Les responsabilités de chacun des acteurs concernés et leurs modalités de contrôle et de sanctions, négatives ou positives sont formellement explicitées.

Article 39 : Les comptes définitifs, contrôlés et accompagnés des rapports de contrôle de la juridiction financière, permettent chaque année de vérifier le respect des autorisations budgétaires ainsi que l'évolution du patrimoine de l'Etat. Ils sont établis conformément aux principes, règles et pratiques comptables internationalement reconnus. Ces comptes sont présentés à l'Assemblée Nationale et publiés avant la présentation du budget suivant.

Article 40 : Les opérations financières des administrations publiques sont soumises aux contrôles internes.

Article 41 : Les finances publiques et les politiques qu'elles soutiennent sont soumises au contrôle externe de la juridiction financière.

Article 42 : Le programme et les méthodes de travail de la juridiction financière ainsi que les conclusions de ses travaux sont établis en toute indépendance du pouvoir exécutif.

Article 43 : La juridiction financière rend publics tous les rapports qu'elle transmet à l'Assemblée Nationale et au Gouvernement.

Elle publie également ses décisions particulières sur son site web s'il en existe, et dans au moins deux (2) journaux nationaux de grande diffusion.

Un suivi de ses recommandations est organisé et les résultats de ce suivi sont régulièrement portés à la connaissance du public.

CHAPITRE VII : DE L'INFORMATION DU PUBLIC

Article 44 : La publication, dans des délais requis, d'informations sur les finances publiques est une obligation légale de l'administration publique.

Article 45 : Le calendrier de diffusion des informations sur les finances publiques est annoncé au début de chaque année.

Article 46 : Le public est régulièrement informé sur les grandes étapes de la procédure budgétaire ainsi que sur leurs enjeux économiques, sociaux et financiers dans un souci de pédagogie et d'objectivité.

Les organes de presse, les partenaires sociaux et tous les acteurs de la société civile sont encouragés à participer à la diffusion des informations ainsi qu'au débat public sur la gouvernance et la gestion des finances publiques.

Article 47 : Les administrations et organismes en charge des statistiques peuvent collecter, traiter et diffuser les informations en toute indépendance par rapport aux autorités politiques.

Article 48 : Les informations et les documents relatifs aux finances publiques mentionnés dans le présent décret sont publiés par les institutions compétentes sur leur site web, dès qu'ils sont disponibles.

Article 49 : Un guide synthétique budgétaire clair et simple est diffusé, à l'intention du public, lors de la confection du budget annuel, pour décomposer les grandes masses des recettes et des dépenses ainsi que leur évolution d'une année à une autre.

CHAPITRE VIII : DE L'INTEGRITE DES ACTEURS

Article 50 : Tous les acteurs des finances publiques notamment les ordonnateurs, les comptables et gestionnaires de programmes ainsi que les hauts fonctionnaires élus ou nommés, sont tenus de se soumettre à la formalité de déclaration de patrimoine en début et en fin de mandat ou de fonction conformément aux dispositions de l'article 3 de la loi n°2011-20 du 12 octobre 2011 portant lutte contre la corruption et autres infractions connexes en République du Bénin.

Article 51 : Le comportement des agents publics est régi par des règles déontologiques claires et largement connues de tous.

Les règles et procédures disciplinaires des agents publics sont renforcées en ce qui concerne les infractions en matière de gestion des finances publiques.

Un code de déontologie spécifique aux élus du peuple et inspiré des dispositions du présent décret, est établi par les organes compétents.

Article 52 : Les sanctions prévues par les lois en vigueur en République du Bénin, sont prononcées à l'encontre de tous ceux qui, élus ou agents de l'Etat, ont à connaître ou à gérer des deniers publics.

La non-dénonciation à la justice de toute infraction à ces règles par tout citoyen qui en a eu connaissance est sanctionnée par les textes en vigueur en la matière.

Article 53 : Les procédures et les conditions d'emploi dans la fonction publique sont fixées par la loi. Nul ne peut être nommé ou affecté dans un poste comportant des responsabilités financières sans qu'aient été vérifiées préalablement ses compétences techniques, ses aptitudes professionnelles et les garanties déontologiques qu'il présente. Des programmes de formation adaptés entretiennent et actualisent ces compétences.

Article 54 : Les administrations et les services en charge de la gestion des finances publiques disposent des conditions financières, matérielles et morales nécessaires à la bonne exécution de leurs missions.

Article 55 : Les administrations financières, fiscales et douanières sont protégées de toute influence politique.

Elles veillent au respect des droits des contribuables et à l'information du public à périodicités définies.

Article 56 : Toutes les ressources des administrations, y compris les ressources spécifiques qu'elles tirent de leurs activités propres, sont entièrement intégrées dans les comptes publics et récapitulées chaque année dans un document transmis à l'Assemblée Nationale.

Article 57 : Les conditions, les modalités et les sources de financement des partis politiques sont fixées par une loi.

Article 58 : Les budgets et les comptes des institutions et des organes constitutionnels sont établis et gérés dans les mêmes conditions de transparence, de sincérité et de contrôle que celles qui sont définies par le présent décret.

CHAPITRE IX : DES DISPOSITIONS DIVERSES ET FINALES

Article 59 : Toutes les personnes qui gèrent les fonds publics, élus ou agents publics, sont assujetties aux obligations d'intégrité et de probité, à la mesure de la confiance qui leur est faite.

Article 60 : Le présent décret qui prend effet à compter de la date de sa signature sera publié au Journal Officiel de la République du Bénin.

Fait à Cotonou, le 29 janvier 2015

Par le Président de la République,

Chef de l'Etat, Chef du Gouvernement,

Dr Boni YAYI

CODE DE TRANSPARENCE DU BURKINA FASO

BURKINA FASO

UNITE-PROGRES-JUSTICE

ASSEMBLEE NATIONALE

CINQUIEME LEGISLATURE

LOI N° 008-2013 /AN

PORTANT CODE DE TRANSPARENCE DANS LA GESTION DES FINANCES PUBLIQUES AU BURKINA FASO

L'ASSEMBLEE NATIONALE,

Vu la Constitution ;

Vu la résolution N°001-2012/AN du 28 décembre 2012, portant validation du mandat des députés ;

a délibéré en sa séance du 23 avril 2013 et adopté la loi dont la teneur suit :

CHAPITRE 1 : DES DISPOSITIONS GÉNÉRALES

Article 1 : La présente loi porte code de transparence dans la gestion des finances publiques au Burkina Faso.

Elle a pour objet de définir les principes et obligations que l'Etat doit respecter dans sa législation comme dans ses pratiques en matière de gestion des deniers publics.

Article 2 : La collecte et l'utilisation des fonds publics respectent les principes de l'Etat de droit à savoir la légalité, la transparence, le contrôle démocratique et la responsabilité.

Les structures de l'Etat, gardiennes de ces principes, intègrent dans leurs missions et responsabilités, leur préservation et leur usage pour le bien de tous.

L'impact des finances publiques sur l'économie, à court terme comme à long terme, est mis en évidence pour que chacun puisse prendre conscience des enjeux qu'il représente.

Le choix des dépenses et des recettes par les pouvoirs publics est clair et intervient au terme d'un débat large et ouvert.

L'organisation et la procédure de gestion des fonds sont claires et simples tout en apportant les garanties de sécurité les plus absolues.

Les citoyens, à la fois contribuables et usagers des services publics, sont clairement, régulièrement et complètement informés de tout ce qui concerne la gouvernance et la gestion des fonds publics. Ils sont mis en capacité d'exercer, dans le débat public, leur droit de regard sur les finances de toutes les administrations publiques.

Les acteurs publics, élus ou fonctionnaires, qui pilotent et gèrent les fonds publics, acceptent les obligations d'intégrité et de rectitude particulièrement exigeantes, à la mesure de la confiance qui leur est faite. Les sanctions prévues doivent être effectivement mises en œuvre.

CHAPITRE II : DE LA LEGALITE ET DE LA PUBLICITE DES OPERATIONS FINANCIERES PUBLIQUES

Article 3 : Les règles relatives à l'assiette, au taux et au recouvrement des impositions de toute nature sont définies par la loi. Les textes relatifs à la fiscalité sont facilement lisibles et compréhensibles. Une information large, régulière et approfondie sur la fiscalité et ses évolutions est faite au bénéfice des contribuables.

Article 4 : Les contestations liées aux obligations fiscales et non fiscales sont examinées en toute impartialité dans les délais raisonnables.

Article 5 : Aucune dépense publique ne peut être engagée et payée si elle n'est préalablement définie dans un texte législatif ou réglementaire, régulièrement adopté et publié.

L'administration fixe de façon explicite les règles et critères qu'elle suit dans le choix des dépenses et l'attribution des crédits. Ces règles sont accessibles au public.

Article 6 : La réglementation applicable aux marchés publics et aux délégations de service public est conforme à la présente loi de transparence ainsi qu'aux normes et meilleures pratiques internationales.

Elle aborde les règles d'éthique et de déontologie qui garantissent notamment la libre prestation des services, la libre circulation des marchandises et la liberté d'établissement ainsi que le principe d'égalité de traitement, de reconnaissance mutuelle, de proportionnalité et de transparence dans la procédure de commande publique.

Article 7 : Les ventes de biens publics s'effectuent de manière ouverte et les transactions importantes font l'objet d'une information spécifique.

Les contrats entre l'administration publique et les entreprises publiques ou privées, notamment les entreprises d'exploitation de ressources naturelles et les entreprises exploitant des concessions de service public, sont clairs et rendus publics. Ces principes valent tant pour la procédure d'attribution du contrat que pour son contenu.

Article 9 : Les relations entre l'administration publique et les entreprises publiques sont régies par des dispositions claires et accessibles au public.

Article 10 : Toute concession de droit d'utilisation ou d'exploitation d'actifs publics ainsi que les partenariats public-privés, s'appuient sur des bases juridiques formelles et explicites.

Article 11 : Lorsque les décisions gouvernementales sont susceptibles d'avoir un impact financier, un chiffrage de l'impact budgétaire complet de ces décisions, en recettes comme en dépenses est rendu public.

CHAPITRE III : DES ATTRIBUTIONS ET DES RESPONSABILITES DES INSTITUTIONS ET STRUCTURES ETATIQUES

Article 12 : La répartition des compétences, des charges et des ressources publiques entre les différents niveaux de collectivités publiques et les relations financières qu'elles entretiennent entre elles, sont clairement définies et font régulièrement l'objet d'une information globale, claire et cohérente.

Article 13 : Les compétences et responsabilités respectives du gouvernement et du Parlement en matière de conduite de la politique budgétaire, de choix des dépenses et des recettes publiques ainsi qu'en matière d'exécution et de contrôle budgétaires, doivent être clairement définies.

Article 14 : En matière budgétaire, le Parlement est appelé à délibérer chaque année sur le projet de budget de l'Etat et sur son exécution. Les parlementaires disposent d'un droit d'information et de communication sans réserve sur tous les aspects relatifs à la gestion des deniers publics.

Le calendrier budgétaire annuel de préparation du budget est établi et rendu public. Ce calendrier prévoit notamment, dans un délai raisonnable précédant le dépôt des projets de loi de finances, la publication par le gouvernement de ses hypothèses économiques, de ses grandes orientations budgétaires pour l'année à venir et des principales mesures du prochain projet de budget. Ce rapport fait l'objet d'un débat au Parlement conformément au délai prévu par la loi portant loi de finances.

Article 16 : Au sein du gouvernement, le rôle et les responsabilités respectives du ministre chargé des finances, des autres ministres et du chef du gouvernement sont clairement définis. Les grandes options de politique budgétaire sont arrêtées collégialement par le gouvernement.

Article 17 : Les juridictions compétentes pour statuer sur les litiges et contentieux en matière de recettes fiscales et non fiscales, en matière de dépenses, de financement, de gestion domaniale, de marchés publics et de délégation de service public ainsi que du partenariat public-privé sont clairement identifiées.

Article 18 : Dans les trois mois suivant chaque alternance politique, la situation globale des finances publiques et en particulier la situation du budget de l'Etat et de son endettement, fait l'objet d'un rapport préparé par le gouvernement, audité et publié par la Cour des comptes.

Article 19 : Les principes et règles de bonne gestion édictés aux articles 12 à 18 ci-dessus sont étendus aux collectivités territoriales, avec les adaptations nécessaires, pour déterminer en matière de gestion des finances publiques locales, les pouvoirs respectifs des exécutifs locaux et des assemblées délibérantes ainsi que la procédure budgétaire locale.

CHAPITRE IV : DU CADRE ECONOMIQUE

Article 20 : Le budget de l'Etat s'insère dans un cadre global de politique macroéconomique, financière et budgétaire à moyen terme couvrant l'année à venir et les deux années suivantes. Les hypothèses économiques retenues sont explicitées et justifiées. Ce cadre global est cohérent avec les engagements pris en application du pacte de stabilité de l'Union économique et monétaire ouest africaine (UEMOA) et comporte toutes les informations nécessaires à l'application des dispositifs de surveillance associés à ce pacte.

Article 21 : Le gouvernement établit et publie, au moins une fois tous les cinq ans, un rapport sur les perspectives d'évolution des finances publiques à long terme permettant notamment d'apprécier leur soutenabilité.

Article 22 : Le solde déficitaire ou excédentaire du budget de l'Etat est arrêté par une loi de finances. Le solde global consolidé de l'ensemble des administrations publiques, ajoutant aux finances de l'Etat, celles des collectivités territoriales et celles des organismes de prévoyance sociale est publié dans des documents annexes aux lois de finances annuelles.

Article 23 : Le gouvernement publie des informations détaillées sur le niveau et la composition de son endettement, interne comme externe, de ses actifs financiers ainsi que de ses avoirs en ressources naturelles. Il publie également ses principales obligations non liées à la dette, notamment sur les droits acquis concernant les retraites de la fonction publique et sur les garanties accordées aux entités publiques comme privées.

Article 24 : La documentation budgétaire rend compte de la situation financière consolidée des collectivités territoriales, des organismes de prévoyance sociale et des finances des sociétés et établissements publics.

CHAPITRE V : DE L'ELABORATION ET DE LA PRESENTATION DES BUDGETS PUBLICS

Article 25 : Les budgets annuels sont réalistes et sincères tant dans leurs prévisions de dépenses que de recettes.

Article 26 : Les budgets et comptes publics, dans un souci d'exhaustivité, couvrent l'ensemble des opérations budgétaires et extrabudgétaires de l'administration publique. Aucune recette ne peut être affectée à une dépense prédéterminée, sauf, lorsqu'un lien économique réel existe entre une recette donnée et la dépense qu'elle finance.

Article 27 : Les données financières sont présentées sur une base brute, en distinguant les recettes, les dépenses et le financement de la trésorerie. Les dépenses de fonctionnement et d'investissement sont réunies dans un même budget et la procédure de préparation et d'adoption est unique et commune à ces deux catégories de dépenses.

Article 28 : Des informations comparables à celles qui ont trait au budget de l'année sont fournies sur l'exécution du budget de l'année précédente. Les changements de règles et périmètres de budgétisation opérés d'une année sur l'autre doivent être signalés de façon à pouvoir disposer de séries homogènes dans le temps.

Article 29 : A l'appui des documents budgétaires, une description des principales mesures de dépenses et de recettes est fournie sur la base des objectifs des missions des administrations publiques, en précisant leur contribution aux objectifs de politique économique et leur cohérence avec chacune des grandes politiques publiques conduites par le gouvernement.

Article 30 : Chaque catégorie de dépense est prévue et autorisée selon une nomenclature stable et claire permettant de déterminer l'autorité responsable de la gestion du crédit, la nature économique de la dépense et la politique publique à laquelle elle contribue.

Une comparaison des résultats et des objectifs, tant financiers que physiques, des principaux programmes budgétaires représentatifs des politiques publiques est communiquée au Parlement chaque année.

Article 32 : Le produit de toutes les sources de recettes, y compris celles liées aux activités de mise en valeur des ressources naturelles et à l'assistance extérieure, apparaît de façon détaillée et justifiée dans la présentation du budget annuel.

Article 33 : La nature et le coût budgétaire des exonérations et dérogations fiscales ainsi que les prêts, avances et garanties font l'objet d'une présentation détaillée à l'occasion de l'adoption du budget annuel.

Article 34 : Tout écart significatif entre une prévision budgétaire et le résultat effectif correspondant ainsi que toute proposition de révision de prévision et d'autorisation budgétaires, font l'objet de justifications détaillées et explicites.

CHAPITRE VI : DE LA MISE EN ŒUVRE DES RECETTES ET DES DEPENSES

Article 35 : Les modifications des budgets publics, éventuellement nécessaires dans le courant de l'exercice, sont présentées dans les mêmes formes que celles suivies pour le budget initial.

Article 36 : La situation de l'exécution budgétaire fait périodiquement l'objet, en cours d'année, de rapports publics.

Article 37 : Chaque étape du processus d'exécution de la dépense et de la recette est clairement définie, sans confusion, ni duplication. Les responsabilités de chacun des acteurs concernés et leurs modalités de contrôle et de sanctions, négatives ou positives, sont formellement explicitées.

Les comptes définitifs, contrôlés et accompagnés des rapports de conformité, permettent chaque année de vérifier le respect des autorisations budgétaires ainsi que l'évolution du patrimoine de l'Etat. Ils sont établis dans le respect des principes, règles et pratiques comptables internationalement reconnus. Ces comptes sont présentés au Parlement et publiés avant l'adoption du budget suivant.

Article 39 : Les activités et les finances de l'Etat, des collectivités territoriales, des organismes de prévoyance sociale et des sociétés et établissements publics sont soumises à un contrôle interne, notamment celui des organes de contrôle de l'ordre administratif.

Article 40 : Les finances publiques et les politiques qu'elles soutiennent sont soumises au contrôle externe de la Cour des comptes.

Le programme et les méthodes de travail de la Cour des comptes ainsi que les conclusions de ses travaux sont établis en toute indépendance du pouvoir exécutif et conformément à la loi organique portant composition, attributions, organisation et fonctionnement de la Cour des comptes et procédure applicable devant elle.

Article 41 : La Cour des comptes rend public tous les rapports qu'elle transmet au Parlement, au gouvernement et au Président du Burkina Faso. Elle publie également ses décisions particulières sur son site web et dans au moins deux journaux d'annonces légales. Un suivi de ses recommandations est fait et les résultats de ce suivi sont régulièrement portés à la connaissance du public.

Article 42 : Les structures en charge des statistiques collectent, traitent et diffusent les informations en toute indépendance par rapport aux autorités politiques.

CHAPITRE VII : DE L'INFORMATION DU PUBLIC

Article 43 : La publication, dans des délais appropriés, d'informations sur les finances publiques est définie comme une obligation légale de l'administration publique.

Article 44 :

Le calendrier de diffusion des informations sur les finances publiques est annoncé au début de chaque année et respecté.

Article 45 : L'information régulière du public sur les grandes étapes de la procédure budgétaire, leurs enjeux économiques, sociaux et financiers est organisés dans un souci de pédagogie et d'objectivité.

La presse, les partenaires sociaux et tous les acteurs de la société civile sont encouragés à participer à la diffusion des informations ainsi qu'au débat public sur la gouvernance et la gestion des finances publiques.

Article 46 : L'ensemble des informations et documents relatifs aux finances publiques mentionnés dans la présente loi sont publiés par les institutions ou structures compétentes sur leurs sites web dès qu'ils sont disponibles.

Article 47 : Un guide synthétique budgétaire clair et simple est diffusé, à destination du grand public, à l'occasion de l'élaboration du budget annuel pour décomposer les grandes masses des recettes et des dépenses ainsi que leur évolution d'une année à l'autre.

CHAPITRE VIII : DE L'INTEGRITE DES ACTEURS

Article 48 : Les détenteurs de toute autorité publique, élus ou hauts fonctionnaires font une déclaration de leur patrimoine en début et en fin de mandat ou de fonction.

Article 49 : Le comportement des agents de l'Etat est régi par des règles déontologiques claires et largement connues de tous. Un code de déontologie spécifique aux élus, inspiré des principes de la présente loi, est établi par le Parlement. Les règles et procédures disciplinaires de la fonction publique sont renforcées en ce qui concerne les infractions en matière de gestion des finances publiques.

Des sanctions, prononcées dans le respect des règles de l'Etat de droit, sont prévues à l'encontre de tous ceux qui, élus ou fonctionnaires, enfreignent les règles de gestion des deniers publics. La non-dénonciation à la justice de toute infraction à ces règles par un agent public qui en aurait eu connaissance est sanctionnée pénalement.

Article 51 : Nul ne peut être nommé ou affecté dans un poste comportant des responsabilités financières sans que ses compétences techniques, ses aptitudes professionnelles et les garanties déontologiques qu'il présente aient été préalablement vérifiées. Ces compétences sont entretenues et actualisées par des programmes de formation adaptés.

Article 52 : Les administrations et services en charge de la gestion des finances publiques disposent des conditions financières, matérielles et morales nécessaires à la bonne exécution de leurs missions.

Article 53 : Les administrations financières, comptables, fiscales et douanières sont protégées par la loi de toute influence politique. Elles veillent au respect des droits des contribuables et rendent publiquement compte de leurs activités à intervalles réguliers définis par un texte réglementaire.

Article 54 : Toutes les ressources de fonctionnement des administrations, y compris les ressources spécifiques qu'elles tirent de leurs activités propres sont entièrement intégrées dans les comptes publics et récapitulées chaque année dans un document transmis au Parlement.

Article 55 : Les conditions, modalités et sources de financement des partis politiques sont déterminées conformément à la loi n° 008-2009/AN du 14 avril 2009 portant financement des partis et formations politiques et des campagnes électorales.

Article 56 : Les budgets et comptes des institutions et organes constitutionnels sont établis et gérés dans les mêmes conditions de transparence, de sincérité et de contrôle que celles qui sont définies par la présente loi pour l'ensemble des administrations.

CHAPITRE IX : DES DISPOSITIONS TRANSITOIRES ET FINALES

Article 57 : Le gouvernement dispose d'un délai de deux ans à compter de la date de promulgation de la présente loi pour :

- adapter le contenu des textes financiers aux principes et règles de transparence ci-dessus édictés ;
- adopter ou faire adopter les textes favorisant une application intégrale des termes de la présente loi.

Article 58 : La présente loi sera exécutée comme loi de l'Etat.

Ainsi fait et délibéré en séance publique à Ouagadougou, le 23 avril 2013

Pour le Président de l'Assemblée nationale,

Le premier Vice-président,

Kanidoua NABOHO

CODE DE TRANSPARENCE DE LA COTE D'IVOIRE

REPUBLIQUE DE COTE D'IVOIRE

Union-Discipline-Travail

LOI ORGANIQUE N°2014-337 DU 05 JUIN 2014 PORTANT CODE DE TRANSPARENCE DANS LA GESTION DES FINANCES PUBLIQUES

L'ASSEMBLEE NATIONALE a adopté,

LE CONSEIL CONSTITUTIONNEL a déclaré conforme à la Constitution ;

LE PRESIDENT DE LA REPUBLIQUE promulgue la loi dont la teneur suit :

Article 1 : Les dispositions de la présente loi instituent un code de transparence devant conduire à l'utilisation des normes et des meilleures pratiques internationales dans la gestion des finances publiques.

Le code définit les principes et obligations qui conditionnent la gestion saine et transparente des finances publiques.

Les dispositions du présent code constituent la référence en matière de gestion administrative et financière.

Article 2 : Au sens de la présente loi organique, la transparence est la franchise, l'intégrité, la loyauté et la clarté dans l'exercice des responsabilités et fonctions assignées. Elle est la qualité de ce qui fait paraître la vérité tout entière sans l'altérer.

La transparence réside également dans l'exhaustivité, la fiabilité dans la diffusion des informations.

Article 3 : Les dispositions du présent code s'appliquent à toute l'Administration publique soumise au droit public financier.

L'Administration publique est l'ensemble des Institutions, des unités administratives centrales, déconcentrées, des Etablissements Publics Nationaux et des entreprises publiques dont les activités de production ou de prestations de services sont financées par des fonds publics.

Article 4 : Les dispositions du présent code s'appliquent notamment :

- au cadre juridique, comptable et statistique des finances publiques ;
- aux attributions et responsabilités dans l'Administration publique en matière financière ;
- à la performance ;
- à la moralisation ;
- à la préparation et à l'exécution du budget ;
- au contrôle des finances publiques ;
- à la sincérité de l'information budgétaire ;
- à l'intégrité des acteurs ;
- à l'accès du public à l'information relative aux finances publiques.

TITRE 1 : CADRE JURIDIQUE DE LA TRANSPARENCE

Article 5 : Le cadre juridique de la transparence est le dispositif constitutionnel, législatif et réglementaire qui régit la gestion des finances publiques.

Article 6 : Outre les dispositions budgétaires et fiscales que prévoit la Constitution, le cadre juridique et comptable des finances publiques est constitué de textes législatifs et règlementaires relatifs :

- aux Lois de Finances ;
- aux attributions, à l'organisation et au fonctionnement de la Cour des Comptes ;
- au Code Général des Impôts ;

- au Code des Douanes ;
- au Code des Marchés Publics ;
- au Règlement Général sur la Comptabilité Publique ;
- à la Nomenclature Budgétaire de l'Etat ;
- au Plan Comptable de l'Etat ;
- au statut des comptables publics ;
- au statut des organes de contrôle ;
- à la nomenclature des pièces justificatives des dépenses de l'Etat.
- au Régime Financier, Fiscal et Domanial des Collectivités territoriales et à tout texte législatif et règlementaire y afférent.

Article 7 : La législation et la réglementation financière, fiscale et comptable s'appliquent aux opérations budgétaires et extrabudgétaires de l'Etat.

Article 8 : Les opérations financières sont régies par les principes budgétaires suivants :

- le principe de la sincérité implique que les lois de finances présentent de façon fiable et fidèle l'ensemble des ressources et des charges de l'État. Leur sincérité s'apprécie compte tenu des informations disponibles et des prévisions qui peuvent raisonnablement en découler ;
- le principe d'unité implique que, pour chaque exercice, toutes les recettes et toutes les dépenses soient inscrites dans un document unique, dénommé budget de l'Etat.

Ce principe connaît des aménagements et dérogations que sont les budgets annexes, les comptes spéciaux du Trésor et les budgets autonomes ;

- le principe d'universalité signifie que l'ensemble des recettes du budget couvre l'ensemble des dépenses. Aucune recette ne peut être affectée à une dépense prédéterminée, sauf, par exception, lorsqu'un lien économique réel existe entre une recette donnée et la dépense qu'elle finance notamment les budgets annexes ou les comptes spéciaux du Trésor qui retracent des dépenses bénéficiant d'une affectation particulière de recette ;
- le principe d'annualité budgétaire consiste à fixer pour une année, la durée de l'autorisation budgétaire. Il implique que toutes les dépenses et toutes les recettes font l'objet de prévisions pour chaque exercice budgétaire et l'exécution des dépenses est autorisée pour la durée d'un exercice budgétaire, qui coïncide avec l'année civile.

Ce principe est soumis à une dérogation, à savoir l'engagement pluriannuel des dépenses d'investissement ;

- le principe de spécialité implique que chaque crédit ait une destination déterminée et soit affecté à un but spécifique et ce, afin d'éviter toute confusion entre les différents crédits que ce soit au moment de l'autorisation ou au moment de l'exécution. Ce principe s'applique également pour les recettes. Il impose une identification précise des différentes sources de revenus alimentant le budget.

Les virements de crédits, les transferts de crédits et les fonds spéciaux constituent les aménagements à ce principe ;

- le principe de l'équilibre budgétaire impose une égalité entre les dépenses et les recettes de l'Etat et des Collectivités Décentralisées. Il implique une complète couverture des dépenses par les recettes et un vote en équilibre des dépenses et recettes de fonctionnement et d'investissement.

CHAPITRE 1 : REGLEMENTATION DES EMISSIONS ET RECOUVREMENTS DES RECETTES

Article 9 : Les émissions et les recouvrements des recettes fiscales et non fiscales sont régis par une législation, une réglementation et des procédures administratives.

Article 10 : Le système fiscal consacre l'égalité de tous les citoyens face à l'impôt.

Le système fiscal repose sur des règles permettant de définir objectivement et équitablement l'assiette de l'impôt et de mobiliser les recettes de manière efficiente.

Les règles relatives à l'assiette, au taux et au recouvrement des impositions de toute nature sont définies par la loi.

Les textes relatifs à la fiscalité sont facilement lisibles et compréhensibles.

Article 11 : Des aides peuvent être octroyées aux entreprises dans le cadre de programmes de dépenses explicites, ou sous forme de régime fiscal préférentiel.

Article 12 : Les contribuables disposent du droit de contester les évaluations de la propriété ou de la richesse ou toute autre décision fiscale selon des procédures claires et lisibles prévues par la loi, auprès d'une autorité administrative ou juridictionnelle.

CHAPITRE II : ENGAGEMENT ET REGLEMENT DES DEPENSES PUBLIQUES

Article 13 : L'engagement et l'emploi des fonds publics sont régis par une législation, une réglementation et des procédures administratives exhaustives en ce qui concerne le budget, la fiscalité et les autres domaines des finances publiques.

Article 14 : Aucune dépense publique ne peut être engagée et payée si elle n'est préalablement définie dans un texte législatif ou réglementaire, régulièrement adopté et publié. L'administration fixe de façon explicite les règles et critères qu'elle suit dans le choix des dépenses et l'attribution des crédits.

Les crédits budgétaires notifiés ne constituent ni un droit ni une obligation mais une autorisation de dépense.

Article 15 : Lorsque les décisions gouvernementales sont susceptibles d'avoir un impact financier, un chiffrage de l'impact budgétaire complet de ces décisions, en recettes comme en dépenses, est obligatoirement effectué.

CHAPITRE III : DISPOSITIONS CONTRACTUELLES

Article 16 : La réglementation applicable aux passations de marchés publics et de délégation de service public est conforme au présent Code de Transparence ainsi qu'aux normes et meilleures pratiques internationales.

Article 17 : Les autorités contractantes s'obligent à définir, de façon complète et neutre, les besoins à satisfaire.

Article 18 : Les dossiers d'appel d'offres contiennent des informations complètes concernant notamment les règles du jeu de la compétition, ces dernières devant être objectives, écrites et compréhensibles par tous.

Article 19 : Il est interdit aux autorités contractantes et aux candidats à un marché ou à un contrat public de s'adonner à des pratiques de corruption ou à des manœuvres frauduleuses.

Article 20 : Aux fins d'application de la présente loi, est coupable :

- de corruption, quiconque offre, donne, sollicite ou accepte un quelconque avantage en vue d'influencer l'action d'un agent public au cours de la sélection ou de l'exécution d'un contrat ;
- de manœuvres frauduleuses, quiconque déforme ou dénature des faits afin d'influencer l'attribution ou l'exécution d'un contrat.

Article 21 : Afin de faire jouer pleinement la concurrence, les autorités contractantes s'obligent à :

- éviter d'octroyer des avantages injustifiés par le biais du favoritisme ou de la prise illégale d'intérêts ;
- fonder exclusivement la comparaison des offres sur des critères mesurables et connus des soumissionnaires avant le dépôt de leurs offres ;
- affranchir l'application des procédures de passation des marchés de l'interventionnisme des autorités supérieures et de toute autre personne ne figurant pas au nombre des acteurs reconnus par la réglementation ;
- s'abstenir d'influencer les décisions des acteurs en évitant, notamment, de s'impliquer dans les opérations et réserver leurs actions à l'approbation des actes posés en amont par les subordonnés.

Article 2 : Tout candidat à un marché public s'oblige à :

- s'abstenir de toutes pratiques de corruption en relation avec l'attribution et l'exécution dudit marché ;
- apporter la preuve d'une règlementation mise en place dans son entreprise afin d'interdire à son personnel, toute implication dans des pratiques de corruption dans la conclusion des marchés publics ;
- rendre public, tout paiement effectué au profit de toute personne physique ou morale, au cours de la procédure de soumission, d'attribution et d'exécution du marché.

Les soumissionnaires s'obligent à éviter les infractions telles que le faux, les ententes illégales, la concurrence déloyale, le dumping et le renoncement injustifié à l'exécution d'un marché.

Article 23 : Les contrats entre l'administration publique et les entreprises, publiques ou privées, notamment les entreprises d'exploitation de ressources naturelles et les entreprises exploitant des concessions de service public, sont clairs et rendus publics.

Ces principes valent tant pour la procédure d'attribution du contrat que pour son contenu.

Article 24 : La réglementation par l'administration publique du secteur bancaire et financier doit être fondée sur des objectifs clairement définis.

Tous les actifs de l'État sous forme de participations dans le secteur bancaire doivent être identifiés dans les documents budgétaires.

L'acquisition, la vente d'actifs et les objectifs visés par les pouvoirs publics doivent être clairement expliqués dans la documentation budgétaire.

Article 25 : Les biens immobiliers appartenant au domaine public de l'Etat sont inaliénables.

Les biens meubles et immeubles corporels et incorporels appartenant à l'Etat ou à tout autre organisme public doté d'un comptable public sont insaisissables.

La vente ou la cession de biens publics appartenant au domaine public de l'Etat ne peut être effectuée qu'après autorisation préalable du Parlement habilitant le gouvernement à procéder à ladite opération.

En application de cette autorisation, le gouvernement prend un acte de déclassement portant transfert du bien concerné au domaine privé de l'Etat.

Les ventes de biens publics s'effectuent de manière ouverte et les transactions font l'objet d'une information spécifique.

Article 26 : Toute concession de droit d'utilisation ou d'exploitation d'actifs publics ainsi que les partenariats publics-privés doivent être subordonnés à l'autorisation préalable du parlement habilitant le gouvernement à procéder à ladite opération.

Article 27 : Il est établi une distinction claire entre les rôles commerciaux et non commerciaux des Compagnies extractives.

Le ministre chargé des Finances et/ou les ministres sectoriels doivent exercer les tâches de surveillance et les responsabilités en matière de décisions stratégiques liées aux activités non commerciales.

TITRE III : ATTRIBUTIONS ET RESPONSABILITES

CHAPITRE 1 : STRUCTURATION ET FONCTIONS DANS L'ADMINISTRATION PUBLIQUE

Article 28 : Au sein du Gouvernement, les rôles et les responsabilités respectifs du chef du Gouvernement, du ministre chargé des Finances et des autres ministres sont clairement définis.

Les grandes options de politique budgétaire sont arrêtées collégialement par le Gouvernement.

Article 29 : La répartition des compétences, des charges et des ressources publiques entre les différentes personnes publiques, et les relations financières qu'elles entretiennent entre elles, sont clairement définies par la loi.

CHAPITRE II : ROLE DES POUVOIRS EXECUTIF, LEGISLATIF ET JUDICIAIRE

Article 30 : Les compétences et les responsabilités respectives du Gouvernement et du Parlement en matière de conduite de la politique budgétaire, de choix des dépenses et des recettes publiques ainsi qu'en matière d'exécution et de contrôle budgétaires, sont clairement définies en application de la Constitution et de la loi organique sur les finances publiques.

Article 31 : Il est établi, par les textes réglementaires, un calendrier de préparation du budget. Ce calendrier prévoit, avant le dépôt du projet de loi de finances, la publication par le Gouvernement de ses hypothèses économiques, de ses grandes orientations budgétaires pour l'année à venir et des principales mesures du prochain projet de budget.

Ce rapport fait l'objet d'un débat d'orientation au Parlement.

Article 32 : En matière budgétaire, le Parlement est appelé à délibérer chaque année sur le projet de budget de l'Etat et sur son exécution. Les parlementaires disposent d'un droit d'information et de communication sans réserve sur tous les aspects relatifs à la gestion des deniers publics.

Article 33 : Les juridictions financière et administrative sont respectivement compétentes pour l'examen des comptes publics de l'Etat, des établissements publics et des Collectivités Décentralisées, pour la vérification de la régularité budgétaire et juridique de l'exécution des budgets et pour le règlement du contentieux fiscal et des contestations liées aux impôts directs et indirects et aux recettes non fiscales.

CHAPITRE III : REPARTITION DES COMPETENCES ENTRE LES DIFFERENTS ECHELONS DE L'ADMINISTRATION PUBLIQUE

Article 34 : La répartition des compétences entre les différentes personnes publiques en matière d'émission d'impôt, de recouvrement de recettes, d'emprunt, d'endettement et de dépenses est clairement définie par les textes législatifs et règlementaires.

Une répartition claire des attributions au sein des administrations publiques est indispensable à la transparence.

Article 35 : Les recettes à répartir et les transferts entre les différentes personnes publiques s'appuient sur des critères ou des formules stables.

Article 36 : Les modalités régissant l'allocation ou la répartition de ces recettes entre l'administration centrale et les Collectivités Décentralisées sont clairement définies et toute modification apportée au système est soumise à des règles et procédures claires.

CHAPITRE IV : RELATIONS ENTRE L'ADMINISTRATION ET LES SOCIETES A PARTICIPATION FINANCIERE PUBLIQUE

Article 37 : L'État est propriétaire de tout ou partie des parts ou actions des sociétés à participations financières publiques.

Article 38 : Les dispositions relatives aux transferts des bénéfices ou aux paiements de dividendes à l'État doivent être clairement définies.

Article 39 : Le rapport annuel des sociétés à participations financières publiques fournit des détails sur le montant des bénéfices distribués, des bénéfices non distribués ou toute autre utilisation des bénéfices, ainsi que sur la part de l'Etat transférée au budget.

Ces informations figurent dans les documents budgétaires annuels.

TITRE IV : BUDGETS PUBLICS

CHAPITRE 1 : CADRAGE MACROECONOMIQUE ET POLITIQUE BUDGETAIRE

Article 40 : Le budget de l'Etat s'insère dans un cadre global de politique macroéconomique, financière et budgétaire à moyen terme couvrant l'année à venir et les deux années suivantes. Les hypothèses économiques retenues sont explicitées et justifiées. Ce cadre global est cohérent avec les engagements pris en application du Pacte de convergence de stabilité et de solidarité de l'UEMOA et comporte toutes les informations nécessaires à l'application des dispositifs de surveillances associés à ce pacte.

Article 41 : Le Gouvernement établit et publie, au moins une fois tous les cinq ans, un rapport sur les perspectives d'évolution des finances publiques à long terme permettant notamment d'apprécier leur soutenabilité.

Article 42 : Le Gouvernement publie, au moins une fois par an, des informations détaillées sur le niveau et la composition de son endettement, interne comme externe, de ses actifs financiers et de ses principales obligations non liées à la dette, notamment sur les droits acquis concernant les retraites de la fonction publique et sur les garanties accordées aux entités publiques ou privées, ainsi que de ses avoirs en ressources naturelles.

Article 43 : Les documents budgétaires et leurs annexes rendent compte de la situation financière consolidée des collectivités décentralisées, des finances des sociétés et établissements publics, et des organismes de protection sociale.

Le cadrage macroéconomique prend en compte toutes les activités du territoire économique.

Il est pluriannuel et couvre l'année à venir et les années suivantes. Il consiste, pour la période considérée à définir, à partir des résultats de l'exercice en cours et des prévisions économiques relatives aux marchés nationaux et internationaux, la valeur des indicateurs macroéconomiques sur lesquels s'appuie le cadrage budgétaire.

Le cadrage macroéconomique permet d'informer le gouvernement sur la situation économique actuelle, afin d'induire les orientations stratégiques de l'Etat à court, moyen et long termes.

Article 44 : Le cadrage budgétaire permet, à partir de l'évaluation des recettes, de définir un montant global de dépenses et de mesurer l'existence ou l'absence de besoins de financement complémentaire. Il permet aussi la répartition globale des crédits entre sections avant toutes les répartitions internes.

Il doit être conforme aux engagements du pacte de stabilité de l'UEMOA et comporter les informations nécessaires à la surveillance multilatérale.

Article 45 : Le solde du budget de l'Etat, qu'il soit en excédent, en équilibre ou en déficit est arrêté dans la loi de finances.

Le solde du budget de l'Etat doit être, le cas échéant, consolidé avec les soldes budgétaires des autres entités publiques et notamment des sociétés publiques, des organismes de protection sociale et des collectivités décentralisées. La justification des soldes concourant au solde consolidé figure dans les annexes de la loi de finances.

CHAPITRE II : PREPARATION DU BUDGET

Article 46 : Les prévisions de recettes et de dépenses doivent être sincères et réalistes afin de minimiser les effets conjoncturels.

Dans un souci d'exhaustivité, les budgets et comptes publics couvrent l'ensemble des opérations budgétaires et extrabudgétaires de l'Administration publique. Aucune recette ne peut être affectée à une dépense prédéterminée, sauf par exception, lorsqu'un lien économique réel existe entre une recette donnée et la dépense qu'elle finance.

Les données financières y sont portées pour leur montant brut, sans compensation ni contraction en distinguant les opérations de recettes, les opérations de dépenses et les opérations de trésorerie.

Article 48 : Les dépenses de fonctionnement et d'investissement sont réunies dans un même budget et la procédure de préparation et d'adoption est unique et commune à ces deux catégories de dépenses.

Article 49 : Le produit de toutes les sources de recettes, y compris celles liées aux activités de mise en valeur des ressources naturelles et à l'assistance extérieure, apparaît de façon détaillée et justifiée dans la présentation du budget annuel de l'Etat.

La nature et le coût budgétaire des dérogations et exonérations fiscales ainsi que les prêts, avances et garanties font l'objet d'une présentation détaillée à l'occasion de l'adoption du budget annuel.

Article 50 : Les lois de finances rectificatives modifiant la répartition et le montant des crédits ou régularisant les décrets d'avance de crédits sont présentés dans les mêmes conditions que la loi de finances initiale.

Article 51 : Chaque catégorie de dépenses est prévue et autorisée selon une nomenclature stable et claire, permettant ainsi de déterminer l'autorité responsable de la gestion du crédit, la nature économique de la dépense et la politique publique à laquelle elle contribue.

Article 52 : La nomenclature doit être la même pour toutes les Administrations publiques ou être, à tout le moins, compatible et conçue pour être invariable dans le temps.

Dans les cas où cela s'avère impossible, les changements de règles ou de périmètres de budgétisation opérés d'une année à l'autre sont signalés de façon à pouvoir disposer de séries homogènes comparables dans l'espace et dans le temps.

Article 53 : A l'appui des documents budgétaires, une description des principales mesures de dépenses et de recettes est fournie sur la base des objectifs des missions des Administrations publiques, en précisant leur contribution aux objectifs de politique économique et leur cohérence avec chacune des grandes politiques publiques conduites par le Gouvernement.

Ces documents prennent en compte les missions de l'Etat, leur déclinaison par programme, les objectifs de performance attendus et leur contribution à la mise en œuvre de la politique voulue par le Gouvernement.

Une comparaison des résultats et des objectifs tant financiers que physiques des principaux programmes budgétaires représentatifs des politiques publiques est communiquée au Parlement, chaque année au moyen de rapports annuels de performance.

CHAPITRE III : EXECUTION BUDGETAIRE

Article 54 : Le gouvernement s'engage à soumettre, chaque année, le projet de budget de l'année suivante au vote du Parlement.

Le budget adopté par le Parlement est promulgué par le Président de la République.

Les crédits sont notifiés aux ordonnateurs des ministères et institutions.

Le Gouvernement exécute le budget de l'Etat conformément aux lois et textes réglementaires en vigueur.

Article 55 : Les budgets et comptes des institutions et organes constitutionnels sont établis et gérés dans les mêmes conditions de transparence, de sincérité et de contrôle que celles qui sont définies par le présent code pour l'ensemble des administrations.

Article 56 : Chaque étape du processus d'exécution de la dépense et de la recette est clairement définie sans confusion ni duplication.

Les procédures administratives et les pièces justificatives, afférentes à chaque étape sont identifiées.

Article 57 : Sauf dérogations admises par la loi organique relative aux lois de finances, les opérations administratives de la dépense sont :

- l'engagement, acte par lequel un organisme public crée ou constate à son encontre une obligation de laquelle résultera une charge ;
- la liquidation, acte qui vérifie la réalité de la dette et arrête le montant de celle-ci après vérification du service fait ;
- l'ordonnancement, acte qui donne ordre au comptable de payer sauf prescription de la dette de l'Etat ;
- le paiement, acte par lequel l'Etat se libère de sa dette. Sous réserve des exceptions prévues par les lois et règlements, les paiements ne peuvent intervenir qu'à l'échéance de la dette, après l'exécution du service, au vu de décisions individuelles d'attribution de subvention, d'allocation ou d'avance.

Article 58 : Les opérations administratives de recettes pour les impôts directs font l'objet de constatation des droits, de liquidation et d'émission d'ordres de recettes sous forme de rôle administratif.

Les ordres de recettes pris en charge par le comptable donnent lieu à paiement ou à recouvrement forcé, par avis à tiers détenteur.

Les recettes d'impôts indirects sont recouvrées par le comptable sur la base des déclarations des contribuables.

Article 59 : La situation de l'exécution budgétaire fait l'objet périodiquement, en cours d'année, de rapports publics.

Tout écart significatif entre une prévision budgétaire et le résultat effectif correspondant ainsi que toute proposition de révision de prévision et d'autorisation budgétaires font l'objet de justifications détaillées et explicites.

Les modifications des budgets publics, éventuellement nécessaires dans le courant de l'exercice, sont présentées dans les mêmes formes que celles suivies pour le budget initial.

Elles doivent être ratifiées par les lois de finances rectificatives.

TITRE V : CONTROLE ET CONTENTIEUX DE L'ACTIVITE FINANCIERE

Article 60 : Les finances publiques sont soumises à un double contrôle : interne et externe.

CHAPITRE 1 : CONTROLE INTERNE

Article 61 : Le contrôle interne désigne le système global de contrôle qui s'exerce au sein de l'Administration par ses services, visant à assurer une bonne application de la réglementation et des procédures en matière financière.

Il consiste en des vérifications systématiques et permanentes intégrées dans le système d'exécution de la dépense publique.

Article 62 : Les contrôles administratifs sont exercés avant, pendant et après l'exécution du budget et des opérations extrabudgétaires conformément aux lois et règlements en vigueur.

CHAPITRE II : CONTROLE EXTERNE

Article 63 : Le contrôle externe est assuré par les institutions extérieures à l'exécutif, notamment le Parlement et la Cour des Comptes.

Article 64 : La Cour des Comptes effectue des contrôles externes soit de sa propre initiative, soit à la demande du Gouvernement ou du Parlement, dans le cadre d'une mission d'audit.

Section 1 : Contrôle juridictionnel

Article 65 : Les finances publiques et les politiques qu'elles soutiennent sont soumises au contrôle juridictionnel de la Cour des Comptes dont l'existence et l'indépendance doivent être garanties par la loi.

Le programme et les méthodes de travail de la Cour des Comptes ainsi que les conclusions de ses travaux sont établis en toute indépendance.

Article 66 : La Cour des Comptes juge les comptes des comptables principaux de l'Etat en application des textes en vigueur.

Article 67 : La Cour des Comptes dispose d'un pouvoir de contrôle sur les services de l'Etat, des établissements publics et des Collectivités Décentralisées.

Elle est chargée de la vérification des comptes et du contrôle de la gestion des entreprises publiques, notamment, des sociétés d'Etat, des sociétés à participation financière publique ou des sociétés anonymes dans lesquelles l'Etat possède la majorité du capital social ou toute entité bénéficiant de fonds publics.

Article 68 : Dans les trois mois suivant chaque mandat, la Cour des Comptes, sur la base d'un rapport préparé par le Gouvernement, procède à un audit de la situation globale des finances publiques. Et en particulier la situation du budget de l'Etat et de son endettement.

Article 69 : Les rapports, conclusions et recommandations issus des contrôles de la Cour des Comptes sont transmis au Gouvernement et au Parlement selon les modalités définies par les lois et règlements en vigueur.

Ces résultats des contrôles de la Cour des Comptes sont publiés et rendus accessibles au public.

Un suivi de ces recommandations est organisé et les résultats de ce suivi sont régulièrement portés à la connaissance du public.

Section 2 : Contrôle parlementaire

Article 70 : Le Parlement contrôle les opérations financières de l'Etat sur la base du rapport spécial et du certificat de conformité établis par la Cour des Comptes pour chaque exercice mais aussi à partir du projet de loi de règlement produit par le ministère des finances et des commentaires qui s'y rapportent.

Il peut aussi diligenter à tout instant une mission d'audit ou d'étude destinée à l'éclairer sur des points qu'il souhaite approfondir.

CHAPITRE III : CONTENTIEUX ET ARBITRAGES

Article 71 : Les organes compétents pour statuer sur les contentieux et procéder aux arbitrages sont :

- les juridictions ;
- les structures de régulation ;

- toute autre instance légalement instituée.

Ils connaissent des contestations liées :

- aux évaluations de la propriété ou de la richesse ;
- aux recettes fiscales et non fiscales ;
- aux dépenses, au financement et à la gestion domaniale ;
- aux marchés publics ;
- à la délégation de service public.

Article 72 : Les contestations liées aux obligations fiscales et non fiscales sont examinées par les juridictions compétentes, dans des délais prévus par les lois et règlements.

TITRE VI : SANCTIONS DES ATTEINTES AUX REGLES SUR LA TRANSPARENCE

Article 73 : Sans préjudice des poursuites pénales prévues en la matière, les élus, fonctionnaires, agents publics ou toute autre personne, dont la responsabilité est engagée dans des infractions aux règles d'exécution des recettes, des dépenses ou de gestion des biens, au détriment de l'État, de diverses collectivités publiques ou d'organismes financés sur fonds publics, en violation des règles prescrites par le présent code, sont passibles de sanctions disciplinaires et pécuniaires prévues par les textes en vigueur.

Article 74 : Sans préjudice de sanctions pénales, la non-dénonciation à la justice ou à toute autre autorité compétente de toute infraction à ces règles par un agent public qui en aurait eu connaissance est passible de sanctions disciplinaires.

Article 75 : Les sanctions prononcées conformément aux textes en vigueur, à l'encontre de tous ceux qui, élus ou agents publics, ont à connaître ou à gérer des deniers publics, sont pleinement exécutées.

Article 76 : Les actes juridiques pris en violation des dispositions du présent code sont nuls.

TITRE VII : INTEGRITE DES ACTEURS

Article 77 : Dans le cadre de la gestion des finances publiques, les agents publics s'obligent, conformément à la Charte d'Ethique et au Code de Déontologie des agents publics, notamment à :

- éviter les conflits d'intérêts ;
- se conformer à leurs obligations et engagements personnels ;
- ne jamais accepter ni solliciter de don ou de faveur susceptible d'avoir une influence sur l'exercice de leurs fonctions ;
- respecter la confidentialité des informations qu'ils détiennent ;
- s'abstenir de toute activité politique susceptible d'ébranler la confiance du public dans leur capacité de s'acquitter impartialement de leur charge dans l'exercice de leurs fonctions.

Article 78 : Les détenteurs de toute autorité publique, élus ou hauts fonctionnaires déclarent leur patrimoine en début et en fin de mandat ou de fonction. Une loi spécifique précise les conditions et le domaine d'application de ce principe et définit les infractions et sanctions de tout enrichissement illicite.

Article 79 : Les procédures et les conditions d'emploi dans la fonction publique sont fixées par la loi.

Article 80 : Les procédures et les conditions d'emploi dans la fonction publique visent à assurer l'égalité de tous à l'accès à l'emploi public. La sélection basée sur le mérite est au centre d'une fonction publique compétente, professionnelle et non partisane.

Nul ne peut être nommé ou affecté dans un poste comportant des responsabilités financières sans qu'aient été vérifiées préalablement, ses compétences techniques, ses aptitudes professionnelles et les garanties déontologiques qu'il présente.

Article 81 : Les personnes publiques sont tenues d'offrir des programmes de formation adaptés susceptibles d'entretenir et d'actualiser les compétences de leurs agents respectifs.

Article 82 : Les comportements des agents de l'Etat sont régis par des règles déontologiques claires, connues de tous et largement diffusées.

Un code de déontologie spécifique aux élus, inspiré des principes du présent code de transparence, est établi par le Parlement.

Les règles et procédures disciplinaires de la fonction publique sont renforcées en ce qui concerne les infractions en matière de finances publiques.

Article 83 : L'Etat met à la disposition des administrations et services en charge de la gestion des finances publiques, les moyens financiers et matériels nécessaires à la bonne exécution de leurs missions.

Les administrations financières, fiscales et douanières sont protégées par la loi de toute influence politique. Elles veillent au respect des droits des contribuables.

TITRE VIII : ACCES DU PUBLIC A L'INFORMATION

CHAPITRE 1 : DISPONIBILITE ET FIABILITE DE L'INFORMATION

Article 84 : Les administrations financières, fiscales et douanières rendent publiquement compte de leurs activités à intervalles réguliers.

Elles publient les informations sur les finances publiques selon un calendrier annoncé au seuil de chaque année, et respecté.

L'ensemble de ces informations et documents est publié par les institutions compétentes sur leur site Internet dès qu'ils sont disponibles.

Article 85 : De manière particulière, l'information régulière du public sur les grandes étapes de la procédure budgétaire, leurs enjeux économiques, sociaux et financiers sont organisés dans un souci de pédagogie et d'objectivité.

La presse, les partenaires sociaux et d'une façon générale tous les acteurs de la société civile sont encouragés à participer à la diffusion des informations ainsi qu'au débat public sur la transparence dans la gestion des finances publiques.

Un guide synthétique budgétaire clair et simple est diffusé, à l'occasion du budget annuel pour décomposer les grandes masses des recettes et des dépenses ainsi que leur évolution d'une année à l'autre.

Article 86 : L'administration s'oblige à mettre à la disposition du public, des documents explicatifs pour l'application des règles et des lois nouvelles relatives aux finances publiques, et à mettre en place des mécanismes permettant aux citoyens d'obtenir des réponses à leurs préoccupations.

Article 87 : Les conditions, les modalités, les montants et les sources de financement des partis politiques sont transparents et font l'objet de publication.

Article 88 : Les textes relatifs à la fiscalité sont facilement lisibles et compréhensibles. Une information large, régulière et approfondie sur la fiscalité et ses évolutions est faite au bénéfice des contribuables.

Article 89 : L'Etat s'engage à mettre en place un organisme national de statistiques avec un statut d'institution indépendante, protégée par une loi.

Article 90 : Les administrations statistiques collectent, traitent et diffusent les informations en toute impartialité et en toute indépendance, conformément aux lois et règlements en vigueur.

Article 91 : Les pratiques et les procédures de l'organisme national de statistiques sont transparentes et crédibles afin de donner confiance aux utilisateurs des statistiques officielles.

L'organisme national de statistiques s'oblige à formuler des observations sur les interprétations erronées et abusives de l'information statistique.

CHAPITRE II : INFORMATIONS SUR LE PROCESSUS BUDGETAIRE

Section 1 : Information sur l'élaboration du budget

Article 92 :

Le calendrier de préparation du budget tel que défini à l'article 32 de la présente loi, est mis à la disposition du grand public.

Article 93 : Les règles et critères suivis par l'Administration dans l'attribution des crédits et le choix des dépenses sont rendus explicites et accessibles au public.

La répartition des charges et des ressources publiques entre les différentes personnes publiques, et les relations financières qu'elles entretiennent entre elles, sont clairement définies et font régulièrement l'objet d'une information globale, claire et cohérente.

Article 94 : Conformément à l'article 15 de la présente loi, le chiffrage de l'impact budgétaire des décisions gouvernementales est rendu public.

Section 2 : Information sur l'exécution du budget

Article 95 : La situation de l'exécution budgétaire fait l'objet périodiquement, en cours d'année, de rapports publics.

Ainsi, chaque étape du processus d'exécution de la dépense et de la recette est clairement définie, sans confusion, ni duplication.

Article 96 : La documentation budgétaire rend compte de la situation financière consolidée des collectivités décentralisées, des organismes de protection sociale et des finances des sociétés et établissements publics.

Ces informations sont portées à la connaissance du grand public.

Article 97 : Les comptes définitifs, contrôlés et accompagnés des rapports de contrôle, permettant chaque année, de vérifier le respect des autorisations budgétaires ainsi que l'évolution du patrimoine de l'Etat, sont publiés avant la présentation du budget suivant.

Article 98 : La Cour des Comptes rend publics tous les rapports qu'elle transmet au Président de la République, au Gouvernement et au Parlement. Elle publie également ses décisions particulières au journal officiel, sur son site web et dans au moins deux journaux nationaux de grande diffusion. Un suivi de ses recommandations est organisé et les résultats portés régulièrement à la connaissance du public.

CHAPITRE III : INFORMATIONS SUR LA SITUATION FINANCIERE, PATRIMONIALE ET SUR LES RESSOURCES NATURELLES NATIONALES

Article 99 : Le Gouvernement s'oblige à publier des informations détaillées sur le niveau et la composition de son endettement, interne comme externe, de ses actifs financiers et de ses principales obligations non liées à la dette, notamment, sur les droits acquis concernant les retraites de la fonction publique ainsi que sur les garanties accordées aux entités publiques et privées.

Article 100 : Le Gouvernement s'oblige à publier, de manière régulière, des informations détaillées sur ses avoirs en ressources naturelles.

Article 101 : La vente ou la cession des biens appartenant au patrimoine de l'Etat, réalisée selon les dispositions de l'article 25 de la présente loi et les transactions importantes effectuées par l'Etat font l'objet d'une large diffusion.

CHAPITRE IV : INFORMATIONS SUR LES RELATIONS ENTRE L'ETAT ET LE SECTEUR PRIVE

Article 102 : Les passations de marchés doivent être réalisées en conformité avec le Code des marchés publics.

Article 103 : L'Etat s'engage à rendre publiques, toutes les dispositions relatives aux contrats passés entre l'administration publique et les entreprises publiques ou privées d'exploitation des ressources naturelles et les entreprises exploitant des concessions de service public.

Article 104 : La présente loi sera publiée au Journal Officiel de la République de Côte d'Ivoire et exécutée comme loi de l'Etat.

Fait à Abidjan, le 05 juin 2014
Alassane OUATTARA, Président de la République

CODE DE TRANSPARENCE DU MALI

PRESIDENCE DE LA REPUBLIQUE DU MALI
Un Peuple - Un But - Une Foi
SECRETARIAT GENERAL

Loi N°2013-031 DU 23 JUILLET 2013
PORTANT APPROBATION DU CODE DE TRANSPARENCE DANS LA GESTION DES FINANCES PUBLIQUES

L'Assemblée Nationale a délibéré et adopté en sa séance du 9 mai 2013 ;

Le Président de la République promulgue la loi dont la teneur suit :

Article 1 : Est approuvé le Code de Transparence dans la Gestion des Finances Publiques tel qu'annexé à la présente loi.

Article 2 : Les textes se rapportant directement ou indirectement à la gestion des finances publiques doivent répondre aux principes et règles définis par le présent Code.

Les dispositions de l'alinéa 1 du présent article s'appliquent notamment aux textes portant :

- lois de finances ;
- Règlement Général sur la Comptabilité Publique ;
- Plan Comptable de l'Etat ;
- Nomenclature Budgétaire de l'Etat ;
- Tableau des Opérations Financières de l'Etat ;
- Plan Comptable et Nomenclature Budgétaire des Collectivités Territoriales.

Article 3 : La présente loi sera enregistrée et publiée au Journal officiel.

Bamako, le 23 JUILLET 2013

Le Président de la République par intérim,

Professeur Dioncounda TRAORE

ANNEXE

CODE DE TRANSPARENCE DANS LA GESTION DES FINANCES PUBLIQUES

PRÉAMBULE

L'argent public est au cœur de l'État de droit et de la démocratie.

La collecte et l'utilisation des fonds publics respectent les principes de l'État de droit : la légalité, la transparence, le contrôle démocratique et la responsabilité. Les institutions de l'État, gardiennes de ce bien commun, ont chacune leurs missions et responsabilités dans sa préservation et son usage pour le bien de tous. Les impacts des finances publiques sur l'économie, à court terme comme à long terme, sont mis en évidence pour que chacun puisse prendre conscience des enjeux qu'ils représentent. Le choix des dépenses et des recettes par les pouvoirs publics est clair et intervient au terme d'un débat large et ouvert. L'organisation et la procédure de gestion des fonds sont claires et simples tout en apportant les garanties de sécurité les plus absolues. Les citoyens, à la fois contribuables et usagers des services publics, sont clairement, régulièrement et complètement informés de tout ce qui concerne la gouvernance et la gestion des fonds publics : ils sont mis en capacité d'exercer, dans le débat public leur droit de regard sur les finances de toutes les administrations publiques. Les acteurs publics qui pilotent et gèrent les fonds publics, élus ou fonctionnaires, acceptent des obligations d'intégrité et de rectitude particulièrement exigeantes, à la mesure de la confiance qui leur est faite. Les sanctions prévues sont effectivement mises en œuvre.

Dans cette perspective, le présent Code de transparence définit les principes et obligations que la République du Mali respecte, dans sa législation comme dans ses pratiques, aussi bien pour la gestion des fonds de l'État que celle des autres administrations publiques.

1 - LEGALITE ET PUBLICITE DES OPERATIONS FINANCIERES PUBLIQUES

1.1 Les règles relatives à l'assiette, au taux et au recouvrement des impositions de toute nature sont définies par la loi. Les textes relatifs à la fiscalité sont facilement lisibles et compréhensibles. Une information large, régulière et approfondie sur la fiscalité et ses évolutions est faite au bénéfice des contribuables.

1.2 Les contestations liées aux obligations fiscales et non fiscales sont examinées dans des délais raisonnables.

1.3 Aucun dépense publique ne peut être engagée et payée si elle n'est préalablement définie dans un texte, législatif ou réglementaire, régulièrement adopté et publié. L'administration fixe de façon explicite les règles et critères qu'elle suit dans le choix des dépenses et l'attribution des crédits. Ces règles sont accessibles au public.

1.4 La réglementation applicable aux passations de marchés publics et de délégations de service public est conforme au présent Code de transparence ainsi qu'aux normes et meilleures pratiques internationales.

1.5 Les ventes de biens publics s'effectuent de manière ouverte, et les transactions importantes font l'objet d'une information spécifique.

1.6 Les contrats entre l'administration publique et les entreprises, publiques ou privées, notamment les entreprises d'exploitation de ressources naturelles et les entreprises exploitant des concessions de service public, sont clairs et rendus publics. Ces principes valent tant pour la procédure d'attribution du contrat que pour son contenu.

1. 7 Les relations entre l'administration publique et les entreprises publiques sont régies par des dispositions claires et accessibles au public.

1.8 Toute concession de droit d'utilisation ou d'exploitation d'actifs publics, ainsi que les partenariats public-privés, s'appuient sur des bases juridiques formelles et explicites.

1.9 Lorsque les décisions gouvernementales sont susceptibles d'avoir un impact financier, un chiffrage de l'impact budgétaire complet de ces décisions, en recettes comme en dépenses, est rendu public.

2 - ATTRIBUTIONS ET RESPONSABILITES DES INSTITUTIONS

2.1 La répartition des compétences, des charges et des ressources publiques entre les différents niveaux de collectivités publiques, et les relations financières qu'elles entretiennent entre elles, sont clairement définies et font régulièrement l'objet d'une information globale, claire et cohérente.

2.2 Les compétences et responsabilités respectives du Gouvernement et du Parlement en matière de conduite de la politique budgétaire, de choix des dépenses et des recettes publiques, ainsi qu'en matière d'exécution et de contrôle budgétaires, sont clairement définies en application de la Constitution et de la loi sur les finances publiques.

2.3 En matière budgétaire, le Parlement est appelé à délibérer chaque année sur le projet de budget de l'État et sur son exécution. Les parlementaires disposent d'un droit d'information et de communication sans réserve sur tous les aspects relatifs à la gestion des deniers publics.

2.4 Est établi et rendu public un calendrier budgétaire annuel de préparation du budget. Ce calendrier prévoit notamment, dans un délai raisonnable, précédant le dépôt des projets de lois de finances, la publication par le Gouvernement de ses hypothèses économiques, de ses grandes orientations budgétaires pour l'année à venir et des principales mesures du prochain projet de budget : ce rapport fait l'objet d'un débat au Parlement.

2.5 A l'intérieur du Gouvernement, le rôle et les responsabilités respectives du ministre chargé des finances, des autres ministres et du chef du Gouvernement sont clairement définis ; les grandes options de politique budgétaire sont arrêtées collégialement par le Gouvernement.

2.6 Les juridictions compétentes pour statuer sur les litiges et contentieux en matière de recettes fiscales et non fiscales, en matière de dépenses, de financement, de gestion domaniale, de marchés publics et de délégation de service public sont clairement identifiés.

2. 7 Dans les trois mois suivant chaque alternance politique, la situation globale des finances publiques, et en particulier la situation du budget de l'État et de son endettement, fait l'objet d'un rapport préparé par le Gouvernement et audité par un organe public indépendant et publié.

2.8 Les principes ci-dessus sont transposés au plan local, avec les adaptations nécessaires, pour déterminer en matière de finances publiques, les pouvoirs respectifs des exécutifs locaux et des assemblées délibérantes, ainsi que la procédure budgétaire locale.

3 - CADRE ECONOMIQUE

3. 1 Le budget de l'État s'insère dans un cadre global de politique macroéconomique, financière et budgétaire à moyen terme couvrant l'année à venir et les deux années suivantes. Les hypothèses économiques retenues sont explicitées et justifiées. Ce cadre global est cohérent avec les engagements pris en application du Pacte de stabilité de l'UEMOA et comporte toutes les informations nécessaires à l'application des dispositifs de surveillance associés à ce pacte.

3.2 Le Gouvernement établit et publie, au moins une fois tous les cinq ans, un rapport sur les perspectives d'évolution des finances publiques à long terme permettant notamment d'apprécier leur soutenabilité.

3.3 Le solde (déficit, équilibre ou excédent) du budget de l'État est arrêté par une loi de finances. Le solde global consolidé de l'ensemble des administrations publiques, ajoutant aux finances de l'État, celles des collectivités locales et celles des organismes de protection sociale, est publié dans des documents annexes aux lois de finances.

3.4 Le Gouvernement publie des informations détaillées sur le niveau et la composition de son endettement, interne comme externe, de ses actifs financiers et de ses principales obligations non liées à la dette (notamment sur les droits acquis concernant les retraites de la fonction publique, ainsi que sur les garanties accordées aux entités publiques comme privées), ainsi que de ses avoirs en ressources naturelles.

3.5 La documentation budgétaire rend compte de la situation financière consolidée des collectivités territoriales. Des organismes de protection sociale et des finances des sociétés et établissements publics.

4 - ELABORA TI ON ET PRESENTATION DES BUDGETS PUBLICS

4.1 Les budgets annuels sont réalistes et sincères tant dans leurs prévisions de dépenses que de recettes.

4.2 Les budgets et comptes publics, dans un souci d'exhaustivité, couvrent l'ensemble des opérations budgétaires et extrabudgétaires de l'administration publique. Aucune recette ne peut être affectée à une dépense prédéterminée, sauf, par exception, lorsqu'un lien économique réel existe entre une recette donnée et la dépense qu'elle finance.

4.3 Les données financières sont présentées sur une base brute, en distinguant les recettes, les dépenses et le financement de la trésorerie. Les dépenses de fonctionnement et d'investissement sont réunies dans un même budget et la procédure de préparation et d'adoption est unique et commune à ces deux catégories de dépenses.

4.4 Des informations comparables à celles du budget de l'année sont fournies sur l'exécution du budget de l'année précédente ; les changements de règles et périmètres de budgétisation, opérés d'une année sur l'autre, sont signalés de façon à pouvoir disposer de séries homogènes dans le temps.

4.5 A l'appui des documents budgétaires, une description des principales mesures de dépenses et de recettes est fournie sur la base des objectifs des missions des administrations publiques, en précisant leur contribution aux objectifs de politique économique et leur cohérence avec chacune des grandes politiques publiques conduites par le Gouvernement.

4.6 Chaque catégorie de dépenses est prévue et autorisée selon une nomenclature stable et claire permettant de déterminer l'autorité responsable de la gestion du crédit, la nature économique de la dépense et la politique publique à laquelle elle contribue.

4.7 Une comparaison des résultats et des objectifs, tant financiers que physiques, des principaux programmes budgétaires représentatifs des politiques publiques est communiquée au Parlement chaque année.

4.8 Le produit de toutes les sources de recettes, y compris celles liées aux activités de mise en valeur des ressources naturelles et à l'assistance extérieure, apparaît de façon détaillée et justifiée dans la présentation du budget annuel.

4.9 La nature et le coût budgétaire des exonérations et dérogations fiscales, ainsi que les prêts, avances et garanties, font l'objet d'une présentation détaillée à l'occasion de l'adoption du budget annuel.

4.10 Tout écart significatif entre une prévision budgétaire et le résultat effectif correspondant, ainsi que toute proposition de révision de prévision et d'autorisation budgétaires, font l'objet de justifications détaillées et explicites.

5 - MISE EN OEUVRE DES RECETTES ET DES DEPENSES

5.1 Les modifications des budgets publics, éventuellement nécessaires dans le courant de l'exercice, sont présentées dans les mêmes formes que celles suivies pour le budget initial.

5.2 La situation de l'exécution budgétaire fait l'objet périodiquement, en cours d'année, de rapports publics.

5.3 Chaque étape du processus d'exécution de la dépense et de la recette est clairement définie, sans confusion, ni duplication. Les responsabilités de chacun des acteurs concernés, et leurs modalités de contrôle et de sanctions, négatives ou positives, sont formellement explicitées.

5.4 Les comptes définitifs, contrôlés et accompagnés des rapports de contrôle, permettent chaque année, de vérifier le respect des autorisations budgétaires, ainsi que l'évolution du patrimoine de l'État. Ils sont établis dans le respect des principes, règles et pratiques comptables internationalement reconnus. Ces comptes sont présentés au Parlement et publiés avant la présentation du budget suivant.

5.5 Les activités et les finances des administrations publiques sont soumises à un contrôle interne.

5.6 Les finances publiques et les politiques qu'elles soutiennent sont soumis au contrôle de la Juridiction des Comptes. Le programme et les méthodes de travail de la Juridiction des Comptes, ainsi que les conclusions de ses travaux, sont établis en toute indépendance du pouvoir exécutif.

5. 7 La Juridiction des Comptes rend publics tous les rapports qu'elle transmet au Parlement, au gouvernement et au Président de la République. Elle publie également les décisions particulières sur son site web, s'il existe, et dans au moins deux grands journaux de grande diffusion. Un suivi est organisé et les résultats de ce suivi sont régulièrement portés à la connaissance du public.

5.8 Les administrations statistiques peuvent collecter, traiter et diffuser les informations en toute indépendance par rapport aux autorités politiques.

6 - INFORMATION DU PUBLIC

6.1 La publication, dans des délais appropriés, d'informations sur les finances publiques est définie comme une obligation légale de l'administration publique.

6.2 Le calendrier de diffusion des informations sur les finances publiques est annoncé au seuil de chaque année et respecté.

6.3 L'information régulière du public sur les grandes étapes de la procédure budgétaire, et leurs enjeux économiques, sociaux et financiers, sont organisés dans un souci de pédagogie et d'objectivité ; la presse, les partenaires sociaux, et d'une façon générale tous les acteurs de la société civile, sont encouragés à participer à la diffusion des informations, ainsi qu'au débat public sur la gouvernance et la gestion des finances publiques.

6.4 L'ensemble des informations et documents relatifs aux finances publiques, mentionnés dans le présent Code de transparence, sont publiés par les institutions compétentes sur leur site internet dès qu'ils sont disponibles.

6.5 Un guide synthétique budgétaire clair et simple est diffusé, à destination du grand public, à l'occasion du budget annuel pour décomposer les grandes masses des recettes et des dépenses, ainsi que leur évolution d'une année à l'autre.

7 - INTEGRITE DES ACTEURS

7 .1 Les détenteurs de toute autorité publique, élus ou hauts fonctionnaires, font une déclaration de leur patrimoine en début et en fin de mandat ou de fonction. Une loi spécifique précise les conditions et le périmètre d'application de ce principe et définit les infractions et sanctions de tout enrichissement illicite.

7.2 Le comportement des agents de l'État est régi par des règles déontologiques claires et largement connues de tous. Un code de déontologie spécifique aux élus, inspiré des principes du présent Code de transparence, est établi par le Parlement. Les règles et procédures disciplinaires de la fonction publique sont renforcées en ce qui concerne les infractions en matière de finances publiques.

7.3 Des sanctions, prononcées dans le respect des règles de l'État de droit, sont prévues à l'encontre de tous ceux qui, élus ou fonctionnaires, ont à connaître ou à gérer des deniers publics. La non-dénonciation à la justice de toute infraction à ces règles, par, un agent public qui en aurait eu connaissance, est sanctionnée pénalement.

7.4 Les procédures et les conditions d'emploi dans la fonction publique sont fixées par la loi. Nul ne peut être nommé ou affecté dans un poste comportant des responsabilités financières sans qu'aient été vérifiées préalablement ses compétences techniques, ses aptitudes professionnelles et les garanties déontologiques qu'il présente. Des programmes de formation adaptés entretiennent et actualisent ces compétences.

7 .5 Les administrations et services en charge de la gestion des finances publiques disposent des conditions financières, matérielles et morales nécessaires à la bonne exécution de leurs missions.

7 .6 Les administrations financières, fiscales et douanières sont protégées par la loi de toute influence politique. Elles veillent au respect des droits des contribuables et à l'information du public à intervalles réguliers de leurs activités.

7.7 Toutes les ressources de fonctionnement des administrations, y compris les ressources spécifiques qu'elles tirent de leur activité propre, sont entièrement intégrées dans les comptes publics et récapitulées chaque année dans un document transmis au Parlement.

7.8 Les conditions, modalités et sources de financement des partis politiques sont fixées dans une loi spécifique.

7 .9 Les budgets et comptes des institutions et organes constitutionnels sont établis et gérés dans les mêmes conditions de transparence, de sincérité et de contrôle que celles qui sont définies par le présent Code pour l'ensemble des administrations.

REPUBLIQUE DU MALI
PRIMATURE
SECRETARIAT GENERAL
DU GOUVERNEMENT
Un Peuple - Un But - Une Foi

DECRET N°2014- 6007 /P-RM DU 13 AOUT 2014 PORTANT MODALITES D'ACCES AUX INFORMATIONS ET DOCUMENTS ADMINISTRATIFS RELATIFS A LA GESTION DES FINANCES PUBLIQUES ET DE LEUR PUBLICATION

LE PRESIDENT DE LA REPUBLIQUE,

Vu la Constitutio ;

Vu la loi 11°98-012 du 19 janvier 1998 régissant les relations entre l'administration et les usagers des services publics ;

Vu la loi n° 20 l 3-031 du 23 juillet 2013 portant approbation du Code de Transparence dans la Gestion des Finances Publiques;

Vu le Décret n°2014-0250/P-RM du 05 avril 2014 portant nomination du Premier ministre ;

Vu le Décret n° 2014-0257/P-RM du 11 avril 2014, modifié, portant nomination des membres du Gouvernement ;

STATUANT EN CONSEIL DES MINISTRES,

DÉCRÈTE :

TITRE I : DISPOSITIONS GÉNÉRALES

Article 1er : Le présent décret détermine les modalités d'accès aux informations et documents administratifs relatifs à la gestion des finances publiques et de leur publication.

Article 2 : Sont considérés comme informations et documents administratifs relatifs aux finances publiques, quels que soient leur date, leur lieu de conservation, leur forme et leur support, les informations et documents produits ou reçus, dans le cadre de la gestion des finances publiques, par l'Etat, les collectivités territoriales ainsi que par les autres personnes de droit public ou les personnes de droit privé chargées d'une telle mission.

Ces informations et documents sont constitués, notamment, de textes législatifs et réglementaires, de directives, d'instructions, de circulaires, de notes et réponses ministérielles, de correspondances, d'avis, de prévisions, de décisions, de dossiers, de rapports, d'études, de comptes rendus, de procès-verbaux et de statistiques.

TITRE II : DE L'ACCES AUX INFORMATIONS ET AUX DOCUMENTS ADMINISTRATIFS RELATIFS A LA GESTION DES FINANCES PUBLIQUES

CHAPITRE I : DU DROIT D'ACCES

Article 3 : Les administrations mentionnées à l'article 2 sont tenues de communiquer les informations et documents administratifs relatifs à la gestion des finances publiques qu'elles détiennent aux personnes qui en font la demande, sous réserve des dispositions des articles 1 0 à 14.

Le droit à communication ne s'applique qu'à des documents achevés. Il ne concerne pas les documents préparatoires à une décision administrative tant qu'elle est en cours d'élaboration.

Le dépôt aux archives publiques des documents administratifs relatifs à lagestion des finances publiques communicables ne fait pas obstacle au droit à communication à tout moment desdits documents.

Lorsqu'une administration mentionnée à l'article 2 est saisie d'une demande de communication portant sur un document administratif relatif à la gestion des finances publiques qu'elle ne détient pas, mais qui est détenu par une autre administration mentionnée au même article, elle la transmet à cette dernière et en avise le demandeur.

L'accès et la communication des actes et documents produits ou reçus par l'Assemblée Nationale et par la Juridiction des comptes sont régis par le règlement intérieur relatif au fonctionnement de l'Assemblée Nationale et la loi organique fixant l'organisation, les règles de fonctionnement et la procédure suivie devant la Juridiction des comptes.

Article 4 : La demande de communication d'un document administratif relatif à la gestion des finances publiques doit être écrite de façon claire et précise auprès de l'administration qui dispose dudit document. Elle doit être timbrée sous peine de rejet.

Article 5 : Toute décision de refus d'accès aux documents administratifs relatifs à la gestion des finances publiques doit être motivée et notifiée au demandeur. Elle doit indiquer le délai et les voies de recours offertes au demandeur.

Article 6 : Le silence gardé pendant plus d'un (1) mois par l'autorité compétente saisie d'une demande de communication de documents administratifs relatifs à la gestion des finances publiques vaut décision de refus.

Le demandeur peut, dans les quinze (15) jours qui suivent la décision de refus, faire appel auprès du chef hiérarchique de cette autorité qui doit lui répondre dans les dix (10) jours de la date de la réception de sa demande en appel.

Le demandeur qui n'est pas satisfait de la décision du chef hiérarchique de l'autorité saisie peut faire appel devant le tribunal administratif dans un délai de deux (2) mois à compter de la notification du refus ou de l'expiration du délai fixé au premier alinéa.

Article 7 :L'accès aux documents administratifs relatifs à la gestion des finances publiques se fait au choix du demandeur et dans la limite des possibilités techniques de l'administration :

- par consultation gratuite sur place, sauf si la préservation du document ne le permet pas ;
- par la délivrance, sous réserve que la reproduction ne nuise pas à la conservation du document, d'une copie sur un support identique à celui utilisé par l'administration ou compatible avec celui-ci et aux frais du demandeur, sans que ces frais puissent excéder le coût de cette reproduction ;
- par courrier électronique et sans frais, lorsque le document est disponible sous forme électronique et, le cas échéant, par consultation du site internet de l'administration concernée.

Article 8 : Les administrations qui produisent ou détiennent des informations publiques relatives aux finances publiques tiennent à la disposition des usagers un répertoire des principaux documents dans lesquels ces informations figurent.

Ce répertoire doit être accessible sur le site internet de ces administrations.

En application des paragraphes 1.1, 1.3, 1.5, l.6, 1.7, 1.9, 2.1, 2.3, 2.4, 2.7, 3.2, 3.4, 4.4, 4.7, 4.9, 5.7, 6.5 de la loi portant approbation du Code de Transparence dans la Gestion des Finances Publiques, les informations sont accessibles par thèmes ou par types, ainsi qu'il suit:

- la fiscalité et ses évolutions ;
- les règles et critères que l'administration suit dans le choix des dépenses et l'attribution des crédits budgétaires et le calendrier budgétaire annuel de préparation du budget ;
- les ventes des biens publics et transactions importantes ;
- les contrats entre l'administration publique et les entreprises publiques ou privées, notamment les entreprises d'exploitation de ressources naturelles et les entreprises exploitant des concessions de service public, tant pour la procédure d'attribution du contrat que pour son contenu ;
- les décisions gouvernementales ayant un impact financier ;
- l'information de l 'Assemblée Nationale sur la gestion des deniers publics ;
- les rapports sur la situation des finances publiques ;
- la nature et le coût budgétaire des exonérations et dérogations fiscales ;
- les guides synthétiques budgétaires.

Article 9 : A l'occasion de la livraison du document, les frais correspondant au coût de reproduction et, le cas échéant d'envoi de celui-ci sont mis à la charge du demandeur.

Les frais, autres que le coût de l'envoi postal, sont établis dans des conditions fixées par arrêté du ministre chargé des finances. Ils ne peuvent excéder des montants définis dans les mêmes conditions.

Le demandeur est avisé du montant total des frais à acquitter.

CHAPITRE II : DES EXCEPTIONS AU DROIT D'ACCES

Article 10 :L'administration n'est pas tenue de répondre plus d'une fois au même demandeur, en cas de répétition de ses demandes portant sur un même objet sans motif.

Article 11 : Ne sont pas communicables, les documents administratifs relatifs à la gestion des finances publiques dont la consultation ou la communication porterait atteinte à la recherche, par les services compétents, des infractions fiscales et douanières.

Ne sont communicables qu'à l'intéressé, les documents dont la communication porterait atteinte à la protection de la vie privée et au secret en matière commerciale et industrielle.

Article 12 : Le responsable d'une administration peut refuser la communication de documents contenant :

- des renseignements dont la divulgation risquerait de porter préjudice à la conduite des affaires judiciaires ;
- des renseignements concernant la quantité, les caractéristiques, les capacités ou le déploiement des armes ou des matériels de défense, ou de tout ce qui est conçu, mis au point, produit ou prévu à ces fins;
- des renseignements qui permettraient de remonter à une source de renseignements confidentielle ;
- des renseignements obtenus ou préparés au cours d'une enquête.

Article 13 : Le responsable d'une administration peut refuser la communication de documents contenant des renseignements dont la communication risquerait de porter un préjudice aux intérêts financiers d'un organisme public ou à la capacité du gouvernement de gérer l'économie du pays ou encore d'accorder des avantages injustifiés à une personne.

Ces renseignements peuvent notamment porter sur :

- les projets de changement des taux tarifaires, des taxes, impôts ou droits ou des autres sources de revenu ;
- les projets de vente ou d'achat de valeurs mobilières ;
- les projets de vente ou d'acquisition de terrains ou autres biens.

Article 14 : Les responsables des administrations de contrôle ne sont pas tenus de communiquer les documents qui contiennent des renseignements créés ou obtenus par eux ou pour leur compte dans le cadre de tout examen, enquête ou vérification fait par eux ou sous leur autorité.

Toutefois, aucune des autorités mentionnées à l'alinéa premier du présent article ne peut se prévaloir de cet alinéa pour refuser de communiquer les documents qui contiennent des renseignements créés par lui ou pour son compte dans le cadre de toute enquête ou vérification faite par lui ou sous son autorité une fois que l'enquête ou la vérification et toute instance afférente sont terminées.

TITRE III : DE LA PUBLICATION DES INFORMATIONS ET DOCUMENTS ADMINISTRATIFS RELATIFS A LA GESTION DES FINANCES PUBLIQUES

Article 15 : Font l'objet d'une publication, les informations et documents administratifs relatifs aux finances publiques mentionnées au 2e alinéa de l'article 2.

Toutefois, sauf dispositions législatives contraires, les informations et documents administratifs financiers, entrant dans le champ d'application de l'article 8 du présent décret et comportant des mentions à caractère personnel, ne peuvent être rendus publics qu'après avoir fait l'objet d'un traitement afin d'occulter ces mentions ou de rendre impossible l'identification des personnes qui y sont nommées.

Article 16 : Les informations et documents administratifs mentionnés au 2e alinéa de l'article 2 du présent décret émanant des administrations centrales de l'Etat sont publiés dans des bulletins ayant une périodicité au moins trimestrielle.

Cette publication peut intervenir par voie électronique.

Des arrêtés ministériels déterminent, pour chaque administration, le titre exact du ou des bulletins la concernant, la matière couverte par ce ou ces bulletins ainsi que le lieu ou le site internet où le public peut les consulter ou s'en procurer copie.

Article 17 : Les informations et documents administratifs mentionnés au 2^e^alinéa de l'article 2 du présent décret qui émanent des collectivités territoriales, des établissements publics, des autres personnes de droit public et des personnes de droit privé chargées de la gestion d'un service public, sont publiées au choix de leur organe délibérant :

- soit par insertion dans un bulletin lorsqu'il a une périodicité au moins trimestrielle ;
- soit par transcription dans les trois mois sur un registre tenu à la disposition du public. Cette publication peut intervenir par voie électronique.

Article 18 : La publication prévue aux articles 15 à 1 7 intervient dans les quatre mois suivant la date du document.

TITRE IV : LA PERSONNE RESPONSABLE DE L'ACCÈS AUX INFORMATIONS ET DOCUMENTS ADMINISTRATIFS RELATIFS A LA GESTION DES FINANCES PUBLIQUES ET DE LEUR PUBLICATION

Article 19 : Le ministre en charge des finances, la juridiction des comptes, les organes indépendants de contrôle et les gouverneurs de région désignent, pour les services placés sous leur autorité, une personne responsable de l'accès aux documents administratifs relatifs à la gestion des finances publiques.

Sont également tenus de désigner une personne responsable :

- les collectivités territoriales ;
- les établissements publics nationaux et locaux ;
- les autres personnes de droit public et les personnes de droit privé chargées de la gestion d'un service public.

Article 20 : La désignation de la personne responsable de l'accès aux documents administratifs relatifs à la gestion des finances publiques est portée à la connaissance du public dans les quinze jours qui suivent sa désignation.

La désignation fait l'objet d'une publication, selon le cas, dans un des bulletins ou registres mentionnés aux articles 16 et 17.

Lorsque les autorités des administrations mentionnées à l'article précédent disposent d'un site internet, elles informent le public de cette désignation sur ce site.

Cette information mentionne les nom, prénoms, profession et coordonnées professionnelles de la personne responsable ainsi que la désignation et les coordonnées de l'autorité qui l'a désignée.

Article 21 : La personne responsable de l'accès aux documents administratifs relatifs à la gestion des finances publiques est chargée, en cette qualité, de réceptionner les demandes d'accès aux documents administratifs ainsi que les éventuelles réclamations et de veiller à leur instruction.

Elle établit également un bilan annuel des demandes d'accès aux documents administratifs qu'elle présente à l'autorité qui l'a désignée.

TITRE V : DISPOSITIONS FINALES

Article 22 : Le ministre de l'Economie et des Finances, le ministre de la Justice et des Droits de l'Homme, Garde des Sceaux, le ministre du Travail, de la Fonction Publique et des Relations avec les Institutions et le ministre de l'Intérieur et de la Sécurité sont chargés, chacun en ce qui le concerne, de l'exécution du présent décret, qui sera publié au Journal Officiel.

Bamako, le 13 août 2014
Le Président de la République
Ibrahim Boubacar KEÏTA

CODE DE TRANSPARENCE DU NIGER

REPUBLIQUE DU NIGER

Loi n° 2014-07 du 16 avril 2014, portant adoption du Code de transparence dans la gestion des finances publiques au sein de l'UEMOA.

Vu la Constitution du 25 novembre 2010 ;

Le Conseil des ministres entendu ;

L'Assemblée nationale a délibéré et adopté ;

Le Président de la République promulgue la loi dont la teneur suit :

Article premier- Est adopté tel qu'annexé à la présente loi, le Code de transparence dans la gestion des finances publiques eu sein de l'UEMOA.

Article 2- La présente loi est publiée au *Journal Officiel* de la République du Niger et exécutée comme loi de l'Etat.

Fait à Niamey, le 15 avril 2014

Le Président de la République

Issoufou Mahamadou

Le Premier ministre

Brigi Rafini

Le ministre des finances

Gilles Baillet.

ANNEXE :

CODE DE TRANSPARENCE DANS LA GESTION DES FINANCES PUBLIQUES AU SEIN DE L'UEMOA.

PRÉAMBULE

L'argent public est au cœur de l'Etat de droit et de la démocratie.

La collecte et l'utilisation des fonds publics respectent les principes de l'Etat de droit : la légalité, la transparence, le contrôle démocratique et la responsabilité. Les institutions de l'Etat, gardiennes de ce bien commun, ont chacune leurs missions et responsabilités dans sa préservation et son usage pour le bien de tous. Les impacts des finances publiques sur l'économie, à court terme comme à long terme, sont mis en évidence pour que chacun puisse prendre conscience des enjeux qu'ils représentent. Le choix des dépenses et des recettes par les pouvoirs publics est clair et intervient au terme d'un débat large et ouvert.

L'organisation et la procédure de gestion des fonds sont claires et simples tout en apportant les garanties de sécurité les plus absolues. Les citoyens, à la fois contribuables et usagers des services publics, sont clairement, régulièrement et complètement informés de tout ce qui concerne la gouvernance et la gestion des fonds publics : ils sont mis en capacité d'exercer, dans le débat public, leur droit de regard sur les finances de toutes les administrations publiques. Les acteurs publics qui pilotent et gèrent les fonds publics, élus ou fonctionnaires, acceptent des obligations d'intégrité et de rectitude particulièrement exigeantes, à la mesure de la confiance qui leur est faite. Les sanctions prévues sont effectivement mises en œuvre.

Dans cette perspective, le présent Code de transparence, définit les principes et obligations que les Etats membres respectent, dans leur législation comme dans leurs pratiques, aussi bien pour la gestion des fonds de l'Etat que celle des autres administrations publiques.

I. LEGALITE ET PUBLICITE DES OPERATIONS FINANCIERES PUBLIQUES

1.1 Les règles relatives à l'assiette, au taux et au recouvrement des impositions de toute nature sont définies par la loi. Les textes relatifs à la fiscalité sont facilement lisibles et compréhensibles. Une information large, régulière et approfondie sur la fiscalité et ses évolutions est faite au bénéfice des contribuables.

1.2 Les contestations liées aux obligations fiscales et non fiscales sont examinées dans des délais raisonnables.

1.3 Aucune dépense publique ne peut être engagée et payée si elle n'est préalablement définie dans un texte, législatif ou réglementaire, régulièrement adopté et publié. L'administration fixe de façon explicite les règles et critères qu'elle suit dans le choix des dépenses et l'attribution des crédits. Ces règles sont accessibles au public.

1.4 La réglementation applicable aux passations de marchés publics et de délégations de service public est conforme au présent Code de transparence ainsi qu'aux normes et meilleures pratiques internationales.

1.5 Les ventes de biens publics s'effectuent de manière ouverte, et les transactions importantes font l'objet d'une information spécifique.

1.6 Les contrats entre l'administration publique et les entreprises, publiques ou privées, notamment les entreprises d'exploitation de ressources naturelles et les entreprises exploitant des concessions de service public, sont claires et rendus publics. Ces principes valent tant pour la procédure d'attribution du contrat que pour son contenu.

1.7 Les relations entre l'administration publique et les entreprises publiques sont régies par des dispositions claires et accessibles au public.

1.8 Toute concession de droit d'utilisation ou d'exploitation d'actifs publics ainsi que les partenariats publics-privés, s'appuient sur des bases juridiques formelles et explicites.

1.9 Lorsque les décisions gouvernementales sont susceptibles d'avoir un impact financier, un chiffrage de l'impact budgétaire complet de ces décisions, en recettes comme en dépenses, est rendu public.

II - ATTRIBUTIONS ET RESPONSABILITES DES INSTITUTIONS

2.1 La répartition des compétences, des charges et des ressources publiques entre les différents niveaux de collectivités publiques, et les relations financières qu'elles entretiennent entre elles, sont clairement définies et font régulièrement l'objet d'une information globale, claire et cohérente.

2.2 Les compétences et responsabilités respectives du Gouvernement et du Parlement en matière de conduite de la politique budgétaire, de choix des dépenses et des recettes publiques ainsi qu'en matière d'exécution et de contrôle budgétaires, sont clairement définies en application de la Constitution et de la loi organique sur les finances publiques.

2.3 En matière budgétaire, le Parlement est appelé à délibérer chaque année sur le projet de budget de l'Etat et sur son exécution. Les parlementaires disposent d'un droit d'information et de communication sans réserve sur tous les aspects relatifs à la gestion des derniers publics.

2.4 Est établi et rendu public un calendrier budgétaire annuel de préparation du budget. Ce calendrier notamment prévoit, dans un délai raisonnable précédant le dépôt des projets de loi de finances, la publication par le Gouvernement de ses hypothèses économiques, de ses grandes orientations budgétaires pour l'année à venir et des principales mesures du prochain projet de budget : ce rapport fait l'objet d'un débat au Parlement.

2.5 A l'intérieur du Gouvernement, le rôle et les responsabilités respectives du ministre chargé des finances, des autres ministres et du chef du Gouvernement sont clairement définis ; les grandes options de politique budgétaire sont arrêtées collégialement par le Gouvernement.

2.6 Les juridictions compétentes pour statuer sur les litiges et contentieux en matière de recettes fiscales et non fiscales, en matière de dépenses, de financement, de gestion domaniale, de marchés publics et de délégation de service public sont clairement identifiées.

2.7 Dans les trois mois suivant chaque alternance politique, la situation globale des finances publiques, et en particulier la situation du budget de l'Etat et de son endettement, fait l'objet d'un rapport préparé par le Gouvernement et audité par un organe public indépendant et publié.

2.8 Les principes ci-dessus sont transposés au plan local, avec les adaptations nécessaires, pour déterminer en matière de finances publiques, les pouvoirs respectifs des exécutifs locaux et des assemblées délibérantes, ainsi que la procédure budgétaire locale.

III- CADRE ECONOMIQUE

3.1 Le budget de l'Etat s'insère dans un cadre global de politique macroéconomique, financière et budgétaire à moyen terme couvrant l'année à venir et les deux années suivantes. Les hypothèses économiques retenues sont explicitées et justifiées. Ce cadre global est cohérent avec les engagements pris en application du Pacte de stabilité de l'UEMOA et comporte toutes les informations nécessaires à l'application des dispositifs de surveillance associés à ce Pacte.

3.2 Le Gouvernement établit et publie, au moins une fois tous les cinq ans, un rapport sur les perspectives d'évolution des finances publiques à long terme permettant notamment d'apprécier leur soutenabilité.

3.3 Le solde (déficit, équilibre ou excédent) du budget de l'Etat est arrêté par une loi de finances de l'Etat. Le solde consolidé de l'ensemble des administrations publiques ajoutant aux finances de l'Etat celles des collectivités locales et celles des organismes de protection sociale est publié dans des documents annexes aux lois de finances.

3.4 Le Gouvernement publie des informations détaillées sur le niveau et la composition de son endettement, interne comme externe, de ses actifs financiers et de ses principales obligations non liées à la dette (notamment sur les droits acquis concernant les retraites de la fonction publique ainsi que sur les garanties accordées aux entités publiques comme privées) ainsi que de ses avoirs en ressources naturelles.

3.5 La documentation budgétaire rend compte de la situation financière consolidée des collectivités territoriales, des organismes de protection sociale et des finances des sociétés et établissements publics.

IV - ELABORATION ET PRESENTATION DES BUDGETS PUBLICS

4.1 Les budgets annuels sont réalistes et sincères tant dans leurs prévisions de dépenses que de recettes.

4.2 Les budgets et comptes publics, dans un souci d'exhaustivité, couvrent l'ensemble des opérations budgétaires et extrabudgétaires de l'administration publique. Aucune recette ne peut être affectée à une dépense prédéterminée, sauf par exception, lorsqu'un lien économique réel existe entre une recette donnée et la dépense qu'elle finance.

4.3 Les données financières sont présentées sur une base brute, en distinguant les recettes, les dépenses et le financement de la trésorerie. Les dépenses de fonctionnement et d'investissement sont réunies dans un même budget et la procédure de préparation et d'adoption est unique et commune à ces deux catégories de dépenses.

4.4 Des informations comparables à celles du budget de l'année sont fournies sur l'exécution du budget de l'année précédente ; les changements de règles et périmètres de budgétisation opérés d'une année sur l'autre sont signalés de façon à pouvoir disposer de séries homogènes dans le temps.

4.5 A l'appui des documents budgétaires, une description des principales mesures de dépenses et de recettes est fournie sur la base des objectifs des missions des administrations publiques, en précisant leur contribution aux objectifs de politique économique et leur cohérence avec chacune des grandes politiques publiques conduites par le Gouvernement.

4.6 Chaque catégorie de dépenses est prévue et autorisée selon une nomenclature stable et claire permettant de déterminer l'autorité responsable de la gestion du crédit, la nature économique de la dépense et la politique publique à laquelle elle contribue.

4.7 Une comparaison des résultats et des objectifs, tant financiers que physiques, des principaux programmes budgétaires représentatifs des politiques publiques est communiquée au Parlement chaque année.

4.8 Le produit de toutes les sources de recettes, y compris celles liées aux activités de mise en valeur des ressources naturelles et à l'assistance extérieure, apparaît de façon détaillée et justifiée dans la présentation du budget annuel.

4.9 La nature et le coût budgétaire des exonérations et dérogations fiscales ainsi que les prêts, avances et garanties font l'objet d'une présentation détaillée à l'occasion de l'adoption du budget annuel.

4.10 Tout écart significatif entre une prévision budgétaire et le résultat effectif correspondant ainsi que toute proposition de révision de prévision et d'autorisation budgétaires font l'objet de justifications détaillées et explicites.

V - MISE EN ŒUVRE DES RECETTES ET DES DEPENSES

5-1 Les modifications des budgets publics éventuellement nécessaires dans le courant de l'exercice, sont présentées dans les mêmes formes que celles suivies pour le budget initial.

5-2 La situation de l'exécution budgétaire fait l'objet périodiquement, en cours d'année, de rapports publics.

5-3 Chaque étape du processus d'exécution de la dépense et de la recette est clairement définie, sans confusion, ni duplication, les responsabilités de chacun des acteurs concernés, et leurs modalités de contrôle et de sanctions, négatives ou positives, sont formellement explicitées.

5-4 Les comptes définitifs, contrôlés et accompagnés des rapports de contrôle, permettent chaque année, de vérifier le respect des autorisations budgétaires ainsi que l'évolution du patrimoine de l'Etat. Ils sont établis dans le respect des principes, règles et pratiques comptables internationalement reconnus. Ces comptes sont présentés au Parlement et publiés avant la présentation du budget suivant.

5-5 Les activités et les finances des administrations publiques sont soumises à un contrôle interne.

5-6 Les finances publiques et les politiques qu'elles soutiennent sont soumises au contrôle externe de la Cour des Comptes, dont la création est obligatoire dans chaque Etat membre.

Le programme et les méthodes de travail de la Cour des Comptes ainsi que les conclusions de ses travaux sont établis en toute indépendance du pouvoir exécutif.

5.7 La Cour des Comptes rend publics tous les rapports qu'elle transmet au Parlement, au Gouvernement et au Président de la République. Elle publie également ses décisions particulières sur son site Web s'il existe et dans au moins deux grands journaux nationaux de grande diffusion. Un suivi de ses recommandations est organisé et les résultats de ce suivi sont régulièrement portés à la connaissance du public.

5.8 Les administrations statistiques peuvent collecter, traiter et diffuser les informations en toute indépendance par rapport aux autorités politiques.

VI - INFORMATION DU PUBLIC

6.1 La publication, dans les délais appropriés, d'informations sur les finances publiques est définie comme une obligation légale de l'administration publique.

6.2 Le calendrier de diffusion des informations sur les finances publiques est annoncé au seuil de chaque année et respecté.

6.3 L'information régulière du public sur les grandes étapes de la procédure budgétaire, leurs enjeux économiques, sociaux et financiers sont organisés dans un souci de pédagogie et d'objectivité ; la presse, les partenaires sociaux et d'une façon générale tous les acteurs de la société civile sont encouragés à participer à la diffusion des informations ainsi qu'au débat public sur la Gouvernance et la gestion des finances publiques.

6.4 L'ensemble des informations et documents relatifs aux finances publiques mentionnés dans le présent Code de transparence sont publiés par les institutions compétentes sur leur site Internet dès qu'ils sont disponibles.

6.5 Un guide synthétique budgétaire clair et simple est diffusé, à destination du grand public, à l'occasion du budget annuel pour décomposer les grandes masses des recettes et des dépenses ainsi que leur évolution d'une année à l'autre.

VII - INTEGRITE DES ACTEURS

7.1 Les détenteurs de toute autorité publique, élus ou hauts fonctionnaires, font une déclaration de leur patrimoine en début et en fin de mandat ou de fonction. Une loi spécifique précise les conditions et le périmètre d'application de ce principe et définit les infractions et sanctions de tout enrichissement illicite.

7.2 Le comportement des agents de l'Etat est régi par des règles déontologiques claires et largement connues de tous. Un Code de déontologie spécifique aux élus, inspiré des principes du présent Code de transparence, est établi par le Parlement. Les règles et procédures disciplinaires de la fonction publique sont renforcées en ce qui concerne les infractions en matière de finances publiques.

7.3 Des sanctions, prononcées dans le respect des règles de l'Etat de droit, sont prévues à l'encontre de tous ceux qui, élus ou fonctionnaires, ont à connaître ou à gérer des deniers publics. La non-dénonciation à la justice de toute infraction à ces règles par un agent public qui en aurait eu connaissance est sanctionnée pénalement.

7.4 Les procédures et les conditions d'emploi dans la fonction publique sont fixées par la loi. Nul ne peut être nommé ou affecté dans un poste comportant des responsabilités financières sans qu'aient été vérifiées préalablement ses compétences techniques, ses aptitudes professionnelles et les garanties déontologiques qu'il présente. Des programmes de formations adaptés entretiennent et actualisent ces compétences.

7.5 Les administrations et services en charge de la gestion des finances publiques disposent des conditions financières, matérielles et morales nécessaires à la bonne exécution de leurs missions.

7.6 Les administrations financières, fiscales et douanières sont protégées par la loi de toute influence politique. Elles veillent au respect des droits des contribuables et à l'information du public à intervalles réguliers de leurs activités.

7.7 Toutes les ressources de fonctionnement des administrations, y compris les ressources spécifiques qu'elles tirent de leur activité propre sont entièrement intégrées dans les comptes publics et récapitulées chaque année dans un document transmis au Parlement.

7.8 Les conditions, modalités et sources de financement des partis politiques sont fixées dans une loi spécifique.

7.9 Les budgets et comptes des institutions et organes constitutionnels sont établis et gérés dans les mêmes conditions de transparence, de sincérité et de contrôle que celles qui sont définies par le présent Code pour l'ensemble des administrations.

CODE DE TRANSPARENCE DU SÉNÉGAL

REPUBLIQUE DU SENEGAL

LOI n° 2012-22 du 27 décembre 2012 portant Code de Transparence dans la Gestion des Finances publiques.

EXPOSE DES MOTIFS

La consolidation et l'accélération de la croissance économique exigent une amélioration soutenue de la qualité de la gestion des finances publiques.

A cet effet, l'UEMOA a édicté la Directive n° 1/2009/CM/UEMOA du 27 mars 2009 portant Code de la transparence dans la gestion des finances publiques au sein de l'UEMOA.

Le présent projet de loi est une transposition de la directive communautaire dans le droit interne sénégalais.

Le Code vise à garantir une gestion transparente, efficace et économe des ressources financières publiques dans l'espace communautaire. Il repose sur les principes suivants :

- l'existence d'un dispositif légal et règlementaire clair qui décrit la procédure d'élaboration et d'exécution du budget ;
- la forte implication des organes délibérants dans le processus d'identification des orientations budgétaires de l'Etat, des collectivités locales, des établissements publics ou des autres organismes décentralisés ;
- le contrôle effectif de l'exécution du budget par les organes délibérants et la reddition régulière des comptes par les organes exécutifs ;
- la formulation de règles transparentes régissant la passation des marchés publics, les délégations de service public et les partenariats publics-privés ;
- l'information complète et régulière des citoyens sur les choix budgétaires ;
- l'intégrité des principaux responsables dans la mise en œuvre du budget.

Telle est l'économie du présent projet de loi.

L'Assemblée nationale a adopté, en sa séance du mardi 18 décembre 2012 ;

Le Président de la République promulgue la loi dont la teneur suit :

Article premier. – Est adopté « le Code de transparence dans la gestion des finances publiques » tel qu'annexé à la présente loi dont il fait partie intégrante.

Article : 2. – La préparation et l'adoption des textes se rapportant directement ou indirectement à la gestion des finances publiques se font conformément aux principes et règles définis par ledit Code.

Les dispositions de l'alinéa premier du présent article s'appliquent notamment à la préparation et à l'adoption des documents suivants :

- les lois de finances ;
- le règlement général sur la comptabilité publique ;
- le plan comptable de l'Etat ;
- la nomenclature budgétaire de l'Etat ;
- le tableau des opérations financières de l'Etat ;
- le plan comptable et la nomenclature budgétaire des collectivités locales.

Article : 3. – L'application, par les administrations publiques, des principes et règles édictés dans le présent Code, fait l'objet d'une évaluation annuelle. Le dispositif d'évaluation est institué par décret.

La présente loi sera exécutée comme loi de l'Etat.

Fait à Dakar, le 27 décembre 2012
Par le Président de la République
Macky SALL

Le Premier Ministre,
Abdoul MBAYE

ANNEXE

CODE DE TRANSPARENCE DANS LA GESTION DES FINANCES PUBLIQUES.

1. ATTRIBUTION ET RESPONSABILITE DES INSTITUTIONS

1.1. Les compétences et responsabilités respectives du Gouvernement et de l'Assemblée nationale en matière de conduite de la politique budgétaire, de choix des dépenses et des recettes publiques ainsi qu'en matière d'exécution et de contrôle budgétaires, sont clairement définies en application de la Constitution et de la loi organique sur les finances publiques.

1.2. La répartition des compétences, des charges et des ressources publiques entre les différents niveaux de collectivités publiques, et les relations financières qu'elles entretiennent entre elles, sont clairement définies et font régulièrement l'objet d'une information globale, claire et cohérente.

1.3. A l'intérieur du Gouvernement, le rôle et les responsabilités respectifs du ministre chargé des Finances, des autres ministres et du Chef du Gouvernement sont clairement définis ; les grandes options de politique budgétaire sont arrêtées collégialement par le Gouvernement.

1.4. Les juridictions compétentes pour statuer sur les litiges et contentieux en matière de recettes fiscales et non fiscales, en matière de dépenses, de financement, de gestion domaniale, de marchés publics, de délégations de service public et de contrats de partenariat public/privé sont clairement identifiés.

1.5. Une comparaison des résultats et des objectifs, tant financiers que physiques, des principaux programmes budgétaires représentatifs des politiques publiques, est communiquée à l'Assemblée nationale chaque année et rendue publique.

1.6. Lorsque les décisions gouvernementales sont susceptibles d'avoir un impact financier, un chiffrage de l'impact budgétaire complet de ces décisions, en recettes comme en dépenses, est communiqué à l'Assemblée nationale et rendu public.

1.7. Dans les trois mois suivant chaque nouveau mandat présidentiel, la situation globale des finances publiques et en particulier la situation du budget de l'Etat et de son endettement, fait l'objet d'un rapport préparé par le Gouvernement.

Ce rapport, audité par la Cour des Comptes, est publié dans les trois mois suivants.

1.8. Les principes ci-dessus sont transposés au plan local, avec les adaptations nécessaires, pour déterminer, en matière de finances publiques, les pouvoirs respectifs des exécutifs locaux et des assemblées délibérantes, ainsi que la procédure budgétaire locale.

2. CADRAGE MACRO-ECONOMIQUE

2.1. Le budget de l'Etat s'insère dans un cadre global de politique macroéconomique, financière et budgétaire à moyen terme couvrant l'année à venir et les deux années suivantes. Les hypothèses économiques retenues sont explicitées et justifiées. Ce cadre global est cohérent avec les engagements pris en application du pacte de stabilité de l'UEMOA et comporte toutes les informations nécessaires à l'application des dispositifs de surveillance associés à ce pacte.

2.2. Le Gouvernement établit et publie, au moins une fois tous les cinq ans, un rapport sur les perspectives d'évolution à long terme des finances publiques permettant, notamment, d'apprécier leur soutenabilité.

2.3. Le Gouvernement publie des informations détaillées sur le niveau et la composition de son endettement, interne comme externe, de ses actifs financiers et de ses principales obligations non liées à la dette (notamment sur les droits acquis concernant les retraites de la fonction publique ainsi que sur les garanties accordées aux entités publiques comme privées) et les avoirs en ressources naturelles.

2.4. A l'appui des documents budgétaires, une description des principales mesures de dépenses et de recettes est fournie sur la base des objectifs de missions des administrations publiques, en précisant leur contribution aux objectifs de politique économique et leur cohérence avec chacune des grandes politiques conduites par le Gouvernement.

3. ELABORATION ET PRESENTATION DES BUDGETS PUBLICS

3.1. Est établi et rendu public un calendrier annuel de préparation du budget. Ce calendrier notamment prévoit, dans un délai raisonnable précédant le dépôt des projets de loi de finances, la formulation par le Gouvernement, d'un rapport précisant les hypothèses économiques, les grandes orientations budgétaires pour l'année à venir et les principales mesures du prochain projet de budget. Ce rapport fait l'objet d'un débat à l'Assemblée nationale.

3.2. En matière budgétaire, l'Assemblée nationale délibère chaque année sur le projet de budget de l'Etat et sur l'exécution du budget. Les députés disposent d'un droit d'information et de communication sans réserve sur tous les aspects relatifs à la gestion des deniers publics.

3.3. Le solde (déficit, équilibre ou excédent) du budget de l'Etat est arrêté par une loi de finances.

Le solde global consolidé de l'ensemble des administrations publiques, ajoutant aux finances de l'Etat celles des administrations décentralisées et celles des organismes de protection sociale, est publié dans des documents annexes aux lois de finances.

3.4. La documentation budgétaire rend compte de la situation financière consolidée des collectivités territoriales, des organismes de protection sociale et des finances des sociétés, établissements, agences et autres organismes publics.

3.5. Les budgets annuels sont réalistes et sincères tant dans leurs prévisions de dépenses que de recettes.

3.6. Les budgets et comptes publics, dans un souci d'exhaustivité, couvrent l'ensemble des opérations budgétaires et extrabudgétaires de l'administration publique. Toutes les ressources de fonctionnement des administrations, y compris les ressources spécifiques qu'elles tirent de leurs activités propres sont entièrement intégrées dans les comptes publics et récapitulées chaque année dans un document transmis à l'Assemblée nationale.

3.7. Aucune recette ne peut être affectée à une dépense prédéterminée, sauf lorsqu'un lien économique réel existe entre une recette donnée et la dépense qu'elle finance.

3.8. Les données financières sont présentées sur une base brute, en distinguant les recettes, les dépenses et les opérations de la trésorerie. Les dépenses de fonctionnement et d'investissement sont réunies dans un même budget et la procédure de la préparation et d'adoption est unique et commune à ces deux catégories de dépenses.

3.9. Chaque catégorie de dépenses est prévue et autorisée selon une nomenclature stable et claire permettant de déterminer l'autorité responsable de la gestion du crédit, la nature économique de la dépense et la politique publique à laquelle elle contribue.

3.10. Des informations comparables à celles du budget de l'année sont fournies sur l'exécution du budget de l'année précédente ; les changements de règle et de périmètre de budgétisation opérés d'une année à une autre sont signalés de façon à disposer de séries homogènes dans le temps.

3.11. Tout écart significatif entre une prévision budgétaire et le résultat effectif correspondant ainsi que toute proposition de révision et d'autorisations budgétaires font l'objet de justifications détaillées et explicites.

3.12. Les modifications des budgets publics, éventuellement nécessaires dans le courant de l'exercice, sont présentées dans les mêmes formes que celles suivies pour le budget initial sous réserve des possibilités offertes au Ministre chargé des Finances par la loi.

4. **LEGALITE ET TRANSPARENCE DES OPERATIONS BUDGETAIRES**

4.1. Les règles relatives à l'assiette, au taux et au recouvrement des impositions de toute nature sont définies par la loi. Les textes relatifs à la fiscalité sont facilement lisibles et compréhensibles. Une information large, régulière et approfondie sur la fiscalité et ses évolutions est donnée aux contribuables.

4.2. Le produit de toutes les recettes, y compris celles liées aux activités de mise en valeur des ressources naturelles et à l'assistance extérieure, apparaît de façon détaillée et justifiée dans la présentation du budget annuel.

4.3. Les contestations liées aux obligations fiscales et non fiscales sont examinées dans les délais raisonnables.

4.4. Aucune dépense publique ne peut être engagée et payée, si elle n'est préalablement définie dans un texte législatif ou réglementaire adopté et publié. L'Administration fixe de façon explicite les règles et critères qu'elle suit dans le choix des dépenses et l'attribution des crédits. Ces règles sont accessibles au public.

4.5. La réglementation applicable aux passations de marchés publics, aux délégations de service public et aux contrats de partenariat public/privé est conforme au présent Code de transparence ainsi qu'aux normes et meilleures pratiques internationales.

4.6. Les contrats entre l'administration publique et les entreprises, publiques ou privées, notamment les entreprises d'exploitation de ressources naturelles et les entreprises exploitant des concessions de service public, sont clairs et rendus publics. Ces principes valent tant pour la procédure d'attribution du contrat que pour son contenu.

4.7. Les relations entre l'administration publique et les entreprises publiques sont régies par des dispositions claires et accessibles au public.

4.8. Les concessions de droit d'utilisation ou d'exploitation d'actifs publics ainsi que les partenariats publics/privés, s'appuient sur des bases juridiques formelles et explicites.

4.9. Les ventes de biens publics s'effectuent de manière ouverte, et les transactions importantes font l'objet d'une information spécifique.

4.10. La nature et le coût budgétaire des exonérations et dérogations fiscales ainsi que les prêts, avances et garanties font l'objet d'une présentation détaillée à l'occasion de l'adoption du budget annuel.

5. CONTRÔLE DE L'EXECUTION DU BUDGET

5.1. Chaque étape du processus d'exécution de la dépense et de la recette est clairement définie, sans confusion, ni duplication. Les responsabilités de chacun des acteurs concernés, leurs modalités de contrôle ainsi que les sanctions prévues, négatives ou positives, sont formellement explicitées.

5.2. Les comptes définitifs, contrôlés et accompagnés des rapports de contrôle, permettent chaque année, de vérifier le respect des autorisations budgétaires ainsi que l'évolution du patrimoine de l'Etat. Ils sont établis dans le respect des principes, règles et pratiques comptables internationalement reconnus. Les comptes de l'année n-1 sont déposés à l'Assemblée nationale avant la présentation du budget de l'année n+1.

5.3. Les activités et les finances des administrations publiques sont soumises à un contrôle interne.

5.4. Les finances publiques et les politiques, qu'elles soutiennent sont soumises au contrôle externe de la Cour des Comptes, dont la création est obligatoire.

5.5. Le programme et les méthodes de travail de la Cour des Comptes ainsi que les conclusions de ses travaux sont établis en toute indépendance.

6. INFORMATION DU PUBLIC

6.1. L'administration publique publie, dans des délais appropriés, les informations sur les finances publiques.

6.2. Le calendrier de diffusion des informations sur les finances publiques est annoncé au seuil de chaque année et respecté.

6.3. L'information régulière du public, sur les grandes étapes de la procédure budgétaire, leurs enjeux économiques, sociaux et financiers, est organisée dans un souci de pédagogie et d'objectivité, notamment après le débat sur les orientations budgétaires. La presse, les partenaires sociaux et d'une façon générale tous les acteurs de la société civile sont encouragés à participer à la diffusion des informations ainsi qu'au débat public sur la gouvernance et la gestion des finances publiques.

6.4. L'ensemble des informations et documents relatifs aux finances publiques mentionnés dans le présent Code de transparence sont publiés par les institutions compétentes, notamment sur leur site internet, dès qu'ils sont disponibles.

6.5. A l' occasion de l'adoption du budget annuel, un guide budgétaire, synthétique et clair ; décomposant les grandes masses des recettes et des dépenses et retraçant leur évolution d'une année à l'autre, est diffusé à l'intention du grand public.

6.6. La situation de l'exécution budgétaire fait l'objet périodiquement, en cours d'année, de rapports publics.

6.7. La Cour des Comptes rend publics tous les rapports qu'elle transmet au Président de la République, à l'Assemblée nationale et au Gouvernement. Elle publie également ses décisions particulières sur son site web s'il existe ou dans au moins deux grands journaux nationaux de grande diffusion. Un suivi de ses recommandations est organisé et les résultats de ce suivi sont régulièrement portés à la connaissance du public.

6.8. Les administrations statistiques collectent, traitent et diffusent les informations en toute indépendance.

7. INTEGRITE DES ACTEURS

7.1. Les détenteurs de toute autorité publique, élus ou hauts fonctionnaires, font une déclaration de leur patrimoine en début et en fin de mandat ou de fonction. Une loi spécifique précise les conditions et le périmètre d'application de ce principe et définit les infractions et sanctions de tout enrichissement illicite.

7.2. Le comportement des agents de l'Etat est régi par des règles déontologiques et éthiques claires et largement connues de tous. Un code de déontologie spécifique aux élus, inspiré des principes du présent Code de transparence, est établi par l'Assemblée nationale. Les règles et procédures disciplinaires de la fonction publique sont précisées. Les sanctions sont renforcées en ce qui concerne les infractions en matière de finances publiques.

7.3. Des sanctions, prononcées dans le respect des règles de l'Etat de droit, sont prévues à l'encontre de tous ceux qui, élus ou agents publics, ont violé les règles régissant les deniers publics. La non dénonciation à la justice de toute infraction à ces règles par un agent public qui en aurait eu connaissance est sanctionnée pénalement.

7.4. Les procédures et les conditions d'emploi dans la fonction publique sont fixées par la loi. Nul ne peut être nommé ou affecté dans un poste comportant des responsabilités financières sans qu'aient été vérifiées préalablement ses compétences techniques, ses aptitudes professionnelles et les garanties déontologiques et éthiques qu'il présente. Des programmes de formation adaptés entretiennent et actualisent ces compétences.

7.5. Les administrations et services en charge de la gestion et du contrôle des finances publiques disposent des conditions financières, matérielles et morales nécessaires à la bonne exécution de leurs missions.

7.6. Les administrations financières, notamment fiscales et douanières, sont protégées par la loi de toute influence politique. Elles veillent au respect des droits des contribuables et à l'information du public à intervalles réguliers de leurs activités.

7.7. Les conditions, modalités et ressources de financement des partis politiques sont fixées dans une loi spécifique.

7.8. Les budgets et comptes des administrations des institutions constitutionnelles, des collectivités locales, des établissements publics, des agences, des autorités administratives indépendantes et autres organismes publics autonomes sont établis et gérés dans les mêmes conditions de transparence, de sincérité et de contrôle que celles qui sont définies par le présent Code pour l'ensemble des administrations de l'Etat.

CODE DE TRANSPARENCE DU TOGO

REPUBLIQUE TOGOLAISE

Travail – Liberté –Patrie

PRESIDENCE DE LAREPUBLIQUE

LOI N° 2014 – 009

PORTANT CODE DE TRANSPARENCE DANS LA GESTION DES FINANCES PUBLIQUES

L'Assemblée nationale a délibéré et adopté ;

Le Président de la République promulgue la loi dont la teneur suit :

CHAPITRE 1er – DISPOSITIONS GENERALES

Article premier : La présente loi porte code de transparence dans la gestion des finances publiques et définit les principes et obligations de gestion des fonds de l'Etat, et de celle des autres administrations publiques.

Article 2 : Les citoyens, en leur qualité de contribuables et d'usagers des services publics, sont clairement, régulièrement et complètement informés de tout ce qui concerne la gouvernance et la gestion des fonds publics. Ils sont mis en mesure d'exercer, dans le débat public, leur droit de regard sur les finances de toutes les administrations publiques.

Article 3 : Des dispositions nécessaires doivent être prises pour conformer la préparation et l'adoption des textes se rapportant directement ou indirectement à la gestion des finances publiques aux principes et règles définis par la présente loi.

Ces dispositions s'appliquent notamment à la préparation et à l'adoption :

- des lois de finances :
- du règlement général sur la comptabilité publique ;
- du plan comptable de l'Etat ;
- de la nomenclature budgétaire de l'Etat ;
- du tableau des opérations financières de l'Etat ;
- du plan comptable et nomenclature budgétaire des collectivités locales.

CHAPITRE II - LEGALITE ET PUBLICITE DES OPERATIONS FINANCIERES PUBLIQUES

Article 4 : Les règles relatives à l'assiette, au taux et recouvrement des impositions de toute nature sont définies par la loi. Les textes relatifs à la fiscalité sont facilement lisibles et compréhensibles. Une information large, régulière et approfondie sur la fiscalité et ses évolutions est faite au bénéfice des contribuables.

Article 5 : Les contestations liées aux obligations fiscales et non fiscales sont examinées dans des délais raisonnables.

Article 6 : Aucune dépense publique ne peut être engagée et payée si elle n'est préalablement définie dans un texte, législatif ou règlementaire, régulièrement adopté et publié. L'administration fixe de façon explicite les règles et critères qu'elle suit dans le choix des dépenses et l'attribution des crédits. Ces règles sont accessibles au public.

Article 7 : La règlementation applicable aux passations de marchés publics et de délégations de service public est conforme au présent code de transparence ainsi qu'aux normes et meilleures pratiques internationales.

Article 8 : Les ventes de biens publics s'effectuent de manière ouverte, les transactions importantes font l'objet d'une information spécifique.

Article 9 : Les contrats entre l'administration publique et les entreprises publiques ou privées, notamment les entreprises d'exploitation de ressources naturelles et les entreprises exploitant des concessions de service public, sont clairs et rendus publics. Ces principes valent autant pour la procédure d'attribution du contrat que pour son contenu.

Article 10 : Les relations entre l'administration publique et les entreprises publiques sont régies par des dispositions claires et accessibles au public.

Article 11 : Toute concession de droit d'utilisation ou d'exploitation d'actifs publics ainsi que les partenariats public-privés, s'appuient sur des bases juridiques formelles et explicites.

Article 12 : Lorsque les décisions gouvernementales sont susceptibles d'avoir un impact financier, un chiffrage de l'impact budgétaire complet de ces décisions, en recettes comme en dépenses, est rendu public.

CHAPITRE III – ATTRIBUTIONS ET RESPONSABILITES DES INSTITUTIONS

Article 13 : La répartition des compétences, des charges et des ressources publiques, entre les différents niveaux de collectivités publiques et les relations financières qu'elles entretiennent (font) l'objet d'une information globale, claire et cohérente.

Article 14 : Les compétences et responsabilités respectives du gouvernement et du Parlement en matière de conduite de la politique budgétaire, de choix des dépenses et des recettes publiques ainsi qu'en matière d'exécution et de contrôle budgétaire, sont clairement définies en application de la constitution et de la loi organique sur les finances publiques.

Article 15 : En matière budgétaire, le Parlement est appelé à délibérer chaque année sur le projet de budget de l'Etat et sur son exécution. Les parlementaires disposent d'un droit d'information et de communication sans réserve sur tous les aspects relatifs à la gestion des deniers publics.

Article 16 : Est établi et rendu public un calendrier budgétaire annuel de préparation du budget. Ce calendrier notamment prévoit, dans un délai raisonnable précédant le dépôt des projets de loi de finances, la publication par le gouvernement de ses hypothèses économiques, de ses grandes orientations budgétaires pour l'année à venir et des principales mesures du prochain projet de budget. Ce document fait l'objet d'un débat au Parlement.

Article 17 : A l'intérieur du gouvernement, le rôle et les responsabilités respectives du ministre chargé des finances, des autres ministres et du chef du gouvernement sont clairement définis, les grandes options de politique budgétaire sont arrêtées collégialement par le gouvernement.

Article 18 : Les juridictions compétentes pour statuer sur les litiges et contentieux en matière de recettes fiscales et non fiscales, en matière de dépenses, de financement, de gestion domaniale, de marchés publics et de délégation de service public sont clairement identifiées.

Article 19 : Dans les trois (03) mois suivant chaque alternance politique, la situation globale des finances publiques et, en particulier, la situation du budget de l'Etat et de son endettement font l'objet d'un rapport préparé par le Gouvernement et audité par un organe public indépendant et publié.

Article 20 : Les principes ci-dessus sont transposés au plan local, avec les adaptations nécessaires, pour déterminer en matière de finances publiques, les pouvoirs respectifs des exécutifs locaux et des assemblées délibérantes, ainsi que la procédure budgétaire locale.

CHAPITRE IV – CADRE ECONOMIQUE

Article 21 : Le budget de l'Etat s'insère dans un cadre global de politique macroéconomique, financière et budgétaire à moyen terme couvrant l'année à venir et les deux (02) années suivantes. Les hypothèses économiques retenues sont explicitées et justifiées. Ce cadre global est cohérent avec les engagements pris en application du Pacte de stabilité de l'Union Economique et Monétaire Ouest Africaine (UEMOA) et comporte toutes les informations nécessaires à l'application des dispositifs de surveillance associés à ce pacte.

Article 22 : Le gouvernement établit et publie, au moins une fois tous les cinq (05) ans, un rapport sur les perspectives d'évolution des finances publiques à long terme permettant notamment d'apprécier leur soutenabilité.

Article 23 : Le solde (déficit, équilibre ou excédent) du budget de l'Etat est arrêté par une loi de finances. Le solde global consolidé de l'ensemble des administrations publiques ajoutant aux finances de l'Etat celles des collectivités locales et celles des organismes de protection sociale est publié dans des documents sur les droits acquis concernant les retraites de la fonction publique, sur les garanties accordées aux entités publiques comme privées, ainsi que de ses avoirs en ressources naturelles.

Article 24 : Le gouvernement publie des informations détaillées sur le niveau et la composition de son endettement, interne comme externe, de ses actifs financiers et de ses principes obligations non liées à la dette notamment sur les droits acquis concernant les retraites de la fonction publique, sur les garanties accordées aux entités publiques comme privées, ainsi que de ses avoirs en ressources naturelles.

Articles 25 : La documentation budgétaire rend compte de la situation financière consolidée des collectivités territoriales, des organismes de protection sociale et des finances des sociétés et établissement publics.

CHAPITRE V- ELABORATION ET PRESENTATION DES BUDGETS PUBLICS

Article 26 : Les budgets annuels sont réalistes et sincères tant dans leurs prévisions de dépenses que de recettes.

Article 27 : Les budgets et comptes publics, dans un souci d'exhaustivité, couvrent l'ensemble des opérations budgétaires et extrabudgétaires de l'administration publique. Aucune recette ne peut être affectée à une dépense prédéterminée, sauf, par exception, lorsqu'un lien économique réel existe entre une recette donnée et la dépense qu'elle finance.

Article 28 : Les données financières sont présentées sur une base brute, en distinguant les recettes, les dépenses et le financement de la trésorerie. Les dépenses de fonctionnement et d'investissement sont réunies dans un même budget et la procédure de préparation et d'adoption est unique et commune à ces deux (02) catégories de dépenses.

Article 29 : Des informations comparables à celles du budget de l'année sont fournies sur l'exécution du budget de l'année précédente ; les changements de règles et périmètres de budgétisation opérés d'une année sur l'autre sont signalés de façon à pouvoir disposer de séries homogènes dans le temps.

Article 30 : A l'appui des documents budgétaires, une description des principales mesures de dépenses et de recettes est fournie sur la base des objectifs des missions des administrations publiques, en précisant leur contribution aux objectifs de politique économique et leur cohérence avec chacune des grandes politiques publiques conduites par le gouvernement.

Article 31 : Chaque catégorie de dépenses est prévue et autorisée selon une nomenclature stable et claire permettant de déterminer l'autorité responsable de la gestion du crédit, la nature économique de la dépense et la politique publique à laquelle elle contribue.

Article 32 : Une comparaison des résultats et des objectifs, tant financiers que physiques, des principaux programmes budgétaires représentatifs des politiques publiques est communiquée au Parlement chaque année.

Article 33 : Le produit de toutes les sources de recettes, y compris celles liées aux activités de mise en valeur des ressources naturelles et à l'assistance extérieure, apparaît de façon détaillée et justifiée dans la présentation du budget annuel.

Article 34 : La nature et le coût budgétaire des exonérations et dérogations fiscales ainsi que les prêts, avances et garanties font l'objet d'une présentation détaillée à l'occasion de l'adoption du budget annuel.

Article 35 : Tout écart significatif entre une prévision budgétaire et le résultat effectif correspondant ainsi que toute proposition de révision de prévision et d'autorisation budgétaires font l'objet de justifications détaillées et explicites.

CHAPITRE VI – MISE EN ŒUVRE DES RECETTES ET DEPENSES

Article 36 : Les modifications des budgets publics éventuellement nécessaires dans le courant de l'exercice, sont présentées dans les mêmes formes que celles suivies pour le budget initial.

Article 37 : La situation de l'exécution budgétaire fait l'objet périodiquement, en cours d'année, de rapports publics.

Article 38 : Chaque étape du processus d'exécution de la dépense et de la recette est clairement définie, sans confusion, ni duplication. Les responsabilités de chacun des acteurs concernés, et leurs modalités de contrôle et de sanctions, négatives ou positives, sont formellement explicitées.

Article 39 : Les comptes définitifs, contrôlés et accompagnés des rapports de contrôle, permettent chaque année, de vérifier le respect des autorisations budgétaires ainsi que l'évolution du patrimoine de l'Etat. Ils sont établis dans le respect des principes, règles et pratiques comptables internationalement reconnus. Ces comptes sont présentés au Parlement et publiés avant la présentation du budget suivant.

Article 40 : Les activités et les finances des administrations publiques sont soumises à un contrôle interne.

Article 41 : Les finances publiques et les politiques qu'elles soutiennent sont soumises au contrôle externe de la Cour des comptes.

Articles 42 : Le programme et les méthodes de travail de la Cour des comptes ainsi que les conclusions de ses travaux sont établis en toute indépendance du pouvoir exécutif.

Article 43 : La Cour des comptes rend publics tous les rapports qu'elle transmet au Parlement, au gouvernement et au Président de la République. Elle publie également ses décisions particulières sur son site web et dans au moins deux (02) grands journaux nationaux de grande diffusion. Un suivi de ses recommandations est organisé et les résultats de ce suivi sont régulièrement portés à la connaissance du public.

Article 44 : Les administrations chargées des statistiques peuvent collecter, traiter et diffuser les informations en toute indépendance par rapport aux autorités politiques.

Article 45 : La publication, dans des délais appropriés, d'informations sur les finances publiques est définie comme une obligation légale de l'administration publique.

Article 46 : Le calendrier de diffusion des informations sur les finances publiques est annoncé au seuil de chaque année et respecté.

Article 47 : L'information régulière du public sur les grandes étapes de la procédure budgétaire, leurs enjeux économiques, sociaux et financiers est organisée dans un souci de pédagogie et d'objectivité ; la presse, les partenaires sociaux et, d'une façon générale, tous les acteurs de la société civile sont encouragés à participer à la diffusion des informations ainsi qu'au débat public sur la gouvernance et la gestion des finances publiques.

Article 48 : L'ensemble des informations et documents relatifs aux finances publiques mentionnés dans le présent code de transparence sont publiés par les institutions compétentes dès qu'ils sont disponibles.

Article 49 : Un guide synthétique budgétaire clair et simple est diffusé, à destination du grand public, à l'occasion du budget annuel pour décomposer les grandes masses des recettes et des dépenses ainsi que leur évolution d'une année à l'autre.

CHAPITRE VIII – INTEGRITE DES ACTEURS

Article 50 : Les détenteurs de toute autorité publique, élus ou hauts fonctionnaires, font une déclaration de leur patrimoine en début et en fin de mandat ou de fonction. Une loi spécifique précise les conditions et le périmètre d'application de ce principe et définit les infractions et sanctions de tout enrichissement illicite.

Article 51 : Le comportement des agents de l'Etat est régi par des règles déontologiques claires et largement connues de tous, un code de déontologie spécifique aux élus, inspiré des principes du présent code de transparence, est établi par le Parlement. Les règles et procédures disciplinaires de la fonction publique sont renforcées en ce qui concerne les infractions en matière de finances publiques.

Article 52 : Des sanctions, prononcées dans le respect des règles de l'Etat de droit, sont prévues à l'encontre de tous ceux qui, élus ou fonctionnaires, ont mal géré des deniers publics. La non-dénonciation à la justice de toute infraction à ces règles par un agent public qui en aurait eu connaissance est sanctionnée.

Article 53 : Les procédures et les conditions d'emploi dans la fonction publique sont fixées par la loi. Nul ne peut être nommé ou affecté à un poste comportant des responsabilités financières sans qu'aient été vérifiées préalablement ses compétences techniques, ses aptitudes professionnelles et les garanties déontologiques qu'il présente.

Article 54 : Les administrations et les services chargés de la gestion des finances publiques disposent des conditions financières, matérielles et morales nécessaires à la bonne exécution de leurs missions.

Article 55 : Les administrations financières, fiscales et douanières sont protégées par la loi de toute influence politique. Elles veillent au respect des droits des contribuables et à l'information du public à intervalles réguliers de leurs activités.

Article 56 : Toutes les ressources de fonctionnement des administrations y compris les ressources spécifiques qu'elles tirent de leurs activités propres sont entièrement intégrées dans les comptes publics et récapitulées chaque année dans un document transmis au Parlement.

Article 57 : Les conditions, modalités et sources de financement des partis politiques sont fixées par une loi spécifique.

Article 58 : Les budgets et comptes des institutions et organes constitutionnels sont établis et gérés dans les mêmes conditions de transparence, de sincérité et de contrôle que celles qui sont définies par le présent code pour l'ensemble des administrations.

Article 59 : Les acteurs publics qui gèrent les fonds publics, élus ou fonctionnaires, acceptent des obligations d'intégrité et de rectitude particulièrement exigeantes, à la mesure de la confiance qui leur est faite.

Article 60 : Les sanctions prévues sont effectivement mises en œuvre.

Article 61 : La présente loi sera exécutée comme loi de l'Etat.

Fait à Lomé, le 11 juin 2014

LE PRESIDENT DE LA REPUBLIQUE

SIGNÉ

FAURE ESSOZIMNA GNASSINGBE

LE PREMIER MINISTRE

SIGNÉ

Kwessi Séléagodji AHOOMEY-ZUNU

Pour ampliation

Le Secrétaire général de la Présidence de la République

SIGNÉ

Patrick Daté TEVI - BENISSAN

LES LOIS ORGANIQUES RELATIVES AUX LOIS DE FINANCES

COMMENTAIRES GENERAUX

INTRODUCTION

1- Tous les États ont transposé la Directive n°06/2009/CM/UEMOA du 26 juin 2009 portant lois de finances au sein de l'UEMOA.

2- Les textes de transposition sont des lois organiques, à l'exception du Mali (loi ordinaire).

3- Le Sénégal est le premier pays ayant réalisé la transposition alors que le Burkina-Faso est le dernier.

I.- RÉCAPITULATIF DES TEXTES DE TRANSPOSITION

Pays	Référence du texte de transposition	Durée approximative de transposition
Bénin	Loi organique n° 2013-14 du 27 septembre 2013	4 ans (hors délai)
Burkina-Faso	Loi organique n° 073-2015/CNT du 21 avril 2016	7 ans (hors délai)
Côte d'Ivoire	Loi organique n° 2014-336 du 5 juin 2014	5 ans (hors délai)
Mali	Loi n° 2013-028 du 11 juillet 2013	4 ans (hors délai)
Niger	Loi organique n° 2012-09 du 26 mars 2012	3 ans (hors délai)
Sénégal	Loi organique n° 2011-15 du 8 juillet 2011	2 ans
Togo	Loi organique n° 2014-013 du 27 juin 2014	5 ans (hors délai)

II.- CONSTATS

Pays	Dispositions *praeter legem*	Dispositions *contra legem*	Dispositions omises
Bénin	- Article 14 : Existence de missions pouvant regrouper des programmes. - Article 60 : Le PLF est déposé au plus tard une semaine avant l'ouverture de la session budgétaire (« au plus tard le jour de l'ouverture de la session budgétaire » dans la directive, Article 58) - Article 91 : La juridiction financière procède à la certification des comptes.	-	-
Burkina-Faso	Article 60 : Le PLF peut être transmis au parlement « sous forme papier ou **numérique** ».	Article 11 : établissement des taxes parafiscales par la loi (par « décret » dans la Directive, Article 9)	-

Pays	Dispositions *praeter legem*	Dispositions *contra legem*	Dispositions omises
Côte d'Ivoire	- Article 9 : établissement des taxes parafiscales par décret **après avis de la commission des finances du parlement**. - Article 15 : Existence de missions pouvant regrouper des programmes. - Article 65 : Le dépôt du PLR doit être fait au plus tard à la fin du premier semestre N+1 (au plus tard à l'ouverture de la session budgétaire N+1 dans la directive, Article 63). - Article 84 : La juridiction financière procède à la certification des comptes.	Article 3 : Les lois de finances doivent (« peuvent » dans la Directive, Article 3) contenir les dispositions relatives aux impositions de toute nature.	- Article 2 : La référence au pacte de convergence de l'UEMOA (Article 3 de la Directive). - Les modalités d'applications de la directive sont contenues dans les autres directives du cadre harmonisé (Article 2 de la Directive).

Pays	Dispositions *praeter legem*	Dispositions *contra legem*	Dispositions omises
Mali	- Article 62 : Le dépôt du PLR doit être fait « au plus tard le jour de l'ouverture de la session ordinaire précédant la période budgétaire de l'année suivant celle de l'exécution » (au plus tard à l'ouverture de la session budgétaire N+1 dans la directive, Article 63).		Les modalités d'applications de la directive sont contenues dans les autres directives du cadre harmonisé (Article 2 de la Directive)
Niger	-	-	-
Sénégal	-	- Article 57 : Le PLF est déposé « au plus tard le jour de l'ouverture de la session ordinaire unique » (« au plus tard le jour de l'ouverture de la session budgétaire » dans la directive, Article 58). - Article 62 : Le dépôt du PLR doit être fait au plus tard le jour de l'ouverture de la session ordinaire de l'année suivant celle de l'exécution (au plus tard à l'ouverture de la session budgétaire N+1 dans la directive, Article 63).	En cas de faute de gestion, le pouvoir disciplinaire est exercé par le ministre chargé des finances (Article 84 de la Directive)

Pays	Dispositions *praeter legem*	Dispositions *contra legem*	Dispositions omises
Togo	- Article 58 : Le PLF est déposé au plus tard une semaine avant l'ouverture de la session budgétaire (« au plus tard le jour de l'ouverture de la session budgétaire » dans la directive, Article 58). - Article 63 : Le dépôt du PLR doit être fait au plus tard une semaine avant l'ouverture de la session budgétaire de l'année suivant celle de l'exécution (au plus tard à l'ouverture de la session budgétaire N+1 dans la directive, Article 63)	-	En cas de faute de gestion, le pouvoir disciplinaire est exercé par le ministre chargé des finances (Article 84 de la Directive)

BENIN :
LOI ORANIQUE RELATIVE AUX LOIS DE FINANCES

REPUBLIQUE DU BENIN
FRATERNITE – JUSTICE – TRAVAIL

PRESIDENCE DE LA REPUBLIQUE

LOI ORGANIQUE N°2013-14 DU 27 SEPTEMBRE 2013 relative aux lois de finances.

L'Assemblée Nationale a délibéré et adopté en sa séance du 08 juillet 2013,

Suite la Décision de conformité à la Constitution DCC 13-121 du l0 septembre 2013,

Le Président de la République Promulgue la loi dont la teneur suit :

TITRE PREMIER
DES DISPOSITIONS GENERALES

CHAPITRE I
DES DEFINITIONS

Article 1er : Au sens de la présente loi, on entend par :

- Autorisation d'Engagement (AE) : limite supérieure des dépenses pouvant être engagées au cours d'un exercice budgétaire.

Les Autorisations d'Engagement correspondent à l'engagement juridique de la dépense, phase de la dépense en préalable à la consommation effective des crédits au cours de laquelle l'ordonnateur réalise la première étape des actions qui mèneront au paiement effectif de la prestation. Elles sont entièrement consommées dès l'origine de la dépense, lors de la signature de l'acte qui engage juridiquement l'Etat.

Les autorisations d'Engagement sont associées aux crédits de paiement uniquement pour les dépenses d'investissement et les contrats de partenariats publics-privés (PPP).

- Budget annexe : budget retraçant les dépenses et les recettes d'un service de l'Etat non doté de la personnalité juridique et dont l'activité tend essentiellement à produire des biens ou à rendre des services donnant lieu à paiement. Ils constituent des missions et sont spécialisés par programme.

- Budget de l'Etat : acte par lequel sont prévues et autorisées les recettes et les dépenses annuelles de l'Etat ; ensemble des comptes qui décrivent, pour une année civile, toutes les ressources et toutes les charges de l'Etat.

- Budget général : Document qui retrace toutes les recettes budgétaires et toutes les dépenses de l'Etat, à l'exception des recettes affectées par la loi aux budgets annexes et aux comptes spéciaux.

- Budget Programme (BP) : Nomenclature de présentation du budget de l'Etat qui permet de mettre en relation l'utilisation de crédits budgétaires et les politiques publiques mises en œuvre. Les crédits sont regroupés et présentés au sein de programme.

Le Budget Programme intègre les notions d'efficience et d'efficacité à travers l'évaluation permanente des politiques publiques mises en œuvre ; les activités et les coûts du programme sont associés à des objectifs et à des indicateurs permettant de mesurer les résultats.

Par sa présentation pluriannuelle, le Budget Programme permet également d'évaluer l'évolution à moyen terme des politiques publiques.

- Certification des comptes : Opinion d'un commissaire aux comptes exprimant, après l'audit des comptes que les comptes sont établis, dans tous leurs aspects significatifs, conformément au référentiel qui leur est applicable.

Les commissaires aux comptes certifient que les comptes annuels sont réguliers et sincères et donnent une image fidèle du résultat des opérations de l'exercice écoulé ainsi que de la situation financière et du patrimoine de la société à la fin de cet exercice.

La Juridiction financière est chargée de l'audit et de la certification des comptes de l'Etat.

Au niveau des organismes publics, principalement de l'Etat et des collectivités locales, c'est la Juridiction financière qui est chargée de l'audit et de la certification de leurs comptes.

- Comptes Spéciaux du Trésor : Modalité de présentation de certains crédits budgétaires. Les comptes spéciaux du Trésor se distinguent des opérations de services de l'Etat en raison de leur caractère temporaire, de leur nature industrielle ou commerciale ou de l'affectation de certaines ressources à certaines dépenses.

- Correspondants du Trésor : Organismes et particuliers qui, soit en application des lois et règlements, soit en vertu de conventions, déposent, à titre obligatoire ou facultatif, des fonds au Trésor ou sont autorisés à procéder à des opérations de recettes et de dépenses par l'intermédiaire de ses comptables.

- Contrôle financier : Structure chargée d'exercer les contrôles *a priori* et *a posteriori* des opérations budgétaires de l'Etat.

Les agents du contrôle financier, appelés contrôleurs financiers, relèvent du ministre en charge des finances et sont placés auprès des ordonnateurs. La prévention du risque budgétaire constitue le cœur du nouveau contrôle financier.

- Crédits globaux : Crédits non répartis au moment du vote de la loi de finances et ouverts pour les dépenses accidentelles et imprévisibles.

- Crédits de paiement (CP) : Limite supérieure des dépenses pouvant être payées pendant l'année pour la couverture des engagements contractés dans le cadre des autorisations d'engagement.

- Crédits évaluatifs : Crédits pouvant donner lieu à paiement ou à engagement au-delà du montant ouvert en loi de finances.

- Crédits limitatifs : Crédits ne pouvant pas donner lieu à paiement ou à engagement au-delà du montant ouvert en loi de finances. Cette règle peut être contournée par le biais des procédures de reports de crédits (qui majorent à due concurrence les crédits ouverts en loi de finances de l'année) et de décret d'avance.

Débat d'Orientation Budgétaire (DOB) : Dans le cadre du renforcement des pouvoirs de contrôle de l'Assemblée Nationale et afin d'améliorer l'information des parlementaires sur l'évolution des finances publiques à moyen terme, le Gouvernement présente, au plus tard le 30 juin de l'année, les documents budgétaires pluriannuels à savoir le Document de Programmation Budgétaire et Economique Pluriannuelle (DPBEP) et le Document de Programmation Pluriannuelle des Dépenses (DPPD).

Les orientations présentées dans ces documents donnent lieu à un débat et offrent aux parlementaires une première estimation de l'évolution de la situation budgétaire et des besoins de crédits du Gouvernement en amont de la discussion sur le projet de loi de finances de l'année.

- Découvert : Prêt à court terme accordé par la banque à une personne privée ou publique. C'est aussi le montant d'une dette ou d'une dépense qui excède les disponibilités du débiteur.

- Décret d'avance : Procédure permettant au Gouvernement de majorer les crédits limitatifs de la loi de finances de l'année et d'en ouvrir de nouveaux sans demander l'autorisation de l'Assemblée Nationale. Celle-ci est, néanmoins, informée de la procédure et doit ratifier le décret, *a posteriori*, dans les meilleurs délais.

- Document de Programmation Budgétaire et Economique Pluriannuelle (DPBEP) : Instrument de programmation pluriannuelle glissant pour l'ensemble des recettes et des dépenses. Couvrant une période minimale de trois (03) ans, la première année correspondant à l'exercice visé par le projet de loi de finances que le Document de Programmation Budgétaire et Economique Pluriannuelle accompagne.

Il se compose de deux parties : une partie décrivant les perspectives de recettes décomposées par grandes catégories d'impôts et de taxes et l'autre partie consacrée aux dépenses budgétaires décomposées par grandes catégories de dépenses.

- Document de Programmation Pluriannuelle des Dépenses (DPPD) : Instrument budgétaire sectoriel pluriannuel glissant établi en référence au Document de Programmation Budgétaire et Economique Pluriannuelle, le Document de Programmation Pluriannuelle des Dépenses présente l'évolution budgétaire des programmes sur une période de trois (03) ans.

Tous les ministères, budgets annexes et comptes spéciaux présentent chacun un Document de Programmation Pluriannuelle des Dépenses qui regroupe les programmes qui leur sont associés. Ces documents constituent les supports de présentation pour les crédits des programmes du secteur (année du projet de loi de finances et années suivantes), les résultats « cibles » visés par les objectifs et les indicateurs.

Le Document de Programmation Pluriannuelle des Dépenses est ainsi le vecteur principal de la performance : à travers le programme qui le compose, il précise les objectifs et les indicateurs retenus pour chacune des politiques publiques. C'est sur la base de la présentation retenue pour le Document de Programmation Pluriannuelle des Dépenses que sont élaborés les rapports annuels de performance (RAP).

- Douzièmes provisoires : Procédure permettant d'assurer la continuité de l'action de l'Etat lorsque la loi de finances de l'année n'a pas pu être adoptée avant le début de l'exercice par l'Assemblée Nationale, selon les délais qui encadrent la procédure de vote. Ils accordent, pour une période d'un (01) mois reconductible, les ouvertures de crédit et les autorisations de percevoir les impôts et revenus publics nécessaires pour assurer la continuité des services sur la base du budget de l'année précédente.

- Droits constatés : Méthode qui comptabilise une transaction au moment où intervient l'activité (ou la décision) qui va engendrer les recettes ou les dépenses, et ne tient pas compte du moment auquel interviennent les décaissements ou les encaissements. « Droits constatés » est un abrégé de « budgétisation et comptabilité publiques sur la base des droits constatés ».

- Fonds de concours : Somme versée par des personnes physiques ou morales et qui contribuent entièrement ou en partie à des dépenses d'intérêt public. Ils peuvent être constitués de dons ou de legs et, dans le cas particulier des pays en développement, des contributions des Partenaires Techniques et Financiers. L'utilisation des sommes des Fonds de concours est subordonnée au respect de l'intention de la partie versante.

La loi de finances évalue le montant des fonds de concours pour l'année à laquelle elle se réfère mais c'est le ministre en charge des finances qui ouvre les crédits correspondants sur les programmes et les dotations par voie d'arrêté.

- Fongibilité des crédits (ou globalisation des crédits) : Règle selon laquelle les ordonnateurs peuvent utiliser indifféremment les crédits relevant de plusieurs lignes budgétaires, sous réserve des restrictions fixées par la loi organique relative aux lois de finances.

- Indicateur de performance : Représentation chiffrée qui mesure la réalisation d'un objectif et permet d'apprécier le plus objectivement et le plus fidèlement possible le niveau de performance d'une institution ou d'un service. Un bon indicateur doit être pertinent (c'est-à-dire spécifique et représentatif), pratique (c'est-à-dire simple, compréhensible, produit annuellement à un coût raisonnable), mesurable et fiable (c'est-à-dire bien défini en termes méthodologiques, précis, sensible à la réalité, mesuré mais non manipulable), enfin vérifiable.

- Inventaires : Relevé de tous les éléments d'actif et de passif, mentionnant à la fois la quantité et la valeur de chacun d'eux à la date d'inventaire.

- Loi de finances : Texte juridique voté par l'Assemblée Nationale et qui retrace et autorise chaque année le prélèvement des ressources d'un Etat et la réalisation des charges pour l'année suivante.

La loi de finances détermine également les conditions de l'équilibre financier : elle autorise le recours à l'endettement pour compléter le besoin de ressources. La version votée l'année précédant l'exercice auquel elle se rapporte est appelée loi de finances de l'année. Elle peut être modifiée en cours d'exercice par les lois de finances rectificatives (LFR) ou collectifs budgétaires. Elle donne lieu, postérieurement à la clôture de l'exercice auquel elle se rapporte, au dépôt et au vote d'une loi de règlement par laquelle l'Assemblée Nationale constate et approuve l'exécution des recettes et des dépenses de l'exercice.

- Mission : Division du budget de l'Etat (dans le cadre de la présentation par objectifs) regroupant un ensemble de programmes ou des dotations concourant à la mise en œuvre d'une même politique publique.

- Plafond d'emplois : Modalité de décompte des personnels employés par l'Etat quel que soit leur statut (exemple : titulaire ou contractuel) ou leur grade. Au montant financier alloué pour chaque programme est désormais associé un nombre d'emplois que le ministère ne peut pas dépasser quand bien même l'enveloppe de crédits destinée aux dépenses de personnel ne serait pas saturée ou cours d'un exercice. Le respect de ce plafond est évalué dans les rapports annuels de performances au même titre que la consommation des crédits.

- Programme : Regroupement de crédits destinés à mettre en œuvre une action ou un ensemble cohérent d'actions représentatif d'une politique publique clairement définie dans une perspective de moyen terme et qui relèvent d'un même ministère. Le programme est l'unité de présentation et de spécialisation des crédits.

- Régulation budgétaire : Compétence du ministre en charge des finances consistant à rendre indisponibles, à titre provisoire ou définitif, des crédits ouverts (autorisation d'engagement/crédit de paiement) sur les budgets des ministères en cours d'exercice afin d'éviter la dégradation de l'équilibre financier défini par la loi de finances.

- Report de crédits : Procédure de majoration des crédits ouverts par la loi de finances de l'année par tout ou partie des crédits non consommés de l'année précédente selon des règles applicables aux autorisations d'engagement et crédit de paiement.

- Responsable de programme : Haut fonctionnaire nommé par le ministre sectoriel ou par le ministre en charge des finances sur proposition du ministre dont il relève pour coordonner la mise en œuvre du programme dont il a la charge.

Sur la base d'une large concertation avec les acteurs concernés, le responsable de programme arrête la stratégie et le budget du programme ainsi que ses objectifs et cibles de performance sur lesquels il s'engage ; il organise le dialogue de gestion et la cohérence des cadres nationaux et locaux de pilotage de la performance, il suit les aspects de mise en œuvre opérationnelle et rend compte des résultats annuels du programme. Il est formellement responsable de la production du Projet Annuel de Performance (PAP) et du Rapport Annuel de Performance (RAP) pour son programme. Au-delà de son propre champ, il participe aux travaux permettant de perfectionner progressivement les outils de gestion et les systèmes d'information du ministère. Ce faisant, le responsable de programme est comparable à un chef d'orchestre ou à un maître d'œuvre qui, certes, prend des décisions pour le programme et s'implique personnellement, mais aussi, et c'est essentiel, suscite une large concertation, facilite la mobilisation des divers acteurs et organise une coordination efficace entre les différents aspects de la gestion de la performance.

- Rétablissement de crédits : Procédure permettant d'annuler l'impact de certaines dépenses sur les crédits, en rétablissant à leur niveau précédent les dotations ainsi consommées.

CHAPITRE II
DU DOMAINE D'APPLICATION

Article 2 : La présente loi fixe les règles relatives au domaine, à la classification, au contenu, à la présentation, à l'élaboration, à l'adoption, à l'exécution et ou contrôle des lois de finances.

Elle détermine les conditions dans lesquelles est arrêtée la politique budgétaire, à moyen terme, pour l'ensemble des finances publiques.

Elle énonce les principes fondamentaux relatifs à l'exécution des budgets publics, à la comptabilité publique et aux responsabilités des agents publics intervenant dans la gestion des finances publiques.

Article 3 : Les modalités d'application des dispositions de la présente loi sont contenues dans les textes portant règlement général sur la comptabilité publique, nomenclature budgétaire de l'Etat, plan comptable de l'Etat et tableau des opérations financières de l'Etat.

TITRE-T-II
DU DOMAINE ET DE LA CLASSIFICATION DES LOIS DE FINANCES

Article 4 : Les lois de finances déterminent, pour un exercice, la nature, le montant et l'affectation des ressources et des charges de l'Etat ainsi que l'équilibre budgétaire et financier qui en résulte, compte tenu de la situation et des objectifs macro-économiques ainsi que des obligations du Pacte de convergence, de stabilité, de croissance et de solidarité de l'Union Economique et Monétaire Ouest Africaine (UEMOA).

L'exercice budgétaire et comptable court du 1er janvier au 31 décembre.

Article 5 : Sont du domaine de la loi, les dispositions relatives à l'assiette, au taux et aux modalités de recouvrement des impositions de toutes natures, qu'elles soient perçues par l'Etat ou affectées à d'autres organismes publics.

Article 6 : Aucune recette ne peut être liquidée ou encaissée, aucune dépense publique ne peut être engagée ou payée si elle n'a été préalablement autorisée par une loi de finances.

Toutefois, conformément à l'article 7 alinéa 3, des recettes non prévues par une loi de finances initiale peuvent être liquidées ou encaissées, à condition d'être autorisées par un décret pris en Conseil des ministres et régularisées dans la plus prochaine loi de finances.

Lorsque des dispositions d'ordre législatif ou réglementaire entraînent des charges nouvelles ou des pertes de ressources, aucun projet de loi ne peut être définitivement voté, aucun décret ne peut être pris tant que ces charges ou ces pertes de ressources n'ont pas été prévues, évaluées et soumises à l'avis conforme du ministre en charge des finances.

Article 7 : Ont le caractère de lois de finances :

- la loi de finances de l'année ;
- les lois de finances rectificatives ;
- la loi de règlement.

La loi de finances de l'année prévoit et autorise, pour chaque année civile, l'ensemble des ressources et des charges de l'Etat.

Les lois de finances rectificatives modifient, en cours d'année, les dispositions de la loi de finances de l'année.

La loi de règlement arrête, pour chaque année civile, le montant définitif des recettes et des dépenses du budget de l'Etat, le montant définitif du résultat budgétaire et le montant définitif des ressources et des charges de trésorerie.

TITRE III
DU CONTENU DES LOIS DE FINANCES

CHAPITRE I
DES RESSOURCES ET DES CHARGES DE L'ETAT

Article 8 : Les ressources et les charges de l'Etat sont constituées de recettes et de dépenses budgétaires ainsi que de ressources et de charges de trésorerie.

Les prévisions de ressources et de charges de l'Etat sont sincères. Elles sont effectuées avec réalisme et prudence, compte tenu des informations disponibles au moment où le projet de loi de finances est établi.

Article 9 : La loi de finances de l'année contient le budget de l'Etat pour l'année civile, lequel décrit les recettes et les dépenses budgétaires autorisées par ladite loi.

SECTION I
DES RECETTES ET DES DEPENSES BUDGETAIRES DE L'ETAT

Article 10 : Les recettes budgétaires de l'Etat comprennent :

- les impôts et taxes ;
- les revenus courants des activités industrielles et commerciales de l'Etat ;
- les revenus des domaines et des participations financières ;
- les rémunérations des services rendus et les redevances ;
- le produit des amendes ;
- les fonds de concours ainsi que les dons et legs consentis au profit de l'Etat ;
- les produits exceptionnels divers.

Article 11 : L'autorisation de percevoir les impôts est annuelle.

Le rendement des impôts dont le produit est affecté à l'Etat est évalué par les lois de finances.

Les taxes parafiscales perçues dans un intérêt économique ou social au profit d'une personne morale de droit public ou privé autre que l'Etat, les collectivités locales et leurs établissements publics administratifs, sont établies par décret pris en Conseil des ministres sur rapport conjoint du ministre en charge des finances et du ministre concerné.

La perception de ces taxes au-delà du 31 décembre de l'année de leur établissement est autorisée, chaque année, par une loi de finances.

Article 12 : La rémunération des services rendus par l'Etat ne peut être établie et perçue que si elle est instituée par décret pris en Conseil des ministres, sur rapport conjoint du ministre en charge des finances et du ministre concerné. Après sa mise en œuvre, ce décret est approuvé par la plus prochaine loi de finances.

Le produit des amendes, les rémunérations pour services rendus, les revenus courants des activités industrielles et commerciales de l'Etat, les revenus du domaine et des participations financières, la part de l'Etat dans les bénéfices des entreprises publiques, les fonds de concours et le montant des produits exceptionnels divers sont prévus et évalués par la loi de finances de l'année.

Article 13 : Les dépenses budgétaires de l'Etat comprennent :

- les dépenses ordinaires ;
- les dépenses en capital.

Les dépenses ordinaires sont constituées des :

- dépenses de personnel ;
- charges financières de la dette ;
- dépenses d'acquisitions de biens et services ;

- dépenses de transfert courant ;
- dépenses en atténuation de recettes.

Les dépenses en capital comprennent :

- les dépenses d'investissements exécutées par l'Etat ;
- les dépenses de transferts en capital.

Article 14 : Les lois de finances répartissent les crédits budgétaires qu'elles ouvrent entre les différents ministères et institutions constitutionnelles.

A l'intérieur des ministères, ces crédits sont décomposés en programmes sous réserve des dispositions de l'article 18.

Un programme regroupe les crédits destinés à mettre en œuvre une action ou un ensemble cohérent d'actions représentatif d'une politique publique clairement définie dans une perspective de moyen terme.

Les programmes peuvent être regroupés et présentés au sein de missions. Les missions sont constituées des programmes qui concourent à la réalisation d'une politique publique relevant d'un même ou de plusieurs ministères ou institutions.

A ces programmes sont associés des objectifs précis définis en fonction de finalités d'intérêt général et des résultats attendus.

Ces résultats, mesurés notamment par des indicateurs de performance, font l'objet d'évaluations régulières et donnent lieu à un rapport de performance élaboré en fin de gestion par les ministères et institutions constitutionnelles concernés.

Un programme peut regrouper tout ou partie des crédits d'une direction, d'un service, d'un ensemble de directions ou de services d'un même département ministériel.

Les crédits de chaque programme sont décomposés selon leur nature en crédits de :

- Personnel ;
- biens et services ;
- investissement ;
- transferts.

Les crédits de personnel sont assortis, par ministère, de plafonds d'autorisation d'emplois rémunérés par l'Etat.

Les crédits sont spécialisés par programme.

Article 15 : Pour les besoins de l'exercice de la fongibilité des crédits prévue à l'article 16, la modification des crédits de personnel, de biens et services ou de transfert en crédits d'investissement donne lieu à la création automatique d'autorisations d'engagement pour un montant équivalent. Ces autorisations d'engagement font l'objet d'une ratification dans la plus prochaine loi de finances.

Article 16 : Les responsables de programme sont nommés par le ministre sectoriel ou par le ministre en charge des finances, sur proposition du ministre dont ils relèvent.

L'acte de nomination précise, le cas échéant, les conditions dans lesquelles les compétences d'ordonnateur leur sont déléguées, ainsi que les modalités de gestion du programme, en application des dispositions des articles 17, 70 et 72.

Sur la base des objectifs généraux fixés par le ministre sectoriel, le responsable de programme détermine les objectifs spécifiques, affecte les moyens et contrôle les résultats des services chargés de la mise en œuvre du programme. Il s'assure du respect des dispositifs de contrôle interne et de contrôle de gestion.

Les modalités de mise en œuvre des contrôles budgétaires et comptables prévus par la présente loi ainsi que par le décret portant règlement général sur la comptabilité publique tiennent compte tant de la qualité et de l'efficacité du contrôle interne que du contrôle de gestion pour chaque programme.

Sans préjudice de leurs missions de contrôle et de vérification de la régularité des opérations financières, les corps, les organes et les institutions de contrôle, contrôlent les résultats des programmes et en évaluent l'efficacité, l'économie et l'efficience.

Article 17 : Les crédits budgétaires non répartis en programmes sont répartis en dotations.

Chaque dotation regroupe un ensemble de crédits globalisés destinés à couvrir des dépenses spécifiques auxquelles ne peuvent être directement associés des objectifs de politiques publiques ou des critères de performance.

Font l'objet de dotations :

- les crédits destinés aux pouvoirs publics pour chacune des institutions constitutionnelles ;
- les crédits de la dotation de chaque institution constitutionnelle qui couvrent les dépenses de personnel, de biens et services, de transfert et d'investissement directement nécessaires à l'exercice de ses fonctions constitutionnelles ;
- les crédits globaux pour des dépenses accidentelles et imprévisibles ;
- les crédits destinés à couvrir les défauts de remboursement ou les appels en garantie intervenus sur les comptes d'avances, de prêts, d'avals et de garanties ;
- les charges financières de la dette de l'Etat.

Article 18 : Les crédits répartis en programmes ou en dotations et décomposés par nature conformément aux dispositions des articles 14 et 17 constituent des plafonds de dépense qui s'imposent dans l'exécution de la loi de finances aux ordonnateurs de crédits ainsi qu'aux comptables.

Toutefois, à l'intérieur d'un même programme, les ordonnateurs peuvent, en cours d'exécution, modifier la nature des crédits pour les utiliser, s'ils sont libres d'emploi dans les cas ci-après :

- des crédits de personnel, pour majorer les crédits de biens et services, de transfert ou d'investissement ;

- des crédits de biens et services et de transfert, pour majorer les crédits d'investissement.

Ces modifications sont décidées par arrêté du ministre concerné qui en informe le ministre en charge des finances.

Article 19 : Le budget général, les budgets annexes et les comptes spéciaux du Trésor sont présentés selon les classifications :

- administrative ;
- par programme ;
- fonctionnelle ;
- économique.

La nomenclature budgétaire est construite dans le respect des dispositions des articles 10, 13, 14, 17 et 18.

Article 20 : Les crédits ouverts par les lois de finances sont constitués :

- de crédits de paiement, pour les dépenses de personnel, les acquisitions de biens et services et les dépenses de transfert ;
- d'autorisations d'engagement et de crédits de paiement, pour les dépenses d'investissement et les contrats de partenariats public-privé.

Article 21 : Les autorisations d'engagement constituent la limite supérieure des dépenses pouvant être juridiquement engagées au cours de l'exercice pour la réalisation des investissements prévus par la loi de finances.

Pour une opération d'investissement directement exécutée par l'Etat, l'autorisation d'engagement couvre une tranche constituant une unité individualisée formant un ensemble cohérent et de nature à être mise en service sans adjonction.

Pour les contrats de partenariat public-privé, par lesquels l'Etat confie à un tiers le financement, la réalisation, la maintenance ou l'exploitation d'opérations d'investissements d'intérêt public, les autorisations d'engagement couvrent, dès l'année où les contrats sont conclus, la totalité de l'engagement juridique.

Article 22 : Les crédits de paiement constituent la limite supérieure des dépenses pouvant être ordonnancées ou payées au cours de l'exercice.

Article 23 : Toutes les autorisations d'engagement et tous les crédits de paiement ainsi que les plafonds d'autorisation d'emplois rémunérés par l'Etat sont limitatifs.

Sauf dispositions spéciales d'une loi de finances prévoyant un engagement par anticipation sur les crédits de l'année suivante, les dépenses sur crédits limitatifs ne peuvent être engagées et ordonnancées que dans la limite des crédits ouverts.

Par exception aux dispositions de l'alinéa 1er, les crédits relatifs aux charges financières de la dette de l'Etat sont évaluatifs. Ces crédits évaluatifs s'imputent, au besoin, au-delà de la dotation qui les concerne.

Article 24 : Des transferts et des virements de crédits peuvent, en cours d'exercice, modifier la répartition des crédits budgétaires entre programmes.

Les transferts de crédits modifient la répartition des crédits budgétaires entre programmes de ministères distincts. Ils sont autorisés par décret pris en Conseil des ministres, sur rapport conjoint du ministre en charge des finances et des ministres concernés.

Les virements de crédits modifient la répartition des crédits budgétaires entre programmes d'un même ministère. S'ils ne changent pas la nature de la dépense selon les catégories définies à l'alinéa 8 de l'article 14, ils sont pris par arrêté interministériel du ministre concerné et du ministre en charge des finances. Dans le cas contraire, ils sont autorisés par décret sur rapport conjoint du ministre en charge des finances et du ministre concerné.

Le montant annuel cumulé des virements et des transferts affectant un programme ne peut dépasser dix pour cent (10%) des crédits votés de ce programme.

A l'exception des crédits globaux pour des dépenses accidentelles et imprévisibles, aucun transfert, aucun virement ne peut être opéré d'une dotation vers un programme. De même, aucun virement, aucun transfert ne peut être effectué au profit de programmes non prévus par une loi de finances.

Article 25 : La répartition par programmes des crédits globaux pour des dépenses accidentelles et imprévisibles se fait par décret. Aucune dépense ne peut être directement imputée sur ces crédits globaux avant cette répartition.

Article 26 : En cas d'urgence et de nécessité impérieuse d'intérêt national, des crédits supplémentaires peuvent être ouverts par décret d'avances pris en Conseil des ministres.

L'Assemblée Nationale en est immédiatement informée et un projet de loi de finances portant ratification de ces crédits est déposé dès l'ouverture de sa plus prochaine session.

Article 27 : Sous réserve des dispositions concernant les autorisations d'engagement, les crédits ouverts et les plafonds des autorisations d'emplois fixés au titre d'une année ne créent aucun droit au titre des années suivantes.

Les autorisations d'engagement, au sens de l'article 21, disponibles sur un programme à la fin de l'année, peuvent être reportées sur le même programme par décret pris en Conseil des ministres, majorant à due concurrence les crédits de l'année suivante.

Les crédits de paiement ne peuvent être reportés. Par exception, les crédits de paiement relatifs aux dépenses d'investissement disponibles sur un programme à la fin de l'année peuvent être reportés sur le même programme dans la mesure où les reports de crédits retenus ne dégradent pas l'équilibre budgétaire tel que défini à l'article 48.

Les reports s'effectuent par décret pris en Conseil des ministres, en majoration des crédits de paiement pour les investissements de l'année suivante, sous réserve de la disponibilité des financements correspondants.

Ce décret, qui ne peut être pris qu'après clôture des comptes de l'exercice précédent, est consécutif à un rapport du ministre en charge des finances. Ce rapport évalue et justifie les ressources permettant de couvrir le financement des reports, sans dégradation du solde du budget autorisé de l'année en cours.

Article 28 : Des crédits budgétaires peuvent être annulés, par arrêté du ministre en charge des finances, après information du ministre sectoriel, lorsqu'ils sont devenus sans objet ou dans le cadre de la mise en œuvre du pouvoir de régulation budgétaire défini à l'article 71.

Article 29 : Les arrêtés et les décrets relatifs aux mouvements de crédits prévus aux articles 24 à 28 sont transmis, dès leur signature, à l'Assemblée Nationale et à la juridiction financière.

La ratification de ces mouvements est demandée à l'Assemblée Nationale dans la plus prochaine loi de finances relative à l'exercice concerné.

SECTION II
DES RESSOURCES ET DES CHARGES DE TRESORERIE

Article 30 : Les ressources de trésorerie de l'Etat comprennent :

- les produits provenant de la cession des actifs ;
- les produits des emprunts à court, moyen et long termes ;
- les dépôts sur les comptes des correspondants du Trésor ;
- les remboursements de prêts et avances.

Ces ressources de trésorerie sont évaluées et, s'agissant des emprunts à moyen et long termes, autorisées par une loi de finances.

La variation nette de l'encours des emprunts à moyen et long termes qui peuvent être émis est plafonnée annuellement par une loi de finances.

Aucun découvert n'est consenti aux correspondants du Trésor.

Sauf disposition expresse d'une loi de finances, les titres d'emprunts publics émis par l'Etat sont libellés en monnaie nationale ; ils ne peuvent prévoir d'exonération fiscale et ne peuvent être utilisés comme moyen de paiement d'une dépense publique.

Article 31 : Les charges de trésorerie de l'Etat comprennent :

- le remboursement des produits des emprunts à court, moyen et long termes ;
- les retraits sur les comptes des correspondants ;
- les prêts et avances.

Les charges de trésorerie sont évaluées par une loi de finances.

Les remboursements d'emprunts sont exécutés conformément au contrat d'émission.

Les opérations de dépôt sont faites dans les conditions prévues par les règles de comptabilité publique.

Article 32 : Sauf dérogation accordée par décret, les organismes publics autres que l'Etat, déposent toutes leurs disponibilités au Trésor public.

Le Trésor public assure la liquidité de ces dépôts dans les conditions définies au moment du dépôt.

CHAPITRE II
DU BUDGET DE L'ETAT

Article 33 : Le budget de l'Etat comprend :

- le budget général ;
- les budgets annexes ;
- les comptes spéciaux du Trésor.

SECTION I
DU BUDGET GENERAL

Article 34 : Sous réserve des dispositions concernant les budgets annexes et les comptes spéciaux du Trésor, toutes les recettes et toutes les dépenses budgétaires de l'Etat sont retracées dans le budget général.

Article 35 : Il est fait recette du montant intégral des produits, sans contraction entre les recettes et les dépenses. L'ensemble des recettes assurant l'exécution de l'ensemble des dépenses, toutes les dépenses et toutes les recettes sont imputées au budget général.

Article 36 : Par dérogation aux dispositions de l'article 34, des procédures particulières peuvent permettre d'assurer une affectation au sein du budget général.

Ces procédures sont la procédure du fonds de concours et la procédure de rétablissement de crédits.

Les fonds de concours sont constitués par :

- des contributions volontaires versées par des personnes morales ou physiques, et notamment par les partenaires techniques et financiers, pour concourir avec ceux de l'Etat à des dépenses d'intérêt public ;
- des legs et des donations attribués à l'Etat.

Les fonds de concours sont portés en recettes au budget général et un crédit supplémentaire de même montant est ouvert sur le programme concerné par arrêté du ministre en charge des finances. L'emploi des fonds de concours est conforme à l'intention de la partie versante ou du donateur.

Les rétablissements de crédits sont constitués par :

- les recettes provenant de la restitution au Trésor public de sommes payées indûment ou à titre provisoire sur crédits budgétaires ;

- les recettes provenant de cessions ayant donné lieu à un paiement sur crédits budgétaires.

L'affectation par procédures particulières au sein du budget général, d'un budget annexe ou d'un compte spécial du Trésor, ne peut résulter que d'une disposition de la loi de finances, d'initiative gouvernementale.

SECTION II
DES BUDGETS ANNEXES

Article 37 : Les opérations financières des services de l'Etat qui n'ont pas été dotés de la personnalité morale par la loi et dont l'activité tend essentiellement à produire des biens ou à rendre des services payants peuvent faire l'objet de budgets annexes.

La création ou la suppression d'un budget annexe ainsi que l'affectation d'une recette à un budget annexe sont décidées par une loi de finances.

Un budget annexe constitue un programme au sens de l'article 14.

Chaque budget annexe est rattaché à un ministère.

Article 38 : Les budgets annexes comprennent, d'une part, les recettes et les dépenses d'exploitation, d'autre part, les dépenses d'investissement et les recettes spéciales affectées à ces dépenses.

Les opérations des budgets annexes s'exécutent comme les opérations du budget général. Elles donnent lieu à l'établissement d'une balance des comptes, accompagnée d'un bilan patrimonial.

Un budget annexe peut bénéficier d'une subvention d'exploitation ou d'une subvention d'investissement de l'Etat.

Les dépenses d'exploitation suivent les mêmes règles que les dépenses ordinaires tandis que les dépenses d'investissement suivent les mêmes règles que les dépenses en capital.

Les emplois des agents publics rémunérés sur chaque budget annexe sont plafonnés par une loi de finances.

Toutefois, les crédits limitatifs se rapportant aux dépenses d'exploitation et aux dépenses d'investissement peuvent être majorés, non seulement dans les conditions prévues à l'article 18, mais également par arrêté du ministre en charge des finances, s'il est établi que l'équilibre financier du budget annexe, tel qu'il est prévu par la dernière loi de finances n'est pas modifié et qu'il n'en résulte aucune charge supplémentaire pour les années suivantes.

SECTION III
DES COMPTES SPECIAUX DU TRESOR

Article 39 : Des comptes spéciaux du Trésor peuvent être ouverts par une loi de finances pour retracer des opérations effectuées par les services de l'Etat.

Les comptes spéciaux du Trésor peuvent être traités comme des programmes.

Les comptes spéciaux du Trésor comprennent :

- les comptes d'affectation spéciale ;
- les comptes de commerce ;
- les comptes de règlement avec les gouvernements ou autres organismes étrangers ;
- les comptes d'avances ;
- les comptes de prêts ;
- les comptes de garanties et d'avals.

A l'exception des comptes de commerce et des comptes de règlement avec les gouvernements ou autres organismes étrangers, les comptes spéciaux du Trésor ne peuvent être à découvert.

L'affectation d'une recette à un compte spécial ne peut résulter que d'une disposition de la loi de finances de l'année ou d'une loi de finances rectificative.

Article 40 : Sous réserve des règles particulières énoncées aux articles 41 à 46, les opérations des comptes spéciaux sont prévues, autorisées et exécutées dans les mêmes conditions que les opérations du budget général.

Sauf dérogations prévues par une loi de finances, il est interdit d'imputer directement à un compte spécial du Trésor des dépenses résultant du paiement des traitements ou des indemnités à des agents de l'Etat ou d'autres organismes publics.

Sauf dispositions contraires prévues par une loi de finances, le solde de chaque compte spécial est reporté d'année en année.

Un état détaillé des prévisions relatives aux comptes spéciaux du Trésor dotés de crédits est annexé au projet de loi de finances.

Article 41 : Les comptes d'affectation spéciale retracent des opérations qui, par suite d'une disposition de loi de finances prise sur l'initiative du Gouvernement, sont financées au moyen de ressources particulières.

Une subvention du budget général de l'Etat ne peut compléter les recettes d'un compte spécial que si elle est au plus égale à dix pour cent (10%) du total des prévisions de dépenses.

Sauf dérogation expresse prévue par une loi de finances, aucun versement au profit du budget général, d'un budget annexe ou d'un compte spécial ne peut être effectué à partir d'un compte d'affectation spéciale.

En cours d'année, le total des dépenses engagées au titre d'un compte d'affectation spéciale ne peut excéder le total des recettes constatées, sauf pendant les trois (03) mois suivant sa création. Durant cette dernière période, le découvert ne peut être supérieur à un montant fixé par la loi de finances créant le compte.

Si, en cours d'année, les recettes effectives sont supérieures aux prévisions des Lois de finances, des crédits supplémentaires peuvent être ouverts, par arrêté du ministre en charge des finances, dans la limite de cet excédent.

Chaque compte d'affectation spéciale constitue un programme au sens des articles 14 et 15.

Article 42 : Les comptes de commerce retracent des opérations à caractère industriel et/ou commercial effectuées à titre accessoire par des services publics de l'Etat.

Les prévisions de dépenses concernant ces comptes ont un caractère évaluatif ; seul le découvert fixé annuellement pour chacun d'eux a un caractère limitatif.

Sauf dérogations expresses prévues par une loi de finances, il est interdit d'exécuter, au titre de comptes de commerce, des opérations d'investissement financier, de prêts ou d'avances, ainsi que des opérations d'emprunts.

Les résultats annuels sont établis pour chaque compte selon les règles du plan comptable de l'Etat.

Article 43 : Les comptes de règlement avec les Gouvernements ou autres organismes étrangers retracent des opérations faites en application d'accords internationaux approuvés par la loi.

La présentation des prévisions de recettes et de dépenses sur ces comptes a un caractère évaluatif ; seul le découvert fixé annuellement pour chacun d'eux a un caractère limitatif.

Article 44 : Les comptes d'avances décrivent les avances que le ministre en charge des finances est autorisé à consentir dans la limite des crédits ouverts à cet effet.

Un compte d'avance distinct est ouvert pour chaque débiteur ou catégorie de débiteurs.

Les avances du Trésor sont productives d'intérêt à un taux qui ne peut être inférieur au taux moyen des bons du Trésor. Sauf dispositions spéciales contenues dans une loi de finances, leur durée ne peut excéder un (01) an, renouvelable une fois, renouvellement dûment autorisé à l'expiration de la première année.

Toute avance non remboursée à l'expiration du délai fixé, fait l'objet, selon les possibilités du débiteur :

- soit d'une décision de recouvrement immédiat ou, à défaut de recouvrement, de poursuites effectives engagées dans un délai de trois (03) mois ;
- soit d'une autorisation de consolidation sous forme de prêt du Trésor assorti d'un transfert à un compte de prêts ;
- ou de la constatation d'une perte latente à imputer aux résultats du budget général.

Les remboursements qui sont ultérieurement constatés sont portés en recettes au budget général.

La variation nette de l'encours des avances qui peuvent être accordées par l'Etat sur chaque compte d'avances est plafonnée annuellement par une loi de finances.

A l'exception du remboursement des avances préalablement consenties, tout abondement en crédits d'un compte d'avances constitue une dépense budgétaire.

Les modalités d'octroi et de remboursement des avances sont précisées par des textes législatifs et réglementaires.

L'ensemble des comptes d'avances constitue un programme au sens des articles 15 et 16.

Article 45 : Les comptes de prêts retracent les concours financiers d'une durée supérieure à un (01) an consentis par l'Etat dans la limite des crédits ouverts à cet effet, soit à titre d'opérations nouvelles, soit à titre de consolidation. Les prêts consentis sont productifs d'intérêts à un taux qui ne peut être inférieur au taux moyen des bons du Trésor.

Le montant de l'amortissement en capital des prêts de l'Etat est pris en recettes au compte de prêts intéressé.

Tout prêt non remboursé à l'échéance fait l'objet :

- soit d'une décision de recouvrement immédiat ou, à défaut, de poursuites effectives engagées dans un délai de trois (03) mois ;
- soit de la constatation d'une perte par un versement immédiat, de même montant, du budget général au compte spécial.

La variation nette de l'encours des prêts qui peuvent être accordés par l'Etat, sur chaque compte de prêts, est plafonnée annuellement par une loi de finances.

A l'exception du remboursement des prêts préalablement consentis, tout abondement en crédits d'un compte de prêts constitue une dépense budgétaire. L'ensemble des comptes de prêts constitue un programme au sens des articles 15 et 16.

Article 46 : Les comptes de garanties et d'avals retracent les engagements de l'Etat résultant des garanties financières accordées par lui à une personne physique ou morale, notamment les garanties octroyées par l'Etat pour les contrats de partenariats publics-privés visés à l'article 21.

La dotation portant les crédits destinés à couvrir les défauts de remboursement ou appels en garantie intervenus sur les comptes d'avances, de prêts, d'avals et de garanties visée à l'article 44 est provisionnée au minimum à hauteur de dix pour cent (10%) des échéances annuelles dues par les bénéficiaires des garanties et les avals de l'Etat.

Le montant maximum des garanties et des avals susceptibles d'être accordés par l'Etat pendant l'année financière est fixé par la loi de finances.

Les garanties et les avals sont donnés par décret pris en Conseil des ministres, sur rapport du ministre en charge des finances.

Les conditions d'octroi et les modalités de gestion des garanties et des avals sont établies par décret pris en Conseil des ministres. Elles sont conformes à la politique d'endettement public et de gestion de la dette publique de toute union économique dont l'Etat est membre.

L'ensemble des comptes de garanties et d'avals constitue un programme au sens des articles 15 et 16.

TITRE IV
DE LA PRESENTATION ET DES DISPOSITIONS DES LOIS DE FINANCES

CHAPITRE I
DE LA LOI DE FINANCES DE L'ANNEE

Article 47 : La loi de finances de l'année comprend le texte de loi proprement dit et les annexes qui l'accompagnent et qui en font partie intégrante.

Article 48 : La loi de finances de l'année comprend deux parties distinctes.

Dans la première partie, la loi de finances de l'année :

- prévoit et autorise les recettes budgétaires et les ressources de trésorerie de l'Etat ;
- autorise la perception des impôts affectés aux collectivités locales et aux établissements publics ;
- fixe les plafonds des dépenses du budget général et de chaque budget annexe, les plafonds des charges de chaque catégorie de comptes spéciaux du Trésor ainsi que le plafond d'autorisation des emplois rémunérés par l'Etat ;
- arrête les dispositions nécessaires à la réalisation, conformément aux lois en vigueur, des opérations d'emprunt destinées à couvrir les charges de trésorerie ;
- arrête les données générales de l'équilibre budgétaire et financier présentées dans un tableau d'équilibre faisant apparaître :
    a. le solde budgétaire global résultant de la différence entre les recettes et les dépenses budgétaires telles que définies respectivement aux articles 10 et 13 ;
    b. le solde budgétaire de base conforme aux prescriptions de convergence de stabilité, de croissance et de solidarité de toute union économique dont la République du Bénin est membre ;
- approuve le tableau de financement récapitulant, pour la durée de l'exercice, les prévisions de ressources et de charges de trésorerie.

Dans la seconde partie, la loi de finances de l'année :

- fixe, pour le budget général, par programme et par dotation, le montant des crédits de paiement et, le cas échéant, des autorisations d'engagement ;
- détermine, par ministère et par budget annexe, le plafond des autorisations d'emplois rémunérés par l'Etat ;
- fixe, par budget annexe et par compte spécial du Trésor, le montant des crédits de paiement et, le cas échéant, des autorisations d'engagement ;

- définit les modalités de répartition des concours financiers de l'Etat aux autres administrations publiques ;
- autorise l'octroi des garanties et des avals accordés par l'Etat ;
- approuve les conventions financières conclues par l'Etat ;
- comporte, le cas échéant, toutes règles fondamentales relatives à l'exécution des budgets publics, à la comptabilité publique et aux responsabilités des agents intervenant dans la gestion des finances publiques.

Article 49 : Le projet de loi de finances est accompagné :
- d'un rapport définissant l'équilibre économique et financier, les résultats connus et les perspectives ;
- d'un plan de trésorerie prévisionnel et mensualisé de l'exécution du budget de l'Etat ;
- d'une note analytique sur le programme de développement ;
- du document de programmation budgétaire et économique pluriannuelle tel que défini à l'article 56 ;
- des documents de programmation pluriannuelle des dépenses, tels que prévus à l'article 56, ayant servi de base à la préparation des budgets des ministères ;
- du document de stratégie d'endettement ;
- des annexes explicatives qui :
  1. développent pour l'année en cours et l'année considérée, par programme ou par dotation, le montant des crédits présentés par nature de dépense. Ces annexes sont accompagnées du projet annuel de performance de chaque programme qui précise :
     a. la présentation de chacune des actions et de chacun des projets prévus par le programme, des coûts associés, des objectifs poursuivis, des résultats obtenus et de ceux attendus pour les années à venir mesurés par des indicateurs de performance ;
     b. la justification de l'évolution des crédits par rapport aux dépenses effectives de l'année antérieure ;
     c. l'échéancier des crédits de paiement associés aux autorisations d'engagement ;
     d. par catégorie d'emploi, la répartition prévisionnelle des emplois rémunérés par l'Etat et la justification des variations par rapport à la situation existante ;

  2. développent, pour chaque budget annexe et chaque compte spécial, le montant des recettes et des dépenses ventilées par nature. Dans le cas des comptes de prêts et d'avances, les annexes contiennent un état de l'encours et des échéances des prêts et avances octroyés. S'agissant des budgets annexes, ces annexes explicatives sont accompagnées du

projet annuel de performance de chaque programme, dans les conditions prévues au 1er alinéa ;

3. comportent un état développé des restes à payer de l'Etat établi à la date du dépôt du projet la loi de finances ;
4. comportent un état développé des restes à recouvrer ;
5. indiquent le montant, les bénéficiaires et les modalités de répartition des concours financiers accordés par l'Etat aux autres administrations publiques ;
6. contiennent un état développé de l'encours et des échéances du service de la dette de l'Etat et la stratégie d'endettement public prévue dans les dispositions du Règlement relatif au cadre de référence de la politique d'endettement public et de gestion de la dette publique ;
7. présentent les tableaux suivants :
   a. un tableau des recettes ;
   b. un tableau matriciel croisé de classifications fonctionnelle et économique ;
   c. un tableau matriciel croisé de classifications fonctionnelle et administrative ;
   d. un tableau matriciel croisé de classifications administrative et économique ;
   e. le tableau récapitulatif des programmes par ministère ;
   f. la liste des missions.

CHAPITRE II
DES LOIS DE FINANCES RECTIFICATIVES

Article 50 : Les lois de finances rectificatives sont définies conformément à l'alinéa 3 de l'article 7.

Les lois de finances rectificatives sont accompagnées :

- d'une annexe décrivant l'évolution de la conjoncture économique depuis le début de l'exercice et son impact sur les recettes et les dépenses ;
- d'une annexe récapitulant l'ensemble des mouvements de crédits et des mesures de régulation budgétaire intervenus au cours de l'exercice ;
- d'un tableau récapitulatif de l'exécution du budget de l'Etat, par mission par programme, par dotation, par budget annexe et par compte spécial, avec les prévisions de dépenses pour la fin de l'exercice.

Article 51 : En cours d'exercice, un projet de loi de finances rectificative est déposé par le Gouvernement :

- si les grandes lignes de l'équilibre budgétaire ou financier défini par la loi de finances de l'année se trouvent bouleversées, notamment par l'intervention de décrets d'avances ou d'arrêtés d'annulation de crédits ;
- si les recettes constatées dépassent sensiblement les prévisions de la loi de finances de l'année ;
- s'il y a intervention de mesures législatives ou règlementaires affectant, de manière substantielle, l'exécution du budget.

CHAPITRE III
DE LA LOI DE REGLEMENT

Article 52 : La loi de règlement d'un exercice :

- arrête le montant définitif des encaissements de recettes et des ordonnancements de dépenses. A ce titre, elle :
    1. ratifie, le cas échéant, les ouvertures supplémentaires de crédits décidées par décret d'avances depuis la dernière loi de finances ;
    2. régularise les dépassements de crédits constatés résultant de circonstances de force majeure ou des reports de crédits et procède à l'annulation des crédits non consommés ;
- arrête le montant définitif des ressources et des charges de trésorerie ayant concouru à l'équilibre financier du budget de l'Etat ;
- arrête les comptes et les états financiers de l'Etat et affecte les résultats de l'année ;
- rend compte de la gestion et des résultats des programmes visés à l'article 14.

La loi de règlement peut comporter toutes autres dispositions relatives à l'information et au contrôle de l'Assemblée Nationale sur la gestion des finances publiques.

Article 53 : La loi de règlement est accompagnée :

- des comptes et des états financiers de l'Etat issus de la comptabilité budgétaire et de la comptabilité générale de l'Etat ;
- d'annexes explicatives développant, par mission, par programme, par dotation, par budget annexe et par comptes spéciaux du Trésor, le montant définitif des crédits ouverts, des dépenses et, le cas échéant, des recettes constatées ;
- des rapports annuels de performance par programme rendant compte de leur gestion et de leurs résultats.

A ce titre, il est fait obligation aux Institutions de l'Etat et aux ministères de transmettre leurs rapports annuels de performance au ministre en charge des finances au plus tard le 30 juin de l'année suivant celle de l'exécution du budget.

Article 54 : La loi de règlement est accompagnée du rapport de la juridiction financière sur l'exécution de la loi de finances et de la déclaration générale de conformité entre les comptes des ordonnateurs et ceux des comptables publics.

Ce rapport intègre l'avis de la juridiction financière sur les rapports annuels de performance et, le cas échéant, l'avis sur le système de contrôle interne et le dispositif de contrôle de gestion, sur la qualité des procédures comptables et des comptes. Cet avis est accompagné de recommandations sur les améliorations souhaitables.

TITRE V
DE LA PREPARATION ET DU VOTE DES LOIS DE FINANCES

CHAPITRE I
DE LA PREPARATION DES PROJETS DE LOIS DE FINANCES

Article 55 : Le ministre en charge des finances prépare les projets de lois de finances qui sont adoptés en Conseil des ministres.

Article 56 : Le projet de loi de finances de l'année est élaboré par référence au document de programmation budgétaire et économique pluriannuelle couvrant une période minimale de trois (03) ans.

Sur la base d'hypothèses économiques précises et justifiées, le document de programmation budgétaire et économique pluriannuelle évalue le niveau global des recettes attendues de l'Etat, décomposées par grandes catégories d'impôts et de taxes et les dépenses budgétaires décomposées par grandes catégories de dépenses.

Le document de programmation budgétaire et économique pluriannuelle évalue également l'évolution de l'ensemble des ressources, des charges et de la dette du secteur public en détaillant, en particulier, les catégories d'organismes publics visées à l'article 58.

Il prévoit la situation financière des entreprises publiques sur la période considérée et, éventuellement, les concours que l'Etat peut leur accorder.

Il fixe enfin les objectifs d'équilibre budgétaire et financier sur le moyen terme en application des dispositions du Pacte de convergence, de stabilité, de croissance et de solidarité de l'Union Economique et Monétaire Ouest Africaine (UEMOA).

Article 57 : Les programmes s'inscrivent dans des documents de programmation pluriannuelle des dépenses par ministères, budgets annexes et comptes spéciaux cohérents avec le document de programmation budgétaire et économique pluriannuelle visé à l'article 56.

Les documents de programmation pluriannuelle des dépenses prévoient, pour une période minimale de trois (03) ans, à titre indicatif, l'évolution des crédits et des résultats attendus sur chaque programme en fonction des objectifs poursuivis.

Article 58 : Quelle que soit leur forme, tous les concours financiers de l'Etat aux organismes publics sont approuvés par une loi de finances.

Ces concours peuvent comprendre des subventions du budget général, des budgets annexes ou des comptes spéciaux, l'affectation de tout ou partie du produit d'impositions de toute nature, ou toute autre forme de contribution, de subvention ou de rétrocession de recettes.

Les organismes publics comprennent en particulier les collectivités locales, les établissements publics à caractère administratif et les organismes de protection sociale.

Les budgets de fonctionnement de ces organismes publics sont équilibrés sans recours à l'emprunt.

Un décret est pris en Conseil des ministres pour adopter des règles encadrant et plafonnant les possibilités d'emprunt des organismes publics.

Article 59 : Le document de programmation budgétaire et économique pluriannuelle visé à l'article 56, éventuellement accompagné des documents de programmation pluriannuelle des dépenses visées à l'article 57 est adopté en Conseil des ministres. Ces documents sont publiés et soumis à un débat d'orientation budgétaire à l'Assemblée Nationale au plus tard à la fin du deuxième trimestre de l'année.

Article 60 : Le projet de loi de finances de l'année, y compris le rapport et les annexes explicatives prévus à l'article 49, est déposé sur le bureau de l'Assemblée Nationale au plus tard une semaine avant l'ouverture de la session budgétaire.

CHAPITRE II
DU VOTE DES PROJETS DE LOIS DE FINANCES

Article 61 : L'Assemblée Nationale vote le budget en équilibre.

Lorsque le projet de loi a été déposé dans les délais sur le bureau de l'Assemblée Nationale, il doit être adopté au plus tard à la date de clôture de la session budgétaire.

Si l'Assemblée Nationale ne s'est pas prononcée à la date du 31 décembre, les dispositions du projet de loi de finances peuvent être mises en vigueur par ordonnance.

Le Gouvernement saisit, pour ratification, l'Assemblée Nationale convoquée en session extraordinaire dans un délai de quinze (15) jours.

Si l'Assemblée Nationale n'a pas voté le budget à la fin de cette session extraordinaire, le budget est établi définitivement par ordonnance.

Si le projet de loi de finances n'a pu être déposé en temps utile pour être promulgué avant le début de l'exercice, le Président de la République demande d'urgence à l'Assemblée Nationale l'autorisation d'exécuter les recettes et les dépenses du budget précédent par douzièmes provisoires.

Article 62 : Aucun article additionnel, aucun amendement à un projet de loi de finances ne peut être proposé par l'Assemblée Nationale, sauf s'il tend à supprimer ou à réduire effectivement une dépense, à créer ou à accroître une recette. De même, l'Assemblée Nationale ne peut proposer ni la création ni la suppression d'un programme, d'un budget annexe ou d'un compte spécial du Trésor.

Tout article additionnel et tout amendement sont motivés et accompagnés des développements des moyens qui les justifient.

La disjonction d'articles additionnels ou d'amendements qui contreviennent aux dispositions du présent article ou à l'objet des lois de finances défini à l'alinéa 1er de l'article 4 est de droit.

Article 63 : La seconde partie de la loi de finances de l'année ne peut être mise en discussion devant l'Assemblée Nationale avant le vote de la première partie.

Article 64 : Les évaluations de recettes font l'objet d'un vote d'ensemble pour le budget général et d'un vote par budget annexe ou par compte spécial du Trésor.

Les évaluations de ressources et de charges de trésorerie font l'objet d'un vote unique.

Les crédits du budget général font l'objet d'un vote par programme et d'un vote par dotation.

Les votes portent à la fois sur les autorisations d'engagement et les crédits de paiement.

Les plafonds des autorisations d'emploi font l'objet d'un vote unique.

Les crédits des budgets annexes et des comptes spéciaux du Trésor font l'objet d'un vote par budget annexe et par compte spécial du Trésor.

Article 65 : Dès la promulgation de la loi de finances de l'année ou la publication de l'ordonnance prévue à l'article 61, le ministre en charge des finances prend les dispositions réglementaires ou administratives, portant répartition des crédits du budget général, des budgets annexes et des comptes spéciaux selon la nomenclature en vigueur.

Ces dispositions répartissent et fixent les crédits conformément aux annexes explicatives de l'article 50, modifiées, le cas échéant, par le vote de l'Assemblée Nationale.

Article 66 : Le projet de loi de règlement est déposé au plus tard le premier jour de l'ouverture de la session budgétaire qui suit l'année d'exécution du budget. L'Assemblée Nationale débat dudit projet, en vue de son adoption au cours de la première session qui suit son dépôt.

Les projets de loi de finances initiale à venir ne peuvent être votés par l'Assemblée Nationale tant que le projet de loi de règlement en cause n'a pas été déposé.

TITRE VI
DE L'EXECUTION DU BUDGET DE L'ETAT

CHAPITRE I
DES REGLES FONDAMENTALES REGISSANT LES OPERATIONS D'EXECUTION DU BUDGET DE L'ETAT

Article 67 : Les opérations d'exécution du budget de l'Etat incombent aux ordonnateurs ainsi qu'aux comptables publics.

Ces opérations concernent les recettes, les dépenses, la trésorerie et la gestion du patrimoine.

Article 68 : Les fonctions d'ordonnateur et celles de comptable public sont incompatibles.

Les conjoints, les ascendants et les descendants des ordonnateurs ne peuvent être comptables des organismes publics auprès desquels lesdits ordonnateurs exercent leurs fonctions.

Article 69 : Les ordonnateurs peuvent déléguer leur pouvoir à des agents publics dans les conditions déterminées par voie réglementaire.

Ils peuvent également déléguer à ces agents la gestion de tout ou partie des crédits dont ils ont la charge.

Article 70 : Le ministre en charge des finances est l'ordonnateur principal unique des recettes du budget général, des comptes spéciaux du Trésor ainsi que de l'ensemble des opérations de trésorerie.

Il est également l'ordonnateur principal des crédits des programmes et du budget annexe de son ministère.

Il peut déléguer son pouvoir d'ordonnateur dans les conditions définies à l'article 69.

Article 71 : Le ministre en charge des finances est responsable de l'exécution de la loi de finances et du respect des équilibres budgétaire et financier définis par ladite loi. A ce titre, il dispose d'un pouvoir de régulation budgétaire qui lui permet, au cours de l'exécution du budget :

- d'annuler un crédit devenu sans objet, au cours de l'exercice, après avis consultatif donné au plus tard dans un délai de quinze (15) jours par le ministre sectoriel ou par le président de l'institution constitutionnelle concernée ;
- d'annuler un crédit pour prévenir une détérioration des équilibres budgétaire et financier de la loi de finances.

En outre, le ministre en charge des finances peut subordonner l'utilisation des crédits par les ordonnateurs aux disponibilités de trésorerie de l'Etat.

Article 72 : Les ministres et les présidents des institutions constitutionnelles sont ordonnateurs principaux des crédits des programmes, des dotations et des budgets annexes de leur ministère ou de leur institution. Ils peuvent déléguer leur pouvoir d'ordonnateur dans les conditions définies à l'article 69.

Le ministre en charge des finances est responsable de la centralisation des opérations budgétaires des ordonnateurs, en vue de la reddition des comptes relatifs à l'exécution des lois de finances.

Article 73 : Les contrôleurs financiers relèvent du ministre en charge des finances et sont nommés, par celui-ci ou à son initiative, auprès des ordonnateurs. Les contrôleurs financiers peuvent émettre des avis sur la qualité de la gestion des ordonnateurs, la conduite des programmes et leurs performances.

Article 74 : Les opérations visées à l'article 67 sont appuyées des pièces justificatives prévues dans des nomenclatures établies par le ministre en charge des finances ou, à défaut, de pièces justifiant en tout état de cause la réalité et la régularité desdites opérations.

Article 75 : Les fonctions de directeur de la comptabilité publique et celles de directeur du Trésor sont incompatibles avec celles de comptable principal de l'Etat.

Article 76 : Toutes créances des tiers sur l'Etat ou sur les organismes publics qui n'ont pas été réclamées dans un délai de quatre (04) ans à partir du premier jour de l'année suivant celle au cours de laquelle les droits ont été acquis sont prescrites au profit de l'Etat et de tout autre organisme public.

Les modalités de prescription des créances, notamment en ce qui concerne les conditions d'interruption et de suspension du délai de prescription, sont définies par décret pris en Conseil des ministres.

Quelle que soit leur nature, les actifs de l'Etat ou de tout autre organisme public doté d'un comptable public sont insaisissables.

Article 77 : Les créances de l'Etat sur des particuliers ou des personnes morales sont prescrites selon les modalités définies par décret pris en Conseil des ministres.

CHAPITRE II
DE LA COMPTABILITE ET DES COMPTES DE L'ETAT

Article 78 : Les opérations de recettes, de dépenses, de trésorerie et de gestion du patrimoine sont retracées dans des comptabilités établies selon les normes générales arrêtées par le ministre en charge des finances.

La comptabilité de l'Etat comprend :

- la comptabilité budgétaire ;
- la comptabilité générale ;
- la comptabilité des matières ;
- la comptabilité d'analyse des coûts.

Article 79 : La comptabilité budgétaire a pour objet de retracer, pour l'exercice concerné, les opérations d'exécution du budget de l'Etat en recettes et en dépenses, conformément à la nomenclature de présentation et de vote du budget.

La comptabilité budgétaire est tenue en recettes et en dépenses dans la phase administrative par les ordonnateurs et, dans la phase comptable, par les comptables publics. Elle permet de fournir la situation d'exécution du budget par ministère, par institution, par mission, par programme et par dotation.

Article 80 : La comptabilité générale de l'Etat a pour objet de décrire le patrimoine de l'Etat et son évolution. Elle est sincère et reflète une image fidèle du patrimoine et de la situation financière de l'Etat. Elle est fondée sur le principe de la constatation des droits et des obligations selon lequel les opérations sont prises en compte au titre de l'exercice auquel elles se rattachent indépendamment de leur date de paiement ou d'encaissement.

L'encaissement des recettes et le règlement des dépenses sont enregistrés au titre de l'année au cours de laquelle elles sont encaissées ou payées.

Des opérations de régularisation de recettes et de dépenses peuvent s'effectuer par les comptables publics pendant une période complémentaire à la clôture de l'exercice, dont la durée ne peut excéder un (01) mois.

Article 81 : La comptabilité des matières, des valeurs et des titres est une comptabilité d'inventaire permanent ayant pour objet la description des existants, des biens mobiliers et immobiliers, des stocks et des valeurs inactives autres que les deniers et archives administratives appartenant à l'Etat et aux autres organismes publics.

Il permet de réceptionner, de retracer, de suivre et de contrôler en quantité et en qualité les différents corps ayant une propriété physique, liquide et matérielle.

Elle décrit l'existant et les mouvements d'entrée et de sortie concernant :

- les immobilisations incorporelles et corporelles ;
- les stocks de marchandises et de fournitures ;
- les titres nominatifs, au porteur ou à ordre et les valeurs diverses appartenant ou confiées à l'Etat ainsi que les objets qui lui sont remis en dépôt ;
- les formules, les titres, les tickets et les vignettes destinés à l'émission ou à la vente.

Article 82 : La comptabilité d'analyse des coûts a pour objet de faire apparaître les éléments de coûts des actions engagées dans le cadre des programmes de mise en œuvre des politiques publiques.

Elle permet de justifier les crédits indispensables à la conduite des actions et de mettre en évidence les éléments nécessaires à la mesure de la performance au sein des programmes.

Elle est destinée à fournir des éléments de comparaison dans l'espace et dans le temps et éventuellement entre différentes structures administratives.

Article 83 : Les dispositions du présent chapitre sont applicables à tout organisme public régi par les règles de la comptabilité publique.

TITRE VII
DU CONTROLE DES FINANCES PUBLIQUES

Article 84 : Les opérations d'exécution du budget de l'Etat sont soumises à un triple contrôle administratif, juridictionnel et parlementaire.

Le contrôle administratif est le contrôle interne de l'administration publique sur ses agents.

Le contrôle juridictionnel est exercé par la juridiction financière.

Le contrôle parlementaire est exercé par l'Assemblée Nationale

Le contrôle juridictionnel et le contrôle parlementaire sont externes à l'administration.

CHAPITRE I
DU CONTROLE ADMINISTRATIF

Article 85 : Le contrôle administratif est un contrôle *a priori* et *a posteriori* qui s'exerce sous la forme de contrôle hiérarchique ou organique par l'intermédiaire de corps et d'organes de contrôle spécialisés.

Article 86 : Le contrôle hiérarchique est exercé par un supérieur hiérarchique sur les opérations exécutées par les agents placés sous son autorité.

Article 87 : Le contrôle *a priori* sur l'exécution des lois de finances est exercé par le contrôle financier.

Article 88 : Le contrôle interne *a posteriori* sur l'exécution des lois de finances est exercé par des corps et des organes de contrôle à compétence nationale ou sectorielle.

Article 89 : Le Président de la République, le ministre en charge des finances ou les autres ministres peuvent, en outre, chacun en ce qui le concerne, charger tout expert de missions particulières d'audit.

Article 90 : Les conditions de mise en œuvre du contrôle administratif sont définies par les textes régissant les corps et les organes de contrôle.

CHAPITRE II
DU CONTROLE JURIDICTIONNEL

Article 91 : La juridiction financière juge les comptes des comptables publics, les gestions de fait et les fautes de gestion.

Elle contrôle les comptes et la gestion des collectivités locales, des établissements publics, des entreprises publiques, des organismes de sécurité sociale et des organismes dans lesquels une collectivité publique a une participation majoritaire.

Elle peut exercer un contrôle sur le compte d'emploi des concours accordés par une collectivité publique, sous forme financière ou en nature, ainsi que le compte d'emploi des ressources collectées par les organismes faisant appel à la générosité publique.

La juridiction financière contrôle également l'exécution de la loi de finances. Elle élabore et transmet au Gouvernement un rapport annuel sur l'exécution des lois de finances et une déclaration générale de conformité entre les comptes individuels des comptables publics et les comptes généraux de l'Etat.

La juridiction financière procède à la certification des comptes en lieu et place de la déclaration générale de conformité.

Les rapports de performance annuelle par programme des organismes publics sont produits à la juridiction financière au plus tard le 30 juin de l'année suivant celle de l'exécution du budget.

La juridiction financière exerce un contrôle sur la gestion des administrations en charge de l'exécution des programmes et dotations. Elle émet un avis sur les rapports annuels de performance.

Article 92 : Les conditions de mise en œuvre des contrôles de la juridiction financière sont définies par les textes la régissant.

CHAPITRE III
DU CONTROLE PARLEMENTAIRE

Article 93 : Sans préjudice des pouvoirs généraux de contrôle parlementaire, la commission en charge des finances de l'Assemblée Nationale veille, au cours de l'exercice, à la bonne exécution des lois de finances.

A cette fin, le Gouvernement transmet trimestriellement à l'Assemblée Nationale, à titre d'information, des rapports sur l'exécution du budget et l'application du texte de la loi de finances. Ces rapports sont mis à la disposition du public.

Les informations demandées par l'Assemblée Nationale ou les investigations à mener sur place ne peuvent lui être refusées.

L'Assemblée Nationale peut demander à la juridiction financière, la réalisation de toutes enquêtes nécessaires à son information.

L'Assemblée Nationale peut procéder à l'audition des ministres.

Article 94 : Le contrôle parlementaire *a posteriori* de l'exécution de la loi de finances s'exerce lors de l'examen et du vote de la loi de règlement.

TITRE VIII
DE LA RESPONSABILITE EN MATIERE D'EXECUTION DES LOIS DE FINANCES

CHAPITRE I
DE LA RESPONSABILITE DES ORDONNATEURS ET DES CONTROLEURS FINANCIERS

Article 95 : Les membres du Gouvernement, ordonnateurs de leur budget, encourent, en raison de l'exercice de leurs attributions, les responsabilités que prévoit la Constitution.

Les présidents des institutions constitutionnelles, ordonnateurs de leur budget respectif, encourent, en raison de l'exercice de leurs attributions, une responsabilité pénale et civile sans préjudice des sanctions qui peuvent leur être infligées par la juridiction financière en raison des fautes de gestion prévues à l'article 98.

Sous réserve des dispositions des alinéas 1er et 2ème, les ordonnateurs délégués, les ordonnateurs secondaires de l'Etat et les ordonnateurs des autres organismes publics encourent des responsabilités qui peuvent être disciplinaire, pénale et civile, sans préjudice des sanctions qui peuvent leur être infligées par la juridiction financière en raison des fautes de gestion prévues à l'article 98.

Article 96 : Toute personne appartenant au cabinet d'un membre du Gouvernement, tout fonctionnaire ou tout agent d'un organisme public, tout représentant, tout administrateur ou tout agent d'organismes soumis à un titre quelconque au contrôle de la juridiction financière ou toute personne convaincue d'un des faits énumérés à l'article 98, est sanctionné pour faute de gestion.

La faute de gestion est sanctionnée par une amende dont le montant est déterminé par la juridiction financière, conformément aux dispositions législatives et réglementaires en la matière.

Article 97 : Les contrôleurs financiers sont responsables au plan disciplinaire, pénal et civil, sans préjudice des sanctions qui peuvent leur être infligées par la juridiction financière, du visa qu'ils apposent sur les actes portant engagement de dépenses ou les ordonnances, les mandats de paiement ou la délégation de crédits.

Article 98 : Sont constitutifs de fautes de gestion, les actes et faits suivants :

- la violation des règles relatives à l'exécution des recettes et des dépenses de l'Etat et des autres organismes publics ;
- la violation des règles relatives à la gestion des biens appartenant à l'Etat et autres organismes publics ;
- l'approbation donnée à une décision violant les règles visées aux 1er et 2ème tirets par une autorité chargée de la tutelle ou du contrôle desdits organismes ;

- le fait pour toute personne, dans l'exercice de ses fonctions, d'octroyer ou de tenter d'octroyer à elle-même ou à autrui un avantage injustifié, pécuniaire ou en nature ;
- le fait d'avoir entraîné la condamnation d'une personne morale de droit public ou d'une personne de droit privé chargée de la gestion d'un service public en raison de l'inexécution totale ou partielle ou de l'exécution tardive d'une décision de justice ;
- le fait d'avoir dans l'exercice de ses fonctions ou attributions, en méconnaissance de ses obligations, procuré ou tenté de procurer à autrui ou à soi-même, directement ou indirectement, un avantage injustifié, pécuniaire ou en nature, entraînant un préjudice pour l'Etat, ou tout autre organisme public ;
- le fait d'avoir produit des fausses certifications à l'appui ou à l'occasion des liquidations des dépenses ;
- le fait d'avoir omis sciemment de souscrire les déclarations qu'ils sont tenus de fournir aux administrations fiscales conformément aux textes en vigueur, ou d'avoir souscrit sciemment des déclarations inexactes ou incomplètes ;
- toutes outres toutes de gestion prévues par les textes en vigueur.

Article 99 : Les fautes de gestion sont jugées par la juridiction financière dans un délai de cinq (05) ans à partir de la date de sa saisine. Si, au-delà de ce délai, le jugement n'est pas prononcé, la responsabilité pécuniaire du mis en cause est dégagée sans préjudice d'autres poursuites.

Article 100 : Lorsqu'un agent commet une faute de gestion prévue à l'article 98, ou un manquement aux règles de discipline dans le domaine budgétaire ou financier, le pouvoir disciplinaire prévu par les textes en vigueur est exercé par le ministre en charge des finances, quel que soit le ministère de rattachement de l'agent.

Article 101 : Le régime des sanctions autres que disciplinaires relatives aux fautes de gestion énumérées à l'article 98 est défini par les textes en vigueur.

CHAPITRE II
DE LA RESPONSABILITE DES COMPTABLES PUBLICS

Article 102 : Les comptables publics sont personnellement et pécuniairement responsables des opérations dont ils ont la charge et des contrôles qu'ils effectuent.

La responsabilité pécuniaire d'un comptable public ne peut être mise en jeu que par le ministre en charge des finances ou par la juridiction financière.

Quand la responsabilité pécuniaire d'un comptable public est engagée, il est mis en débet.

Le débet est l'obligation pour un comptable public de réparer, sur ses deniers propres, le préjudice qu'il a causé à la collectivité publique.

Tout comptable public, dont la responsabilité pécuniaire est engagée, peut obtenir une remise gracieuse des sommes laissées à sa charge.

La remise gracieuse, suite à un arrêt de débet, est soumise à un avis conforme de la juridiction financière.

En cas de défaillance dans la tenue des comptes, la juridiction financière peut condamner le comptable public concerné à des sanctions prévues par les textes en vigueur.

Les comptables de fait encourent les mêmes responsabilités que les comptables publics patents.

Article 103 : Les comptes de gestion déposés en état d'examen à la juridiction financière sont jugés dans un délai de cinq (05) ans. Si, au-delà de ce délai, le jugement n'est pas prononcé, le comptable public est déchargé d'office de sa gestion sans préjudice d'autres poursuites.

TITRE IX
DES DISPOSITIONS TRANSITOIRES ET FINALES

Article 104 : Les modalités d'application des dispositions de la présente loi sont déterminées par des textes législatifs et réglementaires.

Article 105 : Les dispositions de la présente loi sont appliquées dès sa promulgation.

Toutefois, un délai supplémentaire est accordé jusqu'en 2017 pour la mise en œuvre intégrale des dispositions relatives :

- à la déconcentration de la fonction d'ordonnateur principal telle que prévue à l'article 72 ;
- aux programmes et aux dotations tels que prévus aux articles 14, 15, 16, 17 et 18, ainsi que des annexes y relatives prévues dans les articles 47, 49 et 53 ;
- à la programmation pluriannuelle des dépenses, telle que prévue à l'article 56 ;
- aux tableaux matriciels croisés prévus au point 7 de l'article 49 ;
- aux règles et procédures découlant du principe de la constatation des droits et obligations régissant la comptabilité générale prévue à l'article 80.

Pour ce dernier cas, un délai supplémentaire de deux (02) ans peut être observé.

En attendant l'application intégrale des dispositions du 2ème alinéa, les règles prescrites par les textes en vigueur en ces matières restent applicables.

Article 106 : Un délai est accordé jusqu'en 2019 pour la mise en œuvre de la procédure de certification des comptes par la juridiction financière, par dérogation aux dispositions de l'alinéa 5 de l'article 91.

Article 107 : La présente loi abroge toutes dispositions antérieures contraires, notamment la loi organique n°86-021 du 26 septembre 1986 relative aux lois de finances.

Article 108 : La présente loi sera exécutée comme loi de l'Etat.

Fait à Cotonou, le 27 septembre 2013,

Par le Président de la République

Chef de l'Etat, Chef du Gouvernement,

Dr Boni YAYI

Le Garde des Sceaux, Ministre
de la Justice, de la Législation
et des Droits de l'Homme

Valentin DJENONTIN AGOSSOU

Le Ministre du Développement, de l'Analyse Economique
et de la Prospective

Marcel A. de SOUZA

Le Ministre de l'Economie
et des Finances.

Jonas GBIAN

AMPLIATIONS : PR 6 AN 4 CS 2 CC 2 CES 2 HAAC 2 HCJ 2 MDAEP 4 MJLDH 4 MEF 4 autres ministères 23 SGG 4 DGBM-DCF-DGTCP-DGID-DGDDI 5 BN-DAN-DLC 3 GCONB-DGCST-INSAE 3 BCP-CSM-IGAA-IGE 4 UAC-ENAM-FADESP 3 UP-FDSP2 JO 1.

BURKINA FASSO : LOI ORANIQUE RELATIVE AUX LOIS DE FINANCES

BURKINA FASO

Unité - Progrès - Justice

DECRET N°2016-245 /PRES

Promulguant la loi organique n°073-2015/CNT du 06 novembre 2015 relative aux lois de finances

LE PRESIDENT DU FASO, PRESIDENT DU CONSEIL DES MINISTRES,

VU la Constitution ;

VU la Décision n°2016-05/CC du 25 mars 2016 sur la conformité à la Constitution de la loi organique n°073-2015 du 06 novembre 2015 relative aux lois de finances ;

VUla lettre n°2016-042/AN/PRES/SG/DGSL/DSC du 08 avril 2016 du Président de l'Assemblée nationale transmettant pour promulgation la loi organique n°073-2015 du 06 novembre 2015 relative aux lois de finances ;

DECRETE

ARTICLE 1 : Est promulguée la loi organique n°073-2015 du 06 novembre 2015 relative aux lois de finances.

ARTICLE 2 : Le présent décret sera publié au Journal Officiel du Faso.

Ouagadougou, le 21 avril 2016

Rock Marc Christian KOBORE

BURKINA FASO IVE REPUBLIQUE

\----------------

Unité-Progrès-Justice

\---------

LEGISLATURE DE LA TRANSITION

\---------

CONSEIL NATIONAL DE LA TRANSITION

LOI ORGANIQUE N° 073-2015/CNT RELATIVE AUX LOIS DE FINANCES

LE CONSEIL NATIONAL DE LA TRANSITION

Vu la Constitution ;

Vu la Charte de la transition ;

Vu la résolution n°001-2014/CNT du 27 novembre 2014, portant validation du mandat des membres du Conseil national de la transition ;

a délibéré en sa séance du 06 novembre 2015

et adopté la loi organique dont la teneur suit :

TITRE I : DES DISPOSITIONS GENERALES

Article 1 : La présente loi organique fixe les règles fondamentales relatives à la nature, au contenu, à la présentation, à l'élaboration et à l'adoption des lois de finances, ainsi qu'aux opérations d'exécution et de contrôle du budget de l'Etat et des autres organismes publics.

Elle détermine les conditions dans lesquelles est arrêtée la politique budgétaire de l'Etat à moyen terme pour l'ensemble des finances publiques.

Elle énonce les principes relatifs à l'exécution des budgets publics, à la comptabilité publique et aux responsabilités des agents publics intervenant dans la gestion des finances publiques.

Article 2 : Les modalités d'application des dispositions de la présente loi organique sont déterminées par les textes portant règlement général sur la comptabilité publique, la nomenclature budgétaire de l'Etat, le régime juridique applicable aux comptables publics, le régime des ordonnateurs, les modalités de contrôle des opérations financières de l'Etat, le plan comptable de l'Etat, la comptabilité des matières et le tableau des opérations financières de l'Etat.

TITRE II : DU DOMAINE ET DE LA CLASSIFICATION DES LOIS DE FINANCES

Article 3 : Les lois de finances déterminent la nature, le montant et l'affectation des ressources et des charges de l'Etat ainsi que l'équilibre budgétaire et financier qui en résulte, compte tenu de la situation et des objectifs macro-économiques de l'Etat et des obligations du pacte de convergence, de stabilité, de croissance et de solidarité de l'Union économique et monétaire ouest africaine.

Les dispositions relatives à l'assiette, aux taux et aux modalités de recouvrement des impositions de toute nature, qu'elles soient perçues par l'Etat ou affectées à d'autres organismes publics, sont du domaine de la loi.

Article 4 : Aucune recette ne peut être liquidée ou encaissée, aucune dépense publique ne peut être engagée ou payée si elle n'a été au préalable autorisée par une loi de finances.

Toutefois, des recettes non initialement prévues par une loi de finances peuvent être liquidées ou encaissées à condition d'être autorisées par un décret pris en Conseil des ministres et régularisées dans la plus prochaine loi de finances.

Lorsque des dispositions d'ordre législatif doivent entraîner des charges nouvelles ou des pertes de ressources, aucun projet de loi ne peut être voté tant que ces charges ou pertes de ressources n'ont pas été prévues et évaluées.

Lorsque des dispositions d'ordre règlementaire doivent entraîner des charges nouvelles ou des pertes de ressources, aucun décret ne peut être pris tant que ces charges ou pertes de ressources n'ont pas été prévues, évaluées et soumises à l'avis conforme du ministre chargé des finances.

Article 5 : Aucun projet de loi, aucun projet de décret devant entraîner des charges nouvelles ne peut être voté ou signé sans que ces charges aient été prévues, évaluées et autorisées dans les conditions définies par la présente loi.

Les créations et transformations d'emplois ne peuvent résulter que de dispositions prévues par une loi de finances. Toutefois, des transformations d'emplois peuvent être opérées par décret pris en Conseil des ministres sur rapport du ministre chargé des finances. Ces transformations d'emplois ainsi que les recrutements, les avancements et les modifications de rémunération ne peuvent être décidés s'ils sont de nature à provoquer un dépassement des crédits annuels préalablement ouverts.

Article 6 : Ont le caractère de lois de finances :

- la loi de finances de l'année ;
- les lois de finances rectificatives ;
- la loi de règlement.

La loi de finances de l'année prévoit et autorise, pour chaque année civile, l'ensemble des ressources et des charges de l'Etat.

Les lois de finances rectificatives modifient en cours d'année, les dispositions de la loi de finances de l'année.

La loi de règlement constate les résultats financiers de chaque année civile et approuve les différences entre les résultats et les prévisions de la loi de finances correspondante, complétée le cas échéant, par les lois de finances rectificatives.

Aucune autre loi n'a le caractère de loi de finances et ne peut par la suite, comporter des dispositions entrant dans l'objet des lois de finances, à l'exception des lois fiscales pour ce qui concerne les ressources.

TITRE III : DU CONTENU DES LOIS DE FINANCES DE L'ANNEE

CHAPITRE 1 : DES RESSOURCES ET DES CHARGES DE L'ETAT

Section 1 : Du principe de sincérité

Article 7 : Les prévisions de ressources et de charges de l'Etat doivent être sincères.

Elles doivent être effectuées avec réalisme et prudence, compte tenu des informations disponibles au moment où le projet de loi de finances est élaboré.

Article 8 : Les ressources et les charges de l'Etat sont constituées de recettes et de dépenses budgétaires ainsi que de ressources et de charges de trésorerie.

Article 9 : La loi de finances de l'année contient le budget de l'Etat pour l'année civile. Le budget décrit les recettes et les dépenses budgétaires autorisées par la loi de finances.

Section 2 : Des recettes et des dépenses budgétaires de l'Etat

Article 10 :

Les recettes budgétaires de l'Etat comprennent :

- les impôts, les taxes ainsi que le produit des amendes ;
- les rémunérations des services rendus et redevances ;
- les fonds de concours, dons et legs ;
- les revenus des domaines et des participations financières ;
- les revenus de ses activités industrielles et commerciales ;
- les produits divers.

Article 11 : L'autorisation de percevoir les impôts est annuelle. Elle résulte de plein droit, d'une part, du vote des lois qui en ont fixé l'assiette, le taux et les modalités de recouvrement et d'autre part, de la loi de finances de l'année.

La loi de finances évalue sur la base du projet gouvernemental, le rendement des impôts dont le produit est pris en compte dans le budget de l'Etat.

Les taxes parafiscales ne sont perçues que dans un intérêt économique ou social au profit d'une personne morale autre que l'Etat, les collectivités territoriales et leurs établissements publics.

Elles sont établies par une loi et leur perception est autorisée annuellement par la loi de finances.

Toutefois, le taux des taxes parafiscales, à caractère économique est fixé par décret pris en Conseil des ministres sur rapport du ministre chargé des finances et du ministre intéressé.

Article 12 : La rémunération des services rendus par l'Etat ne peut être établie et perçue que si elle est instituée par décret pris en Conseil des ministres sur rapport du ministre chargé des finances et du ministre intéressé.

Le produit des amendes, des rémunérations des services rendus, les revenus du domaine et des participations financières, les bénéfices des entreprises publiques et le montant des produits divers sont prévus et évalués par la loi de finances de l'année.

Tout accord, toute convention émanant des institutions et des départements ministériels et de nature à avoir des répercussions sur les finances de l'Etat doit être soumis à l'approbation et à la signature du ministre chargé des finances.

Article 13 : Les dépenses budgétaires de l'Etat comprennent :

- les dépenses ordinaires ;
- les dépenses en capital.

Les dépenses ordinaires sont constituées des :

- dépenses de personnel ;
- charges financières de la dette ;
- dépenses d'acquisitions de biens et services ;
- dépenses de transfert courant ;
- dépenses en atténuation de recettes.

Les dépenses en capital comprennent :

- les dépenses d'investissements exécutés par l'Etat ;
- les dépenses de transferts en capital.

Article 14 : Les lois de finances répartissent les crédits budgétaires qu'elles ouvrent entre les différents ministères et institutions constitutionnelles.

A l'intérieur des ministères, ces crédits sont décomposés en programmes, sous réserve des dispositions de l'article 16 ci-dessous.

Un programme regroupe les crédits destinés à mettre en œuvre une action ou un ensemble cohérent d'actions représentatif d'une politique publique clairement définie dans une perspective de moyen terme.

A ces programmes sont associés des objectifs précis, arrêtés en fonction de finalités d'intérêt général et des résultats attendus.

Ces résultats, mesurés notamment par des indicateurs de performance, font l'objet d'évaluations régulières et donnent lieu à un rapport de performance élaboré en fin de gestion par les ministères et institutions constitutionnelles concernés.

Un programme peut regrouper, tout ou partie des crédits d'une direction, d'un service, d'un ensemble de directions ou de services d'un même ministère.

Les crédits de chaque programme sont décomposés selon leur nature en crédits :

- de personnel ;
- de biens et services ;
- d'investissement ;
- de transferts.

Les crédits de personnel sont assortis, par ministère, de plafonds d'autorisation d'emplois rémunérés par l'Etat.

Les crédits sont spécialisés par programme.

Article 15 : Les responsables de programme sont nommés par décret pris en Conseil des ministres sur proposition du ministre sectoriel dont ils relèvent. L'acte de nomination précise, le cas échéant, les conditions dans lesquelles les compétences d'ordonnateur leur sont déléguées, ainsi que les modalités de gestion du programme, en application des articles 17, 69 et 73 de la présente loi.

Sur la base des objectifs généraux fixés par le ministre sectoriel, le responsable de programme détermine les objectifs spécifiques, affecte les moyens et contrôle les résultats des services chargés de la mise en œuvre du programme. Il s'assure du respect des dispositifs de contrôle interne et de contrôle de gestion.

Les modalités de mise en œuvre des contrôles budgétaires et comptables prévus par la présente loi organique ainsi que par les décrets portant règlement général sur la comptabilité publique et modalités de contrôle des opérations financières de l'Etat et des autres organismes publics tiennent compte tant de la qualité et de l'efficacité du contrôle interne que du contrôle de gestion pour chaque programme.

Sans préjudice de leurs missions de contrôle et de vérification de la régularité des opérations financières, les corps et institutions de contrôle, ainsi que la Cour des comptes, contrôlent les résultats des programmes et en évaluent l'efficacité, l'économie et l'efficience.

Article 16 : Les crédits budgétaires non répartis en programme sont répartis en dotation.

Chaque dotation regroupe un ensemble de crédits globalisés destinés à couvrir des dépenses spécifiques auxquelles ne peuvent être directement associés des objectifs de politiques publiques ou des critères de performance.

Peuvent faire l'objet de dotations :

- les crédits destinés aux pouvoirs publics pour chacune des institutions constitutionnelles. Les crédits de la dotation de chaque institution constitutionnelle couvrent les dépenses de personnel, de biens et services, de transfert et d'investissement directement nécessaires à l'exercice de ses fonctions constitutionnelles ;
- les crédits globaux pour des dépenses accidentelles et imprévisibles ;
- les crédits destinés à couvrir les défauts de remboursement ou appels en garantie intervenus sur les comptes d'avances, de prêts, d'avals et de garanties ;
- les charges financières de la dette de l'Etat ;
- certains crédits du domaine de la défense et de la sécurité.

Article 17 : Les crédits répartis en programme ou en dotation et décomposés par nature conformément aux dispositions des articles 14 et 16 ci-dessus constituent des plafonds de dépense qui s'imposent dans l'exécution de la loi de finances aux ordonnateurs ainsi qu'aux comptables.

Toutefois, à l'intérieur d'un même programme, les ordonnateurs peuvent, en cours d'exécution, modifier la nature des crédits pour les utiliser, s'ils sont libres d'emploi dans les cas ci-après :

- des crédits de personnel pour majorer les crédits de biens et services, de transfert ou d'investissement ;
- des crédits de biens et services et de transfert pour majorer les crédits d'investissement.

Ces modifications sont décidées par arrêté du ministre concerné. Il en informe le ministre chargé des finances.

Article 18 : Le budget général de l'Etat, les budgets annexes et les comptes spéciaux du Trésor sont présentés selon les classifications administrative, fonctionnelle, économique, par programme, par source et par bénéficiaire.

La nomenclature budgétaire est construite dans le respect des articles 10, 13,14, 16 et 17 ci-dessus.

Article 19 : Les crédits ouverts par les lois de finances sont constitués :

- de crédits de paiement pour les dépenses de personnel, les acquisitions de biens et services et les dépenses de transfert ;
- d'autorisations d'engagement et de crédits de paiement pour les dépenses d'investissement et les contrats de partenariats publics- privés.

Article 20 : Les autorisations d'engagement constituent la limite supérieure des dépenses pouvant être juridiquement engagées au cours de l'exercice pour la réalisation des investissements prévus par la loi de finances.

Pour une opération d'investissement directement exécutée par l'Etat, l'autorisation d'engagement couvre une tranche constituant une unité individualisée formant un ensemble cohérent et de nature à être mise en service sans adjonction.

Pour les contrats de partenariats publics-privés, contrats par lesquels l'Etat confie à un tiers le financement, la réalisation, la maintenance ou l'exploitation d'opérations d'investissements d'intérêt public, les autorisations d'engagement couvrent, dès l'année où les contrats sont conclus, la totalité de l'engagement juridique.

Article 21 : Les crédits de paiement constituent la limite supérieure des dépenses pouvant être ordonnancées ou payées pendant l'année.

Article 22 : Toutes les autorisations d'engagement et tous les crédits de paiement ainsi que les plafonds d'autorisation d'emplois rémunérés par l'Etat sont limitatifs.

Sauf dispositions spéciales d'une loi de finances prévoyant un engagement par anticipation sur les crédits de l'année suivante, les dépenses sur crédits limitatifs ne peuvent être engagées et ordonnancées que dans la limite des crédits ouverts.

Par exception aux dispositions de l'alinéa 1 du présent article, les crédits relatifs aux charges financières de l'Etat sont évaluatifs. Ces crédits évaluatifs s'imputent, au besoin, au-delà de la dotation qui les concerne.

Article 23 : Des transferts et des virements de crédits peuvent, en cours d'exercice, modifier la répartition des crédits budgétaires entre programmes.

Les transferts de crédits modifient la répartition des crédits budgétaires entre programmes de ministères distincts. Ils sont autorisés par décret pris en Conseil des ministres sur rapport conjoint du ministre chargé des finances et des ministres concernés.

Les virements de crédits modifient la répartition des crédits budgétaires entre les programmes d'un même ministère. S'ils ne changent pas la nature de la dépense selon les catégories définies à l'alinéa 7 de l'article 14 de la présente loi organique, ils sont pris par arrêté conjoint du ministre intéressé et du ministre chargé des finances. Dans le cas contraire, ils sont autorisés par décret sur rapport conjoint du ministre chargé des finances et du ministre concerné.

Les virements et transferts sont effectués après information de la commission des finances du parlement. L'utilisation des crédits virés ou transférés donne lieu à l'établissement d'un compte rendu spécial inséré dans la loi de finances rectificative ou à défaut dans la loi de règlement auquel ils se rapportent.

Le montant annuel cumulé des virements et transferts affectant un programme ne peut dépasser dix pour cent des crédits votés de ce programme.

A l'exception des crédits globaux pour des dépenses accidentelles et imprévisibles, aucun transfert ni virement ne peut être opéré d'une dotation vers un programme.

Article 24 : La répartition par programme des crédits globaux pour des dépenses accidentelles et imprévisibles se fait par décret. Aucune dépense ne peut être directement imputée sur ces crédits globaux avant cette répartition.

Article 25 : En cas d'urgence et de nécessité impérieuse d'intérêt national, des crédits supplémentaires peuvent être ouverts par décret d'avances pris en Conseil des ministres.

Le Parlement en est immédiatement informé et un projet de loi de finances portant ratification de ces crédits est déposé dès l'ouverture de la plus prochaine session du Parlement.

Article 26 : Sous réserve des dispositions concernant les autorisations d'engagement, les crédits ouverts et les plafonds des autorisations d'emplois fixés au titre d'une année ne créent aucun droit au titre des années suivantes.

Au sens de l'article 20 de la présente loi, les autorisations d'engagement disponibles sur un programme à la fin de l'année, peuvent être reportées sur le même programme ou, à défaut, sur un programme poursuivant les mêmes objectifs, par décret pris en Conseil des ministres, majorant à due concurrence les crédits de l'année suivante.

Les crédits de paiement ne peuvent être reportés. Par exception, les crédits de paiement relatifs aux dépenses d'investissement disponibles sur un programme à la fin de l'année peuvent être reportés sur le même programme dans la mesure où les reports de crédits retenus ne dégradent pas l'équilibre budgétaire tel que défini à l'article 47 de la présente loi.

Les reports s'effectuent par décret pris en Conseil des ministres, en majoration des crédits de paiement pour les investissements de l'année suivante, sous réserve de la disponibilité des financements correspondants.

Ce décret, qui ne peut être pris qu'après clôture des comptes de l'exercice précédent, est consécutif à un rapport du ministre chargé des finances. Ce rapport évalue et justifie les ressources permettant de couvrir le financement des reports, sans dégradation du solde du budget autorisé de l'année en cours.

Article 27 : Des crédits budgétaires peuvent être annulés, par arrêté du ministre chargé des finances, après information du ministre sectoriel, lorsqu'ils sont devenus sans objet ou dans le cadre de la mise en œuvre du pouvoir de régulation budgétaire défini à l'article 69 de la présente loi.

Article 28 : Les décrets et arrêtés relatifs aux mouvements de crédits prévus aux articles 23 à 27 ci-dessus sont transmis, dès leur signature au Parlement et à la Cour des comptes.

La ratification de ces mouvements est soumise au vote du Parlement dans le plus prochain projet de loi de finances relatif à l'exercice concerné.

Section 3 : Des ressources et des charges de trésorerie

Article 29 : Les ressources de trésorerie de l'Etat comprennent :

- les produits provenant de la cession des actifs ;
- les produits des emprunts à court, moyen et long termes ;
- les dépôts sur les comptes des correspondants ;
- les remboursements de prêts et avances.

Ces ressources de trésorerie sont évaluées et, s'agissant des emprunts à moyen et à long termes, autorisées par une loi de finances.

La variation nette de l'encours des emprunts à moyen et long termes qui peuvent être émis est plafonnée annuellement par une loi de finances.

Sauf disposition expresse d'une loi de finances, les titres d'emprunts publics émis par l'Etat sont libellés en monnaie nationale ; ils ne peuvent prévoir d'exonération fiscale et ne peuvent être utilisés comme moyen de paiement d'une dépense publique.

Article 30 :

Les charges de trésorerie de l'Etat comprennent :

- le remboursement des produits des emprunts à court, moyen et long termes ;
- les retraits sur les comptes des correspondants ;
- les prêts et avances.

Ces charges de trésorerie sont évaluées par une loi de finances.

Les remboursements d'emprunts sont exécutés conformément au contrat d'émission.

Les opérations de dépôt sont faites dans les conditions prévues par les règles de comptabilité publique.

Article 31 : Sauf dérogation instituée par décret pris en Conseil des ministres sur rapport du ministre chargé des finances et du ministre intéressé, les organismes publics autres que l'Etat sont tenus de déposer au Trésor public toutes leurs disponibilités.

Le trésor public est tenu d'assurer la liquidité de ces dépôts dans les conditions définies au moment du dépôt.

CHAPITRE 2 : DU BUDGET DE L'ETAT

Section 1 : Du budget général

Article 32 : Les recettes et les dépenses budgétaires font l'objet d'une affectation comptable au budget général ou, par dérogation établie par une loi de finances, à un budget annexe ou à un compte spécial du Trésor public.

L'affectation à un compte spécial est de droit pour les opérations de prêts et avances.

Article 33 : Il est fait recette du montant intégral des produits, sans contraction entre les recettes et les dépenses. L'ensemble des recettes assurant l'exécution de l'ensemble des dépenses, toutes les dépenses et toutes les recettes sont imputées au budget général.

Article 34 : Par dérogation aux dispositions de l'article 33 ci-dessus, des procédures particulières, notamment la procédure de fonds de concours et la procédure de rétablissement de crédits, peuvent permettre d'assurer une affectation au sein du budget général.

Les fonds de concours sont constitués par :

- des contributions volontaires versées par des personnes morales ou physiques, et notamment par les bailleurs de fonds, pour concourir avec ceux de l'Etat à des dépenses d'intérêt public ;
- des legs et des donations attribués à l'Etat.

Les fonds de concours sont portés en recettes au budget général et un crédit supplémentaire de même montant est ouvert sur le programme concerné par arrêté du ministre chargé des finances. L'emploi des fonds de concours doit être conforme à l'intention de la partie versante ou du donateur.

Les rétablissements de crédits sont constitués par :

- les recettes provenant de la restitution au Trésor public de sommes payées indûment ou à titre provisoire sur crédits budgétaires ;
- les recettes provenant de cessions ayant donné lieu à un paiement sur crédits budgétaires.

Section 2 : Des budgets annexes

Article 35 : Les opérations financières des services de l'Etat que la loi n'a pas dotés de la personnalité morale et dont l'activité tend essentiellement à produire des biens ou à rendre des services donnant lieu au paiement de prix peuvent faire l'objet de budgets annexes.

La création d'un budget annexe et sa suppression ainsi que l'affectation d'une recette à celui-ci sont décidées par une loi de finances.

Un budget annexe constitue un programme au sens de l'article 14 de la présente loi.

Chaque budget annexe est rattaché à un ministère.

Article 36 : Les budgets annexes comprennent, d'une part, les recettes et les dépenses d'exploitation, d'autre part, les dépenses d'investissement et les recettes spéciales affectées à ces dépenses.

Les opérations des budgets annexes s'exécutent comme les opérations du budget général. Les dépenses d'exploitation suivent les mêmes règles que les dépenses ordinaires tandis que les dépenses d'investissement suivent les mêmes règles que les dépenses en capital.

Les emplois des agents publics rémunérés sur chaque budget annexe sont plafonnés par une loi de finances.

Toutefois, les crédits limitatifs se rapportant aux dépenses d'exploitation et d'investissement peuvent être majorés, non seulement dans les conditions prévues à l'article 17 de la présente loi mais également par arrêté du ministre chargé des finances, s'il est établi que l'équilibre financier du budget annexe tel qu'il est prévu par la dernière loi de finances n'est pas modifié et qu'il n'en résulte aucune charge supplémentaire pour les années suivantes.

Des services dotés d'un budget annexe peuvent gérer des fonds d'approvisionnement, d'amortissement, de renouvellement, de réserve et de provision. Les fonds d'approvisionnement sont initialement dotés sur les crédits d'investissements du budget général.

Section 3 : Des comptes spéciaux du Trésor

Article 37 : Des comptes spéciaux du Trésor peuvent être ouverts par une loi de finances pour retracer des opérations effectuées par les services de l'Etat.

Les comptes spéciaux du Trésor peuvent être traités comme des programmes.

Les comptes spéciaux du Trésor comprennent les catégories suivantes :

- les comptes d'affectation spéciale ;
- les comptes de commerce ;
- les comptes de règlement avec les gouvernements ou autres organismes étrangers ;
- les comptes de prêts ;
- les comptes d'avances ;

- les comptes de garanties et d'avals.

A l'exception des comptes de commerce et de règlement avec les gouvernements ou autres organismes étrangers, les comptes spéciaux du Trésor ne peuvent être à découvert.

Article 38 : Sous réserve des règles particulières énoncées aux articles 39 à 44 ci-dessous, les opérations des comptes spéciaux du Trésor sont prévues, autorisées et exécutées dans les mêmes conditions que les opérations du budget général.

Sauf dispositions contraires prévues par une loi de finances, le solde de chaque compte spécial est reporté d'année en année. Toutefois, les profits et les pertes constatés sur toutes les catégories de comptes, à l'exception des comptes d'affectation spéciale, sont imputés aux résultats de l'année.

Sauf dérogations prévues par une loi de finances, il est interdit d'imputer directement à un compte spécial du Trésor des dépenses résultant du paiement des traitements ou indemnités à des agents de l'Etat, des collectivités territoriales et des établissements publics.

Article 39 : Les comptes d'affectation spéciale retracent des opérations qui sont financées au moyen de recettes particulières.

Une subvention du budget général de l'Etat ne peut compléter les recettes d'un compte d'affectation spéciale que si elle est au plus égale à dix pour cent du total des prévisions de dépenses.

Le total des dépenses engagées ou ordonnancées au titre d'un compte d'affectation spéciale ne peut excéder le total des recettes du même compte, sauf pendant les trois mois de création de celui-ci. Dans ce cas, le découvert ne peut être supérieur au quart des dépenses autorisées pour l'année.

Si, en cours d'année, les recettes d'un compte d'affectation spéciale apparaissent supérieures aux évaluations, les crédits peuvent être majorés par arrêté du ministre chargé des finances dans la limite de cet excédent de recettes.

Chaque compte d'affectation spéciale constitue un programme au sens des articles 14 et 15 de la présente loi.

Article 40 : Les comptes de commerce retracent des opérations à caractère industriel ou commercial effectuées à titre accessoire par des services publics de l'Etat. Les prévisions de dépenses concernant ces comptes ont un caractère évaluatif ; seul le découvert fixé annuellement pour chacun d'eux a un caractère limitatif. Sauf dérogations expresses prévues par une loi de finances, il est interdit d'exécuter, au titre de compte de commerce, des opérations d'investissement financier, de prêts ou d'avances, ainsi que des opérations d'emprunts.

Les résultats annuels sont établis pour chaque compte selon les règles du plan comptable général de l'Etat.

Article 41 : Les comptes de règlement avec les gouvernements ou autres organismes étrangers retracent des opérations faites en application d'accords internationaux approuvés par la loi.

Les prévisions de recettes et de dépenses sur ces comptes ont un caractère évaluatif ; seul le découvert fixé annuellement pour chacun d'eux a un caractère limitatif.

Article 42 : Les comptes d'avances décrivent les avances que le ministre chargé des finances est autorisé à consentir dans la limite des crédits ouverts à cet effet.

Un compte d'avance distinct doit être ouvert pour chaque débiteur ou catégorie de débiteurs.

Les avances du Trésor sont productives d'intérêts à un taux qui ne peut être inférieur au taux moyen de la dernière émission des bons du Trésor. Sauf dispositions spéciales contenues dans une loi de finances, leur durée ne peut excéder un an, renouvelable une fois. Toute avance non remboursée à l'expiration d'un délai d'un an ou de deux ans en cas de renouvellement, doit faire l'objet soit :

- d'une décision de recouvrement immédiat ou, à défaut de recouvrement, de poursuites effectives engagées dans un délai de trois mois ;
- d'une autorisation de consolidation sous forme de prêt du Trésor assorti d'un transfert à un compte de prêt ;
- de la constatation d'une perte probable par un transfert immédiat, du même montant, du budget général au compte spécial ; les remboursements qui sont ultérieurement constatés sont portés en recettes au budget général.

La variation nette de l'encours des avances qui peuvent être accordées par l'Etat sur chaque compte d'avances est plafonnée annuellement par une loi de finances.

A l'exception du produit du remboursement des avances préalablement consenties, tout abondement en crédits d'un compte d'avances constitue une dépense budgétaire.

L'ensemble des comptes d'avances constitue un programme au sens des articles 14 et 15 de la présente loi.

Article 43 : Les comptes de prêts retracent les prêts, d'une durée supérieure à deux ans mais égale ou inférieure à dix ans, consentis par le Trésor public sur décision du gouvernement après avis favorable du ministre chargé des finances dans la limite des crédits ouverts à cet effet le cas échéant, soit à titre d'opérations nouvelles, soit à titre de consolidation d'une avance antérieure non remboursée.

Les prêts consentis sont productifs d'intérêts à un taux fixé par le ministre chargé des finances. Ce taux ne peut être inférieur au taux moyen de la dernière émission des bons du Trésor.

Tout prêt non remboursé à l'échéance doit faire l'objet soit :

- d'une décision de recouvrement immédiat ou, à défaut, de poursuites effectives engagées dans un délai de trois mois ;
- de la constatation d'une perte par un versement immédiat, du même montant, du budget général au compte spécial.

La variation nette de l'encours des prêts qui peuvent être accordés par l'Etat sur chaque compte de prêts est plafonnée annuellement par une loi de finances.

A l'exception du remboursement des prêts préalablement consentis, tout abondement en crédits d'un compte de prêts constitue une dépense budgétaire.

L'ensemble des comptes de prêts constitue un programme au sens des articles 14 et 15 de la présente loi.

Article 44 : Les comptes de garanties et d'avals retracent les engagements de l'Etat résultant des garanties financières accordées par lui à une personne physique ou morale, notamment, les garanties octroyées par l'Etat pour les contrats de partenariats publics-privés visés à l'article 20 de la présente loi.

La variation nette de l'encours des garanties et avals qui peuvent être accordés par l'Etat sur chaque compte de garanties et d'avals est plafonnée annuellement par une loi de finances.

Les garanties et les avals sont donnés par décret pris en Conseil des ministres sur rapport du ministre chargé des finances.

Les conditions d'octroi des garanties doivent respecter les dispositions relatives à la politique nationale d'endettement public et de la réglementation générale de l'endettement public et de la gestion de la dette publique.

L'ensemble des comptes de garanties et d'avals constitue un programme au sens des articles 14 et 15 de la présente loi.

Article 45 : La dotation portant sur les crédits destinés à couvrir les défauts de remboursement ou appels en garantie intervenus sur les comptes d'avances, de prêts, d'avals et de garanties visée aux articles 43 et 44 ci-dessus est provisionnée au minimum à hauteur de dix pour cent des échéances annuelles dues par les bénéficiaires des garanties et avals de l'Etat.

TITRE IV : DE LA PRESENTATION ET DES DISPOSITIONS DES LOIS DE FINANCES

CHAPITRE 1 : DE LA LOI DE FINANCES DE L'ANNEE

Article 46 : La loi de finances de l'année comprend le texte de loi proprement dit et les annexes qui l'accompagnent et qui en font partie intégrante.

Article 47 : Le texte de loi de finances de l'année comprend deux parties distinctes.

Dans la première partie, la loi de finances de l'année :

- prévoit et autorise les recettes budgétaires et les ressources de trésorerie de l'Etat ;
- autorise la perception des impôts affectés aux collectivités territoriales et aux établissements publics ;
- fixe les plafonds des dépenses du budget général et de chaque budget annexe, les plafonds des charges de chaque catégorie de comptes spéciaux du Trésor ainsi que le plafond d'autorisation des emplois rémunérés par l'Etat ;

- arrête les dispositions nécessaires à la réalisation, conformément aux lois en vigueur, des opérations d'emprunt destinées à couvrir les charges de trésorerie ;
- arrête les données générales de l'équilibre budgétaire et financier présentées dans un tableau d'équilibre faisant apparaitre :
    - le solde budgétaire global résultant de la différence entre les recettes et les dépenses budgétaires telles que définies respectivement aux articles 10 et 13 de la présente loi ;
    - le solde budgétaire de base tel que défini par le pacte de convergence, de stabilité, de croissance et de solidarité de l'Union économique et monétaire ouest africaine ;
- approuve le tableau de financement récapitulant, pour la durée de l'exercice, les prévisions de ressources et de charges de trésorerie.

Dans la seconde partie, la loi de finances de l'année :
- fixe, pour le budget général, par programme et par dotation, le montant des crédits de paiement et, le cas échéant, des autorisations d'engagement ;
- détermine, par ministère et par budget annexe, le plafond des autorisations d'emplois rémunérés par l'Etat ;
- fixe, par budget annexe et par compte spécial du Trésor, le montant des crédits de paiement et, le cas échéant, des autorisations d'engagement ;
- définit les modalités de répartition des concours financiers de l'Etat aux autres organismes publics ;
- autorise l'octroi des garanties et avals accordés par l'Etat ;
- approuve les conventions financières conclues par l'Etat ;
- comporte, le cas échéant, toutes règles fondamentales relatives à l'exécution des budgets publics, à la comptabilité publique et aux responsabilités des agents intervenant dans la gestion des finances publiques.

Article 48 : La loi de finances de l'année est accompagnée :
- d'un rapport définissant l'équilibre économique et financier, les résultats connus et les perspectives ;
- d'un plan de trésorerie prévisionnel et mensualisé de l'exécution du budget de l'Etat ;
- du document de programmation budgétaire et économique pluriannuelle tel que défini à l'article 54 ci-dessous ;
- des documents de programmation pluriannuelle des dépenses, tels que prévus à l'article 55 de la présente loi, ayant servi de base à la préparation des budgets des ministères ;
- d'annexes explicatives :

1. développant pour l'année en cours et l'année considérée, par programme ou par dotation, le montant des crédits présentés par nature de dépense. Ces annexes sont accompagnées du projet annuel de performance de chaque programme qui précise :
   - la présentation de chacune des actions et de chacun des projets prévus par le programme, des coûts associés, des objectifs poursuivis, des résultats obtenus et attendus pour les années à venir mesurés par des indicateurs de performance ;
   - la justification de l'évolution des crédits par rapport aux dépenses effectives de l'année antérieure ;
   - l'échéancier des crédits de paiement associés aux autorisations d'engagement ;
   - par catégorie d'emploi, la répartition prévisionnelle des emplois rémunérés par l'Etat et la justification des variations par rapport à la situation existante ;
2. développant, pour chaque budget annexe et chaque compte spécial, le montant des recettes et des dépenses ventilées par nature. Dans le cas des comptes de prêts et d'avances, les annexes contiennent un état de l'encours et des échéances des prêts et avances octroyés. S'agissant des budgets annexes, ces annexes explicatives sont accompagnées du projet annuel de performance de chaque programme ;
3. comportant un état développé des restes à payer de l'Etat établi à la date du dépôt du projet de loi de finances ;
4. comportant un état développé des restes à recouvrer ;
5. indiquant le montant, les bénéficiaires et les modalités de répartition des concours financiers accordés par l'Etat aux autres organismes publics ;
6. contenant un état développé de l'encours et des échéances du service de la dette de l'Etat et la stratégie d'endettement public prévue dans les dispositions de la politique nationale d'endettement public et de gestion de la dette publique.
7. présentant les tableaux suivants :
   - le tableau des recettes ;
   - le tableau matriciel croisé de classifications fonctionnelle et économique ;
   - le tableau matriciel croisé de classifications administrative et fonctionnelle ;
   - le tableau matriciel croisé de classifications administrative et économique ;
   - le tableau récapitulatif des programmes par ministère.

CHAPITRE 2 : DES LOIS DE FINANCES RECTIFICATIVES

Article 49 : Les textes des lois de finances rectificatives sont définis conformément à l'article 6 ci-dessus.

Les lois de finances rectificatives sont accompagnées :

- d'une annexe décrivant l'évolution de la conjoncture économique depuis le début de l'exercice et son impact sur les recettes et les dépenses ;
- d'une annexe récapitulant l'ensemble des mouvements de crédits et mesures de régulation intervenus au cours de l'exercice ;
- d'un tableau récapitulatif de l'exécution du budget de l'Etat, par programme, dotation, budget annexe et compte spécial, indiquant également les prévisions de dépenses pour la fin de l'exercice.

Article 50 : En cours d'exercice, un projet de loi de finances rectificative doit être déposé par le gouvernement :

- si les grandes lignes de l'équilibre budgétaire ou financier défini par la loi de finances de l'année se trouvent bouleversées, notamment par l'intervention de décrets d'avances ou d'arrêtés d'annulation de crédits ;
- si les recettes constatées dépassent sensiblement les prévisions de la loi de finances de l'année ;
- s'il y a intervention de mesures législatives ou règlementaires affectant de manière substantielle l'exécution du budget.

CHAPITRE 3 : DE LA LOI DE REGLEMENT

Article 51 : La loi de règlement d'un exercice :

- Constate le montant définitif des encaissements de recettes et des ordonnancements de dépenses. A ce titre, elle :
  - ratifie, le cas échéant, les ouvertures supplémentaires de crédits décidées par décret d'avances depuis la dernière loi de finances ;
  - régularise les dépassements de crédits constatés résultant de circonstances de force majeure ou des reports de crédits et procède à l'annulation des crédits non consommés ;
- rend compte de la gestion de la trésorerie de l'Etat et de l'application du tableau de financement de l'Etat ;
- arrête les comptes et les états financiers de l'Etat et affecte les résultats de l'année ;
- rend compte de la gestion et des résultats des programmes visés à l'article 14 de la présente loi ;
- autorise le transfert du résultat de l'année au compte permanent des découverts du Trésor.

Article 52 : La loi de règlement est accompagnée :

- des comptes et des états financiers de l'Etat issus de la comptabilité budgétaire et de la comptabilité générale de l'Etat ;
- d'annexes explicatives développant, par programme, dotation, budget annexe et comptes spéciaux du Trésor, le montant définitif des crédits ouverts, des dépenses et, le cas échéant, des recettes constatées ;
- des rapports annuels de performance par programme rendant compte de leur gestion et de leurs résultats.

Article 53 : La loi de règlement est accompagnée du rapport de la Cour des comptes sur l'exécution de la loi de finances et de la déclaration générale de conformité entre les comptes des ordonnateurs et ceux des comptables publics.

La Cour des comptes donne son avis sur le système de contrôle interne et le dispositif de contrôle de gestion, sur la qualité des procédures comptables et des comptes ainsi que sur les rapports annuels de performance. Cet avis est accompagné de recommandations sur les améliorations souhaitables.

TITRE V : DU CADRAGE MACROECONOMIQUE DES LOIS DE FINANCES

Article 54 : Le projet de loi de finances de l'année est élaboré par référence à un document de programmation budgétaire et économique pluriannuelle couvrant une période minimale de trois ans.

Sur la base d'hypothèses économiques précises et justifiées, le document de programmation budgétaire et économique pluriannuelle évalue le niveau global des recettes attendues de l'Etat, décomposées par grande catégorie d'impôts et de taxes et les dépenses budgétaires décomposées par grande catégorie de dépenses.

Ce document de programmation budgétaire et économique pluriannuelle évalue également l'évolution de l'ensemble des ressources, des charges et de la dette du secteur public en détaillant en particulier les catégories d'organismes publics visées à l'alinéa 3 de l'article 57 de la présente loi.

Il prévoit la situation financière des entreprises publiques sur la période considérée et, éventuellement, les concours que l'Etat peut leur accorder.

Il fixe enfin les objectifs d'équilibre budgétaire et financier sur le moyen terme en application des dispositions du pacte de convergence, de stabilité, de croissance et de solidarité de l'Union économique et monétaire ouest africaine.

Article 55 : Les programmes s'inscrivent dans des documents de programmation pluriannuelle des dépenses par ministère, budgets annexes et comptes spéciaux cohérents avec le document de programmation budgétaire et économique pluriannuelle visé à l'article 54 ci-dessus. Les documents de programmation pluriannuelle des dépenses prévoient, pour une période minimale de trois ans, à titre indicatif, l'évolution des crédits et des résultats attendus sur chaque programme en fonction des objectifs poursuivis.

Article 56 : L'équilibre budgétaire et financier défini à l'article 47 de la présente loi par chaque loi de finances doit être conforme aux prescriptions du pacte de convergence, de stabilité, de croissance et de solidarité de l'Union économique et monétaire ouest africaine.

Article 57 : Quelle que soit leur forme, tous les concours financiers de l'Etat aux organismes publics doivent être approuvés par une loi de finances.

Ces concours peuvent comprendre des subventions du budget général, des budgets annexes ou des comptes spéciaux, l'affectation de tout ou partie du produit d'imposition de toute nature, ou toute autre forme de contribution, subvention ou rétrocession de recettes.

Les organismes publics comprennent en particulier les collectivités territoriales et les établissements publics de l'Etat.

Les budgets de fonctionnement de ces organismes publics doivent être équilibrés sans recours à l'emprunt.

Les conditions d'emprunt des organismes publics sont déterminées par voie réglementaire. L'emprunt de ces organismes publics ne peut être affecté qu'au financement de leurs investissements.

TITRE VI : DE LA PROCEDURE D'ELABORATION ET DE VOTE DES LOIS DE FINANCES

CHAPITRE 1 : DE LA PREPARATION DES PROJETS DE LOIS DE FINANCES

Article 58 : Le ministre chargé des finances prépare les projets de loi de finances qui sont adoptés en Conseil des ministres.

Article 59 : Le document de programmation budgétaire et économique pluriannuelle visé à l'article 54 de la présente loi, éventuellement accompagné des documents de programmation pluriannuelle des dépenses visées à l'article 55 de la présente loi est adopté en Conseil des ministres. Ces documents sont soumis à un débat d'orientation budgétaire au Parlement au plus tard à la fin du mois de juin.

CHAPITRE 2 : DU VOTE DES PROJETS DE LOIS DE FINANCES

Section 1 : Du vote du projet de loi de finances de l'année

Article 60 : Le projet de loi de finances de l'année, y compris le rapport et les annexes explicatives prévus à l'article 48 de la présente loi, est transmis sous forme papier ou numérique au Parlement le jour de l'ouverture de la deuxième session ordinaire.

Lorsque le projet de loi de finances a été transmis dans les délais au Parlement, il doit être adopté au plus tard à la date de clôture de ladite session. A défaut, il peut être mis en vigueur par ordonnance.

Lorsque le projet de loi de finances n'a pu être transmis en temps utile pour que le Parlement dispose avant la fin de la session ordinaire de l'entier délai prévu à l'alinéa précédent, celle-ci est immédiatement et de plein droit suivie d'une session extraordinaire dont la durée est au plus égale au temps nécessaire pour parfaire ledit délai. Si à l'expiration de ce délai, le projet de loi de finances n'est pas adopté, il est mis en vigueur par ordonnance.

Dans la mesure où, compte tenu de la procédure prévue à l'alinéa précédent, le projet de loi de finances n'a pu être voté avant le début de l'année financière, le gouvernement est autorisé, conformément aux dispositions constitutionnelles en vigueur, à continuer de percevoir les impôts et à reprendre en dépenses le budget de l'année précédente par douzièmes provisoires.

Article 61 : Aucun article additionnel, aucun amendement à un projet de loi de finances ne peut être proposé par le Parlement, sauf s'il tend à supprimer ou à réduire effectivement une dépense, à créer ou à accroître une recette. De même, le Parlement ne peut proposer ni la création ni la suppression d'un programme, d'un budget annexe ou d'un compte spécial du Trésor.

Tout article additionnel et tout amendement doit être motivé et accompagné des développements des moyens qui le justifient. La disjonction d'articles additionnels ou d'amendements qui contreviennent aux dispositions du présent article ou à l'objet des lois de finances défini à l'article 3 de la présente loi est de droit.

Article 62 : La seconde partie de la loi de finances de l'année ne peut être mise en discussion devant le Parlement avant l'adoption de la première partie.

Article 63 : Les évaluations de recettes font l'objet d'un vote d'ensemble pour le budget général.

Les crédits du budget général font l'objet d'un vote par programme et d'un vote par dotation. Les votes portent à la fois sur les autorisations d'engagement et les crédits de paiement.

Les plafonds des autorisations d'emplois rémunérés par l'Etat font l'objet d'un vote unique.

Les évaluations de recettes font l'objet d'un vote d'ensemble par budget annexe et par compte spécial du Trésor.

Les crédits des budgets annexes et des comptes spéciaux font l'objet d'un vote par budget annexe et par compte spécial du Trésor.

Les évaluations de ressources et de charges de trésorerie font l'objet d'un vote unique.

Article 64 : Dès la promulgation de la loi de finances de l'année ou la publication de l'ordonnance prévue à l'article 60 ci-dessus, le gouvernement prend les dispositions réglementaires ou administratives portant répartition des crédits du budget général, des budgets annexes et des comptes spéciaux selon la nomenclature en vigueur.

Ces dispositions répartissent et fixent les crédits conformément aux annexes explicatives de l'article 48 de la présente loi, modifiées, le cas échéant, par les votes du Parlement.

Section 2 : Du vote du projet de loi de règlement

Article 65 : Le projet de loi de règlement est transmis au Parlement au plus tard le jour de l'ouverture de la session budgétaire de l'année suivant celle de l'exécution du budget auquel il se rapporte.

Il est accompagné des documents prévus à l'article 52 de la présente loi.

Le rapport sur l'exécution des lois de finances, la déclaration générale de conformité et, le cas échéant, l'avis de la Cour des comptes sur la qualité des procédures comptables et des comptes ainsi que sur les rapports annuels de performance prévus à l'article 52 de la présente loi sont transmis au Parlement sitôt leur adoption définitive par la Cour des comptes.

TITRE VII : DES REGLES FONDAMENTALES DE MISE EN ŒUVRE DES BUDGETS PUBLICS

CHAPITRE 1 : DES REGLES REGISSANT L'EXECUTION DES DEPENSES ET DES RECETTES

Article 66 : Les opérations d'exécution du budget de l'Etat incombent aux ordonnateurs et aux comptables publics dans les conditions définies par décret portant règlement général sur la comptabilité publique.

Ces opérations concernent les recettes, les dépenses, la trésorerie et le patrimoine.

Elles sont retracées dans des comptabilités tenues tant par les ordonnateurs que par les comptables publics et établies selon des normes générales arrêtées par le ministre chargé des finances.

Les fonctions d'ordonnateur et celles de comptable public sont incompatibles.

Les conjoints, ascendants ou descendants des ordonnateurs ne peuvent être comptables des organismes publics auprès desquels lesdits ordonnateurs exercent leurs fonctions.

Article 67 : Les ordonnateurs peuvent déléguer leur pouvoir dans les conditions déterminées par voie réglementaire.

Article 68 : Le ministre chargé des finances est ordonnateur principal unique des recettes du budget général, des comptes spéciaux du Trésor et de l'ensemble des opérations de trésorerie.

Article 69 : Le ministre chargé des finances est responsable de l'exécution de la loi de finances et du respect des équilibres budgétaire et financier définis par celle-ci. A ce titre, il dispose d'un pouvoir de régulation budgétaire qui lui permet, au cours de l'exécution du budget :

- d'annuler un crédit devenu sans objet au cours de l'exercice ;
- d'annuler un crédit pour prévenir une détérioration des équilibres budgétaire et financier de la loi de finances.

En outre, le ministre chargé des finances peut subordonner l'utilisation des crédits par les ordonnateurs aux disponibilités de trésorerie de l'Etat.

Article 70 : Les ministres sont ordonnateurs principaux des crédits, des programmes et des budgets annexes de leur ministère.

Les présidents d'institutions constitutionnelles sont ordonnateurs principaux des crédits, des programmes et des budgets annexes de leur institution.

Article 71 : Le ministre chargé des finances est responsable de la centralisation des opérations budgétaires des ordonnateurs, en vue de la reddition des comptes relatifs à l'exécution des lois de finances.

Article 72 : Les contrôleurs financiers relèvent du ministre chargé des finances et sont nommés par décret à son initiative auprès des ordonnateurs. Ils sont chargés des contrôles *a priori* et *a posteriori* des opérations budgétaires.

Ils donnent des avis sur la qualité de la gestion des ordonnateurs et sur la performance des programmes.

CHAPITRE 2 : DE LA PRESCRIPTION ET DE LA DECHEANCE

Article 73 : Est prescrite au profit du budget de l'Etat et de tout autre organisme public doté d'un comptable public, toute créance qui n'a pas été réclamée dans un délai de quatre ans à partir du premier jour de l'année suivant celle au cours de laquelle les droits ont été acquis.

Article 74 : La prescription est interrompue par :

- toute demande écrite de paiement ou toute réclamation écrite adressée par un créancier à l'autorité administrative, dès lors que la demande ou la réclamation a trait au fait générateur, à l'existence, au montant ou au paiement de la créance, alors même que l'administration saisie n'est pas celle qui aura finalement la charge du règlement ;
- tout recours formé devant une juridiction, relatif au fait générateur, à l'existence, au montant ou au paiement de la créance, quel que soit l'auteur du recours et même si la juridiction saisie est incompétente pour en connaître, et si l'administration qui aura finalement la charge du règlement n'est pas partie à l'instance ;
- toute communication écrite d'une administration intéressée, même si cette communication n'a pas été faite directement au créancier qui s'en prévaut, dès lors que cette communication a trait au fait générateur, à l'existence, au montant ou au paiement de la créance ;
- toute émission de moyen de règlement, même si ce règlement ne couvre qu'une partie de la créance ou si le créancier n'a pas été exactement désigné.

Un nouveau délai de quatre ans court à compter du premier jour de l'année suivant celle au cours de laquelle a lieu l'interruption. Toutefois, si l'interruption résulte d'un recours juridictionnel, le nouveau délai court à partir du premier jour de l'année suivant celle au cours de laquelle la décision est passée en force de chose jugée.

Article 75 : La prescription ne court ni contre le créancier qui ne peut agir, soit par lui-même ou par l'intermédiaire de son représentant légal, soit pour un cas de force majeure, ni contre celui qui peut être légitimement regardé comme ignorant l'existence de sa créance ou de la créance de celui qu'il représente légalement.

Article76 : Les autorités administratives ne peuvent renoncer à opposer la prescription qui découle de l'article 73 ci-dessus.

Toutefois, par décision prise par le ministre chargé des finances, les créanciers de l'Etat ou de tout autre organisme public doté d'un comptable public, peuvent être relevés en tout ou en partie de la prescription à raison de circonstances particulières et notamment de la situation du créancier.

Article 77 : Les créances de l'Etat ou de tout autre organisme public doté d'un comptable public, sur des particuliers ou personnes morales, sont prescrites selon les modalités définies par la législation en vigueur.

Article 78 : Quelle que soit leur nature, les actifs de l'Etat ou de tout organisme public doté d'un comptable public sont insaisissables.

CHAPITRE 3 : DE LA COMPTABILITE ET DES COMPTES

Article 79 : L'Etat tient :

- Une comptabilité budgétaire ;
- Une comptabilité générale

Article 80 : La comptabilité budgétaire a pour objet de retracer, pour l'exercice concerné, les opérations d'exécution du budget de l'Etat en recette et en dépenses, conformément à la nomenclature de présentation et de vote du budget.

La comptabilité générale de l'Etat a pour objet de décrire le patrimoine de l'Etat et son évolution. Elle doit être sincère et refléter une image fidèle de la situation financière de l'Etat. Elle est fondée sur le principe de la constatation des droits et obligations. Les opérations sont prises en compte au titre de l'exercice auquel elles se rattachent indépendamment de leur de date de paiement ou d'encaissement. La comptabilité générale de l'Etat s'appuie sur la comptabilité des matières.

Article 81 : Les ressources et les charges de trésorerie de l'Etat sont imputées à des comptes de trésorerie par opération lors de leur encaissement et paiement.

TITRE VIII : DES CONTROLES ADMINISTRATIF, PARLEMENTAIRE ET JURIDICTIONNEL

Article 82 : Les opérations d'exécution du budget de l'Etat sont soumises à un triple contrôle administratif, juridictionnel et parlementaire, dans les conditions définies par le présent titre et des dispositions législatives et réglementaires particulières.

Le contrôle administratif est le contrôle interne de l'administration sur ses agents incluant le contrôle interne *a priori*, concomitant et *a posteriori*.

Le contrôle juridictionnel exercé par la Cour des comptes ou, le cas échéant, par la Cour des comptes de l'Union économique et monétaire ouest africaine et le contrôle parlementaire exercé par le Parlement constituent les contrôles externes sur l'administration.

CHAPITRE 1 : DU CONTROLE ADMINISTRATIF

Article 83 : Le contrôle administratif s'exerce sous la forme de contrôles hiérarchique, fonctionnel ou organique par l'intermédiaire de corps de contrôle spécialisés.

Article 84 : Le contrôle financier est celui qui s'exerce dans les conditions définies aux articles 72, 87, 88, 90 et 91 de la présente loi.

Article 85 : Les corps ou agents de contrôle ministériels assurent, au nom et pour le compte du ministère dont ils relèvent, le contrôle permanent et l'inspection des services de l'Etat placés sous l'autorité du ministre concerné.

Article 86 : Le Président du Faso ou le ministre chargé des finances peut en outre charger tout fonctionnaire ou groupe d'experts, de missions particulières d'audit et de contrôle.

Les autres ordonnateurs ne peuvent charger tout fonctionnaire ou groupe d'experts de missions particulières d'audit et de contrôle que dans le cadre de leur budget.

Article 87 : L'ensemble des contrôles évoqués au présent chapitre pourront, selon leur conception ou les circonstances, porter sur des décisions prises ou à prendre, être de régularité ou d'opportunité, permanents ou occasionnels, inopinés ou annoncés, individuels ou collégiaux, être effectués par sondage ou de manière exhaustive, relever d'une procédure unilatérale ou contradictoire.

Article 88 : Le contrôle administratif *a priori* des opérations budgétaires de l'Etat est assuré par le contrôleur financier relevant du ministre chargé des finances. Il dispose de délégués auprès des institutions constitutionnelles, des ministères dépensiers, des collectivités territoriales et des établissements publics.

Article 89 : L'organe supérieur chargé du contrôle administratif assure, conformément à la loi et au règlement qui le régissent, le contrôle et la surveillance des services de l'Etat, des collectivités territoriales, des établissements publics et de tout autre organisme bénéficiant du concours financier d'un organisme public.

Article 90 : Tous les actes portant engagement de dépenses ou de nature à exercer des répercussions sur les finances de l'Etat ou de tout autre organisme public et notamment les décrets pris en Conseil des ministres, les arrêtés, les contrats, les conventions, les instructions, les mesures ou les décisions émanant d'un ministre ou d'un président d'institution constitutionnelle ou d'un fonctionnaire des administrations sont soumis au visa préalable du contrôleur financier.

Ces actes sont examinés au regard de l'imputation de la dépense, de la disponibilité des crédits, de l'application des dispositions d'ordre financier, des lois et règlements, de leur conformité avec les autorisations parlementaires, des conséquences que les mesures proposées peuvent avoir sur les finances publiques, de l'existence et de la régularité des pièces justificatives à produire et de la sincérité des propositions de dépenses.

A cet effet, le contrôleur financier peut demander communication de toutes les pièces propres à justifier les engagements de dépenses et à éclairer sa décision.

Si les mesures proposées lui paraissent entachées d'irrégularités au regard des dispositions qui précèdent, le contrôleur financier refuse son visa.

Tout refus de visa doit être écrit et motivé.

En cas de désaccord persistant, il en réfère au ministre chargé des finances. Il ne peut être passé outre au refus de visa que sur autorisation écrite du ministre chargé des finances.

En outre, le contrôleur financier contrôle l'exécution physique de la commande publique et dispose à cet effet de pouvoirs d'enquête les plus étendus.

Le ministre en charge des finances veille à la mise en œuvre des normes en la matière.

Article 91 : Tout projet de liquidation, d'ordonnance ou de mandat de paiement ne peut être présenté à la signature de l'ordonnateur qu'après le visa du contrôleur financier de l'engagement de la dépense correspondante.

Les projets de liquidation sont examinés par l'ordonnateur au regard de l'existence et de la régularité des pièces justificatives à produire à l'étape de la liquidation, de la sincérité des certifications du service fait et de l'exact calcul de la liquidation.

Le régime financier des autres organismes publics précisent les modalités d'exercice des attributions de leurs ordonnateurs.

Article 92 : Le ministre chargé des finances peut obtenir communication de toutes les pièces justificatives des dépenses et dispose à cet effet de pouvoir d'enquête le plus étendu, notamment en ce qui concerne la sincérité des certifications de service fait.

Article 93 : Les dispositions du présent chapitre sont applicables à l'Etat. Elles peuvent être étendues à tout autre organisme public, même non doté d'un comptable public, dans les conditions définies par les textes qui lui sont propres.

CHAPITRE 2 : DU CONTROLE PARLEMENTAIRE

Article 94 : Sans préjudice des pouvoirs généraux de contrôle du Parlement, la Commission des finances veille au cours de la gestion annuelle, à la bonne exécution des lois de finances.

A cette fin, le gouvernement transmet trimestriellement au Parlement, à titre d'information, des rapports sur l'exécution du budget et l'application du texte de la loi de finances. Ces rapports sont mis à la disposition du public.

Article 95 : Le parlement peut demander à la Cour des comptes la réalisation de toutes enquêtes nécessaires à son information.

La Cour des comptes lui adresse les résultats de ses audits et contrôles qu'elle réalise dans les conditions définies à l'article 97 ci-dessous.

Article 96 : Le contrôle parlementaire *a posteriori* de l'exécution du budget s'exerce lors de l'examen et du vote du projet de loi de règlement.

A cette occasion, les informations ou les investigations sur place que le Parlement demande ne peuvent lui être refusées. Il peut procéder à l'audition des ministres.

CHAPITRE 3 : DU CONTROLE JURIDICTIONNEL

Article 97 : La Cour des comptes juge les comptes des comptables publics.

Sans préjudice de ses attributions propres en matière de contrôle juridictionnel et non juridictionnel telles que définies par les lois et règlements, la Cour des comptes assiste le Parlement dans le contrôle de l'exécution des lois de finances.

La Cour des comptes exerce un contrôle sur la gestion des administrations en charge de l'exécution des programmes et dotations.

Elle assure la vérification des comptes et la gestion des entreprises publiques.

Elle contrôle les institutions de sécurité sociale placées sous le contrôle de l'Etat.

Elle exerce un contrôle sur les organismes qui bénéficient du concours financier de l'Etat ou de toute autre personne morale soumise à son contrôle.

Elle émet un avis sur les rapports annuels de performance.

Article 98 : Les comptes de gestion, déposés en état d'examen à la Cour des comptes, doivent être jugés dans un délai de cinq ans.

En l'absence de jugement de la Cour des comptes dans ce délai, le comptable public est déchargé d'office de sa gestion.

Article 99 : Un apurement administratif des comptes de l'Etat, des collectivités territoriales et de leurs établissements publics peut être aménagé sous le contrôle de la Cour des comptes.

Article 100 : La Cour des comptes est investie de la mission de certification des comptes de l'État. L'acte de certification doit être annexé au projet de loi de règlement.

La Cour des comptes doit formuler sa position au sujet des comptes annuels, publiés par le ministère en charge des finances, au regard des règles et principes de la comptabilité de l'Etat burkinabè. Les principes comptables visés sont la régularité, la sincérité et l'image fidèle du résultat des opérations de l'exercice écoulé ainsi que de la situation financière et du patrimoine de l'Etat à la fin de l'exercice.

TITRE IX : DES RESPONSABILITES EN MATIERE D'EXECUTION DES BUDGETS PUBLICS

Article 101 : Les ordonnateurs, les contrôleurs financiers et les comptables publics engagent leur responsabilité en raison de l'exercice de leurs attributions respectives conformément aux dispositions du présent titre.

Article 102 : Les ordonnateurs de l'Etat et des autres organismes publics encourent une sanction qui peut être disciplinaire, pénale et civile sans préjudice de celles qui peuvent leur être infligées par le juge des comptes en raison de leurs fautes de gestion dans les conditions définies aux articles 104 et 105 ci-dessous.

En outre, les ordonnateurs de l'Etat et des autres organismes publics sont pécuniairement responsables du fait des irrégularités commises dans l'exercice de leurs attributions.

Cette responsabilité pécuniaire ne peut être mise en jeu que par le ministre chargé des finances ou le juge des comptes.

Les membres du gouvernement et les présidents des institutions constitutionnelles engagent leurs responsabilités en raison de l'exercice de leurs attributions conformément à la Constitution.

Article 103 : Toute personne appartenant au cabinet d'un membre du gouvernement, tout fonctionnaire ou agent d'un organisme public, tout représentant, administrateur ou agent d'organismes soumis à un titre quelconque au contrôle de la Cour des comptes et toute personne à qui est reproché un des faits énumérés à l'article 102 ci-dessus, peut être sanctionné pour faute de gestion.

Article 104 : Les fautes de gestion sanctionnées par la Cour des comptes sont constituées par :

- la violation des règles relatives à l'exécution des recettes et des dépenses de l'Etat et des autres organismes publics ;
- la violation des règles relatives à la gestion des biens appartenant à l'Etat et aux autres organismes publics ;
- l'approbation donnée à une décision violant les règles visées aux 1er et 2ème tirets du présent article par une autorité chargée de la tutelle ou du contrôle desdits organismes ;
- le fait, pour toute personne dans l'exercice de ses fonctions, d'octroyer ou de tenter d'octroyer à elle-même ou à autrui un avantage injustifié, pécuniaire ou en nature ;
- le fait d'avoir entraîné la condamnation d'une personne morale de droit public ou d'une personne de droit privé chargée de la gestion d'un service public, en raison de l'inexécution totale ou partielle ou de l'exécution tardive d'une décision de justice ;
- le fait d'avoir dans l'exercice de ses fonctions ou attributions, en méconnaissance de ses obligations, procuré ou tenté de procurer à autrui ou à soi-même, directement ou indirectement, un avantage injustifié,

pécuniaire ou en nature, entraînant un préjudice pour l'Etat, ou tout autre organisme public ;

- le fait d'avoir produit, à l'appui ou à l'occasion des liquidations des dépenses, des fausses certifications ;
- le fait d'avoir omis sciemment de souscrire les déclarations qu'ils sont tenus de fournir aux administrations fiscales conformément à la législation et à la réglementation en vigueur ou d'avoir fourni sciemment des déclarations inexactes ou incomplètes ;
- tout autre acte portant préjudice à l'Etat ou aux autres organismes publics.

Article 105 : La faute de gestion est sanctionnée par une amende dont le montant est déterminé conformément à la loi organique portant composition, attributions, organisation et fonctionnement de la Cour des comptes et procédures applicables devant elle.

Article 106 : Les contrôleurs financiers sont responsables aux plans disciplinaire, pénal et civil, sans préjudice des sanctions qui peuvent leur être infligées par la Cour des comptes, du visa qu'ils apposent sur les actes portant engagement de dépenses ou les ordonnances, mandats de paiement ou délégations de crédits.

Ils encourent également une responsabilité pécuniaire du fait des irrégularités commises dans l'exercice de leurs attributions.

Article 107 : Les comptables publics sont personnellement et pécuniairement responsables des irrégularités commises dans l'exercice de leurs attributions.

Les comptables de fait encourent les mêmes sanctions que les comptables patents.

Sans préjudice des sanctions disciplinaires, pénales et civiles, les comptables publics sont personnellement et pécuniairement responsables des contrôles qu'ils sont tenus d'assurer en matière de recettes, de dépenses et de patrimoine dans les conditions prévues par le décret portant règlement général sur la comptabilité publique.

En cas de défaillance dans la tenue des comptes, la Cour des comptes peut condamner le comptable public concerné à des sanctions prévues par les dispositions législatives et réglementaires.

Article 108 : La responsabilité pécuniaire des comptables publics se trouve engagée dès lors que :

- un déficit de caisse ou un manquant en deniers ou en valeurs a été constaté ;
- une recette n'a pas été recouvrée ;
- une dépense a été irrégulièrement payée ;
- un organisme public a dû procéder, par la faute du comptable public, à l'indemnisation d'un autre organisme public ou d'un tiers.

Article 109 : La responsabilité pécuniaire des comptables publics s'étend à toutes les opérations du poste comptable qu'ils dirigent depuis la date de leur installation jusqu'à la date de cessation de leurs fonctions.

Cette responsabilité s'étend aux :

- opérations des comptables publics secondaires placés sous leur autorité et à celle des régisseurs ;
- opérations des comptables publics secondaires et des correspondants centralisées dans leur comptabilité, dans la limite des contrôles qu'ils sont tenus d'exercer ;
- actes des comptables de fait, s'ils ont eu connaissance de ces actes et ne les ont pas signalés à leurs supérieurs hiérarchiques.

Elle ne peut être mise en jeu à raison de la gestion de leurs prédécesseurs que pour les opérations prises en charge sans réserve lors de la remise de service ou qui n'auraient pas été contestées par le comptable entrant dans un délai de six mois, le cas échéant renouvelable avec l'autorisation du ministre chargé des finances.

Article 110 : Toute personne qui, sans avoir la qualité de comptable public ou sans agir sous le contrôle et pour le compte d'un comptable public, s'immisce dans le recouvrement de recettes affectées ou destinées à un organisme public doté d'un poste comptable ou dépendant d'un tel poste doit, nonobstant les poursuites qui pourraient être engagées devant les juridictions répressives, rendre compte au juge des comptes de l'emploi des fonds ou valeurs qu'elle a irrégulièrement détenus ou maniés.

Il en est de même pour toute personne qui reçoit ou manie directement ou indirectement des fonds ou valeurs extraits irrégulièrement de la caisse d'un organisme public et pour toute personne qui, sans avoir la qualité de comptable public, procède à des opérations portant sur des fonds ou valeurs n'appartenant pas aux organismes publics mais que les comptables publics sont exclusivement chargés d'exécuter en vertu de la réglementation en vigueur.

Les gestions irrégulières entraînent, pour leurs auteurs déclarés comptables de fait par la Cour des comptes, les mêmes obligations et responsabilités que les gestions patentes pour les comptables publics selon les modalités procédurales décrites par la loi organique portant sur l'organisation et le fonctionnement de ladite Cour.

Le comptable de fait pourra être condamné par le juge des comptes à une amende, en raison de son immixtion dans les fonctions de comptable public. Cette amende est calculée suivant l'importance et la durée de la détention ou du maniement des deniers. Son montant ne pourra dépasser le total des sommes indûment détenues ou maniées.

Article 111 : La responsabilité pécuniaire d'un agent public ne peut être mise en jeu que par le ministre chargé des finances ou la Cour des comptes.

Quand la responsabilité pécuniaire d'un agent public est engagée, il est constitué en débet. Le débet est l'obligation, pour l'agent public de réparer, sur ses deniers propres, le préjudice qu'il a causé à la collectivité publique.

Article 112 : Les débets portent intérêt au taux légal à compter de la date du fait générateur ou si cette date ne peut être fixée avec précision, à compter de celle de sa découverte.

Article 113 : Tout agent public dont la responsabilité pécuniaire est engagée peut obtenir décharge de responsabilité ou remise gracieuse des sommes laissées à sa charge dans les conditions prévues par les dispositions législatives et réglementaires. La remise gracieuse ou la décharge de responsabilité suite à un arrêt de débet est soumise à un avis conforme de la Cour des comptes.

Lorsqu'un agent commet une faute de gestion prévue à l'article 104 de la présente loi ou un manquement aux règles de discipline dans le domaine budgétaire ou financier, le pouvoir disciplinaire prévu par les dispositions législatives et réglementaires en vigueur sur la fonction publique est exercé par le ministre chargé des finances, quel que soit le ministère de rattachement de l'agent.

Article 114 : Les conditions de mise en jeu de la responsabilité pécuniaire des acteurs visés au présent titre, sont fixées par des dispositions règlementaires.

TITRE X : DES DISPOSITIONS TRANSITOIRES ET FINALES

Article 115 : Les dispositions de la présente loi entrent en vigueur à compter du 1er janvier 2016.

Les dispositions relatives à la répartition des crédits budgétaires par programme telles que prévues aux articles 14, 16 et 17 de la présente loi organique, sont progressivement mises en œuvre jusqu'au 1er janvier 2019.

Les dispositions relatives à la qualité d'ordonnateur principal des ministres et présidents d'institution, notamment les articles 68 et 70 de la présente loi organique, sont progressivement mises en œuvre jusqu'au 1er janvier 2019.

Les dispositions de l'article 80 de la présente loi organique relatives à la mise en œuvre de la comptabilité en droits constatés et patrimoniale sont mises en œuvre progressivement jusqu'au 1er janvier 2019.

La loi de règlement 2015 et les lois de finances gestion 2016 sont régies par les dispositions de la loi n°006-2003/AN du 24 janvier 2003 relative aux lois de finances et son modificatif.

Article 116 : Sous réserve des dispositions de l'article 115 ci-dessus, la présente loi abroge toutes dispositions antérieures contraires, notamment la loi n°006-2003/AN du 24 janvier 2003 relative aux lois de finances et son modificatif.

Article 117 : La présente loi organique sera exécutée comme loi de l'Etat.

Ainsi fait et délibéré en séance publique à Ouagadougou, le 06 novembre 2015

Pour le Président du Conseil national de la transition,
Le Premier Vice-Président
Honoré Lucien NOMBRE

Le Secrétaire de séance
Issa SIENOU

COTE D'IVOIRE : LOI ORANIQUE RELATIVE AUX LOIS DE FINANCES

REPUBLIQUE DE COTE D'IVOIRE
Union-Discipline-Travail

LOI ORGANIQUE N°2014-336 DU 05 JUIN 2014 RELATIVE AUX LOIS DE FINANCES

L'ASSEMBLEE NATIONALE a adopté,

LE CONSEIL CONSTITUTIONNEL a déclaré conforme à la Constitution,

LE PRESIDENT DE LA REPUBLIQUE promulgue la loi dont la teneur suit :

TITRE 1 : DISPOSITIONS GENERALES

Article 1 : La présente loi fixe les règles relatives au contenu, à la présentation, à l'élaboration, à l'adoption, à l'exécution, à la modification et au contrôle des lois de finances.

Elle détermine les conditions dans lesquelles est arrêtée la politique budgétaire à moyen terme pour l'ensemble des finances publiques.

Elle énonce les principes fondamentaux relatifs à l'exécution des budgets publics, à la comptabilité publique et aux responsabilités des agents publics intervenant dans la gestion des finances publiques.

CHAPITRE 1 : DOMAINE ET CLASSIFICATION DES LOIS DE FINANCES

Article 2 : Les lois de finances déterminent, pour un exercice, la nature, le montant et l'affectation des ressources et des charges de l'Etat.

Elles tiennent compte d'un équilibre économique et financier qu'elles déterminent, sur la base des objectifs et des résultats des programmes définis dans le cadre des missions de l'Etat.

Les programmes définissent des objectifs à moyen et long terme qui sont approuvés par le Parlement. Ils ne peuvent donner lieu à des engagements de l'Etat que dans les limites déterminées par les lois de finances.

L'exercice court du 1er janvier au 31 décembre.

Article 3 : Les lois de finances doivent également contenir toutes les dispositions relatives à l'assiette, au taux et aux modalités de recouvrement des impositions de toutes natures, qu'elles soient perçues par l'Etat ou affectées à d'autres organismes publics.

Article 4 : Aucune recette ne peut être liquidée ou encaissée, aucune dépense publique ne peut être engagée ou payée si elle n'a été au préalable autorisée par une loi de finances.

Toutefois, des recettes non prévues par une loi de finances initiale peuvent être liquidées ou encaissées à conditions d'être autorisées par un décret pris en conseil des ministres et régularisées dans la plus prochaine loi de finances.

Lorsque des dispositions d'ordre législatif ou réglementaire doivent entrainer des charges nouvelles ou des pertes de ressources, aucun projet de loi ne peut être définitivement voté, aucun décret ne peut être signé tant que ces charges ou pertes de ressources n'ont pas été prévues, évaluées et soumises à l'avis conforme du ministre chargé des Finances.

Article 5 : Ont le caractère de lois de finances :

- la loi de finances de l'année ;
- les lois de finances rectificatives ;
- la loi de règlement.

La loi de finances de l'année prévoit et autorise, pour chaque année civile, l'ensemble des ressources et des charges de l'Etat.

Les lois de finances rectificatives modifient, en cours d'année, les dispositions de la loi de finances de l'année.

La loi de règlement constate les résultats financiers de chaque année civile et rend compte de l'exécution du budget ainsi que de l'utilisation des crédits.

CHAPITRE II : RESSOURCES ET CHARGES DE L'ETAT

Article 6 : Les ressources et les charges de l'Etat sont constituées de recettes et de dépenses budgétaires ainsi que de ressources et de charges de trésorerie.

Article 7 : La loi de finances de l'année contient le budget de l'Etat pour l'année civile. Le budget décrit les recettes et les dépenses budgétaires autorisées par la loi de finances.

Section 1 : Recettes et des Dépenses budgétaires de l'Etat

Article 8 : Les recettes budgétaires de l'Etat comprennent :

- les impôts, les taxes ainsi que le produit des amendes ;
- les rémunérations des services rendus et redevances ;
- les fonds de concours, dons et legs ;
- les revenus des domaines et des participations financières ;
- les produits divers.

Article 9 : L'autorisation de percevoir les impôts est annuelle. Le rendement des impôts dont le produit est affecté à l'Etat est évalué par les lois de finances.

Les taxes parafiscales perçues dans un intérêt économique ou social au profit d'une personne morale de droit public ou privé autre que l'Etat, les collectivités décentralisées et les établissements publics administratifs, sont établies par décret pris sur rapport du ministre chargé des finances et du Ministre intéressé après avis de la Commission en charge des Affaires Economiques et Financières du Parlement.

Article 10 : Le produit des amendes, des rémunérations pour services rendus, les revenus du domaine et des participations financières, les bénéfices des entreprises publiques et le montant des produits divers sont prévus et évalués par la loi de finances de l'année.

En cours d'exercice, la rémunération des services rendus par l'Etat ne peut être établie et perçue que si elle est instituée par décret pris sur rapport du ministre en charge des finances et du Ministre intéressé.

La perception de ces rémunérations, au-delà du 31 décembre, doit être prévue par la loi de finances.

Article 11 : Les dépenses budgétaires de l'Etat comprennent les dépenses ordinaires et les dépenses en capital.

Les dépenses ordinaires sont constituées :

- des dépenses de personnel ;
- des charges financières de la dette ;
- des dépenses d'acquisitions de biens et services ;
- des dépenses de transfert courant ;
- des dépenses en atténuation de recettes.

Les dépenses en capital comprennent :

- les dépenses d'investissements exécutés par l'Etat ;
- les dépenses de transferts en capital.

Section 2 : Des ressources et des charges de trésorerie

Article 12 : Les ressources de trésorerie de l'Etat comprennent :

- les produits provenant de la cession des actifs ;
- les produits des emprunts à court, moyen et long termes ;
- les dépôts sur les comptes des correspondants ;
- les remboursements de prêts et avances.

Ces ressources de trésorerie sont évaluées et, s'agissant des emprunts à moyen et long termes, autorisées par une loi de finances.

Pour les emprunts, seul le ministre en charge du budget et des finances a compétence pour négocier et signer les conventions ou les accords relatifs à la dette de l'Etat sans préjudice des prérogatives constitutionnelles du Président de la République en la matière. Il peut, en cas de besoin, déléguer ce pouvoir.

Il est aussi le seul à pouvoir signer les conventions de garantie et aval octroyés par l'Etat à ses démembrements ou à des tiers.

La variation nette de l'encours des emprunts à moyen et long termes, qui peuvent être émis, est plafonnée annuellement par une loi de finances.

Les emprunts intérieurs à court terme sont émis par l'Etat, conformément aux autorisations générales données chaque année par les lois de finances.

Les opérations de dépôt sont faites dans les conditions prévues par les règles de la comptabilité publique.

Sauf disposition expresse d'une loi de finances, les titres d'emprunts publics sont libellés en monnaie nationale. Ils ne peuvent être utilisés ni comme moyen d'exonération fiscale ni comme moyen de paiement d'une dépense publique.

Article 13 : Les charges de trésorerie de l'Etat comprennent :

- le remboursement des produits des emprunts extérieurs à court, moyen et long termes ;
- les remboursements d'emprunts intérieurs émis ;
- les retraits sur les comptes des correspondants ;
- les prêts et avances.

Ces charges de trésorerie sont évaluées par une loi de finances.

Article 14 : Sauf dérogation accordée par décret, les organismes publics autres que l'Etat sont tenus de déposer au Trésor Public toutes leurs disponibilités.

Le Trésor Public est tenu d'assurer la liquidité de ces dépôts dans les conditions définies au moment du dépôt.

CHAPITRE III : NATURE ET PORTEE DES AUTORISATIONS BUDGETAIRES

Section 1 : Spécialisation des crédits

Article 15 : Les lois de finances répartissent les crédits budgétaires qu'elles ouvrent entre les différents ministères et institutions constitutionnelles.

Les crédits ouverts dans le cadre des programmes sont mis à la disposition des Ministres par le Ministre chargé des finances.

A l'intérieur des ministères, ces crédits sont décomposés en programmes.

Les crédits sont votés par programme.

Les crédits ouverts par les lois de finances sont regroupés par programmes à l'intérieur de missions.

Une mission comprend un ensemble de programmes concourant à une politique publique définie. Seul le Gouvernement peut créer, par décret, une mission.

Un programme regroupe les crédits destinés à mettre en œuvre une action ou un ensemble cohérent d'actions relevant d'une politique publique clairement définie dans une perspective de moyen terme.

Les crédits de chaque programme sont décomposés selon leur nature en crédits de :

- personnel ;
- biens et services ;
- investissements ;
- transferts.

Un programme peut regrouper tout ou partie des crédits d'une direction, d'un service, d'un ensemble de directions ou de services d'un même ministère.

A ces programmes sont associés des objectifs précis, définis en fonction de finalités d'intérêt général et des résultats attendus.

Ces résultats, mesurés notamment par des indicateurs de performance, font l'objet d'évaluations régulières et donnent lieu à un rapport de performance élaboré en fin d'exercice par les ministères et par les institutions constitutionnelles concernés.

Article 16 : Les responsables de programme sont nommés par décret sur proposition du ministre sectoriel dont ils relèvent. L'acte de nomination précise, le cas échéant, les conditions dans lesquelles les compétences d'ordonnateur leur sont déléguées, ainsi que les modalités de gestion du programme.

Article 17 : Les crédits budgétaires non répartis en programmes sont répartis en dotations.

Chaque dotation regroupe un ensemble de crédits globalisés destinés à couvrir des dépenses spécifiques auxquelles ne peuvent être directement associés des objectifs de politiques publiques ou des critères de performance.

Font l'objet de dotations :

- les crédits destinés aux pouvoirs publics pour chacune des institutions Constitutionnelles. Les crédits de la dotation de chaque institution constitutionnelle couvrent les dépenses de personnel, de biens et services, de transfert et d'investissement directement nécessaires à l'exercice de ses fonctions constitutionnelles ;
- les crédits globaux pour des dépenses accidentelles et imprévisibles ;

- les crédits destinés à couvrir les défauts de remboursement ou appels en garantie intervenus sur les comptes d'avances, de prêts, d'avals et de garanties ;
- les charges financières de la dette de l'Etat.

Toutefois, les institutions qui gèrent des programmes opérationnels sont assujetties aux règles de gestion des programmes. Elles font l'objet d'évaluations régulières et donnent lieu à un rapport de performance élaboré en fin d'exercice.

Article 18 : Les crédits répartis en programme ou en dotation et décomposés par nature conformément aux dispositions des articles 15 et 17 de la présente loi organique constituent des plafonds de dépense qui s'imposent dans l'exécution de la loi de finances aux ordonnateurs de crédits ainsi qu'aux comptables.

Article19 : Le budget général, les budgets annexes et les comptes spéciaux du Trésor sont présentés selon les classifications fonctionnelles, par programme, administrative et économique.

La nomenclature budgétaire est construite dans le respect des articles 8, 15, 16, 18 et 19 alinéa 1 de la présente loi organique.

Article 20 : Les crédits ouverts par les lois de finances sont constitués :

- de crédits de paiement, pour les dépenses de personnel, les acquisitions de biens et services et les dépenses de transfert ;
- d'autorisations d'engagement et de crédits de paiement, pour les dépenses d'investissement et les contrats de partenariats publics-privés.

Les crédits de paiement constituent la limite supérieure des dépenses pouvant être ordonnancées ou payées en cours d'exercice.

Les autorisations d'engagement constituent la limite supérieure des dépenses pouvant être juridiquement engagées en cours d'exercice pour la réalisation des investissements prévus par la loi de finances.

Pour les opérations d'investissement, l'autorisation d'engagement couvre un ensemble de tranches opérationnelles annuelles destiné à être exécuté sur une période pluriannuelle à horizon glissant.

Pour une opération d'investissement directement exécutée par l'Etat, l'autorisation d'engagement couvre une tranche constituant une unité individualisée formant un ensemble cohérent et de nature à être mise en service sans adjonction.

Pour les contrats de partenariats publics-privés, par lesquels l'Etat confie à un tiers le financement, la réalisation, la maintenance ou l'exploitation d'opérations d'investissements d'intérêt public, les autorisations d'engagement couvrent, dès l'année où les contrats sont conclus, la totalité de l'engagement juridique.

Article 21 : Toutes les autorisations d'engagement et tous les crédits de paiement, ainsi que les plafonds d'autorisations d'emplois rémunérés par l'Etat, sont limitatifs.

Les autorisations d'engagement et les crédits de paiement sont ouverts à titre indicatif à l'intérieur d'un même programme.

Il est interdit de transférer des crédits d'investissement au fonctionnement.

Les créations et transformations d'emplois sont prévues par une loi de finances.

Par exception, des transformations d'emplois peuvent être opérées par décret pris en Conseil des ministres.

Ces transformations d'emplois, les recrutements, les avancements et les modifications de rémunérations ne peuvent être décidés s'ils sont de nature à provoquer un dépassement des crédits de paiement annuels préalablement ouverts.

Si ces transformations ont une incidence sur la loi de finances initiale, elles doivent être approuvées par une loi de finances rectificative ou, à défaut, par la loi de règlement.

Sauf dispositions spéciales d'une loi de finances prévoyant un engagement par anticipation sur les crédits de l'année suivante, les dépenses sur crédits limitatifs ne peuvent être engagées et ordonnancées que dans la limite des crédits ouverts.

Par exception aux dispositions de l'alinéa précédent du présent article, les crédits relatifs aux charges financières de l'Etat sont évaluatifs. Ces crédits évaluatifs s'imputent, au besoin, au-delà de la dotation qui les concerne.

Section 2 : Modification budgétaire

Article 22 : Des transferts et des virements de crédits peuvent, en cours d'exercice, modifier la répartition des crédits budgétaires entre programmes ou entre dotations ou même à l'intérieur d'un même programme ou d'une même dotation.

Les transferts de crédits modifient la répartition des crédits budgétaires entre programmes de ministères distincts ou entre dotations d'institutions distinctes. Ils sont autorisés par décret pris en Conseil des Ministres sur rapport conjoint du ministre en charge des finances et des ministres ou des présidents d'institutions concernés.

Les virements de crédits modifient la répartition des crédits budgétaires entre programmes d'un même ministère. S'ils ne changent pas la nature de la dépense, ils sont pris par arrêté interministériel du ministre intéressé et du ministre en charge des finances. Dans le cas contraire, ils sont autorisés par décret sur rapport conjoint du ministre chargé des finances et du ministre concerné.

Article 23 : A l'intérieur d'une même dotation, les ordonnateurs peuvent, en cours d'exécution, modifier la nature des crédits pour les utiliser, s'ils sont libres d'emploi dans les cas ci-après :

- les crédits de personnel pour majorer les crédits de biens et services, de transfert ou d'investissement ;
- les crédits de biens et services pour majorer les crédits d'investissement.

Le montant annuel cumulé des virements et transferts affectant un programme ne peut dépasser dix pour cent des crédits votés de ce programme ou de cette dotation.

Si en cours d'exercice, un programme laissant apparaître des crédits disponibles et sans objet venait à être achevé, les crédits disponibles sur ce programme peuvent être virés à un autre programme du même ministère. Cette opération est autorisée par arrêté conjoint du ministre chargé des finances et du ministre concerné.

Article 24 : La répartition par programme des crédits globaux pour des dépenses accidentelles et imprévisibles est autorisée par décret. Aucune dépense ne peut être directement imputée sur ces crédits globaux avant cette répartition.

Article 25 : En cas d'urgence, des décrets d'avance, pris après information de la Commission en charge des finances du Parlement, peuvent ouvrir des crédits supplémentaires sans affecter l'équilibre budgétaire défini par la loi de finances. A cette fin, les décrets d'avance procèdent à l'annulation de crédits ou constatent des recettes supplémentaires de même montant. Le montant cumulé des crédits ainsi ouverts ne peut excéder 1% des crédits ouverts par la loi de finances de l'année.

En cas d'urgence et de nécessité impérieuse d'intérêt national, des crédits supplémentaires peuvent être ouverts par décret d'avance pris en conseil des ministres. Le Parlement en est immédiatement informé.

Dans les deux cas, un projet de loi de finances portant ratification de ces crédits est déposé immédiatement ou à l'ouverture de la plus proche session du Parlement.

Article 26 : Sous réserve des dispositions concernant les autorisations d'engagement, les crédits ouverts et les plafonds des autorisations d'emplois fixés au titre d'une année ne créent aucun droit au titre des années suivantes.

Les autorisations d'engagement, au sens de l'article 20 de la présente loi organique disponibles sur un programme à la fin de l'année peuvent être reportées sur le même programme par décret pris en conseil des ministres, majorant à due concurrence les crédits de l'année suivante.

Les crédits de paiement ne peuvent être reportés.

Par exception, les crédits de paiement relatifs aux dépenses d'investissement disponibles sur un programme à la fin de l'année peuvent être reportés sur le même programme dans la mesure où les reports de crédits retenus n'affectent pas l'équilibre budgétaire tel que défini à l'article 44 de la présente loi organique.

Les reports s'effectuent par décret pris en conseil des ministres, en majoration des crédits de paiement pour les investissements de l'année suivante, sous réserve de la disponibilité des financements correspondants.

Ce décret, qui ne peut être pris qu'après clôture des comptes de l'exercice précédent, à la fin de la période complémentaire, est consécutif à un rapport du ministre chargé des finances. Ce rapport évalue et justifie les ressources permettant de couvrir le financement des reports, sans dégradation du solde du budget autorisé de l'année en cours.

Article 27 : Des crédits budgétaires peuvent être annulés, par arrêté du ministre en charge des finances en vertu de son pouvoir de régulation, après information du ministre sectoriel, lorsqu'ils sont devenus sans objet ou pour prévenir une détérioration des équilibres budgétaire et financier de la loi de finances.

Article 28 : Les décrets et arrêtés relatifs aux mouvements de crédits prévus aux articles 22 à 26 de la présente loi organique et qui affectent la spécialisation des crédits, sont transmis, dès leur signature, au Parlement pour ratification dans la plus prochaine loi de finances relative à l'exercice concerné et à la juridiction financière pour information.

CHAPITRE IV : AFFECTATIONS BUDGETAIRES

Article 29 : Le budget de l'Etat comprend :

- le budget général ;
- les budgets annexes ;
- les comptes spéciaux du Trésor.

Section 1 : Budget général

Article 30 : Sous réserve des dispositions concernant les budgets annexes et les comptes spéciaux du Trésor, les recettes et les dépenses budgétaires de l'Etat sont retracées, sous forme de recettes et de dépenses, dans le budget général.

Article 31 : Il est fait recette du montant intégral des produits, sans contraction entre les recettes et les dépenses. L'ensemble des recettes assurant l'exécution de l'ensemble des dépenses, toutes les dépenses et toutes les recettes sont imputées au budget général.

Article 32 : Par dérogation aux dispositions de l'article 31 de la présente loi organique, des procédures particulières peuvent permettre d'assurer une affectation au sein du budget général.

Ces procédures sont celles des fonds de concours et des rétablissements de crédits.

Les fonds de concours sont constitués par :

- des contributions volontaires versées par des personnes morales ou physiques, et notamment par les partenaires techniques et financiers, pour concourir avec ceux de l'Etat à des dépenses d'intérêt public ;
- des legs et des donations attribués à l'Etat.

Les fonds de concours sont portés en recettes au budget général et un crédit supplémentaire de même montant est ouvert sur le programme concerné par arrêté du ministre en charge des finances. L'emploi des fonds de concours doit être conforme à l'intention de la partie versante ou du donateur.

Les rétablissements de crédits sont constitués par :

- les recettes provenant de la restitution au Trésor public de sommes payées indûment ou à titre provisoire sur crédits budgétaires ;
- les recettes provenant de cessions ayant donné lieu à un paiement sur crédits budgétaires.

Section 2 : Budgets annexes

Article 33 : Les opérations financières des services de l'Etat que la loi n'a pas dotés de la personnalité morale et dont l'activité tend essentiellement à produire des biens ou à rendre des services donnant lieu au paiement de prix peuvent faire l'objet de budgets annexes.

La création d'un budget annexe et sa suppression ainsi que l'affectation d'une recette à celui-ci sont décidées par une loi de finances initiale ou rectificative.

Un budget annexe constitue un programme au sein d'une même mission. Chaque budget annexe est rattaché à un ministère.

Article 34 : Les budgets annexes comprennent, d'une part, les recettes et les dépenses d'exploitation, d'autre part, les dépenses d'investissement et les recettes spéciales affectées à ces dépenses.

Les opérations des budgets annexes s'exécutent dans les mêmes conditions que les opérations du budget général. Les dépenses d'exploitation suivent les mêmes règles que les dépenses ordinaires tandis que les dépenses d'investissement suivent les mêmes règles que les dépenses en capital.

Ces opérations donnent lieu à l'établissement d'une balance des comptes, accompagnée d'un bilan patrimonial.

Les emplois des agents publics rémunérés sur chaque budget annexe sont plafonnés par une loi de finances.

Toutefois, les crédits limitatifs se rapportant aux dépenses d'exploitation et d'investissement peuvent être majorés, non seulement dans les conditions prévues à l'article 18 de la présente loi organique mais également par arrêté du ministre en charge des finances, s'il est établi que l'équilibre financier du budget annexe tel qu'il est prévu par la dernière loi de finances n'est pas modifié et qu'il n'en résulte aucune charge supplémentaire pour les années suivantes.

Les services dotés d'un budget annexe peuvent bénéficier de subventions d'exploitation ou d'investissement inscrites en dépenses au Budget Général, en vue d'assurer l'équilibre financier de ce budget annexe.

Section 3 : Comptes spéciaux du Trésor

Article 35 : Les comptes spéciaux du Trésor ne peuvent être ouverts que par une loi de finances initiale ou rectificative pour retracer des opérations effectuées par les services de l'Etat. Ils comprennent les catégories suivantes :

- les comptes d'affectation spéciale ;
- les comptes de commerce ;

- les comptes de règlement avec les gouvernements ou d'autres organismes étrangers ;
- les comptes de prêts ;
- les comptes d'avances ;
- les comptes de garanties et d'avals.

Les comptes spéciaux du Trésor dotés de crédits constituent un programme rattaché à une mission.

A l'exception des comptes de commerce et de règlement avec les gouvernements ou autres organismes étrangers, les comptes spéciaux du Trésor ne peuvent être à découvert.

L'affectation d'une recette à un compte spécial ne peut résulter que d'une disposition d'une loi de finances initiale ou d'une loi de finances rectificative.

Article 36 : Sous réserve des règles particulières énoncées aux articles 37 à 42 de la présente loi organique, les opérations des Comptes Spéciaux du Trésor sont prévues, autorisées et exécutées dans les mêmes conditions que les opérations du Budget Général.

Sauf dérogations prévues par une loi de finances, il est interdit d'imputer directement à un compte spécial du Trésor des dépenses résultant du paiement des traitements ou indemnités à des agents de l'Etat ou d'autres organismes publics.

Sauf dispositions contraires prévues par une loi de finances, le solde de chaque compte spécial du Trésor est reporté de droit sur l'exercice suivant.

Toutefois, les profits et les pertes constatés sur toutes les catégories de comptes, à l'exception des comptes d'affectation spéciale, peuvent être imputés aux résultats de l'année.

Il est fait obligation de présenter un état détaillé des prévisions relatives aux comptes spéciaux du Trésor dotés de crédits, annexé au projet de loi de finances.

Article 37 : Les comptes d'affectation spéciale retracent des opérations qui sont financées au moyen de recettes particulières.

Une subvention du budget général de l'Etat ne peut compléter les recettes d'un compte spécial que si elle est au plus égale à dix pour cent (10%) du total des prévisions de dépenses.

Sauf dérogation expresse prévue par une loi de finances, aucun versement au profit du budget général, d'un budget annexe ou d'un compte spécial ne peut être effectué à partir d'un compte d'affectation spéciale.

Le total des dépenses engagées ou ordonnancées au titre d'un compte d'affectation spéciale ne peut excéder le total des recettes du même compte.

Si, en cours d'année, les recettes d'un compte d'affectation spéciale apparaissent supérieures aux évaluations, les crédits peuvent être majorés par arrêté du ministre en charge des finances dans la limite de cet excédent de recettes.

Chaque compte d'affectation spéciale constitue un programme au sens des articles 15 et 16 de la présente loi organique.

Article 38 : Les comptes de commerce retracent des opérations à caractère industriel et/ou commercial effectuées à titre accessoire par des services publics de l'Etat.

Les prévisions de dépenses concernant ces comptes ont un caractère évaluatif ; seul le découvert fixé annuellement pour chacun d'eux a un caractère limitatif.

Sauf dérogations expresses prévues par une loi de finances, il est interdit d'exécuter, au titre de comptes de commerce, des opérations d'investissement financier, de prêts ou d'avances, ainsi que des opérations d'emprunts.

Les résultats annuels sont établis pour chaque compte selon les règles du plan comptable de l'Etat.

Article 39 : Les comptes de règlement avec les gouvernements ou autres organismes étrangers retracent des opérations faites en application d'accords internationaux approuvés par la loi.

Les prévisions de recettes et de dépenses sur ces comptes ont un caractère évaluatif ; seul le découvert fixé annuellement pour chacun d'eux a un caractère limitatif.

Article 40 : Les comptes d'avances décrivent les avances que le ministre chargé des finances est autorisé à consentir dans la limite des crédits ouverts à cet effet.

Un compte d'avances distinct doit être ouvert pour chaque débiteur ou catégorie de débiteur.

Les avances du Trésor sont productives d'intérêt à un taux qui ne peut être inférieur au taux moyen des bons du Trésor. Sauf dispositions spéciales contenues dans une loi de finances, toute avance non remboursée à l'expiration d'un délai d'un an ou de deux ans, en cas de renouvellement, doit faire l'objet, selon les possibilités du débiteur :

- soit, d'une décision de recouvrement immédiat ou, à défaut de recouvrement, de poursuites effectives engagées dans un délai de trois mois ; les montants collectés ultérieurement dans le cadre de poursuites seront pris en compte au titre des ressources de trésorerie dans l'exercice au cours duquel elles ont été encaissées ;
- soit, d'une autorisation de consolidation sous forme de prêts du Trésor assortis d'un transfert à un compte de prêts ;
- soit, de la constatation d'une perte par un transfert immédiat, du même montant, du budget général au compte spécial.

La variation nette de l'encours des avances qui peuvent être accordées par l'Etat sur chaque compte d'avances est plafonnée annuellement par une loi de finances.

Les remboursements qui sont ultérieurement constatés sont portés en ressources de trésorerie.

A l'exception du produit du remboursement des avances préalablement consenties, tout abondement en crédits d'un compte d'avances constitue une dépense budgétaire.

L'ensemble des comptes d'avances constitue un programme au sens des articles 15 et 16 de la présente loi organique.

Les modalités d'octroi et de remboursement des avances sont précisées par des textes législatifs et réglementaires.

Article 41 : Les comptes de prêts retracent les prêts, d'une durée supérieure à deux ans mais égale ou inférieure à dix ans, consentis par l'Etat dans la limite des crédits ouverts à cet effet, soit à titre d'opérations nouvelles, soit à titre de consolidation.

Les prêts consentis sont productifs d'intérêts à un taux qui ne peut être inférieur au taux moyen des bons du Trésor.

Le montant de l'amortissement en capital des prêts de l'Etat est pris en recettes au compte de prêts intéressé.

Tout prêt non remboursé à l'échéance doit faire l'objet :

- soit, d'une décision de recouvrement immédiat ou, à défaut, de poursuites effectives engagées dans un délai de trois mois ; les montants collectés ultérieurement dans le cadre de poursuites seront pris en compte au titre des ressources de trésorerie dans l'exercice au cours duquel elles ont été encaissées ;
- soit, de la constatation d'une perte par un versement immédiat, du même montant, du budget général au compte spécial.

La variation nette de l'encours des prêts qui peuvent être accordés par l'Etat sur chaque compte de prêts est plafonnée annuellement par une loi de finances.

A l'exception du remboursement des prêts préalablement consentis, tout abondement en crédits d'un compte de prêts constitue une dépense budgétaire. L'ensemble des comptes de prêts constitue un programme au sens des articles 15 et 16 de la présente loi organique.

Article 42 : Les comptes de garanties et d'avals retracent les engagements de l'Etat résultant des garanties financières accordées par lui à une personne physique ou morale, notamment, les garanties octroyées par l'Etat pour les contrats de partenariats publics-privés visés à l'article 20 de la présente loi organique.

La dotation portant sur les crédits destinés à couvrir les défauts de remboursement ou appels en garantie intervenus sur les comptes d'avances, de prêts, d'avals et de garanties visée à l'article 17 de la présente loi organique est provisionnée au minimum à hauteur de dix pour cent (10%) des échéances annuelles dues par les bénéficiaires des garanties et avals de l'Etat.

Les bénéficiaires de ces engagements de l'Etat doivent produire annuellement au ministre en charge du budget, un état complet de leur situation financière afin de permettre à l'Etat d'ajuster ses provisions pour non-remboursement ou mise en jeu de sa garantie en-deçà ou au-delà de la provision effectuée.

La variation nette de l'encours des garanties et avals qui peuvent être accordés par l'Etat sur chaque compte de garanties et d'avals est plafonnée annuellement par une loi de finances.

Les garanties et les avals sont donnés par décret pris en Conseil des Ministres.

L'octroi des garanties est interdit pour les prêts dont les conditions sont plus onéreuses que celles de ses propres emprunts. Des cas exceptionnels sont acceptés à condition d'avoir l'avis spécifique de la structure de coordination chargée de l'endettement public et son adéquation aux politiques budgétaires et monétaires conformément au Règlement communautaire portant cadre de référence de la politique d'endettement public et de gestion de la dette publique.

L'ensemble des comptes de garanties et d'avals constitue un programme au sens des articles 15 et 16 de la présente loi organique.

TITRE-T-II : CONTENU ET PRESENTATION DES LOIS DE FINANCES

CHAPITRE 1 : LOI DE FINANCES DE L'ANNEE

Article 43 : La loi de finances de l'année comprend le texte de loi proprement dit et les annexes qui l'accompagnent et qui en font partie intégrante.

Article 44 : La loi de finances de l'année comprend deux parties distinctes.

Dans la première partie, la loi de finances de l'année :

- prévoit et autorise les recettes budgétaires et les ressources de trésorerie de l'Etat ; autorise la perception des impôts affectés aux collectivités locales et aux établissements publics ;
- fixe les plafonds des dépenses du budget général et de chaque budget annexe, les plafonds des charges de chaque catégorie de comptes spéciaux du Trésor ainsi que le plafond d'autorisation des emplois rémunérés par l'Etat ;
- arrête les dispositions nécessaires à la réalisation, conformément aux lois en vigueur, des opérations d'emprunt destinées à couvrir les charges de trésorerie ;
- arrête les données générales de l'équilibre budgétaire et financier présentées dans un tableau d'équilibre faisant apparaître :
    - le solde budgétaire global résultant de la différence entre les recettes et les dépenses budgétaires telles que définies respectivement aux articles 8 et 11 de la présente loi organique ;
    - le solde budgétaire de base tel que défini par le Pacte de convergence de stabilité, de croissance et de solidarité entre les Etats membres de l'UEMOA ;
- approuve le tableau de financement récapitulant, pour la durée de l'exercice, les prévisions de ressources et de charges de trésorerie.

Dans la seconde partie, la loi de finances de l'année :

- fixe, pour le budget général, par programme et par dotation, le montant des crédits de paiement et, le cas échéant, des autorisations d'engagement ;
- détermine, par ministère et par budget annexe, le plafond des autorisations d'emplois rémunérés par l'Etat ;
- fixe, par budget annexe et par compte spécial du Trésor, le montant des crédits de paiement et, le cas échéant, des autorisations d'engagement ;
- définit les modalités de répartition des concours financiers de l'Etat aux autres administrations publiques ;
- autorise l'octroi des garanties et avals accordés par l'Etat ;
- autorise l'octroi des garanties de l'Etat et fixe leur régime. Elle autorise l'Etat à prendre en charge les dettes de tiers, à constituer tout autre engagement correspondant à reconnaissance unilatérale de dette et fixe le régime de cette prise en charge ou de cet engagement ;
- approuve les conventions financières conclues par l'Etat ;
- comporte, le cas échéant, conformément à la présente loi organique, toutes règles fondamentales relatives à l'exécution des budgets publics, à la comptabilité publique et aux responsabilités administrative, pénale et pécuniaire des agents intervenant dans la gestion des finances publiques ;
- comporte toutes dispositions relatives à l'information et au contrôle du Parlement sur la gestion des finances publiques.

Article 45 : La loi de finances de l'année est accompagnée :

- d'un rapport définissant l'équilibre économique et financier, les résultats connus et les perspectives ;
- d'un plan de trésorerie prévisionnel et mensualisé de l'exécution du budget de l'Etat ;
- du document de programmation budgétaire et économique pluriannuelle tel que défini à l'article 53 de la présente loi organique ;
- des documents de programmation pluriannuelle des dépenses tels que prévus à l'article 54 de la présente loi organique, ayant servi à la préparation des budgets des ministères ;
- d'annexes explicatives :
    1. développant pour l'année en cours et l'année considérée, par programme ou par dotation, le montant des crédits présentés par nature de dépense. Ces annexes sont accompagnées du projet annuel de performance de chaque programme qui précise :
        a) la présentation de chacune des actions et de chacun des projets prévus par le programme, des coûts associés, des objectifs poursuivis, des résultats obtenus et attendus pour les années à venir mesurés par des indicateurs de performance ;

b) la justification de l'évolution des crédits par rapport aux dépenses effectives de l'année antérieure ;
c) l'échéancier des crédits de paiement associés aux autorisations d'engagement ;
d) par catégorie d'emploi, la répartition prévisionnelle des emplois rémunérés par l'Etat et la justification des variations par rapport à la situation existante ;

2. développant, pour chaque budget annexe et chaque compte spécial, le montant des recettes et des dépenses ventilées par nature. Dans le cas des comptes de prêts et d'avances, les annexes contiennent un état de l'encours et des échéances des prêts et avances octroyés. S'agissant des budgets annexes, ces annexes explicatives sont accompagnées du projet annuel de performance de chaque programme, dans les conditions prévues au 1eralinéa ;
3. comportant un état développé des restes à payer de l'Etat établi à la date du dépôt du projet de loi de finances ;
4. comportant un état développé des restes à recouvrer ;
5. indiquant le montant, les bénéficiaires et les modalités de répartition des concours financiers accordés par l'Etat aux autres administrations publiques ;
6. contenant un état développé de l'encours et des échéances de service de la dette de l'Etat et de la stratégie d'endettement public avec les indications minimales suivantes :
   - la justification de l'emprunt ;
   - les plafonds d'endettement et de garantie ;
   - la structure de portefeuille des nouveaux emprunts ;
   - les termes indicatifs des nouveaux emprunts ;
7. indiquant la soutenabilité de la dette publique pour les quinze années à venir conformément au règlement portant cadre de référence de l'endettement public et de gestion de la dette publique ;
8. présentant les tableaux suivants :
   a. un tableau des recettes ;
   b. un tableau matriciel croisé de classifications fonctionnelle et économique ;
   c. un tableau matriciel croisé de classifications administrative et fonctionnelle ;
   d. un tableau matriciel croisé de classifications administrative et économique ;
   e. le tableau récapitulatif des missions et des programmes par ministère.

CHAPITRE II : LOIS DE FINANCES RECTIFICATIVES

Article 46 : Sous réserve des exceptions prévues par la présente loi organique, seules les lois de finances rectificatives peuvent, en cours d'année, modifier les dispositions de la loi de finances de l'année, conformément aux dispositions de l'article 47 de la présente loi.

Le cas échéant, elles ratifient les modifications apportées par décret d'avance aux crédits ouverts par la dernière loi de finances.

Les lois de finances rectificatives sont présentées en partie ou en totalité dans les mêmes formes que la loi de finances de l'année. Les dispositions de l'article 57 leur sont applicables.

Les lois de finances rectificatives sont accompagnées :

- d'une annexe décrivant l'évolution de la conjoncture économique depuis le début de l'exercice et son impact sur les recettes et les dépenses ;
- d'une annexe récapitulant l'ensemble des mouvements de crédits et mesures de régulations intervenues au cours de l'exercice ;
- d'un tableau récapitulatif de l'exécution du budget de l'Etat, par programme, dotation, budget annexe et compte spécial, indiquant également les prévisions de dépenses pour la fin de l'exercice.

Article 47 : En cours d'exercice, un projet de loi de finances rectificative doit être déposé par le Gouvernement :

- si les grandes lignes de l'équilibre budgétaire et financier définies par la loi de finances de l'année se trouvent bouleversées, notamment par l'intervention de décrets d'avances ou d'arrêtés d'annulation de crédits ;
- si les recettes constatées dépassent sensiblement les prévisions de la loi de finances de l'année ;
- s'il y a intervention de mesures législatives ou réglementaires affectant de manière substantielle l'exécution du budget.

Article 48 : L'affectation totale ou partielle, à une autre personne morale d'une ressource préalablement établie au profit de l'Etat, ne peut résulter que d'une disposition de la loi de finances.

CHAPITRE :_III : LOI DE REGLEMENT

Article 49 : La loi de règlement d'un exercice :

- constate le montant définitif des encaissements de recettes et des ordonnancements de dépenses du budget de l'Etat ainsi que le résultat budgétaire qui en découle ;
- arrête le montant définitif des recettes et des dépenses du budget auquel elles se rapportent, ainsi que le résultat budgétaire qui en découle ;

- approuve le compte de résultat de l'exercice, établi à partir des ressources et des charges constatées dans les conditions prévues à l'article 57 ;
- affecte au bilan, le résultat comptable de l'exercice ;
- approuve le bilan après affectation, ainsi que ses annexes.

Le cas échéant, la loi de règlement :
- ratifie les modifications apportées par décrets d'avance aux crédits ouverts depuis la dernière loi de finances ;
- ouvre, pour chaque programme, les crédits nécessaires pour régulariser les dépassements constatés résultant des circonstances de force majeure dûment justifiées et procède à l'annulation des crédits n'ayant été ni consommés ni reportés ;
- majore, pour chaque compte spécial concerné, le montant du découvert autorisé au niveau du découvert constaté ;
- arrête les soldes des comptes spéciaux non reportés sur l'exercice suivant ;
- apure les profits et pertes survenus sur chaque compte spécial.

La loi de règlement détermine le compte de résultat de l'exercice, qui comprend :
- le déficit ou l'excédent résultant de la différence nette entre les recettes et les dépenses du budget général et des budgets annexes ;
- les profits et les pertes constatés dans l'exécution des comptes spéciaux.

Elle affecte au bilan patrimonial de l'Etat le résultat comptable de l'exercice et approuve ce bilan.

La loi de règlement peut comporter toutes autres dispositions relatives à l'information et au contrôle du Parlement sur la gestion des finances publiques.

Article 50 : La loi de règlement est accompagnée :
- des comptes et des états financiers de l'Etat issus de la comptabilité budgétaire et de la comptabilité générale de l'Etat ;
- d'annexes explicatives développant, par programme, dotation, budget annexe et comptes spéciaux du Trésor, le montant définitif des crédits ouverts, des dépenses et, le cas échéant, des recettes constatées ;
- des rapports annuels de performance par programme rendant compte de leur gestion et de leurs résultats ;
- du rapport d'audit de performance de la juridiction financière sur les programmes ;
- du rapport de la juridiction financière sur l'exécution de la loi de finances et de la déclaration générale de conformité entre les comptes des ordonnateurs et ceux des comptables publics.

Le projet de loi de finances de l'année n+1 déposé au Parlement en année (n) ne peut être discuté tant que le projet de loi de règlement de l'année n-1 n'a pas été déposé, accompagné des documents concernés.

Article 51 : Il est fait obligation aux ministères et éventuellement aux institutions gestionnaires de programme de produire, à la fin de chaque exercice, leurs rapports annuels de performance de l'exercice et de les transmettre au ministre en charge des finances au plus tard à la fin du mois de mai de l'année suivante.

Ces rapports de performance annuels doivent être transmis à la juridiction financière pour faire l'objet d'audit de performance et au Parlement pour information.

TITRE III : PROCEDURE D'ELABORATION ET VOTE DES PROJETS DE LOI DE FINANCES

CHAPITRE 1 : PROCEDURE D'ELABORATION DES LOIS DE FINANCES

Section 1 : Cadrage macroéconomique de la loi de Finances

Article 52 : Le ministre chargé des finances prépare les projets de loi de finances qui sont adoptés en conseil des ministres.

Article 53 : Le projet de loi de finances de l'année est élaboré par référence à un document de programmation budgétaire et économique pluriannuelle couvrant une période minimale de trois ans.

Sur la base d'hypothèses économiques précises et justifiées, le document de programmation budgétaire et économique pluriannuelle évalue le niveau global des recettes attendues de l'Etat, décomposées par grande catégorie d'impôts et de taxes et les dépenses budgétaires décomposées par grande catégorie de dépenses.

Le document de programmation budgétaire et économique pluriannuelle évalue également l'évolution de l'ensemble des ressources, des charges et de la dette du secteur public en détaillant en particulier les catégories d'organismes publics notamment les collectivités décentralisées, les établissements publics à caractère administratif et les organismes de protection sociale.

Il prévoit la situation financière des entreprises publiques sur la période considérée et, éventuellement, les concours que l'Etat peut leur accorder.

Il fixe enfin les objectifs d'équilibre budgétaire et financier sur le moyen terme en application des dispositions du Pacte de convergence, de stabilité, de croissance et de solidarité.

Article 54 : Les programmes s'inscrivent dans des documents de programmation pluriannuelle des dépenses par ministère, budgets annexes et comptes spéciaux cohérents avec le document de programmation budgétaire et économique pluriannuelle visé à l'article 53 de la présente loi organique. Les documents de programmation pluriannuelle des dépenses prévoient, pour une période minimale de trois ans, à titre indicatif, l'évolution des crédits et des résultats attendus sur chaque programme en fonction des objectifs poursuivis.

Article 55 : Le document de programmation budgétaire et économique pluriannuelle visé à l'article 53 de la présente loi organique, accompagné des documents de programmation pluriannuelle des dépenses visées à l'article 54 de la présente loi organique est adopté en conseil des ministres.

Ces documents sont publiés et soumis à un débat d'orientation budgétaire au Parlement au plus tard à la fin du deuxième trimestre de l'année.

Article 56 : L'équilibre économique et financier défini à l'article 45 de la présente loi organique par chaque loi de finances doit être conforme aux prescriptions du Pacte de convergence, de stabilité, de croissance et de solidarité.

Article 57 : Les prévisions de ressources et de charges de l'Etat doivent être sincères.

Elles doivent être effectuées avec réalisme et prudence, compte tenu des informations disponibles au moment où le projet de loi de finances est établi.

Section 2 : Concours financiers

Article 58 : Quelle que soit leur forme, tous les concours financiers de l'Etat aux organismes publics doivent être approuvés par une loi de finances.

Ces concours peuvent comprendre des subventions du budget général, des budgets annexes ou des comptes spéciaux du trésor, l'affectation de tout ou partie du produit d'impositions de toute nature, ou toute autre forme de contribution, subvention ou rétrocession de recettes.

Les organismes publics comprennent en particulier les collectivités décentralisées, les établissements publics à caractère administratif et les organismes de protection sociale.

Les budgets de fonctionnement de ces organismes publics doivent être équilibrés sans recours à l'emprunt.

L'Etat doit adopter des règles encadrant et plafonnant les possibilités d'emprunt des organismes publics qui ne peuvent être affectés qu'au financement de leurs investissements.

Article 59 : Tous les concours financiers à l'Etat, quelles que soient leur forme et leur source, doivent être retracés dans la loi de finances.

CHAPITRE II : VOTE DES PROJETS DE LOIS DE FINANCES

Section 1 : Vote du projet de loi de finances de l'année

Article 60 : L'Assemblée nationale est saisie du projet de loi de finances de l'année, y compris le rapport et les annexes explicatives prévus à l'article 45 de la présente loi organique, dès l'ouverture de la session budgétaire.

Le projet de loi de finances doit prévoir les recettes nécessaires à la couverture intégrale des dépenses.

L'Assemblée nationale vote le budget en équilibre.

Si l'Assemblée nationale ne s'est pas prononcée dans un délai de soixante-dix jours, le projet de loi de finances peut être mis en vigueur par ordonnance.

Le Président de la République saisit pour ratification l'Assemblée nationale, convoquée en session extraordinaire dans un délai de quinze jours.

Si l'Assemblée nationale n'a pas voté le budget à la fin de cette session extraordinaire, le budget est établi définitivement par ordonnance.

Si le projet de loi de finances n'a pu être déposé en temps utile pour être promulgué avant le début de l'exercice, le Président de la République demande d'urgence à l'Assemblée nationale, l'autorisation de reprendre le budget de l'année précédente par douzième provisoire.

Article 61 : Les Députés ont le droit d'amendement.

Les propositions et amendements déposés par les membres de l'Assemblée nationale ne sont pas recevables lorsque leur adoption aurait pour conséquence, soit une diminution des ressources publiques, soit la création ou l'aggravation d'une charge publique, à moins qu'ils ne soient accompagnés d'une proposition d'augmentation de recettes ou d'économies équivalentes.

Article 62 : La seconde partie de la loi de finances de l'année ne peut être mise en discussion devant le Parlement avant l'adoption de la première partie telle qu'énoncée à l'article 44 de la présente loi organique.

Article 63 : Les évaluations de recettes font l'objet d'un vote d'ensemble pour le budget général. Les crédits du budget général font l'objet d'un vote par programme et d'un vote par dotation. Les votes portent à la fois sur les autorisations d'engagement et les crédits de paiement.

Les plafonds des autorisations d'emplois rémunérés par l'Etat font l'objet d'un vote unique.

Les évaluations de recettes font l'objet d'un vote d'ensemble par budget annexe et par compte spécial du Trésor.

Les crédits des budgets annexes et des comptes spéciaux font l'objet d'un vote par budget annexe et par compte spécial du Trésor.

Les évaluations de ressources et de charges de trésorerie font l'objet d'un vote unique.

Article 64 : Dès la promulgation et la publication de la loi de finances ou la publication de l'ordonnance prévue à l'article 60 de la présente loi organique, le Gouvernement prend les dispositions réglementaires ou administratives portant répartition des crédits du budget général, des budgets annexes et des comptes spéciaux selon la nomenclature en vigueur.

Ces dispositions répartissent et fixent les crédits conformément aux annexes explicatives de l'article 45 de la présente loi organique, modifiées, le cas échéant, par les votes du Parlement.

Les créations, suppressions et transformations d'emplois sont dûment explicitées par les annexes.

Section : 2 : Vote du projet de loi de règlement

Article 65 : Le projet de loi de règlement et ses annexes prévus sont transmis à la juridiction financière au plus tard à la fin du premier semestre de l'année suivant celle de l'exécution du budget auquel il se rapporte.

Le projet de loi de règlement y compris les documents l'accompagnant est déposé et distribué au Parlement au plus tard fin septembre de l'année suivant celle de l'exécution du budget auquel il se rapporte.

Il est accompagné des documents prévus à l'article 50 de la présente loi organique.

Le rapport sur l'exécution des lois de finances, la déclaration générale de conformité ou la certification et, le cas échéant, l'avis de la juridiction financière sur la qualité des procédures comptables et des comptes ainsi que sur les rapports annuels de performance prévus à l'article 50 de la présente loi organique sont remis au Parlement sitôt leur adoption définitive par la juridiction financière.

Article 66 : Les opérations d'exécution du budget visées à l'article 50 doivent être appuyées des pièces justificatives prévues dans des nomenclatures établies par le ministre chargé des finances.

TITRE IV : EXECUTION DU BUDGET DE L'ETAT

CHAPITRE 1 : REGLES FONDAMENTALES REGISSANT L'EXECUTION DES DEPENSES ET DES RECETTES

Article 67 : Les opérations d'exécution du budget de l'Etat incombent aux ordonnateurs ainsi qu'aux comptables publics.

Ces opérations concernent les recettes, les dépenses, la trésorerie et la gestion du patrimoine.

Les fonctions d'ordonnateur et celles de comptable public sont incompatibles.

Les conjoints, ascendants et descendants des ordonnateurs ne peuvent être comptables des organismes publics auprès desquels lesdits ordonnateurs exercent leurs fonctions.

Article 68 : Les présidents des institutions constitutionnelles et les ministres sont ordonnateurs principaux des dotations, des crédits des programmes et des budgets annexes de leur institution ou de leur ministère.

Article 69 : Les ordonnateurs peuvent déléguer leur pouvoir à des agents publics dans les conditions déterminées par les textes réglementaires.

Ils peuvent déléguer à ces agents la gestion de tout ou partie des crédits dont ils ont la charge.

Article 70 : Le ministre chargé des finances est ordonnateur principal unique des recettes du budget général, des comptes spéciaux du Trésor et de l'ensemble des opérations de trésorerie.

Le ministre chargé des finances est ordonnateur principal des crédits, des programmes et des budgets annexes de son ministère.

Il peut déléguer son pouvoir d'ordonnateur dans les conditions définies à l'article 69 de la présente loi organique.

Article 71 : Le ministre chargé des finances est responsable de l'exécution de la loi de finances et du respect des équilibres budgétaire et financier définis par celle-ci. A ce titre, il dispose d'un pouvoir de régulation budgétaire qui lui permet, au cours de l'exécution du budget :

- d'annuler un crédit devenu sans objet au cours de l'exercice ;
- d'annuler un crédit pour prévenir une détérioration des équilibres budgétaire et financier de la loi de finances.

Le ministre chargé des finances peut subordonner l'utilisation des crédits par les ordonnateurs aux disponibilités de trésorerie de l'Etat.

Le ministre chargé des finances est responsable de la centralisation des opérations budgétaires des ordonnateurs, en vue de la reddition des comptes relatifs à l'exécution des lois de finances.

Article 72 : Des postes comptables sont créés auprès de chaque ministère et institution ou auprès de chaque groupe de ministères et groupe d'institutions.

Article 73 : Sont prescrites au profit de l'Etat ou de tout autre organisme public doté d'un comptable public, toutes créances dont le paiement n'a pas été réclamé dans un délai de quatre ans à partir du premier jour de l'année suivant celle au cours de laquelle les droits ont été acquis.

La prescription peut être interrompue dans les conditions définies par la législation en vigueur.

Les règles de prescription des créances de l'Etat ou de tout autre organisme public doté d'un comptable public, sur des particuliers ou personnes morales, notamment en ce qui concerne les conditions d'interruption et de suspension du délai de prescription, sont définies par le règlement général de la comptabilité publique.

CHAPITRE II : COMPTABILITE ET COMPTES DE L'ETAT

Article 74 : L'Etat tient une comptabilité budgétaire et une comptabilité générale.

La comptabilité budgétaire a pour objet de retracer, pour l'exercice concerné, les opérations d'exécution du budget de l'Etat en recettes et en dépenses, conformément à la nomenclature de présentation et de vote du budget.

La comptabilité générale de l'Etat a pour objet de décrire le patrimoine de l'Etat et son évolution. Elle doit être sincère et refléter une image fidèle de la situation financière de l'Etat. Elle est fondée sur le principe de la constatation des droits et obligations. Les opérations sont prises en compte au titre de l'exercice auquel elles se rattachent indépendamment de leur date de paiement ou d'encaissement.

En outre, l'Etat tient une comptabilité des matières et une comptabilité analytique destinée à analyser les coûts des différentes actions engagées dans le cadre des programmes et des dotations.

Article75 : Les comptables publics chargés de la tenue et de l'établissement des comptes de l'Etat veillent au respect des principes et des règles mentionnés dans la présente loi organique. Ils veillent également à la sincérité des enregistrements comptables et au respect des procédures.

Article 76 : Les recettes et les dépenses budgétaires sont prises en compte au titre de l'exercice au cours duquel elles sont nées.

L'encaissement de ces recettes et le paiement de ces dépenses peuvent intervenir pendant une période complémentaire à la clôture de l'exercice, dont la durée ne peut excéder un mois.

TITRE V : CONTROLE DES FINANCES PUBLIQUES

Article 77 : Les opérations d'exécution du budget de l'Etat sont soumises à un triple contrôle, administratif, juridictionnel et parlementaire, dans les conditions définies par la présente loi organique.

Le contrôle administratif est le contrôle interne de l'administration publique sur ses agents.

Le contrôle juridictionnel est exercé par la juridiction financière.

Le contrôle parlementaire est exercé par le Parlement.

Le contrôle juridictionnel et le contrôle parlementaire sont externes à l'Administration.

CHAPITRE 1 : CONTROLE ADMINISTRATIF

Article 78 : Le contrôle administratif est un contrôle *a priori* et *a posteriori* qui s'exerce sous la forme de contrôle hiérarchique ou organique par l'intermédiaire de corps et d'organes de contrôle spécialisés.

Article 79 : Le contrôle hiérarchique est exercé par un supérieur hiérarchique sur les opérations exécutées par les agents placés sous son autorité.

Article 80 : Le contrôle *a priori* sur l'exécution des lois de finances est exercé par le Contrôle financier et le Contrôle Budgétaire.

Les contrôleurs financiers relèvent du ministre chargé des finances et sont nommés à l'initiative de celui-ci et placés auprès des institutions, ministères, projets ou collectivités décentralisées.

Les contrôleurs budgétaires sont nommés par le ministre en charge des finances auprès des Etablissements Publics Nationaux. Ils sont chargés :

- du contrôle *a priori* de la régularité des dépenses de l'Etat, des actes à incidence financière et des modifications budgétaires en cours d'exercice ;
- du contrôle des dépenses de l'Etat ;
- d'une mission de conseil auprès des ordonnateurs notamment lors de la préparation budgétaire, et dans l'organisation des contrôles internes et la mise en place des systèmes de contrôle de gestion.

Dans le cadre de l'exécution des programmes liés à la gestion axée sur les résultats, des dérogations peuvent y être apportées.

Article 81 : Le contrôle interne *a posteriori* sur l'exécution des lois de finances est exercé par des corps et organes de contrôle à compétence nationale ou sectorielle.

Article 82 : Le Président de la République, le ministre chargé des finances ou les autres ministres peuvent, en outre, chacun en ce qui le concerne, charger tout expert de missions particulières d'audit.

Article 83 : Les conditions de mise en œuvre du contrôle administratif sont définies par les textes régissant les corps et organes de contrôle.

CHAPITRE II : CONTROLE JURIDICTIONNEL

Article 84 : La Juridiction financière juge les comptes des comptables publics, les gestions de fait et les fautes de gestion.

Elle contrôle les comptes et la gestion des collectivités publiques, des établissements publics, des entreprises publiques, des organismes de sécurité sociale et des organismes dans lesquels une collectivité publique a une participation majoritaire.

Elle peut exercer un contrôle sur le compte d'emploi des concours accordés par une collectivité publique, sous quelque forme que ce soit, financière ou en nature, ainsi que le compte d'emploi des ressources collectées par les organismes faisant appel à la générosité publique.

La juridiction financière contrôle également l'exécution de la loi de finances. A cet effet, elle élabore et transmet au Gouvernement un rapport annuel sur l'exécution des lois de finances et une déclaration générale de conformité entre les comptes individuels des comptables publics et les comptes généraux de l'Etat.

Dans un délai à fixer par une loi, la juridiction financière procède à la certification des comptes en lieu et place de la déclaration générale de conformité.

Elle procède à l'audit de performance des services de l'Etat et des organismes publics soumis à son contrôle.

Article 85 : Les comptes de gestion, déposés en état d'examen à la juridiction financière, doivent être jugés dans un délai de cinq (5) ans au sens de la prescription acquisitive.

En l'absence de jugement de la juridiction financière dans ce délai, le comptable public est déchargé d'office de sa gestion.

Article 86 : La juridiction financière donne son avis sur le système de contrôle interne et le dispositif de contrôle de gestion, sur la qualité des procédures comptables et des comptes ainsi que sur les rapports annuels de performance. Cet avis est accompagné de recommandations sur les améliorations souhaitables.

Sans préjudice de ses attributions propres en matière de contrôle juridictionnel et non juridictionnel telles que définies par les lois et règlements, la juridiction financière assiste le Parlement dans le contrôle de l'exécution des lois de finances.

La juridiction financière exerce un contrôle sur la gestion des administrations en charge de l'exécution des programmes et dotations.

Article 87 : Les conditions de mise en œuvre des contrôles de la juridiction financière sont définies par les textes la régissant.

CHAPITRE III : CONTROLE PARLEMENTAIRE

Article 88 : Sans préjudice des pouvoirs généraux de contrôle du Parlement, la Commission des finances veille, au cours de la gestion annuelle, à la bonne exécution des lois de finances.

A cette fin, le Gouvernement transmet trimestriellement au Parlement, à titre d'information, des rapports sur l'exécution du budget et l'application du texte de la loi de finances. Ces rapports sont mis à la disposition du public.

Les informations ou les investigations sur place que le Parlement pourrait demander ne sauraient lui être refusées.

Il peut procéder à l'audition des ministres.

Article 89 : Le Parlement peut demander à la juridiction financière la réalisation de toutes enquêtes nécessaires à son information.

Article 90 :

Le contrôle parlementaire *a posteriori* de l'exécution de la loi de finances s'exerce lors de l'examen et le vote du projet de loi de règlement.

TITRE VI : RESPONSABILITES EN MATIERE D'EXECUTION DES BUDGETS PUBLICS

CHAPITRE 1 : RESPONSABILITE DES GESTIONNAIRES DE CREDITS, DES ORDONNATEURS, DES CONTROLEURS FINANCIERS ET DES CONTROLEURS BUDGETAIRES

Article 91 : Les membres du Gouvernement et les présidents des institutions constitutionnelles, ordonnateurs de leur budget respectif, encourent, en raison de l'exercice de leurs attributions, les responsabilités que prévoit la Constitution.

Des mesures législatives, réglementaires, juridictionnelles, institutionnelles et administratives sont prises pour rendre effectives ces dispositions constitutionnelles.

Les ordonnateurs, les contrôleurs financiers et les contrôleurs budgétaires sont personnellement responsables des opérations de gestion et des contrôles dont ils ont la charge. Ils peuvent encourir une responsabilité disciplinaire, pénale et/ou civile, sans préjudice des sanctions qui peuvent leur être infligées par le juge des comptes en raison de leurs fautes de gestion dans les conditions définies par l'article 93 de la présente loi.

Article 92 : Tout fonctionnaire, tout agent de l'Etat d'un organisme public, tout représentant, administrateur ou agent d'organisme soumis à un titre quelconque au contrôle de la juridiction financière, toute personne chargée de l'exécution de la loi de finances, peut être sanctionné pour faute de gestion.

La faute de gestion est sanctionnée par une amende fixée par décret.

Article 93 : Sont considérées comme fautes de gestion :

- la violation des règles relatives à l'exécution des recettes et des dépenses de l'Etat et des autres organismes publics ;
- la violation des règles relatives à la gestion des biens appartenant à l'Etat et aux autres organismes publics ;
- l'approbation donnée à une décision violant les règles visées aux 1er et 2ème tirets du présent article par une autorité chargée de la tutelle ou du contrôle desdits organismes ;
- le fait, pour toute personne dans l'exercice de ses fonctions, d'octroyer ou de tenter d'octroyer à elle-même ou à autrui un avantage injustifié, pécuniaire ou en nature ;
- le fait d'avoir entraîné la condamnation d'une personne morale de droit public ou d'une personne de droit privé chargée de la gestion d'un service public, en raison de l'inexécution totale ou partielle ou de l'exécution tardive d'une décision de justice ;
- le fait d'avoir dans l'exercice de ses fonctions ou attributions, en méconnaissance de ses obligations, procuré ou tenté de procurer à autrui ou à soi-même, directement ou indirectement, un avantage injustifié, pécuniaire ou en nature, entrainant un préjudice pour l'Etat, ou tout autre organisme public ;
- le fait d'avoir produit, à l'appui ou à l'occasion des liquidations des dépenses, de fausses certifications ;
- le fait d'avoir omis sciemment de souscrire les déclarations qu'ils sont tenus de fournir aux administrations fiscales conformément aux lois et règlements ou d'avoir fourni sciemment des déclarations inexactes ou incomplètes.

Article 94 : Le régime des sanctions autres que disciplinaires relatif aux fautes de gestion énumérées à l'article 93 de la présente loi organique est défini par le Code Pénal.

Article 95 : La responsabilité pécuniaire d'un agent public ne peut être mise en jeu que par le ministre chargé des finances ou la juridiction financière.

Quand la responsabilité pécuniaire d'un agent public est engagée, il est constitué en débet. Le débet est l'obligation, pour l'agent public de réparer, sur ses deniers propres, le préjudice qu'il a causé à la collectivité publique.

Tout agent public dont la responsabilité pécuniaire est engagée peut obtenir remise gracieuse des sommes laissées à sa charge dans les conditions prévues par les textes réglementaires. La remise gracieuse suite à un arrêt de débet est soumise à un avis conforme de la juridiction financière.

Lorsqu'un agent commet une faute de gestion prévue à l'article 93 de la présente loi organique ou un manquement aux règles de discipline dans le domaine budgétaire ou financier, le pouvoir disciplinaire prévu par les législations sur la fonction publique est exercé par le ministre chargé des finances, quel que soit le ministère de rattachement de l'agent.

CHAPITRE II : RESPONSABILITE DES COMPTABLES PUBLICS

Article 96 : Les comptables publics patents sont personnellement et pécuniairement responsables des opérations dont ils ont la charge et des contrôles qu'ils sont tenus d'effectuer.

En cas de défaillance dans la tenue des comptes, la juridiction financière peut condamner le comptable public concerné à des sanctions prévues par le Code Pénal.

Les comptables de fait encourent les mêmes sanctions que les comptables publics patents sans préjudice des autres sanctions prévues par le Code Pénal.

Article 97 : La responsabilité pécuniaire des comptables publics se trouve engagée dès lors que l'une des situations suivantes advient :

- un déficit de caisse ou un manquant en deniers ou en valeurs a été constaté ;
- une recette n'a pas été recouvrée de son fait ;
- une dépense a été irrégulièrement payée ;
- un organisme public a dû procéder, par la faute du comptable public, à l'indemnisation d'un autre organisme public ou d'un tiers.

TITRE VII : DISPOSITIONS TRANSITOIRES ET FINALES

Article 98 : Les modalités et les délais d'application des dispositions de la présente loi organique sont précisés par des textes législatifs et réglementaires, sur les matières concernant :

- la déconcentration de la fonction d'ordonnateur principal ;
- les programmes et les dotations tels que prévus aux articles 15, 16, 17, 18 et 19 de la présente loi organique et des annexes y relatives dans les articles 45, 46 et 50 ;
- la programmation pluriannuelle des dépenses, telle que prévue à l'article 54 de la présente loi organique ;
- les tableaux matriciels croisés prévus au 8° de l'article 45 de la présente loi organique ;
- les règles et procédures découlant du principe de la constatation des droits et obligations régissant la comptabilité générale prévus à l'article 74 de la présente loi organique.

Article 99 : Toutes dispositions antérieures contraires à la présente loi sont abrogées, notamment celles de la loi organique n°59-249 du 31 décembre 1959 relative aux lois de finances, modifiée et complétée par les lois n°60-434 du 24 décembre 1960, n°67-588 du 31 décembre 1967 et n°70-214 du 24 mars 1970.

Article 100 : La présente loi sera publiée au Journal Officiel de la République de Côte d'Ivoire et exécutée comme loi de l'Etat.

Fait à Abidjan, le 05 juin 2014

Alassane OUATTARA

MALI : LOI ORANIQUE RELATIVE AUX LOIS DE FINANCES

PRESIDENCE DE LA REPUBLIQUE DU MALI

Un peuple- Un But- une Foi

SECRETARIAT GENEARL

Loi n° 2013-028 du 11 JUIL. 2013

RELATIVE AUX LOIS DE FINANCES

L'Assemblée nationale a délibéré et adopté en sa séance du 20 juin 2013

Le Président de la République promulgue la loi dont la teneur suit :

TITRE I : DISPOSITIONS GENERALES

Article 1er : La présente loi fixe les règles relatives au contenu, à la présentation, à l'élaboration, à l'adoption, à l'exécution et au contrôle des lois de finances.

Elle détermine les conditions dans lesquelles est arrêtée la politique budgétaire à moyen terme pour l'ensemble des finances publiques.

Elle énonce les principes relatifs à l'exécution des budgets publics, à la comptabilité publique et aux responsabilités des agents publics intervenant dans la gestion des finances publiques.

TITRE II : DU DOMAINE ET DE LA CLASSIFICATION DES LOIS DE FINANCES

Article 2 : Les lois de finances déterminent la nature, le montant et l'affectation des ressources et des charges de l'État, ainsi que l'équilibre budgétaire et financier qui en résulte, compte tenu de la situation économique du pays, des objectifs macro-économiques définis par le Gouvernement et des obligations du Pacte de convergence, de stabilité, de croissance et de solidarité de l'UEMOA.

Les dispositions relatives à l'assiette, au taux et aux modalités de recouvrement des impositions de toute nature, qu'elles soient perçues par l'État ou affectées à d'autres organismes publics, sont du domaine de la loi.

Article 3 : Aucune recette ne peut être liquidée ou encaissée, aucune dépense publique ne peut être engagée ou payée, si elle n'a été au préalable autorisée par une loi de finances.

Toutefois, conformément à l'article 4 alinéa 3 de la présente loi, des recettes non prévues par une loi de finances initiale peuvent être liquidées ou encaissées à conditions d'être autorisées par un décret pris en Conseil des ministres et régularisées dans la plus prochaine loi de finances.

Lorsque des dispositions d'ordre législatif ou réglementaire doivent entraîner des charges nouvelles ou des pertes de ressources, elles ne peuvent être définitivement votées ou adoptées tant que ces charges ou pertes de ressources n'aient été prévues, évaluées et soumises à l'avis conforme du ministre chargé des finances.

Article 4 : Ont le caractère de lois de finances :

- la loi de finances de l'année ;
- les lois de finances rectificatives ;
- la loi de règlement.

La loi de finances de l'année prévoit et autorise, pour chaque année civile, l'ensemble des ressources et des charges de l'État.

Les lois de finances rectificatives modifient, en cours d'année, les dispositions de la loi de finances de l'année.

La loi de règlement constate les résultats financiers de chaque année civile et rend compte de l'exécution du budget ainsi que de l'utilisation des crédits.

TITRE III : DU CONTENU DES LOIS DE FINANCES DE L'ANNEE

CHAPITRE 1er : DES RESSOURCES ET DES CHARGES DE L'ETAT

Article 5 : Les ressources et les charges de l'État sont constituées de recettes et de dépenses budgétaires, ainsi que de ressources et de charges de trésorerie.

Article 6 : La loi de finances de l'année contient le budget de l'État pour l'année civile. Le budget décrit les recettes et les dépenses budgétaires autorisées par la loi de finances.

Section 1ère : Des Recettes et des Dépenses budgétaires de l'État

Article 7 : Les recettes budgétaires de l'État comprennent :

- les impôts, les taxes ainsi que le produit des amendes ;
- les rémunérations des services rendus et redevances ;
- les fonds de concours, dons et legs ;
- les revenus des domaines et des participations financières ;
- les produits divers.

Article 8 : L'autorisation de percevoir les impôts est annuelle. Le rendement des impôts dont le produit est affecté à l'État est évalué par les lois de finances.

Les taxes parafiscales perçues dans un intérêt économique ou social au profit d'une personne morale de droit public ou privé autre que l'État, les collectivités territoriales et leurs établissements publics administratifs, sont établies par décret pris en Conseil des Ministres sur rapport du ministre chargé des finances et du Ministre intéressé.

La perception de ces taxes au-delà du 31 décembre de l'année de leur établissement est autorisée chaque année par une loi de finances.

Article 9 : La rémunération des services rendus par l'État ne peut être établie et perçue que si elle est instituée par décret pris en Conseil des Ministres sur rapport du ministre chargé des finances et du ministre intéressé.

Le produit des amendes et des rémunérations pour services rendus, les revenus du domaine et des participations financières, les bénéfices des entreprises publiques, et le montant des produits divers, sont prévus et évalués par la loi de finances de l'année.

Article 10 : Les dépenses budgétaires de l'État comprennent :

- les dépenses ordinaires ;
- les dépenses en capital.

Les dépenses ordinaires sont constituées des :

- dépenses de personnel ;
- charges financières de la dette ;
- dépenses d'acquisitions de biens et services ;
- dépenses de transfert courant ;
- dépenses en atténuation de recettes.

Les dépenses en capital comprennent :

- les dépenses d'investissements exécutés par l'État ;
- les dépenses de transferts en capital.

Article 11 : Les lois de finances répartissent les crédits budgétaires qu'elles ouvrent entre les différents ministères et institutions constitutionnelles.

A l'intérieur des ministères et des institutions constitutionnelles à l'exception du Parlement, ces crédits sont décomposés en programmes, sous réserve des dispositions de l'article 13 de la présente loi.

Un programme regroupe les crédits destinés à mettre en œuvre une action ou un ensemble cohérent d'actions représentatif d'une politique publique clairement définie dans une perspective de moyen terme.

A ces programmes sont associés des objectifs précis, arrêtés en fonction de finalités d'intérêt général, et des résultats attendus.

Ces résultats, mesurés notamment par des indicateurs de performance, font l'objet d'évaluations régulières et donnent lieu à un rapport de performance élaboré en fin de gestion par les ministères et les institutions constitutionnelles.

Un programme peut regrouper, tout ou partie des crédits d'une direction, d'un service, d'un ensemble de directions ou de services, d'un même ministère.

Les crédits de chaque programme sont décomposés selon leur nature en crédits de :

- Personnel ;
- biens et services ;
- investissement ;
- transferts.

Les crédits de personnel sont assortis, par ministère, de plafonds d'autorisation d'emplois rémunérés par l'État.

Les crédits sont spécialisés par programme.

Article 12 : Les responsables de programme sont désignés par le Ministre dont ils relèvent. Le Ministre précise, le cas échéant, les conditions dans lesquelles les compétences d'ordonnateur leur sont déléguées, ainsi que les modalités de gestion du programme, en application des articles 14, 66 et 69 de la présente loi.

Sur la base des objectifs généraux fixés par le ministre dont il relève, le responsable de programme détermine les objectifs spécifiques, affecte les moyens et contrôle les résultats des services chargés de la mise en œuvre du programme. Il s'assure du respect des dispositifs de contrôle interne et de contrôle de gestion.

Les modalités de mise en œuvre des contrôles budgétaires et comptables prévus par la présente loi, ainsi que par le décret portant règlement général sur la comptabilité publique, tiennent compte tant de la qualité et l'efficacité du contrôle interne que du contrôle de gestion de chaque programme.

Sans préjudice de leurs missions de contrôle et de vérification de la régularité des opérations financières, les corps et institutions de contrôle, ainsi que la Juridiction des comptes, contrôlent les résultats des programmes et en évaluent l'efficacité, l'économie et l'efficience.

Article 13 : Les crédits budgétaires non répartis en programmes sont répartis en dotations.

Chaque dotation regroupe un ensemble de crédits globalisés destinés à couvrir des dépenses spécifiques auxquelles ne peuvent être directement associés des objectifs de politiques publiques ou des critères de performance.

Font l'objet de dotations :

- les crédits destinés aux pouvoirs publics qui ne sont pas répartis en programmes à l'intérieur d'une institution constitutionnelle. Les crédits de la dotation de cette institution constitutionnelle couvrent les dépenses de personnel, de biens et services, de transfert et d'investissement directement nécessaires à l'exercice de ses fonctions constitutionnelles ;
- les crédits globaux pour des dépenses accidentelles et imprévisibles ;
- les crédits destinés à couvrir les défauts de remboursement ou appels en garantie intervenus sur les comptes d'avances, de prêts, d'avals et de garanties ;
- les charges financières de la dette de l'État.

Article 14 : Les crédits répartis en programme ou en dotation, et décomposés par nature conformément aux dispositions des articles 11 et 13 de la présente loi, constituent des plafonds de dépense qui s'imposent dans l'exécution de la loi de finances aux ordonnateurs de crédits, ainsi qu'aux comptables.

Toutefois, à l'intérieur d'un même programme, les ordonnateurs peuvent, en cours d'exécution, sur proposition ou après avis du responsable dudit programme, modifier la nature des crédits pour les utiliser, s'ils sont libres d'emploi, dans les cas ci-après :

- des crédits de personnel, pour majorer les crédits de biens et services, de transfert ou d'investissement ;
- des crédits de biens et services et de transfert, pour majorer les crédits d'investissement.

Ces modifications sont décidées par arrêté du ministre concerné. Il en informe le ministre chargé des finances.

Article 15 : Le budget général de l'État, les budgets annexes et les comptes spéciaux du Trésor sont présentés selon les classifications administratives, par programme, fonctionnelle et économique.

La nomenclature budgétaire est construite dans le respect des articles 7, 10, 11, 13, et 14 de la présente loi.

Article 16 : Les crédits ouverts par les lois de finances sont constitués :

- de crédits de paiement, pour les dépenses de personnel, les acquisitions de biens et de services et les dépenses de transfert ;
- d'autorisations d'engagement et de crédits de paiement, pour les dépenses d'investissement et les contrats de partenariats publics–privés.

Article 17 : Les autorisations d'engagement constituent la limite supérieure des dépenses pouvant être juridiquement engagées au cours de l'exercice pour la réalisation des investissements prévus par la loi de finances.

Pour une opération d'investissement directement exécutée par l'État, l'autorisation d'engagement couvre une tranche constituant une unité individualisée formant un ensemble cohérent et de nature à être mise en service en adjonction.

Pour les contrats de partenariats publics-privés, par lesquels l'État confie à un tiers le financement, la réalisation, la maintenance ou l'exploitation d'opérations d'investissements d'intérêt public, les autorisations d'engagement couvrent, dès l'année où les contrats sont conclus, la totalité de l'engagement juridique.

Article 18 : Les crédits de paiement constituent la limite supérieure des dépenses pouvant être ordonnancées ou payées au cours de l'exercice.

Article 19 : Toutes les autorisations d'engagement et tous les crédits de paiement, ainsi que les plafonds d'autorisation d'emplois rémunérés par l'État, sont limitatifs.

Sauf dispositions spéciales d'une loi de finances prévoyant un engagement par anticipation sur les crédits de l'année suivante, les dépenses sur crédits limitatifs ne peuvent être engagées et ordonnancées que dans la limite des crédits ouverts.

Par exception aux dispositions de l'alinéa 1er du présent article, les crédits relatifs aux charges financières de l'État sont évaluatifs. Ces crédits évaluatifs s'imputent, au besoin, au-delà de la dotation qui les concerne.

Article 20 : Des transferts et des virements de crédits peuvent, en cours d'exercice, modifier la répartition des crédits budgétaires entre programmes.

Les transferts de crédits modifient la répartition des crédits budgétaires entre programmes de ministères distincts. Ils sont autorisés par décret pris en Conseil des Ministres sur rapport conjoint du ministre chargé des finances et des ministres concernés.

Les virements de crédits modifient la répartition de crédits budgétaires entre programmes d'un même ministère. S'ils ne changent pas la nature de la dépense, selon les catégories définies à l'alinéa 7 de l'article 11 de la présente loi, ils sont pris par arrêté interministériel du ministre intéressé et du ministre chargé des finances. Dans le cas contraire, ils sont autorisés par décret du Premier ministre sur rapport conjoint du ministre chargé des finances et du ministre concerné.

Le montant annuel cumulé des virements et transferts affectant un programme ne peut dépasser dix pour cent (10%) des crédits votés de ce programme.

A l'exception des crédits globaux pour des dépenses accidentelles et imprévisibles, aucun transfert ni virement ne peut être opéré d'une dotation vers un programme.

Article 21 : La répartition par programme des crédits globaux pour des dépenses accidentelles et imprévisibles se fait par décret du Premier Ministre. Aucune dépense ne peut être directement imputée sur ces crédits globaux avant cette répartition.

Article 22 : En cas d'urgence et de nécessité impérieuse d'intérêt national, des crédits supplémentaires peuvent être ouverts par décret d'avances pris en Conseil des Ministres.

Le Parlement en est immédiatement informé et un projet de loi de finances portant ratification de ces crédits est déposé dès l'ouverture de la plus prochaine session du Parlement.

Article 23 : Sous réserve des dispositions concernant les autorisations d'engagement, les crédits ouverts et les plafonds des autorisations d'emplois fixés au titre d'une année ne créent aucun droit au titre des années suivantes.

Les autorisations d'engagement, au sens de l'article 17 de la présente loi, disponibles sur un programme à la fin de l'année, peuvent être reportées sur le même programme par décret pris en Conseil des Ministres, majorant à due concurrence les crédits de l'année suivante.

Les crédits de paiement ne peuvent être reportés. Par exception, les crédits de paiement relatifs aux dépenses d'investissement disponibles sur un programme à la fin de l'année peuvent être reportés sur le même programme, dans la mesure où les reports de crédits retenus ne dégradent pas l'équilibre budgétaire tel que défini à l'article 44 de la présente loi.

Les reports s'effectuent par décret pris en Conseil des Ministres, en majoration des crédits de paiement pour les investissements de l'année suivante, sous réserve de la disponibilité des financements correspondants.

Ce décret, qui ne peut être pris qu'après clôture des comptes de l'exercice précédent, est consécutif à un rapport du ministre chargé des finances. Ce rapport évalue et justifie les ressources permettant de couvrir le financement des reports, sans dégradation du solde du budget autorisé de l'année en cours.

Article 24 : Des crédits budgétaires peuvent être annulés par arrêté du ministre chargé des finances, après information du ministre concerné, lorsqu'ils sont devenus sans objet ou dans le cadre de la mise en œuvre du pouvoir de régulation budgétaire défini à l'article 66 de la présente loi.

Article 25 : Les arrêtés et décrets relatifs aux mouvements de crédits, prévus aux articles 20 à 24 de la présente loi, sont transmis, dès leur signature, au Parlement et à la Juridiction des comptes.

La ratification de ces mouvements est demandée au Parlement dans la plus prochaine loi de finances relative à l'exercice concerné.

Section II : Des ressources et des charges de trésorerie

Article 26 : Les ressources de trésorerie de l'État comprennent :

- les produits provenant de la cession des actifs ;
- les produits des emprunts à court, moyen et long termes ;
- les dépôts sur les comptes des correspondants ;
- les remboursements de prêts et avances.

Ces ressources de trésorerie sont évaluées et, s'agissant des emprunts à moyen et à long termes, autorisées par une loi de finances.

La variation nette de l'encours des emprunts à moyen et long termes qui peuvent être émis est plafonnée annuellement par une loi de finances.

Sauf disposition expresse d'une loi de finances, les titres d'emprunts publics émis par l'État sont libellés en monnaie nationale ; ils ne peuvent prévoir d'exonération fiscale et ne peuvent être utilisés comme moyen de paiement d'une dépense publique.

Article 27 : Les charges de trésorerie de l'État comprennent :

- le remboursement des produits des emprunts à court, moyen et long termes ;
- les retraits sur les comptes des correspondants ;
- les prêts et avances.

Ces charges de trésorerie sont évaluées par une loi de finances.

Les remboursements d'emprunts sont exécutés conformément au contrat d'émission.

Les opérations de dépôt sont faites dans les conditions prévues par les règles de comptabilité publique.

Article 28 : Sauf dérogation accordée par décret pris en Conseil des Ministres, les organismes publics autres que l'État sont tenus de déposer toutes leurs disponibilités au Trésor public.

Le Trésor public est tenu d'assurer la liquidité de ces dépôts dans les conditions définies au moment du dépôt.

Section III : Du principe de sincérité

Article 29 : Les prévisions de ressources et de charges de l'État doivent être sincères.

Elles doivent être effectuées avec réalisme et prudence, compte tenu des informations disponibles au moment où le projet de loi de finances est établi.

CHAPITRE II : DU BUDGET DE L'ETAT

Section 1ère : Du budget général

Article 30 : Sous réserve de dispositions concernant les budgets annexes et les comptes spéciaux du Trésor, les recettes et les dépenses budgétaires de l'État sont retracées, sous forme de recettes et de dépenses, dans le budget général.

Article 31 : Il est fait recette du montant intégral des produits, sans contraction entre les recettes et les dépenses. L'ensemble des recettes assurant l'exécution de l'ensemble des dépenses, toutes les dépenses et toutes les recettes sont imputées au budget général.

Article 32 : Par dérogation aux dispositions de l'article 31 de la présente loi, des procédures particulières peuvent permettre d'assurer une affectation au sein du budget général

Ces procédures sont la procédure du fonds de concours et la procédure de rétablissement de crédits.

Les fonds de concours sont constitués par :

- des contributions volontaires versées par des personnes morales ou physiques, et notamment par les bailleurs de fonds, pour concourir avec ceux de l'État à des dépenses d'intérêt public ;
- des legs et des donations attribués à l'État.

Les fonds de concours sont portés en recettes au budget général et un crédit supplémentaire de même montant ouvert sur le programme concerné par arrêté du ministre chargé des finances. L'emploi des fonds de concours doit être conforme à l'intention de la partie versante ou du donateur.

Les rétablissements de crédits sont constitués par :

- les recettes provenant de la restitution au Trésor public de sommes payées indûment ou à titre provisoire sur crédits budgétaires ;
- les recettes provenant de cessions ayant donné lieu à un paiement sur crédits budgétaires.

Section II : Des budgets annexes

Article 33 : Les opérations financières de services de l'État que la loi n'a pas dotés de la personnalité morale, et dont l'activité tend essentiellement à produire des biens ou à rendre des services donnant lieu au paiement de prix, peuvent faire l'objet de budgets annexes.

La création d'un budget annexe et sa suppression, ainsi que l'affectation d'une recette à celui-ci, décidées par une loi de finances.

Un budget annexe constitue un programme au sens de l'article 11 de la présente loi.

Toutefois, des budgets annexes visant la même finalité d'intérêt général peuvent être regroupés dans un programme spécifique.

Chaque budget annexe est rattaché à un ministère.

Article 34 : Les budgets annexes comprennent, d'une part, les recettes et les dépenses d'exploitation, d'autre part, les dépenses d'investissement et les recettes spéciales affectées à ces dépenses.

Les opérations des budgets annexes s'exécutent comme les opérations du budget général. Les dépenses d'exploitation suivent les mêmes règles que les dépenses ordinaires, tandis que les dépenses d'investissement suivent les mêmes règles que les dépenses en capital.

Les emplois des agents publics rémunérés sur chaque budget annexe sont plafonnés par une loi de finances.

Toutefois, les crédits limitatifs se rapportant aux dépenses d'exploitation et d'investissement peuvent être majorés, non seulement dans les conditions prévues à l'article 14 de la présente loi, mais également par arrêté du ministre chargé des finances, s'il est établi que l'équilibre financier du budget annexe, tel qu'il est prévu par la dernière loi de finances, n'est pas modifié et qu'il n'en résulte aucune charge supplémentaire pour les années suivantes.

Section III : Des comptes spéciaux du Trésor

Article 35 : Des comptes spéciaux du Trésor peuvent être ouverts par une loi de finances pour retracer des opérations effectuées par les services de l'État.

Les comptes spéciaux du Trésor peuvent être traités comme des programmes.

Les comptes spéciaux du Trésor comprennent les catégories suivantes :

- les comptes d'affectation spéciale ;
- les comptes de commerce ;

- les comptes de règlement avec les gouvernements ou autres organismes étrangers ;
- les comptes de prêts ;
- les comptes d'avances ;
- les comptes de garanties et d'avals.

A l'exception des comptes de commerce et de règlement avec les gouvernements ou autres organismes étrangers, les comptes spéciaux du Trésor ne peuvent être à découvert.

Article 36 : Sous réserve des règles particulières énoncées aux articles 37 à 42 de la présente loi, les opérations des comptes spéciaux du Trésor sont prévues, autorisées et exécutées dans les mêmes conditions que les opérations du budget général.

Sauf dérogations prévues par une loi de finances, il est interdit d'imputer directement à un compte spécial du Trésor des dépenses résultant du paiement des traitements ou indemnités à des agents de l'État ou d'autres organismes publics.

Sauf dispositions contraires prévues par une loi de finances, le solde de chaque compte spécial du Trésor est reporté de droit sur l'exercice suivant.

Article 37 : Les comptes d'affectation spéciale retracent des opérations qui sont financées au moyen de recettes particulières.

Une subvention du budget général de l'État ne peut compléter les recettes d'un compte spécial que si elle est au plus égale à dix pour cent (10%) du total des prévisions de dépenses.

Le total des dépenses engagées ou ordonnancées au titre d'un compte d'affectation spéciale ne peut excéder le total des recettes du même compte.

Si, en cours d'année, les recettes d'un compte d'affectation spéciale apparaissent supérieures aux évaluations, les crédits peuvent être majorés par arrêté du ministre chargé des finances dans la limite de cet excédent de recettes.

Chaque compte d'affectation spéciale constitue un programme au sens des articles 11 et 12 de la présente loi.

Article 38 : Les comptes de commerce retracent des opérations à caractère industriel ou commercial effectuées à titre accessoire par des services publics de l'État.

Les prévisions de dépenses concernant ces comptes ont un caractère évaluatif ; seul le découvert fixé annuellement pour chacun d'eux a un caractère limitatif.

Sauf dérogations expresses prévues par une loi de finances, il est interdit d'exécuter, au titre de comptes de commerce, des opérations d'investissement financier, de prêts ou d'avances, ainsi que des opérations d'emprunts.

Les résultats annuels sont établis pour chaque compte selon les règles du plan comptable de l'État.

Article 39 : Les comptes de règlement avec les gouvernements ou autres organismes étrangers retracent des opérations faites en application d'accords internationaux approuvés par la loi.

Les prévisions de recettes et de dépenses sur ces comptes ont un caractère évaluatif ; seul le découvert fixé annuellement pour chacun d'eux a un caractère limitatif.

Article 40 : Les comptes d'avances décrivent les avances que le ministre chargé des finances est autorisé à consentir dans la limite des crédits ouverts à cet effet.

Un compte d'avances distinct doit être ouvert pour chaque débiteur ou catégorie de débiteur.

Les avances du Trésor sont productives d'intérêt à un taux qui ne peut être inférieur au taux moyen des bons du Trésor. Sauf dispositions spéciales contenues dans une loi de finances, leur durée ne peut excéder un an, renouvelable une fois. Toute avance non remboursée à l'expiration du délai fixé doit faire objet :

- soit d'une décision de recouvrement immédiat ou, à défaut de recouvrement, de poursuites effectives engagées dans un délai de trois mois ;
- soit d'une autorisation de consolidation sous forme de prêts du Trésor assortis d'un transfert à un compte de prêts ;
- soit de la constatation d'une perte par un transfert immédiat, du même montant, du budget général au compte spécial.

La variation nette de l'encours des avances qui peuvent être accordées par l'État sur chaque compte d'avances est plafonnée annuellement par une loi de finances.

A l'exception du produit du remboursement des avances préalablement consenties, tout abondement en crédits d'un compte d'avances constitue une dépense budgétaire.

L'ensemble des comptes d'avances constitue un programme au sens des articles 11 et 12 de la présente loi.

Article 41 : Les comptes de prêts retracent les prêts d'une durée supérieure à deux ans, mais égale ou inférieure à dix ans, consentis par l'État dans la limite des crédits ouverts à cet effet, soit à titre d'opérations nouvelles, soit à titre de consolidation.

Les prêts consentis sont productifs d'intérêts à un taux qui ne peut être inférieur au taux moyen des bons du Trésor.

Tout prêt non remboursé à l'échéance doit faire l'objet :

- soit d'une décision de recouvrement immédiat ou, à défaut, de poursuites effectives engagées dans un délai de trois mois ;
- soit de la constatation d'une perte par un versement immédiat, du même montant, du budget général au compte spécial.

La variation nette de l'encours des prêts qui peuvent être accordés par l'État sur chaque compte de prêts est plafonnée annuellement par une loi de finances.

A l'exception du remboursement des prêts préalablement consentis, tout abondement en crédits d'un compte de prêts constitue une dépense budgétaire.

L'ensemble des comptes de prêts constitue un programme au sens des articles 11 et 12 de la présente loi.

Article 42 : Les comptes de garanties et d'avals retracent les engagements de l'État résultant des garanties financières accordées par lui à une personne physique ou morale, notamment les garanties octroyées par l'État pour les contrats de partenariats publics-privés visés à l'article 17 de la présente loi.

La dotation portant sur les crédits destinés à couvrir les défauts de remboursement ou appels en garantie intervenus sur les comptes d'avances, de prêts, d'avals et de garanties visée, à l'article 40 de la présente loi, est provisionnée au minimum à hauteur de dix pour cent (10%) des échéances annuelles dues par les bénéficiaires des garanties et avals de l'État.

La variation nette de l'encours des garanties et avals qui peuvent être accordés par l'État sur chaque compte de garanties et d'avals est plafonnée annuellement par une loi de finances.

Les garanties et les avals sont donnés par décret pris en Conseil des Ministres.

Les conditions d'octroi des garanties doivent respecter les dispositions du Règlement portant cadre de référence de la politique d'endettement public et de gestion de la dette publique dans les États des membres de l'UEMOA.

L'ensemble des comptes de garanties et d'avals constitue un programme au sens des articles 11 et 12 de la présente loi.

TITRE IV : DE LA PRESENTATION ET DES DISPOSITIONS DES LOIS DE FINANCES

CHAPITRE 1er : DE LA LOI DE FINANCES DE L'ANNEE

Article 43 : La loi de finances de l'année comprend le texte de loi proprement dit et les annexes qui l'accompagnent et qui en font partie intégrante.

Article 44 : Le texte de la loi de finances de l'année comprend deux parties distinctes.

Dans la première partie, la loi de finances de l'année :

- prévoit et autorise les recettes budgétaires et les ressources de trésorerie de l'État ;
- autorise la perception des impôts affectés aux collectivités territoriales et aux établissements publics ;
- fixe les plafonds des dépenses du budget général et de chaque budget annexe, les plafonds des charges de chaque catégorie de comptes spéciaux du Trésor, ainsi que le plafond d'autorisation des emplois rémunérés par l'État ;

- arrête les dispositions nécessaires à la réalisation, conformément aux lois en vigueur, des opérations d'emprunt destinées à couvrir les charges de trésorerie ;
- arrête les données générales de l'équilibre budgétaire et financier présentées dans un tableau d'équilibre faisant apparaître :

  a) le solde budgétaire global résultant de la différence entre les recettes et les dépenses budgétaires telles que définies respectivement aux articles 7 et 10 de la présente loi ;

  b) le solde budgétaire de base, tel que défini par le Pacte de convergence de stabilité, de croissance et de solidarité entre les États membres de l'UEMOA ;
- approuve le tableau de financement récapitulant, pour la durée de l'exercice, les prévisions de ressources et de charges de trésorerie.

Dans la seconde partie, la loi de finances de l'année :

- fixe, pour le budget général, par programme et par dotation, le montant des crédits de paiement et, le cas échéant, des autorisations d'engagement ;
- détermine, par ministère et par budget annexe, le plafond des autorisations d'emplois rémunérés par l'État ;
- fixe, par budget annexe et par compte spécial du Trésor, le montant des crédits de paiement et, le cas échéant, des autorisations d'engagement ;
- définit les modalités de répartition des concours financiers de l'État aux autres administrations publiques ;
- autorise l'octroi des garanties et avals accordés par l'État ;
- approuve les conventions financières conclues par l'État ;
- comporte, le cas échéant, toutes règles fondamentales relatives à l'exécution des budgets publics, à la comptabilité publique et aux responsabilités des agents intervenant dans la gestion des finances publiques.

Article 45 : La loi de finances de l'année est accompagnée :

- d'un rapport définissant l'équilibre économique et financier, les résultats connus et les perspectives ;
- d'un plan de trésorerie prévisionnel et mensualisé de l'exécution du budget de l'État ;
- du document de programmation budgétaire et économique pluriannuelle, tel que défini à l'article 51 de la présente loi ;
- des documents de programmation pluriannuelle des dépenses, tels que prévus à l'article 52 de la présente loi, ayant servi de base à la préparation des budgets des ministères ;
- d'annexes explicatives :

  1. développant pour l'année en cours et l'année considérée, par programme ou par dotation, le montant des crédits présentés par nature de dépense.

Ces annexes sont accompagnées du projet annuel de performance de chaque programme qui précise :

a) la présentation de chacune des actions et de chacun des projets prévus par le programme, des coûts associés, des objectifs poursuivis, des résultats obtenus et attendus pour les années à venir mesurés par des indicateurs de performance ;

b) la justification de l'évolution des crédits par rapport aux dépenses effectives de l'année antérieure ;

c) l'échéancier des crédits de paiement associés aux autorisations d'engagement ;

d) par catégorie d'emploi, la répartition prévisionnelle des emplois rémunérés par l'État et la justification des variations par rapport à la situation existante ;

2. développant, pour chaque budget annexe et chaque compte spécial, le montant des recettes et des dépenses ventilées par nature. Dans le cas des comptes de prêts et d'avances, les annexes contiennent un état de l'encours et des échéances des prêts et avances octroyés. S'agissant des budgets annexes, ces annexes explicatives sont accompagnées du projet annuel de performance de chaque programme, dans les conditions prévues au 1er alinéa ;
3. développant l'ensemble des opérations d'investissement décrites respectivement au budget général, aux budgets annexes et aux comptes spéciaux du Trésor ;
4. comportant un état développé des restes à payer de l'État, établi à la date du dépôt du projet de loi de finances ;
5. comportant un état développé des restes à recouvrer ;
6. indiquant le montant, les bénéficiaires et les modalités de répartition des concours financiers accordés par l'État aux autres administrations publiques ;
7. contenant un état développé de l'encours et des échéances du service de la dette de l'État et la stratégie d'endettement public prévue dans les dispositions du règlement relatif au cadre de référence de la politique d'endettement public et de gestion de la dette publique dans les États membres de l'UEMOA ;
8. présentant les tableaux suivants :

a) un tableau des recettes ;

b) un tableau matriciel croisé de classifications fonctionnelle et économique ;

c) un tableau matriciel croisé de classifications administrative et fonctionnelle ;

d) un tableau matriciel croisé de classifications administrative et économique ;

e) le tableau récapitulatif des programmes par ministère.

- de toute autre annexe destinée à l'information et au contrôle du Parlement.

CHAPITRE II : DES LOIS DE FINANCES RECTIFICATIVES

Article 46 : Les textes des lois de finances rectificatives sont définis conformément à l'article 4 de la présente loi.

Les lois de finances rectificatives sont accompagnées :

- d'une annexe décrivant l'évolution de la conjoncture économique depuis le début de l'exercice et son impact sur les recettes et dépenses ;
- d'une annexe récapitulant l'ensemble des mouvements de crédits et mesures de régulation intervenus au cours de l'exercice ;
- d'un tableau récapitulatif de l'exécution du budget de l'État, par programme, dotation, budget annexe et compte spécial, indiquant également les prévisions de dépenses pour la fin de l'exercice.

Article 47 : En cours d'exercice, un projet de loi de finances rectificative doit être déposé par le Gouvernement :

- si les grandes lignes de l'équilibre budgétaire ou financier, défini par la loi de finances de l'année, se trouvent bouleversées, notamment par l'intervention de décrets d'avances ou d'arrêtés d'annulation de crédits ;
- si les recettes constatées dépassent sensiblement les prévisions de la loi de finances de l'année ;
- s'il y a intervention de mesures législatives ou réglementaires affectant de manière substantielle l'exécution du budget.

CHAPITRE III : DE LA LOI DE REGLEMENT

Article 48 : La loi de règlement d'un exercice :

- constate le montant définitif des encaissements de recettes et des ordonnancements de dépenses. A ce titre, elle :
    - ratifie, le cas échéant, les ouvertures supplémentaires de crédits décidées par décret d'avances depuis la dernière loi de finances ;
    - régularise les dépassements de crédits constatés, résultant de circonstances de force majeure ou des reports de crédits, et procède à l'annulation des crédits non consommés ;
- rend compte de la gestion de la trésorerie de l'État et de l'application du tableau de financement de l'État ;
- arrête les comptes et les états financiers de l'État et affecte les résultats de l'année ;
- rend compte de la gestion et des résultats des programmes visés à l'article 11 de la présente loi.

Article 49 : La loi de règlement est accompagnée :

- des comptes et des états financiers de l'État issus de la comptabilité budgétaire et de la comptabilité générale de l'État ;
- d'annexes explicatives développant, par programme, dotation, budget annexe et comptes spéciaux du Trésor, le montant définitif des crédits ouverts, des dépenses et, le cas échéant, des recettes constatées ;
- des rapports annuels de performance par programme, rendant compte de leur gestion et de leurs résultats.

Article 50 : La loi de règlement est accompagnée du rapport de la Juridiction des comptes sur l'exécution de la loi de finances et de la déclaration générale de conformité entre les comptes des ordonnateurs et ceux des comptables publics.

La Juridiction des comptes donne son avis sur le système de contrôle interne et le dispositif de contrôle de gestion, sur la qualité des procédures comptables et des comptes, ainsi que sur les rapports annuels de performance. Cet avis est accompagné de recommandations sur les améliorations souhaitables.

TITRE V : DU CADRAGE MACRO ECONOMIQUE DES LOIS DE FINANCES

Article 51 : Le projet de loi de finances de l'année est élaboré par référence à un document de programmation budgétaire et économique pluriannuelle couvrant une période minimale de trois ans.

Sur la base d'hypothèses économiques précises et justifiées, le document de programmation budgétaire et économique pluriannuelle évalue le niveau global des recettes attendues de l'État, décomposées par grande catégorie d'impôts et de taxes, et les dépenses budgétaires, décomposées par grande catégorie de dépenses.

Ce document de programmation budgétaire et économique pluriannuelle évalue également l'évolution de l'ensemble des ressources, des charges et de la dette du secteur public, en détaillant en particulier les catégories d'organismes publics visées à l'article 54 de la présente loi.

Il prévoit la situation financière des entreprises publiques sur la période considérée et, éventuellement, les concours que l'État peut leur accorder.

Il fixe enfin les objectifs d'équilibre budgétaire et financier sur le moyen terme en application des dispositions du Pacte de convergence, de stabilité, de croissance et de solidarité de l'UEMOA.

Article 52 : Les programmes s'inscrivent dans des documents de programmation pluriannuelle des dépenses par ministères, budgets annexes et comptes spéciaux, cohérents avec le document de programmation budgétaire et économique pluriannuelle visé à l'article 51 de la présente loi. Les documents de programmation pluriannuelle des dépenses prévoient, pour une période minimale de trois ans, à titre indicatif, l'évolution des crédits et des résultats attendus sur chaque programme en fonction des objectifs poursuivis.

Article 53 : L'équilibre budgétaire et financier, défini à l'article 44 de la présente loi par chaque loi de finances, doit être conforme aux prescriptions du Pacte de convergence, de stabilité, de croissance et de solidarité de l'UEMOA.

Article 54 : Quelle que soit leur forme, tous les concours financiers de l'État aux organismes publics doivent être approuvés par une loi de finances.

Ces concours peuvent comprendre des subventions du budget général, des budgets annexes ou des comptes spéciaux, l'affectation de tout ou partie du produit d'impositions de toute nature, ou toute autre forme de contribution, subvention ou rétrocession de recettes.

Les organismes publics comprennent en particulier les collectivités territoriales, les établissements publics à caractère administratif, les établissements publics à caractère scientifique, technologique ou culturel, les établissements publics hospitaliers, et les organismes de protection sociale.

Les budgets de fonctionnement de ces organismes publics doivent être équilibrés sans recours à l'emprunt.

Des règles encadrant et plafonnant les possibilités d'emprunt des organismes publics, qui ne peuvent être affectés qu'au financement de leurs investissements, doivent être adoptées.

TITRE VI : DE LA PROCEDURE D'ELABORATION ET DE VOTE

CHAPITRE 1er : DE LA PREPARATION DES PROJETS DE LOIS DE FINANCES

Article 55 : Le ministre chargé des finances prépare les projets de lois de finances qui sont adoptés en Conseil des Ministres.

Article 56 : Le document de programmation budgétaire et économique pluriannuelle, visé à l'article 51 de la présente loi, éventuellement accompagné des documents de programmation pluriannuelle des dépenses, visés à l'article 52 de la présente loi, est adopté en Conseil des Ministres. Les documents adoptés en conseil des ministres sont publiés et soumis à un débat d'orientation budgétaire au Parlement au plus tard à la fin du deuxième trimestre de l'année.

CHAPITRE II : DU VOTE DES PROJETS DE LOIS DE FINANCES

Section 1ère : Du vote du projet de loi de finances de l'année.

Article 57 : Le projet de loi de finances de l'année, y compris le rapport et les annexes explicatives prévus à l'article 45 de la présente loi, est déposé sur le bureau du Parlement au plus tard le jour de l'ouverture de la session ordinaire précédant la période budgétaire.

Lorsque le projet de loi de finances a été déposé dans les délais sur le bureau du Parlement, il doit être adopté au plus tard à la date de clôture de cette session ordinaire précédant la période budgétaire.

Si le Parlement ne s'est pas prononcé avant l'ouverture de la période budgétaire, ou s'il ne vote pas le budget, le Gouvernement renvoie le projet de budget dans les quinze jours au Parlement, convoqué à cet effet en session extraordinaire. Le Parlement doit alors statuer dans les huit jours. Si cette délibération n'a pas abouti au vote du budget, celui-ci est établi d'office, par ordonnance, par le Gouvernement, sur la base des recettes de l'exercice précédent et après avis de la Cour suprême.

Dans la mesure où, compte tenu de la procédure prévue à l'alinéa précédent, le projet de loi de finances n'a pu être voté avant le début de l'année financière, le Gouvernement est autorisé à continuer de percevoir les impôts et à reprendre en dépenses le budget de l'année précédente par douzièmes provisoires.

Article 58 : Aucun article additionnel, aucun amendement à un projet de loi de finances, ne peut être proposé par le Parlement, sauf s'il tend à supprimer ou à réduire effectivement une dépense, à créer ou à accroitre une recette. De même, le Parlement ne peut proposer ni la création ni la suppression d'un programme, d'un budget annexe ou d'un compte spécial du Trésor.

Tout article additionnel et tout amendement doit être motivé et accompagné des développements des moyens qui le justifient. La disjonction d'articles additionnels ou d'amendements qui contreviennent aux dispositions du présent article ou à l'objet des lois de finances défini à l'article 2 de la présente loi est de droit.

Article 59 : La seconde partie de la loi de finances de l'année ne peut être mise en discussion devant le Parlement avant l'adoption de la première partie.

Article 60 : Les évaluations de recettes font l'objet d'un vote d'ensemble pour le budget général.

Les crédits du budget général font l'objet d'un vote par programme et d'un vote par dotation.

Toutefois, au cas où le Parlement en décide, les crédits budget général peuvent également faire l'objet d'un vote par groupe des programmes d'un même ministère. Les votes portent à la fois sur les autorisations d'engagement et les crédits de paiement.

Les plafonds des autorisations d'emplois rémunérés par l'État font l'objet d'un vote unique.

Les évaluations de recettes font l'objet d'un vote d'ensemble par budget annexe et par compte spécial du Trésor.

Les crédits des budgets annexes et des comptes spéciaux font l'objet d'un vote par budget annexe et par compte spécial du Trésor.

Les évaluations de ressources et de charges de trésorerie font l'objet d'un vote unique.

Article 61 : Dès la promulgation de la loi des finances de l'année, le Gouvernement prend les dispositions réglementaires portant répartition des crédits du budget général, des budgets annexes et des comptes spéciaux, selon la nomenclature en vigueur.

Section II : Du Vote du projet de loi de règlement

Article 62 : Le projet de loi de règlement est déposé sur le bureau du Parlement et distribué au plus tard le jour de l'ouverture de la session ordinaire précédant la période budgétaire de l'année suivant celle de l'exécution du budget auquel il se rapporte.

Il est accompagné des documents prévus à l'article 50 de la présente loi.

Le rapport sur l'exécution des lois de finances, la déclaration générale de conformité et, le cas échéant, l'avis de la Juridiction des comptes sur la qualité des procédures comptables et des comptes, ainsi que sur les rapports annuels de performance prévus à l'article 50 de la présente loi, sont remis au Parlement sitôt leur adoption définitive par la Juridiction des comptes.

TITRE VII : DES REGLES FONDAMENTALES DE MISE EN ŒUVRE DES BUDGETS PUBLICS

CHAPITRE 1er : DES REGLES FONDAMENTALES REGISSANT L'EXECUTION DES DEPENSES ET DES RECETTES

Article 63 : Les opérations d'exécution du budget de l'État incombent aux ordonnateurs et aux comptables publics.

Les fonctions d'ordonnateur et celles de comptable public sont incompatibles.

Article 64 : Les ordonnateurs peuvent déléguer leur pouvoir à des agents publics, conformément à la règlementation en vigueur.

Ils peuvent déléguer à ces agents la gestion de tout ou partie des crédits dont ils ont la charge.

Article 65 : Le ministre chargé des finances est ordonnateur principal unique des recettes du budget général, des comptes spéciaux du Trésor et de l'ensemble des opérations de trésorerie.

Le ministre chargé des finances est ordonnateur principal des crédits, des programmes et des budgets annexes de son ministère.

Il peut déléguer son pouvoir d'ordonnateur dans les conditions définies à l'article 64 de la présente loi.

Article 66 : Le ministre chargé des finances est responsable de l'exécution de la loi de finances et du respect des équilibres budgétaire et financier définis par celle-ci. A ce titre, il dispose d'un pouvoir de régulation budgétaire qui lui permet, au cours de l'exécution du budget :

- d'annuler un crédit devenu sans objet au cours de l'exercice ;
- d'annuler un crédit pour prévenir une détérioration des équilibres budgétaire et financier de la loi de finances.

En outre, le ministre chargé des finances peut subordonner l'utilisation des crédits par les ordonnateurs aux disponibilités de trésorerie de l'État.

Article 67 : Les ministres et les présidents des institutions constitutionnelles sont ordonnateurs principaux des crédits, des programmes et des budgets annexes de leur ministère ou de leur institution. Ils peuvent déléguer leur pouvoir d'ordonnateur dans les conditions définies à l'article 64 de la présente loi.

Le ministre chargé des finances est responsable de la centralisation des opérations budgétaires des ordonnateurs, en vue de la reddition des comptes relatifs à l'exécution des lois de finances.

Article 68 : Les contrôleurs financiers relèvent du ministre chargé des finances et sont nommés par celui-ci ou à son initiative auprès des ordonnateurs. Ils sont chargés des contrôles *a priori* des opérations budgétaires.

Ils peuvent donner des avis sur la qualité de la gestion des ordonnateurs et sur la performance des programmes.

Article 69 : Sont prescrites au profit de l'État ou de tout autre organisme public doté d'un comptable public, toutes créances dont le paiement n'a pas été réclamé dans un délai de quatre ans à partir du premier jour de l'année suivant celle au cours de laquelle les droits ont été acquis.

La prescription peut être interrompue dans les conditions définies par la réglementation en vigueur.

Les règles de prescription des créances de l'État ou de tout autre organisme public doté d'un comptable public, sur des particuliers ou personnes morales, sont définies conformément à la législation en vigueur.

Quelle que soit leur nature, les actifs de l'État ou de tout autre organisme public doté d'un comptable public sont insaisissables.

CHAPITRE II : DE LA COMPTABILITE ET DES COMPTES DE L'ETAT

Article 70 : L'État tient :

- une comptabilité budgétaire ;
- une comptabilité générale.

Article 71 : La comptabilité budgétaire a pour objet de retracer, pour l'exercice concerné, les opérations d'exécution du budget de l'État en recettes et en dépenses, conformément à la nomenclature de présentation et de vote du budget.

La comptabilité générale de l'État a pour objet de décrire le patrimoine de l'État et son évolution. Elle doit être sincère et refléter une image fidèle de la situation financière de l'État.

Elle est fondée sur le principe de la constatation des droits et obligations. Les opérations sont prises en compte au titre de l'exercice auquel elles se rattachent, indépendamment de leur date de paiement ou d'encaissement.

La comptabilité générale de l'État s'appuie sur la comptabilité des matières.

Article 72 : Les ressources et les charges de trésorerie de l'État sont imputées à des comptes de trésorerie par opération lors de leur encaissement et paiement.

TITRE VIII : DU CONTROLE PARLEMENTAIRE ET JURIDICTIONNEL

Article 73 : Sans préjudice des pouvoirs généraux de contrôle du Parlement, les commissions chargées des finances veillent, au cours de la gestion annuelle, à la bonne exécution des lois de finances.

A cette fin, le Gouvernement transmet trimestriellement au Parlement, à titre d'information, des rapports sur l'exécution du budget et l'application du texte de la loi de finances. Ces rapports sont mis à la disposition du public.

Les informations ou les investigations sur place que le Parlement pourrait demander ne sauraient lui être refusées.

Il peut procéder à l'audition des ministres, seuls responsables devant le Parlement de la mise en œuvre des programmes, le parlement peut, s'il juge opportun, auditionner tout responsable de programme à des fins d'information.

Article 74 : La Juridiction des comptes juge les comptes des comptables publics.

Sans préjudice de ses attributions propres en matière de contrôle juridictionnel et non juridictionnel telles que définies par la législation en vigueur, la Juridiction des comptes assiste le Parlement dans le contrôle de l'exécution des lois de finances.

La Juridiction des comptes exerce un contrôle sur la gestion des administrations en charge de l'exécution des programmes et dotations. Elle émet un avis sur les rapports annuels de performance.

Le Parlement peut demander à la Juridiction des comptes la réalisation de toutes enquêtes nécessaires à son information.

Les comptes de gestion, déposés en état d'examen à la Juridiction des comptes, doivent être jugés dans un délai de cinq ans.

En l'absence de jugement de la Juridiction des comptes dans ce délai, le comptable public est déchargé d'office de sa gestion.

TITRE IX : DES RESPONSABILITES EN MATIERE D'EXECUTION DES BUDGETS PUBLICS

Article 75 : Les membres du Gouvernent et les présidents des institutions constitutionnelles encourent, en raison de l'exercice de leurs attributions, les responsabilités que prévoit la Constitution.

Article 76 : Sous réserve des dispositions de l'article 75 de la présente loi, les ordonnateurs de l'État et des autres organismes publics encourent une responsabilité qui peut être disciplinaire, pénale et civile, sans préjudice des sanctions qui peuvent leur être infligées par la Juridiction des comptes à raison de fautes de gestion dans les conditions définies par les articles 77 à 80 de la présente loi.

Article 77 : Toute personne appartenant au cabinet d'un membre du Gouvernement, tout fonctionnaire ou agent d'un organisme public, tout représentant, administrateur ou agent d'organismes soumis à un titre quelconque au contrôle de la Juridiction des comptes, et toute personne à qui est reproché un des faits énumérés à l'article 79 de la présente loi, peut être sanctionné pour faute de gestion.

Article 78 : Les contrôleurs financiers sont responsables aux plans disciplinaire, pénal et civil, sans préjudice des sanctions qui peuvent leur être infligées par la Juridiction des comptes, du visa qu'ils apposent sur les actes portant engagement de dépenses ou les ordonnances, mandats de paiement ou délégations de crédits.

Article 79 : Les fautes de gestion sanctionnables par la Juridiction des comptes sont constituées par :

- la violation des règles relatives à l'exécution des recettes et des dépenses de l'État et des autres organismes publics ;
- la violation des règles relatives à la gestion des biens appartenant à l'État et aux organismes publics ;
- l'approbation donnée à une décision violant les règles visées aux 1er et 2ème tirets du présent article par une autorité chargée de la tutelle ou du contrôle desdits organismes ;
- le fait, pour toute personne dans l'exercice de ses fonctions, d'octroyer ou de tenter d'octroyer à elle-même ou à autrui un avantage injustifié, pécuniaire ou en nature ;
- le fait d'avoir entrainé la condamnation d'une personne morale de droit public ou d'une personne de droit privé chargée de la gestion d'un service public, en raison de l'inexécution totale ou partielle ou l'exécution tardive d'une décision de justice ;
- le fait d'avoir dans l'exercice de ses fonctions ou attributions, en méconnaissance de ses obligations, procuré ou tenté de procurer à autrui ou à soi-même, directement ou indirectement, un avantage injustifié, pécuniaire ou en nature, entraînant un préjudice pour l'État, ou tout autre organisme public ;
- le fait d'avoir produit, à l'appui ou à l'occasion des liquidations de dépenses, des fausses certifications ;
- le fait d'avoir omis sciemment de souscrire les déclarations qu'ils sont tenus de fournir aux administrations fiscales conformément à la législation en vigueur ou d'avoir fourni sciemment des déclarations inexactes ou incomplètes.

Article 80 : Le régime des sanctions autres que disciplinaires, relatif aux fautes de gestion énumérées à l'article 79 de la présente loi, est défini par la législation en vigueur.

Article 81 : Les comptables publics patents sont personnellement et pécuniairement responsables des opérations dont ils ont la charge et des contrôles qu'ils sont tenus d'effectuer.

Les comptables de fait encourent les mêmes sanctions que les comptables publics patents.

En cas de défaillance dans la tenue des comptes, la Juridiction des comptes peut condamner le comptable public concerné à des sanctions prévues par la législation en vigueur.

Article 82 : La responsabilité pécuniaire des comptables publics se trouve engagée dès lors qu'une des situations suivantes advient :

- un déficit de caisse ou un manquant en deniers ou en valeurs a été constaté ;
- une recette n'a pas été recouvrée ;
- une dépense a été irrégulièrement payée ;
- un organisme public a dû procéder, par la faute du comptable public, à l'indemnisation d'un autre organisme public ou d'un tiers.

Article 83 : La responsabilité pécuniaire d'un agent public ne peut être mise en jeu que par le ministre chargé des finances ou la Juridiction des comptes.

Quand la responsabilité pécuniaire d'un agent public est engagée, il est constitué en débet. Le débet est l'obligation, pour l'agent public de réparer, sur ses deniers propres, le préjudice qu'il a causé à la collectivité publique.

Tout agent public dont la responsabilité pécuniaire est engagée peut obtenir remise gracieuse des sommes laissées à sa charge dans les conditions prévues par la règlementation en vigueur. La remise gracieuse suite à un arrêt de débet est soumise à un avis conforme de la Juridiction des comptes.

Lorsqu'un agent commet une faute de gestion prévue à l'article 79 de la présente loi, ou un manquement aux règles de discipline dans le domaine budgétaire ou financier, le pouvoir disciplinaire prévu par la législation en vigueur sur la fonction publique est exercé par le ministre chargé des finances, quel que soit le ministre de rattachement de l'agent.

TITRE X : DES DISPOSITIONS TRANSITOIRES ET FINALES

Article 84 : Les modalités d'application des dispositions de la présente loi sont développées dans des décrets, portant notamment Règlement Général sur la Comptabilité Publique, Nomenclature Budgétaire de l'État, Plan Comptable de l'État, et Tableau des Opérations Financières de l'État.

Article 85 : La présente loi entre en vigueur le 1er janvier 2014.

Toutefois, l'État a jusqu'au 1er janvier 2017 pour procéder à l'application intégrale des dispositions relatives :

- à la déconcentration de la fonction d'ordonnateur principal telle que prévue à l'article 67 de la présente loi ;

- aux programmes et aux dotations tels que prévus notamment aux articles 11,12, 13, 14 et 15 de la présente loi, ainsi que des annexes y relatives dans les articles 45, 46 et 49 de la présente loi ;
- à la programmation plurielle des dépenses, telle que prévue à l'article 52 de la présente loi ;
- aux tableaux matriciels croisés prévus à l'article 45 de la présente loi ;
- aux règles et procédures découlant du principe de la constatation des droits et obligations régissant la comptabilité générale, prévue à l'article 71 de la présente loi.

Pour ces dispositions, les règles prescrites par la loi n°96-060 du 4 novembre 1996 relative à la Loi de Finances et la Loi n°96-061 du 4 novembre 1996 portant Principes Fondamentaux de la Comptabilité Publique, et leurs textes modificatifs, restent applicables jusqu'à cette date.

Article 86 : Sous réserve de la disposition spécifique prévue au dernier alinéa de l'article 85 ci-dessus, la présente loi abroge et remplace toutes les dispositions antérieures contraires, notamment la Loi n°96-060 du 4 novembre 1996 relative à la Loi de Finances et la Loi n°96-061 du 4 novembre 1996 portant Principes Fondamentaux de la Comptabilité Publique, et leurs textes modificatifs.

Bamako, le 11 juillet 2013

Le Président de la République par Intérim,

Professeur Dioncounda TRAORE

NIGER : LOI ORANIQUE RELATIVE AUX LOIS DE FINANCES

REPUBLIQUE DU NIGER

Loi n° 2012-09 du 26 mars 2012, portant loi organique relative aux lois de finances

Vu la Constitution du 25 novembre 2010 ;

Vu l'arrêt n°03/12/CCT/MC du 16 janvier 2012 ;

Le Conseil des ministres entendu ;

L'Assemblée nationale a délibéré et adopté ;

Le Président de la République promulgue la loi dont la teneur suit :

TITRE PREMIER : DES DISPOSITIONS GENERALES

Article premier : La présente loi organique fixe les règles relatives au contenu, à la présentation, à l'élaboration, à l'adoption, à l'exécution et au contrôle des lois de finances.

Elle détermine les conditions dans lesquelles est arrêtée la politique budgétaire à moyen terme pour l'ensemble des finances publiques.

Elle énonce les principes relatifs à l'exécution des budgets publics, à la comptabilité publique et aux responsabilités des agents publics intervenant dans la gestion des finances publiques.

Article 2 : Les modalités d'application des dispositions de la présente loi organique sont développées dans les décrets portant règlement général sur la comptabilité publique, la nomenclature budgétaire de l'Etat, le plan comptable de l'Etat et le tableau des opérations financières de l'Etat.

TITRE II : DU DOMAINE ET DE LA CLASSIFICATION DES LOIS DE FINANCES

Article 3 : Les lois de finances déterminent la nature, le montant et l'affectation des ressources et des charges de l'Etat ainsi que l'équilibre budgétaire et financier qui en résulte, en tenant compte de la situation et des objectifs macro-économiques de l'Etat et des obligations du Pacte de convergence, de stabilité, de croissance et de solidarité.

Les dispositions relatives à l'assiette, au taux et aux modalités de recouvrement des impositions de toute nature, qu'elles soient perçues par l'Etat ou affectées à d'autres organismes publics, sont du domaine de la loi.

Sont insérées dans les lois de finances toutes les dispositions relatives à l'information et au contrôle de l'Assemblée nationale ainsi qu'aux responsabilités pécuniaires des agents publics.

Article 4 : Aucune recette ne peut être liquidée ou encaissée, aucune dépense publique ne peut être engagée ou payée si elle n'a été au préalable autorisée par une loi de finances.

Toutefois, des recettes non prévues par une loi de finances initiale peuvent être liquidées ou encaissées à condition d'être autorisées par un décret pris en Conseil des ministres et régularisées dans la plus prochaine loi de finances.

Lorsque des dispositions d'ordre législatif ou réglementaire doivent entrainer des charges nouvelles ou des pertes de ressources, aucun Projet de loi à incidence financière ne peut être définitivement voté, aucun texte réglementaire ne peut être signé tant que ces charges ou pertes de ressources n'ont pas été prévues, évaluées et soumises à l'avis conforme du ministre chargé des finances.

Article 5 : Ont caractère de loi de finances :

- la loi de finances initiale ;
- les lois de finances rectificatives ;

- la loi de règlement.

La loi de finances initiale prévoit et autorise, pour chaque année budgétaire, l'ensemble des ressources et des charges de l'Etat.

L'année budgétaire coïncide avec l'année civile. Elle commence le 1er janvier pour se terminer le 31 décembre.

Les lois de finances rectificatives modifient, en cours d'année, les dispositions de la loi de finances de l'année.

La loi de règlement constate les résultats financiers de chaque année civile et rend compte de l'exécution du budget ainsi que de l'utilisation des crédits.

TITRE II : DU CONTENU DES LOIS DE FINANCES DE L'ANNEE

CHAPITRE PREMIER : DES RESSOURCES ET DES CHARGES DE L'ETAT

Article 6 : La loi de finances de l'année contient le budget de l'Etat pour l'année civile. Le budget de l'Etat décrit les recettes et les dépenses budgétaires autorisées par la loi de finances.

Les ressources et les charges de l'Etat sont constituées de recettes et de dépenses budgétaires, ainsi que de ressources et de charges de trésorerie.

Section première : Des recettes et des dépenses budgétaires de l'Etat

Article 7 : Les recettes budgétaires de l'Etat comprennent :

- les impôts, les taxes ainsi que le produit des amendes ;
- les rémunérations des services rendus et les redevances ;
- les Fonds de concours, dons et legs ;
- les revenus du domaine et des participations financières ;
- les produits divers.

Article 8 : L'autorisation de percevoir les impôts est annuelle. Le rendement des impôts dont le produit est affecté à l'Etat est évalué par les lois de finances.

Les taxes parafiscales perçues dans un intérêt économique ou social au profit d'une personne morale de droit public ou privé autre que l'Etat, les collectivités locales et leurs établissements publics administratifs, sont établies par décret pris sur rapport du ministre en charge des finances et du ministre intéressé.

La perception de ces taxes au-delà du 31 décembre de l'année de leur établissement est autorisée chaque année par une loi de finances.

Article 9 : Le produit des amendes, des rémunérations pour services rendus, les revenus du domaine et des participations financières, les bénéfices des entreprises publiques, les redevances et le montant des produits divers sont prévus, évalués et retracés par la loi de finances de l'année.

La rémunération des services rendus par l'Etat ne peut être établie et perçue que si elle est instituée par décret pris sur rapport du ministre en charge des finances et du ministre intéressé.

Article 10 : Le produit des Fonds de concours, des legs et des contributions d'aides extérieures non remboursables doit être prévu et évalué par la loi de finances.

Article 11 : Les dépenses budgétaires de l'Etat comprennent :

- les dépenses ordinaires ;
- les dépenses en capital.

Les dépenses ordinaires sont constituées des :

- dépenses de personnel ;
- charges financières de la dette ;
- dépenses d'acquisition de biens et services ;
- dépenses de subventions et transferts courants ;
- dépenses en atténuation de recettes.

Les dépenses en capital comprennent :

- les dépenses d'investissements exécutés par l'Etat ;
- les dépenses de transferts en capital.

Article 12 : Les crédits ouverts par les lois de finances sont affectés à une institution constitutionnelle ou à un ministère. Ils sont spécialisés par programme et par dotation.

Article 13 : Un programme regroupe les crédits destinés à mettre en œuvre une action ou un ensemble cohérent d'actions représentatif d'une politique publique clairement définie dans une perspective de moyen terme.

A ces programmes sont associés des objectifs précis, arrêtés en fonction de finalités d'intérêt général et des résultats attendus.

Ces résultats, mesurés notamment par des indicateurs de performance font l'objet d'évaluations régulières et donnent lieu à un rapport de performance élaboré en fin de gestion par les ministères et institutions constitutionnelles concernés.

Un programme peut regrouper, tout ou partie des crédits d'une direction, d'un service, d'un ensemble de directions ou de services d'un même ministère.

Les crédits de chaque programme sont décomposés selon leur nature en crédits de :

- personnel ;
- biens et services ;
- subventions et transferts ;
- investissement.

Les crédits de personnel sont assortis, par ministère, de plafonds d'autorisation d'emplois rémunérés par l'Etat.

Article 14 : Le responsable de programme est nommé par ou sur proposition du ministre sectoriel dont il relève. L'acte de nomination précise, le cas échéant, les conditions dans lesquelles les compétences d'ordonnateur lui sont déléguées, ainsi que les modalités de gestion du programme.

Sur la base des objectifs généraux fixés par le ministre sectoriel, le responsable de programme détermine les objectifs spécifiques, affecte les moyens et contrôle les résultats des services chargés de la mise en œuvre du programme. Il s'assure du respect des dispositifs de contrôle interne et de contrôle de gestion.

Article 15 : Les crédits budgétaires non répartis en programme sont repartis en dotations.

Une dotation regroupe un ensemble de crédits globalisés destinés à couvrir des dépenses spécifiques auxquelles ne peuvent être directement associés des objectifs de politiques publiques ou des critères de performance.

Font l'objet de dotations :

- les crédits destinés aux pouvoirs publics pour chacune des institutions constitutionnelles. Les crédits de la dotation de chaque institution constitutionnelle couvrent les dépenses de personnel, de biens et services, de transfert et d'investissement directement nécessaires à l'exercice de ses fonctions constitutionnelles ;
- les crédits globaux pour des dépenses accidentelles et imprévisibles ;
- les crédits destinés à couvrir les défauts de remboursement ou appels en garantie intervenus sur les comptes d'avances, de prêts, d'avals et de garanties ;
- les dépenses du service de la dette publique.

Article 16 : Les crédits répartis en programme ou en dotation et décomposés par nature conformément aux dispositions des articles 11, 13 et 15 de la présente loi constituent des plafonds de dépense qui s'imposent dans l'exécution de la loi de finances aux ordonnateurs de crédits ainsi qu'aux comptables.

Toutefois, à l'intérieur d'un même programme, les ordonnateurs peuvent, en cours d'exécution, modifier la nature des crédits pour les utiliser, s'ils sont libres d'emploi dans les cas ci-après :

- des crédits de personnel, pour majorer les crédits de biens et services, de transfert ou d'investissement ;
- des crédits de biens et services et de transfert, pour majorer les crédits d'investissement.

Ces modifications sont décidées par arrêté du ministre concerné. Il en informe le ministre en charge des finances.

Article 17 : Les crédits ouverts par les lois de finances sont constitués :

- de Crédits de paiement (CP), pour les dépenses de personnel, les acquisitions de biens et services et les dépenses de transfert ;
- d'Autorisations d'engagement (AE) et de crédits de paiement, pour les dépenses d'investissement et les contrats de partenariats publics-privés.

Article 18 : Les crédits de paiement constituent la limite supérieure des dépenses pouvant être ordonnancées ou payées au cours de l'exercice.

Article 19 : Les autorisations d'engagement constituent la limite supérieure des dépenses pouvant être juridiquement engagées au cours de l'exercice pour la réalisation des investissements prévus par la loi de finances.

Pour une opération d'investissement directement exécutée par l'Etat, l'autorisation d'engagement couvre une tranche constituant une unité individualisée formant un ensemble cohérent et de nature à être mise en service sans adjonction.

Pour les contrats de partenariats publics-privés, par lesquels l'Etat confie à un tiers le financement, la réalisation, la maintenance ou l'exploitation d'opérations d'investissements d'intérêt public, les autorisations d'engagement couvrent, dès l'année où les contrats sont conclus, la totalité de l'engagement juridique.

Article 20 : Les crédits évaluatifs servent à acquitter les dettes de l'Etat résultant des dispositions législatives spéciales ou de conventions permanentes approuvées par la loi. Ils s'appliquent aux charges de la dette publique, aux frais de justice et aux réparations civiles, aux dégrèvements et aux restitutions, ainsi qu'aux dépenses imputables sur les chapitres dont l'énumération figure à un état spécial annexé à la loi de finances.

Les crédits évaluatifs s'imputent, au besoin, au-delà de la dotation inscrite aux chapitres qui les concernent.

Article 21 : Toutes les autorisations d'engagement et tous les crédits de paiement, autres que ceux cités à l'article 20 ci-dessus, ainsi que les plafonds d'autorisation d'emplois rémunérés par l'Etat sont limitatifs.

Les dépenses sur crédits limitatifs ne peuvent être engagées et ordonnancées que dans la limite des crédits ouverts par une loi de finances.

En cas d'urgence et de nécessité impérieuse d'intérêt national, par dérogation des crédits supplémentaires peuvent être ouverts par décrets d'avances pris en Conseil des ministres, sans affecter l'équilibre budgétaire de l'année après avis conforme de l'Assemblée nationale pendant la session et la Commission des finances et du budget en intersession.

Un Projet de loi de finances portant rectification de ces crédits est déposé dès l'ouverture de la plus prochaine session.

Article 22 : Des transferts et des virements de crédits peuvent, en cours d'exercice, modifier la répartition des crédits budgétaires entre programmes.

Les transferts de crédits modifient la répartition des crédits budgétaires entre programmes de ministères distincts. Ils sont autorisés par décret pris en Conseil des ministres sur rapport conjoint du ministre en charge des finances et des ministres concernés.

Les virements de crédits modifient la répartition des crédits budgétaires entre programmes d'un même ministère. S'ils ne changent pas la nature de la dépense selon les catégories définies à l'alinéa 5 de l'article 13 de la présente loi, ils sont pris par arrêté interministériel du ministre concerné et du ministre en charge des finances.

Dans le cas contraire, ils sont autorisés par décret sur rapport conjoint du ministre en charge des finances et du ministre concerné.

Le montant annuel cumulé des virements et transferts affectant un programme ne peut dépasser dix pour cent (10%) des crédits votés de ce programme.

A l'exception des crédits globaux pour des dépenses accidentelles et imprévisibles, aucun transfert ni virement ne peut être opéré d'une dotation vers un programme.

Article 23 : La répartition par programme des crédits globaux pour des dépenses accidentelles et imprévisibles se fait par décret. Aucune dépense ne peut être directement imputée sur ces crédits globaux avant cette répartition.

L'Assemblée nationale est immédiatement informée et un projet de loi de finances portant modification de ces crédits est déposé dès l'ouverture de la plus prochaine session de l'Assemblée nationale.

Article 24 : Sous réserve des dispositions concernant les autorisations d'engagement, les crédits ouverts et les plafonds des autorisations d'emplois fixés au titre d'une année ne créent aucun droit au titre des années suivantes.

Les autorisations d'engagement, disponibles sur un programme à la fin de l'année peuvent être reportées sur le même programme par décret pris en Conseil des ministres, majorant à due concurrence les crédits de l'année suivante.

Les crédits de paiement ne peuvent être reportés. Par exception, les crédits de paiement relatifs aux dépenses d'investissement disponibles sur un programme à la fin de l'année peuvent être reportés sur le même programme dans la mesure où les reports de crédits retenus ne dégradent pas l'équilibre budgétaire tel que défini à l'article 46 de la présente loi.

Les reports s'effectuent par décret pris en Conseil des ministres, en majoration des crédits de paiement pour les investissements de l'année suivante, sous réserve de la disponibilité des financements correspondants.

Ce décret, qui ne peut être pris qu'après clôture des comptes de l'exercice précédent, est consécutif à un rapport du ministre en charge des finances. Ce rapport évalue et justifie les ressources permettant de couvrir le financement des reports, sans dégradation du solde du budget autorisé de l'année en cours.

Article 25 : Des crédits budgétaires peuvent être annulés, par arrêté du ministre en charge des finances, après information du ministre sectoriel, lorsqu'ils sont devenus sans objet ou dans le cadre de la mise en œuvre du pouvoir de régulation budgétaire défini à l'article 67 de la présente loi.

Article 26 : Les arrêtés et décrets relatifs aux mouvements de crédits prévus aux articles 21 à 25 de la présente loi sont transmis, dès leur signature, à l'Assemblée nationale et à la Cour des comptes.

La ratification de ces mouvements est demandée à l'Assemblée nationale dans la plus prochaine loi de finances relative à l'exercice concerné.

Section 2 : Des ressources et des charges de trésorerie

Article 27 : Les ressources de trésorerie de l'Etat comprennent :

- les produits provenant de la cession des actifs ;
- les produits des emprunts à court, moyen et long termes ;
- les dépôts sur les comptes des correspondants ;
- les remboursements de prêts et avances.

Les émissions d'emprunt sont faites conformément aux autorisations générales données chaque année par les lois de finances.

La variation nette de l'encours des emprunts à moyen et long termes qui peuvent être émis est plafonnée annuellement par une loi de finances.

Sauf disposition expresse d'une loi de finances, les titres d'emprunts publics émis par l'Etat sont libellés en monnaie nationale ; ils ne peuvent prévoir d'exonération fiscale et ne peuvent être utilisés comme moyen de paiement d'une dépense publique.

Article 28 : Les charges de trésorerie de l'Etat comprennent :

- le remboursement des produits des emprunts à court, moyen et long termes ;
- les retraits sur les comptes des correspondants ;
- les prêts et avances.

Ces charges de trésorerie sont évaluées par une loi de finances. Les remboursements d'emprunts sont exécutés conformément au contrat d'émission.

Article 29 : Les opérations de dépôt et celles relatives aux autres opérations de trésorerie sont faites dans les conditions prévues par les règles de comptabilité publique.

Sauf dérogation accordée par décret, les organismes publics tels que ci-dessous définis sont tenus de déposer toutes leurs disponibilités au Trésor public.

Le terme « organismes publics » désigne des établissements publics nationaux, des collectivités territoriales et des établissements publics qui leur sont rattachés.

Le Trésor public est tenu d'assurer la liquidité de ces dépôts dans les conditions définies au moment du dépôt.

Article 30 : Les prévisions de ressources et de charges de l'Etat doivent être sincères.

Elles doivent être effectuées avec réalisme et prudence, compte tenu des informations disponibles au moment où le Projet de loi de finances est établi.

CHAPITRE 2 : DU BUDGET DE L'ETAT

Section première : Du budget général

Article 31 : Sous réserve des dispositions concernant les budgets annexes et les comptes spéciaux du trésor, les recettes et les dépenses budgétaires de l'Etat sont retracées, sous forme de recettes et de dépenses, dans le budget général.

Article 32 : Il est fait recette du montant intégral des produits, sans contraction entre les recettes et les dépenses. L'ensemble des recettes assurant l'exécution de l'ensemble des dépenses, toutes les dépenses et toutes les recettes sont imputées au budget général.

Article 33 : Par dérogation aux dispositions de l'article 32 de la présente loi, des procédures particulières peuvent permettre d'assurer une affectation au sein du budget général de l'État

Ces procédures sont la procédure du Fonds de concours et la procédure de rétablissement de crédits.

Les Fonds de concours sont constitués par :

- des contributions volontaires versées par des personnes morales ou physiques, et notamment par les bailleurs de fonds, pour concourir avec ceux de l'Etat à des dépenses d'intérêt public ;
- des legs et des donations attribués à l'Etat.

Les Fonds de concours sont portés en recettes au budget général et un crédit supplémentaire de même montant est ouvert sur le programme concerné par arrêté du ministre chargé des finances. L'emploi des Fonds de concours doit être conforme à l'intention de la partie versante ou du donateur.

Les rétablissements de crédits sont constitués par :

- les recettes provenant de la restitution au Trésor public de sommes payées indûment ou à titre provisoire sur crédits budgétaires ;
- les recettes provenant de cessions ayant donné lieu à un paiement sur crédits budgétaires.

Les budgets annexes et les comptes spéciaux du trésor peuvent recevoir une affectation directe de certaines recettes de l'Etat.

Section 2 : Des budgets annexes

Article 34 : Les opérations financières des services de l'Etat, que la loi n'a pas dotés de la personnalité morale et dont l'activité tend essentiellement à produire des biens ou à rendre des services donnant lieu au paiement de prix, peuvent faire l'objet de budgets annexes.

La création d'un budget annexe et sa suppression ainsi que l'affectation d'une recette à celui-ci sont décidées par une loi de finances.

Un budget annexe constitue un programme au sens de l'article 13 de la présente loi.

Chaque budget annexe est rattaché à un ministère.

Article 35 : Les budgets annexes comprennent, d'une part, les recettes et les dépenses d'exploitation, d'autre part, les dépenses d'investissement et les recettes spéciales affectées à ces dépenses.

Les opérations des budgets annexes s'exécutent comme les opérations du budget général de l'Etat. Les dépenses d'exploitation suivent les mêmes règles que les dépenses ordinaires tandis que les dépenses d'investissement suivent les mêmes règles que les dépenses en capital.

Les emplois des agents publics rémunérés sur chaque budget annexe sont plafonnés par une loi de finances.

Toutefois, les crédits limitatifs se rapportant aux dépenses d'exploitation et d'investissement peuvent être majorés, non seulement dans les conditions prévues à l'article 16 de la présente loi, mais également par arrêté du ministre en charge des finances, s'il est établi que l'équilibre financier du budget annexe tel qu'il est prévu par la dernière loi de finances n'est pas modifié et qu'il n'en résulte aucune charge supplémentaire pour les années suivantes.

Section 3 : Des comptes spéciaux du Trésor

Article 36 : Des comptes spéciaux du Trésor peuvent être ouverts par une loi de finances pour retracer des opérations effectuées par les services de l'Etat.

Les comptes spéciaux du trésor peuvent être traités comme des programmes.

Les comptes spéciaux du trésor comprennent les catégories suivantes :

- les comptes d'affectation spéciale ;
- les comptes de commerce ;
- les comptes de règlement avec les gouvernements ou autres organismes étrangers ;
- les comptes de prêts ;
- les comptes d'avances ;
- les comptes de garanties et d'avals.

A l'exception des comptes de commerce et de règlement avec les gouvernements ou autres organismes étrangers, les comptes spéciaux du trésor ne peuvent être à découvert.

Article 37 : Sous réserve des règles particulières énoncées aux articles 38 à 43 de la présente loi, les opérations des comptes spéciaux du Trésor sont prévues, autorisées et exécutées dans les mêmes conditions que les opérations du budget général de l'Etat.

Sauf dérogations prévues par une loi de finances, il est interdit d'imputer directement à un compte spécial du trésor des dépenses résultant du paiement des traitements ou indemnités à des agents de l'Etat ou d'autres organismes publics.

Sauf dispositions contraires prévues par une loi de finances, le solde de chaque compte spécial du trésor est reporté de droit sur l'exercice suivant.

Article 38 : Les comptes d'affectation spéciale retracent des opérations qui sont financées au moyen de recettes particulières.

Une subvention du budget général de l'Etat ne peut compléter les recettes d'un compte spécial que si elle est au plus égale à dix pour cent (10%) du total des prévisions de dépenses.

Le total des dépenses engagées ou ordonnancées au titre d'un compte d'affectation spéciale ne peut excéder le total des recettes du même compte.

Si, en cours d'année, les recettes d'un compte d'affectation spéciale apparaissent supérieures aux évaluations, les crédits peuvent être majorés par arrêté du ministre chargé des finances dans la limite de cet excédent de recettes.

Chaque compte d'affectation spéciale constitue un programme au sens des articles 12 et 13 de la présente loi.

Article 39 : Les comptes de commerce retracent des opérations à caractère industriel ou commercial effectuées à titre accessoire par des services publics de l'Etat.

Les prévisions de dépenses concernant ces comptes ont un caractère évaluatif ; seul le découvert fixé annuellement pour chacun d'eux, a un caractère limitatif.

Sauf dérogations expresses prévues par une loi de finances, il est interdit d'exécuter, au titre de comptes de commerce, des opérations d'investissement financier, de prêts ou d'avances, ainsi que des opérations d'emprunts.

Les résultats annuels sont établis pour chaque compte selon les règles du plan comptable général de l'Etat.

Chaque compte de commerce constitue un programme au sens des articles 12 et 13 de la présente loi.

Article 40 : Les comptes de règlement avec les gouvernements ou autres organismes étrangers retracent des opérations faites en application d'accords internationaux approuvés par la loi.

Les prévisions de recettes et de dépenses sur ces comptes ont un caractère évaluatif ; seul le découvert fixé annuellement pour chacun d'eux a un caractère limitatif.

Chaque compte de règlement constitue un programme au sens des articles 12 et 13 de la présente loi.

Article 41 : Les comptes d'avances décrivent les avances que le ministre chargé des finances est autorisé à consentir dans la limite des crédits ouverts à cet effet.

Un compte d'avances distinct doit être ouvert pour chaque débiteur ou catégorie de débiteurs.

Les avances du Trésor sont productives d'intérêts à un taux qui ne peut être inférieur au taux moyen des bons du trésor. Sauf dispositions spéciales contenues dans une loi de finances, leur durée ne peut excéder un an, renouvelable une fois.

Toute avance non remboursée à l'expiration du délai fixé doit faire l'objet :

- soit d'une décision de recouvrement immédiat ou, à défaut de recouvrement, de poursuites effectives engagées dans un délai de trois mois ;
- soit d'une autorisation de consolidation sous forme de prêts du trésor assortis d'un transfert à un compte de prêts ;
- soit de la constatation d'une perte par un transfert immédiat, du même montant, du budget général au compte spécial.

La variation nette de l'encours des avances qui peuvent être accordées par l'Etat sur chaque compte d'avances est plafonnée annuellement par une loi de finances.

A l'exception du produit du remboursement des avances préalablement consenties, tout abondement en crédits d'un compte d'avances constitue une dépense budgétaire.

L'ensemble des comptes d'avances constitue un programme au sens des articles 12 et 13 de la présente loi.

Article 42 : Les comptes de prêts retracent les prêts, d'une durée supérieure à deux ans mais égale ou inférieure à dix ans, consentis par l'Etat dans la limite des crédits ouverts à cet effet, soit à titre d'opérations nouvelles, soit à titre de consolidation.

Les prêts consentis sont productifs d'intérêts à un taux qui ne peut être inférieur au taux moyen des bons du trésor.

Tout prêt non remboursé à l'échéance doit faire l'objet :

- soit d'une décision de recouvrement immédiat ou, à défaut, de poursuites effectives engagées dans un délai de trois mois ;
- soit de la constatation d'une perte par un versement immédiat, du même montant, du budget général au compte spécial.

La variation nette de l'encours des prêts qui peuvent être accordés par l'Etat sur chaque compte de prêts est plafonnée annuellement par une loi de finances.

A l'exception du remboursement des prêts préalablement consentis, tout abondement en crédits d'un compte de prêts constitue une dépense budgétaire.

L'ensemble des comptes de prêts constitue un programme au sens des articles 12 et 13 de la présente loi.

Article 43 : Les comptes de garanties et d'avals retracent les engagements de l'Etat résultant des garanties financières accordées par lui à une personne physique ou morale, notamment, les garanties octroyées par l'Etat pour les contrats de partenariats publics-privés visés à l'article 19 de la présente loi.

La dotation portant les crédits destinés à couvrir les défauts de remboursement ou appels en garantie intervenus sur les comptes d'avances, de prêts, d'avals et de garanties est provisionnée au minimum à hauteur de dix pour cent (10%) des échéances annuelles dues par les bénéficiaires des garanties et avals de l'Etat.

La variation nette de l'encours des garanties et avals qui peuvent être accordés par l'Etat sur chaque compte de garanties et d'avals est plafonnée annuellement par une loi de finances.

Les garanties et les avals sont donnés par décret pris en Conseil des ministres.

Les conditions d'octroi des garanties doivent respecter les dispositions du Règlement portant cadre de référence de la politique d'endettement public et de gestion de la dette publique dans les Etats membres de l'UEMOA.

L'ensemble des comptes de garanties et d'avals constitue un programme au sens des articles 12 et 13 de la présente loi.

TITRE IV : DE LA PRESENTATION ET DES DISPOSITIONS DES LOIS DE FINANCES

CHAPITRE PREMIER : DE LA LOI DE FINANCES DE L'ANNÉE

Article 44 : La loi de finances de l'année comprend le texte de loi proprement dit et les annexes qui l'accompagnent et qui en font partie intégrante.

Article 45 : Le texte de la loi de finances de l'année comprend deux parties distinctes.

Dans la première partie, la loi de finances de l'année :

- prévoit et autorise les recettes budgétaires et les ressources de trésorerie de l'Etat ;
- autorise la perception des impôts affectés aux collectivités locales et aux établissements publics ;
- fixe les plafonds des dépenses du budget général et de chaque budget annexe, les plafonds des charges de chaque catégorie de comptes spéciaux du trésor ainsi que le plafond d'autorisation des emplois rémunérés par l'Etat ;
- arrête les dispositions nécessaires à la réalisation, conformément aux lois en vigueur, des opérations d'emprunt destinées à couvrir les charges de trésorerie ;
- arrête les données générales de l'équilibre budgétaire et financier présentées dans un tableau d'équilibre faisant apparaitre :
  a) le solde budgétaire global résultant de la différence entre les recettes et les dépenses budgétaires ;
  b) le solde budgétaire de base tel que défini par le Pacte de convergence de stabilité, de croissance et de solidarité entre les Etats membres de l'UEMOA ;

- approuve le tableau de financement récapitulant, pour la durée de l'exercice, les prévisions de ressources et de charges de trésorerie.

Dans la seconde partie, la loi de finances de l'année :

- fixe, pour le budget général, par programme et par dotation, le montant des crédits de paiement et, le cas échéant, des autorisations d'engagement ;
- détermine, par ministère et par budget annexe, le plafond des autorisations d'emplois rémunérés par l'Etat ;
- fixe, par budget annexe et par compte spécial du trésor, le montant des crédits de paiement et, le cas échéant, des autorisations d'engagement ;
- définit les modalités de répartition des concours financiers de l'Etat aux autres administrations publiques ;
- autorise l'octroi des garanties et avals accordés par l'Etat ;
- approuve les conventions financières conclues par l'Etat ;
- comporte, le cas échéant, toutes règles fondamentales relatives à l'exécution des budgets publics, à la comptabilité publique et aux responsabilités des agents intervenant dans la gestion des finances publiques conformément aux lois et règlements en vigueur.

Article 46 : La loi de finances de l'année est accompagnée :

- d'un rapport définissant l'équilibre économique et financier, les résultats connus et les perspectives ;
- d'un plan de trésorerie prévisionnel et mensualisé de l'exécution du budget de l'Etat ;
- du document de programmation budgétaire et économique pluriannuelle tel que défini à l'article 52 de la présente loi ;
- des documents de programmation pluriannuelle des dépenses, tels que prévus à l'article 53 de la présente loi, ayant servi de base à la préparation des budgets des ministères ;
- d'annexes explicatives :
  1. développant pour l'année en cours et l'année considérée, par programme ou par dotation, le montant des crédits présentés par nature de dépense. Ces annexes sont accompagnées du Projet annuel de performance de chaque programme qui précise :
     a) la présentation de chacune des actions et de chacun des projets prévus par le programme, des coûts associés, des objectifs poursuivis, des résultats obtenus et attendus pour les années à venir mesurés par des indicateurs de performance ;
     b) la justification de l'évolution des crédits par rapport aux dépenses effectives de l'année antérieure ;
     c) l'échéancier des crédits de paiement associés aux autorisations d'engagement ;

d) par catégorie d'emploi, la répartition prévisionnelle des emplois rémunérés par l'Etat et la justification des variations par rapport à la situation existante ;

2. développant, pour chaque budget annexe et chaque compte spécial, le montant des recettes et des dépenses ventilées par nature. Dans le cas des comptes de prêts et d'avances, les annexes contiennent un état de l'encours et des échéances des prêts et avances octroyés. S'agissant des budgets annexes, ces annexes explicatives sont accompagnées du Projet annuel de performance de chaque programme, dans les conditions prévues au 1er alinéa ;
3. comportant un état développé des restes à payer de l'Etat établi à la date du dépôt du Projet de loi de finances ;
4. comportant un état développé des restes à recouvrer ;
5. indiquant le montant, les bénéficiaires et les modalités de répartition des concours financiers accordés par l'Etat aux autres administrations publiques ;
6. contenant un état développé de l'encours et des échéances du service de la dette de l'Etat et la stratégie d'endettement public prévue dans les dispositions du Règlement relatif au cadre de référence de la politique d'endettement public et de gestion de la dette publique dans les Etats membres de l'UEMOA ;
7. présentant les tableaux suivants :
   a) un tableau des recettes ;
   b) un tableau matriciel croisé de classifications fonctionnelle et économique ;
   c) un tableau matriciel croisé de classifications administrative et fonctionnelle ;
   d) un tableau matriciel croisé de classifications administrative et économique ;
   e) un tableau récapitulatif des programmes par ministère.

CHAPITRE 2 : DES LOIS DE FINANCES RECTIFICATIVES

Article 47 : Les textes des lois de finances rectificatives sont définis conformément à l'article 5 de la présente loi.

Les lois de finances rectificatives sont accompagnées :

- d'une annexe décrivant l'évolution de la conjoncture économique depuis le début de l'exercice et son impact sur les recettes et dépenses ;
- d'une annexe récapitulant l'ensemble des mouvements de crédits et mesures de régulation intervenus au cours de l'exercice ;
- d'un tableau récapitulatif de l'exécution du budget de l'Etat, par programme, dotation, budget annexe et compte spécial, indiquant également les prévisions de dépenses pour la fin de l'exercice.

Article 48 : En cours d'exercice, un Projet de loi de finances rectificative doit être déposé par le Gouvernement :

- si les grandes lignes de l'équilibre budgétaire ou financier défini par la loi de finances de l'année se trouvent bouleversées, notamment par l'intervention de décrets d'avances ou d'arrêtés d'annulation de crédits ;
- si les recettes constatées dépassent sensiblement les prévisions de la loi de finances de l'année ;
- s'il y a intervention de mesures législatives ou règlementaires à incidence financière affectant de manière substantielle l'exécution du budget.

CHAPITRE 3 : DE LA LOI DE RÈGLEMENT

Article 49 : La loi de règlement d'un exercice :

- constate le montant définitif des encaissements de recettes et des ordonnancements de dépenses. A ce titre, elle :

1) ratifie, le cas échéant, les ouvertures supplémentaires de crédits décidées par décret d'avances depuis la dernière loi de finances ;

2) régularise les dépassements de crédits constatés résultant de circonstances de force majeure ou des reports de crédits et procède à l'annulation des crédits non consommés ;

- rend compte de la gestion de la trésorerie de l'Etat et de l'application du tableau de financement de l'Etat ;
- arrête les comptes et les états financiers de l'Etat et affecte les résultats de l'année ;
- rend compte de la gestion et des résultats des programmes visés à l'article 13 de la présente loi.

Article 50 : La loi de règlement est accompagnée :

- des comptes et des états financiers de l'Etat issus de la comptabilité budgétaire et de la comptabilité générale de l'Etat ;
- d'annexes explicatives développant, par programme, dotation, budget annexe et comptes spéciaux du trésor, le montant définitif des crédits ouverts, des dépenses et, le cas échéant, des recettes constatées ;
- des rapports annuels de performance par programme rendant compte de leur gestion et de leurs résultats.

Article 51 : La loi de règlement est accompagnée du rapport de la Cour des comptes sur l'exécution de la loi de finances et de la déclaration générale de conformité entre les comptes des ordonnateurs et ceux des comptables publics.

La Cour des comptes donne son avis sur le système de contrôle interne et le dispositif de contrôle de gestion, sur la qualité des procédures comptables et des comptes ainsi que sur les rapports annuels de performance. Cet avis est accompagné de recommandations sur les améliorations souhaitables.

TITRE V : DU CADRAGE MACROECONOMIQUE DES LOIS DE FINANCES

Article 52 : Le Projet de loi de finances de l'année est élaboré par référence à un document de programmation budgétaire et économique pluriannuelle couvrant une période minimale de trois ans.

Sur la base d'hypothèses économiques précises et justifiées, le document de programmation budgétaire et économique pluriannuelle évalue le niveau global des recettes attendues de l'Etat, décomposées par grandes catégories d'impôts et de taxes et les dépenses budgétaires décomposées par grandes catégories de dépenses.

Ce document de programmation budgétaire et économique pluriannuelle évalue également l'évolution de l'ensemble des ressources, des charges et de la dette du secteur public en détaillant en particulier les catégories d'organismes publics visées aux articles 29 et 55 de la présente loi.

Il prévoit la situation financière des entreprises publiques sur la période considérée et, éventuellement, les concours que l'Etat peut leur accorder.

Il fixe enfin les objectifs d'équilibre budgétaire et financier sur le moyen terme en application des dispositions du Pacte de convergence, de stabilité, de croissance et de solidarité.

Article 53 : Les programmes s'inscrivent dans des documents de programmation pluriannuelle des dépenses par ministères, budgets annexes et comptes spéciaux cohérents avec le document de programmation budgétaire et économique pluriannuelle visé à l'article 52 de la présente loi.

Les documents de programmation pluriannuelle des dépenses prévoient, pour une période minimale de trois (3) ans, à titre indicatif, l'évolution des crédits et des résultats attendus sur chaque programme en fonction des objectifs poursuivis.

Article 54 : L'équilibre budgétaire et financier défini à l'article 46 de la présente loi par chaque loi de finances doit être conforme aux prescriptions du Pacte de convergence, de stabilité, de croissance et de solidarité.

Art 55 : Quelle que soit leur forme, tous les concours financiers de l'Etat aux organismes publics doivent être approuvés par une loi de finances.

Ces concours peuvent comprendre des subventions du budget général, des budgets annexes ou des comptes spéciaux, l'affectation de tout ou partie du produit d'impositions de toute nature, ou toute autre forme de contribution, subvention ou rétrocession de recettes.

Les organismes publics comprennent en particulier les collectivités locales, les établissements publics à caractère administratif et les organismes de protection sociale.

Les budgets de fonctionnement de ces organismes publics doivent être équilibrés sans recours à l'emprunt.

Les règles encadrant et plafonnant les possibilités d'emprunt des organismes publics seront fixées par voie règlementaire. Toutefois, ces emprunts ne peuvent être affectés qu'au financement des investissements.

TITRE VI : DE LA PROCEDURE D'ELABORATION ET DE VOTE

CHAPITRE PREMIER : DE LA PRÉPARATION DES PROJETS DE LOIS DE FINANCES

Article 56 : Le ministre en charge des finances prépare les projets de lois de finances qui sont approuvés en Conseil des ministres.

Article 57 : Le document de programmation budgétaire et économique pluriannuelle visé à l'article 52 de la présente loi, éventuellement accompagné des documents de programmation pluriannuelle des dépenses visés à l'article 53 de la présente loi est approuvé en Conseil des ministres. Ces documents sont publiés et soumis à un débat d'orientation budgétaire à l'Assemblée nationale au plus tard à la fin du deuxième trimestre de l'année.

CHAPITRE 2 : DU VOTE DES PROJETS DE LOIS DE FINANCES

Section première : Du vote du Projet de loi de finances de l'année

Article 58 : Le Projet de loi de finances de l'année, y compris le rapport et les annexes explicatives prévus à l'article 46 de la présente loi, est déposé sur le bureau de l'Assemblée nationale au plus tard le jour de l'ouverture de la session budgétaire.

Lorsque le Projet de loi de finances a été déposé dans les délais sur le bureau de l'Assemblée nationale, il doit être adopté au plus tard à la date de clôture de la session budgétaire. A défaut, il peut être mis en vigueur par ordonnance.

Lorsque le Projet de loi de finances n'a pu être déposé en temps utile pour que l'Assemblée nationale dispose avant la fin de la session ordinaire de l'entier délai prévu à l'alinéa précédent, celle-ci est immédiatement et de plein droit suivie d'une session extraordinaire dont la durée ne peut excéder quinze (15) jours. Si à l'expiration de ce délai, le Projet de loi de finances n'est pas adopté, il est mis en vigueur par ordonnance.

Dans la mesure où, compte tenu de la procédure prévue à l'alinéa précédent, le Projet de loi de finances n'a pu être voté avant le début de l'année budgétaire, le Gouvernement est autorisé, conformément aux dispositions constitutionnelles en vigueur, à continuer de percevoir les impôts et à reprendre en dépenses le budget de l'année précédente par douzièmes provisoires.

Article 59 : Aucun article additionnel, aucun amendement à un Projet de loi de finances ne peut être proposé par l'Assemblée nationale, sauf s'il tend à supprimer ou à réduire effectivement une dépense, à créer ou à accroître une recette. De même, l'Assemblée nationale ne peut proposer ni la création ni la suppression d'un programme, d'un budget annexe ou d'un compte spécial du Trésor.

Les propositions et amendements déposés par les députés ne sont pas recevables lorsque leur adoption aurait pour conséquence soit une diminution des ressources publiques soit la création et l'aggravation d'une charge publique à moins qu'ils ne soient accompagnés d'une proposition d'augmentation de recettes ou d'économies équivalentes.

Tout article additionnel et tout amendement doit être motivé et accompagné des développements des moyens qui le justifient.

La disjonction d'articles additionnels ou d'amendements qui contreviennent aux dispositions du présent article ou à l'objet des lois de finances défini à l'article 3 de la présente loi est de droit.

Article 60 : La seconde partie de la loi de finances de l'année ne peut être mise en discussion devant l'Assemblée nationale avant l'adoption de la première partie.

Article 61 : Les évaluations de recettes font l'objet d'un vote d'ensemble pour le budget général.

Les crédits du budget général font l'objet d'un vote par programme et d'un vote par dotation. Les votes portent à la fois sur les autorisations d'engagement et les crédits de paiement.

Les plafonds des autorisations d'emplois rémunérés par l'Etat font l'objet d'un vote unique.

Les évaluations de recettes font l'objet d'un vote d'ensemble par budget annexe et par compte spécial du Trésor.

Les crédits des budgets annexes et des comptes spéciaux font l'objet d'un vote par budget annexe et par compte spécial du Trésor.

Les évaluations de ressources et de charges de trésorerie font l'objet d'un vote unique.

Article 62 : Dès la promulgation de la loi de finances de l'année ou la publication de l'ordonnance prévue à l'article 58 de la présente loi, le Gouvernement prend les dispositions réglementaires ou administratives portant répartition des crédits du budget général, des budgets annexes et des comptes spéciaux selon la nomenclature en vigueur.

Ces dispositions répartissent et fixent les crédits conformément aux annexes explicatives de l'article 46 de la présente loi, modifiées, le cas échéant, par les votes de l'Assemblée nationale.

Section 2 : Du vote du Projet de loi de règlement

Article 63 : Le Projet de loi de règlement est déposé sur le bureau de l'Assemblée nationale et distribué au plus tard le jour de l'ouverture de la session budgétaire de l'année suivant celle de l'exécution du budget auquel il se rapporte.

Il est accompagné des documents prévus aux articles 50 et 51 de la présente loi notamment le rapport sur l'exécution des lois de finances, la déclaration générale de conformité et, le cas échéant, l'avis de la Cour des comptes sur la qualité des procédures comptables et des comptes ainsi que sur les rapports annuels de performance prévus à l'article 51 de la présente loi sont remis à l'Assemblée nationale sitôt leur adoption définitive par la Cour des comptes.

TITRE VII : DES REGLES FONDAMENTALES DE MISE EN ŒUVRE DES BUDGETS PUBLICS

CHAPITRE 1ER : DES RÈGLES FONDAMENTALES RÉGISSANT L'EXÉCUTION DES DÉPENSES ET DES RECETTES

Article 64 : Les opérations d'exécution du budget de l'Etat incombent aux ordonnateurs et aux comptables publics.

Les fonctions d'ordonnateur et celles de comptable public sont incompatibles.

Article 65 : Les ordonnateurs peuvent déléguer leur pouvoir à des agents publics dans les conditions déterminées par la règlementation en vigueur.

Ils peuvent déléguer à ces agents la gestion de tout ou partie des crédits dont ils ont la charge.

Article 66 : Le ministre en charge des finances est ordonnateur principal unique des recettes du budget général, des comptes spéciaux du trésor et de l'ensemble des opérations de trésorerie.

Le ministre en charge des finances est ordonnateur principal des crédits, des programmes et des budgets annexes de son ministère.

Il peut déléguer son pouvoir d'ordonnateur dans les conditions définies à l'article 65 de la présente loi.

Article 67 : Le ministre en charge des finances est responsable de l'exécution de la loi de finances et du respect des équilibres budgétaire et financier définis par celle-ci. A ce titre, il dispose d'un pouvoir de régulation budgétaire qui lui permet, au cours de l'exécution du budget :

- d'annuler un crédit devenu sans objet au cours de l'exercice ;
- d'annuler un crédit pour prévenir une détérioration des équilibres budgétaire et financier de la loi de finances.

En outre, le ministre en charge des finances peut subordonner l'utilisation des crédits par les ordonnateurs aux disponibilités de trésorerie de l'Etat.

Article 68 : Les ministres et les présidents des institutions constitutionnelles sont ordonnateurs principaux des crédits, des programmes et des budgets annexes de leur ministère ou de leur institution. Ils peuvent déléguer leur pouvoir d'ordonnateur dans les conditions définies à l'article 65 de la présente loi.

Le ministre en charge des finances est responsable de la centralisation des opérations budgétaires des ordonnateurs, en vue de la reddition des comptes relatifs à l'exécution des lois de finances.

Article 69 : Les contrôleurs financiers relèvent du ministre en charge des finances et sont nommés par celui-ci ou à son initiative auprès des ordonnateurs. Ils sont chargés des contrôles *a priori* des opérations budgétaires.

Ils peuvent donner des avis sur la qualité de la gestion des ordonnateurs et sur la performance des programmes.

Article 70 : Sont prescrites au profit de l'Etat ou de tout autre organisme public doté d'un comptable public, toutes créances dont le paiement n'a pas été réclamé dans un délai de quatre (4) ans à partir du premier jour de l'année suivant celle au cours de laquelle les droits ont été acquis.

La prescription peut être interrompue dans les conditions définies par la législation en vigueur.

Les règles de prescription des créances de l'Etat ou de tout autre organisme public doté d'un comptable public, sur des particuliers ou personnes morales, doivent être définies par la réglementation en vigueur.

Quelle que soit leur nature, les actifs de l'Etat ou de tout autre organisme public doté d'un comptable public sont insaisissables.

CHAPITRE 2 : DE LA COMPTABILITÉ ET DES COMPTES DE L'ETAT

Article 71 : L'Etat tient :

- une comptabilité budgétaire ;
- une comptabilité générale.

Article 72 : La comptabilité budgétaire a pour objet de retracer, pour l'exercice concerné, les opérations d'exécution du budget de l'Etat en recettes et en dépenses, conformément à la nomenclature de présentation et de vote du budget.

La comptabilité générale de l'Etat a pour objet de décrire le patrimoine de l'Etat et son évolution. Elle doit être sincère et refléter une image fidèle de la situation financière de l'Etat. Elle est fondée sur le principe de la constatation des droits et obligations. Les opérations sont prises en compte au titre de l'exercice auquel elles se rattachent indépendamment de leur date de paiement ou d'encaissement.

La comptabilité générale de l'Etat s'appuie sur la comptabilité des matières.

Article 73 : Les ressources et les charges de trésorerie de l'Etat sont imputées à des comptes de trésorerie par opération lors de leur encaissement et paiement.

TITRE VIII : DU CONTROLE PARLEMENTAIRE ET JURIDICTIONNEL

Article 74 : Sans préjudice des pouvoirs généraux de contrôle de l'Assemblée nationale, la Commission des finances et du budget veille au cours de la gestion annuelle, à la bonne exécution des lois de finances.

A cette fin, le Gouvernement transmet trimestriellement à l'Assemblée nationale, à titre d'information, des rapports sur l'exécution du budget et l'application du texte de la loi de finances. Ces rapports sont mis à la disposition du public.

Les informations ou les investigations sur place que l'Assemblée nationale pourrait demander ne sauraient lui être refusées.

Elle peut entendre les ministres.

Article 75 : La Cour des comptes juge les comptes des comptables publics.

Sans préjudice de ses attributions propres en matière de contrôle juridictionnel et non juridictionnel telles que définies par la législation en vigueur, la Cour des comptes assiste l'Assemblée nationale dans le contrôle de l'exécution des lois de finances.

La Cour des comptes exerce un contrôle sur la gestion des administrations en charge de l'exécution des programmes et dotations. Elle émet un avis sur les rapports annuels de performance.

L'Assemblée nationale peut demander à la Cour des comptes la réalisation de toutes enquêtes nécessaires à son information.

Les comptes de gestion, déposés en état d'examen à la Cour des comptes, doivent être jugés dans un délai de cinq (5) ans.

En l'absence de jugement de la Cour des comptes dans ce délai, le comptable public est déchargé d'office de sa gestion.

TITRE IX : DES RESPONSABILITES EN MATIERE D'EXECUTION DES BUDGETS PUBLICS

Article 76 : Les ordonnateurs de l'Etat et des autres organismes publics encourent une responsabilité qui peut être disciplinaire, pénale et civile sans préjudice des sanctions qui peuvent leur être infligées par la Cour des comptes à raison de fautes de gestion dans les conditions définies par les articles 77 à 80 de la présente loi.

Article 77 : Toute personne appartenant au cabinet d'un membre du Gouvernement, tout fonctionnaire ou agent d'un organisme public, tout représentant, administrateur ou agent d'organismes soumis à un titre quelconque au contrôle de la Cour des comptes et toute personne à qui est reproché un des faits énumérés à l'article 79 de la présente loi, peut être sanctionné pour faute de gestion.

Article 78 : Les contrôleurs financiers sont responsables aux plans disciplinaire, pénal et civil, sans préjudice des sanctions qui peuvent leur être infligées par la Cour des comptes, du visa qu'ils apposent sur les actes portant engagement de dépenses ou les ordonnances, mandats de paiement ou délégations de crédits.

Article 79 : Les fautes de gestion susceptibles de sanction par la Cour des comptes sont constituées par :

- la violation des règles relatives à l'exécution des recettes et des dépenses de l'Etat et des autres organismes publics ;
- la violation des règles relatives à la gestion des biens appartenant à l'Etat et aux autres organismes publics ;
- l'approbation donnée à une décision violant les règles visées aux 1er et 2ème tirets du présent article par une autorité chargée de la tutelle ou du contrôle desdits organismes ;

- le fait, pour toute personne dans l'exercice de ses fonctions, d'octroyer ou de tenter d'octroyer à elle-même ou à autrui un avantage injustifié, pécuniaire ou en nature ;
- le fait d'avoir entraîné la condamnation d'une personne morale de droit public ou d'une personne de droit privé chargée de la gestion d'un service public, en raison de l'inexécution totale ou partielle ou de l'exécution tardive d'une décision de justice ;
- le fait d'avoir dans l'exercice de ses fonctions ou attributions, en méconnaissance de ses obligations, procuré ou tenté de procurer à autrui ou à soi-même, directement ou indirectement, un avantage injustifié, pécuniaire ou en nature, entraînant un préjudice pour l'Etat, ou tout autre organisme public ;
- le fait d'avoir produit, à l'appui ou à l'occasion des liquidations des dépenses, des fausses certifications ;
- le fait d'avoir omis sciemment de souscrire les déclarations qu'ils sont tenus de fournir aux administrations fiscales conformément à la législation en vigueur ou d'avoir fourni sciemment des déclarations inexactes ou incomplètes.

Article 80 : Le régime des sanctions autres que disciplinaires relatif aux fautes de gestion énumérées à l'article 79 de la présente loi est défini par les lois et les règlements en vigueur.

Article 81 : Les comptables publics patents sont personnellement et pécuniairement responsables des opérations dont ils ont la charge et des contrôles qu'ils sont tenus d'effectuer.

Les comptables de fait encourent les mêmes sanctions que les comptables publics patents.

En cas de défaillance dans la tenue des comptes, la Cour des comptes peut condamner le comptable public concerné à des sanctions prévues par les lois et les règlements en vigueur.

Article 82 : La responsabilité pécuniaire des comptables publics se trouve engagée dès lors qu'une des situations suivantes advient :

- un déficit de caisse ou un manquant en deniers ou en valeurs a été constaté ;
- une recette n'a pas été recouvrée ;
- une dépense a été irrégulièrement payée ;
- un organisme public a dû procéder, par la faute du comptable public, à l'indemnisation d'un autre organisme public ou d'un tiers.

Article 83 : La responsabilité pécuniaire d'un agent public ne peut être mise en jeu que par le ministre en charge des finances ou la cour des comptes.

Quand la responsabilité pécuniaire d'un agent public est engagée, il est constitué en débet. Le débet est l'obligation pour l'agent public de réparer, sur ses deniers propres, le préjudice qu'il a causé à la collectivité publique.

Tout agent public dont la responsabilité est engagée peut obtenir remise gracieuse des sommes laissées à sa charge dans les conditions prévues par la règlementation en vigueur. La remise gracieuse suite à un arrêt de débet est soumise à un avis conforme de la cour des comptes.

Lorsqu'un agent commet une faute de gestion prévue à l'article 79 de la présente loi ou un manquement aux règles de discipline dans le domaine budgétaire et financier, le pouvoir disciplinaire prévu par la législation en vigueur sur la fonction publique est exercé par le ministre chargé des finances, quel que soit le ministère de rattachement de l'agent.

TITRE X : DES DISPOSITIONS TRANSITOIRES ET FINALES

Article 84 : Les dispositions de la présente loi sont applicables dès le 1er janvier 2012. Toutefois, les dispositions relatives aux points ci-dessous énumérés font l'objet d'une mise en œuvre progressive sur une période de cinq (5) ans allant du 01 janvier 2012 au 31 décembre 2016. Il s'agit des dispositions relatives :

- à la déconcentration de la fonction d'ordonnateur principal telle que prévue à l'article 68 de la présente loi ;
- aux programmes et aux dotations tels que prévus notamment aux articles 11, 12, 13, 14, 15 et 16 de la présente loi, ainsi que des annexes y relatives dans les articles 46, 47 et 50 de la présente loi ;
- à la programmation pluriannuelle des dépenses, telle que prévue à l'article 53 de la présente loi ;
- aux tableaux matriciels croisés prévus au point 7 de l'article 46 de la présente loi ;
- aux règles et procédures découlant du principe de la constatation des droits et obligations régissant la comptabilité générale prévue à l'article 72 de la présente loi.

En cas de difficultés pour l'application intégrale d'une ou de plusieurs de ces dispositions dans le délai imparti, un délai supplémentaire de deux (2) ans est accordé à compter du 1er janvier 2017.

Article 85 : Le budget 2012 qui a été élaboré sur la base de la loi n°2003-11 du 1er avril 2003, sera exécuté et contrôlé conformément aux dispositions de celle-ci.

Article 86 : La présente loi qui abroge toutes dispositions antérieures contraires, sera publiée au Journal Officiel de la République du Niger et exécutée comme loi de l'Etat.

Fait à Niamey, le 26 mars 2012
Le Président de la République
Issoufou Mahamadou

Le Premier ministre
Brigi Rafini

Le ministre des finances
Ouhoumoudou Mahamadou

SÉNÉGAL : LOI ORANIQUE RELATIVE AUX LOIS DE FINANCES

REPUBLIQUE DU SENEGAL
Un Peuple – Un But – Une Foi

LOI ORGANIQUE RELATIVE AUX LOIS DE FINANCES

EXPOSÉ DES MOTIFS

Par la Directive n°06/2009/CM/UEMOA du 26 juin 2009 relative aux lois de finances, le Conseil des Ministres de l'UEMOA a voulu imprimer un saut qualitatif dans la gestion des finances publiques en consacrant, entre autres, le passage d'une logique de moyens à une logique de résultats.

En effet, si la Directive n°05/1997/CM/UEMOA portant sur le même objet, qu'elle abroge, était principalement orientée vers l'harmonisation des législations et des procédures budgétaires nécessaires à l'exercice de la surveillance multilatérale des politiques économiques au sein de l'Union, la nouvelle Directive marque la volonté de renforcer cette harmonisation et de hisser le Cadre de gestion des Finances publiques des Etats membres de l'Union au niveau des meilleurs standards internationaux.

Chaque Etat membre est invité à appliquer progressivement les dispositions de cette nouvelle directive, au plus tard le 1er janvier 2012 et intégralement le 1er janvier 2017.

Ainsi, la présente loi organique vise à transposer dans notre droit interne la directive précitée et abroge, par conséquent, la loi organique n°2001-09 du 15 octobre 2001 relative aux lois de finances, modifiée par la loi organique n°2007-29 du 10 décembre 2007.

Hormis les articles relatifs aux modalités de mise en œuvre de la comptabilité publique et au régime de responsabilité des agents publics, qui ne relèvent pas, conformément à la Constitution, du domaine de la présente loi organique, le présent projet de texte reprend l'essentiel des dispositions de ladite Directive qui apportent des innovations de taille dans certains domaines notamment :

- la présentation du budget en programmes ;
- la déconcentration du pouvoir d'ordonnateur principal des dépenses, jusque-là dévolu au Ministre chargé des Finances ;
- l'introduction du principe de sincérité des prévisions budgétaires ;

- l'élaboration d'un document de programmation budgétaire et économique pluriannuelle ;
- le classement des tirages et remboursements des emprunts à moyen et long termes en opérations de trésorerie ;
- le renforcement de l'information du Parlement et de son contrôle de l'exécution des lois de finances ;
- la mise en cohérence des soldes de la loi de finances avec les critères retenus dans le Pacte de Convergence ;
- l'extension des missions de la Cour des Comptes dans le contrôle et le suivi de l'exécution du budget.

La philosophie qui sous-tend ces innovations tourne autour des grandes orientations suivantes :

- l'amélioration de l'efficacité de la dépense publique à travers l'élaboration d'un budget programme et la mesure de la performance de l'action publique ;
- le budget programme, dans le contexte de la présente loi organique, vise à mettre en avant, non seulement les moyens liés à l'activité des pouvoirs publics, mais également à justifier la répartition des allocations par rapport à la réalisation d'objectifs prédéfinis ;
- le renforcement de la discipline budgétaire en vue d'assurer la viabilité de la politique budgétaire dans le moyen et long terme. Les réformes introduites à ce titre portent essentiellement sur la prise en compte des impacts financiers des décisions publiques annuelles sur les exercices suivants, sans remettre en cause le principe d'annualité de la loi de finances. L'introduction de cette approche pluriannuelle est matérialisée par les Documents de Programmation Budgétaire et Economique Pluriannuelle (DPBEP) et de Programmation Pluriannuelle des Dépenses (DPPD) ;
- l'introduction du principe de sincérité qui traduit une exigence de réalisme affirmé dans l'évaluation des ressources et des charges financières de l'Etat ;
- l'amélioration de la transparence à travers le renforcement du contrôle effectué par le Parlement et la Cour des Comptes. En effet, la présente loi organique apporte plusieurs aménagements en vue d'améliorer l'information des parlementaires et leur implication dans la formulation et le suivi de l'exécution de la loi de finances. A ce titre, on peut noter entre autres la tenue obligatoire du débat d'orientation budgétaire annuelle au plus tard à la fin du premier semestre et la transmission de situations d'exécution budgétaire périodiques à la Commission des Finances ;
- l'élargissement du rôle de la Cour des Comptes, notamment dans son rôle d'appui au Parlement. Ainsi, elle est désormais habilitée à contrôler les résultats des programmes et en évaluer l'efficacité, l'économie et l'efficience. Elle émet également un avis sur le système de contrôle interne

et le dispositif de contrôle de gestion mis en place par le responsable de programme ;

- l'instauration de nouvelles règles de gestion adaptées à la méthode de gestion budgétaire axée sur les résultats et favorables à la soutenabilité de la politique budgétaire. Ces règles concernent, entre autres, le pouvoir de régulation du Ministre chargé des Finances, la responsabilisation du gestionnaire de programme, la fongibilité des crédits, les autorisations d'engagement, les plafonds d'autorisation d'emplois ;
- la maîtrise du patrimoine et des engagements de l'Etat et de ses démembrements.

Enfin, s'agissant des conditions d'entrée en vigueur et d'application de la présente loi organique, le souci d'aborder la préparation de la loi de finances 2017 dans les meilleures conditions possibles est bien pris en compte par l'application test, en grandeur nature, des principes de la nouvelle loi organique, lors de la préparation du projet de loi de finances de l'année 2016. Cela présente l'intérêt de mettre tous les acteurs en situation, de cerner les difficultés éventuelles et d'apporter les ajustements nécessaires avant la date d'entrée en vigueur de la présente loi organique.

L'abrogation de la loi organique n°2001-09 du 15 octobre 2001 relative aux lois de finances modifiée, est prévue au 1er janvier 2016, et l'entrée en vigueur de la nouvelle loi organique est fixée à la même date, afin que le projet de loi de finances pour l'année 2017 puisse être préparé et voté en 2016 sous le régime de la nouvelle loi organique. Toutefois, dans la mesure où la loi de finances 2016 est votée sous le régime de la loi organique n°2001-09 du 15 octobre 2001, il est retenu que cette dernière s'applique pour l'exécution de ladite loi de finances et celle des lois de finances antérieures.

LA LOI ORGANIQUE N° 2011-15 DU 08 JUILLET 2011 RELATIVE AUX LOIS DE FINANCES

L'Assemblée nationale a adopté, en sa séance du mercredi 25 mai 2011 et à la majorité absolue des membres la composant ;

Le Sénat a adopté, en sa séance du mardi 28 juin 2011 et à la majorité absolue des membres le composant ;

Le Président de la République promulgue la loi dont la teneur suit :

TITRE PREMIER : DES DISPOSITIONS GENERALES

Article premier : La présente loi organique fixe les règles relatives au contenu, à la présentation, à l'élaboration, à l'adoption, à l'exécution et au contrôle des lois de finances.

Elle détermine les conditions dans lesquelles est arrêtée la politique budgétaire à moyen terme pour les finances publiques de l'Etat et des autres organismes publics.

Elle énonce les principes relatifs à l'exécution des budgets publics et à la comptabilité publique et aux responsabilités des agents publics intervenant dans la gestion des finances publiques.

Article 2 : Les modalités d'application des dispositions de la présente loi organique sont développées dans les textes subséquents, notamment les décrets portant règlement général sur la comptabilité publique, nomenclature budgétaire de l'Etat, plan comptable de l'Etat et tableau des opérations financières de l'Etat.

TITRE II. - DU DOMAINE ET DE LA CLASSIFICATION DES LOIS DE FINANCES.

Article 3 : Les lois de finances déterminent la nature, le montant et l'affectation des ressources et des charges de l'Etat ainsi que l'équilibre budgétaire et financier qui en résulte, compte tenu de la situation et des objectifs macro-économiques de l'Etat et des obligations du Pacte de convergence, de stabilité, de croissance et de solidarité des Etats membres de l'UEMOA.

Les dispositions relatives à l'assiette, au taux et aux modalités de recouvrement des impositions de toute nature, qu'elles soient perçues par l'Etat ou affectées à d'autres organismes publics, sont du domaine de la loi.

Article 4 : Aucune recette ne peut être liquidée ou encaissée, aucune dépense publique ne peut être engagée ou payée si elle n'a été au préalable autorisée par une loi de finances

Toutefois, conformément à l'article 5 alinéas 3 et 4 ; des recettes non prévues par une loi de finances initiale peuvent être liquidées ou encaissées à condition d'être autorisées par un décret pris en conseil des ministres et régularisées dans la plus prochaine loi de finances.

Lorsque des dispositions d'ordre législatif ou règlementaire doivent entraîner des charges nouvelles, ou des pertes de ressources, aucun projet de loi ne peut être voté, aucun acte règlementaire ou conventionnel ne peut être signé tant que ces charges ou pertes de ressources n'ont pas été prévues, évaluées et soumises à l'avis conforme du Ministre chargé des Finances.

Article 5 : Ont le caractère de lois de finances :

- la loi de finances de l'année ;
- les lois de finances rectificatives ;
- la loi de règlement.

La loi de finances de l'année prévoit et autorise, pour chaque année civile, l'ensemble des ressources et des charges de l'Etat.

Les lois de finances rectificatives modifient, en cours d'année, les dispositions de la loi de finances de l'année.

La loi de règlement constate les résultats financiers de chaque année civile et rend compte de l'exécution du budget ainsi que de l'utilisation des crédits.

TITRE III - DU CONTENU DES LOIS DE FINANCES

CHAPITRE PREMIER - DES RESSOURCES ET DES CHARGES DE L'ETAT

Article 6 : Les ressources et les charges de l'Etat sont constituées de recettes et de dépenses budgétaires ainsi que de ressources et de charges de trésorerie.

Article 7 : La loi de finances de l'année contient le budget de l'Etat pour l'année civile. Le budget décrit les recettes et les dépenses budgétaires autorisées par la loi de finances.

Section première. - Des recettes et des dépenses budgétaires de l'Etat.

Article 8 : Les recettes budgétaires de l'Etat comprennent :

- les impôts, les taxes ainsi que le produit des amendes ;
- les rémunérations des services rendus et redevances ;
- les fonds de concours, dons et legs ;
- les revenus des domaines, des participations financières et la part de l'Etat dans les bénéfices des entreprises publiques ;
- les produits divers.

Article 9 : L'autorisation de percevoir les impôts est annuelle. Le rendement des impôts dont le produit est affecté à l'Etat est évalué par les lois de finances.

Les taxes parafiscales perçues dans un intérêt économique ou social au profit d'une personne morale de droit public ou privé autre que l'Etat, les collectivités locales et leurs établissements publics administratifs, sont établies par décret pris sur rapport du Ministre chargé des finances et du Ministre intéressé.

La perception de ces taxes au-delà du 31 décembre de l'année de leur établissement est autorisée chaque année par une loi de finances.

Article 10 : La rémunération des services rendus par l'Etat ne peut être établie et perçue que si elle est instituée par décret pris sur rapport conjoint du Ministre chargé des Finances et du Ministre intéressé.

Le produit des amendes, des rémunérations pour services rendus, les revenus du domaine et des participations financières, la part de l'Etat dans les bénéfices des entreprises publiques et le montant des produits divers sont prévus et évalués par la loi de finances de l'année.

Article 11 : Les dépenses budgétaires de l'Etat comprennent :

- les dépenses ordinaires ;
- les dépenses en capital.

Les dépenses ordinaires sont constituées :

- des dépenses de personnel ;
- des charges financières de la dette ;
- des dépenses d'acquisitions de biens et services ;

- des dépenses de transfert courant ;
- des dépenses en atténuation de recettes.

Les dépenses en capital comprennent :

- les dépenses d'investissements exécutés par l'Etat ;
- les dépenses de transfert en capital.

Article 12 : Les lois de finances répartissent les crédits budgétaires qu'elles ouvrent entre les différents ministères et institutions constitutionnelles.

A l'intérieur des ministères, ces crédits sont décomposés en programmes, sous réserve des dispositions de l'article 14 de la présente loi organique.

Les crédits budgétaires alloués aux institutions sont regroupés en dotations, lorsqu'ils sont directement destinés à l'exercice de leurs missions constitutionnelles. Toutefois, ils sont répartis en programme, lorsqu'ils concourent à la réalisation d'une politique publique.

Un programme regroupe les crédits destinés à mettre en œuvre une action ou un ensemble cohérent d'actions représentatif d'une politique publique clairement définie dans une perspective de moyen terme.

A ces programmes sont associés des objectifs précis, arrêtés en fonction de finalités d'intérêt général et des résultats attendus.

Ces résultats, mesurés notamment par des indicateurs de performance, font l'objet d'évaluations régulières et donnent lieu à un rapport de performance élaboré en fin d'exercice par les ministères et institutions constitutionnelles concernés.

Un programme peut regrouper, tout ou partie des crédits d'une direction, d'un service, d'un ensemble de directions ou de services d'un même ministère.

Les crédits de chaque programme sont décomposés selon leur nature en crédits de :

- personnel ;
- biens et services ;
- investissement ;
- transferts.

Les crédits de personnel sont assortis, par ministère, de plafonds d'autorisation d'emplois rémunérés par l'Etat.

Les crédits sont spécialisés par programme.

Article 13 : Les responsables de programme sont nommés par ou sur proposition du Ministre sectoriel dont ils relèvent. L'acte de nomination précise, le cas échéant, les conditions dans lesquelles les compétences d'ordonnateur leur sont déléguées, ainsi que les modalités de gestion du programme, en application de l'article 15 de la présente loi organique.

Sur la base des objectifs généraux fixés par le Ministre sectoriel, le responsable de programme détermine les objectifs spécifiques, affecte les moyens et contrôle les résultats des services chargés de la mise en œuvre du programme. Il s'assure du respect des dispositifs de contrôle interne et de contrôle de gestion.

Les modalités de mise en œuvre des contrôles budgétaires et comptables prévus par la présente loi organique ainsi que par le décret portant règlement général sur la comptabilité publique tiennent compte tant de la qualité et de l'efficacité du contrôle interne que du contrôle de gestion pour chaque programme.

Sans préjudice de leurs missions de contrôle et de vérification de la régularité des opérations financières, les corps et institutions de contrôle, notamment la Cour des Comptes, contrôlent les résultats des programmes et en évaluent l'efficacité, l'économie et l'efficience.

Article 14 : Les crédits budgétaires non répartis en programme sont répartis en dotations. Chaque dotation regroupe un ensemble de crédits globalisés destinés à couvrir des dépenses spécifiques auxquelles ne peuvent être directement associés des objectifs de politiques publiques ou des critères de performance. Font l'objet de dotations :

- les crédits destinés aux pouvoirs publics pour chacune des institutions constitutionnelles ; les crédits de la dotation de chaque institution constitutionnelle couvrent les dépenses de personnel, de biens et services, de transfert et d'investissement directement nécessaires à l'exercice de ses fonctions constitutionnelles ;
- les crédits globaux pour des dépenses accidentelles et imprévisibles ;
- les crédits destinés à couvrir les défauts de remboursement ou appels en garantie intervenus sur les comptes d'avances, de prêts, d'avals, et de garanties ;
- les charges financières de la dette de l'Etat.

Article 15 : Les crédits répartis en programme ou en dotation et décomposés par nature conformément aux dispositions des articles 12 et 14 de la présente loi organique constituent des plafonds de dépense qui s'imposent dans l'exécution de la loi de finances aux ordonnateurs ainsi qu'aux comptables.

Toutefois, à l'intérieur d'un même programme, les ordonnateurs peuvent, en cours d'exécution, modifier la nature des crédits pour les utiliser, s'ils sont libres d'emploi dans les cas ci-après :

- des crédits de personnel, pour majorer les crédits de biens et services, de transfert ou d'investissement ;
- des crédits de biens et services et de transfert, pour majorer les crédits d'investissement.

Ces modifications sont décidées par arrêté du Ministre concerné. Il en informe le Ministre chargé des Finances.

Article 16 : Le budget général de l'Etat, les budgets annexes et les comptes spéciaux du Trésor sont présentés selon les classifications administratives, par programme, fonctionnelle et économique de la nomenclature budgétaire de l'Etat.

La nomenclature budgétaire de l'Etat est construite dans le respect des articles 8, 11, 12, 14 et 15 de la présente loi organique.

Article 17 : Les crédits ouverts par les lois de finances sont constitués :

- de crédits de paiement applicables à toutes les catégories de dépenses ;
- d'autorisation d'engagement applicables uniquement aux dépenses en capital et aux contrats de partenariats publics-privés.

Article 18 : Les autorisations d'engagement constituent la limite supérieure des dépenses pouvant être juridiquement engagées au cours de l'exercice pour la réalisation des investissements prévus par la loi de finances.

Pour une opération d'investissement directement exécutée par l'Etat, l'autorisation d'engagement couvre une tranche constituant une unité individualisée formant un ensemble cohérent et de nature à être mise en œuvre sans adjonction.

Pour les contrats de partenariats publics-privés, par lesquels l'Etat confie à un tiers le financement, la réalisation, la maintenance ou l'exploitation d'opérations d'investissements d'intérêt public, les autorisations d'engagement couvrent, dès l'année où les contrats sont conclus, la totalité de l'engagement juridique.

Article 19 : Les crédits de paiement constituent la limite supérieure des dépenses pouvant être ordonnancées ou payées au cours de l'exercice.

Article 20 : Toutes les autorisations d'engagement et tous les crédits de paiement ainsi que les plafonds d'autorisation d'emplois rémunérés par l'Etat sont limitatifs.

Sauf dispositions spéciales d'une loi de finances prévoyant un engagement par anticipation sur les crédits de l'année suivante, les dépenses sur crédits limitatifs ne peuvent être engagées et ordonnancées que dans la limite des crédits ouverts.

Par exception aux dispositions de l'alinéa 1er du présent article, les crédits relatifs aux charges financières de l'Etat sont évaluatifs. Ces crédits évaluatifs s'imputent, au besoin, au-delà de la dotation qui les concerne.

Article 21 : Des transferts et des virements de crédits peuvent, en cours d'exercice, modifier la répartition des crédits budgétaires entre programmes.

Les transferts de crédits modifient la répartition des crédits budgétaires entre programmes de ministères distincts dans la mesure où l'emploi des crédits ainsi transférés, pour un objet déterminé, correspond à des actions du programme d'origine.

Les transferts de crédits sont autorisés par décret sur rapport conjoint du Ministre chargé des Finances et des ministres concernés.

Les virements de crédits modifient la répartition des crédits budgétaires entre programmes d'un même ministère. S'ils ne changent pas la nature de la dépense selon les catégories définies à l'alinéa 7 de l'article 12 de la présente Loi organique, ils sont pris par arrêté interministériel du Ministre chargé des Finances et du Ministre concerné.

Dans le cas contraire, ils sont autorisés par décret sur rapport conjoint du Ministre chargé des Finances et du Ministre concerné.

Le montant annuel cumulé des virements et transferts affectant un programme ne peut dépasser 10% des crédits votés de ce programme, sauf nécessité impérieuse.

A l'exception des crédits globaux pour des dépenses accidentelles et imprévisibles, aucun transfert ni virement ne peut être opéré d'une dotation vers un programme.

Article 22 : La répartition par programme des crédits globaux pour des dépenses accidentelles et imprévisibles se fait par décret. Aucune dépense ne peut être directement imputée sur ces crédits globaux avant cette répartition.

Article 23 : En cas d'urgence et de nécessité impérieuse d'intérêt national, des crédits supplémentaires peuvent être couverts par décret d'avances pris en Conseil des ministres.

Le Parlement est immédiatement informé et la ratification des crédits se fera sur la plus prochaine loi de finances.

Article 24 : Sous réserve des dispositions concernant les autorisations d'engagement, les crédits ouverts et les plafonds des autorisations d'emplois fixés au titre d'une année ne créent aucun droit au titre des années suivantes.

Les autorisations d'engagement, au sens de l'article 18 de la présente Loi organique, disponibles sur un programme à la fin de l'année peuvent être reportées sur le même programme par décret pris en Conseil des ministres, majorant à due concurrence les crédits de l'année suivante.

Par exception, les crédits de paiement relatifs aux dépenses d'investissement disponibles sur un programme à la fin de l'année peuvent être reportés sur le même programme dans la mesure où les reports de crédits retenus ne dégradent pas l'équilibre budgétaire tel que défini à l'article 45 de la présente Loi organique.

Ces reports s'effectuent par décret pris en Conseil des ministres, en majoration des crédits de paiement pour les investissements de l'année suivante, sous réserve de la disponibilité des financements correspondants.

Ce décret, qui ne peut être pris qu'après clôture des comptes de l'exercice précédent, est consécutif à un rapport du Ministre chargé des Finances. Ce rapport évalue et justifie les ressources permettant de couvrir le financement des reports, sans dégradation du solde du budget autorisé de l'année en cours.

Article 25 : Des crédits budgétaires peuvent être annulés par arrêté du Ministre chargé des Finances, après information du Ministre sectoriel, lorsqu'ils sont devenus sans objet ou dans le cadre de la mise en œuvre de son pouvoir de régulation budgétaire, tel que décrit dans le décret portant règlement général sur la comptabilité publique.

Article 26 : Les arrêtés et décrets relatifs aux mouvements de crédits prévus aux articles 21 à 25 de la présente Loi organique sont transmis, dès leur signature, au Parlement et à la Cour des comptes.

La ratification de ces mouvements est demandée au Parlement dans la plus prochaine Loi des finances relative à l'exercice concerné.

Section 2. - Des ressources et des charges de trésorerie

Article 27 : Les ressources de trésorerie de l'Etat comprennent :

- les produits provenant de la cession des actifs ;
- les produits des emprunts à court, moyen et long termes ;
- les dépôts sur les comptes des correspondants ;
- les remboursements de prêts et avances.

Ces ressources de trésorerie sont évaluées et, s'agissant des emprunts à moyen et à long termes, autorisées par une loi de finances.

La variation nette de l'encours des emprunts à moyen et long terme qui peuvent être émis est plafonnée annuellement par une loi de finances.

Sauf disposition expresse d'une loi de finances, les titres d'emprunts publics émis par l'Etat sont libellés en monnaie nationale ; ils ne peuvent prévoir d'exonération fiscale et ne peuvent être utilisés comme moyen de paiement d'une dépense publique.

Article 28 : Les charges de trésorerie de l'Etat comprennent :

- le remboursement des produits des emprunts à court, moyen et long termes ;
- les retraits sur les comptes des correspondants ;
- les prêts et avances.

Ces charges de trésorerie sont évaluées par une loi de finances.

Les remboursements d'emprunts sont exécutés conformément au contrat d'émission.

Les opérations de dépôt sont faites dans les conditions prévues par les règles de comptabilité publique.

Article 29 : Sauf dérogation accordée par décret pris sur rapport du Ministre chargé des Finances, les organismes publics autres que l'Etat sont tenus de déposer toutes leurs disponibilités au Trésor public.

Le Trésor public est tenu d'assurer la liquidité de ces dépôts dans les conditions définies au moment du dépôt.

Section 3. - Du principe de sincérité.

Article 30 : Les prévisions de ressources et de charges de l'Etat doivent être sincères.

Elles doivent être effectuées avec réalisme et prudence, compte tenu des informations disponibles au moment où le projet de loi de finances est établi.

CHAPITRE 2. - DU BUDGET DE L'ETAT.

Section première. - Du budget général.

Article 31 : Sous réserve des dispositions concernant les budgets annexes et les comptes spéciaux du Trésor, toutes les recettes et toutes les dépenses budgétaires de l'Etat sont retracées dans le budget général.

Article 32 : Il est fait recette du montant intégral des produits, sans contraction entre les recettes et les dépenses. L'ensemble des recettes assurant l'exécution de l'ensemble des dépenses, toutes les dépenses et toutes les recettes sont imputées au budget général.

Article 33 : Par dérogation aux dispositions de l'article 32 de la présente Loi organique, des procédures particulières peuvent permettre d'assurer une affectation au sein du budget général.

Ces procédures sont la procédure du fonds de concours et la procédure de rétablissement de crédits.

Les fonds de concours sont constitués par :

- des contributions volontaires versées par des personnes morales ou physiques et notamment par les bailleurs de fonds, pour concourir avec les ressources de l'Etat à des dépenses d'intérêt public ;
- des legs et des donations attribués à l'Etat.

Les fonds de concours sont portés en recettes au budget général et un crédit supplémentaire de même montant est ouvert sur le programme concerné par arrêté du Ministre chargé des Finances. L'emploi des fonds de concours doit être conforme à l'intention de la partie versante ou du donateur.

Les rétablissements de crédits sont constitués par :

- les recettes provenant de la restitution au Trésor public de sommes payées indûment ou à titre provisoire sur crédits budgétaires ;
- les recettes provenant de cessions ayant donné lieu à un paiement sur crédits budgétaires.

Section 2. - Des budgets annexes.

Article 34 : Les opérations financières des services de l'Etat que la loi n'a pas dotés de la personnalité morale et dont l'activité tend essentiellement à produire des biens ou à rendre des services donnant lieu au paiement de prix peuvent faire l'objet de budgets annexes.

La création d'un budget annexe et sa suppression ainsi que l'affectation d'une recette à celui-ci sont décidées par une loi de finances.

Un budget annexe constitue un programme au sens de l'article 12 de la présente Loi organique.

Chaque budget annexe est rattaché à un ministère.

Article 35 : Les budgets annexes comprennent, d'une part, les recettes et les dépenses d'exploitation, d'autre part, les dépenses d'investissement et les recettes spéciales affectées à ces dépenses.

Les opérations des budgets annexes s'exécutent comme les opérations du budget général. Les dépenses d'exploitation suivent les mêmes règles que les dépenses ordinaires tandis que les dépenses d'investissement suivent les mêmes règles que les dépenses en capital.

Les emplois des agents publics rémunérés sur chaque budget annexe sont plafonnés par une loi de finances.

Toutefois, les crédits limitatifs se rapportant aux dépenses d'exploitation et d'investissement peuvent être majorés, seulement dans les conditions prévues à l'article 15 de la présente Loi organique mais également par arrêté du Ministre chargé des Finances, s'il est établi que l'équilibre financier du budget annexe tel qu'il est prévu par la dernière loi de finances n'est pas modifié et qu'il n'en résulte aucune charge supplémentaire pour les années suivantes.

Section 3. - Des comptes spéciaux du Trésor

Article 36 : Des comptes spéciaux du Trésor peuvent être ouverts par une loi de finances pour retracer des opérations effectuées par les services de l'Etat dans les conditions prévues aux articles 37 à 42 de cette présente Loi organique.

Les comptes spéciaux du Trésor peuvent être traités comme des programmes.

Les comptes spéciaux du Trésor comprennent les catégories suivantes :

- les comptes d'affectation spéciale ;
- les comptes de commerce ;
- les comptes de prêts ;
- les comptes d'avances ;
- les comptes de garanties et d'avals.

A l'exception du Fonds National de Retraite (FNR) et des comptes de commerce, les comptes spéciaux du Trésor ne peuvent être à découvert.

Article 37 : Sous réserve des règles particulières énoncées aux articles 38 à 42 de la présente loi organique, les opérations des comptes spéciaux du Trésor sont prévues, autorisées et exécutées dans les mêmes conditions que les opérations du budget général.

Sauf dérogations prévues par une loi de finances, il est interdit d'imputer directement à un compte spécial du Trésor des dépenses résultant du paiement des traitements ou indemnités à des agents de l'Etat ou d'autres organismes publics.

Sauf dispositions contraires prévues par une loi de finances, le solde de chaque compte spécial du Trésor est reporté de droit sur l'exercice suivant.

Article 38 : Les comptes d'affectation spéciale retracent des opérations qui sont financées au moyen de ressources particulières.

Une subvention du budget général de l'Etat ne peut compléter les recettes d'un compte spécial que si elle est au plus égale à dix pour cent (10%) du total des prévisions de dépenses.

A l'exception du Fonds National de Retraite, le total des dépenses engagées ou ordonnancées au titre d'un compte d'affectation spéciale ne peut excéder le total des recettes du même compte.

Si, en cours d'année, les recettes d'un compte d'affectation spéciale apparaissent supérieures aux évaluations, les crédits peuvent être majorés par arrêté du ministre chargé des finances dans la limite de cet excédent de recettes.

Chaque compte d'affectation spéciale constitue un programme au sens des articles 12 et 13 de la présente Loi organique.

Article 39 : Les comptes de commerce retracent des opérations à caractère industriel ou commercial effectuées à titre accessoire par des services publics de l'Etat.

Les prévisions de dépenses concernant ces comptes ont un caractère évaluatif ; seul le découvert fixé annuellement pour chacun d'eux a un caractère limitatif.

Sauf dérogations expresses prévues par une loi de finances, il est interdit d'exécuter, au titre de comptes de commerce, des opérations d'investissement financier, de prêts ou d'avances, ainsi que des opérations d'emprunts.

Les résultats annuels sont établis pour chaque compte selon les règles du plan comptable général de l'Etat.

Article 40 : Les comptes d'avances décrivent les avances que le ministre chargé des finances est autorisé à consentir dans la limite des crédits ouverts à cet effet.

Un compte d'avances distinct doit être ouvert pour chaque débiteur ou catégorie de débiteurs.

Les avances du Trésor sont productives d'intérêt à un taux qui ne peut être inférieur au taux moyen des bons du Trésor. Sauf dispositions spéciales contenues dans une loi de finances, leur durée ne peut excéder un an, renouvelable une fois.

Toute avance non remboursée à l'expiration du délai fixé doit faire l'objet :

- soit d'une décision de recouvrement immédiat ou, à défaut de recouvrement, de poursuites effectives engagées dans un délai de trois mois ;
- soit d'une autorisation de consolidation sous forme de prêts du Trésor assortis d'un transfert à un compte de prêts ;
- soit de la constatation d'une perte par un transfert immédiat, du même montant, du budget général au compte spécial.

La variation nette de l'encours des avances qui peuvent être accordées par l'Etat sur chaque compte d'avances est plafonnée annuellement par une loi de finances.

A l'exception du produit du remboursement des avances préalablement consenties, tout abondement en crédits d'un compte d'avances constitue une dépense budgétaire.

L'ensemble des comptes d'avances constitue un programme au sens des articles 12 et 13 de la présente Loi organique.

Article 41 : Les comptes de prêts retracent les prêts, d'une durée supérieure à deux ans mais égale ou inférieure à dix ans, consentis par l'Etat dans la limite des crédits ouverts à cet effet, soit à titre d'opérations nouvelles, soit à titre de consolidation.

Les prêts consentis sont productifs d'intérêts à un taux qui ne peut être inférieur au taux moyen des bons du Trésor.

Tout prêt non remboursé à l'échéance doit faire l'objet :

- soit d'une décision de recouvrement immédiat ou, à défaut, de poursuites effectives engagées dans un délai de trois mois ;
- soit de la constatation d'une perte par un versement immédiat, du même montant, du budget général au compte spécial.

La variation nette de l'encours des prêts qui peuvent être accordés par l'Etat sur chaque compte de prêts est plafonnée annuellement par une loi de finances.

A l'exception du remboursement des prêts préalablement consentis, tout abondement en crédits d'un compte de prêts constitue une dépense budgétaire.

L'ensemble des comptes de prêts constitue en programme au sens des articles 12 et 13 de la présente Loi organique.

Article 42 : Les comptes de garanties et d'avals retracent les engagements de l'Etat résultant des garanties financières accordées par lui à une personne physique ou morale, notamment, les garanties octroyées par l'Etat pour les contrats de partenariats publics-privés visés à l'article 18 de la présente Loi organique.

La dotation portant sur les crédits destinés à couvrir les défauts de remboursement ou appels en garantie intervenus sur les comptes d'avals et de garanties visée à l'article 14 de la présente Loi organique est provisionnée au minimum à hauteur de dix pour cent (10%) des échéances annuelles dues par les bénéficiaires des garanties et avals de l'Etat.

La variation nette de l'encours des garanties et avals qui peuvent qui peuvent être accordés par l'Etat sur chaque compte de garanties et d'avals est plafonnée annuellement par une loi de finances.

Les garanties et les avals sont donnés par décret pris en Conseil des ministres.

Les conditions d'octroi des garanties doivent respecter les dispositions du Règlement portant cadre de référence de la politique d'endettement public et de gestion de la dette publique dans les Etats membres de l'UEMOA.

L'ensemble des comptes de garanties et d'avals constitue un programme au sens des articles 12 et 13 de la présente Loi organique.

TITRE IV. - DE LA PRESENTATION DES LOIS DE FINANCES

CHAPITRE PREMIER. - DE LA LOI DE FINANCES DE L'ANNÉE

Article 43 : La loi de finances de l'année comprend le texte de loi proprement dit et les annexes qui l'accompagnent et qui en font partie intégrante.

Article 44 : Le texte de la loi de finances de l'année comprend deux parties distinctes.

Dans la première partie, la loi de finances de l'année :

- prévoit et autorise les recettes budgétaires et les ressources de trésorerie de l'Etat ;
- autorise la perception des impôts et taxes affectés aux collectivités locales et aux établissements publics ;
- fixe les plafonds des dépenses du budget général et de chaque budget annexe, les plafonds des charges de chaque catégorie de comptes spéciaux du Trésor ainsi que le plafond d'autorisation des emplois rémunérés par l'Etat ;
- arrête les dispositions nécessaires à la réalisation, conformément aux lois en vigueur, des opérations d'emprunt destinées à couvrir les charges de trésorerie ;
- arrête les données générales de l'équilibre budgétaire et financier présentées dans un tableau d'équilibre faisant apparaître :
  a) le solde budgétaire global résultant de la différence entre les recettes et les dépenses budgétaires telles que définies respectivement aux articles 8 et 11 de la présente Loi organique ;
  b) Le solde budgétaire de base tel que défini par le Pacte de convergence de stabilité, de croissance et de solidarité entre les Etats membres de l'UEMOA ;
- approuve le tableau de financement récapitulant, pour la durée de la gestion, les prévisions de ressources et de charges de trésorerie.

Dans la seconde partie, la loi de finances de l'année :

- fixe, pour le budget général, par programme et par dotation, le montant des crédits de paiement et, le cas échéant, des autorisations d'engagement ;
- détermine, par ministère et par budget annexe, le plafond des autorisations d'emplois rémunérés par l'Etat ;
- fixe, par budget annexe et par compte spécial du Trésor, le montant des crédits de paiement et, le cas échéant, des autorisations d'engagement ;
- définit les modalités de répartition des concours financiers de l'Etat aux autres administrations publiques ;
- autorise l'octroi des garanties et avals accordés par l'Etat ;
- approuve les conventions financières conclues par l'Etat ;
- comporte, le cas échéant, toutes règles fondamentales relatives à l'exécution des budgets publics, à la comptabilité publique et aux responsabilités des agents intervenant dans la gestion des finances publiques.

Article 45 : La loi de finances de l'année est accompagnée :

- d'un rapport définissant l'équilibre économique et financier, les résultats connus et les perspectives ;
- d'un plan de trésorerie prévisionnel et mensualisé de l'exécution du budget de l'Etat ;
- du document de programmation budgétaire et économique pluriannuelle tel que défini à l'article 51 de la présente Loi organique ;
- des documents de programmation pluriannuelle des dépenses, tels que prévus à l'article 52 de la présente Loi organique, ayant servi de base à la préparation des budgets des ministères ;
- d'annexes explicatives :
  1. - développant pour l'année en cours et l'année considérée, par programme ou par dotation, le montant des crédits présentés par nature de dépense. Ces annexes sont accompagnées du projet annuel de performance de chaque programme qui précise :
     a) la présentation de chacune des actions et de chacun des projets prévus par le programme, des coûts associés, des objectifs poursuivis, des résultats obtenus et attendus pour les années à venir mesurés par des indicateurs de performance ;
     b) la justification de l'évolution des crédits par rapport aux dépenses effectives de l'année antérieure ;
     c) l'échéancier des crédits de paiement associés aux autorisations d'engagement ;
     d) par catégorie d'emploi, la répartition prévisionnelle des emplois rémunérés par l'Etat et la justification des variations par rapport à la situation existante ;
  2. - développant, pour chaque budget annexe et chaque compte spécial, le montant des recettes et des dépenses ventilées par nature. Dans le cas des comptes de prêts et d'avances, les annexes contiennent un état de l'encours et des échéances des prêts et avances octroyés. S'agissant des budgets annexes, ces annexes explicatives sont accompagnées du projet annuel de performance de chaque programme, dans les conditions prévues au 1er alinéa ;
  3. - comportant un état développé des restes à payer de l'Etat établi à la date du dépôt du projet de loi de finances ;
  4. - comportant un état développé des restes à recouvrer ;
  5. - indiquant le montant, les bénéficiaires et les modalités de répartition des concours financiers accordés par l'Etat aux autres administrations publiques ;
  6. - contenant un état développé de l'encours et des échéances du service de la dette de l'Etat et la stratégie d'endettement public prévue dans les dispositions du Règlement relatif au cadre de référence de la politique d'endettement public et de gestion de la dette publique dans les Etats membres de l'UEMOA ;
  7. - présentant les tableaux suivants :

a) un tableau des recettes ;
b) un tableau matriciel croisé de classifications fonctionnelle et économique ;
c) un tableau matriciel croisé de classifications administrative et fonctionnelle ;
d) un tableau matriciel croisé de classifications administrative et économique ;
e) le tableau récapitulatif des programmes par ministère.

CHAPITRE 2. - DES LOIS DE FINANCES RECTIFICATIVES

Article 46 : Les lois de finances rectificatives sont accompagnées :

- d'une annexe décrivant l'évolution de la conjoncture économique depuis le début de l'exercice et son impact sur les recettes et dépenses ;
- d'une annexe récapitulant l'ensemble des mouvements de crédits et mesures de régulation intervenus au cours de l'exercice ;
- d'un tableau récapitulatif de l'exécution du budget de l'Etat, par programme, dotation, budget annexe et compte spécial, indiquant également les prévisions de dépenses pour la fin de l'exercice.

Article 47 : En cours d'exercice, un projet de loi de finances rectificative doit être déposé par le Gouvernement :

- si les grandes lignes de l'équilibre budgétaire ou financier défini par la loi de finances de l'année se trouvent bouleversées, notamment par l'intervention de décret d'avances ou d'arrêtés d'annulation de crédits ;
- si les recettes constatées dépassent sensiblement les prévisions de la loi de finances de l'année ;
- s'il y a intervention de mesures législatives ou règlementaires affectant de manière substantielle l'exécution du budget.

CHAPITRE 3 –DE LA LOI DE RÈGLEMENT

Article 48 : La Loi de règlement d'un exercice :

- constate le montant définitif des encaissements de recettes et des ordonnancements de dépenses. A ce titre, elle :
  1) ratifie, le cas échéant, les ouvertures supplémentaires de crédits décidées par décret d'avances depuis la dernière loi de finances ;
  2) régularise les dépassements des crédits constatés ;
  3) procède à l'annulation des crédits non consommés ;
- rend compte de la gestion de la trésorerie de l'Etat et de l'application du tableau de financement de l'Etat ;
- arrête les comptes et les états financiers de l'Etat et affecte les résultats de l'année ;
- rend compte de la gestion et des résultats des programmes visés à l'article 12 de la présente Loi organique.

Article 49 : Le projet de Loi de règlement est accompagné :

- des comptes et des états financiers de l'Etat issus de la comptabilité budgétaire et de la comptabilité générale de l'Etat ;
- d'annexes explicatives développant, par programme, dotation, budget annexe et comptes spéciaux du Trésor, le montant définitif des crédits ouverts, des dépenses et, le cas échéant, des recettes constatées ;
- des rapports annuels de performance par programme rendant compte de leur gestion et de leurs résultats.

Article 50 : Le projet de loi de règlement est accompagné du rapport de la Cour des comptes sur l'exécution de la loi de finances et de la déclaration générale de conformité entre les comptes des ordonnateurs et ceux des comptables publics.

La Cour des comptes donne son avis sur le système de contrôle interne et le dispositif de contrôle de gestion, sur la qualité des procédures comptables et des comptes ainsi que sur les rapports annuels de performance.

Cet avis est accompagné de recommandations sur les améliorations souhaitables.

TITRE V. - DU CADRAGE MACROECONOMIQUE DES LOIS DE FINANCES

Article 51 : Le projet de loi de finances de l'année est élaboré par référence au document de programmation budgétaire et économique pluriannuelle couvrant une période minimale de trois ans.

Sur la base d'hypothèses économiques précises et justifiées, le document de programmation budgétaire et économique pluriannuelle évalue le niveau global des recettes attendues de l'Etat, décomposées par grande catégorie d'impôts et de taxes et les dépenses budgétaires décomposées par grande catégorie de dépenses.

Ce document de programmation budgétaire et économique pluriannuelle présente également l'évolution de l'ensemble des ressources, des charges et de la dette des catégories d'organismes publics visées à l'article 54 de la présente Loi organique, ainsi que la situation financière des entreprises publiques sur la période considérée et, éventuellement, les concours que l'Etat peut accorder à ces dernières.

Il fixe enfin les objectifs d'équilibre budgétaire et financier sur le moyen terme en application des dispositions du Pacte de convergence, de stabilité, de croissance et de solidarité des Etats membres de l'UEMOA.

Article 52 : Les programmes s'inscrivent dans les documents de programmation pluriannuelle des dépenses par ministères, budgets annexes et comptes spéciaux cohérents avec le document de programmation budgétaire et économique pluriannuelle visé à l'article 51 de la présente loi organique. Les documents de programmation pluriannuelle des dépenses prévoient, pour une période minimale de trois ans, à titre indicatif, l'évolution des crédits et des résultats attendus sur chaque programme en fonction des objectifs poursuivis.

Article 53 : L'équilibre budgétaire et financier défini à l'article 44 de la présente loi organique par chaque loi de finances doit être conforme aux prescriptions du Pacte de convergence, de stabilité, de croissance et de solidarité des Etats membres de l'UEMOA.

Article 54 : Quelle que soit leur forme, tous les concours financiers de l'Etat aux organismes publics doivent être approuvés par une loi de finances.

Ces concours peuvent comprendre des subventions du budget général, des budgets annexes ou des comptes spéciaux, l'affectation de tout ou partie du produit d'impositions de toute nature, ou toute autre forme de contribution, subvention ou rétrocession de recettes.

Les organismes publics comprennent en particulier les collectivités locales, les établissements publics à caractère administratif, les agences d'exécution et les organismes de protection sociale.

Les budgets de fonctionnement de ces organismes publics doivent être équilibrés sans recours à l'emprunt.

L'Etat doit adopter des règles encadrant et plafonnant les possibilités d'emprunt des organismes publics qui ne peuvent être affectés qu'au financement de leurs investissements.

TITRE VI. - DE LA PROCEDURE D'ELABORATION ET DE VOTE DES LOIS DE FINANCES

CHAPITRE PREMIER. - DE LA PRÉPARATION DES PROJETS DE LOIS DE FINANCES.

Article 55 : Le ministre chargé des finances prépare les projets de lois de finances qui sont adoptés en Conseil des Ministres.

Article 56 : Le document de programmation budgétaire et économique pluriannuelle visé à l'article 51 de la présente Loi organique, éventuellement accompagné des documents de programmation pluriannuelle des dépenses visés à l'article 52 de la présente Loi organique, est adopté en Conseil des Ministres. Ces documents sont publics et soumis à un débat d'orientation budgétaire au Parlement au plus tard à la fin du deuxième trimestre de l'année.

CHAPITRE 2. - DU VOTE DES PROJETS DE LOIS DE FINANCES

Section première. - Le vote du projet de loi de finances de l'année

Article 57 : Le projet de finances de l'année, y compris le rapport et les annexes explicatives prévus à l'article 45 de la présente Loi organique, est déposé sur le bureau de l'Assemblée nationale au plus tard le jour de l'ouverture de la session ordinaire unique.

Le Parlement dispose de soixante jours au plus pour voter les projets de loi de finances.

L'Assemblée nationale doit se prononcer, en première lecture, dans le délai de trente-cinq jours après le dépôt du projet de loi de finances.

Le Sénat doit se prononcer dans un délai de quinze jours après avoir été saisi.

Si l'Assemblée nationale n'a pas émis un vote en première lecture sur l'ensemble du projet dans le délai imparti, le Président de la République saisit le Sénat du texte qu'il a initialement présenté, modifié, le cas échéant, par les amendements votés par l'Assemblée nationale et acceptés par lui.

Si le Sénat n'a pas émis un vote sur l'ensemble du projet de loi de finances dans le délai prévu au quatrième alinéa du présent article ou en cas de désaccord entre l'Assemblée nationale et le Sénat, l'Assemblée nationale est saisie à nouveau par le Président de la République du texte soumis au Sénat, modifié, le cas échéant, par les amendements votés par le Sénat et acceptés par lui, pour statuer définitivement.

Si à l'expiration du délai de soixante jours, le projet de loi de finances n'est pas voté définitivement par le Parlement, il est mis en vigueur par ordonnance, compte tenu des amendements votés par l'Assemblée nationale ou le Sénat et acceptés par le Président de la République.

Si la loi de finances de l'année n'a pu être promulguée avant le début de l'année financière, le Président de la République est autorisé, conformément aux dispositions de l'article 68 de la Constitution, à continuer de percevoir les impôts existants et à reconduire par décrets les services votés.

Par services votés, la présente Loi organique vise le volume de crédits nécessaire pour reconduire à périmètre constant les actions publiques qui ont fait l'objet d'une autorisation budgétaire l'année précédente.

Article 58 : Aucun article additionnel, aucun amendement à un projet de loi de finances ne peut être proposé par le Parlement, sauf s'il tend à supprimer ou à réduire effectivement une dépense, à créer ou à accroître une recette. De même, le Parlement ne peut proposer ni la création ni la suppression d'un programme, d'un budget annexe ou d'un compte spécial du Trésor.

Tout article additionnel et tout amendement doit être motivé et accompagné des développements des moyens qui le justifient.

La disjonction d'articles additionnels ou d'amendements qui contreviennent aux dispositions du présent article ou à l'objet des lois de finances définis à l'article 3 de la présente Loi organique est de droit.

Article 59 : La seconde partie de la loi de finances de l'année ne peut être mise en discussion devant le Parlement avant l'adoption de la première partie.

Article 60 : Les évaluations de recettes font l'objet d'un vote d'ensemble pour le budget général.

Les crédits du budget général font l'objet d'un vote par programme et /ou par dotation à l'intérieur des Institutions ou ministères. Les votes portent à la fois sur les autorisations d'engagement et les crédits de paiement.

Les plafonds des autorisations d'emplois rémunérés par l'Etat font l'objet d'un vote unique.

Les évaluations de recettes font l'objet d'un vote d'ensemble par budget annexe et par compte spécial du Trésor.

Les crédits des budgets annexes et des comptes spéciaux font l'objet d'un vote par budget annexe et par compte spécial du Trésor.

Les évaluations de ressources et de charges de trésorerie font l'objet d'un vote unique.

Article 61 : Dès la promulgation de la loi de finances de l'année ou la publication de l'ordonnance prévue à l'article 57 de la présente Loi organique, le Gouvernement prend les dispositions réglementaires ou administratives portant répartition des crédits du budget général, des budgets annexes et des comptes spéciaux selon la nomenclature budgétaire de l'Etat en vigueur.

Ces dispositions répartissent et fixent les crédits conformément aux annexes explicatives de l'article 50 de la présente Loi organique, modifiées, le cas échéant, par les votes du Parlement.

Section 2. - Du vote du projet de loi de règlement

Article 62 : Le projet de loi de règlement est déposé sur le bureau du Parlement et distribué au plus tard le jour de l'ouverture de la session ordinaire de l'année suivant celle de l'exécution du budget auquel il se rapporte.

Il est accompagné des documents prévus aux articles 49 et 50 de la présente Loi organique.

Le rapport sur l'exécution des lois de finances, la déclaration générale de conformité et, le cas échéant, l'avis de la Cour des comptes sur la qualité des procédures comptables et des comptes ainsi que sur les rapports annuels de performance prévus à l'article 50 de la présente Loi organique sont remis au Parlement sitôt leur adoption définitive par la Cour des comptes.

TITRE VII. - DES REGLES FONDAMENTALES DE MISE EN ŒUVRE DES BUDGETS PUBLICS

CHAPITRE PREMIER. - DES RÈGLES FONDAMENTALES RÉGISSANT L'EXÉCUTION DES DÉPENSES ET DES RECETTES

Article 63 : Les opérations d'exécution du budget de l'Etat incombent aux ordonnateurs et aux comptables publics. Les fonctions d'ordonnateur et celles de comptable public sont incompatibles.

Article 64 ; Les ordonnateurs peuvent déléguer leur pouvoir à des agents publics dans les conditions déterminées par les lois et règlements.

Ils peuvent déléguer à ces agents la gestion de tout ou partie des crédits dont ils ont la charge.

Article 65 : Le ministre chargé des Finances est ordonnateur principal unique des recettes du budget général, des comptes spéciaux du Trésor et de l'ensemble des opérations de trésorerie. Le ministre chargé des finances est ordonnateur principal des crédits, des programmes et des budgets annexes de son ministère.

Il peut déléguer son pouvoir d'ordonnateur dans les conditions définies à l'article 64 de la présente Loi organique.

Article 66 : Le ministre chargé des Finances est responsable de l'exécution de la Loi de finances et du respect des équilibres budgétaire et financier définis par celle-ci. A ce titre, il dispose d'un pouvoir de régulation budgétaire qui lui permet, au cours de l'exécution du budget :

- d'annuler un crédit devenu sans objet au cours de l'exercice ;
- d'annuler un crédit pour prévenir une détérioration des équilibres budgétaire et financier de la loi de finances.

En outre, le ministre chargé des finances peut subordonner l'utilisation des crédits par les ordonnateurs aux disponibilités de trésorerie de l'Etat.

Article 67 : Les ministres et les présidents des institutions constitutionnelles sont ordonnateurs principaux des crédits, des programmes et des budgets annexes de leur ministère ou de leur institution. Ils peuvent déléguer leur pouvoir d'ordonnateur dans les conditions définies à l'article 64 de la présente loi organique.

Le ministre chargé des finances est responsable de la centralisation des opérations budgétaires des ordonnateurs, en vue de la reddition des comptes relatifs à l'exécution des lois de finances.

Toutefois, pendant une période maximum de cinq ans à compter du 1er janvier 2012, le ministre chargé des finances reste l'ordonnateur principal unique du budget général, des budgets annexes et des comptes spéciaux du Trésor.

Pendant cette période de cinq ans, le ministre chargé des finances peut proposer la délégation de son pouvoir d'engagement et d'ordonnancement à un ou plusieurs ministres ainsi qu'aux présidents des institutions constitutionnelles pour leurs budgets respectifs.

Par ailleurs, à compter du 1er janvier 2017 et à titre provisoire, le ministre chargé des finances peut assurer la fonction d'ordonnateur principal de tout ou partie des crédits d'un ministère ou d'une institution constitutionnelle, lorsque les conditions techniques ne permettent pas à la structure concernée d'assumer sans risque significatif, cette fonction.[17]

Article 68 : Les contrôleurs financiers relèvent du ministre chargé des finances et sont nommés par celui-ci ou à son initiative auprès des ordonnateurs. Ils sont chargés des contrôles *a priori* des opérations budgétaires. Ils peuvent donner des avis sur la qualité de la gestion des ordonnateurs et sur la performance des programmes.

Article 69 : Sont prescrites au profit de l'Etat ou de tout autre organisme public doté d'un comptable public, toutes créances dont le paiement n'a pas été réclamé dans un délai de quatre ans à partir du premier jour de l'année suivant

---

[17] Article 1er de la Loi organique adoptée le 10 décembre 2016, modifiant la loi organique n° 2011-15 du 08 juillet 2011 relative aux lois de finances.

celle au cours de laquelle les droits ont été acquis. La prescription peut être interrompue ou suspendue dans les conditions définies par la règlementation en vigueur.

Les règles de prescription des créances de l'Etat ou de tout autre organisme public doté d'un comptable public, sur des particuliers ou personnes morales, doivent être définies dans les lois et règlements en vigueur.

Quelle que soit leur nature, les actifs de l'Etat ou de tout autre organisme public doté d'un comptable public sont insaisissables.

TITRE VII - DU CONTROLE DU PARLEMENT ET DE LA COURDES COMPTES

Article 70 : Sans préjudice des pouvoirs généraux de contrôle du Parlement, les Commissions des finances veillent au cours de la gestion annuelle, à la bonne exécution des lois de finances.

A cette fin, le Gouvernement transmet trimestriellement au Parlement, à titre d'information, des rapports d'exécution du budget. Ces rapports sont mis à la disposition du public.

Les informations ou les investigations sur place que le Parlement pourrait demander, ne sauraient lui être refusées.

Le parlement peut procéder à l'audition des ministres.

Article 71 : La Cour des comptes juge les comptes des comptables publics.

Sans préjudice de ses attributions propres en manière de contrôle juridictionnel et non juridictionnel telles que définies par les lois et règlements, la Cour des comptes assiste le Parlement dans le contrôle de l'exécution des lois de finances.

La Cour des comptes exerce un contrôle sur la gestion des administrations en charge de l'exécution des programmes et dotations. Elle émet un avis sur les rapports annuels de performance.

Le Parlement peut demander à la Cour des comptes la réalisation de toutes enquêtes nécessaires à son information.

Les comptes de gestion, déposés en état d'examen à la Cour des comptes, doivent être jugés dans un délai de cinq ans.

En l'absence de jugement de la Cour des comptes dans ce délai, le Comptable public est déchargé d'office de sa gestion.

Sans préjudice de leurs missions de contrôle et de vérification de la régularité des opérations financières, les Corps et Institutions de contrôle, ainsi que la Cour des comptes, contrôlent les résultats des programmes et en évaluent l'efficacité, l'économie et l'efficience.

TITRE IX - ENTREE EN VIGUEUR ET APPLICATION DE LA LOI ORGANIQUE

Article 72 : *La loi organique n°2001-09 du 15 octobre 2001 relative aux lois de finances, modifiée est abrogée au 1er janvier 2016 sous réserve des dispositions du second alinéa de l'article 74 de la présente loi organique.*[18]

Article 73 : Les dispositions des articles 56 et 70 de la présente Loi organique relatives au débat d'orientation budgétaire, à la transmission trimestrielle au Parlement des rapports d'exécution du budget et à la mise à disposition du public de ces rapports, sont applicables à compter de l'année 2012.

Article 74 : Sous réserve des dispositions relatives au dernier alinéa de l'article 67, à la dernière phrase de l'alinéa 1er de l'article 72 et de l'article 73, la présente loi organique entre en vigueur le 1er janvier 2016.

Toutefois, les ministères peuvent disposer d'une période complémentaire d'adaptation, sans pouvoir excéder la période couverte par leur document de programmation pluriannuelle des dépenses de la même année.[19]

La présence loi organique sera exécutée comme loi de l'Etat.

Fait à Dakar, le 8 juillet 2011
Par le Président de la République
Abdoulaye WADE

Le Premier Ministre,
Souleymane Ndéné NDIAYE

TOGO : LOI ORANIQUE RELATIVE AUX LOIS DE FINANCES

PRESIDENCE DE LA REPUBLIQUE TOGOLAISE

Travail-Liberté-Patrie

LOI ORGANIQUE N° 2014-013 du 27 juin 2014

RELATIVE AUX LOIS DE FINANCES

---

[18] Article 2 de la Loi organique adoptée le 10 décembre 2016, modifiant la loi organique n° 2011-15 du 08 juillet 2011 relative aux lois de finances.

[19] Article 3 de la Loi organique adoptée le 10 décembre 2016, modifiant la loi organique n° 2011-15 du 08 juillet 2011 relative aux lois de finances.

L'Assemblée nationale a délibéré et adopté ;

Le Président de la République promulgue la loi dont la teneur suit :

TITREI -DES DISPOSITIONS GENERALES

Article 1er : La présente loi organique fixe les règles fondamentales relatives au contenu, à la présentation, à l'élaboration, à l'adoption, à l'exécution et au contrôle de l'exécution des lois de finances.

Elle détermine les conditions dans lesquelles est arrêtée la politique budgétaire à moyen terme pour l'ensemble des finances publiques.

Elle énonce les principes relatifs à l'exécution des budgets publics, à la comptabilité publique et aux responsabilités des agents publics intervenant dans la gestion des finances publiques.

Article 2 : Les modalités d'application des dispositions de la présente loi organique sont fixées par décret portant règlement général sur la comptabilité publique, tableau des opérations financières de l'Etat, nomenclature budgétaire de l'Etat et plan comptable de l'Etat.

TITRE II- DU DOMAINE ET DE LA CLASSIFICATION DES LOIS DE FINANCES

Article 3 : Les lois de finances déterminent la nature, le montant et l'application des ressources et des charges de l'Etat ainsi que l'équilibre budgétaire et financier qui en résulte, compte tenu de la situation et des objectifs macro-économiques de l'Etat et des obligations du Pacte de convergence, de stabilité, de croissance et de solidarité de l'Union Economique et Monétaire Ouest Africaine (UEMOA).

Les dispositions relatives à l'assiette, au taux et aux modalités de recouvrement des impositions de toute nature, qu'elles soient perçues par l'Etat ou affectées à d'autres organismes publics, sont du domaine de la loi.

Article 4 : Aucune recette ne peut être liquidée ou encaissée, aucune dépense publique ne peut être engagée ou payée si elle n'a été au préalable autorisée par une loi de finances.

Toutefois, conformément à l'article 5 alinéa 3 ci-dessous, des recettes non prévues par une loi de finances initiale peuvent être liquidées ou encaissées à condition d'être autorisées par un décret en conseil des ministres et régularisées dans la plus prochaine loi de finances.

Article 5 : Ont le caractère de loi des finances :

- La loi de finances de l'année ;
- les lois de finances rectificatives ;
- la loi de règlement.

La loi de finances de l'année prévoit et autorise, pour chaque année civile, l'ensemble des ressources et des charges de l'Etat.

Les lois de finances rectificatives modifient, en cours d'année, les dispositions de la loi de finances de l'année.

La loi de règlement constate les résultats financiers de chaque année civile et rend compte de l'exécution du budget ainsi que de l'utilisation des crédits.

TITREIII – DU CONTENU DES LOIS DE FINANCES DE L'ANNEE

CHAPITRE I– DES RESSOURCES ET DES CHARGES DE L'ETAT

Article 6 : Les ressources et les charges de l'Etat sont constituées de recettes et de dépenses budgétaires ainsi que de ressources et de charges de trésorerie.

Article 7 : La loi de finances de l'année contient le budget de l'Etat pour l'année civile. Le budget décrit les recettes et les dépenses budgétaires autorisées par la loi de finances.

Section 1ère : Des recettes et des dépenses budgétaires de l'Etat

Article 8 : Les recettes budgétaires de l'Etat comprennent :

- les impôts, les taxes ainsi que le produit des amendes ;
- les rémunérations des services rendus et redevances ;
- les fonds de concours, dons et legs ;
- les revenus des domaines et des participations financières ;
- les produits divers.

Article 9 : L'autorisation de percevoir les impôts est annuelle. Le rendement des impôts dont le produit est affecté à l'Etat est évalué par les lois de finances.

Les taxes parafiscales perçues dans un intérêt économique ou social au profit d'une personne morale de droit public ou privé autre que l'Etat, les collectivités locales et leurs établissements publics administratifs, sont établies par décret pris sur le rapport du ministre chargé des finances et du ministre intéressé.

La perception des taxes au-delà du 31décembre de l'année de leur établissement est autorisée chaque année par une loi de finances.

Article 10 : La rémunération des services rendus par l'Etat ne peut être établie et perçue que si elle est instituée par décret pris sur le rapport du ministre chargé des finances et du ministre intéressé.

Le produit des amendes, des rémunérations pour services rendus, les revenus du domaine et des participations financières, les bénéfices des entreprises publiques et le montant des produits divers sont prévus et évalués par la loi de finances de l'année.

Article 11 : Les dépenses budgétaires de l'Etat comprennent :

- les dépenses ordinaires ;
- les dépenses en capital.

Les dépenses ordinaires sont constituées :

- des dépenses de personnel ;
- des charges financières de la dette ;
- des dépenses d'acquisition de biens et services ;
- des dépenses de transfert courant ;
- des dépenses en atténuation de recette.

Les dépenses en capital comprennent :

- les dépenses d'investissement exécuté par l'Etat ;
- les dépenses de transfert en capital.

Article 12 : Les lois de finances repartissent les crédits budgétaires qu'elles ouvrent entre les différents ministères et institutions constitutionnelles.

A l'intérieur des ministères, ces crédits sont décomposés en programmes, sous réserve des dispositions de l'article14 de la présente loi organique.

Un programme regroupe les crédits destinés à mettre en œuvre une action ou un ensemble cohérent d'actions représentatif d'une politique publique clairement définie dans une perspective de moyen terme.

A ces programmes sont associés des objectifs précis arrêtés en fonction de finalités d'intérêt général et des résultats attendus.

Ces résultats, mesurés notamment par indicateurs de performance, font l'objet d'évaluations régulières et donnent lieu à un rapport de performance élaboré en fin de gestion par les ministères et institutions constitutionnelles concernés.

Un programme peut regrouper tout ou partie des crédits d'une direction, d'un service, d'un ensemble de directions ou de services d'un même ministère.

Les crédits de chaque programme sont décomposés selon leur nature en crédits :

- de personnel ;
- de biens et services ;
- de transferts.

Les crédits de personnel sont assortis, par ministère, de plafonds d'autorisation d'emplois rémunérés par l'Etat.

Les crédits sont spécialisés par programme.

Article 13 : Les responsables de programme sont nommés ou sur proposition du ministre sectoriel dont ils relèvent. L'acte de nomination précise, le cas échéant, les conditions dans lesquelles les compétences d'ordonnateur leur sont déléguées, ainsi que les modalités de gestion du programme en application des articles15, 67et 70 de la présente loi organique.

Sur la base des objectifs généraux fixés par le ministre sectoriel, le responsable de programme détermine les objectifs spécifiques, affecte les moyens et contrôle les résultats des services chargés de la mise en œuvre du programme, il s'assure du respect des dispositifs de contrôle interne et contrôle de gestion.

Les modalités de mise en œuvre des contrôles budgétaires et comptables prévus par la présente loi organique ainsi que par le décret portant règlement général sur la comptabilité publique tiennent compte tant de la qualité et l'efficacité du contrôle interne que du contrôle de gestion pour chaque programme.

Sans préjudice de leurs missions de contrôle et de vérification de la régularité des opérations financières, les corps et institutions de contrôle, ainsi que la Cour des comptes, contrôlent les résultats des programmes et en évaluent l'efficacité, l'économie et l'efficience.

Article 14 : Les crédits budgétaires non répartis en programmes sont répartis en dotations. Chaque dotation regroupe un ensemble de crédits globalisés destinés à couvrir des dépenses spécifiques auxquelles ne peuvent être directement associés des objectifs de politique publique ou des critères de performance.

Font l'objet de dotation :

- les crédits destinés aux pouvoirs publics pour chacune des institutions constitutionnelles qui couvrent pour chacune de ces institutions les dépenses de personnel, de biens et services, de transfert et d'investissement directement nécessaires à l'exercice de ses fonctions ;
- les crédits globaux pour des dépenses accidentelles et imprévisibles ;
- les crédits destinés à couvrir les défauts de remboursement ou appels en garantie intervenus sur les comptes d'avances, de prêts, d'avals et de garanties ;
- les charges financières de la dette de l'Etat.

Article 15 : Les crédits répartis en programme ou en dotation et décomposés par nature conformément aux dispositions des articles 12 et 14 de la présente loi organique constituent des plafonds de dépense qui s'imposent dans l'exécution de la loi de finances aux ordonnateurs de crédits ainsi qu'aux comptables.

Toutefois, à l'intérieur d'un même programme, les ordonnateurs peuvent, en cours d'exécution, modifier la nature des crédits pour les utiliser, s'ils sont libres d'emploi dans les cas ci-après :

- des crédits de personnel, pour majorer les crédits de biens et services, de transferts ou d'investissements ;
- des crédits de biens et services et de transfert, pour majorer les crédits d'investissements.

Ces modifications sont décidées par arrêté du ministre concerné. Il en informe le ministre chargé des finances.

Article 16 : Le budget général, les budgets annexes et les comptes spéciaux du Trésor sont présentés selon les classifications administrative, fonctionnelle, économique et par programme.

La nomenclature budgétaire est construite dans le respect des articles 8, 11, 12, 14 et 15 de la présente loi organique.

Article 17 : Les crédits ouverts par les lois de finances sont constitués :

- de crédits de paiement, pour les dépenses de personnel, les acquisitions de biens et services et les dépenses de transfert ;
- d'autorisations d'engagement et de crédits de paiement, pour les dépenses d'investissement et les contrats de partenariat public-privé.

Article 18 : Les autorisations d'engagement constituent la limite supérieure des dépenses pouvant être juridiquement engagées au cours de l'exercice pour la réalisation des investissements prévus par la loi de finances.

Pour une opération d'investissement directement exécutée par l'Etat, l'autorisation d'engagement couvre une tranche constituant une unité individualisée formant un ensemble cohérent et de nature à être mise en service sans adjonction.

Pour les contrats de partenariat public-privé, par les quels l'Etat confie à un tiers le financement, la réalisation, la maintenance ou l'exploitation d'opérations d'investissements d'intérêt public, les autorisations d'engagement couvrent, dès l'année où les contrats sont conclus, la totalité de l'engagement juridique.

Article 19 : Les crédits de paiement constituent la limite supérieure des dépenses pouvant être ordonnancées ou payées au cours de la gestion.

Article 20 : Toutes les autorisations d'engagement et tous les crédits de paiement ainsi que les plafonds d'autorisation d'emplois rémunérés par l'Etat sont limitatifs.

Sauf dispositions spéciales d'une loi de finances prévoyant un engagement par anticipation sur les crédits de l'année suivante, les dépenses sur crédits limitatifs ne peuvent être engagées et ordonnancées que dans la limite des crédits ouverts.

Par exception aux dispositions de l'alinéa 1er du présent article, les crédits relatifs aux charges financières de l'Etat sont évaluatifs. Ces crédits évaluatifs s'imputent au besoin, au-delà de la dotation qui les concerne.

Article 21 : Des transferts et des virements de crédits peuvent, en cours d'exercice, modifier la répartition des crédits budgétaires entre programmes.

Les transferts de crédits modifient la répartition des crédits budgétaires entre programmes de ministères distincts. Ils sont autorisés par décret en conseil des ministres sur le rapport conjoint du ministre chargé des finances et des ministres concernés.

Les virements de crédits modifient la répartition des crédits budgétaires entre programmes d'un même ministère. S'ils ne changent pas la nature de la dépense selon les catégories définies à l'alinéa 7 de l'article 12 de la présente loi organique, ils sont pris par arrêté interministériel du ministre intéressé et du ministre chargé des finances. Dans le cas contraire, ils sont autorisés par décret sur le rapport conjoint du ministre chargé des finances et du ministre concerné.

Le montant annuel cumulé des virements et transferts affectant un programme ne peut dépasser dix pour cent (10%) des crédits votés de ce programme.

A l'exception des crédits globaux pour des dépenses accidentelles et imprévisibles, aucun transfert ni virement ne peut être opéré d'une dotation vers un programme.

Article 22 : La répartition par programme des crédits globaux pour des dépenses accidentelles et imprévisibles se fait par décret. Aucune dépense ne peut être directement imputée sur ces crédits globaux avant cette répartition.

Article 23 : En cas d'urgence et de nécessité impérieuse d'intérêt national délibéré, des crédits supplémentaires peuvent être ouverts par décret d'avances délibéré en conseil des ministres.

Un projet de loi de finances portant ratification de ces crédits est déposé dès l'ouverture de la session la plus proche du Parlement.

Article 24 : Sous réserve des dispositions concernant les autorisations d'engagement, les crédits ouverts et les plafonds des autorisations d'emplois fixés au titre d'une année ne créent aucun droit au titre des années suivantes.

Les autorisations d'engagement, au sens de l'article 18 de la présente loi organique disponibles sur un programme à la fin de l'année peuvent être reportées sur le même programme par décret en conseil des ministres, majorant à due concurrence les crédits de l'année suivante.

Les crédits de paiement ne peuvent être reportés. Par exception, les crédits de paiement relatifs aux dépenses d'investissement disponibles sur un programme à la fin de l'année peuvent être reportés sur le même programme dans la mesure où les reports de crédits retenus ne dégradent pas l'équilibre budgétaire tel que défini à l'article 45 de la présente loi organique.

Les reports s'effectuent par décret en conseil des ministres, en majoration des crédits de paiement pour les investissements de l'année suivante, sous réserve de la disponibilité des financements correspondants.

Le décret, visé à l'alinéa 4 ci-dessus est pris après clôture des comptes de l'exercice précédent, et le rapport du ministre chargé des finances. Ce rapport évalue et justifie les ressources permettant de couvrir le financement des reports, sans dégradation du solde du budget autorisé de l'année en cours.

Article 25 : Des crédits budgétaires peuvent être annulés, par arrêté du ministre chargé des finances après information du ministre sectoriel, lorsqu'ils sont devenus sans objet ou dans le cadre de la mise en œuvre du pouvoir de régulation budgétaire défini à l'article 67 de la présente loi organique.

Article 26 : Les arrêtés et les décrets relatifs aux mouvements de crédits prévus aux articles 21 à 25 de la présente loi organique sont transmis, dès leur signature, au Parlement et à la cour des comptes.

La ratification de ces mouvements est demandée au parlement dans la plus proche loi de finances relatives à la gestion concernée.

Section 2 : Des ressources et des charges de trésorerie

Article 27 : Les ressources de trésorerie de l'Etat comprennent les :

- produits provenant de la cession d'actifs ;
- produits des emprunts à court, moyen et long terme ;
- dépôts sur les comptes des correspondants ;
- remboursements de prêts et d'avances

Ces ressources de trésorerie sont évaluées et, s'agissant des emprunts à moyen et à long termes, autorisées par une loi de finances.

La variation nette de l'encours des emprunts à moyen et long terme qui peuvent être émis est plafonnée annuellement par une loi de finances.

Sauf disposition expresse d'une loi de finances, les titres d'emprunt public émis par l'Etat sont libellés en monnaie nationale ; ils ne peuvent prévoir d'exonération fiscale et ne peuvent être utilisés comme moyen de paiement d'une dépense publique.

Article 28 : Les charges de trésorerie de l'Etat comprennent :

- le remboursement des produits des emprunts à court moyen et long termes ;
- les retraits sur les comptes des correspondants ;
- les prêts et les avances.

Ces charges de trésorerie sont évaluées par une loi de finances.

Les remboursements d'emprunts sont exécutés conformément au contrat d'émission.

Les opérations de dépôt sont faites dans les conditions prévues par les règles de la comptabilité publique.

Article 29 : Sauf dérogation accordée par décret les organismes publics autres que l'Etat sont tenus de déposer toutes leurs disponibilités au Trésor public.

Le Trésor public est tenu d'assurer la liquidité de ces dépôts dans les conditions définies au moment du dépôt.

CHAPITREII : DU BUDGET DE L'ETAT

Section 1ère : Du budget général

Article 30 : Sous réserve des dispositions concernant les budgets annexes et les comptes spéciaux du trésor, les recettes et les dépenses budgétaires de l'Etat sont retracées sous forme de recettes et de dépenses, dans le budget général.

Article 31 : Il est fait recette du montant intégral des produits, sans contraction entre les recettes et les dépenses. L'ensemble des recettes assurant l'exécution de l'ensemble des dépenses et toutes les recettes sont imputées au budget général.

Article 32 : Par dérogation aux dispositions de l'article 31 de la présente loi organique, des procédures particulières peuvent permettre d'assurer une affectation au sein du budget général. Ces procédures sont la procédure du fonds de concours et la procédure de rétablissement de crédits.

Les fonds de concours sont constitués par :

- des contributions volontaires versées par des personnes morales ou physiques, et notamment par les bailleurs de fonds, pour concourir avec ceux de l'Etat à des dépenses d'intérêt public ;
- des legs et des donations attribués à l'Etat.

Les fonds de concours sont portés en recettes au budget général et un crédit supplémentaire de même montant est ouvert sur le programme concerné par arrêté du ministre chargé des finances. L'emploi des fonds de concours doit être conforme à l'intention de la partie versante ou du donateur.

Les rétablissements de crédits sont constitués par :

- les recettes provenant de la restitution au Trésor public de sommes payées indûment ou à titre provisoire sur crédits budgétaires ;
- les recettes provenant de cessions ayant donné lieu à un paiement sur crédits budgétaires.

Section 2 : Du budget annexe

Article 33 : Les opérations financières des services de l'Etat non dotés de la personnalité morale et dont l'activité tend essentiellement à produire des biens ou à rendre des services donnant lieu au paiement de prix peuvent faire l'objet de budgets annexes.

La création d'un budget annexe et sa suppression ainsi que l'affectation d'une recette à celui-ci sont décidées par une loi de finances. Un budget annexe constitue un programme au sens de l'article 12 de la présente loi organique.

Chaque budget annexe est rattaché à un ministère ou à une institution.

Article 34 : Les budgets annexes comprennent, d'une part, les recettes et les dépenses d'exploitation, d'autre part, les dépenses d'investissement et les recettes spéciales affectées à ces dépenses.

Les opérations des budgets annexes s'exécutent comme les opérations du budget général. Les dépenses d'investissement suivent les mêmes règles que les dépenses en capital.

Les emplois des agents publics rémunérés sur chaque budget annexe sont plafonnés par une loi de finances.

Toutefois, les crédits limitatifs se rapportant aux dépenses d'exploitation et d'investissement peuvent être majorés, non seulement dans les conditions prévues à l'article 15 de la présente loi organique mais également par arrêté du ministre chargé des finances, s'il est établi que l'équilibre financier n'est pas modifié et qu'il n'en résulte aucune charge supplémentaire pour les années suivantes.

Section 3 : Des comptes spéciaux du Trésor

Article 35 : Des comptes spéciaux du Trésor peuvent être ouverts par une loi de finances pour retracer des opérations effectuées par les services de l'Etat.

Les comptes spéciaux du Trésor comprennent les catégories suivantes :

- les comptes d'affectation spéciale ;
- les comptes de commerce ;
- les comptes de règlement avec les gouvernements ou autres organismes étrangers ;
- les comptes de prêts ;
- les comptes d'avances ;
- les comptes de garanties et d'avals.

A l'exception des comptes de commerce et de règlement avec les gouvernements ou autres organismes étrangers, les comptes spéciaux du Trésor ne peuvent être à découvert.

Article 36 : Sous réserve des règles particulières énoncées aux articles 37 à 42 de la présente loi organique, les opérations des comptes spéciaux du trésor sont prévues, autorisées et exécutées dans les mêmes conditions que les opérations du budget général.

Sauf dérogations prévues par une loi de finances, il est interdit d'imputer directement à un compte spécial du Trésor des dépenses résultant du paiement de traitement ou d'indemnités à des agents de l'Etat ou d'autres organismes publics.

Sauf dispositions contraires prévues par une loi de finances, le solde de chaque compte spécial du Trésor est reporté de droit sur exercice suivant.

Article 37 : Les comptes d'affectation spéciale retracent des opérations qui sont financées au moyen de recettes particulières.

Une subvention du budget général ne peut compléter les recettes d'un compte spécial que si elle est au plus égale à dix pour cent (10%) du total des prévisions de dépenses.

Le total des dépenses engagées ou ordonnancées au titre d'un compte d'affectation spéciale ne peut excéder le total des recettes du même compte.

Si en cours d'année, les recettes d'un compte d'affectation spéciale apparaissent supérieures aux évaluations, les crédits peuvent être majorés par arrêté du ministre chargé des finances dans la limite de cet excédent de recettes.

Chaque compte d'affectation spéciale constitue un programme au sens des articles 12 et 13 de la présente loi organique.

Article 38 : Les comptes de commerce retracent des opérations à caractère industriel ou commercial effectuées à titre accessoire par des services publics de l'Etat.

Les prévisions de dépenses concernant ces comptes ont un caractère évaluatif, seul le découvert fixé annuellement pour chacun d'eux a un caractère limitatif.

Sauf dérogations expresses prévues par une loi de finances, il est interdit d'exécuter au titre de comptes de commerce des opérations d'investissement financier, de prêts ou d'avances, ainsi que des opérations d'emprunts.

Les résultats annuels sont établis pour chaque compte selon les règles du plan comptable général de l'Etat.

Article 39 : Les comptes de règlement avec les gouvernements ou autres organismes étrangers retracent des opérations faites en application d'accords internationaux approuvés par la loi.

Les prévisions de recettes et de dépenses sur ces comptes ont un caractère évaluatif ; seul le découvert fixé annuellement pour chacun d'eux a un caractère limitatif.

Article 40 : Les comptes d'avances décrivent les avances que le ministre chargé des finances est autorisé à consentir dans la limite des crédits ouverts à cet effet.

Un compte d'avances distinct doit être ouvert pour chaque débiteur ou catégorie de débiteurs.

Les avances du trésor sont productives d'intérêt à un taux qui ne peut être inférieur au taux moyen des bons du trésor. Sauf dispositions spéciales contenues dans une loi de finances, leur durée ne peut excéder un an, renouvelable une fois. Toute avance non remboursée à l'expiration du délai fixé doit faire l'objet :

- d'une décision de recouvrement immédiat ou à défaut de recouvrement de poursuites effectives engagées dans un délai de trois (03) mois ;
- d'une autorisation de consolidation sous forme de prêts de Trésor assortis d'un transfert à un compte de prêts ;
- de la constatation d'une perte par un transfert immédiat du même montant, du budget général au compte spécial.

La variation nette de l'encours des avances qui peuvent être accordées par l'Etat sur chaque compte d'avances est plafonnée annuellement par une loi de finances.

A l'exception du produit du remboursement des avances préalablement consenties, tout abondement en crédits d'un compte d'avances constitue une dépense budgétaire.

L'ensemble des comptes d'avances constitue un programme au sens des articles 12 et 13 de la présente loi organique.

Article 41 : Les comptes de prêts retracent les prêts, d'une durée supérieure à deux (02) ans mais égale ou inférieure à dix(10) ans, consentis par l'Etat dans la limite des crédits ouverts à cet effet soit à titre d'opérations nouvelles, soit à titre de consolidation.

Les prêts consentis sont productifs d'intérêts à un taux qui ne peut être inférieur au taux moyen des bons du trésor.

Tout prêt non remboursé à l'échéance doit faire
l'objet :

- soit d'une décision de recouvrement immédiat ou, à défaut, de poursuites effectives engagées dans un délai de trois (03) mois ;
- soit de la constatation d'une perte par un versement immédiat du même montant, du budget général au compte spécial.

La variation nette de l'encours des prêts qui peuvent être accordés par l'Etat sur chaque compte de prêts est plafonnée annuellement par une loi de finances.

A l'exception du remboursement des prêts préalablement consentis, tout abondement en crédits d'un compte de prêts constitue une dépense budgétaire

L'ensemble des comptes de prêts constitue un programme au sens des articles 12 et 13 de la présente loi organique.

Article 42 : Les comptes de garanties et d'avals retracent les engagements de l'Etat résultant des garanties financières accordées par lui à une personne physique ou morale, notamment, les garanties octroyées par l'Etat pour les contrats de partenariat public-privé visés à l'article 18 de la présente loi organique.

La dotation portant les crédits destinés à couvrir les défauts de remboursement ou appels en garantie intervenus sur les comptes d'avances, de prêts, d'avals et de garanties visée à l'article 14 de la présente loi organique est provisionnée au minimum à hauteur de dix pourcent (10%) des échéances annuelles dues par les bénéficiaires des garanties et avals de l'Etat.

La variation nette de l'encours des garanties et avals qui peuvent être accordés par l'Etat sur chaque compte de garanties et d'avals est plafonnée annuellement par une loi de finances.

Les conditions d'octroi des garanties doivent respecter les dispositions du Règlement portant cadre de référence de la politique d'endettement public et de gestion de la dette publique dans les Etats membres de l'UEMOA.

L'ensemble des comptes de garanties et d'avals constitue un programme au sens des articles 12 et 13 de la présente loi organique.

CHAPITRE III –DU PRINCIPE DE SINCERITE

Article 43 : Les prévisions de ressources et de charges doivent être sincères. Elles doivent être effectuées avec réalisme et prudence, compte tenu des informations disponibles au moment où le projet de loi de finances est établi.

TITREIV- DE LA PRESENTATION ET DES DISPOSITIONS DES LOIS DE FINANCES

CHAPITRE 1er : DE LA LOI DE FINANCES DE L'ANNEE

Article 44 : La loi de finances de l'année comprend le texte de loi proprement dit et les annexes qui l'accompagnent et en font partie intégrante.

Article 45 : Le texte de la loi de finances de l'année comprend deux parties distinctes.

Dans la première partie, la loi de finances de l'année :

- prévoit et autorise les recettes budgétaires et les ressources de trésorerie de l'Etat ;
- autorise la perception des impôts affectés aux collectivités locales et aux établissements publics ;
- fixe les plafonds des dépenses du budget général et de chaque budget annexe, les plafonds des charges de chaque catégorie de comptes spéciaux du Trésor ainsi que le plafond d'autorisation des emplois ;
- arrête les dispositions nécessaires à la réalisation, conformément aux lois en vigueur, des opérations d'emprunt destinées à couvrir les charges de trésorerie ;
- arrête les données générales de l'équilibre budgétaires et financier présentées dans un tableau d'équilibre faisant apparaître :
    a) Le solde budgétaire global résultant de la différence entre les recettes et les dépenses budgétaires telles que définies respectivement aux articles 8 et 11 de la présente loi organique ;
    b) Le solde budgétaire de base tel que défini par le Pacte de convergence de stabilité, de croissance et de solidarité entre les Etats membres de l'UEMOA ;
- Approuve le tableau de financement récapitulant, pour la durée de l'exercice, les prévisions de ressources et de charges de trésorerie.

Dans la seconde partie, la loi de finances de l'année :

- Fixe, pour le budget général, par programme et par dotation, le montant des crédits de paiement et le cas échéant, des autorisations d'engagement ;
- Détermine, par ministère et par budget annexe, le plafond des autorisations d'emplois rémunérés par l'Etat ;

- Fixe, par budget annexe et par compte spécial du Trésor, le montant des crédits de paiement et, le cas échéant, des autorisations d'engagement ;
- Définit les modalités de répartition des concours financiers de l'Etat aux autres administrations publiques ;
- Autorise l'octroi des garanties et avals accordés par l'Etat ;
- Approuve les conventions financières conclues par l'Etat ;
- Comporte le cas échéant, toutes règles fondamentales relatives à l'exécution des budgets publics, à la comptabilité publique et aux responsabilités des agents intervenant dans la gestion des finances publiques.

Article 46 : Le projet de loi de finances de l'année est accompagné :

- d'un rapport définissant l'équilibre économique et financier, les résultats connus et les perspectives ;
- d'un plan de trésorerie prévisionnel et mensualisé de l'exécution du budget de l'Etat ;
- du document de programmation budgétaire et économique pluriannuelle tel que défini à l'article 52 ;
- des documents de programmation pluriannuelle des dépenses, tels que prévus à l'article 53 de la présente loi organique, ayant servi de base à la préparation des budgets des ministères ;
- d'annexes explicatives :

1. développant pour l'année en cours et l'année considérée, par programme ou par dotation, le montant des crédits présentés par nature de dépense. Ces annexes sont accompagnées du projet de performance de chaque programme qui précise :
    a) la présentation de chacune des actions et de chacun des projets prévus par le programme, des coûts associés, des objectifs poursuivis, des résultats obtenus et attendus pour les années à venir mesurés par des indicateurs de performance ;
    b) la justification de l'évolution des crédits par rapport aux dépenses effectives de l'année antérieure ;
    c) l'échéancier des crédits de paiement associés aux autorisations d'engagement ;
    d) par catégorie d'emploi, la répartition prévisionnelle des emplois rémunérés par l'Etat et la justification des variations par rapport à la situation existante ;
2. développant pour chaque budget annexe et chaque compte spécial, le montant des recettes et des dépenses ventilées par nature. Dans le cas des comptes de prêts et d'avances, les annexes contiennent un état de l'encours et des échéances des prêts et avances octroyés. S'agissant des budgets annexes, les annexes explicatives sont accompagnées du projet annuel de performance de chaque programme, dans les conditions prévues au 1er alinéa ;
3. comportant un état développé des restes à payer établi à la date du dépôt du projet de la loi de finances ;

4. comportant un état développé des restes à recouvrer ;
5. Indiquant le montant, les bénéficiaires et les modalités de répartition des concours financiers accordés par l'Etat aux autres administrations publiques ;
6. contenant un état développé de l'encours et des échéances du service de la dette de l'Etat et la stratégie d'endettement public prévue dans les dispositions du Règlement relatif au cadre de référence de la politique d'endettement public et de gestion de la dette publique dans les Etats membres de l'UEMOA ;
7. présentant les tableaux suivants :
   a. Un tableau des recettes ;
   b. Un tableau matriciel croisé de classifications fonctionnelle et économique ;
   c. Un tableau matriciel croisé de classifications administrative et fonctionnelle ;
   d. Un tableau matriciel croisé de classifications administrative et économique ;
   e. Le tableau récapitulatif des programmes par ministère.

CHAPITRE II – DES LOIS DE FINANCES RECTIFICATIVES

Article 47 : Les textes des lois de finances rectificatives sont définis conformément à l'article 5 de la présente loi organique.

Les projets de lois de finances rectificatives sont accompagnés :

- d'une annexe décrivant l'évolution de la conjoncture économique depuis le début de l'exercice et son impact sur les recettes et dépenses ;
- d'une annexe récapitulant l'ensemble des mouvements de crédits et des mesures de régulation intervenus au cours de l'exercice ;
- d'un tableau récapitulatif de l'exercice du budget de l'Etat, par programme, dotation, budget annexe et compte spécial, indiquant également les prévisions de dépenses pour la fin de l'exercice.

Article 48 : En cours d'exercice, un projet de loi de finances rectificative doit être déposé par le gouvernement :

- si les grandes lignes de l'équilibre budgétaire ou financier défini par la loi de finances de l'année se trouvent bouleversées notamment par l'intervention de décrets d'avances ou d'arrêtés d'annulation de crédits ;
- si les recettes constatées dépassent sensiblement les prévisions de la loi de finances de l'année ;
- s'il y a intervention de mesures législatives ou règlementaires affectant de manière substantielle l'exécution du budget.

CHAPITRE III- DE LA LOI DE REGLEMENT

Article 49 : La loi de règlement d'un exercice :

- arrête le montant définitif des encaissements de recettes et des ordonnancements de dépenses. A ce titre, elle :
  a) ratifie, le cas échéant, les ouvertures supplémentaires de crédits décidées par décret d'avances depuis la dernière loi de finances ;
  b) régularise les dépassements de crédits constatés résultant de circonstances de force majeure ou des reports de crédits et procède à l'annulation des crédits non consommés.
- rend compte de la gestion de la trésorerie de l'Etat et de l'application du tableau de financement de l'Etat à travers un tableau d'équilibre budgétaire et financier présentant les ressources et les charges de trésorerie ;
- arrête les comptes et les états financiers de l'Etat et affecte les résultats de l'année ;
- rend compte de la gestion et des résultats des programmes visés à l'article 12 de la présente loi organique.

Article 50 : Le projet de loi de règlement est accompagné :

- des comptes et des états financiers de l'Etat issus de la comptabilité budgétaire et de la comptabilité générale de l'Etat ;
- d'annexes explicatives développant, par programme, dotation, budget annexe et comptes spéciaux du trésor, le montant définitif des crédits ouverts, des dépenses et le cas échant, des recettes constatées ;
- des rapports annuels de performance par programme rendant compte de leur gestion et de leurs résultats.

Article 51 : Le projet de loi de règlement est accompagné du rapport de la Cour des comptes sur l'exécution de la loi de finances et de la déclaration générale de conformité entre les comptes des ordonnateurs et ceux des comptables publics.

La Cour des comptes donne son avis sur le système de contrôle interne et le dispositif de contrôle de gestion, sur la qualité des procédures comptables et des comptes ainsi que sur les rapports annuels de performance. Cet avis est accompagné de recommandations sur les améliorations souhaitables.

TITRE V- DU CADRAGE MACROECONOMIQUE DES LOIS DE FINANCES

Article 52 : Le projet de loi de finances de l'année est élaboré par référence à un document de programmation budgétaire et économique pluriannuelle couvrant une période minimale de trois (03) ans.

Sur la base d'hypothèses économiques précises et justifiées, le document de programmation budgétaire et économique pluriannuelle évalue le niveau global des recettes attendues de l'Etat, décomposées par grande catégorie d'impôts et taxes et les dépenses budgétaires décomposées par grande catégorie de dépenses.

Ce document de programmation budgétaire et économique pluriannuelle évalue également l'évolution de l'ensemble des ressources, des charges et de la dette du secteur public en détaillant en particulier les catégories d'organismes publics visées à l'article 55 de la présente loi organique.

Il prévoit la situation financière des entreprises publiques sur la période considérée et, éventuellement les concours que l'Etat peut leur accorder.

Il fixe enfin les objectifs d'équilibre budgétaire et financier sur le moyen terme en application des dispositions du pacte de convergence, de stabilité, de croissance et de solidarité.

Article 53 : Les programmes s'inscrivent dans des documents de programmation pluriannuelle des dépenses par ministère, budgets annexes et comptes spéciaux cohérents avec le document de programmation budgétaire et économique pluriannuelle visé à l'article 52 de la présente loi organique. Les documents de programmation pluriannuelle des dépenses prévoient, pour une période minimale de trois (03) ans, à titre indicatif, l'évolution des crédits et des résultats attendus sur chaque programme en fonction des objectifs poursuivis.

Article 54 : L'équilibre budgétaire et financier défini à l'article 45 de la présente loi organique par chaque loi de finance doit être conforme aux prescriptions du pacte de convergence de stabilité, de croissance et de solidarité.

Article 55 : Quelle que soit leur forme, tous les concours financiers de l'Etat aux organismes publics doivent être approuvés par une loi de finances.

Ces concours peuvent comprendre des subventions du budget général, des budgets annexes ou des comptes spéciaux, l'affectation de tout ou partie du produit d'impositions de toute nature, ou toute autre forme de contribution, subvention ou rétrocession de recettes.

Les organismes publics comprennent en particulier les collectivités locales, les établissements publics à caractère administratif et les organismes de protection sociale.

Les budgets de fonctionnement de ces organismes publics doivent être équilibrés sans recours à l'emprunt.

L'Etat adopte des règles encadrant et plafonnant les possibilités d'emprunt des organismes publics qui ne peuvent être affectés qu'au financement de leurs investissements.

TITRE VI – DE LA PROCEDURE D'ELABORATION ET DE VOTE

CHAPITRE1er- DE LA PREPARATION DES PROJETS DE LOIS DE FINANCES

Article 56 : Le ministre en charge des finances prépare les projets de lois de finances qui sont adoptés en conseil des ministres.

Article 57 : Le document de programmation budgétaire et économique pluriannuelle visé à l'article 52 de la présente loi organique, éventuellement accompagné des documents de programmation pluriannuelle des dépenses visées à l'article 53 de la présente loi organique, est adopté en conseil des ministres. Ces documents sont publiés et soumis à un débat d'orientation budgétaire au Parlement au plus tard à la fin du deuxième trimestre de l'année.

CHAPITREII – DU VOTE DES LOIS DE FINANCES

Section 1ère : Du vote de la loi de finances de l'année.

Article 58 : Le projet de loi de finances de l'année, y compris le rapport et les annexes explicatives prévues à l'article 46 de la présente loi organique, est déposé sur le bureau du Parlement au plus tard une semaine avant l'ouverture de la session budgétaire.

Lorsque le projet de loi de finances a été déposé dans les délais sur le bureau du Parlement, il doit être adopté au plus tard à la date de clôture de la session budgétaire. A défaut, il peut être mis en vigueur par ordonnance.

Lorsque le projet de loi de finances n'a pas pu être déposé en temps utile pour être voté et promulgué avant le début de l'année financière, le gouvernement est autorisé conformément aux dispositions constitutionnelles en vigueur, à percevoir les impôts et à rependre en dépenses le budget de l'année précédente par douzièmes provisoires.

Article 59 : Aucun article additionnel, aucun amendement à un projet de loi de finances ne peut être proposé par le Parlement, sauf s'il tend à supprimer ou à réduire effectivement une dépense, à créer ou à accroitre une recette. De même, le Parlement ne peut proposer ni la création ni la suppression d'un programme, d'un budget annexe ou d'un compte spécial du Trésor.

Tout article additionnel, tout amendement doit être motivé et accompagné des développements des moyens qui le justifient. La disjonction d'articles additionnels qui contreviennent aux dispositions du présent article ou à l'objet des lois de finances défini à l'article 3 de la présente loi organique est de droit.

Article 60 : La seconde partie de la loi de finances de l'année ne peut être mise en discussion devant le parlement avant l'adoption de la première partie.

Article 61 : Les évaluations de recettes font l'objet d'un vote d'ensemble pour le budget général.

Les crédits du budget général font l'objet d'un vote par programme et d'un vote par dotation. Les votes portent à la fois sur les autorisations d'engagement et les crédits de paiement.

Les plafonds des autorisations d'emplois rémunérés par l'Etat font l'objet d'un vote unique.

Les évaluations de recettes font l'objet d'un vote d'ensemble par budget.

Les crédits des budgets annexes et des comptes spéciaux font l'objet d'un vote par budget annexe et par compte spécial du trésor.

Les évaluations de ressources et de charge de trésorerie font l'objet d'un vote unique.

Article 62 : Dès la promulgation de la loi de finances de l'année ou la publication de l'ordonnance prévue à l'article 58 de la présente loi organique, le Gouvernement prend les dispositions réglementaires ou administratives portant répartition des crédits du budget général, des budgets annexes et des comptes spéciaux selon la nomenclature en vigueur. Ces dispositions répartissent et fixent les crédits conformément aux annexes explicatives de l'article 46 de la présente loi organique, modifiées, le cas échéant par le parlement.

Section 2 : Du vote de la loi de règlement

Article 63 : Le projet de la loi de règlement est déposé sur le bureau du Parlement et distribué au plus tard une semaine avant l'ouverture de la session budgétaire de l'année suivant celle de l'exécution du budget auquel il se rapporte.

Il est accompagné des documents prévus à l'article 51 de la présente loi organique.

Le rapport sur l'exécution des lois de finances, la déclaration générale de conformité et, le cas échéant, l'avis de la cour des comptes sur la qualité des procédures comptables et des comptes ainsi que sur les rapports annuels de performance prévus à l'article 51 de la présente loi organique sont remis au parlement sitôt leur adoption définitive par la cour des comptes.

TITRE VII –DES REGLES FONDAMENTALES DE MISE EN ŒUVRE DES BUDGETS PUBLICS

CHAPITRE 1er– DES REGLES FONDAMENTALES REGISSANT L'EXECUTION DES DEPENSES ET DES RECETTES

Article 64 : Les opérations d'exécution du budget de l'Etat incombent aux ordonnateurs et aux comptables publics.

Les fonctions d'ordonnateur et celles de comptable public sont incompatibles.

Article 65 : Les ordonnateurs peuvent déléguer leur pouvoir à des agents publics dans les conditions déterminées par la règlementation nationale.

Ils peuvent déléguer à ces agents la gestion de tout ou partie des crédits dont ils ont la charge.

Article 66 : Le ministre chargé des Finances est ordonnateur principal unique des recettes du budget général, des comptes spéciaux du Trésor et de l'ensemble des opérations de trésorerie.

Le ministre chargé des Finances est ordonnateur principal des crédits, des programmes et des budgets annexes de son ministère.

Il peut déléguer son pouvoir d'ordonnateur dans les conditions définies à l'article 65 de la présente loi organique.

Article 67 : Le ministre chargé des Finances est responsable de l'exécution de la loi de finances et du respect des équilibres budgétaire et financier définis par celle-ci. A ce titre il dispose d'un pouvoir de régulation budgétaire qui lui permet, au cours de l'exécution du budget :

- d'annuler un crédit devenu sans objet au cours de l'exercice ;
- d'annuler un crédit pour prévenir une détérioration des équilibres budgétaire et financier de la loi de finances.

En outre, le ministre chargé des Finances peut subordonner l'utilisation des crédits par les ordonnateurs aux disponibilités de trésorerie de l'Etat.

Article 68 : Les ministres et les présidents des institutions constitutionnelles sont ordonnateurs principaux des crédits, des programmes et des budgets annexes de leur ministère ou de leur institution. Ils peuvent déléguer leur pouvoir d'ordonnateur dans les conditions définies à l'article 65 de la présente loi organique.

Le ministre chargé des finances est responsable de la centralisation des opérations budgétaires des ordonnateurs, en vue de la reddition des comptes relatifs à l'exécution des lois de finances.

Article 69 : Les contrôleurs financiers relèvent du ministre chargé des finances et sont nommés par celui-ci ou à son initiative auprès des ordonnateurs. Ils sont chargés des contrôles *a priori* des opérations budgétaires. Ils peuvent donner les avis sur la qualité de la gestion des ordonnateurs et sur la performance des programmes.

Article 70 : Sont prescrites au profit de l'Etat ou de tout autre organisme public doté d'un comptable public, toutes créances dont le paiement n'a pas été réclamé dans un délai de quatre (04) ans à partir du premier jour de l'année suivant celle au cours de laquelle les droits ont été acquis. La prescription peut être interrompue dans les conditions définies par la législation en vigueur.

Les règles de prescription des créances de l'Etat ou de tout autre organisme public doté d'un comptable public, sur des particuliers ou personnes morales, sont définies par la loi.

Quelle que soit leur nature, les actifs de l'Etat ou de tout autre organisme public doté d'un comptable public sont insaisissables.

CHAPITRE II – DE LA COMPTABILITE DES COMPTES DE L'ETAT

Article 71 : L'Etat tient :

- une comptabilité budgétaire ;
- une comptabilité générale.

Article 72 : Une comptabilité budgétaire a pour objet de retracer, pour l'exercice concerné, les opérations d'exécution du budget de l'Etat en recettes et en dépenses, conformément à la nomenclature de présentation et de vote du budget.

La comptabilité générale de l'Etat a pour objet de décrire le patrimoine de l'Etat et son évolution. Elle doit être sincère et refléter une image fidèle de la situation financière de l'Etat. Elle est fondée sur le principe de la constatation des droits et obligations. Les opérations sont prises en compte au titre de l'exercice auquel elles se rattachent indépendamment de leur date de paiement ou d'encaissement.

La comptabilité générale de l'Etat s'appuie sur la comptabilité des matières.

Article 73 : Les ressources et les charges de trésorerie de l'Etat sont imputées à des comptes de trésorerie par opération, lors de leur encaissement et paiement.

TITRE VIII – DU CONTROLE PARLEMENTAIRE ET JURIDICTIONNEL

Article 74 : Sans préjudice des pouvoirs généraux de contrôle du Parlement, les commissions des finances veillent au cours de la gestion annuelle, à la bonne exécution des lois de finances.

A cette fin, le Gouvernement transmet trimestriellement au Parlement, à titre d'information, des rapports sur l'exécution du budget et l'application de la loi de finances. Ces rapports sont mis à la disposition du public.

Les informations ou les investigations sur place que le Parlement pourrait demander ne sauraient lui être refusées.

Il peut procéder à l'audition des ministres.

Article 75 : La Cour des comptes juge les comptes des comptables publics. Sans préjudice de ses attributions propres en matière de contrôle juridictionnel et non juridictionnel telles définies par la loi, la Cour des comptes assiste le parlement dans le contrôle et l'exécution des lois de finances.

La Cour des comptes exerce un contrôle sur la gestion des administrations chargées de l'exécution des programmes et dotations.

Elle émet un avis sur les rapports annuels de performance.

Le parlement peut demander à la Cour des comptes la réalisation de toutes enquêtes nécessaires à son information.

Les comptes de gestion déposés en état d'examen à la Cour des comptes doivent être jugés dans un délai de cinq (05) ans. En absence de jugement de la Cour des comptes dans ce délai, le comptable public est déchargé d'office de sa gestion.

TITRE IX- DES RESPONSABILITES EN MATIERE DES BUDGETS PUBLICS

Article 76 : Les membres du gouvernement et présidents des institutions constitutionnelles encourent en raison de l'exercice de leurs attributions, les responsabilités prévues par la constitution.

Article77 : Sous réserve des dispositions de l'article 76, les ordonnateurs de l'état et des autres organismes publics encourent une responsabilité qui peut être disciplinaire, pénale et civile sans préjudice des sanctions qui peuvent leur être infligées par la Cour des comptes à raison des fautes de gestion dans les conditions définies par les articles 78 à 81 de la présente loi organique.

Article 78 : Toute personne appartenant au cabinet d'un membre du gouvernement, tout fonctionnaire ou agent d'un organisme public, tout représentant, administrateur, ou agent d'organismes soumis à un titre quelconque au contrôle de la Cour des comptes et toute personne à qui est reproché un des faits énumérés à l'article 80 de la présente loi organique peut être sanctionné pour faute de gestion.

Article 79 : Les contrôleurs financiers sont responsables aux plans disciplinaire, pénal et civil sans préjudice des sanctions qui peuvent leur être infligées par la Cour des comptes, du visa qu'ils apposent sur les actes portant engagement de dépenses ou les ordonnances, mandats de paiement ou de délégation de crédits.

Article 80 : Les fautes de gestion sanctionnables par la Cour des comptes sont constituées par :

- la violation des règles relatives à l'exécution des recettes et des dépenses de l'Etat et des autres organismes publics ;
- la violation des règles relatives à la gestion des biens appartenant à l'Etat et aux organismes publics :
- l'approbation donnée à une décision violant les règles visées aux premier et deuxième tirets du présent article par une autorité chargée de la tutelle et du contrôle desdits organismes ;
- le fait pour toute personne dans l'exercice de ses fonctions, d'octroyer ou de tenter d'octroyer à elle-même ou à autrui un avantage injustifié, pécuniaire ou en nature ;
- le fait d'avoir entraîné la condamnation d'une personne morale ou de droit privé chargée de la gestion d'un service public en raison de l'inexécution totale ou partielle ou de l'exécution tardive d'une décision de justice ;
- le fait d'avoir dans l'exercice de ses fonctions, ou attributions en méconnaissance de ses obligations, procuré ou tenté de procurer à autrui

ou à soi-même directement ou indirectement un avantage injustifié, pécuniaire ou en nature entraînant un préjudice à l'Etat ou tout autre organisme public ;

- le fait d'avoir produit à l'appui ou à l'occasion des liquidations des dépenses, des fausses certifications ;
- le fait d'avoir omis sciemment de souscrire les déclarations qu'ils sont tenus de fournir aux administrations fiscales ou d'avoir fourni sciemment des déclarations inexactes ou incomplètes.

Article 81 : Le régime des sanctions autre que disciplinaires relatif aux fautes de gestion énumérées à l'article 80 de la présente loi organique est défini par la loi.

Article 82 : Les comptables publics patents sont personnellement et pécuniairement responsables des opérations dont ils ont la charge et des contrôles qu'ils sont tenus d'effectuer. Les comptables de fait encourent les mêmes sanctions que les comptables publics patents.

En cas de défaillance dans la tenue des comptes, la Cour des comptes peut condamner le comptable public concerné à des sanctions prévues par la loi.

Article 83 : La responsabilité pécuniaire des comptables publics se trouve engagée dès lors qu'une des situations suivantes advient :

- un déficit de caisse ou un manquant en derniers ou en valeurs a été constaté ;
- une recette n'a pas été recouvrée par sa faute ;
- une dépense a été irrégulièrement payée ;
- un organisme public a dû procéder, par la faute du comptable public, à l'indemnisation d'un autre organisme public ou d'un tiers.

Article 84 : La responsabilité pécuniaire d'un agent public ne peut être mise enjeu que par le ministre chargé des finances ou par la Cour des comptes.

Quand la responsabilité pécuniaire d'un agent public est engagée, il est constitué en débet. Le débet est l'obligation pour l'agent public de réparer sur ses deniers propres, le préjudice qu'il a causé à la collectivité publique.

Tout agent public dont la responsabilité pécuniaire est engagée peut obtenir remise gracieuse des sommes laissées à sa charge dans les conditions prévues par la loi. La remise gracieuse suite à un arrêt de débet est soumise à un avis conforme de la Cour des comptes.

TITRE X- DES DISPOSITIONS TRANSITOIRES ET FINALES

Article 85 nouveau : Les dispositions de la présente loi organique sont appliquées à partir du 1erjanvier 2016.

Toutefois, l'Etat a jusqu'au 1er janvier 2017 pour procéder à l'application intégrale des dispositions relatives :

- à la déconcentration de la fonction d'ordonnateur principal telle que prévue à l'article 68 de la présente loi organique ; aux programmes aux dotations tels que prévus aux articles 12, 13, 14, 15, 16, de la présente loi organique, ainsi que des annexes y relatives dans les articles 46, 47et 50 de la présente loi organique ;
- à la programmation pluriannuelle des dépenses, telle que prévue à l'article 53 de la présente loi organique ;
- aux tableaux matriciels croisés prévus au point 7 du dernier tiret de l'article 46 de la présente loi organique ;
- aux règles et procédures découlant du principe de la constatation des droits et obligations régissant la comptabilité générale prévue à l'article 72 de la présente loi organique.

Pour ce dernier cas un délai supplémentaire de (02) ans est accordé.

Article 86 nouveau : Sont abrogées toutes dispositions antérieures contraires à la présente loi organique.

Article 87 nouveau : La présente loi organique sera exécutée comme loi de l'Etat.

Fait à Lomé le 27 Juin 2014

LE PRESIDENT DE LA REPUBLIQUE

SIGNE

FAURE ESSOZIMNA GNASSINGBE

LE PREMIER MINISTRE

SIGNE

Kwessi Séléagodji AHOOMEY-ZUNU

LES RÉGLEMENTS GÉNÉRAUX SUR LA COMPTABILITÉ PUBLIQUE

COMMENTAIRES GENERAUX

INTRODUCTION

Le Règlement Général sur la Comptabilité Publique est l'un des textes majeurs du nouveau cadre harmonisé des finances publiques. Il est le texte le plus long de la série de directives dudit cadre harmonisé et s'adresse en priorité aux autorités nationales qui interviennent dans les procédures budgétaires et financières des Etats membres. Afin d'aider les Etats membres à mieux l'internaliser, l'UEMOA a établi un guide didactique qui vise entre autres à *anticiper les changements induits par la mise en œuvre de la réforme.*

L'ampleur des domaines couverts par la directive est donnée par son article premier. En effet, en dehors de l'Etat, les principes du RGCP doivent fonder ceux qui gouvernent les procédures budgétaires, comptables et financières des organismes publics que sont les collectivités territoriales, les établissements publics à caractère administratif et les organismes de sécurité sociale.

Le délai de transposition est fixé au *31 décembre 2011.* Si le Sénégal est le premier pays ayant réalisé la transposition avec une avance d'environ un mois sur cette échéance, tous les autres Etats ont connu d'importants retards allant de quatorze mois (Niger) à cinquante-quatre (54) mois (Burkina Faso).

La situation de l'entrée en vigueur des décrets nationaux portant RGCP est résumée dans le tableau ci-après :

Pays	Référence du texte de transposition	Avance/Retard de la transposition
Bénin	Décret n° 2014-571 du 7 octobre 2014	Retard de 2 ans 9 mois 6 jours
Burkina-Faso	Décret n° 2016-598/PRES/PM/MINEFID du 8 juillet 2016	Retard de 4 ans 6 mois 7 jours
Côte d'ivoire	Décret n° 2014-416 du 09 juillet 2014	Retard de 2 ans 6 mois 8 jours

Mali	Décret n° 2014-0349/P-RM du 22 mai 2014	Retard de 2 ans 4 mois 21jours
Niger	Décret n°2013-83/PRN/MF du 1er mars 2013	Retard de 1 an 2 mois
Sénégal	Décret n° 2011-1880 du 24 novembre 2011	Avance de 1 mois 7 jours
Togo	Décret n°2015/054/PR du 27 août 2015	Retard de 3 ans 7 mois 26 jours

I.- SUR LA FORME

Dans les textes nationaux issus de l'internalisation de la Directive n°07/CM/UEMOA du 26 juin 2009, l'ensemble des dispositions a été pris en compte.

Mieux, le plan de la directive a été suivi dans les RGCP nationaux. Ainsi, quel que soit l'Etat concerné, le RGCP est présenté dans un titre premier réservé aux dispositions générales, un titre II aux ordonnateurs et comptables, un troisième titre est consacré aux opérations d'exécution du budget suivi du quatrième titre dédié à la comptabilité et aux comptes de l'Etat. Le contrôle de l'exécution du budget qui fait l'objet du titre V précède le dernier titre sur les dispositions transitoires et finales.

En dehors du Sénégal, tous les Etats ont connu du retard dans la mise en vigueur de leur nouveau RGCP comme l'indique le tableau ci-après :

Pays	**Référence du texte de transposition**	**Entrée en vigueur**	**Retard de la mise en vigueur**
Bénin	Décret n° 2014-571 du 7 octobre 2014	1er janvier 2015	3 ans (36 mois)
Burkina-Faso	Décret n° 2016-598/PRES/PM/MINEFID du 8 juillet 2016	1er janvier 2017	5 ans (60 mois)
Côte d'ivoire	Décret n° 2014-416 du 09 juillet 2014	1er janvier 2017	5 ans (60 mois)
Mali	Décret n° 2014-0349/P-RM du 22 mai 2014	22 mai 2014	2 ans 4 mois 21 jours (29 mois)
Niger	Décret n°2013-83/PRN/MF du 1er mars 2013	1er mars 2013	1 an 2 mois (14 mois)
Sénégal	Décret n° 2011-1880 du 24 novembre 2011	1er janvier 2012	néant
Togo	Décret n°2015/054/PR du 27 août 2015	1er janvier 2016	4 ans (48 mois)

Au total, suite aux travaux d'internalisation des 101 articles de la directive, le Sénégal a obtenu un RGCP de 221 articles, le Burkina Faso 199 articles ; le Bénin 125 articles, le Togo 103 articles ; le Mali 105 articles, le Niger et la Côte d'Ivoire 101 articles. Cette différence dans le nombre des articles est due au fait que les dispositions de la directives qui renvoient aux règlementations nationales ont fait l'objet d'encadrement directement dans le RGCP dans certains Etats.

II.- SUR LE FOND : UNE INTERNALISATION À GÉOMÉTRIE VARIABLE

La directive n°07 comporte des dispositions à internalisation médiate et d'autres à internalisation immédiate. Les dernières sont celles qui ne font pas appel à un texte national particulier en application du RGCP ou à des dispositions émanant des Etats eux-mêmes dans le corps du texte du RGCP. Elles sont les plus nombreuses et ont fait l'objet d'une reproduction identique et ne méritent pas que l'on s'y attarde. C'est d'ailleurs le témoignage de la qualité du travail des rédacteurs du texte communautaire. Par contre, les premières supposent chacune la prise d'un texte d'application du RGCP national - ou de définir au sein du RGCP un corps de règles - pour en fixer ou définir les modalités ou conditions de mise en œuvre ou pour en donner des détails permettant de mieux la comprendre et ainsi d'en faciliter la mise en œuvre. *De facto*, elles offrent une large possibilité d'enrichissement de l'œuvre du législateur communautaire en vue du développement de la comptabilité publique dans l'espace UEMOA[20]. La diversité des réponses apportées à ces dispositions communautaires permet de se rendre compte d'une part, de la richesse des expériences vécues en matière de comptabilité publique d'un Etat à l'autre de la communauté et de l'effort d'encadrement sur les différentes thématiques de la mise en œuvre de la comptabilité publique dans chaque Etat, d'autre part

1.- La possibilité d'extension des incompatibilités attachées à la séparation des fonctions d'ordonnateur et de comptable prévue à l'alinéa 2 de l'article 5 de la DRGCP.

Le Niger et la Côte d'Ivoire ont intégré cette disposition dans leur droit comptable sous forme de possibilité dans la règlementation future[21]. Quant au

[20] Ces dispositions concernent 25 articles de la DRGCP à savoir les articles 5, 8, 16, 20, 21, 22, 32, 34, 40, 42, 48, 50, 52, 54, 55, 57, 60, 61, 63, 64, 65, 83, 84, 91, 96. La prise des dispositions concernées au plan national fait l'objet d'un suivi évaluation organisé deux fois par an par la Commission de l'UEMOA.

[21] Voir RGCP Niger, article 5 alinéa 2 RGCP Niger et RGCP Côte d'Ivoire, article 6

Bénin, la question de l'extension de ces incompatibilités est renvoyée aux travaux d'élaboration du statut des comptables publics[22].

Par contre le Burkina Faso adopte une approche globale interdisant l'exercice de certaines activités aux ordonnateurs et aux comptables publics dans des conditions prévues par les dispositions législatives et règlementaires[23].

Enfin, le Sénégal, le Mali et le Togo font abstention de cette possible extension desdites incompatibilité découlant de la séparation des fonctions d'ordonnateur et de comptable dans leur RGCP.

2.- Les conditions dans lesquelles les ordonnateurs pourraient déléguer tout ou partie des crédits dont ils ont la charge à des agents publics (article 8 alinéa 4 de la DRGCP)

Il convient de rappeler ici qu'il s'agit de la délégation de crédits et non de pouvoir d'ordonnateur. Cette délégation de crédits se fait au profit d'un délégataire qui a, en général la qualité d'ordonnateur secondaire.

Tous les autres Etats qui ont intégré cette disposition ont opté pour un renvoi vers une règlementation. Cette réglementation est, selon le Togo, un **arrêté ministériel**[24]. Et le Sénégal de préciser que cette possibilité **n'est offerte qu'aux seuls ordonnateurs principaux**[25]. Le Burkina Faso s'approprie ce principe et l'accompagne de la possibilité de délégation de compétences de l'ordonnateur pour laquelle des précisions seront faites par un texte règlementaire[26].

3.- Les modalités de nomination des comptables publics (article 16 alinéa 2 DRGCP)

Ces modalités devraient concerner l'autorité de nomination, l'acte juridique de nomination ainsi que le profil des personnes susceptibles d'être nommées aux fonctions de comptables publics.

Le Bénin opte pour un texte futur sur le statut des comptables publics qu'il n'a pas encore adopté[27]. Dans cette même logique de renvoi, le Togo[28], la Cote d'Ivoire[29] et le Niger[30] relèguent la question aux règlements. Sans indiquer leur profil, le Sénégal se contente de préciser tout de même que :

---

22 RGCP Bénin article 6 alinéa 3
23 RGCP Burkina Faso article 7 Alinéa 4
24 RGCP Togo Article 8 alinéa 4
25 RGCP Sénégal Article 17 alinéa 6
26 Article 10 alinéa 4 du RGCP Burkinabé
27 RGCP Bénin, article 16 alinéa 2
28 RGCP Togo, article 15 alinéa 2
29 RGCP Cote d'Ivoire, article 16 alinéa 4
30 RGCP Niger article 16 alinéa2

Les comptables principaux et secondaires de l'Etat sont nommés par décret sur proposition du Ministre chargé des Finances[31] *et leurs homologues des autres organismes publics par arrêté du Ministre chargé des Finances*[32]*. Le Mali reste dans cette logique en indiquant que tous les comptables publics sont nommés par le ministre chargé des Finances ou avec son agrément, après avis du Directeur national du Trésor et de la Comptabilité Publique*[33].

Le Burkina Faso a déjà adopté son décret portant statut des comptables publics : le décret n°2016-599 du/PRES/PM/MINEFID du 8 juillet 2016 portant régime juridique applicable aux comptables publics qui consacre l'internalisation de cette disposition communautaire en indiquant les conditions de nomination des comptables publics. Ce texte constitue donc une extension du RGCP. On peut y noter que les comptables principaux de l'Etat et des autres organismes publics sont nommés par décret pris en Conseil des ministres sur proposition du ministre chargé des finances (*article 41 du régime juridique applicable aux comptables publics*). Les comptables secondaires sont nommés, soit par décret pris en Conseil des ministres sur proposition du ministre chargé des finances, soit par arrêté du ministre chargé des finances sur proposition du directeur général concerné. Il est observé un silence sur le profil du comptable public dans les Etats.

Dans tous les cas, le pouvoir de nomination des comptables publics implique le ministre chargé des finances.

4.- La possibilité d'organisation des comptables des administrations financières en réseaux de postes comptables. Lesdits réseaux devant comprendre des comptables supérieurs ou subordonnés, principaux ou secondaires et être distincts du réseau du Trésor (article 20 alinéa 2 DRGCP)

L'internalisation de cette disposition ne fait pas l'unanimité. Il y a ceux qui l'adoptent et ceux qui la rejettent ou la contrarient.

Au nombre de ceux qui l'adoptent, il y a le Bénin, le Burkina Faso, le Niger et la Côte d'Ivoire. Le Bénin traduit cette possibilité en une réalité en décrétant que lesdits comptables « sont également organisés en réseaux comptables… distincts du réseau du comptable du Trésor [34]». Cette option sera suivie par le Burkina Faso[35] même si l'organisation desdits réseaux comptables obéirait aux conditions fixées par la règlementation.

---

[31] RGCP Sénégal article 24 alinéas 7 et 8

[32] RGCP Sénégal article 24, alinéa 9

[33] RGCP Mali article 15 alinéa 2

[34] Article 25, alinéa 2 du RGCP Bénin

[35] Article 27 alinéa 2 RGCP Burkina Faso.

Pour le Niger, cette option reste une possibilité qui pourra être adoptée dans les conditions fixées par les textes en vigueur[36].

Quant à la Côte d'Ivoire, elle semble reporter la décision avec une nuance importante en admettant dans son RGCP juste la possibilité d'organiser les comptables des administrations financières en réseaux comptables dans les conditions fixées par les textes règlementaires. L'une desdites conditions étant précisée à l'alinéa 2 du même article 20 selon lequel « **les comptables principaux des administrations financières sont issus de la Direction Générale du Trésor et de la Comptabilité Publique** ».

5.- Le mode de désignation des comptables secondaires des établissements publics (article 21 alinéa 2 DRGCP)

Art 21 alinéa 2 DRGCP : Des comptables secondaires peuvent être désignés selon les modalités prévues par les réglementations nationales et les textes particuliers organisant les établissements publics.

Presque tous les Etats marquent leur adhésion à cette disposition en indiquant que lesdites modalités seront prévues par la règlementation en vigueur et les textes particuliers régissant les établissements publics[37]. Au Sénégal, au Bénin, au Burkina Faso et en Côte d'Ivoire, elles seront prévues par la règlementation en vigueur et les textes particuliers régissant les établissements publics.

Seul le Togo prévoit prendre en compte ces modalités dans le **décret portant régime juridique applicable aux comptables publics**[38].

6.- Les modalités de création, de fonctionnement des régies de recettes et des régies d'avances, ainsi que les conditions de nomination des régisseurs (article 22 alinéa 4 DRGCP).

Si tous les Etats s'accordent sur l'idée d'un texte règlementaire en ce qui concerne lesdites modalités, la nature de ce texte diverge d'un Etat à un autre. Le Bénin[39] , le Mali[40] et le Niger[41] font relever ces modalités et conditions d'un arrêté du ministre chargé des finances ; une instruction du Directeur chargé de la comptabilité publique complétant les procédures de fonctionnement des régies en ce qui concerne le Mali.

Le Togo choisit le *décret portant organisation et fonctionnement des régies de recettes, des régies d'avances de l'Etat et des autres organismes publics*[42].

---

36 Article 20 alinéa 2 RGCP Niger

37 Voir article 29 alinéa 3 RGCP Sénégal, article 26 RGCP Bénin, article 30 RGCP Burkina Faso, article 21 RGCP Côte d'Ivoire, article 20 alinéa 3 RGCP Mali, article 21 RGCP Niger.

38 Article 20 alinéa 3 RGCP Togo.

39 Article 27 alinéa 2 RGCP Bénin

40 Article 22 alinéa 4 du RGCP Mali

41 Article 22 alinéa 4 RGCP Niger

42 Confer article 22 RGCP Togo

L'option d'un décret est suivie par la Côte d'Ivoire. Mais ce pays se distingue à travers un encadrement particulier et précis en la matière. En effet, en Côte d'Ivoire, les régisseurs de recettes et d'avances, sont nommés par arrêté du Ministre chargé des Finances, sur proposition du Directeur Général chargé du Trésor et de la Comptabilité Publique, après avis du comptable assignataire[43].

Quant au Sénégal, il consacre la création des régies de recettes et des régies d'avances par *arrêté* du Ministre chargé des Finances et la nomination des régisseurs desdites régies par *décision* du même Ministre. En ce qui concerne la régie d'avance, sa création se fait sur demande de l'ordonnateur principal. C'est ainsi que la nomination du régisseur d'avance se fait sur proposition de l'ordonnateur principal concerné[44].

Enfin, au Burkina Faso, en lieu et place de régisseurs, il est créé la catégorie de *comptables spéciaux du Trésor* comprenant entre autres les régisseurs de recettes et d'avances, les officiers ministériels et les gestionnaires d'avances. Ainsi les modalités de création, de fonctionnement des régies de recettes et régies d'avances tout comme les conditions de nomination des régisseurs sont fixées par la règlementation en vigueur au Burkina Faso. Les officiers ministériels sont en charge de fonds d'avances constitué, utilisés et apurés dans des conditions fixées par *décret en conseil des ministres sur rapport du ministre chargé des finances*. Les gestionnaires d'avance produisent les justifications de l'emploi de ces avances dans les conditions fixées par les *instructions ministérielles*.

7.- Les formules du serment des comptables (article 23 alinéa 2 DRGCP)

Cette disposition va de pair avec la juridiction qui a reçu compétence pour recevoir le serment.

Au Mali, bien que la Section des Comptes qui fait encore office de juridiction de compte soit au sein de la Cour suprême, c'est le juge des comptes qui reçoit le serment des comptables publics. « Les comptables publics sont astreints à la prestation de serment devant le juge des comptes et à la constitution de garanties. La formule de serment est définie par la Juridiction des Comptes et ainsi libellée :

> *Je jure de m'acquitter de mes fonctions de comptable public avec probité et fidélité, de me conformer exactement aux lois et règlements qui ont pour objet d'assurer l'inviolabilité des règles et le bon emploi des fonds publics»*[45].

---

43 Article 22, alinéas 4 et 5 RGCP ivoirien

44 Article 30 alinéas 4 et 5 du décret sénégalais portant RGCP

45 Article 23 alinéa 1er RGCP Mali

C'est dans cette même logique que se situe le Niger dont le RGCP indique que les comptables principaux prêtent serment auprès de la juridiction nationale chargée de la vérification des comptes et les autres comptables auprès de juridictions de rang inférieur[46] même si la formule de serment est renvoyée à la réglementation en vigueur[47].

Au Bénin, ce serment est reçu par le président du Tribunal de première instance territorialement compétent par rapport au lieu du premier poste du comptable[48]. La formule de ce serment sera définie par le futur statut des comptables publics béninois[49]. De même, il ressort du texte togolais que ladite formule est définie par le décret portant régime juridique applicable aux comptables publics[50].

Par contre, il n'est pas fait cas de cette formule au RGCP sénégalais. Au demeurant, le serment reste une obligation pour le comptable public avant son entrée en fonction. Mais au Sénégal, celui-ci peut se prévaloir de l'envoi d'une demande de prestation de serment à la juridiction compétente. Ladite juridiction compétente ne fait pas non plus l'objet d'une indication précise par les textes sénégalais et togolais.

En ce qui concerne le Burkina Faso, c'est à l'administration que revient la responsabilité des diligences relatives à la prestation de serment du comptable, dans un délai de trois (3) mois. Les comptables principaux de l'Etat et des autres organismes publics prêtent leur serment professionnel devant la Cour des comptes. Ceux nommés pour servir à l'étranger prêtent serment, devant les chefs de missions diplomatiques et consulaires ou le Tribunal de grande instance. Tous les autres comptables prêtent serment devant le tribunal de grande instance au Burkina Faso. Le serment professionnel n'est prêté qu'une seule fois, avant la première installation dans les fonctions de comptable public. Il doit toutefois être renouvelé lorsqu'un comptable accède pour la première fois à un poste nécessitant une prestation de serment devant la juridiction supérieure (*article 47 du régime juridique applicable aux comptables publics*).

La formule de la prestation du serment professionnel des comptables publics est contenue dans le régime juridique applicable aux comptables publics burkinabé en son article 46 alinéa 2 :

Je jure de m'acquitter de ma fonction et de me conformer aux lois et règlements relatifs à l'inviolabilité et au bon emploi des deniers publics.

46 Article 23 alinéa 1er RGCP Niger

47 Article 23 alinéa 2 RGCP Niger

48 Article 28 alinéa 1er RGCP Bénin

49 Article 28 alinéa 2 RGCP Bénin

50 Article 22 alinéa 2 RGCP Togo.

Elle est complétée par le serment spécifique aux comptables des matières dont la formule est : « Je jure de m'acquitter de ma fonction et de me conformer aux lois et règlements relatifs à l'inviolabilité et au bon emploi des matières publiques » (article 46 alinéa 3 du Décret n°2016-599/PRES/PM/MINEFID du 8 juillet 2016 portant régime juridique applicable aux comptables publics)

Enfin, en Côte d'Ivoire, le serment dont la formule est définie par les textes règlementaires est reçu devant les juridictions compétentes. Avec le cautionnement, ils sont les préalables à l'entrée en fonction du comptable.[51]

7.- Les conditions de constitution, de gestion et de libération des garanties des comptables publics (article 22 alinéa 4 DRGCP).

Ici la directive indique que ces conditions doivent être fixées par un arrêté du Ministre en charge des Finances.

En dehors du Burkina Faso, tous les autres Etats se sont conformés au principe d'un arrêté du ministre chargé des finances[52]. Au Burkina Faso, ces conditions absentes du RGCP se retrouvent aux articles 57 à 59 du Décret portant Régime juridique applicable aux comptables publics même si le montant et les modalités du cautionnement sont renvoyés à un arrêté du ministre chargé des Finances.

9.- Conditions matérielles financières et morales nécessaires à la bonne exécution des missions des comptables publics à garantir par chaque Etat membre *(article 23 alinéa 3 DRGCP)*

Le Togo, le Mali et le Niger intègrent le principe tout simplement en affirmant qu'en vertu du Code de transparence dans la gestion des finances publiques, l'Etat garantit aux comptables publics, les conditions matérielles, financières et morales nécessaires à la bonne exécution de leurs missions[53]. Le Sénégal ne se contente pas seulement d'affirmer le principe à l'alinéa 1er de l'article 31 de son RGCP, il institue le logement dans les lieux du service ou une prestation gratuite de logement ou une indemnité compensatrice d'une part et, des indemnités de responsabilité et de sujétions d'autre part ; indemnités dont les montants sont fixés par arrêté du Ministre chargé des Finances[54]. Dans la même logique, le Bénin institue au profit de ses

---

[51] Article 23 RGCP Côte d'Ivoire.

[52] Confer : article 32 alinéa 3 RGCP Sénégal, article 22 alinéa 3 RGCP Togo, article 28 alinéa 3 RGCP Bénin, article 23 alinéa 3 RGCP Mali, article 23 alinéa 3 RGCP Niger, article 23 alinéa 4 RGCP Côte d'Ivoire.

[53] Article 22 alinéa 5 du décret togolais portant RGCP, article 23 alinéa 4 RGCP malien et article 23 alinéa 4 RGCP nigérien)

[54] Article 31 alinéas 2, 3 et 4 Décret RGCP Sénégal.

comptables publics un logement sur les lieux du service si le poste est doté d'un logement de fonction ou à défaut une indemnité compensatrice et des indemnités attachées à sa fonction qui seront fixées par le statut des comptables publics[55].

10.- Les modalités relatives à l'organisation, au déroulement, au délai de dépôt, d'exploitation et de publication des rapports des opérations de contrôle opérées au 31 décembre de chaque année après arrêté des comptes de disponibilité des comptables publics (Article 27 alinéa 3 DRGCP : acte du ministre chargé des finances)

Selon la directive de l'UEMOA, ces modalités doivent relever d'un acte du ministre chargé des finances. Pendant que le Togo[56] retient la même formule d' « acte » que le texte communautaire, le Burkina Faso, le Mali, le Niger et la Côte d'Ivoire indiquent que cet acte n'est rien d'autre qu'un arrêté du même ministre[57].

11.- Les conditions de décharge de responsabilité et de remise gracieuse des sommes laissées à la charge des comptables publics (Article 32 alinéa 1 DRGCP)

Le Sénégal[58], le Togo[59], le Niger[60] et la Côte d'Ivoire[61] diffèrent lesdites conditions aux règlementations nationales.

Par contre, sans se reporter à un autre texte, les RGCP du Bénin et du Mali apportent des solutions à la problématique. Dans les deux cas, la décharge de responsabilité ou la remise gracieuse est accordée par arrêté du ministre chargé des finances. Dans le cas du Mali, cet arrêté doit être pris après avis du Directeur chargé de la comptabilité publique et dans les conditions et modalités fixées par un arrêté du même ministre[62]. Au Bénin, cet avis dépend de la nature du débet en cause. En cas de débet administratif, l'avis du Directeur chargé de la Comptabilité Publique est requis tandis que pour un débet juridictionnel, seul l'avis conforme de la juridiction des comptes est valable[63] (Article 37 alinéa 1er RGCP Bénin).

---

55 Article 28 alinéas 5 et 6 RGCP Bénin.

56 Article 26 alinéa 3 RGCP Togo

57 Voir article 35 alinéa 3 RGCP Burkina Faso, article 27 alinéa 3 RGCP Mali, article 27 alinéa 3 RGCP Niger et article 27 alinéa 3 RGCP Côte d'Ivoire.

58 Article 40 alinéa 3 RGCP Sénégal

59 Article 31 alinéa 3 RGCP Togo

60 Article 32 alinéa 1er RGCP Niger

61 Article 32 alinéa 1er RGCP Côte d'Ivoire

62 Article 33 RGCP Mali

63 Article 37 alinéa 1er RGCP Bénin

12.- Les conditions de prise en charge par le budget de l'Etat ou de l'organisme public concerné des débets suite aux décharges de responsabilité ou remise gracieuse (Article 32 alinéa 3 DRGCP)

Ces conditions seront fixées par décret pris en conseil des Ministres au Bénin[64]ou par la règlementation sénégalaise[65], malienne[66], ivoirienne[67] ou nigérienne[68].

Quant au Burkina Faso, il indique dans son RGCP, sans aucune forme de condition ni de précision, que dans les cas de décharge de responsabilité ou de remise gracieuse, les débets restent à la charge du budget de l'Etat ou de l'organisme public concerné[69].

Pour le Togo, plus besoin de recourir à un autre texte : en cas de décharge de responsabilité ou de remise gracieuse, les débets restent à la charge du budget de l'Etat ou de tout autre organisme public concerné[70].

13.- Les conditions devant être définies par la règlementation relativement à la situation du comptable intérimaire (article 33 alinéa 3 DRGCP) : sur la question de la cessation de fonction du comptable public

Il est utile de rappeler qu'en vertu de la directive communautaire en son article 33 alinéa 3 :

> *Dans les conditions définies par la réglementation, le ministre chargé des Finances ou toute autre autorité supérieure compétente peut désigner, dans l'attente de la prise de fonction du comptable titulaire, un comptable intérimaire qui a les mêmes droits et obligations que ce dernier*

Tous les Etats se contentent de renvois aux règlementations[71]. Seul le Burkina Faso, à l'*article 42* de son RGCP, précise en 5 alinéas les conditions de désignation et d'exercice du comptable intérimaire qui est désigné par le responsable du réseau comptable, sur délégation du Ministre chargé des finances, et exerce jusqu'à l'installation du nouveau titulaire, sans que la durée de son mandat ne dépasse trois mois renouvelable une fois.

---

64 Article 3*7 alinéa 3 RGCP Bénin

65 Article 40 RGCP Sénégal.

66 Article 32 alinéa 3 RGCP Mali

67 Article 32 alinéa 3 RTGCP Côte d'Ivoire

68 Article 32 alinéa 2 RGCP Niger

69 Article 40 RGCP Burkina Faso

70 Article 31 alinéa 3 RGCP Togo.

71 Voir : article 41 alinéa 3 RGCP Sénégal, article 33 alinéa 3 RGCP Togo, article 34 alinéa 3 RGCPMali, Article33 alinéa 2 RGCP Niger, article 38 alinéa 3 RGCP Bénin et article 33 alinéa 3 RGCP Côte d'Ivoire.

14.- Le délai de délivrance du certificat de décharge fixé par les réglementations nationales.

Ce certificat permet uniquement d'accorder la libération des garanties, mais n'emporte pas de conséquences quant à l'appréciation de la responsabilité éventuelle du comptable secondaire. (Article 34, 3e tiret DRGCP).

Le délai de délivrance de ce certificat de décharge est fixé par un arrêté du Ministre au Bénin[72] ; au Togo[73], au Mali[74] d'une part et au Sénégal[75] puis en Côte d'Ivoire[76] par les textes règlementaires, d'autre part Pour le Niger, le certificat de décharge doit être délivré dans les six mois de la demande expresse de libération de ses garanties présentée par le comptable secondaire, sauf, dans le même délai, refus écrit et motivé du comptable principal[77]. Au Burkina Faso, aucun délai n'est évoqué sur le sujet. Même en se référant au décret portant régime juridique applicable aux comptables publics (article 61), il est juste indiqué que ce certificat de décharge est délivré au profit des comptables secondaires par le Directeur chargé de la Comptabilité publique sur avis conforme des comptables principaux auxquels ces comptables secondaires sont rattachés.

15.- Les modalités de recouvrement des recettes et des restes à recouvrer sont régies par les règlementations nationales (Article 40)

Pour le Mali[78] et le Niger[79], les modalités de recouvrement des recettes et des restes à recouvrer sont simplement régies par la réglementation. La Côte d'Ivoire reste aussi dans cette logique avec tout de même des précisions en ce qui concerne les modes de paiement des dettes par les redevables de l'Etat et la justification de chacun de ces modes[80].

Les autres Etats vont autant que possible définir ces modalités au sein de leur RGCP.

C'est l'objet des articles 49 à 83 du RGCP sénégalais qui comportent différentes innovations juridiques sur les questions que pose le recouvrement des recettes et des restes à recouvrer.

---

72 Article 34 alinéa 2 RGCP Bénin

73 Article 33 alinéa 2 RGCP Togo.

74 Article 35, 3e tiret RGCP Mali

75 Article 42 alinéa 2 RGCP Sénégal.

76 Article 34, alinéa 1er, 3etiret RGCP Côte d'Ivoire

77 Article34, 2e tiret RGCP Niger

78 Article 41 RGCP Mali

79 Article 41 RGCP Niger

80 Article 41 RGCP Côte d'Ivoire

Les conditions de libération du débiteur de l'Etat (*article 54*), de suspension ou d'interruption du recouvrement des créances (*article 55*) y sont indiquées.

Les règles concernant la constatation, la liquidation et le recouvrement des recettes ont été incluses dans les dispositions générales relatives aux opérations de recettes. Cependant, certaines clarifications et spécificités ont été apportées selon la nature des recettes. Ainsi, celles concernant les impôts directs et taxes assimilées sont retracées dans la section 2 qui traite de leur mise en recouvrement et encaissement aux articles *58 et 59* et des recours en termes de réclamations aux *articles 60 à 63* et de demandes en remise ou modération à *l'article 64.* Des dispositions communes sont prévues aux *articles 65 et 66.* L'appurement des rôles de ces impôts et taxes concerne les cotes indûment imposées ou irrécouvrables (articles *67 et 68*), les admissions en non-valeur (*article 69*), les restes à recouvrer (*articles 70 et 71*) et les cas de mutations de comptables au regard des restes à recouvrer (*articles 72 et 73*). Quant aux impôts indirects et taxes perçus sur liquidation, ils font l'objet de la section 3 dont l'unique *article 74* traite de la procédure concernant les sommes non recouvrées.

La section 4 traite des taxes pour services rendus, produits du domaine, amendes et condamnations pécuniaires. Elle indique d'une part que le mode de liquidation des taxes pour services rendus et des produits du domaine est du régime des droits constatés ou des droits au comptant (*article 75*) et d'autre part que celui des amendes et condamnations est celui indiqué par les textes législatifs ou règlementaires ou les décisions de justice qui les sous-tendent. Les modes de liquidation, de recouvrement et de reversements de ces droits, taxes et amendes ont été explicités aux *articles 76 à 80.*

La section 5 est relative aux autres recettes qui sont des créances de l'Etat autres que celles ci-dessus et qui font l'objet d'ordre de recette émis par les ordonnateurs.

A travers ces dispositions innovantes, le Sénégal consacre des avancées dans son droit comptable et peut-être dans celui des Etats de l'UEMOA.

Tout comme le Sénégal, le Burkina Faso intègre différentes dispositions relatives au recouvrement des recettes et des restes à recouvrer directement dans son RGCP notamment aux articles 58 à 70. Ainsi, on distingue les modes de paiements des dettes par les redevables de l'Etat et des autres organismes publics (*article 58*), la justification relative à chaque mode de paiement (*article 59*), les conditions libératoires du débiteur (*article 60*), les conditions de suspension ou d'abandon du recouvrement d'une créance (*article 61*), la possibilité de recouvrer les amendes et pénalités infligées à un fournisseur ou entrepreneur de travaux par voie de précompte sur les paiements à lui faire et la gestion de toute opposition à ces recouvrements (*article 62*), le recouvrement des amendes judiciaires dues par les détenus et la perception des amendes forfaitaires de police (*article 63*), les transactions en matière de délit à la règlementation des eaux, de la faune et de la flore (*article 64*), le caractère exécutoire des ordres de recettes ou de reversement formant titre de recette pour certaines créances (*article 65*) et la possibilité de les recouvrer par précompte sur les paiements à faire à un débiteur des montants inscrits sur ces ordres de recettes ou de reversements (*article 66*), le cas des ordres de recettes ou de reversement à l'encontre d'un débiteur qui est un agent public (*article 67*) ou d'un débiteur n'ayant pas d'avoir au Trésor (*article 68*), les remises totales ou partielles accordées au redevables par le Ministre chargé des Finances (*article 69*), l'autorisation de l'ordonnateur à ne pas émettre d'ordre de recette pour des créances dont le montant est inférieur à mille (1000) francs (*article 70*).

Quant au Bénin, bien qu'ayant indiqué que lesdites modalités sont régies par les lois et règlements à l'article 45 du RGCP, sept autres articles du RGCP sont consacrés au sujet. Ils concernent l'obligation du recours préalable à l'amiable avant tout recouvrement forcé (*article 46*), les voies et moyens ainsi que les actes servant de base au recouvrement forcé (*article 47*), la nécessité d'assortir toutes réclamations relatives à l'assiette et à la liquidation de garanties suffisantes (*article 48*), les modes de paiement des dettes par les redevables de l'Etat (*article 49*) et la justification relative à chaque mode de paiement (*article 50*), les conditions libératoires du débiteur de l'Etat (*article 51*) et l'obligation pour les comptables publics d'apurer la totalité des droits liquidés par les ordonnateurs et pris en charge par eux. Ces mêmes dispositions ont été consacrées au Burkina Faso en dehors de la rubrique consacrée aux recouvrements des restes à payer. Elles viennent en appui aux règles d'exigibilité des créances de l'Etat objet de l'article 39 DRGCP et de 7 articles (du 70ᵉ au 77ᵉ) du RGCP du Burkina Faso. (*Voir infra : innovations cas du Burkina Faso.)*

15.- Les règles de prescription des recettes de l'Etat (Article 42 DRGCP).

Le Sénégal, tout comme le Niger, évoque les délais de prescription des créances de l'Etat ainsi que les règles d'exigibilité qu'il fait remonter au domaine de ses textes en vigueur[81].

Pour le Bénin[82] et le Burkina Faso[83], ces règles sont régies par les textes législatifs et règlementaires. Mais le Mali[84] et la Côte d'Ivoire[85] retiennent qu'elles ne relèvent que de la règlementation.

---

81 Article 57 du RGCP Sénégal ; article 43 RGCP Niger

82 Article 54 RGCP Bénin

83 Article 79 RGCP Burkina Faso

84 Article 43 RGCP Mali

85 Article 43 RGCP Côte d'Ivoire

Mais sur la même question, le Togo, charge son ministre des finances de déterminer par arrêté les règles de prescription applicables aux recettes publiques autres que celles fiscales et douanières régies par le Code général des Impôts et le Code des Douanes[86].

Autant dire qu'aucun Etat n'a approfondi dans son RGCP les règles de prescription des recettes de l'Etat encore moins celles des autres organismes publics.

17.- Les conditions de paiement avant ordonnancement de certaines dépenses limitativement énumérées mais qui doivent faire l'objet d'ordonnancement en régularisation (Article 44 DRGCP)

Tous les Etats intègrent le principe d'un acte règlementaire pour fixer la liste des dépenses pouvant être payée avant leur ordonnancement. Mais la nature de cet acte ne fait pas l'unanimité entre un décret et un arrêté.

Au Sénégal, au Bénin et en Côte d'Ivoire, cette liste est portée par un décret[87] alors qu'au Togo, au Mali et au Burkina Faso, il s'agit d'un arrêté[88] du ministre chargé des finances.

En attendant la mise en vigueur de ce décret, le RGCP du Sénégal indique qu'il pourrait charger les comptables d'effectuer eux-mêmes la liquidation de ces dépenses[89]. L'ordonnancement en régularisation intervient en vue de prescrire au comptable d'imputer définitivement dans ses écritures des opérations effectuées à titre provisoire tant par lui-même et ses subordonnés que par ses régisseurs d'avances[90]. Selon le RGCP ivoirien, cette régularisation doit intervenir dans un délai de soixante jours à compter de la date de paiement[91]. Ce délai dit de traitement et de réconciliation serait fixé par le même arrêté togolais sur la liste des dépenses en cause.

Enfin à l'énumération de ces catégories de dépenses suivraient les conditions prévues par les textes en vigueur[92].

18.- Les modalités pratiques d'exécution de la dépense lors de la phase administrative (Article 48 DRGCP).

Comme sur les autres sujets, il y a d'un côté les Etats qui ont opté pour le renvoi à des textes découlant du RGCP et de l'autre ceux qui ont intégré

---

86 Confer article 41 alinéa 2 du RGCP Togo

87 Voir Article 96 RGCP Sénégal, article 56 alinéa 2 RGCP Bénin et article 45 alinéa 2 RGCP Côte d'Ivoire

88 Confer article 43 RGCP Togo, article 45 alinéa 3 RGCP Mali et article 81 alinéa 3 RGCP Burkina Faso.

89 Article 96 RGCP Sénégal

90 Article 95 RGCP Sénégal

91 Article45 alinéa 2 RGCP Côte d'Ivoire

92 Article 45 RGCP Niger

directement au RGCP ces modalités pratiques. En Côte d'Ivoire, *toutes* les modalités pratiques d'exécution de la dépense publique feront l'objet d'un *décret spécifique*[93], le Togo les fera fixer par *arrêtés* du ministre chargé des Finances[94]. Pour le Mali, ces modalités sont fixées par une *instruction du ministre chargé des Finances*[95] alors que le Niger les fera fixer par voie règlementaire.[96]

Le Sénégal fait figure de proue dans le lot des Etats intégrant chacune desdites modalités directement dans son RGCP. C'est l'objet du chapitre II « *Les opérations de dépenses* » du titre III : *Les opérations d'exécution du budget*. Ainsi :

- *les règles concernant l'engagement des dépenses* font l'objet de la Section 2 et s'étendent sur les articles *85 à 87*. Ces dispositions font la différence entre l'engagement (juridique) et l'engagement comptable tel qu'indiqué à l'article 45 DRGCP et indiquent les différents supports de justification de l'engagement des dépenses de l'Etat en fonction des catégories de dépenses concernées.
- *les dispositions relatives à la liquidation des dépenses*, objet de la section 3 du même chapitre, se retrouvent aux articles *88 à 93* du RGCP sénégalais. Après la clarification du concept de liquidation de la dépense qui comporte deux opérations, ces dispositions consacrent les titres servant à la liquidation des dépenses. Ces titres doivent porter la signature de l'ordonnateur, du contrôleur des opérations financières (l'équivalent du contrôleur financier) et éventuellement celle des responsables des services techniques[97].
- Enfin les articles *94 à 100* regroupés sous la section 4 sont consacrées à *l'ordonnancement des dépenses*.
- Matérialisé par le mandat de paiement qui doit porter le visa préalable du contrôleur des opérations financières, l'ordonnancement ne peut être fait, tout comme les engagements, que dans la limite des crédits ouverts.

Tout comme le Sénégal, le Burkina Faso fait l'option d'indiquer ces modalités pratiques concernant chaque phase de la dépense publique dans son RGCP en complément de celles indiquées aux articles 45 à 47 de la DRGCP. Ces dispositions ont été édictées phase par phase dans le RGCP lui-même et sont applicables, en vertu de l'article 97 alinéa 2, à l'ensemble des dépenses publiques de l'Etat. Toutefois, il est admis que par arrêté, le Ministre chargé des finances puisse apporter à ces règles des modifications sur des points particuliers.

---

93 Article 49 RGCP Côte d'Ivoire

94 Article 47 RGCP Togo

95 Article 49 RGCP Mali

96 Article 49 RGCP Niger

97 Article 88 alinéa 5 du Décret sénégalais portant RGCP

En ce qui concerne l'engagement objet de l'article 45 DRGCP, les dispositions communautaires ont été internalisées dans l'article 82 sans modification. Mais des compléments de précisions sur les modalités de cette étape ont été indiqués aux *articles 83 à 89* du RGCP du Burkina Faso. Ainsi, les différents délais d'engagement suivant la nature des dépenses ont été énoncés à l'*article 83*, la distinction des dépenses permanentes de celles éventuelles du point de vue de leur engagement est faite à l'*article 84*, quelques dispositions encadrant l'engagement de la dépense sont prises en compte à l'*article 85*, le rôle du contrôleur financier à cette phase fait l'objet de l'*article 86* et son importance à l'*article 87*, le devoir d'engager des dépenses permanentes et éventuelles faisant l'objet d'un relevé de l'ordonnateur au début de l'année est mentionné à l'*article 88*, la responsabilité de l'ordonnateur pour l'ajustement continu de la comptabilité de ses engagements aux réalités constatées en cours d'exécution du service est instituée à l'*article 89*.

En ce qui concerne la liquidation, les dispositions de l'alinéa 1er et 2 de l'article 46 DRGCP ont également été internalisées respectivement à l'alinéa 1er de l'article 90 et à l'article 92 du RGCP du Burkina Faso. L'article 90 est complété par un renvoi à un *arrêté du Ministre chargé des Finances* sur les titres et pièces pouvant servir de preuve des droits acquis par le créancier de l'Etat ou des organismes publics. Deux autres alinéas du même article définissent les deux composantes essentielles de la liquidation que sont la constatation des droits du créancier et leur arrêt. Par ailleurs, *le délai du 31 décembre* de l'année est fixé pour toutes liquidations de toutes dépenses de toutes catégories à l'*article 91*. Enfin, l'*article 92*, dispose, en dehors du principe de la constatation du service préalablement à l'arrêt des droits du créancier ; ***l'obligation de procéder de l'enregistrement comptable de la constatation des droits***.

En outre pour l'*ordonnancement*, il reste l'acte administratif par lequel, conformément aux résultats de la liquidation, l'ordre est donné par l'ordonnateur principal au comptable assignataire de payer la dette de l'Etat ou de l'organisme public concerné. Il a fait l'objet de nuance avec le concept de *mandatement*[98] à l'*article 94*. L'ordonnancement et mandatement sont matérialisés respectivement par une ordonnance de paiement ou un mandat de paiement qui doit revêtir le visa du comptable préalablement au paiement. Pour toutes catégories de dépenses, *la date limite de l'ordonnancement est le 31 décembre de l'année* (*article 95*). Des éléments de forme sur chaque ordonnance ou mandat de paiement sont indiqués.

Contrairement au renvoi des modalités de chaque phase d'exécution de la dépense publique, en les renvoyant à un arrêté du ministre chargé des

[98] Le mandatement et l'ordonnancement traduisent la même réalité. Seule l'autorité émettrice diffère. Dans le cas de l'ordonnancement, il s'agit de l'ordonnateur principal. Pour le mandatement, c'est l'ordonnateur délégué ou secondaire. Confère articles 93 et 94 du RGCP burkinabé.

Finances,[99] le RGCP Bénin a fourni des éléments détaillés complémentaires à ceux de la Directive en ce qui concerne la liquidation et l'ordonnancement.

En effet, le RGCP a règlementé les pièces pouvant servir de preuve des droits acquis par le créancier de l'Etat dans le cas des fournitures, services et travaux. Ce sont des titres et pièces constitués par des marchés, des mémoires ou factures en original détaillant les livraisons, services ou travaux effectués et les procès-verbaux de réception signés par les ordonnateurs, le contrôleur financier ou son délégué, les services utilisateurs et, éventuellement par les responsables des services techniques dans le cadre de la règlementation en vigueur[100].

Par rapport à l'ordonnancement, les dispositions communautaires de l'article 47 DRGCP ont été internalisées dans l'article 59 qui a été complété par les articles 60 à 63. L'*article 60* indique que l'ordonnancement peut également intervenir à titre de régularisation en vue de prescrire à un comptable principal d'imputer définitivement dans ses écritures des opérations effectuées à titre provisoire, tant par lui-même et ses subordonnés que par des régisseurs d'avances. La possibilité est donnée aux comptables de réclamer aux ordonnateurs des certificats administratifs ou pièces justificatives complémentaires dans le cadre de leur contrôle de régularité des pièces justificatives de dépenses[101]. Lesdites pièces justificatives doivent porter des montant inscrits aussi bien en chiffres qu'en toutes lettres sauf si le montant en chiffres énoncé est édité par un moyen électronique, sans ratures ni altérations, le cas échéant, lesdites ratures ou altérations doivent être approuvés par ceux qui ont arrêté les pièces justificatives et mandats de paiement avec l'interdiction de l'usage d'une griffe pour toute signature sur ces pièces et mandats de paiement (*article 62*[102]). Les mentions obligatoires sur un mandat de paiement sont précisées à l'article 63.

19.- Du contentieux en cas de rejet d''une dépense par un comptable public (Article 50 DRGCP)

Lorsqu'à l'occasion des contrôles prévus en matière de dépenses à l'article 26 de la présente Directive , des irrégularités sont constatées par les comptables, ceux-ci sont tenus de refuser le visa de la dépense.

Les comptables sont tenus d'adresser aux ordonnateurs et au ministre chargé des finances une déclaration écrite et motivée de leurs refus de visa, accompagnée des pièces rejetées.

---

99 Article 94 RGCP béninois

100 Confère article 58 alinéa 2 du RGCP béninois.

101 Cette disposition existe à l'article 98 du RGCP burkinabé.

102 Les mêmes dispositions de l'article 62 du RGCP béninois se retrouvent dans l'article 99 du RGCP burkinabé.

En cas de désaccord persistant, l'ordonnateur principal, après avoir recueilli l'avis consultatif du ministre chargé des finances, peut réquisitionner le comptable selon les dispositions prévues par les réglementations nationales.

Dans ce cas, le comptable procède au paiement de la dépense, et annexe au mandat, une copie de sa déclaration de rejet et l'original de l'acte de réquisition qu'il a reçu. Une copie de la réquisition et une copie de la déclaration des rejets sont transmises à la Cour des Comptes et au ministre chargé des finances et publiées.

Toutefois, sous réserve des dispositions particulières propres aux règlementations nationales, les comptables ne peuvent déférer à la réquisition de l'ordonnateur dès lors que le refus de visa est motivé par :

- *l'indisponibilité de crédits ;*
- *l'absence de justification du service fait, sauf pour les avances et les subventions ;*
- *le caractère non libératoire du règlement.*

Lorsque le comptable obtempère, en dehors des cas ci-dessus, à l'ordre de payer de l'ordonnateur, il cesse d'être responsable personnellement et pécuniairement de la dépense en cause. Dans ce cas, la responsabilité est transférée à l'ordonnateur.

- ***Le comptable qui paie une dépense après une réquisition d'un ordonnateur principal annexe aux pièces justificatives de ladite dépense l'original de l'acte de réquisition et une copie de sa déclaration de rejet pour assurer l'information de la juridiction financière, du Ministre des Finances et du public.***

Cette double exigence de transparence autour des dépenses effectuées après réquisition est internalisée dans chacun des Etats de l'UEMOA avec quelques nuances surtout en ce qui concerne la publication de la copie de la réquisition et de celle de la déclaration de rejet. Au Togo, au Mali, au Burkina Faso et au Niger, il s'agit juste pour ce comptable de se contenter de les publier, peu importe la forme[103]. Au Sénégal, cette publication doit se faire dans les formes et conditions fixées par *arrêté du ministre chargé des finances*[104]. En Côte d'Ivoire, c'est le ministre chargé des finances qui les fait publier au journal officiel après réception[105].

- ***Cas d'impossibilité de déférer à la réquisition de l'ordonnateur principal***

Trois situations rendent inopérante la réquisition de l'ordonnateur : il s'agit de l'absence de justification du service fait, l'indisponibilité de crédits et le

[103] Voir article 49 alinéa 3 RGCP Togo, article 51 alinéa 4 RGCP Mali et article 51 alinéa 4 RGCP Niger.

[104] Article 102 alinéa 5 du Décret sénégalais portant RGCP.

[105] Article 51 alinéa 3 RGCP Côte d'Ivoire.

caractère non libératoire du règlement. Mais avec le rôle affirmé du Contrôleur financier, certains éléments ne sont plus opposables au comptable à cette étape de l'exécution de la dépense. C'est ainsi que le Burkina Faso retient un seul cas : *le caractère non libératoire du règlement.* Le Bénin et le Sénégal y ajoutent *l'absence de justification du service fait*, sauf pour les avances et les subventions[106]. Puis le Togo, le Mali, le Niger et la Côte d'Ivoire retiennent tous les trois éléments en complétant aux deux précédents, l'indisponibilité de crédits[107].

20.- Les conditions de règlement des dépenses (article 52 alinéa 1erDRGCP)

Les instruments de paiement que sont l'espèce, le chèque, le virement, etc. sont déjà consacrés par la directive.

Par exemple, le seuil au-delà duquel le paiement cash n'est plus admis.

Pour le Togo, le mali, le Niger et la Côte d'Ivoire, les conditions de règlement des dépenses sont fixées par les règlementations[108] : conditions fixées par les règlementations nationales[109]

Les articles *103 et 104* du RGCP sénégalais sont consacrés auxdites conditions : paiement par virement obligatoire à partir d'un seuil à fixer par la règlementation et pour tout règlement au profit de créanciers inscrits au Registre de Commerce et du crédit Mobilier ou au registre des métiers ou de personnes morales[110].

Le RGCP Bénin fait l'impasse sur cela en indiquant que tout instrument de paiement autorisé par l'Etat peut être admis pour les règlements des dépenses publiques (*article 68*). Des conditions relatives au règlement de dépenses publiques sont toutefois indiquées aux articles 69 à 71 du RGCP béninois. Ainsi, le virement bancaire ou postal est obligatoire pour tout règlement supérieur à un montant fixé par la règlementation en vigueur (*article 69*), le principe de la déduction des frais générés par un mode voulu par le bénéficiaire d'un règlement de dépense par l'Etat du montant des sommes qui lui sont dues (*article 70*), et les conditions qui confèrent au règlement son caractère libératoire sont indiquées à l'*article 71.*

Quant au RGCP du Burkina Faso, il apporte des précisions excluant d'autres instruments de paiement en dehors de la remise d'espèces ou de chèques ou du virement bancaire ou postal ; le tout dans les conditions fixées

---

106 Article 66 alinéa 4 RGCP Bénin, article 102 alinéa 6 RGCP Sénégal.

107 Voir article 49 alinéa 4 RGCP Togo, article 51 alinéa 5 RGCP Mali, article 51 alinéa 5 RGCP Niger, article 51 alinéa 5 RGCP Côte d'Ivoire.

108 Confer Article 51 RGCP Togo, article 53 alinéa 1er RGCP Mali, article 53 alinéa 1er RGCP Niger, article 53 alinéa 2 RGCP Côte d'Ivoire.

109 Article 51 RGCP Togo.

110 Article 104 alinéa 2 RGCP Sénégal.

par la règlementation régissant la matière (*article 103*). Les chèques du Trésor étant soumis sans restriction à la législation sur les chèques.

21.- Les pièces justificatives des dépenses à exiger par les comptables publics avant tout règlement (article 52 alinéa 2)

Si au Niger[111] comme en Côte d'Ivoire[112], les pièces justificatives des dépenses à exiger par les comptables publics avant tout règlement sont celles prévues par la règlementation en vigueur, au Togo, elles seront prévues par arrêté du Ministre chargé des Finances[113]. Cet arrêté, selon le Mali et le Bénin, sera celui fixant la nomenclature des pièces justificatives[114]

Au Bénin, ces pièces justificatives sont celles prévues par l'acte portant nomenclature des pièces justificatives de dépenses (article 68 alinéa 2). Ce faisant le RGCP Bénin se conforme à sa LOLF en son article 74 au terme duquel les opérations d'exécution du budget de l'Etat dont les dépenses « sont appuyées des pièces justificatives prévues dans les nomenclatures établies par le ministre en charge des finances ou, à défaut, de pièces justifiant en tout état de cause la réalité et la régularité desdites opérations. »

Cette logique est bien intégrée par le Burkina Faso dont le RGCP se contente d'inviter les comptables à exiger la production de toutes pièces justificatives utiles[115].

22.- Les conditions d'interruption, de suspension ou d'exemption de la prescription de la dépense publique (article 54 alinéa 2)

Sur cette question, le Bénin, le Niger et le Sénégal offrent un service minimum en se contentant de simples renvois à la législation et/ou à la règlementation[116]. Notamment, ces règles sont régies au Togo, par un arrêté que prendra le ministre chargé des finances[117].

Quant à la Côte d'Ivoire, elle procède à un renvoi à l'article 73[118] de sa LOLF RCI (article 55), lequel article renvoie aussi au RGCP. Ce ping-pong

---

[111] Article 53 alinéa 2 RGCP Niger.

[112] Article 53 alinéa 2 RGCP Niger.

[113] Article 51 alinéa 2 RGCP Togo.

[114] Article 53 alinéa 2 RGCP Niger. Voir aussi article 68 alinéa 2 RGCP Bénin.

[115] Article 104 RGCP Burkina Faso.

[116] Article 73 alinéa 2 RGCP Bénin ou article 55 alinéa 2 RGCP Niger, voir aussi Article 114 alinéa 2 RGCP Sénégal.

[117] Article 53 alinéa 2 RGCP Togo.

[118] Article 55 RGCP Côte d'Ivoire stipule : « **Les règles de prescription de la dépense publique sont prévues à l'article 73 de la Loi organique relative aux lois de finances**. L'article 73 alinéa 3 de la LOLF Côte d'Ivoire dispose : « **Les règles de prescription des créances de l'Etat ou de tout autre organisme public doté d'un comptable public, sur des particuliers ou personnes morales, notamment en ce qui concerne les conditions d'interruption et de suspension du délai de prescription, sont définies par le règlement général de la comptabilité publique**. » En fin de

juridique conduit à une absence de dispositions juridiques sur les questions essentielles relatives à l'interruption et à la suspension de la prescription, une forme d'omission implicite de décision sur le sujet.

C'est le Burkina Faso et le Mali qui s'attardent sur la question en lui apportant des solutions adéquates au sein du RGCP. Pour le Burkina Faso, Les conditions d'interruption, de suspension ou d'exemption de la prescription sont définies aux articles *107 à 109* du RGCP.

Suivant l'*article 107*, la prescription est interrompue par :

- toute demande écrite de paiement ou toute réclamation écrite adressée par un créancier à l'autorité administrative dès lors que la demande ou la réclamation a trait au fait générateur, à l'existence, au montant ou au paiement de la créance alors même que l'administration saisie n'est pas celle qui aurait la charge du règlement ;
- tout recours devant une juridiction relatif au fait générateur, à l'existence, au montant ou au paiement de la créance, que ce soit l'auteur du recours et même si la juridiction saisie est incompétente pour en connaître, et si l'administration qui aura finalement la charge du règlement n'est pas partie à l'instance ;
- toute communication écrite d'une administration intéressée même si cette communication n'a pas été faite directement au créancier qui s'en prévaut ; dès lors que cette communication a trait au fait générateur, à l'existence ou au paiement de la créance ;
- Toute émission de moyen de règlement, même si ce règlement ne couvre qu'une partie de la créance ou si le créancier n'a pas été exactement désigné.

Un nouveau délai de quatre (04) ans court à compter du premier jour de l'année suivant celle au cours de laquelle a lieu l'interruption.

Toutefois, si l'interruption résulte d'un recours juridictionnel, le nouveau délai court à partir du premier jour de l'année suivant celle au cours de laquelle la décision est passée en force de chose jugée.

Quant à l'exemption de la prescription, l'*article 108, elle* concerne le créancier qui ne peut agir, soit par lui-même ou par l'intermédiaire de son représentant légal soit pour un cas de force majeur et celui qui peut être légitimement regardé comme ignorant l'existence de sa créance ou de la créance de celui qu'il représente légalement.

Quoique les autorités administratives ne puissent renoncer à opposer la prescription, il est reconnu au Ministre chargé des finances le pouvoir de relever par décision les créanciers de l'Etat, en tout ou partie de la prescription

compte, cet aller-retour entre le RGCP et la LOLF conduit à l'absence de règles sur l'interruption, la suspension et l'exemption de la prescription de la dépense publique en Côte d'Ivoire.

à raison de circonstances particulières et notamment de la situation du créancier (*article 109*).

Enfin le RGCP du Mali renseigne en son article 56 que la prescription ne court ni contre le créancier ignorant, en toute bonne foi, de l'existence de créance et ses ayants droit ou ayants cause, ni contre celui qui ne peut agir soit directement, soit par l'intermédiaire d'un tiers, soit en cas de force majeure.

Elle est aussi interrompue par toute demande de paiement ou toute réclamation adressée par le créancier à l'administration, tout recours formé devant une juridiction quelle que soit la compétence de celle-ci, toute communication écrite de l'administration à quelque destinataire que ce soit dès qu'elle a trait à la créance, toute émission de moyen de règlement même partiel et même si le créancier n'est pas exactement désigné.

Un nouveau délai de quatre ans court à compter du premier jour de l'année suivant celle au cours de laquelle l'interruption a eu lieu.

23.- Les plafonds des encaisses des comptables publics, ainsi que les conditions et délais de leur dégagement, sont fixés par arrêté du ministre chargé des finances en ce qui concerne les comptables du Trésor et des régies financières des Impôts et des Douanes, et par délibération du conseil d'administration des établissements publics à caractère administratif. (Article 57 alinéa 5 DRGCP).

Il faut distinguer ici les Etats qui ont conféré tout ce pouvoir au seul ministre des Finances de ceux qui ont, au regard de l'autonomie financière des établissements publics à caractère administratif, laissé le pouvoir aux organes délibérants compétents.

Le Sénégal, le Togo, la Côte d'Ivoire et le Burkina Faso optent pour un pouvoir unique de décision entre les mains du Ministre des Finances. Celui-ci prend à cet effet un arrêté au Sénégal[119], au Togo[120] et en Côte d'Ivoire[121]. Au Burkina Faso, il revient au Directeur chargé de la comptabilité publique de prendre une circulaire sur les plafonds des encaisses des comptables publics, ainsi que les conditions et délais de leur dégagement[122].

Au Bénin, au Mali et au Niger, la directive communautaire a été suivie sur ce point en conférant au ministre des finances et au Conseil d'administration de prendre respectivement un arrêté et une délibération[123].

---

119 Article 128 RGCP Sénégal.

120 Article 56 RGCP Togo.

121 Article 58 alinéa 5 RGCP Côte d'Ivoire.

122 Article1 12 alinéa 5 RGCP Burkina Faso.

123 Voir article 77 alinéa 5 RGCP Bénin, article 60 alinéa 6 RGCP Mali et article 58 alinéa 5 RGCP Niger.

24.- Les conditions dans lesquelles les titres d'emprunt émis par l'Etat détériorés, perdus ou volés peuvent être frappés d'opposition, remplacés ou remboursés (article 60 alinéa 2 DRGCP)

Ces conditions n'ont fait l'objet d'approfondissement dans aucun RGCP national. Le Mali et le Bénin indiquent respectivement que ces conditions seront fixées par un décret pris en Conseil des Ministres sur le rapport du ministre chargé des Finances[124] et par un arrêté du ministre chargé des Finances[125]. Les autres Etats que sont le Sénégal, le Burkina Faso, le Niger et la Côte d'Ivoire se contentent d'indiquer que ces conditions seront fixées par un règlement[126].

25.- Les conditions d'ouverture ou de fonctionnement des comptes ouverts au nom des correspondants du Trésor (article 61 alinéa 2 DRGCP)

Les comptes au nom des correspondants du Trésor seront ouverts et fonctionneront selon les conditions fixées par le ministre chargé des finances ou par la règlementation. Cet acte juridique du ministre dont la nature n'est pas précisée en ce qui concerne le Sénégal[127], le Burkina Faso[128], le Niger[129] est plutôt un arrêté pour les cas béninois[130] et togolais[131].

Pour le Mali[132] et la Côte d'Ivoire[133], ces conditions seront fixées par la règlementation.

Il faut toutefois souligner que le principe de l'unicité de compte par correspondant est inscrit aux RGCP du Bénin et du Burkina Faso ; toute dérogation devant être autorisée par le ministre chargé des finances[134].

---

124 Article 64 RGCP Mali.

125 Article 87 RGCP Bénin.

126 Voir Article 138 alinéa 2 RGCP Sénégal, article 116 alinéa 5 RGCP Burkina Faso, article 61 alinéa 2 RGCP. Niger et article 61 alinéa 2 RGCP Côte d'Ivoire.

127 Article 132 du RGCP Sénégal.

128 Article 115 alinéa 2 Burkina Faso.

129 Article 62 alinéa 2 RGCP Niger.

130 Article 83 alinéa 2 RGCP Bénin.

131 Article 60 alinéa 2 du RGCP Togo.

132 Article 66 alinéa 2 RGCP Mali.

133 Article 62 alinéa 2 RGCP Côte d'Ivoire.

134 Voir article 83 alinéa 3 RGCP Bénin et article 115 alinéa 2 RGCP Burkina Faso.

26.- la gestion du patrimoine de l'Etat concerne d'une part les modalités de prise en charge, d'emploi et de conservation des biens et des matières, des objets et des valeurs (article 63 alinéa 2) et, d'autre part, les règles de classement et d'évaluation des divers éléments du patrimoine mobilier et immobilier et des stocks, les limites dans lesquelles doivent être fixés les taux d'amortissement ou les provisions pour dépréciation ainsi que les modalités de réévaluation (article 63 alinéa 2).

En ce qui concerne *les modalités de prise en charge, d'emploi et de conservation des biens et des matières, des objets et des valeurs* devant relever des règlementations nationales, le Sénégal, le Niger, le Burkina Faso et la Côte d'Ivoire restent vagues en les renvoyant aux lois et règlements[135]. Quant au Togo, il sera question de traiter ces conditions par un décret pris en conseil des Ministres[136]. Pour le Bénin, elles feront l'objet d'un arrêté conjoint du ministre chargé des finances et du ministre concerné[137]. Enfin pour la Mali, elles seront prises en compte dans le cadre de la règlementation sur la comptabilité des matières[138].

Quant aux règles de classement et d'évaluation des divers éléments du patrimoine mobilier et immobilier et des stocks, les limites dans lesquelles doivent être fixés les taux d'amortissement ou les provisions pour dépréciation ainsi que les modalités de réévaluation, sont prévues pour être fixées par un référentiel à prévoir par l'UEMOA (article 63 alinéa 3).

Ce dispositif communautaire qui n'a pas vu le jour n'a heureusement pas entravé les processus d'internalisation de la DRGCP. Chaque Etat a pris une option, soit pour le respect strict de la disposition communautaire, soit en l'adaptant à ses réalités ou visions. Ainsi le Sénégal fait fi du dispositif communautaire en renvoyant ces règles aux lois et règlements[139]. Le Niger prend la même option en se référant aux textes en vigueur[140] tout comme le Bénin et le Togo qui les fixeront par décret pris en Conseil des Ministres[141] ou le Burkina Faso dans la règlementation sur la comptabilité des matières[142].

Ils ne seront pas suivis par le Mali et la Côte d'Ivoire qui ont suivi la directive en admettant le dispositif communautaire de l'UEMOA pour fixer les règles de classement et d'évaluation des divers éléments du patrimoine mobilier et immobilier et des stocks, les limites dans lesquelles doivent être

---

135 Voir respectivement article 140 RGCP Sénégal, article 64 alinéa 2 RGCP Niger, article 117 alinéa 3 RGCP Burkina Faso et article 64 alinéa 2 RGCP Côte d'Ivoire.

136 Article 63 alinéa 2 du RGCP Togo.

137 Article 89 alinéa 3 RGCP Bénin.

138 Article68 alinéa 2 RGCP Mali.

139 Article 140 RGCP Sénégal.

140 Article 64 alinéa 3 RGCP Niger.

141 Article 89 alinéa 3 RGCP Bénin, article 63 alinéa 2 RGCP Togo.

142 Article 118 alinéa 2 RGCP Burkina Faso.

fixés les taux d'amortissement ou les provisions pour dépréciation ainsi que les modalités de réévaluation avec la réserve inspirée de la Directive selon laquelle en attendant la mise en place de ce dispositif communautaire, les textes nationaux s'appliquent sur ces questions[143].

27.- Les conditions de réforme et de cession des biens durables du patrimoine sont déterminées par les règlementations nationales (Article 64 DRGCP)

Pour le Togo et le Bénin, ces conditions sont déterminées par décret pris en conseil des ministres[144]. Le Sénégal et le Niger indique qu'elles relèvent des lois et règlements[145] pendant que le Niger et la Côte d'Ivoire les renvoient à la règlementation en vigueur[146].

Il faut se référer au Burkina Faso et au Mali pour retrouver ces conditions dans la réglementation sur la comptabilité des matières[147].

28.- Les opérations de recettes, de dépenses, de trésorerie et de patrimoine décrites dans la Directive doivent être appuyées des pièces justificatives prévues dans une nomenclature établie par arrêté pris par le ministre chargé des finances après avis de la Cour des comptes (Article 65 DRGCP)

Cette disposition communautaire consacre l'extension de la nomenclature des pièces justificatives, au-delà des dépenses, aux opérations de recettes, de trésorerie, et de patrimoine des organismes publics. Cette nomenclature est de la compétence exclusive du ministre chargé des Finances qui la fixe par un arrêté après avoir requis l'avis de la Cour des comptes ou de la juridiction financière.

L'intégration de cette disposition dans les RGCP nationaux s'est opérée *in extenso* malgré la disposition précédente concernant les pièces justificatives (article 52 alinéa 2 DRGCP) en matière de dépenses uniquement (*Voir supra*). Ainsi, le Sénégal, le Togo, le Niger, le Burkina Faso, le Mali, le Bénin et la Côte d'Ivoire adoptent une nomenclature des pièces justificatives des opérations de recettes, de dépenses, de trésorerie et de patrimoine ; laquelle nomenclature est fixée par arrêté du ministre chargé des finances après avis de la juridiction des comptes[148].

---

143 Voir respectivement article 68 alinéas 3 et 4 RGCP Mali et article 64 alinéas 3 et 4 RGCP Côte d'Ivoire.

144 Voir article 64 RGCP Togo et article 90 RGCP Bénin.

145 Voir article 140 RGCP Sénégal et article 65 RGCP Niger.

146 Article 65 RGCP Côte d'Ivoire.

147 Voir article 119 RGCP Burkina Faso et article 69 RGCP Mali.

148 Voir respectivement : article 146 RGCP Sénégal, article 65 RGCP Togo, article 66 RGCP Niger, article 70 RGCP Mali, article 91 RGCP Bénin et article 66 RGCP Côte d'Ivoire.

Cependant il sied de rappeler l'intérêt particulier que le Bénin accorde à la question de la justification des opérations d'exécution du budget. Dans sa LOLF, au titre des règles fondamentales d'exécution du budget de l'Etat objet du chapitre 1er du titre VI, il est prescrit l'obligation d'appuyer lesdites opérations des pièces justificatives prévues par les nomenclatures établies par le ministre chargé des finances ou, « **à défaut, de pièces justifiant en tout état de cause, la réalité et la régularité desdites opérations** »[149].

Au-delà de ce renforcement évident de l'ancrage juridique des pièces justificatives, il y a l'innovation du RGCP béninois relative à la possibilité de numérisation des pièces justificatives[150]. Cette disposition est méritoire même si la loi sur le code du numérique reste à promulguer suite à sa récente adoption par le parlement béninois. Ce code pose le principe de la preuve numérique et pourra servir de fondement au ministre des finances dans le cadre des conditions à définir pour l'établissement des pièces justificatives sous forme électronique.

29.- La durée de conservation des pièces justificatives est de dix ans et peut être prorogée par les règlementations nationales (Article 66 alinéa 3 DRGCP)

Il convient de rappeler qu'il s'agit du cas où la juridiction des comptes a admis le principe de la conservation des pièces justificatives par les comptables publics. Dans ce cas, cette conservation ne saurait excéder une période de dix ans. Il revient donc à la juridiction des comptes de les prendre en charge dans ce délai pour l'apurement des comptes de gestion auxquelles elles se rattachent. De plus, cette disposition suppose la garantie au niveau de ces comptables des conditions et normes de conservation des archives. C'est à l'aune de ce préalable que la conservation des pièces justificatives au niveau des comptables devrait être envisagée tout comme la possible prorogation du délai de cette conservation.

Dans tous les cas, le Sénégal, le Togo, le Burkina Faso, le Bénin, ne prévoient aucune possibilité de prorogation de ce délai de conservation des pièces justificatives au niveau des comptables publics.[151]

Par contre, le Niger, le Mali et la Côte d'Ivoire intègrent, dans leurs RGCP, la possibilité de prorogation de ce délai de dix ans par acte règlementaire[152].

---

149 Article 74 de la Loi organique n°2013-14 du 27 septembre 2013 relative aux lois de finances, Bénin.

150 Confer article 94 RGCP Bénin : « *L'établissement de documents et de pièces justificatives sous forme de pièces électronique peut être effectué dans les conditions définies par le ministre en charge des finances* »

151 Voir respectivement : article 146 alinéa 4 RGCP Sénégal, article 66 alinéa 2 RGCP Togo, article 121 alinéa 3 RGCP Burkina Faso et article 92 RGCP Bénin.

152 Voir respectivement : article 67 alinéa 3 RGCP Niger, article 71 alinéa 3 RGCP Mali et article 67 alinéa 3 RGCP Côte d'Ivoire.

Il faut saluer les précisions apportées par le Togo et la Côte d'Ivoire quant à l'origine de la computation du délai. Au Togo, il court après le jugement des comptes du comptable public[153]et en Côte d'Ivoire à compter du premier jour de l'année suivant celle de la reddition de compte à la juridiction financière[154].

Enfin, l'importance de ces pièces justificatives dans le compte de gestion du comptable explique que l'UEMOA ait pris des dispositions pour régir les cas de perte, vol, destruction ou détérioration au niveau des comptables, ceux-ci établissent un certificat de perte transmis au comptable supérieur pour autorisation de pourvoir au remplacement des pièces sous forme de duplicata (article 67 DRGCP). Cette disposition a été intégralement réceptionnée par les Etats membres avec une nuance en Côte d'Ivoire dont le RGCP prescrit l'avis préalable de l'autorité chargée de l'inspection au sein du Trésor public[155].

Le Bénin et la Côte d'Ivoire ajoutent que s'il s'agit d'un comptable principal, la demande de duplicata doit être adressée au directeur chargé de la comptabilité publique[156].

C'est sans doute dans cette logique que le Burkina Faso fixe un délai de cinq ans pour la conservation des pièces justificatives dans le poste comptable après la transmission du compte de gestion au juge des comptes[157].

30.- Les règles générales de comptabilité sont définies par les règlementations nationales sous réserve des dispositions prévues à l'article 70 alinéa 2 DRGCP

Avant tout il convient de retenir que tous les Etats ont admis tous les types de comptabilité prévue par le texte communautaire à savoir la comptabilité budgétaire, la comptabilité générale, et la comptabilité analytique des coûts ; la comptabilité des matières, valeurs et titres étant destinées à renseigner la comptabilité générale.

Le législateur communautaire, dans le cadre de la nouvelle logique de gestion des finances publiques basée sur la performance, entend faire de la comptabilité un outil essentiel d'évaluation de la performance. C'est pourquoi les normes comptables relatives à chaque comptabilité doivent être déclinées au plan national. Elles ne doivent pas occulter la nécessaire articulation entre comptabilité budgétaire et comptabilité générale ; articulation que la Cour des comptes française classe au rang des objectifs prioritaires au regard de la qualité des comptes.

---

153 Article 66 alinéa 2 RGCP Togo.

154 Article 67 alinéa 3 RGCP Côte d'Ivoire.

155 Article 68 RGCP Côte d'Ivoire.

156 Article 93 alinéa 3 RGCP Bénin et article 68 alinéa 2 RGCP Côte d'Ivoire.

157 Article 21 alinéa 5 RGCP Faso.

Seuls le Bénin, le Burkina Faso, le Mali et la Côte d'Ivoire ont donné écho à cette disposition communautaire. Si la Côte d'Ivoire se conforme à la formulation de la directive[158], le Bénin retient qu'il s'agira de définir les règles générales et spécifiques applicables à chaque type de comptabilité, sous réserve des dispositions du RGCP[159]. Au Mali, il revient au ministre chargé des finances de déterminer les règles générales de comptabilité ; lesquelles seront complétées par un plan comptable particulier de chaque organisme public autre que l'État qui sera fixé conjointement avec le ministre de tutelle[160].

Enfin, au Burkina Faso on peut remarquer un début d'exécution de la définition de ces règles relatives aux comptabilités. Il est vrai que le RGCP se limite à indiquer que les règles générales de comptabilité seront définies par des décrets, arrêtés ou instructions[161]. C'est dans le décret n°2016-601/PRES/PM/MINEFID du 8 juillet 2016 portant cadre conceptuel de la comptabilité générale de l'Etat[162] que l'on retrouve pour le compte du Burkina Faso, l'objet, les normes, règles et procédures relatives à la tenue et la production des comptes et des états financiers de l'Etat découlant de la comptabilité générale de l'Etat. Il faut souhaiter que ce travail soit étendu aux autres comptabilités pour en faciliter la tenue et l'exploitation.

Pour l'arrêté des comptes, la directive propose qu'il relève de la compétence de l'ordonnateur en ce qui concerne la comptabilité budgétaire et la comptabilité des matières et des comptables principaux en ce qui concerne la comptabilité générale de l'Etat (article 71 alinéa 2 DRGCP). En effet le Bénin et le Burkina Faso confient l'arrêté de la comptabilité des matières aux comptables principaux.

31.- Les modalités de mise en œuvre de la comptabilité analytique des coûts (Article 84 DRGCP)

La comptabilité analytique des coûts est destinée à connaître les coûts des politiques publiques. Elle peut être déclinée par service, fonction ou projet pour en mesurer les coûts. Elle permet, selon le RGCP Bénin, *de justifier les crédits indispensables à la conduite des actions et de mettre en évidence les éléments nécessaires à la mesure de la performance au sein des programmes. Elle est destinée à fournir des éléments de comparaison dans le temps et dans l'espace et éventuellement entre différentes structures administratives*[163]. Cette comptabilité novatrice fera l'objet de modalités à définir par voie

[158] Article 71 alinéa 2 RGCP Côte d'Ivoire.

[159] Article 97 alinéa 2 RGCP Bénin.

[160] Article 74 alinéa 3 RGCP Mali.

[161] Article131 alinéa 2 RGCP Burkina Faso.

[162] Ce texte est paru le même jour que le RGCP Burkinabè. Cela témoigne de la célérité avec laquelle les normes relatives à la comptabilité générale de l'Etat ont été traitées dans cet Etat.

[163] Article 109 RGCP Bénin.

règlementaire, au Togo, sur rapport du Ministre chargé des Finances[164]et par le ministre chargé des finances au Sénégal[165] puis au Burkina Faso par un arrêté[166]. Au Niger et en Côte d'Ivoire, lesdites modalités seront fixées simplement par voie règlementaire[167].

Au Mali par contre, c'est un arrêté interministériel que l'organisation et le système comptables applicables à cette comptabilité seront définis[168].

Au demeurant, cette innovation qui vient de l'UEMOA gagnerait à être suivie de directives pour en harmoniser la compréhension et la pratique comme celle relative à la comptabilité des matières.

32.- Les conditions d'adaptation par le contrôleur financier, au regard de la qualité et de l'efficacité du contrôle interne ainsi que du contrôle de gestion mis en place par l'ordonnateur, des modalités de mise en œuvre de ses contrôles.

Ceci, par exception aux dispositions de l'article 87 de la présente Directive et conformément à l'article 13 de la Directive portant loi de finances (Article 91 DRGCP)

Le nouveau cadre harmonisé de gestion des finances consacre en matière de contrôle de l'exécution du budget, l'émergence du contrôle financier comme un acteur essentiel de l'exécution des programmes budgétaires. Il n'en fallait pas plus pour que le RGCP ivoirien le consacre comme le second parmi les trois acteurs de l'exécution du budget[169].

Le contrôle financier est animé par des acteurs qui prennent le titre de contrôleurs financiers (cas du Togo, du Niger, du Mali et du Burkina Faso)[170], de contrôleurs budgétaires au Bénin[171] ou de contrôleurs des opérations financières au Sénégal[172], de *contrôleurs financiers quand ils exercent auprès des institutions, ministères, projets ou collectivités décentralisées ou*

---

164 Article 84 alinéa 2 du RGCP Togo.

165 Article 194 alinéa 2 RGCP Sénégal : ce texte règlementaire devra également indiquer les objectifs assignés à cette comptabilité ainsi que son organisation.

166 Article176 alinéa 2 RGCP Burkina Faso.

167 Voir article 85 alinéa 2 RGCP Niger et article 85 alinéa 2 RGCP Côte d'Ivoire.

168 Article 89 alinéa 2 RGCP Mali.

169 Article 4 du RGCP Côte d'Ivoire : « *L'exécution de la loi de finances relève exclusivement de l'ordonnateur du contrôleur financier ou budgétaire et du comptable public* ».

170 Voir respectivement : articles 87 à 92 RGCP Togo, articles 86 à 93 RGCP Niger, articles 92 à 97 RGCP Mali et articles 179 à 185 RGCP Burkina Faso.

171 Voir Décret béninois n°2015-209 du 17 avril 2015 portant statut particulier du corps des contrôleurs budgétaires. Il faut souligner que le titre de contrôleurs financiers est reconnu dans le RGCP aux acteurs béninois en charge du contrôle financier. Seulement, en application de ce texte, ce décret ainsi que le décret n°2016-073 du 10 mars 2016 portant attributions, organisation et fonctionnement du contrôle financier ont été pris et ont consacré le titre de contrôleurs budgétaires aux animateurs du contrôle financier au Bénin ; une modification implicite du RGCP béninois.

172 Voir articles 203 à 208 du RGCP Sénégal.

contrôleurs budgétaires lorsqu'ils sont nommés pour servir auprès des Etablissements Publics Nationaux[173]en Côte d'Ivoire.

L'autre innovation du nouveau système de gestion des finances publiques est l'obligation pour les responsables de programmes d'assurer la mise en place et le respect des dispositifs de contrôle interne et de contrôle de gestion. Le contrôle interne comporte deux volets : une dimension budgétaire et une dimension comptable. Le contrôle interne budgétaire repose sur l'évaluation des risques et vise à assurer la qualité de la comptabilité budgétaire sur toute la chaîne de la dépense publique. Quant au contrôle interne comptable, il se base sur un diagnostic des risques liés au processus comptable afin de garantir la qualité des comptes.

Un audit interne comptable et financier, à la charge d'un service distinct des acteurs opérationnels doit permettre d'évaluer périodiquement l'efficacité du dispositif. L'opinion qui se dégage d'un tel audit qui peut être du ressort du contrôle financier, a vocation à servir de boussole pour le dosage des contrôles du contrôleur financier.

Ce principe novateur est largement réceptionné dans les RGCP nationaux des Etats de l'UEMOA. S'il existe des divergences, elles ne concernent que la nature des textes règlementaires devant régir les modalités de modulation de l'activité du contrôleur financier en fonction de la qualité des contrôles internes et des contrôles de gestion développés par les responsables de programmes.

En effet, au Togo, ces modalités relèvent d'un texte précis : le décret portant modalités de mise en œuvre du contrôle des opérations financières de l'Etat et des autres organismes publics[174]. Pour le Bénin, il s'agira d'un arrêté du ministre chargé des finances fixant les modalités d'allègement du contrôle *a priori*[175]. Au Burkina Faso, il s'agira de la règlementation en vigueur relative aux conditions d'adaptation par le Contrôleur financier des modalités de mise en œuvre de ses contrôles et de l'arrêté précisant les modalités d'exercice ou de mise en œuvre du contrôle financier, du contrôle de gestion et du contrôle interne[176]. Pour le Sénégal, ces modalités sont définies par un acte du Ministre chargé des finances[177].

Enfin, pour le Niger, le Mali ou la Côte d'Ivoire, elles feront l'objet de définition par les textes en vigueur ou la règlementation[178].

---

[173] Voir Article 80alinéa 2 de la Loi organique ivoirienne n° 2014-336 du 05 juin 2014 relative aux lois de finances.

[174] Article 91 RGCP Togo.

[175] Article 116 alinéa 2 RGCP Bénin.

[176] Articles 185 et 186 RGCP Burkina Faso.

[177] Article 208 RGCP Sénégal.

[178] Voir respectivement : article 92 RGCP Niger, article 96 RGCP Mali et article 92 RGCP Côte d'Ivoire.

33.- Les conditions ou modalités de *publicité* des rapports produits à la suite des contrôles, vérifications et audits effectués par les organes et corps de contrôle administratifs (Article 95 DRGCP)

La publicité des rapports des organes de contrôle n'a jamais été acquise. Pour diverses raisons et en vertu de leur pouvoir discrétionnaire, les autorités pouvaient décider de les publier ou non. La DRGCP reste en cohérence avec le Code de transparence dans la gestion des finances publiques qui reconnaît que l'argent est au cœur de la démocratie et de l'Etat de droit. Ainsi les fonds publics qui ont servi à ces investigations sur la gestion financière de toute structure recevant des fonds publics doivent être justifiés par la publication des rapports d'audits ou de vérification. L'une des vertus de la mise en œuvre systématique de cette disposition restera la garantie de la qualité desdits rapports qui révèleront au grand jour la pertinence des diligences des contrôleurs ou auditeurs. Cette disposition consacre une véritable rupture avec la conception ancienne selon laquelle les rapports des organes de contrôles administratifs sont destinés aux autorités qui les ont commandités ; ils sont aussi destinés au citoyen.

Il s'agit pour chaque Etat d'organiser les modalités de cette publicité. L'état des lieux de la réception de cette nouvelle disposition révèle que tous les Etats, en dehors du Togo, sont prêts à mettre ces rapports à la disposition du public mais se gardent d'en définir les conditions ou modalités plus tard dans la règlementation[179] ou les renvoient aux lois et règlements[180]. Le Togo, indique clairement que seul le résumé du rapport fera l'objet de publication[181]. Il reste à souhaiter que sous le prétexte de résumés, l'essentiel desdits rapports ne soit pas caché au citoyen. L'autre défi étant d'assurer l'information du citoyen en amont des contrôles, enquêtes ou audits diligentés afin qu'il soit préparé à la publication de leurs rapports.

34.- Les modalités de coordination des activités des différents organes de contrôle administratif (Article 96 DGRCP)

La diversité des organes de contrôle administratif nécessite une coordination de leurs activités. Cette coordination fait l'objet de modalités prévues par les lois et règlements du Sénégal[182] et par le même décret togolais portant modalités de contrôle des opérations financières de l'Etat et des autres organismes publics[183]. Au Bénin[184] et en Côte d'Ivoire[185], elles sont prévues

[179] Voir : article 120 alinéa 2 RGCP Bénin ; article 190 RGCP Burkina Faso, article 100 alinéa 1er RGCP Mali, article 96 alinéa 1er RGCPCôte d'Ivoire.

[180] Article 202 alinéa 1er du RGCP Sénégal ou article 96 alinéa 1er RGCP Niger.

[181] Article 95 RGCP Togo.

[182] Article 202 alinéa 3 RGCP Sénégal.

[183] Article 96 RGCP Togo.

[184] Article 121 alinéa RGCP Bénin.

par décret. La voie règlementaire est choisie par le Burkina Faso[186], le Mali[187] et le Niger[188].

35.- Les biens corporels et incorporels acquis avant la date de mise en vigueur de la présente directive, sont inventoriés, immatriculés, valorisés et enregistrés dans les livres suivant les modalités, méthodes et techniques définies dans un référentiel harmonisé à l'usage des Etats membres de l'Union (Article 82 alinéa 1 DRGCP)

Cette disposition est prévue en raison de l'inexistence supposée de la comptabilité des matières dans les Etats[189]. Les instances de l'UEMOA se proposent alors de réaliser un référentiel pour pallier cette insuffisance. Ce déficit de comptabilité des matières s'est confirmé au regard de l'attitude des Etats vis-à-vis de la disposition. En effet, en dehors du Bénin qui l'a omise, chacun des Etats s'est disposé à se servir du référentiel promis par l'UEMOA pour l'inventaire, l'immatriculation, la valorisation et l'enregistrement de ses biens corporels et incorporels acquis avant la date de mise en vigueur de son RGCP.

Cette disposition se justifie plus dans le RGCP sénégalais[190] mis en vigueur avant le 1er janvier 2012, date où ce référentiel est censé être mis à la disposition des Etats[191]. Elle reste curieuse dans les RGCP intervenus jusqu'à trois ans après cette date[192] malgré l'absence dudit référentiel. Sur la même question, l'abstention notée dans le RGCP Bénin[193] peut témoigner de la vigilance. Par contre, le renvoi par le RGCP burkinabé[194] à la règlementation sur la comptabilité des matières est plus évocateur sur l'exploitation du guide didactique élaboré par l'UEMOA pour éclairer les Etats dans leurs travaux d'internalisation de la directive.

---

185 Article 97 RGCP Côte d'Ivoire.

186 Article 191 RGCP Burkina Faso.

187 Article 101 RGCP Mali.

188 Article 97 RGCP Niger.

189 UEMOA, Guide didactique sur la directive n°7/2009/CM/UEMOA du 26 juin 2009 portant règlement général sur la comptabilité publique au sein de l'UEMOA, page 86.

190 Article 190 alinéa 1er du RGCP Sénégal.

191 UEMOA, Guide didactique sur la directive n°7/2009/CM/UEMOA du 26 juin 2009 portant règlement général sur la comptabilité publique au sein de l'UEMOA, idem.

192 Voir, article 83 alinéa 1er RGCP Niger, article 82 alinéa 1 du RGCP togolais, article 87 alinéa 1er RGCP Maliet article 83 alinéa 1er RGCP Côte d'Ivoire.

193 Cet article 82 de la DRGCP est tout simplement omis du RGCP Bénin.

194 Article 174 alinéa 1er RGCP Burkina Faso.

36.- Le contrôle juridictionnel est exercé par la Cour des comptes de l'Etat membre ou, le cas échéant, par la Cour des comptes de l'Union Economique et Monétaire Ouest Africaine. (Article 85 alinéa 3 DRGCP)

Cette disposition peut être considérée comme un test sur l'attachement des Etats de l'UEMOA à leur souveraineté. En effet, le contrôle juridictionnel reste une prérogative régalienne qui ne devrait être cédée sous aucun prétexte. Mais la réalité montre que l'esprit de la communauté a pris le dessus. En dehors du Bénin et du Burkina Faso[195] qui n'impliquent pas cette disposition dans leur RGCP, les autres Etats acceptent que, dans certaines circonstances, la Cour des comptes de l'Union Economique et Monétaire Ouest Africaine exerce le contrôle juridictionnel dévolu à la Cour des comptes nationale[196].

III.- DISPOSITIONS *PRAETER LEGEM*

Ce sont des précisions et clarifications apportées par certains Etats au texte pour en faciliter la compréhension. En général elles ont touché tous les titres et chapitres de la directive en internalisation.

1.- Les Dispositions d'ordre général

Le Sénégal aura enrichi son RGCP avec des précisions majeures qui sont pour la plupart inspirées des principes budgétaires et qui présentent des dimensions comptables ou sont simplement importées dans les règles de la comptabilité publique pour les besoins de la bonne gestion des finances publiques.

On note d'abord la juridisation de la définition du denier public qui est intégré au RGCP Sénégal selon lequel « **Les deniers appartenant ou confiés à l'Etat et aux autres organismes publics sont les deniers publics** »[197]. Tout comme les biens publics, les deniers publics sont sacrés. C'est pourquoi, il est interdit de s'immiscer dans leur gestion, sans être titulaire d'un titre légal[198]. Les différentes catégories de ressources et charges de l'Etat constituées des recettes et des dépenses budgétaires ainsi que de ressources et de charges de trésorerie[199] intéressent aussi la comptabilité publique tout comme les notions de loi de finances et de budget. C'est ainsi que *la loi de finances de l'année*

---

[195] Voir article 110 RGCP Bénin et article 177 RGCP Burkina Faso. Pour le cas du Bénin, la Cour des comptes n'est même pas encore créée. La dernière tentative de révision de la Constitution béninoise du 11 décembre 1990 a échoué le 4 avril 2017 au niveau du Parlement à l'étape du vote de prise en considération du projet de loi fondamentale.

[196] Voir respectivement : article 195 alinéa 3 du RGCP sénégalais, article 86 alinéa 3 RGCP Niger, article 90 alinéa 3 RGCP Mali, article 86 RGCP Côte d'Ivoire.

[197] Article 2 alinéa 1er RGCP Sénégal. Voir aussi article 2 alinéa 2 RGCP Bénin.

[198] Article 2 alinéa 3 RGCP Bénin.

[199] Article 3 alinéa 2 RGCP Sénégal. Voir aussi article 4 alinéa 2 RGCP Bénin.

contient le budget de l'Etat pour l'année civile qui décrit les recettes et les dépenses budgétaires autorisées. Le budget est élaboré, proposé, arrêté et exécuté conformément aux lois et règlements en vigueur[200]*. Le Bénin ajoute dans son RGCP que :*

> *Lorsque les dispositions d'ordre législatif ou règlementaire entraînent des charges nouvelles ou des pertes de ressources ; aucun projet de loi ne peut être définitivement voté, aucun décret ne peut être pris tant que ces charges ou ces pertes de ressources n'ont pas été prévues, évaluées et soumises à l'avis conforme du Ministre des Finances*[201].

La Côte d'Ivoire fait l'option générale d'étendre l'application des dispositions de son RGCP, au-delà de l'Etat, aux Etablissements publics nationaux et aux collectivités territoriales, sous les réserves de leur autonomie financière respective. Cependant, les ressources et les charges des collectivités territoriales sont prévues et autorisées par leurs budgets respectifs, lesquels sont soumis à l'approbation par arrêté du Ministre chargé des Collectivités territoriales[202]. Cette option est curieuse dans un contexte où l'autonomie financière des collectivités territoriales est vue comme une condition nécessaire pour la mise en œuvre des compétences à elles dévolues dans le cadre de la décentralisation.

De même, en intégrant le contrôleur financier ou contrôleur budgétaire comme acteur de l'exécution de la loi de finances[203], la Côte d'Ivoire fait preuve de réalisme au regard de l'émergence du Contrôleur Financier dans la nouvelle gestion financière publique. Mais elle opte ainsi pour une remise en cause du principe traditionnel et fondamental de la comptabilité publique qu'est la séparation des fonctions d'ordonnateur et de comptable.

Il faut déduire du RGCP Sénégal, la réaffirmation de la dimension comptable du principe de l'unité budgétaire et son corollaire l'enregistrement des ressources et charges de l'Etat au budget général ou l'affectation comptable de certaines recettes et dépenses aux budgets annexes ou aux comptes spéciaux du Trésor. L'autre conséquence qui en découle est que toutes les ressources et toutes les charges de l'Etat doivent être imputées aux comptes ouverts dans les écritures des ordonnateurs et/ou des comptables publics.

C'est donc par dérogation établie par une loi de finances que certaines recettes et certaines dépenses de l'Etat peuvent ne pas être retracées dans les

---

200 *Idem.*

201 Article 4 alinéa 6 RGCP Bénin.

202 Article 3 alinéa 4 RGCP Côte d'Ivoire.

203 Article 4 RGCP Côte d'Ivoire : « *L'exécution de la loi de finances relève exclusivement de l'ordonnateur, du contrôleur financier ou budgétaire et du comptable.* »

comptes concernant le budget général et faire l'objet d'une affectation comptable à *un budget annexe* ou à un *compte spécial du Trésor.*[204]

Dans le cadre de ces affectations comptables, il est institué une NBE qui intéresse la comptabilité publique. Ainsi, le budget général est présenté suivant la nomenclature budgétaire de l'Etat et le classement des ressources et des charges. Cette disposition est assortie de la règle de la non-affectation libellée comme suit : « Au sein du budget général et de chaque budget annexe, l'ensemble des recettes s'applique à l'ensemble des dépenses »[205]. Les cas concernant les conventions de financement, les fonds de concours et les rétablissements de crédits pouvant faire objet de dérogation à cette règle traditionnelle de gestion budgétaire.

L'annualité budgétaire, pour son application comptable suivant le système de la gestion, est assortie du mode d'enregistrement des recettes et dépenses découlant du principe des droits constatés par nature d'opération budgétaire. Le vif intérêt pour ce principe a conduit le Sénégal à donner compétence à son ministre chargé des finances de fixer une liste exhaustive des dépenses susceptibles d'être payées sans ordonnancement préalable.[206]

Le caractère préalable de l'autorisation parlementaire des recettes et dépenses s'intègre bien à la comptabilité publique au Sénégal[207]. Ainsi, aucune recette ne peut être liquidée ou encaissée pour le compte de l'Etat sans avoir été autorisée dans les conditions prévues par la loi organique relative aux lois de finances. De même, aucune dépense publique ne peut être engagée ou payée si elle n'a été au préalable prévue au budget de l'Etat et n'est pas couverte par des crédits régulièrement ouverts. Lesdits crédits sont gérés dans l'optique de la fongibilité asymétrique des crédits[208] par les ordonnateurs de telle sorte que le sort des crédits non consommés à la fin de la période d'exécution du budget de l'Etat est indiqué à l'article 11. Pour que cette situation, symptomatique d'une contre-performance ne perdure et se généralise, des responsables de programmes sont qualifiés par la loi pour diriger les programmes budgétaires. Les modalités de leur nomination, leurs attributions ainsi que leurs responsabilités sont fixées par décret[209]. Cette décision forte de faire encadrer juridiquement des éléments de statuts des responsables de programmes se justifie quand on sait que le responsable de programme peine à trouver sa place dans la mise en œuvre de la nouvelle gestion budgétaire.

204 Article 4 RGCP Sénégal.
205 Article 5 RGCP Sénégal
206 Article 8 RGCP Sénégal.
207 Article 9 RGCP Sénégal.
208 Article 10 RGCP Sénégal.
209 Article 12 RGCP Sénégal.

Les cessions de biens publics et les rétablissements de crédits induisent des recettes à constater puis à comptabiliser.[210]

2.- Les ordonnateurs et les comptables publics

Article 156 : Un ordonnateur ne peut engager, liquider ou ordonnancer, un comptable ne peut payer une dépense qu'après publication de la loi de finances et des décrets de répartition au Journal officiel.[211]

- **Les incompatibilités :** en plus des incompatibilités attachées à la séparation des fonctions d'ordonnateur et de comptable public, elles ont éte étendues : au Sénégal et au Burkina Faso aux fonctions de Directeur chargé de la Comptabilité publique et de Directeur chargé du Trésor avec les fonctions de comptable public[212]. Selon le RGCP Bénin, ces incompatibilités s'appliquent également aux magasiniers-fichistes des matières[213] et peuvent être étendues par le statut des comptables publics[214]. Le RGCP Burkina Faso, institue l'interdiction d'exercice de certaines activités aux ordonnateurs et aux comptables publics dans les conditions prévues par les dispositions législatives et réglementaires particulières[215]. Le rôle de veille du directeur chargé de la comptabilité publique sur l'élaboration et la mise en œuvre des normes en matière comptable a été révélé par les RGCP du Sénégal et du Burkina Faso[216]. Bien curieuse peut paraître l'exception consacrée par le RGCP Burkinabé au principe de la séparation des fonctions d'ordonnateur et de comptable en ouvrant la possibilité que sur habilitation du Ministre chargé des Finances, certains comptables publics puissent assumer, outre leurs fonctions propres, la *liquidation* de certaines recettes ou de certaines dépenses assignées à leurs caisses.[217]

- **L'accréditation :** Relativement à la formalité substantielle de l'accréditation, il y a lieu de relever la reformulation de l'article 7 DRCGP notée dans le RGCP Bénin et indiquant le moment ainsi que les autorités auprès desquelles s'effectue la formalité d'accréditation. En effet, en vertu de l'article 8 du RGCP Bénin, l'ordonnateur est accrédité auprès du comptable public aussitôt après son entrée en fonction. Quant au comptable public, il est accrédité auprès de l'ordonnateur aussitôt après sa prise de fonction. L'accréditation s'effectue par notification de

---

210 Article 13 RGCP Sénégal

211 Article 156 alinéa 1er RGCP Sénégal.

212 Article 16 alinéa 2 RGCP Sénégal. Voir aussi article 5 RGCP Burkina Faso.

213 Article 6 alinéa 2 RGCP Bénin

214 Article 6 alinéa 3 RGCP Bénin

215 Article 7 alinéa 4 RGCP Burkina Faso.

216 Article 16 alinéa 1er RGCP Sénégal. Voir aussi article 5 RGCP Burkina Faso.

217 Article 7 alinéa 2 RGCP Burkina Faso.

l'acte de nomination et du spécimen de signature à la diligence de l'ordonnateur ou du comptable public. Par ailleurs, ayant intégré l'existence de la comptabilité des matières dans sa comptabilité publique, le RGCP Bénin consacre à juste titre l'extension de la notion d'ordonnateur aux actes concernant les mouvements des matières (article 9 du RGCP Bénin). Ce qui rend nécessaire le complément à l'article 15 DRGCP comme suit : « *De même, les mouvements de matières sont retracés dans la comptabilité administrative des matières*»[218]. Cette comptabilité fait donc intervenir aussi bien des comptables des matières que des ordonnateurs des matières. La définition des comptables des matières est alors envisagée : ce sont des personnes habilitées à assurer la gestion des matières et la tenue de la comptabilité. A ce titre, ils prennent en charge les ordres de mouvements émanant des ordonnateurs des matières et assurent la garde et la conservation des matières.[219] A propos du rôle du ministre chargé des finances dans un contexte de déconcentration de la fonction d'ordonnancement, le Bénin renforce son pouvoir de régulation budgétaire en ajoutant que ce pouvoir lui permet « ***de subordonner l'utilisation des crédits par les ordonnateurs aux disponibilités de trésorerie de l'Etat***[220] ». Mais en vertu de la transparence qui doit aussi caractériser l'exercice de ce pouvoir de régulation en matière budgétaire, « ***l'état des crédits gelés dans le cadre de la régulation budgétaire doit être porté à la connaissance du Parlement à travers les rapports de situation d'exécution de la loi de finances.***[221] » De par son RGCP, la Côte d'Ivoire précise que l'accréditation reste une formalité obligatoire pour tout détenteur d'un titre légal. Elle doit s'effectuer sous la responsabilité de l'intéressé dès sa prise de fonction et de façon diligente[222]. Maintenant il est à regretter que le titre légal ne soit pas reconnu au contrôleur financier ou budgétaire ivoirien contrairement à son homologue béninois[223]. Ce faisant, le nouvel et troisième acteur de l'exécution de la loi de finances reste le seul à ne pas être soumis à l'obligation de titre légal. Cela pose un problème de cohérence avec l'option ivoirienne de faire de son contrôleur financier ou budgétaire, un acteur accompli.

---

218 Article 14 alinéa 2 RGCP Bénin.

219 Article 19 RGCP Bénin.

220 Article 11, alinéa 1er, 3e tiret RGCP Bénin.

221 Article 11, alinéa 3 RGCP Bénin.

222 Article 8 alinéas 1er, 3 et 4 RGCP Côte d'Ivoire.

223 Article 112 alinéa 3 et 4 du RGCP Bénin : « *Il est interdit à toute personne non pourvue d'un titre légal, d'exercer la fonction de Contrôleur financier, sous peine de poursuites prévues par la loi. Le titre légal résulte de la nomination et de l'accréditation du Contrôleur financier, conformément aux lois et règlements en vigueur.* »

- **Les comptables publics :** le Sénégal crée un agent comptable central du Trésor qui a la qualité de comptable principal. A ce titre, il assure la centralisation finale des opérations budgétaires et de trésorerie du budget général ainsi que celles des comptes spéciaux qui sont faites par les comptables principaux sous leur responsabilité exclusive dans la comptabilité de l'Etat. Il passe aussi les écritures de fin d'année permettant de dresser les comptes annuels de l'Etat[224]. Les RGCP Bénin et Sénégal renforcent les contrôles du comptable public par le contrôle sur pièces et sur place des opérations des régies de recettes et régies d'avances relevant de sa compétence[225] et le bénéfice de la prescription quinquennale des comptes déposés en état d'examen à la juridiction financière[226].Les conditions d'engagement de la responsabilité des comptables publics sont étendues au déficit de caisse ou manquant en valeurs mais aussi dans les matières et au non-recouvrement d'une recette par défaut de diligence de leur part[227]. Le Sénégal renforce le régime de responsabilité du comptable de fait par la possibilité d'autres sanctions à son encontre en raison de la perte de revenu et/ou du surplus de dépenses supportées par l'Etat du fait de son immixtion[228]. Dans la logique de leurs obligations, le Sénégal indique, pour les comptables directs du Trésor qu'ils assurent, en sus de leurs fonctions traditionnelles, de la garde et conservation des deniers, valeurs et titres des organismes dont ils sont comptables. Ces comptables publics, selon le RGCP Burkina Faso, ne peuvent déléguer leurs pouvoirs à un ou plusieurs mandataires ayant qualité pour agir en leur nom et sous leur responsabilité que sous les conditions définies par le Régime juridique applicable aux comptables publics[229]**.** Il faut aussi apprécier la précision du Burkina Faso sur la date de cessation définitive des fonctions d'un comptable public qui est la date effective de la remise de service[230].

- **Les conditions de travail**. **:** le RGCP ivoirien fait une précision utile en indiquant que les administrations et services en charge de la gestion des finances publiques et leurs personnels bénéficient de moyens financiers et matériels nécessaires à la bonne exécution de leurs missions, si les modalités d'application de cette disposition devant être précisées par un décret spécifique.[231]

---

224 Article 25, alinéas 6 et 7 RGCP Sénégal.

225 Article 31 RGCP Bénin.

226 Article 33 RGCP Bénin. Voir aussi Article 36 alinéa 3 RGCP Sénégal sur la prescription quinquennale.

227 Article 34 alinéa 1er, 1er et 2e tirets, RGCP Bénin.

228 Article 39 alinéa 3 RGCP Sénégal : « *Cette amende n'est pas exclusive des autres sanctions liées à la perte de revenu et/ou au surplus de dépenses supportées par l'Etat du fait de cette immixtion.* »

229 Article 33 RGCP Burkina Faso

230 Article 41 RGCP Burkina Faso.

231 Article 5 RGCP Côte d'Ivoire.

- **La responsabilité** : sur les situations dans lesquelles la responsabilité des comptables publics peut être engagée, la Côte d'Ivoire renvoie à l'article 97 de sa LOLF au terme duquel les conditions d'engagement de la responsabilité sont : le déficit de caisse ou manquant en valeurs, une recette n'a pas été recouvrée de son fait, une dépense a été irrégulièrement payée, un organisme public a dû procéder par la faute du comptable public à l'indemnisation d'un autre organisme public ou d'un tiers.

3.- Les opérations d'exécution du budget

Si les recettes de l'Etat sont autorisées par la loi de finances, celles des établissements publics à caractère administratif sont autorisées par leurs conseils d'administration ou organe délibérant en tenant lieu, sous réserve des dispositions de la loi de finances.[232]

- **En matière de recettes**, les innovations majeures au droit de la comptabilité publique ont la marque sénégalaise portée par le RGCP. En effet, la phase administrative des opérations de recettes constituée de la constatation, de la liquidation et de l'ordonnancement des recettes a fait l'objet de nombreuses dispositions dans le texte sénégalais qui distingue quatre catégories de recettes. Ainsi, elles sont relatives, pour les impôts directs et taxes assimilées, à la mise en recouvrement (*articles 58 et 59*), au recours par réclamations (*articles 60 à 63*), aux demandes en remise ou modération (*article 64*). Ces dispostions étant complétées par celles qui leur sont communes (*articles 65 et 66*). Les questions liées à l'apurement des rôles ont été abordées à travers les dispositions relatives aux cotes indûment imposées ou irrécouvrables (*articles 67 à 69*), aux restes à recouvrer (*articles 70 et 71*) et à la mutation des comptables (*articles 72 et 73*). Quant aux impôts indirects et autres droits et taxes perçus sur liquidation, ils font l'objet de l'*article 74* du RGCP Sénégal. Ils sont suivis des taxes pour services rendus et produits du domaine (*article 75*) et des amendes et condamnations pécuniaires (*articles 76 à 80*). Le Bénin précise que les rôles émis en matière d'impôts directs et taxes assimilées forment titres de perception tout comme les états de liquidation en matière d'impôts indirects et taxes assimilées.[233] Avec le RGCP Faso, on trouve une application aux exonérations sur la possibilité de modifier les dispositions de la loi de finances par mesures règlementaires en attendant leur régularisation par le Parlement. En effet, il est une dérogation quant à l'interdiction d'accorder des exonérations en

---

232 Article 40 alinéas 1er et 2 TGCP Bénin

233 Article 43 alinéas 5 et 6 RGCP Bénin.

franchise des recettes de l'Etat ou d'effectuer gratuitement la délivrance de produits ou services payants de l'Etat en matière de dérogations sur autorisation du Conseil des Ministres.[234] Par ailleurs, la compensation en matière de recettes suit le principe selon lequel les frais de perception et de régie et les autres frais accessoires sont portés en dépenses au budget concerné. Il est cependant admis que puissent faire l'objet de répartition entre le budget de l'Etat, des organismes publics et des autres parties agréées, tout produit d'amende, de pénalité, de confiscation et autres frais accessoires, suivant des modalités à fixer par un décret pris en Conseil des Ministres, sur proposition du Ministre chargé des finances.[235]Il faut singulièrement apprécier le remarquable enrichissement aux questions relatives à la phase administrative des opérations de recettes objet de la Section première du chapitre 1er du Titre III de la DRGCP avec 17 articles de l'article 54 à l'article 56 du RGCP Burkina Faso. Ainsi la sanction de la concussion (*article 54*) ou des cas d'exonération sans autorisation législative ou règlementaire (*article 55*), la liquidation des amendes pénales, civiles, confiscations, réparations, restitutions, dommages et intérêts, frais ayant le caractère de réparation et intérêt moratoire ainsi que les frais de justice (*article 56*). Ce bloc de dispositions novatrices est complété par celui concernant les règles d'exigibilité des créances de l'Etat et internalisé aux articles 71 et 72 correspondant respectivement aux alinéas 1er et 2 de l'article 39 DRGCP. En plus, il y a le principe du préalable de l'amiable avant tout recouvrement forcé (*article 73*), les actes servant de fondement au recouvrement forcé (*article 74*), la nécessité d'assortir de garanties acceptées par le Trésor toutes réclamations ou contestations relatives à l'assiette et à la liquidation des droits (*article 75*), l'obligation pour les comptables publics d'apurer la totalité des droits liquidés et pris en charge par eux et les conditions de mise en jeu de la responsabilité des comptables publics (*article 77*). En ce qui concerne le paiement, l'introduction d'un alinéa dans l'*article 100* internalisant l'article 49 DRGCP obligeant, au-delà du comptable public, tout agent à s'assurer du caractère libératoire de tout paiement effectué sous sa responsabilité : « Tout agent qui procède au paiement doit, sous sa responsabilité, s'assure du caractère libératoire de l'acquit qui lui est donné. ». En réalité, il s'agit de l'internalisation de l'alinéa 2 de l'article 52 DRGCP avec un effort de cohérence de la disposition règlementaire. Sur le même sujet, le Mali donne pouvoir à son ministre chargé des Finances de prendre un arrêté pour fixer les modalités de régularisation des recettes perçues avant ordonnancement.[236] La contribution du Niger

[234] Article 51 alinéa 1er RGCP Burkina Faso.

[235] Article 52 alinéa 2, 3 et 4 RGCP Burkina Faso

[236] Article 39 alinéa 8 RGCP Mali.

sera aussi remarquable sur la comptabilité publique en matière de recettes. Elle a commencé en complétant les éléments de recettes de l'Etat par les rémunérations des services rendus et les produits de cession d'actifs.[237]. Par rapport à l'interdiction d'accorder des exonérations en franchise des recettes de l'Etat prévue à l'article 36 RGCP, le RGCP Niger assortit ladite interdiction prévue de sanctions claires. Ainsi, au Niger, tout agent qui confectionnerait des titres de perception et tarifs autres que ceux légalement institués et qui en ferait le recouvrement, sera poursuivi comme concussionnaire, sans préjudice de l'action en répétition pendant trois (3) années contre tous receveurs, comptables ou individus qui en auraient fait la perception. Le même traitement est infligé à tous détenteurs de l'autorité publique qui, sous une forme quelconque et pour quelque motif que ce soit, auront sans autorisation de la loi, accordé des exonérations en franchises de droit, impôt ou taxe publique ou auront effectué gratuitement la délivrance de produits ou services payants de l'Etat ou des autres organismes publics[238]. En matière de recouvrements de recettes, au Niger, le terme « avis de mise en recouvrement » est synonyme d'« avis d'imposition[239] » pour désigner un titre de perception de recettes. En vue de garantir la transparence dans la comptabilisation des recettes objet de versements spontanés, il est institué l'établissement périodique des titres de perception correspondants à titre de régularisation.[240]

- **En matière d'exécution des dépenses publiques,** les compléments les plus importants ont une origine béninoise. En effet, au nom du principe de l'autorisation parlementaire en matière budgétaire, le montant total des engagements ne doit pas dépasser le montant des autorisations budgétaires, et doit demeurer subordonné aux lois et règlements nationaux. Mais une exception est créée pour les cas de mise en œuvre des mécanismes de décret d'avances et de report de crédit, des cas d'urgence et de nécessité impérieuse d'intérêt national et indique les mécanismes à mettre en œuvre à cet effet.[241] La phase comptable de la dépense publique en ce qui concerne certaines opérations et certains services, fait l'objet de dispositions spéciales dans le RGCP sénégalais. Celles relatives aux cessions ou prêts entre services publics sont indiquées aux *articles 115 et 116*. L'imputation des ordres de recette est régie par l'*article 117* et les dispositions spéciales à certains services sont prévues à l'*article 118.* Le Niger contribue à l'enrichissement de la comptabilité publique en matière de dépenses en indiquant les différents

[237] Article 35 RGCP Niger.
[238] Article 36 RGCP Niger.
[239] Article 39 alinéa 2 RGCP Niger.
[240] Article 39 alinéa 4 RGCP Niger.
[241] Confère les alinéas 3, 4 et 5 de l'article 57 du RGCP béninois.

titres de règlement émis par l'ordonnateur et pouvant être assignés sur la caisse des comptables publics. On distingue les ordres de virement, les bons de caisse payables en espèces et les ordres de paiement.[242]

- **Le chapitre des opérations de trésorerie** aura recueilli le plus d'innovations dans les RGCP issus de la DRGCP du 26 juin 2009. Ces innovations sont d'abord relatives aux principes propres à la gestion de la trésorerie de l'Etat et des organismes publics. C'est le cas de la clarification apportée par le texte règlementaire du Bénin sur le principe de l'unité de compte découlant de l'alinéa 1er de l'article 57 DRGCP. En effet, ce principe s'applique à toutes les disponibilités des comptables publics quelle qu'en soit la nature et entraîne l'obligation de comptabiliser à un seul compte financier toutes les disponibilités correspondant à sa nature.[243] Mais elles sont surtout le fruit de l'abondante production juridique du Sénégal et du Burkina Faso. Le Sénégal leur consacre cinq sections comprenant au total vingt articles de *l'article 119 à l'article 138*. La section première traite des dispositions générales aux *articles 119 à 124*. La section 2 concerne les disponibilités et mouvements de fonds et part de l'*article 125 à* l'*article 129*. La section 3 est relative aux traites et obligations. Son contenu est restitué dans l'*article 130*. La section 4 est consacrée aux correspondants et comporte les *articles 131 et 132*. Enfin, la section 5 est relative aux situations liées aux emprunts. Elle s'étend sur les *articles 133 à 138*. Pour le Bénin et le Burkina Faso, il est d'abord prévu que les charges et produits résultant de ces opérations de trésorerie soient imputés aux comptes budgétaires[244]. Ensuite, le Bénin avec l'*article 79* de son RGCP interdit aux ordonnateurs et autres agents publics de se faire ouvrir *ès qualités* un compte de disponibilités. Cette disposition se retrouve aussi dans les RGCP ivoirien et burkinabé[245]. Toutefois, cette interdiction est relativisée par le Bénin qui admet cette possibilité sous la seule condition de l'autorisation du Ministre chargé des finances à peine de poursuites comme comptable de fait[246]. De même, le ministre chargé des finances fixe les conditions d'ouverture et de fonctionnement des comptes de disponibilités ouverts au nom des comptables de l'Etat[247] ainsi que celles de la participation des banques et des établissements financiers à l'exécution des opérations de trésorerie[248]. Mieux le Bénin et le Burkina Faso prévoient de faire fixer

242 Article 48 alinéa 2 RGCP Niger.

243 Article 77 alinéa 2 RGCP Bénin.

244 Voir article 76 RGCP Bénin et article 111 RGCP Burkina Faso.

245 Article 144 RGCP Burkina Faso et article 59 alinéa 2 RGCP Côte d'Ivoire.

246 Article 79 alinéa 2 RGCP Bénin : « *Tout compte ouvert en violation des dispositions de l'alinéa précédent fait encourir à son titulaire la responsabilité de comptable de fait.* »

247 Article 80 RGCP Bénin.

248 Article 81 RGCP Bénin et 59 alinéa 3 RGCP Côte d'Ivoire.

par décret sur rapport du ministre des finances, les conditions et modalités d'émission des emprunts de l'Etat[249]. Le Burkina Faso institue néanmoins un dispositif de comptabilisation des créances résultant d'un emprunt de l'Etat à long terme qui sera porté par un décret[250]. Sauf dérogation prévue par la loi, les titres relatifs auxdites créances sont cessibles, négociables et peuvent faire l'objet d'une conversion au nominatif ou au porteur.[251] Pour le Mali, l'innovation relative aux opérations de trésorerie a consisté à prescrire aux comptables directs du Trésor, l'obligation de procéder « ès qualité » aux opérations d'achat, de vente et d'arbitrage concernant les titres émis par l'État et par les correspondants désignés par décret pris en conseil des Ministres sur le rapport du ministre chargé des Finances.[252] Mais elle reste forte, la disposition malienne interdisant qu'aucune dette de l'État ne puisse être contractée sous forme d'émission de rentes perpétuelles.[253]Enfin, il convient de rappeler la disposition d'origine sénégalaise selon laquelle les subventions, dons, et autres concours alloués par l'Etat aux établissements publics, aux agences et aux autres organismes publics similaires sont domiciliés dans les comptes de dépôts ouverts au Trésor.[254]

4.- La comptabilité

En matière de comptabilité, les innovations sont d'abord relatives à la comptabilité budgétaire. Elles viennent essentiellement du Sénégal et du Burkina Faso.

Le Sénégal et le Burkina Faso ont défini en de nombreuses dispositions les règles particulières relatives à la comptabilité budgétaire subdivisées en trois parties : la comptabilité des engagements, la comptabilité des liquidations et la comptabilité des ordonnancements. La comptabilité des engagements qui a pour but de fournir de façon instantanée une évaluation approchée des dépenses imputables à l'exercice en cours. Elle est tenue par tout ordonnateur et fait l'objet d'un suivi rigoureux du contrôleur financier. Les dispositions relatives à cette comptabilité sont retracées aux articles*136 à 142* du RGCP Burkina Faso et aux articles *159 à 163* du RGCP Sénégal.

Quant à la comptabilité des liquidations prévue aux articles *143 à 146* du RGCP du Burkina Faso, elle est tenue en matière de recettes à l'aide d'un livre journal des droits constatés, un registre des comptes de recettes et un registre des baux et concessions, d'une part et, en matière de dépenses avec un livre

[249] Article 85 RGCP Bénin et article 116 alinéa 1er RGCP Burkina Faso.

[250] Article 116 alinéa 2 RGCP Burkina Faso.

[251] Article 116 alinéa 3 RGCP Burkina Faso.

[252] Article 59 RGCP Mali.

[253] Article 65 RGCP Mali.

[254] Article 125 alinéa 4 RGCP Sénégal.

journal des bons d'engagements, un livre d'enregistrement des créances et un registre des marchés et baux.

L'ensemble des dispositions concernant la comptabilité des ordonnancements et d'autres mesures relatives à la comptabilité budgétaire se trouvent aux articles *147 à 160* du RGCP du Burkina Faso. La comptabilité des ordonnancements destinée à suivre les opérations de dépenses a pour supports : un livre journal des ordonnances ou mandats délivrés, un livre des comptes par programme et un registre des comptes de dépenses (*article 147*). L'ordonnateur doit en outre tenir un livre d'enregistrement des recouvrements et un registre de répartition des crédits délégués aux ordonnateurs délégués ou secondaires. Tous ces documents peuvent être adaptés à l'utilisation de procédés informatiques (*article 152*). Nonobstant ces dispositions, des modalités de tenue de la comptabilité des liquidations et des ordonnancements seront précisées par la règlementation (*article 149 RGCP Burkina Faso*). De même, les modalités de production des comptes administratifs des ordonnateurs et de leur consolidation devront être définies par le Ministre chargé des finances (*article 135 RGCP Burkina Faso*).

Au Sénégal, la comptabilité des ordonnancements et des liquidations est unique avec deux composantes ; l'une pour les recettes et l'autre pour les dépenses. Elle est décrite aux articles *164 à 173* du RGCP Sénégal. Chaque composante a ses documents comptables propres. Ainsi, ceux de la composante "recettes" et ceux de la composante "dépenses" sont indiqués respectivement aux articles *165* et *167* du RGCP Sénégal. Un livre journal des droits constatés est destiné à l'enregistrement immédiat et successif des titres de créances de l'Etat[255].

En tout état de cause, les comptes générés par la comptabilité budgétaire sont constitués des comptes administratifs établis par les ordonnateurs et consolidés par le Ministre chargé des Finances, appuyés d'un état de développement des recettes budgétaires et d'un état de développement des dépenses budgétaires établis par le comptable principal.[256]

Cette comptabilité budgétaire comporte une phase administrative qui décrit toutes les opérations relatives à la mise en place des crédits budgétaires et, le cas échéant, des autorisations d'engagement, les crédits budgétaires mis en réserves, l'engagement des dépenses, la liquidation et l'ordonnancement des recettes et des dépenses. Elle est déconcentrée dans tous les ministères et institutions constitutionnelles (*article 155 RGCP Sénégal*). De même, l'obligation est faite de rapprocher les comptabilités budgétaires tenues par les ordonnateurs de l'Etat de celles tenues par les comptables assignataires de ces opérations (*article 156 RGCP Sénégal*).

[255] Article 166 RGCP Sénégal.
[256] Article 75 DRGCP.

Enfin, les articles 174 à 179 du RGCP Sénégal traitent des opérations sur autorisations. Elles concernent celles mettant en jeu des ordonnateurs secondaires aussi bien au plan national qu'à l'étranger.

- **La comptabilité générale de l'Etat :** Le Bénin s'approprie le principe de sincérité en matière comptable en posant le principe dans la toute première disposition relative à la comptabilité générale de l'Etat. Cette comptabilité doit être sincère et refléter une image fidèle du patrimoine et de la situation financière de l'Etat[257]. Le Burkina Faso fait une œuvre abondante en termes d'innovations relatives à la comptabilité en général. Les documents comptables relatifs à la comptabilité générale de l'Etat que sont les journaux divisionnaires, le journal centralisateur et la balance ont fait l'objet des dispositions des articles *164 à 167* du RGCP Burkina Faso qui explicitent le mode d'enregistrement des opérations dans cette comptabilité. Outre les dispositions prises en compte par le Plan Comptable de l'Etat du Burkina Faso, ces dispositions seront appuyées par les modalités et supports de tenue de la comptabilité générale de l'Etat qui seront définies par un arrêté du Ministre chargé des finances.[258] Une différence entre la comptabilité des matières et celle des valeurs et titres est ressortie de l'*article 171* du RGCP Burkina Faso fait ressortir. Tenue en partie simple, la comptabilité des valeurs et titres est tenue fait partie intégrante de la comptabilité générale. A travers son objet, il est aisé de constater qu'elle décrit l'existant et les mouvements d'entrée et de sortie concernant les titres nominatifs, au porteur ou à ordre, et les valeurs diverses appartenant ou confiées à l'Etat, d'une part et, les formules, titres, tickets et vignettes destinés à l'émission ou à la vente.[259] L'ingénierie juridique et comptable burkinabé a abouti à l'instauration d'un chapitre dédié aux opérations de régularisation qui s'étend aux articles 123 à 126 du RGCP du Burkina Faso. Ce chapitre novateur institue de nouvelles pièces justificatives en vue de la régularisation de certaines opérations. Il s'agit du certificat de ré-imputation indiquant les corrections devenues nécessaires sur les imputations de recettes ou de dépenses dans l'exercice courant[260] et du certificat de faux classement pour servir de preuve des corrections effectuées concernant un mauvais classement constaté dans les écritures du comptable relativement à une dépense ou une recette régulièrement imputée par l'ordonnateur[261] (article 124). Ces documents, une fois établis, appellent des enregistrements comptables des mouvements de recettes et de dépenses qui en résultent

[257] Article 103 RGCP Bénin.
[258] Article 170 RGCP Burkina Faso
[259] Article 173 RGCP Burkina Faso
[260] Article 123 RGCP burkina Faso
[261] Article 124 RGCP Burkina Faso

et les crédits relatifs aux dépenses annulées doivent redevenir disponibles (*article 125* RGCP Burkina Faso). Les titres de régularisation doivent être émis par les ordonnateurs à la demande des comptables concernés dans un délai d'un mois (*article 126 alinéa 1er* RGCP Burkina Faso). Les opérations de régularisations relatives aux droits constatés doivent être terminées au plus tard le 31 janvier suivant l'année financière écoulée et émaner des comptables principaux. D'autres régularisations sont définies et exécutées suivant des conditions qu'une instruction du ministre chargé des finances fixera[262]. Les opérations de régularisations dont aucune définition n'est fournie par la Directive communautaire trouvent ainsi une forme d'explication par l'œuvre de l'autorité règlementaire du Burkina Faso. Pour le Sénégal, la question de la comptabilité des matières a fait l'objet de complément sur deux aspects. Le premier concerne les comptables des matières qui sont préposés à la gestion d'un ou de plusieurs magasin. Ils assurent la garde et la conservation des matériels et matières en stocks, et suivent les mouvements des biens ordonnés par les ordonnateurs et leurs délégués. Il assortit ce statut de comptable public de la responsabilité personnelle et pécuniaire du fait de la garde et de la conservation des existants ainsi que de la régularité de leurs écritures comptables[263]. Ce statut est doublé de l'incompatibilité avec les fonctions de comptable deniers et valeurs. Ces comptables des matières produisent un compte de gestion matière.[264]

- **La justification des opérations : une autre innovation introduite par le Bénin concerne la demande de duplicata en cas de perte de pièce justificative.** Il est donc prescrit que le comptable-supérieur examine la demande d'autorisation de délivrance de duplicata. Dans la même situation, la demande d'autorisation de délivrance de duplicata d'un comptable principal de l'Etat est adressée au Directeur en charge de la comptabilité publique.[265]

IV.- LES DISPOSITIONS *CONTRA LEGEM*

Le Burkina Faso procède à l'allègement des contrôles du comptable public en matière de recettes tel que prévu à l'article 26 alinéa 1, petit a, 2e tiret de la DRGCP. Au titre des contrôles à exercer par les comptables publics prévus à l'article 26 DRGCP, le comptable public du Burkina Faso, en matière de recettes, est épargné du contrôle de la mise en recouvrement et de la liquidation

---

262 Article 126 alinéas 2 et 3 RGCP Burkina Faso.

263 Article 191 RGCP Sénégal.

264 Article 193 RGCP Sénégal.

265 Article 93 alinéa 2 RGCP Bénin.

En matière de dépenses, le comptable public du Burkina Faso se limite aux contrôles suivants :

- de l'existence des pièces à l'étape de paiement ;
- de la qualité de l'ordonnateur et de l'assignation de la dépense ;
- de l'existence d'éventuelle opposition ;
- du caractère libératoire du règlement ;
- de la prescription et de la déchéance sur les titres de règlement non acquittés.

Le contrôle de la validité de la créance notamment la justification du service fait et l'intervention préalable des contrôles, autorisations, approbations, avis ou visas règlementaires ne sont plus à sa charge.

De tels allègements devraient implicitement emporter le renforcement de la responsabilité de l'ordonnateur.

Le troisième sujet de contradiction concerne le Sénégal : il s'agit des réseaux comptables à mettre en place au niveau des administrations financières des Impôts et de la Douane en vue de rapprocher la comptabilité du fait générateur. Ces réseaux comptables sont censés être portés par des comptables principaux justiciables devant le juge des comptes. Mais le Sénégal ne va pas suivre cette ligne directrice du nouveau texte communautaire. Il maintient la situation née de la précédente directive qui confère aux comptables de ces deux administrations financières la qualité de comptables secondaires *dont les opérations sont centralisées dans les écritures des comptables directs du Trésor compétents.*[266]

En quatrième lieu, il y a la Côte d'Ivoire au sujet de l'autorisation des dépenses des établissements publics à caractère administratifs. La DRGCP en son article 43 prescrit que lesdites dépenses sont autorisées par leur conseil d'administration ou organes délibérants en tenant lieu. Mais le RGCP de Côte d'Ivoire indique qu'elles sont autorisées par la loi de finances. Cette position est critiquable au regard de la nécessaire autonomie financière de ces entités administratives. Il est vrai que les textes régissant lesdits EPN peuvent déroger au RGCP aisément s'ils ont au moins le niveau d'un décret dans la hiérarchie des normes ivoiriennes.

V.- LES DISPOSITIONS DE LA DRGCP QUI SONT OMISES DANS LES RGCP DES ETATS

Diverses dispositions de la DRGCP ont été omises des RGCP nationaux. Ces omissions ne sont pas toujours des abstentions ni contestations sur les différentes dispositions communautaires. Elles visent tantôt à éviter des redondances, tantôt à garantir la cohérence du texte en fonction des options

---

266 Article 28 alinéa 2 RGCP Sénégal.

prises sur le sujet. Parfois, comme au Burkina Faso, cette absence est due à leur intégration directe à un autre texte complémentaire au RGCP. Elles sont révélatrices de l'intelligence qui a caractérisé les travaux d'internalisation de la directive dans chaque Etat.

D'abord, c'est sur la question de la possibilité d'extension des incompatibilités découlant de la séparation des fonctions d'ordonnateur et de comptable prévue à l'article 5 DRGCP que nous observons les premières abstentions du Sénégal, du Niger et du Togo.

Ensuite, le Bénin ne va pas juger nécessaire de prévoir dans son RGCP, la définition de l'accréditation prévue à l'alinéa 1 de l'article 7 DRGCP. Pourtant cette disposition clarifiante vise à montrer l'importance de cette formalité obligatoire dans le cadre de la prise de fonction des acteurs de la comptabilité publique que sont les ordonnateurs et les comptables auxquels s'ajoutent désormais les contrôleurs financiers.

Par ailleurs sur les dispositions concernant les ordonnateurs, la plupart des Etats en dehors du Mali et du Togo ont omis partiellement certaines dispositions du texte communautaire. Il s'agit du Burkina Faso pour l'alinéa 5 de l'article 8 de la DRGCP qui reconnaît la qualité d'ordonnateur principal aux directeurs des établissements publics nationaux. Cette omission ne supprime pas la possibilité de conférer aux intéressés ce statut dans les textes régissant lesdites entités.

En outre, dans la vision des rédacteurs du texte communautaire restituée dans l'article 8 alinéa 2 DRGCP, l'exercice des pouvoirs d'ordonnateur conféré aux ministres et présidents d'institutions constitutionnelles devrait être encadré à la fois par le pouvoir de régulation du ministre des finances et la mise en œuvre du pouvoir du contrôleur financier. Mais la Côte d'Ivoire ne semble pas adhérer à ce dernier pan de l'encadrement. Elle omet donc dans son texte, la portion concernant le pouvoir du contrôleur financier[267]. Cette position respecte dans la forme la préséance nécessaire entre ces différentes autorités.

En dehors de la Côte d'Ivoire, l'article 9 DRGCP est absent des RGCP nationaux du fait de son attachement aux dispositions transitoires. Ces dispositions concernent la période au cours de laquelle le ministre des finances pourrait continuer à conserver ses attributs d'ordonnateur principal unique du budget de l'Etat.

Enfin l'article 14 alinéa 2 DRGCP concernant les autres responsabilités des membres du gouvernement et présidents d'institutions constitutionnelles en dehors de celle de la faute de gestion est exclue du RGCP Sénégal. Cette absence peut justifier le fait que cette question ne relève pas de la comptabilité publique mais d'autres branches du droit public. De même, le Sénégal omet

[267] Article 9 alinéa 2 RGCP Côte d'Ivoire.

l'Article 11 alinéa 1er DRGCP aux termes duquel « le Ministre chargé des Finances est responsable de l'exécution de la loi de finances ». Cette partie est remplacée par "Il veille au respect de l'équilibre budgétaire et financier dans le cadre de l'exécution de la loi de finances[268]"

Par ailleurs, diverses dispositions relatives au statut juridique des Comptables publics ont fait l'objet d'omission dans les RGCP.

Le Bénin omet la portion de phrase : « permettant de suivre le déroulement des opérations budgétaires et d'effectuer le rapprochement avec les écritures des comptables publics » qui indique le but de la comptabilité administrative (Article 16 DRGCP).

Le texte burkinabé sur la comptabilité publique a le plus omis de dispositions sur la question. Cette situation est due à la prise du décret portant régime juridique applicable aux comptables publics presque concomitamment. Ainsi, les dispositions ci-après omises du RGCP du Burkina Faso ont trouvé une réponse dans ce texte devenu un complément nécessaire au RGCP :

- les conditions de constitution, de gestion et de libération des garanties des comptables publics (article 22 alinéa 4 DRGCP[269]) ;
- les modalités relatives à l'organisation, au déroulement, au délai de dépôt, d'exploitation et de publication des rapports de ces opérations de contrôle (article 27 DRGCP) ;
- les conditions matérielles financières et morales nécessaires à la bonne exécution des missions des comptables publics (article 23 alinéa 3 DRGCP) ;
- les conditions de décharge de responsabilité et de remise gracieuse des sommes laissées à la charge des comptables publics (Article 32 alinéa 1 DRGCP) ;
- les conditions de cessation de fonction du comptable public, les conditions de libération des garanties constituées par le comptable public à la cessation de ses fonctions (article 34 DRGCP).

Il faut donc espérer que les autres Etats adoptent le scénario du Burkina Faso en ce qui concerne les omissions constatées relativement à la condition juridique des comptables. Le RGCP Bénin a annoncé la prise d'un texte sur le statut des comptables publics[270]. Ces omissions concernent la Côte d'Ivoire, le Togo, et le Sénégal dont le RGCP n'évoque pas les conditions de travail des

[268] Article 21 RGCP Sénégal.

[269] Sachant bien que la directive indique que ces conditions doivent être fixées par un arrêté du Ministre en chargé des Finances, le Burkina Faso s'en abstient dans son RGCP et les inscrit au Régime juridique applicable aux comptables publics même si le montant et les modalités du cautionnement sont renvoyés à un arrêté du ministre chargé des Finances. Ce faisant, le Burkina Faso fait mieux que la DRGCP en mettant ces dispositions dans un décret plutôt qu'un arrêté. Confer articles 57 à 59 du Décret burkinabé n°2016-599/PRES/PM/MINAFID du 8 juillet 2016 portant régime juridique applicable aux comptables publics.

[270] Article 16 alinéa 2 RGCP Bénin.

comptables indiquées à l'article 23 DRGCP ni les modalités relatives à l'organisation, au déroulement, au délai de dépôt, d'exploitation et de publication des rapports des opérations de contrôle opérées au 31 décembre de chaque année après arrêté des comptes de disponibilité des comptables publics prévues (Article 27 alinéa 3 DRGCP). Pour le Togo en particulier, ce texte devrait prendre en compte les conditions de décharge de responsabilité et de remise gracieuse des sommes laissées à la charge des comptables publics, objet de l'article 32 *alinéa* 1 DRGCP et absentes du RGCP.

Au-delà du statut juridique des comptables publics, l'UEMOA a fait l'option de rapprocher la comptabilité du fait générateur dans sa logique de renforcement de la responsabilisation des acteurs de la chaîne budgétaire (article 20 alinéa 2 DRGCP). Mais cette option ne semble pas faire l'unanimité au sein des Etats au regard de sa non prise en compte au niveau du Togo et du Mali. Pour le cas togolais, il est aisé de mettre ce choix en cohérence avec l'option des autorités togolaises de fusionner les deux principales administrations financières des Douanes et des Impôts en un office, en vertu de la Loi togolaise n°2012-016 du 14 décembre 2012 portant création de l'Office Togolais des Recettes (OTR)[271].

Bien que cette loi fût postérieure à la Directive, elle n'intègre pas la logique comptable de la DRGCP. Il faut donc espérer que les règlements d'application de la Loi sur l'OTR internalisent cette disposition communautaire qui vise à rapprocher la comptabilité du fait générateur.

De plus, en omettant l'alinéa 2 de l'article 60 DRGCP, le Togo semble vouloir ne pas s'engager à fixer les conditions dans lesquelles les titres d'emprunt émis par l'Etat détériorés, perdus ou volés peuvent être frappés d'opposition, remplacés ou remboursés dans sa règlementation.

En matière de Comptabilité et comptes de l'Etat, sont absents du RGCP Bénin, l'alinéa 3 de l'article 76 DRGCP selon lequel « la comptabilité générale de l'Etat s'appuie sur la comptabilité des matières » de même que l'intégralité des articles 82 et 83 DRGCP relatifs à la comptabilité des matières, valeurs et titres. Les modalités de mise en œuvre de la comptabilité d'analyse des coûts prévue à l'alinéa 2 de l'article 84 DRGCP s'y ajoutent. Le Sénégal s'abstient de prendre en compte l'article 68 DRGCP selon lequel le plan comptable de l'Etat s'inspire du Système Comptable ouest-africain et des autres normes comptables internationales, tout en tenant compte des spécificités de l'Etat. Cette option du Sénégal peut se justifier car cette disposition a l'air superfétatoire. Par contre en omettant les 3e et 4e tirets de

[271] L'Office Togolais de Recettes, en vertu de ladite loi n'a pourtant aucune fonction comptable. Il s'agit d'un établissement public doté de la personnalité juridique et de l'autonomie financière représenté sur toute l'étendue du territoire togolais. Il produit et publie selon l'article 5 de ladite loi, les statistiques concernant les recettes fiscales et douanières. Il s'agit d'une expérience originale dont la réussite pourrait faire école.

l'alinéa 3 de l'article 81 DGRCP, le Sénégal reste cohérent avec sa logique de distinguer la comptabilité des titres et valeurs de celle des matières.

Enfin, il faut souligner que l'article 70 alinéa 2 DRGCP concernant les règles générales de comptabilité à définir par les règlementations nationales sous réserve des dispositions de la DRGCP est absent des RGCP du Sénégal, du Togo et du Niger.

Le dernier point concerné par les omissions est celui des contrôles exercés par les contrôleurs financiers. Seul le Burkina Faso s'est illustré sur ce point. En effet, les alinéas 4 et 5 de l'article 88 DRGCP sont inexistants dans le RGCP Burkina Faso. Cette abstention peut cacher un renvoi implicite à un texte règlementaire spécifique sur le contrôle financier.

CONCLUSION

Le tour des articles des RGCP nationaux et de la Directive de l'UEMOA est un exercice d'importance. Il a permis de révéler l'intensité des travaux d'internalisation de la nouvelle comptabilité publique et de lui donner un visage au plan juridique.

Le présent travail qui adopte une approche comparative offre l'avantage de ressortir les innovations et avancées constatées d'un Etat à un autre et peut nourrir les travaux en cours et à venir dans les Etats pour la mise en place et le déploiement d'un système performant de comptabilité publique en appui à la nouvelle logique de gestion budgétaire basée sur la performance. Il montre aussi que certains Etats ont encore de nombreux efforts à fournir en termes de règlementation pour atteindre cet objectif.

L'une des leçons de cet exercice reste que la comptabilité publique, même celle issue de la DRGCP, ne peut pas faire l'objet d'un texte unique. Plusieurs textes en deviennent des compléments nécessaires. De plus, bien que ce soit son vœu secret, l'UEMOA n'a pas réussi à imposer aux Etats le principe de l'internalisation de toutes ces dispositions dans un texte unique. C'est ainsi que le Burkina Faso prend en plus du RGCP un régime juridique applicable aux comptables publics qu'il met en vigueur concomitamment.

De plus, la Directive elle-même renvoie tantôt à un décret, arrêté ou tout simplement aux règlementations nationales. En retour, les RGCP nationaux indiquent de nombreux renvois soit à des textes existants, soit à des textes à prendre en application (Voir annexe).

Dans ces conditions, il est aisé de se demander si le terme « règlement général » convient encore pour désigner ce qu'il convient d'appeler la norme de référence pour la comptabilité publique. Mais le style des rédacteurs du texte de la RGCP a le mérite de laisser la comptabilité publique se nourrir des réalités nationales en leur évitant la logique de l'uniformisation[272] qui est moins préférable dans ce contexte à l'harmonisation[273]. Mais le suivi de la mise en œuvre paraît complexe au regard de la multitude de textes à prendre pour en garantir l'effectivité. D'ailleurs, certains RGCP se bornent à des renvois vagues comme « les conditions seront fixées par la règlementation en vigueur », « les modalités sont fixées par les lois et règlements », « les règles sont déterminées par un texte particulier », etc. Ces dispositions qui touchent l'intelligibilité du RGCP méritent une attention particulière des autorités en charge du suivi de la mise en œuvre de la Directive. C'est la condition *sine qua non* pour le déploiement des outils et techniques nécessaires pour sa mise en œuvre. Car en définitive, la nouvelle comptabilité publique n'est pas que dans les textes, elle appelle une révolution aussi bien dans les techniques, méthodes et procédures que dans la perception des réalités saisies par le droit comptable. Ceci devient un impératif au regard du grand retard qu'accuse la mise en vigueur de certaines dispositions majeures de ce texte juridique.

---

[272] L'uniformisation est l'instauration de règles identiques incorporées aux droits nationaux distincts. F DIENG cité par TONI E, « La performance : fondement ou alibi des directives de l'UEMOA de 2009 » *in* MEDE N. (dir.), *La réforme de l'Etat au Bénin : état de la réforme .... et perspectives*, 2013, Editions Centre des Publications universitaires de l'Université d'Abomey-Calavi, page 145.

[273] L'harmonisation est le rapprochement de règles autour de principes communs, ces règles pouvant rester différentes. Idem.

LISTE DES TEXTES CONSTITUANT DES EXTENSIONS AUX RGCP NATIONAUX ISSUS DE LA DRGCP DU 26 JUIN 2009

ETAT	TEXTES EN REFERENCE OU EN COMPLEMENT
BENIN	- les textes particuliers, s'inspirant des principes définis dans la présente Directive, régissant les collectivités locales et leurs établissements, les organismes de protections sociales ainsi que les organismes publics (Article 1er) ; - les dispositions de la loi fixant les peines prévues en cas d'immixtions dans la gestion des deniers publics (Article 2) ; - les dispositions relatives aux règles particulières concernant la passation des marchés publics, la comptabilité des deniers, des valeurs et celle des matières fixant les conditions de conservation et de cession des biens immobiliers, des biens mobiliers, des valeurs, titres et matières qui constituent le patrimoine de l'Etat (Article 3) ; - les dispositions de la loi fixant les peines encourues en cas d'exercice illégal des fonctions de comptable public et d'ordonnateur (Article 7) ; - les dispositions des lois et règlements en vigueur fixant les conditions de nomination des comptables ou ordonnateurs publics (Article 7) ; - les dispositions des lois et règlements fixant les conditions de délégation de pouvoir des ordonnateurs des établissements publics nationaux (Article 9) ; - les dispositions de la loi organique relative aux lois de finances définissant les conditions de responsabilités des membres du gouvernement et des présidents des institutions constitutionnelles, à l'occasion de l'exercice de leurs attributions, conformément à la Constitution et aux textes subséquents (Article 15) ; - le statut des comptables publics : a. définissant les modalités de nomination des comptables publics (Article 16) ; b. fixant la formule de prestation de leur serment (Article 28) ; c. fixant les indemnités attachées à la fonction de comptable public (Article 29) ; - l'arrêté du ministre chargé des finances portant fixation des modalités de création, de fonctionnement des régies de recettes et des régies d'avances ainsi que les modalités de nomination des régisseurs (Article 27) ;

	- l'arrêté du ministre chargé des finances fixant les conditions de constitution, de gestion et de libération des garanties des comptables publics (Article 29) ; - l'arrêté portant plan comptable de l'Etat fixant les conditions dans lesquelles les comptables publics procèdent à l'arrêté périodique de leurs écritures (Article 32) ; - les dispositions des lois et règlements fixant les règles d'exigibilité des créances de l'Etat (Article 44) ; - les dispositions des textes particuliers fixant les modalités de notification des actes formant titre de perception aux comptables publics pour prise en charge (Article 44) ; - les dispositions des lois et règlements fixant les modalités de recouvrement des recettes et restes à recouvrer (Article 45) ; - les dispositions de la loi de finances fixant la hauteur des garanties acceptées par le trésor public avant toutes suspensions de poursuites pour causes de réclamations ou de contestations (Article 48) ; - les dispositions des lois et règlements fixant les conditions dans lesquelles les redevables peuvent s'acquitter de leurs dettes par remise de valeurs, remise d'effet de commerce ou d'obligations cautionnées (Article 49) ; - les dispositions des lois et règlements fixant les règles de prescription des créances de l'Etat (Article 54) ; - le décret fixant de manière limitative les catégories de dépenses pouvant être payées avant ordonnancement, dans les conditions fixées par les textes en vigueur, sous réserve d'un ordonnancement ultérieure de régularisation (Article 56) ; - les dispositions des lois et règlements en vigueur fixant les conditions et formes d'engagement des dépenses à la charge de l'Etat par les ordonnateurs (Article 57) ; - les dispositions des lois et règlements en vigueur fixant les cas particuliers dans lesquels les avances ou paiements préalables peuvent être faits par les services liquidateurs de l'Etat avant constatation du service fait (Article 58) ; - les dispositions des textes en vigueur fixant les conditions de dérogation de la soumission des mandats de paiements au visa préalable du contrôleur financier (Article 63) ; - l'arrêté du ministre chargé des finances fixant les modalités pratiques d'exécution des dépenses, lors de la phase administrative (Article 64) ; - les dispositions des lois et règlements en vigueur pour la prévision des cas exceptionnels où les paiements peuvent intervenir avant l'échéance de la dette et avant l'exécution complète du service (Article 65) ; - l'acte portant nomenclature des pièces justificatives de dépenses pouvant être exigées par les comptables assignataires lors des vérifications (Article 68) ;

	- la réglementation en vigueur pour fixer le montant au-dessus duquel tout paiement des dépenses doit se faire par virement bancaire ou postal (Article 69) ; - les dispositions des lois et règlements en vigueur sur les paiements libératoires ainsi que les règles de capacité de la personne qui délivre la quittance (Article 71) ; - les dispositions des lois et règlements en vigueur sur l'interruption, la suspension ou l'exemption de la prescription de la dépense publique (Article 73) ; - l'arrêté du Ministre chargé des finances fixant les plafonds des encaisses des comptables publics du Trésor et des administrations financières des Impôts et des Douanes ainsi que les conditions et délais de leur dégagement (Article 77) ; - les délibérations des conseils d'administration des établissements publics à caractère administratif fixant les plafonds des encaisses de leurs comptables publics ainsi que les conditions et délais de leur dégagement (Article 77) ; - l'arrêté du Ministre chargé des finances fixant les conditions d'ouverture et de fonctionnement des comptes de disponibilités ouverts au nom des comptables de l'Etat (Article 80) ; - l'arrêté du Ministre chargé des finances fixant les conditions de la participation des banques et des établissements financiers à l'exécution des opérations de trésorerie (Article 81) ; - l'arrêté du ministre chargé des finances fixant les conditions d'ouverture ou de fonctionnement des comptes ouverts au nom des correspondants du Trésor ainsi que le taux et le mode de liquidation de l'intérêt qui peut, éventuellement, leur être alloué (Article 84) ; - le décret pris sur rapport du Ministre chargé des finances fixant les conditions et modalités d'émission des emprunts de l'Etat (Article 85) ; - les dispositions des lois de finances donnant autorisation sur la conversion de la dette publique (Article 86) ; - l'arrêté du ministre chargé des finances fixant les conditions dans lesquelles les titres d'emprunt émis par l'Etat, détériorés, perdus ou volés peuvent être frappés d'opposition, remplacés ou remboursés (Article 87) ; - l'arrêté du ministre chargé des finances et du ministre concerné fixant les modalités de prise en charge, d'emploi et de conservation des biens et des matières, des objets et des valeurs (Article 89) ; - le décret pris en Conseil des Ministres fixant Les règles de classement et d'évaluation des divers éléments du patrimoine mobilier et immobilier et des stocks, les méthodes de calcul des amortissements et des provisions ainsi que les modalités de réévaluation (Article 89) ; - le décret pris en Conseil des Ministres déterminant les conditions de réforme et de cession des biens durables du patrimoine (Article 90) ;

	- l'arrêté du ministre chargé des finances portant nomenclature des pièces justificatives des opérations de recettes, de dépenses, de trésorerie et de patrimoine après avis de la juridiction des comptes (Article 91) ; - l'acte règlementaire définissant les conditions d'établissement de documents et de pièces justificatives sous forme de pièces électroniques à définir par le ministre en charge des finances (Article 94) ; - les dispositions règlementaires définissant les règles générales et particulières applicables à chaque type de comptabilité (Article 97) ; - la circulaire du ministre chargé des finances fixe les délais-limites pour l'arrêté des opérations d'engagement, de liquidation et d'ordonnancement au titre de l'exécution du budget d'une année donnée (Article 101) ; - l'arrêté portant Plan Comptable de l'Etat sur les modalités d'exécution des opérations de régularisation pendant la période complémentaire (Article 106) ; - les dispositions de la loi sur les poursuites à l'encontre de toute personne exerçant la fonction de Contrôleur financier sans titre légal (Article 112) ; - les dispositions des lois et règlements auxquels la nomination et l'accréditation du Contrôleur financier doivent se conformer et desquels doit résulter son titre légal (article 112) ; - les dispositions des lois et règlements en vigueur sur les conditions d'adaptation des modalités de mise en œuvre de ses contrôles, au regard de la qualité et de l'efficacité du contrôle interne ainsi que du contrôle de gestion mis en œuvre par l'ordonnateur (Article 116) ; - l'arrêté fixant les modalités d'allègement du contrôle *a priori* (Article 116) ; - le décret pouvant être pris par l'exécutif pour créer des organes de contrôle concomitant et de contrôle *a posteriori*, en dehors de ceux cités par le RGCP (Article 118) ; - la règlementation sur les conditions de mise à la disposition du public des rapports produits à la suite des contrôles, vérifications et audits effectués par les organes et corps de contrôle administratif) (Article 120) ; - le décret précisant les modalités de coordination des activités des différents organes de contrôle administratif (Article 121).
Au total 64 renvois vers différents textes nationaux et internationaux, existants ou potentiels dont : une circulaire et 15 arrêtés à prendre par le ministre chargé des finances, 6 décrets puis 16 et 19 renvois respectivement aux règlements et lois existants ou à établir.	

ETAT	TEXTES EN REFERENCE OU EN COMPLEMENT
BURKINA FASO	- les textes particuliers, s'inspirant des principes définis dans la présente Directive, régissant les collectivités locales et leurs établissements, les organismes de protections sociales ainsi que les organismes publics (Article 1er) ; - les règles particulières concernant la passation des marchés publics, la comptabilité des deniers, des valeurs et celle des matières fixant les conditions de conservation et de cession des biens immobiliers, des biens mobiliers, des valeurs, titres et matières qui constituent le patrimoine de l'Etat (Article 3) ; - les dispositions des lois et règlements ainsi que les instructions en vigueur fixant les conditions d'exécution des ressources et les charges de l'Etat (Article 4) ; - les dispositions de la loi de finances autorisant au préalable la liquidation, l'encaissement des recettes et l'engagement ou le paiement des dépenses publiques (Article 4) ; - les dispositions de la loi de finances autorisant les emprunts à moyen et long termes, les cessions d'actifs, les prêts et avances (Article 4) ; - les dispositions législatives et réglementaires particulières prévoyant l'incompatibilité d'exercice de certaines activités avec les fonctions d'ordonnateurs ou de comptables publics (Article 7) ; - les dispositions de la loi interdisant sous peine de sanction à toute personne non pourvue d'un titre légal d'exercer des fonctions d'ordonnateur, de contrôleur financier ou de comptable public (Article 8) ; - les dispositions de la loi relative aux lois de finances consacrant le pouvoir de régulation des crédits budgétaires et de gestion de la trésorerie de l'Etat du ministre chargé des finances, et du pouvoir du contrôleur financier (Article 10) ; - la règlementation en vigueur fixant les conditions dans lesquelles les ordonnateurs peuvent déléguer tout ou partie des crédits dont ils ont la charge à des agents publics (Article 10) ; - la règlementation en vigueur pouvant fixer des conditions particulières d'engagement, de liquidation et d'ordonnancement des dépenses sous réserve des dispositions particulières prévues par la règlementation en vigueur (Article 13) ; - le texte règlementaire en vigueur fixant les conditions et les formes selon lesquelles seuls les ordonnateurs peuvent déléguer leurs compétences d'ordonnateur (Article 14) ;

	- les dispositions de la constitution définissant les conditions de responsabilités des membres du gouvernement et des présidents des institutions constitutionnelles, à l'occasion de l'exercice de leurs attributions (Article 16) ; - les dispositions du décret portant régime juridique applicable aux comptables publics et définissant les modalités de leurs nominations (Article 18) ; - la règlementation fiscale, domaniale, foncière, cadastrale, douanière ainsi que les lois et règlements en vigueur fixant les conditions du recouvrement des impôts, des droits, des redevances et des recettes diverses, ainsi que des pénalités et amendes fiscales et des frais de poursuites dans les conditions fixées (Article 27) ; - la réglementation en vigueur fixant les conditions d'organisation des comptables des administrations financières en réseaux de postes comptables comprenant des comptables principaux et secondaires, distincts du réseau du Trésor (Article 27) ; - les dispositions règlementaires en vigueur fixant les modalités de création, de fonctionnement des régies de recettes et régies d'avances, ainsi que les conditions de nomination des régisseurs (Article 28) ; - les dispositions du décret pris en conseil des ministres sur rapport du ministre chargé des finances définissant les conditions de constitution, d'utilisation et d'apurement par les officiers comptables des opérations de recettes et de dépenses des corps de troupes, unités, organes militaires ou établissements administrés comme tels, dotés d'un fonds d'avances (Article 28) ; - l'arrêté du ministre chargé des finances sur proposition du ministre dont ils dépendent fixant le montant des octrois d'avances subventionnées par le budget de l'Etat titre exceptionnel à des personnes désignées comme gestionnaires d'avances pour des opérations ponctuelles (Article 29) ;. - les instructions ministérielles fixant l'obligation de production des justifications de l'emploi des avances subventionnées (Article 29) ; - les dispositions règlementaires et celles des textes particuliers organisant les établissements publics et définissant les modalités de désignation des comptables secondaires de l'Etat, sur proposition du Ministre chargé des Finances (Article 30) ; - les dispositions du régime juridique applicable aux comptables publics fixant la formule de prestation de serment de ces derniers (Article 31) ; - les dispositions du Régime juridique applicable aux

	comptables publics définissant les conditions dans lesquelles les comptables publics peuvent déléguer leurs pouvoirs à un ou plusieurs mandataires ayant qualité pour agir en leur nom et sous leur responsabilité. (Article 33) ; - les dispositions des lois et règlements fixant le contrôle de l'autorisation de percevoir des recettes selon les conditions prévues pour l'Etat et chaque catégorie d'organismes publics (Article 34) ; - la réglementation en vigueur fixant les conditions dans lesquelles les comptables publics procèdent à l'arrêté périodique de leurs écritures (Article 35) ; - l'arrêté du ministre chargé des finances fixant les modalités relatives à l'organisation, au déroulement, au délai de dépôt, d'exploitation et de publication des rapports de ces opérations de contrôle (Article 35) ; - la réglementation en vigueur fixant les conditions dans lesquelles en cas de défaillance d'un comptable public, un commis d'office peut être désigné par le ministre chargé des finances pour la production des comptes de gestion (Article 36) ; - les dispositions des lois nationales portant organisation, fonctionnement et attributions de la Cour des comptes et procédure applicable devant elle puis fixant les conditions dans lesquelles les gestions irrégulières entraînent, pour leurs auteurs déclarés comptables de fait par la Cour des comptes, les mêmes obligations et responsabilités que les gestions patentes pour les comptables (Article 37) ; - les dispositions règlementaires des textes régissant la comptabilité des matières fixant les conditions dans lesquelles la responsabilité des comptables des matières est engagée ainsi que les modalités de mise en œuvre de cette responsabilité (Article 37) ; - les arrêtés du ministre chargé des finances pouvant constituer un débet administratif (Article 39) ; - les arrêts de la Cour des comptes pouvant constituer débet juridictionnel (Article 39) ; - les dispositions du régime juridique applicable aux comptables publics fixant les conditions dans lesquelles les comptables publics peuvent obtenir une décharge de responsabilité ou la remise gracieuse des sommes laissées à leur charge (Article 40) ; - les dispositions du régime juridique applicable aux comptables publics fixant les conditions de libération des garanties constituées (Article 43) ;

	- les dispositions des lois et règlements en vigueur ou aux décisions de justice ou de conventions autorisant les recettes de l'Etat, comprenant notamment, les produits des impôts, et taxes, droits, les rémunérations des services rendus et redevances ; les fonds de concours, dons et les autres produits (Article 50) ; - le décret pris en Conseil des Ministres, sur proposition du Ministre chargé des finances, fixant les modalités de répartition entre le budget de l'Etat, des organismes publics et des autres parties agrées de tout produit d'amende, de pénalité, de confiscation et autres frais accessoires (Article 52) ; - les dispositions des lois et règlements en vigueur fixant les peines dont sont frappés tous les détenteurs de l'autorité publique qui, sous une forme quelconque et pour quelque motif que ce soit, ont, sans autorisation législative ou réglementaire, accordé des exonérations en franchise de droit, d'impôt ou de taxe publique ou auront effectué gratuitement la délivrance de produits ou services payants de l'Etat ou des autres organismes publics (Article 55) ; - les dispositions des textes légaux fixant les conditions de liquidation des amendes pénales, civiles et administratives, des confiscations, réparation, restitutions, dommages et intérêts, frais ayant le caractère de réparation et intérêt moratoire ainsi que des frais de justice (Article 56) ; - les dispositions des lois et règlements fixant les conditions dans lesquelles les redevables peuvent s'acquitter de leurs dettes par remise de valeurs, remise d'effet de commerce ou d'obligations cautionnées ou par l'exécution de prestation en nature (Article 58) ; - les règles propres à l'Etat et le cas échéant, à chaque catégorie de créance, fixant les conditions dans lesquelles le recouvrement d'une créance peut être suspendu ou abandonné ou dans lesquelles une remise de dette, une transaction ou une adhésion à un concordat peut intervenir (Article 61) ; - les dispositions des textes en vigueur fixant les conditions dans lesquelles les transactions en matière de délit à la règlementation des eaux, de la faune et de la flore sont effectuées (Article 64) ;. - la réglementation en vigueur fixant la limite de la portion saisissable par voie de précompte sur le traitement ou le salaire lorsque le débiteur est un agent public (Article 67) ; - les textes en vigueur instituant les recettes non fiscales (Article 71) ; - les textes particuliers fixant les modalités de notification des actes formant titre de perception aux comptables

	publics pour prise en charge (Article 72) ; - la règlementation en vigueur fixant les modalités d'apurement dans les formes et délais des prises en charge (Article 76) ; - les dispositions des textes législatifs et règlementaires en vigueur fixant les règles de prescription des recettes de l'Etat et des autres organismes publics (Article 79) ; - les dispositions des lois et règlements imposant la conformité des dépenses de l'Etat et des autres organismes publics inscrites au budget à celles-ci (Article 80) ; - l'arrêté du Ministre chargé des finances énumérant limitativement les catégories de dépenses pouvant faire l'objet d'un ordonnancement et d'une régularisation après paiement (Article 81) ; - les dispositions des lois et règlements relatives au montant total des engagements (Article 82) ; - les dispositions des textes en vigueur prévoyant les conditions et formes d'habilitation spéciale des ordonnateurs ou leurs délégués pour la proposition à l'engagement des dépenses devant être mises à la charge de l'Etat (Article 84) ; - la réglementation prévoyant les rares cas où une dépense peut recevoir un commencement d'exécution avant approbation du contrôleur financier (*Article 86*) ; - l'instruction du Ministre chargé des finances autorisant la révision périodique des engagements relatifs à certaines dépenses permanentes (Article 89) ; - l'arrêté du Ministre chargé des finances fixant les pièces et titres offrant la preuve des droits acquis par les créanciers (Article 90) ; - la réglementation en vigueur définissant les cas où les paiements d'avance ou paiement préalable sont autorisés (Article 92) ; - les dispositions portant nomenclature budgétaire de l'Etat fixant les modalités selon lesquelles chaque ordonnance ou mandat de paiement énonce l'année ainsi que l'imputation budgétaire de la dépense (Article 96) ; - la réglementation en vigueur fixant les formes et les modalités d'émission des ordonnances et des mandats de paiement (Article 97) ; - l'arrêté du Ministre chargé des finances fixant les modifications pouvant être apportées sur des points particuliers aux modalités d'émission des ordonnances et des mandats de paiement (Article 97) ;

	- les dispositions des lois et règlements fixant les conditions exceptionnelles dans lesquelles le paiement peut intervenir avant, soit l'échéance de la dette, soit l'exécution du service, ou la décision individuelle d'attribution de subvention, d'allocation ou d'avance (Article 100) ; - les dispositions des lois et règlements fixant les conditions exceptionnelles de règlements de dépenses par remise d'espèces, de chèques ou par virement bancaire ou postal (Article 103) ; - les dispositions de la législation sur les chèques régissant les chèques du Trésor (Article 103) ; - la décision du Ministre chargé des finances fixant les conditions exceptionnelles dans lesquelles les créanciers de l'Etat peuvent être relevés en tout ou partie de la prescription à raison de circonstances particulières et notamment de la situation du créancier (Article 109) ; - la réglementation bancaire en vigueur fixant les conditions dans lesquelles les comptables publics présentent à l'escompte ou procèdent à l'encaissement des titres et obligations qu'ils détiennent (Article 112) ; - la circulaire du Directeur chargé de la comptabilité publique fixant les plafonds des encaisses des comptables publics, ainsi que les conditions et délais de leur dégagement (Article 112) ; - les dispositions éventuelles des conventions de financement prévoyant les modalités de gestion des comptes ouverts au titre des projets (Article 113) ; - le décret pris sur rapport du Ministre chargé des finances fixant les conditions et modalités d'émission des emprunts de l'Etat (Article 116) ; - le décret pris sur rapport du Ministre chargé des finances fixant les conditions des créances résultant d'un emprunt de l'Etat à long terme, de remise d'un titre au souscripteur ou au bénéficiaire et d'inscription au crédit d'un compte courant de titres (Article 116) ; - les dispositions relatives aux autorisations données par une loi de finances sur la conversion de la dette publique et renvoi à la règlementation en vigueur fixant les conditions dans lesquelles les titres émis par l'Etat détériorés, perdus ou volés peuvent être frappés d'opposition, remplacés ou remboursés (Article 116) ; - l'arrêté du ministre chargé des finances fixant les conditions d'ouverture ou de fonctionnement des comptes ouverts au nom des correspondants ainsi que les taux et les modes de liquidation de l'intérêt alloué (Article 115) ; - la règlementation en vigueur fixant les conditions et modalités de prise en charge, d'emploi et de conservation

	des biens, matières, objets et valeurs (Article 116) ; - les dispositions de la règlementation sur la comptabilité des matières en vigueur fixant les conditions de classement et d'évaluation des divers éléments du patrimoine mobilier et immobilier et des stocks, les limites des taux d'amortissement ou les provisions pour dépréciation ainsi que les modalités de réévaluation (Article 118) ; - les dispositions règlementaires sur la comptabilité des matières fixant les conditions de réforme et de cession des biens durables du patrimoine de l'Etat (Article 119) ; - l'arrêté pris par le ministre chargé des finances après avis de la Cour des comptes portant nomenclature des pièces justificatives de dépenses devant appuyer les opérations de recettes, de dépenses, de trésorerie et de patrimoine (Article 120) ; - les instructions du ministre chargé des finances fixant les conditions de réalisation des opérations de régularisation réalisées par les comptables publics (Article 126) ; - les dispositions des décrets, arrêtés ou instructions pris en application des règles générales de comptabilité (Article 131) ; - l'arrêté du ministre chargé des finances fixant les modalités de production des comptes administratifs des ordonnateurs et de leur consolidation (Article 135) ; - la réglementation en vigueur précisant les modalités de tenue de la comptabilité des liquidations et des ordonnancements (Article 149) ; - l'arrêté du ministre chargé des finances fixant les délais pour l'arrêt des opérations d'engagement, de liquidation et d'ordonnancement au titre de l'exécution du budget (Article 160) ; - les dispositions du Plan comptable de l'Etat relatives à la définition des conditions de tenue en partie double de la comptabilité générale de l'Etat et posant le principe de la constatation des droits et des obligations (Article 161) ; - les procédures comptables prévues par le plan comptable de l'Etat et fixant les modalités d'exécution des opérations de régularisation pendant la période complémentaire (Article 168) ; - l'arrêté du ministre chargé des finances fixant les modalités et les supports de tenue de la comptabilité générale de l'Etat (Article 170) ; - les dispositions de la réglementation sur la comptabilité des matières fixant les conditions d'immatriculation, de valorisation et d'enregistrement dans les livres des biens corporels et incorporels acquis avant la date de mise en vigueur du RGCP (Article 174) ;.

	- les dispositions règlementaires en vigueur définissant les conditions de désignation des comptables des matières (Article 175) ; - l'arrêté du ministre des finances fixant les modalités de mise en œuvre de la comptabilité analytique des coûts (Article 176) ; - les dispositions de l'article 15 de la loi organique relative aux lois de finances autorisant le contrôleur financier à adapter dans les conditions définies par la réglementation en vigueur, les modalités de mise en œuvre de ses contrôles au regard de la qualité et de l'efficacité du contrôle interne ainsi que du contrôle de gestion mis en œuvre par l'ordonnateur (Article 185) ; - les dispositions règlementaires en vigueur fixant les modalités d'exercice ou de mise en œuvre du contrôle financier, du contrôle de gestion et du contrôle interne (Article 186) ; - les dispositions règlementaires sur les conditions de mise à la disposition du public des rapports produits à la suite des contrôles, vérifications et audits effectués par les organes et corps de contrôle administratif (Article 190) ; - les dispositions règlementaires en vigueur fixant les modalités de coordination des activités des différents organes de contrôle administratif (Article 191) ; - les dispositions en vigueur fixant les conditions dans lesquelles la cour des comptes juge les comptes des comptables publics et se prononce sur la qualité de la gestion des ordonnateurs, notamment la bonne exécution de leurs programmes (Article 192) ; - les dispositions règlementaires en vigueur fixant les conditions dans lesquelles les comptes de gestion sont transmis au ministre chargé des finances pour mise en état d'examen au plus tard le 30 juin de l'exercice suivant celui au titre duquel ils sont établis (Article 192) ; - toutes dispositions des textes réglementaires complétant ou précisant les dispositions du RGCP (Article 196) ;
Au total 107 renvois vers différents textes nationaux et internationaux, existants ou à prendre, dont : une circulaire et 15 arrêtés à prendre par le ministre chargé des finances, 6 décrets puis 43 et 23 renvois respectivement aux règlements et lois existants ou à établir.	

ETAT	TEXTES EN REFERENCE OU EN COMPLEMENT
COTE D'IVOIRE	- Textes particuliers régissant les collectivités locales et leurs établissements, les organismes de protections sociales s'inspirant des principes définis dans le RGCP (article 1er) ; - les règles particulières concernant la passation des marchés publics, la comptabilité des deniers, des valeurs et celle des matières fixant les conditions de conservation et de cession des biens immobiliers, des biens mobiliers, des valeurs, titres et matières qui constituent le patrimoine de l'Etat (article 2) ; - les dispositions des lois, règlements et instructions en vigueur fixant les conditions d'exécution des ressources et des charges de l'Etat (article 3) ; - les dispositions des lois de finances autorisant au préalable la liquidation, l'encaissement des recettes et l'engagement ou le paiement des dépenses publiques (article 3) ; - les dispositions des lois de finances autorisant les emprunts à moyen et long termes, les cessions d'actifs, les prêts et avances (article 3) ; - le décret spécifique fixant les modalités selon lesquelles les administrations et services en charge de la gestion des finances publiques ainsi que leurs personnels bénéficient de moyens financiers et matériels nécessaires à leurs missions (article 5) ; - les dispositions réglementaires particulières portant extension des incompatibilités d'exercice de certaines activités avec les fonctions d'ordonnateurs ou de comptables publics (article 6) ; - les dispositions de la loi interdisant sous peine de sanction à toute personne non pourvue d'un titre légal d'exercer des fonctions d'ordonnateur, de contrôleur financier ou de comptable public (article 7) ; - les dispositions des lois et règlements relatives à la valeur du titre légal résultant de la nomination et de l'accréditation (article 7) ; - la règlementation en vigueur fixant les conditions dans lesquelles les ordonnateurs peuvent déléguer tout ou partie des crédits dont ils ont la charge à des agents publics (article 9) ; - les dispositions des lois et règlements régissant les établissements publics et définissant les conditions dans lesquelles les directeurs des établissements publics nationaux peuvent déléguer leurs pouvoirs (article 9) ;

	- les dispositions de la constitution définissant les conditions de responsabilités des membres du gouvernement et des présidents des institutions constitutionnelles à l'occasion de l'exercice de leurs attributions (article 14) ; - les textes règlementaires définissant les modalités de nomination des comptables publics (article 16) ; - les dispositions du Code général des impôts, du Code des douanes, du Code Domanial et Foncier, ainsi que celles des lois et règlements fixant les conditions du recouvrement des impôts, des droits, des redevances et des recettes diverses, ainsi que des pénalités et amendes fiscales et des frais de poursuites (article 20) ; - la réglementation en vigueur fixant les conditions d'organisation des comptables des administrations financières en réseaux de postes comptables comprenant des comptables principaux et secondaires, distincts du réseau du Trésor (article 20) ; - les textes réglementaires et les textes particuliers organisant les établissements publics définissant les modalités de désignation des comptables secondaires de l'Etat (article 21) ; - la règlementation en vigueur fixant les modalités de création, de fonctionnement des régies de recettes et régies d'avances puis les conditions de nomination des régisseurs (article 22) ; - les textes règlementaires fixant la formule de prestation de serment des comptables publics (article 23) ; - l'arrêté du ministre des finances fixant les conditions de constitution, de gestion et de libération des garanties constituées par les comptables publics (article 23) ; - la réglementation comptable en vigueur fixant les conditions d'arrêté périodique des écritures des comptables publics (article 27) ; - l'arrêté du ministre des finances fixant les modalités relatives à l'organisation, au déroulement, au délai de dépôts, d'exploitation et de publication des rapports des organes de contrôles (article 27) ; - les dispositions de l'article 97 de la loi organique relative aux lois de finances fixant les conditions d'engagement de la responsabilité des comptables publics (article 29) ; - les dispositions des lois nationales portant organisation, fonctionnement et attributions de la Cour des comptes et les procédures applicables devant elle fixant les conditions de mise en jeu de la responsabilité des auteurs de gestions irrégulières déclarés comptables de fait (article 29) ;

	- les arrêtés du ministre chargé des finances pouvant constituer un débet administratif (article 31) ; - les arrêts de la Cour des comptes pouvant constituer un débet juridictionnel (article 31) ; - le régime juridique applicable aux comptables publics fixant les conditions dans lesquelles les comptables publics peuvent obtenir une décharge de responsabilité ou la remise gracieuse des sommes laissées à leur charge (article 32) ; - la réglementation en vigueur fixant les conditions de prise en charge par le budget de l'Etat ou de l'organisme public des débets en cas de décharges de responsabilité ou de remise gracieuse (article 32) ; - la règlementation définissant les conditions de désignation d'un comptable intérimaire par le Ministre chargé des Finances ou toute autre autorité supérieure compétente (article 33) ; - les dispositions des articles 85 et 86 de la loi organique relative aux lois de finances fixant les conditions de la prescription acquisitive et autorisant la libération de garanties constituées par les comptables publics (article 34) ; - les dispositions des lois et règlements en vigueur ou celles des décisions de justice ou de conventions autorisant les recettes de l'Etat, comprenant notamment, les produits des impôts, et taxes, droits, dons et les autres produits (article 35) ; - les dispositions des lois fixant les règles d'exigibilité des créances de l'État (article 39) ; - les dispositions des lois et règlements régissant les conditions de recouvrement des recettes (article 40) ; - les dispositions des lois régissant les conditions d'acquittement des dettes par remise d'effets de commerce ou d'obligations cautionnées par les redevables de l'Etat (article 41) ; - les règlements en vigueur fixant les règles de prescription des recettes de l'Etat (article 43) ; - la loi de finance autorisant les dépenses de l'Etat et des établissements publics nationaux (article 44) ; - le Décret fixant la liste des dépenses pouvant être payées avant ordonnancement (article 45) ; - les dispositions des lois et règlements limitant l'engagement des dépenses au plafond des autorisations, exception faite des crédits évaluatifs (article 46) ;

	- les lois et règlements en vigueur fixant les cas particuliers dans lesquels les droits des créanciers peuvent être arrêtés par les services liquidateurs de l'Etat avant constatation du service fait (article 47) ; - le décret spécifique fixant les modalités pratiques d'exécution des dépenses lors de la phase administrative (article 49) ; - les dispositions exceptionnelles prévues par les lois et règlements concernant les paiements pouvant intervenir avant l'échéance de la dette, l'exécution du service, la décision individuelle d'attribution de subvention, d'allocation ou d'avance (article 50) ; - la règlementation prévoyant les conditions dans lesquelles l'ordonnateur principal peut réquisitionner le comptable public en cas de désaccord (article 51) ; - les règlements fixant les conditions de règlement des dépenses par remise d'espèces ou de chèques ou tout autre instrument de paiement (article 53) ; - les règlements en vigueur fixant les pièces justificatives susceptibles d'être exigées par le comptable assignataire (article 53) ; - l'article 75 de la loi organique relative aux lois de finances fixant les règles de prescription des dépenses publiques (article 55) ; - la réglementation bancaire en vigueur fixant les conditions de présentation à l'escompte des titres et obligations détenus par les comptables publics (article 58) ; - l'arrêté du ministre chargé des finances fixant les plafonds des encaisses des comptables publics et les conditions et délais de leur dégagement (article 58) ; - les dispositions éventuelles d'une convention de financement prévoyant les modalités de gestion des comptes ouverts au titre des projets (article 59) ; - les dispositions d'une loi de finances donnant autorisation sur la conversion de la dette publique (article 61) ; - la règlementation en vigueur fixant les conditions d'opposition, de remplacement et de remboursement des titres de l'Etat détériorés, perdus ou volés (article 61) ; - les dispositions des lois et règlements fixant les conditions d'ouverture ou de fonctionnement des comptes ouverts au nom des correspondants du trésor public ainsi que les taux et les modes de liquidation de l'intérêt alloué (article 62) ; - la réglementation en vigueur fixant les modalités de prise en charge, d'emploi et de conservation des biens et des

	matières, des objets et des valeurs (article 64) ; - le dispositif communautaire fixant les règles de classement et d'évaluation des divers éléments du patrimoine mobilier et immobilier et des stocks, les méthodes de calcul des amortissements et des provisions ainsi que les modalités de réévaluation (article 64) ; - la réglementation déterminant les conditions de réforme et de cession des biens durables du patrimoine (article 65) ; - l'arrêté pris par le Ministre chargé des Finances après avis de la juridiction financière fixant les pièces justificatives des opérations de recettes, de dépenses, de trésorerie et de patrimoine (article 66) ; - la règlementation en vigueur pouvant proroger les délais de conservation des pièces justificatives par les comptables publics (article 67) ; - la réglementation en vigueur définissant les règles générales de la comptabilité (article 71) ; - la réglementation en vigueur fixant la date de clôture du budget (article 72) ; - la circulaire du ministre chargé des finances fixant les délais-limites pour l'arrêté des opérations d'engagement, de liquidation et d'ordonnancement au titre de l'exécution du budget d'une année donnée (article 75) ; - le décret portant Plan comptable de l'Etat : ▪ définissant les conditions de tenue en partie double de la comptabilité générale de l'Etat et posant le principe de la constatation des droits et des obligations (article 77) ; ▪ prévoyant les procédures comptables prévues et fixant les modalités d'exécution des opérations de régularisation pendant la période complémentaire (article 80) ; ▪ fixant les conditions de production des états financiers de l'Etat comprenant le bilan, le compte de résultat, le tableau des opérations financières du Trésor, le tableau des flux de trésorerie et l'état annexé à partir de la comptabilité générale de l'Etat (article 81) ; - le référentiel harmonisé à l'usage de l'Etat fixant les conditions d'immatriculation, de valorisation et d'enregistrement dans les livres des biens corporels et incorporels acquis avant la date de mise en vigueur du RGCP (article 83) ;

	- la règlementation en vigueur définissant l'organisation et le système comptables applicables à la comptabilité des matières (article 84) ; - la règlementation en vigueur définissant les modalités de mise en œuvre de la comptabilité analytique des coûts (article 85) ; - la réglementation en vigueur les modalités de mise en œuvre des contrôles du contrôleur financier au regard de la qualité et de l'efficacité du contrôle interne ainsi que du contrôle de gestion mis en œuvre par l'ordonnateur (article 92) ; - les normes internationales en vigueur fixant les conditions d'inspection, de vérification ou d'audit des organes et corps de contrôle dans leurs missions d'inspection, de vérification ou d'audit (article 95) ; - la règlementation sur les conditions de mise à la disposition du public des rapports produits à la suite des contrôles, vérifications et audits effectués par les organes et corps de contrôle administratif (article 96) ; - la règlementation en vigueur fixant les modalités de coordination des activités des différents organes de contrôle administratif (article 97).
Au total 80 renvois vers différents textes nationaux et internationaux, existants ou futurs dont : une circulaire et 5 arrêtés à prendre par le ministre chargé des finances, 6 décrets puis 38 et 23 renvois respectivement aux règlements et lois existants ou à établir.	

ETAT	TEXTES EN REFERENCE OU EN COMPLEMENT
MALI	- Textes particuliers régissant les collectivités locales et leurs établissements, les organismes de protections sociales s'inspirant des principes définis dans le RGCP (article 1er) ; - le Code général des impôts, le Code des douanes, le Code Domanial et Foncier, ainsi que les lois et règlements fixant les conditions du recouvrement des impôts, des droits, des redevances et des recettes diverses, ainsi que des pénalités et amendes fiscales et des frais de poursuites (Article 19). - la réglementation comptable en vigueur fixant les conditions dans lesquelles les comptables publics procèdent à l'arrêté périodique de leurs écritures (Article 27). - les dispositions des législations fiscales, douanières et domaniales fixant les règles d'exigibilité des créances de l'État (Article 40). - les règlements fixant les modalités de recouvrement des recettes et restes à recouvrer (Article 41) ; - les lois et règlements fixant les règles de prescription des créances de l'Etat (Article 43) ; - les lois et règlements en vigueur pour la prévision des cas

	exceptionnel où les paiements peuvent intervenir avant l'échéance de la dette et avant l'exécution complète du service (Article 50) ; - les règlements en vigueur fixant les conditions de règlement des dépenses par remise d'espèces, de chèques, virement, ou d'autres instruments de paiement (Article 53) ; - les dispositions de la loi relative aux lois de finances prescrivant au profit de l'État, toutes créances de tiers qui n'ont pas été payées dans un délai de quatre ans à partir du premier jour de l'année suivant celle au cours de laquelle les droits ont été acquis (Article 55) ; - l'autorisation donnée par une loi de finances sur la conversion de la dette publique (Article 64) ; - les lois, règlements, et conventions définissant les correspondants du Trésor comme des organismes et particuliers qui déposent, à titre obligatoire ou facultatif, des fonds au Trésor ou sont autorisés à procéder à des opérations de recettes et de dépenses par l'intermédiaire de ses comptables (Article 66) ; - la règlementation sur la comptabilité des matières en vigueur en ce qui concerne les conditions de réforme et de cession des biens durables du patrimoine de l'Etat (Article 69) ; - le Plan Comptable de l'Etat définissant les modalités d'exécution des opérations de régularisations pendant la période complémentaire (Article 84) ; - Référentiel harmonisé à l'usage des États membres de l'Union fixant les modalités d'immatriculation, de valorisation et enregistrement des biens corporels et incorporels acquis avant la date de mise en vigueur du présent décret (Article 87) ; - la réglementation en vigueur fixant l'organisation et le système comptables applicables à la comptabilité des matières (Article 88) ; - les normes internationales en vigueur fixant les conditions d'inspection, de vérification ou d'audit des organes et corps de contrôle dans leurs missions d'inspection, de vérification ou d'audit (Article 99) ; - la règlementation sur les conditions de mise à la disposition du public des rapports produits à la suite des contrôles, vérifications et audits effectués par les organes et corps de contrôle administratif (Article 100) ; - la règlementation en vigueur fixant les modalités de coordination des activités des différents organes de contrôle administratif (Article 101).
Au total 41 renvois vers différents textes nationaux et internationaux, existants ou non dont : une instruction du ministre chargé des finances puis 16 et 18 renvois respectivement aux règlements et lois existants ou à établir.	

ETAT	TEXTES EN REFERENCE OU EN COMPLEMENT
NIGER	- Textes particuliers régissant les collectivités locales et leurs établissements, les organismes de protections sociales s'inspirant des principes définis dans le RGCP (article 1er) ; - les règles particulières concernant la passation des marchés publics, la comptabilité des deniers, des valeurs et celle des matières fixant les conditions de conservation et de cession des biens immobiliers, des biens mobiliers, des valeurs, titres et matières qui constituent le patrimoine de l'Etat (article 2) ; - les dispositions des lois, règlements et instructions en vigueur fixant les conditions d'exécution des ressources et les charges de l'Etat (article 3) ; - les lois de finances autorisant au préalable la liquidation, l'encaissement des recettes et l'engagement ou le paiement des dépenses publiques (article 3) ; - les dispositions des lois de finances autorisant les emprunts à moyen et long termes, les cessions d'actifs, les prêts et avances (article 3) ; - les dispositions de la loi Organique relative aux lois de finances fixant les conditions dans lesquelles, en cours d'année, des actes modificatifs de la loi de finances peuvent être pris (article 3) ; - la réglementation nationale pouvant étendre les incompatibilités entre les fonctions d'ordonnateurs ou de comptables publics (article 5) ; - les dispositions de la loi interdisant sous peine de sanction à toute personne non pourvue d'un titre légal d'exercer des fonctions d'ordonnateur, de contrôleur financier ou de comptable public (article 5) ; - les dispositions des lois et règlements obligeant un agent intervenant dans les opérations financières de l'Etat à notifier à d'autres agents désignés dans les textes, son acte de nomination et son spécimen de signature afin d'être accrédité (article 7) ; - les dispositions de la loi organique relative aux lois de finances dotant le ministre des finances d'un pouvoir de régulation des crédits budgétaires et de gestion de la trésorerie de l'Etat (article 8) ; - les textes en vigueur fixant les conditions dans lesquelles les ordonnateurs peuvent déléguer tout ou partie des crédits dont ils ont la charge à des agents publics (article 8) ; - les dispositions des textes règlementaires définissant les modalités de nomination des comptables publics (article 15) ; - les dispositions du Code général des impôts, du Code des douanes, du Code domanial et foncier, ainsi que celles des lois et règlements fixant les conditions du recouvrement des impôts, des droits, des redevances et des recettes diverses, ainsi que des pénalités et amendes fiscales et des frais de poursuites (article 20) ;

	- les dispositions des textes en vigueur fixant les conditions d'organisation des comptables des administrations financières en réseaux de postes comptables comprenant des comptables principaux et secondaires, distincts du réseau du Trésor (article 20) ; - les dispositions de la règlementation en vigueur fixant les modalités de désignation des comptables secondaires (article 21) ; - l'arrêté du ministre des finances fixant les modes de création, d'organisation et de fonctionnement des régies de recettes et régies d'avances (article 22) ; - la règlementation en vigueur fixant la formule de prestation de serment des comptables publics (article 23) ; - l'arrêté du ministre des finances fixant les conditions de constitution, de gestion et de libération des garanties constituées par les comptables publics (article 23) ; - les dispositions de la loi portant Code de transparence dans la gestion des finances publiques, autorisant les comptables publics à bénéficier de conditions matérielles, financières et morales nécessaires à la bonne exécution de leur mission (article 23) ; - les dispositions des lois et règlements fixant dans les conditions prévues pour l'Etat et les autres organisations publics, les modalités selon lesquelles les comptables publics sont tenus d'exercer en matière de recettes, le contrôle de l'autorisation de percevoir les recettes (article 26) ; - la réglementation comptable en vigueur fixant les conditions d'arrêté périodique des écritures des comptables publics (article 27) ; - l'arrêté du ministre des finances fixant les modalités d'organisation, de déroulement, délais de dépôt et de publication des rapports produits à la suite des contrôles, vérifications et opérations de contrôle (article 27) ; - les dispositions de la loi nationale portant organisation et fonctionnement de la Cour des Comptes et fixant les modalités procédurales de mise en jeu des responsabilités des auteurs de gestions irrégulières déclarés comptables de fait (article 29) ; - l'arrêté du ministre chargé des finances pouvant constituer un débet administratif (article 31) ; - l'arrêt de la Cour des comptes pouvant constituer un débet juridictionnel (article 31) ; - la règlementation en vigueur fixant les conditions dans lesquelles les comptables publics peuvent obtenir une décharge de responsabilité ou la remise gracieuse des sommes laissées à leur charge (article 32) ; - la règlementation en vigueur fixant les conditions de prise en charge par le budget de l'Etat ou de tout autre organisme public des débets en cas de décharge de responsabilité ou remise gracieuse

	(article 32) ; - la règlementation définissant les conditions de désignation du comptable intérimaire par le Ministre chargé des Finances ou toute autre autorité supérieure compétente (article 33) ; - l'article 75 de la loi organique relative aux lois de finances fixant les conditions dans lesquelles la prescription acquisitive autorise la libération de garanties constituées par les comptables publics (article 34) ; - les dispositions des lois et règlements en vigueur, aux décisions de justice ou de conventions autorisant les recettes de l'Etat, comprenant notamment, les produits des impôts, et taxes, droits, dons et les autres produits (article 35) ; - les dispositions de la législation douanière et fiscale concernant les recettes non fiscales et fixant les règles d'exigibilité des créances de l'État (article 40) ; - les dispositions des textes particuliers fixant les modalités de notification des actes formant titre de perception aux comptables publics pour prise en charge (article 40) ; - les dispositions des textes en vigueur fixant les modalités de recouvrement des recettes et restes à recouvrer (article 41) ; - les dispositions des textes en vigueur fixant les règles de prescription des recettes de l'Etat (article 43) ; - les dispositions des textes en vigueur fixant la liste des dépenses susceptibles d'être payés avant ordonnancement (article 45) ; - les dispositions des lois et règlements selon lesquels l'engagement doit rester dans la limite des autorisations (article 46) ; - les dispositions des lois et règlements en vigueur fixant les cas particuliers d'arrêté des droits des créanciers par les services liquidateurs de l'Etat avant constatation du service fait (article 47) ; - l'arrêté du ministre des finances fixant les modalités pratiques d'exécution des dépenses lors de la phase administrative (article 49) ; - les dispositions des lois et règlements prévoyant des paiements pouvant intervenir avant l'échéance de la dette, l'exécution du service, la décision individuelle d'attribution de subvention, d'allocation ou d'avance (article 50) ; - les dispositions des textes en vigueur prévoyant les conditions de réquisition du comptable public par l'ordonnateur principal (article 51) ; - les règlements en vigueur prescrivant les formalités à remplir en cas d'opposition (article 52) ; - Renvoi aux textes en vigueur fixant les conditions de règlements des dépenses par remise d'espèces ou de chèques, ou tout autre instrument de paiement (article 53) ;. - les règlements en vigueur fixant les pièces justificatives susceptibles d'être exigées par le comptable assignataire (article 53) ;

	- les dispositions de la loi organique relative aux lois de finances fixant les règles de prescription des créances des tiers sur l'Etat (article 55) ; - les dispositions des textes en vigueur fixant les modalités d'interruption, de suspension ou d'exemption de la prescription des créances des tiers sur l'Etat (article 55) ; - la réglementation en vigueur fixant les conditions dans lesquelles les comptables publics présentent à l'escompte les traites et obligations émises au profit de l'Etat (article 58) ; - l'arrêté du ministre chargé des finances fixant les plafonds des encaisses des comptables publics, ainsi que les conditions et délais de leur dégagement (article 58) ; - les dispositions éventuelles des conventions de financement prévoyant les modalités de gestion des comptes ouverts au titre des projets (article 59) ; - les dispositions par une loi de finances donnant une autorisation sur la conversion de la dette publique (article 61) ; - la réglementation en vigueur fixant les conditions dans lesquelles les titres d'emprunt émis par l'Etat, détériorés, perdus ou volés peuvent être frappés d'opposition, remplacés ou remboursés (article 61) ; - les dispositions des lois, règlements, et conventions autorisant les correspondants du Trésor à procéder à des opérations de recettes et de dépenses par l'intermédiaire de ses comptables (article 62) ; - l'arrêté du ministre chargé des finances fixant les conditions d'ouverture ou de fonctionnement des comptes ouverts au nom des correspondants du Trésor public (article 62) ; - les dispositions des textes en vigueur fixant les modalités de prise en charge, d'emploi et de conservation des biens et des matières, des objets et des valeurs (article 64) ; - les dispositions des textes en vigueur fixant les règles de classement et d'évaluation des divers éléments du patrimoine mobilier et immobilier et des stocks, les méthodes de calcul des amortissements et des provisions ainsi que les modalités de réévaluation (article 64) ; - les dispositions des textes en vigueur déterminant les conditions de réforme et de cession des biens durables du patrimoine (article 65) ; - l'arrêté pris par le Ministre chargé des Finances après avis de la Cour des Comptes fixant les pièces justificatives des opérations de recettes, de dépenses, de trésorerie et de patrimoine (article 66) ; - la règlementation en vigueur pouvant proroger les délais de conservation des pièces justificatives par les comptables publics (article 67) ; - les dispositions des textes en vigueur définissant les règles générales de la comptabilité (article 71) ; - la réglementation en vigueur fixant la date de clôture du budget

	(article 72) ; - la circulaire du ministre chargé des finances fixant les délais-limites pour l'arrêté des opérations d'engagement, de liquidation et d'ordonnancement au titre de l'exécution du budget d'une année donnée (article 75) ; - le décret portant Plan comptable de l'Etat : a. définissant les conditions de tenue en partie double de la comptabilité générale de l'Etat et posant le principe de la constatation des droits et des obligations (article 77) ; b. prévoyant les procédures comptables et fixant les modalités d'exécution des opérations de régularisation pendant la période complémentaire (article 80) ; c. fixant les conditions de production des états financiers de l'Etat comprenant le bilan, le compte de résultat, le tableau des opérations financières du Trésor, le tableau des flux de trésorerie et l'Etat annexé à partir de la comptabilité générale de l'Etat (article 81) ; - le Référentiel harmonisé à l'usage de l'Etat fixant les conditions d'immatriculation, de valorisation et d'enregistrement dans les livres des biens corporels et incorporels acquis avant la date de mise en vigueur du présent décret (article 83) ;. - les dispositions des textes en vigueur définissant l'organisation et le système comptable applicable à la comptabilité des matières (article 84) ; - la réglementation en vigueur fixant les modalités de mise en œuvre de la comptabilité analytique des coûts (article 85) ; - la réglementation en vigueur sur les modalités de mise en œuvre des contrôles du contrôleur financier au regard de la qualité et de l'efficacité du contrôle interne ainsi que du contrôle de gestion déjà mis en œuvre par l'ordonnateur (article 92) ; - les normes internationales en vigueur fixant les conditions d'inspection, de vérification ou d'audit des organes et corps de contrôle dans leurs missions d'inspection, de vérification ou d'audit (article 95) ;. - les textes en vigueur sur les conditions de mise à la disposition du public des rapports produits à la suite des contrôles, vérifications et audits effectués par les organes et corps de contrôle administratif (article 96) ; - la réglementation en vigueur précisant les modalités de coordination des activités des différents organes de contrôle administratif (article 97) ;
Au total 79 renvois vers différents textes nationaux et internationaux, existants ou à prendre dont : une circulaire et 9 arrêtés à prendre par le ministre chargé des finances, 16 textes particuliers puis 23 et 21 renvois respectivement aux règlements et lois existants ou à établir.	

ETAT	TEXTES EN REFERENCE OU EN COMPLEMENT
SENEGAL	- Les règles particulières régissant les « organismes publics » (article 1er) ; - les lois et règlements fixant les conditions d'acquisition, d'affectation, conservation et cession des biens immobiliers, les biens mobiliers, valeurs, titres et matières qui constituent le patrimoine de l'Etat et des autres organismes publics (Article 2) ; - les dispositions des lois de finances annuelles autorisant les ressources et les charges de l'Etat pour chaque année civile (Article 3) ; - les lois et règlements en vigueur fixant les conditions dans lesquelles le budget est élaboré, proposé, arrêté et exécuté (Article 3). - les dispositions des lois de finances autorisant les emprunts à moyen et long termes, les cessions d'actifs, les prêts et avances (Article 3); - le décret pris en application des dispositions de l'article 16 de la loi organique relative aux lois de finances fixant la nomenclature de présentation du Budget général, sur proposition du Ministre chargé des Finances, et compte tenu du classement des ressources et des charges établi aux articles 8, 11, 27, et 28 de la loi organique susvisée (Article 5) ; - l'article 37 de la Loi organique relative aux lois de finances dérogeant à la règle sus-citée dans les cas prévus et concernant les conventions de financement, les fonds de concours et les rétablissements de crédits. - l'arrêté du ministre chargé des finances fixant la liste exhaustive des dépenses susceptibles d'être payées sans ordonnancement préalable (Article 8) ; - le décret autorisant la liquidation et l'encaissement des recettes non prévues par la loi de finances de l'année à condition de faire l'objet d'une régularisation dans la plus prochaine loi de finances (Article 9) ; - l'article 15 de la loi organique relative aux lois de finances consacrant les crédits répartis en programme ou en dotation comme des plafonds de dépense qui s'imposent dans l'exécution de la loi de finances aux ordonnateurs ainsi qu'aux comptables (Article 10) ; - l'arrêté du ministre concerné pouvant être pris pour modifier la nature des crédits sous réserve de l'obligation d'informer le Ministre chargé des Finances ; - les dispositions de la loi organique relative aux lois de finances fixant les conditions de report des crédits non consommés à la fin de la période d'exécution du budget de l'Etat en ce qui concerne les crédits affectés aux programmes (Article 11) ;

	- le décret fixant les modalités de nomination, les attributions ainsi que les responsabilités des responsables de programmes (Article 12) ; - la loi fixant les peines prévues en cas d'immixtion illégale dans la gestion des deniers publics dans l'exécution de la loi de finances (Article 15) ; - les dispositions des lois et règlements relatives à la valeur du titre légal résultant de la nomination et de l'accréditation (Article 15) ; - les dispositions de la Loi organique relative aux lois de finances définissant le pouvoir de régulation budgétaire et de gestion de trésorerie de l'Etat dévolu au Ministre chargé des Finances, et au contrôleur des opérations financières (Article 17) ; - la règlementation déterminant les conditions dans lesquelles les ordonnateurs principaux peuvent déléguer tout ou partie des crédits dont ils ont la charge à des agents publics (Article 17) ; - le décret nommant les ordonnateurs délégués et secondaires de l'Etat ainsi que leurs suppléants, sur proposition de l'ordonnateur principal (Article 18) ; - les lois et règlements définissant les conditions de responsabilités des membres du gouvernement et des présidents des institutions constitutionnelles, à l'occasion de l'exercice de leurs attributions (Article 22). - le décret nommant les comptables principaux de l'Etat, sur proposition du Ministre chargé des Finances (Article 24) ; - le décret nommant les comptables secondaires de l'Etat, sur proposition du Ministre chargé des Finances (Article 24) ; - l'arrêté du ministre chargé des finances nommant les comptables secondaires de l'Etat et les comptables principaux des autres organismes publics (Article 24) ; - les Lois et règlements fixant les conditions de recouvrement d'impôts, de droits, de redevances et des recettes, ainsi que des pénalités fiscales et des frais de poursuites par les comptables des administrations financières, comptables en deniers et valeurs (Article 28). - la règlementation en vigueur et les textes particuliers définissant les modalités de désignation des comptables secondaires (article 29) ; - les lois et règlements soumettant les régisseurs de recettes et d'avances dans les mêmes conditions et limites aux règles obligations et responsabilités que les comptables publics (Article 30) ; - l'arrêté du ministre chargé des finances créant les régies de recettes (Article 30) ;

	- les décisions de nomination des régisseurs de recettes prises par le ministre chargé des finances (Article 30) ; - l'arrêté du Ministre chargé des Finances instituant les régies d'avances sur demande de l'ordonnateur principal (Article 30) ; - les décisions de nomination des régisseurs d'avances pour les régies prises par le Ministre chargé des Finances sur proposition de l'ordonnateur principal (Article 30). - les dispositions du Code de transparence dans la gestion des finances publiques, autorisant les comptables publics à bénéficier de conditions matérielles, financières et morales nécessaires à la bonne exécution de leur mission (Article 31) ; - l'arrêté du ministre chargé des finances fixant les montants des indemnités compensatrices ainsi que des indemnités de responsabilité et de sujétions des comptables publics (Article 31) ; - l'arrêté du ministre chargé des finances fixant le montant des garanties et les conditions de leur constitution. (Article 32) ; - les lois et règlements fixant dans les conditions prévues pour l'Etat et les autres organismes publics, les modalités selon lesquelles les comptables publics sont tenus d'exercer en matière de recettes, le contrôle de l'autorisation de percevoir les recettes (Article 34) ; - les dispositions de la réglementation comptable en vigueur fixant les conditions dans lesquelles les comptables publics procèdent à l'arrêté périodique de leurs écritures (Article 35) ; - les dispositions de l'article 69 de la loi organique relative aux lois de finances, obligeant les comptes de gestion, à être déposées en état d'examen à la Cour des comptes (Article 36) ; - les dispositions de la loi organique portant organisation et fonctionnement de la Cour des comptes fixant les modalités procédurales selon lesquelles les gestions irrégulières entraînent, pour leurs auteurs déclarés comptables de fait par la Cour des comptes, les mêmes obligations et responsabilités que les gestions patentes pour les comptables publics (Article 37). - l'arrêté du ministre chargé des finances pouvant constituer un débet administratif (Article 39). - l'arrêt de la Cour des comptes pouvant constituer un débet juridictionnel (Article 39). - la réglementation fixant les conditions dans lesquelles les comptables publics peuvent obtenir une décharge de responsabilité ou la remise gracieuse des sommes laissées à leur charge (Article 40) ;

	- la réglementation fixant les conditions dans lesquelles en cas de décharge de responsabilité ou de remise gracieuse, les débets pourraient rester à la charge du budget de l'Etat ou de tout autre organisme public (Article 40) ; - la règlementation définissant les conditions dans lesquelles, le Ministre chargé des Finances ou toute autre autorité supérieure compétente peut désigner, dans l'attente de la prise de fonction du comptable titulaire, un comptable intérimaire qui a les mêmes droits et obligations que ce dernier (Article 41) ; - les dispositions de l'article 71 de la loi organique relative aux lois de finances fixant les conditions de libération des garanties constituées par un comptable public (Article 42) ; - la réglementation fixant le délai de délivrance du certificat de décharge pour les comptables secondaires (Article 42) ; - les lois et règlements en vigueur ou les décisions de justice ou les conventions autorisant les recettes de l'Etat, comprenant notamment, les produits des impôts, et taxes, droits, les rémunérations des services rendus et redevances ; les fonds de concours, dons et les autres produits (Article 43). - les textes particuliers fixant les modalités selon lesquelles les actes formant titres de perception sont notifiés aux comptables publics pour prise en charge (Article 48) ; - la réglementation en vigueur fixant les instruments de paiement grâce auxquels les redevables de l'Etat et des autres organismes publics s'acquittent de leurs dettes (Article 51) ; - la loi fixant les conditions dans lesquelles les redevables peuvent s'acquitter de leurs dettes par remise de valeurs ou par l'exécution de prestations en nature (Article 51) ; - les textes fixant les conditions dans lesquelles les redevables peuvent s'acquitter de leurs dettes par remise d'effets de commerce ou d'obligations cautionnées (Article 51) ; - les dispositions particulières prévues par le Code général des impôts et le Code des douanes, fixant les conditions dans lesquelles le débiteur de l'Etat est libéré de sa dette (Article 54) ; - les textes en vigueur fixant les délais de prescription des créances de l'Etat ainsi que les règles d'exigibilité (Article 57) ; - les lois et règlements fixant les conditions où la responsabilité des comptables publics en matière de recouvrement peut être engagée (Article 58) ; - le code de Procédure civile fixant un délai de six (6) mois à compter de la date de leur présentation des réclamations au bout duquel le Ministre chargé des Finances se doit de statuer sur ces réclamations (Article 63) ; - la réglementation en vigueur fixant les conditions d'obtention

	de sursis, décharge ou remise dont peut bénéficier le comptable principal lorsque sa responsabilité a été engagée (Article 71) ; - les dispositions du code du domaine de l'Etat, du code forestier, des lois et règlements spéciaux fixant les conditions de liquidation et perception (selon le régime des droits constatés ou le régime des droits au comptant) des taxes pour services rendus et des produits du domaine de l'Etat (Article 75). - les textes législatifs et réglementaires fixant les modalités de liquidation des amendes pénales, civiles et administratives (Article 76) ; - les dispositions de la loi fixant les conditions dans lesquelles les condamnés peuvent faire l'objet de contrainte par corps en vue de recouvrer les amendes pécuniaires dues par ceux-ci (Article 79) ; - la réglementation en vigueur fixant les conditions de versement des amendes forfaitaires pour contraventions de police dans la caisse des comptables directs du Trésor (Article 80) ; - l'arrêté du Ministre chargé des Finances fixant le montant initial minimum en principal en dessous duquel les ordonnateurs délégués et les ordonnateurs secondaires sont autorisés à ne pas émettre les ordres de recette (Article 81) ; - les dispositions en vigueur fixant les voies de poursuite permettant de recouvrer les ordres de recettes en matière d'impôts directs (Article 82) ; - le décret fixant de manière limitative les catégories de dépenses pouvant être payées avant ordonnancement (Article 84); - les dispositions des lois et règlements en vigueur fixant les conditions et la forme d'engagement des dépenses à la charge de l'Etat par les ordonnateurs (Article 85) ; - les dispositions des lois et règlements en vigueur fixant les cas particuliers dans lesquels les droits des créanciers peuvent être arrêtés par les services liquidateurs de l'Etat avant constatation du service fait (Article 89) ; - le décret fixant les catégories de dépenses pouvant être payées avant ordonnancement (Article 96) ; - les dispositions réglementaires définissant les conditions dans lesquelles la régularisation des dépenses ordinaires de l'année financière précédente est effectuée (Article 100) ; - les dispositions des lois et règlements prévoyant des exceptions concernant les paiements pouvant intervenir avant l'échéance de la dette, l'exécution du service, la décision individuelle d'attribution de subvention, d'allocation ou d'avance (Article 101) ;

	- l'arrêté du Ministre chargé des Finances fixant les formes et conditions de publication des copies de réquisition et copies de la déclaration de rejet transmises à la Cour des Comptes et au Ministre chargé des Finances (Article 102) ; - la règlementation fixant les conditions de règlements des dépenses soit par remise d'espèces ou de chèques, soit par virement bancaire ou postal (Article 103) ; - la réglementation en vigueur fixant le montant minimum au-delà duquel le paiement des dépenses par virement à un compte bancaire ou postal est obligatoire (Article 104) ; - les dispositions des lois et règlements en vigueur sur les paiements libératoires ainsi que les règles de capacité des personnes susceptibles d'en délivrer quittance (Article 108) ; - les lois et règlements en vigueur fixant en cas de paiement à des ayants droit ou représentants de créanciers, les droits et les qualités de ces parties prenantes et la régularité de leurs acquits (Article 109) ; - les instructions du ministre chargé des Finances fixant les dispositions relatives à l'acquit à fournir par les parties prenantes en cas de paiement en espèces (Article 109) ; - la règlementation en vigueur fixant les conditions d'interruption, de suspension ou d'exemption (Article 114). - l'arrêté du Ministre chargé des Finances fixant les conditions de rétablissement de crédits consécutifs aux restitutions obtenues (Article 117) ; - le décret pris sur proposition du Ministre chargé des Finances et éventuellement, du ministre intéressé fixant les modifications portant sur des points particuliers en ce qui concerne les dépenses effectuées sur crédits spéciaux, les dépenses des corps de troupe… (Article 118) ; - l'arrêté du Ministre chargé des Finances fixant les conditions de la participation des banques ou autres établissements financiers à l'exécution des opérations de trésorerie (Article 124) ; - l'arrêté du Ministre chargé des Finances fixant les conditions d'ouverture et de fonctionnement des comptes de disponibilités ouverts au nom des comptables de l'Etat (Article 127) ; - l'arrêté du Ministre chargé des Finances fixant les plafonds des encaisses des comptables publics et des régisseurs, ainsi que les conditions et délais de leur engagement (Article 128) ; - l'arrêté du Ministre chargé des Finances portant limitation de l'actif des comptes courants postaux des comptables publics (Article 128) ; - la réglementation habilitant le Trésorier général, à escompter ou mettre en pension auprès de l'institut d'émission (Article

	130) ; - l'arrêté du Ministre chargé des Finances fixant les conditions d'ouverture ou de fonctionnement des comptes ouverts au nom des correspondants ainsi que le taux et le mode de liquidation de l'intérêt pouvant leur être alloué (article 132) ; - le décret pris sur le rapport du Ministre chargé des Finances fixant les conditions et modalités d'émission des emprunts de l'Etat (Article 134) ; - le décret pris sur proposition du Ministre chargé des Finances fixant les conditions d'inscription au crédit d'un compte courant, des créances résultant d'un emprunt (Article 135) ; - l'arrêté du Ministre chargé des Finances autorisant dans le cadre de donnée annuellement par la loi de finances, le Ministre chargé des Finances à créer et placer dans le public et auprès des banques et organismes divers, des valeurs du Trésor et leurs taux d'intérêt (Article 136) ; - l'arrêté du Ministre chargé des Finances fixant les conditions dans lesquelles les valeurs du Trésor émises au porteur peuvent être mises à ordre et domiciliées sous la forme anonyme (article 137) ; - la réglementation des chèques barrés fixant les conditions de remboursement de ces chèques barrés (article 137) ; - les dispositions des lois et règlements fixant les modalités de prise en charge, d'emploi et de conservation des biens et des matières.... (Article 140) ; - l'arrêté pris par le Ministre chargé des Finances fixant la date de clôture du Compte général de l'Administration (Article 145) ; - l'arrêté pris par le Ministre chargé des Finances après avis de la Cour des comptes fixant les pièces justificatives des opérations de recettes, de dépenses, de trésorerie et de patrimoine (Article 146) ; - la circulaire du Ministre chargé des Finances fixant les délais-limites pour l'arrêté des opérations d'engagement, de liquidation et d'ordonnancement au titre de l'exécution du budget d'une année donnée (Article 153) ; - la réglementation prévoyant les conditions dans lesquelles les engagements dont l'exécution n'est pas intervenue au 31 décembre, sont repris en engagement sur les crédits du budget de l'année suivante dans les conditions prévues par la réglementation en vigueur (Article 162) ; - la réglementation prévoyant les conditions d'ajustement, d'engagements complémentaires ou de dégagements (Article 163)

	- les instructions conjointes du Ministre chargé des Finances et du Ministre chargé des Affaires étrangères précisant, pour les services publics implantés à l'étranger, les modalités d'application des dispositions relatives aux opérations sur autorisations de dépenses (Article 179) ; - la réglementation en vigueur fixant les conditions de tenue de la comptabilité générale de l'Etat tenue en partie double et fondée sur le principe de la constatation des droits et des obligations (Article 180) ; - l'arrêté du Ministre chargé des Finances fixant la nomenclature et le fonctionnement des comptes tenus par les comptables publics (Article 182) ; - l'instruction du Ministre chargé des Finances fixant les modalités d'application des dispositions relatives au compte de gestion du comptable principal (Article 186) ; - les dispositions de la loi organique sur la Cour des comptes et celles de son décret d'application fixant les conditions et procédures de jugement des comptes des comptables publics (article 187) ; - les dispositions du décret portant Plan Comptable de l'Etat fixant les conditions de production des états financiers (le bilan, le compte de résultat, le tableau des opérations financières du Trésor, le tableau des flux de trésorerie et l'état annexé) à partir de la comptabilité générale de l'Etat (Article 188) ; - l'instruction du Ministre chargé des Finances définissant l'organisation et le système comptables applicables à la comptabilité des matières (Article 191) ; - la réglementation en vigueur fixant les règles de comptabilité des matières, valeurs et titres de l'Etat et des autres organismes publics (Article 192). - l'arrêté du Ministre chargé des Finances définissant les conditions de production des comptes de gestion matière par les comptables des matières habilités (Article 193) ; - l'arrêté du Ministre chargé des Finances définissant les objectifs assignés à la comptabilité analytique ainsi que les modalités de son organisation et de sa mise en œuvre (Article 194). - le statut des inspecteurs généraux d'Etat définissant les missions confiées à l'Inspection générale d'Etat dont notamment la vérification de la gestion des services de l'Etat et de tout autre organisme public (Article 198) ; - les règlements fixant les modalités d'action du Contrôle financier de la Présidence de la République (Article 199) ; - les dispositions des lois et règlements fixant les modalités de mise à disposition du public des rapports produits à la suite des contrôles, vérifications et audits effectués par les organes

	et corps de contrôle administratifs(Article 202) ; - les dispositions des lois et règlements fixant les modalités de coordination des activités des différents organes de contrôle administratif (Article 202) ; - l'arrêté du Ministre chargé des Finances définissant les modalités de mise en œuvre des contrôles du Contrôleur des opérations financières, au regard de la qualité et de l'efficacité du contrôle interne ainsi que du contrôle de gestion mis en œuvre par l'ordonnateur (Article 208) ; - l'acte du Ministre chargé des Finances fixant les modalités relatives à l'organisation, au déroulement, au délai de dépôt, d'exploitation et de publication des procès-verbaux des opérations de contrôle (Article 212) ; - les dispositions de la Constitution et des lois fixant la nature et l'étendue du contrôle parlementaire (Article 218).
Au total 130 renvois vers différents textes existants ou à prendre et intéressant toute la hiérarchie des normes dont : une circulaire ; 4 instructions et 28 arrêtés à prendre par le ministre chargé des finances, 12 décrets puis 42 et 39 renvois respectivement à des règlements et lois existants ou à établir.	

ETAT	TEXTES EN REFERENCE OU EN COMPLEMENT
TOGO	- les textes particuliers, s'inspirant des principes définis dans le RGCP, régissant les collectivités locales et leurs établissements (Article 1er) ; - les règles particulières concernant la passation des marchés publics, la comptabilité des deniers, des valeurs et celle des matières fixant les conditions de conservation et de cession des biens immobiliers, des biens mobiliers, des valeurs, titres et matières qui constituent le patrimoine de l'Etat (Article 2) ; - les dispositions des lois, règlements et instructions en vigueur fixant les conditions d'exécution des ressources et les charges de l'Etat (Article 3) ; - les dispositions des lois de finances autorisant au préalable la liquidation, l'encaissement des recettes et l'engagement ou le paiement des dépenses publiques (Article 3) ; - les dispositions des lois de finances autorisant les emprunts à moyen et long termes, les cessions d'actifs, les prêts et avances (Article 3) ; - les dispositions de la Loi Organique relative aux lois de finances fixant les conditions dans lesquelles, en cours d'année, des actes modificatifs de la loi de finances peuvent être pris (Article 3) ; - la loi interdisant sous peine de sanction à toute personne non pourvue d'un titre légal d'exercer des fonctions d'ordonnateur, de contrôleur financier ou de comptable public (Article 6) ;

	- les dispositions des lois et règlements obligeant un agent intervenant dans les opérations financières de l'Etat à notifier à d'autres agents désignés dans les textes, son acte de nomination et son spécimen de signature afin d'être accrédité (Article 7) ; - l'arrêté ministériel fixant les conditions dans lesquelles les ordonnateurs peuvent déléguer tout ou partie des crédits dont ils ont la charge à des agents publics (Article 8) ; - les dispositions des lois et règlements régissant les établissements publics et définissant les conditions dans lesquelles les directeurs des établissements publics nationaux peuvent déléguer leurs pouvoirs (Article 3) ; - les dispositions de la Loi Organique relative aux lois de finances et de la Constitution définissant les conditions de responsabilités des membres du gouvernement et des présidents des institutions constitutionnelles, à l'occasion de l'exercice de leurs attributions (Article 13) ; - les dispositions des textes règlementaires définissant les modalités de nomination des comptables publics (Article 15) ; - les dispositions du Code général des impôts, du Code des douanes, du Code Domanial et Foncier, ainsi que celles des lois et règlements fixant les conditions du recouvrement des impôts, des droits, des redevances et des recettes diverses, ainsi que des pénalités et amendes fiscales et des frais de poursuites (Article 19) ; - le décret portant régime juridique applicable aux comptables fixant les modalités de désignation des comptables secondaires (Article 20) ; - les dispositions du décret portant organisation et fonctionnement des régies de recettes et régies d'avances et fixant leurs modes de création, organisation et fonctionnement (Article 21) ; - les dispositions du décret portant organisation et fonctionnement des régies de recettes et régies d'avances et fixant les conditions de nomination des régisseurs (Article 21) ; - le décret portant régime juridique applicable aux comptables publics fixant la formule de prestation de serment des comptables publics (Article 22) ; - l'arrêté du ministre des finances fixant les conditions de constitution, de gestion et de libération des garanties constituées par les comptables publics (Article 22) ; - les dispositions du Code de transparence dans la gestion des finances publiques, autorisant les comptables publics à bénéficier de conditions matérielles, financières et morales

	nécessaires à la bonne exécution de leur mission (Article 22) ; - les dispositions des lois et règlements fixant dans les conditions prévues pour l'Etat et les autres organismes publics, les modalités selon lesquelles les comptables publics sont tenus d'exercer en matière de recettes, le contrôle de l'autorisation de percevoir les recettes (Article 25) ; - l'instruction du ministre chargé des finances fixant les conditions dans lesquelles les comptables publics procèdent à l'arrêté périodique de leurs écritures (Article 26) ; - l'arrêté du ministre des finances fixant les modalités de publication des rapports produits à la suite des contrôles, vérifications et opérations de contrôle (Article 26) ; - les dispositions du décret portant organisation et fonctionnement de la Cour des Comptes et fixant les amendes pouvant être infligées aux comptables publics en cas de retard dans la production de leurs comptes de gestion (Article 27) ; - les dispositions du décret portant régime juridique applicable aux comptables publics et fixant les modalités procédurales selon lesquelles les gestions irrégulières entraînent, pour leurs auteurs déclarés comptables de fait par la Cour des comptes, les mêmes obligations et responsabilités que les gestions patentes pour les comptables publics (Article 28) ; - l'arrêté du ministre chargé des finances pouvant constituer un débet administratif (Article 30) ; - l'arrêt de la Cour des comptes pouvant constituer un débet juridictionnel (Article 30) ; - les dispositions du décret portant régime juridique applicable aux comptables publics fixant les conditions dans lesquelles les comptables publics peuvent obtenir une décharge de responsabilité ou la remise gracieuse des sommes laissées à leur charge (Article 31) ; - les dispositions de la loi organique relative aux lois de finances fixant les conditions dans lesquelles la prescription acquisitive autorise la libération de garanties constituées par les comptables publics (Article 33) ; - l'arrêté du ministre des finances fixant le délai de délivrance du certificat de décharge (Article 33) ; - les dispositions des lois et règlements en vigueur, des décisions de justice ou de conventions autorisant les recettes de l'Etat, comprenant notamment, les produits des impôts, et taxes, droits, dons et les autres produits (Article 34) ; - les dispositions de la législation douanière, fiscale et concernant les recettes non fiscales et fixant les règles d'exigibilité des créances de l'État (Article 38) ; - l'arrêté du ministre des finances fixant les modalités de recouvrement des recettes et restes à recouvrer (Article 39) ;

	- les dispositions du Code général des impôts, du Code des douanes et d'un arrêté du ministre des finances fixant les règles de prescription des recettes de l'Etat et des autres organismes publics (Article 41) ; - les dispositions de la Loi de finances autorisant les dépenses de l'État (Article 42) ; - l'arrêté du ministre des finances fixant de manière limitative les catégories de dépenses pouvant être payées avant ordonnancement (Article 43) ; - les dispositions des lois et règlements selon lesquels l'engagement doit rester dans la limite des autorisations (Article 44) ; - les dispositions des lois et règlements en vigueur fixant les cas particuliers dans lesquels les droits des créanciers peuvent être arrêtés par les services liquidateurs de l'Etat avant constatation du service fait (Article 45) ; - l'arrêté du ministre des finances fixant les modalités pratiques d'exécution des dépenses lors de la phase administrative (Article 47) ; - les dispositions des lois et règlements prévoyant des exceptions aux paiements pouvant intervenir avant l'échéance de la dette, l'exécution du service, la décision individuelle d'attribution de subvention, d'allocation ou d'avance (Article 48) ; - les dispositions de la loi uniforme relative aux instruments de paiement fixant les conditions de règlements des dépenses, faites soit par remise d'espèces ou de chèques, ou tout autre instrument de paiement (Article 51) ; - les dispositions des règlements en vigueur fixant les pièces justificatives susceptibles d'être exigées par le comptable assignataire. - les dispositions de la loi organique relative aux lois de finances fixant les règles de prescription des créances des tiers sur l'Etat (Article 53) ; - Arrêté du ministre chargé des finances fixant les modalités d'interruption, de suspension ou d'exemption de la prescription des créances des tiers sur l'Etat. - les dispositions de la réglementation en vigueur fixant les conditions dans lesquelles l'escompte et l'encaissement des traites et obligations émises au profit de l'Etat par les comptables publics sont réalisés (Article 54) ; - l'arrêté du ministre chargé des finances fixant les plafonds des encaisses des comptables publics, ainsi que les conditions et délais de leur dégagement (Article 56) ; - les éventuelles dispositions de convention de financement prévoyant les modalités de gestion des comptes ouvert au titre

	des projets (Article 57) ; - les dispositions d'une loi de finances autorisant la conversion de la dette publique (Article 59) ; - l'arrêté du ministre chargé des finances fixant les conditions d'ouverture ou de fonctionnement des comptes ouverts au nom des correspondants du trésor public (Article 60) ; - le décret pris en conseil des ministres fixant les modalités de prise en charge, d'emploi et de conservation des biens et des matières, des objets et des valeurs (Article 62) ; - le dispositif communautaire fixant les règles de classement et d'évaluation des divers éléments du patrimoine mobilier et immobilier et des stocks, les méthodes de calcul des amortissements et des provisions ainsi que les modalités de réévaluation (Article 62) ; - le décret pris en conseil des ministres déterminant les conditions de réforme et de cession des biens durables du patrimoine (Article 64) ; - l'arrêté pris par le Ministre chargé des Finances après avis de la Cour des Comptes fixant les pièces justificatives des opérations de recettes, de dépenses, de trésorerie et de patrimoine (Article 65) ; - la circulaire du ministre chargé des finances fixant les délais-limites pour l'arrêté des opérations d'engagement, de liquidation et d'ordonnancement au titre de l'exécution du budget d'une année donnée (Article 74) ; - les dispositions du décret portant Plan comptable de l'Etat, définissant les conditions de tenue en partie double de la comptabilité générale de l'Etat et posant le principe de la constatation des droits et des obligations (Article 76) ; - les dispositions relatives aux procédures comptables prévues par le plan comptable de l'Etat et fixant les modalités d'exécution des opérations de régularisations pendant la période complémentaire (Article 79) ; - les dispositions du décret portant Plan Comptable de l'Etat fixant les conditions de production des états financiers comprenant le bilan, le compte de résultat, le tableau des opérations financières du Trésor, le tableau des flux de trésorerie et l'état annexé à base de la comptabilité générale de l'Etat (Article 80) ; - le référentiel harmonisé à l'usage de l'Etat fixant les conditions d'immatriculation, de valorisation et d'enregistrement dans les livres des biens corporels et incorporels acquis avant la date de mise en vigueur du présent décret (Article 82) ;

	- les dispositions du décret portant comptabilité des matières appartenant à l'Etat et aux autres organismes publics définissant l'organisation et le système comptables applicables à la comptabilité des matières (Article 83) ; - le décret sur rapport du ministre des finances fixant les modalités de mise en œuvre de la comptabilité analytique des coûts (Article 84) ; - les dispositions de la loi organique relative aux lois de finances autorisant le contrôleur financier à adapter dans les conditions définies par la réglementation en vigueur les modalités de mise en œuvre de ses contrôles au regard de la qualité et de l'efficacité du contrôle interne ainsi que du contrôle de gestion déjà mis en œuvre par l'ordonnateur (Article 91) - les normes internationales en vigueur fixant les conditions d'inspection, de vérification ou d'audit des organes et corps de contrôle dans leurs missions d'inspection, de vérification ou d'audit (Article 94);
Au total 68 renvois vers différents textes existants ou à prendre et intéressant toute la hiérarchie des normes dont : une circulaire et 13 arrêtés à prendre par le ministre chargé des finances, 11 décrets puis 13 et 23 renvois respectivement aux règlements et lois existants ou à établir.	

BÉNIN : RÉGLMENT GÉNÉRAL SUR LA COMPTABILITÉ PUBLIQUE

République du Bénin

DECRET N°2014-571 DU 07 OCTOBRE 2014

Portant règlement général sur la comptabilité publique

LE PRESIDENT DE LA REPUBLIQUE

CHEF DE L'ETAT

CHEF DU GOUVERNEMENT

Vu la loi n°90-032 du 11 décembre 1990 portant Constitution de la République du Bénin ;

Vu le Traité de l'UEMOA notamment, en ses articles 16, 20, 21 et 67 ;

Vu la Déclaration de la Conférence des Chefs d'Etat et de Gouvernement, du 28 janvier 1999 sur le renforcement de la convergence et l'accélération de la croissance économique dans les Etats membres de l'UEMOA ;

Vu la directiven°01/2009/CM/UEMOA du 27 mars 2009 portant Code transparence dans la gestion des finances publiques au sein de l'UEMOA ; ·

Vu la Directive n°06/2009/CM/UEMOA du 26 juin 2009 portant lois de finances ;

Vu la Directive n°07/2009/CM/UEMOA du 26 juin 2009 portant Règlement Général sur la Comptabilité publique ;

Vu la Directive ·n°08/2009/CM/UEMOA du 26 juin 2009 portant Nomenclature Budgétaire de l'Etat·,

Vu la Directive n°09/2009/CM/UEMOA du 26 juin 2009 portant Plan Comptable de l'État ;

Vu la Directive n°10/2009/CM/UEMOA du 26 juin 2009 portant Tableau des Opérations Financières de l'Etat (TOFE) au sein de l'UEMOA ;

Vu la loi n° 86-013 du 26 février 1986 portant statut général des agents permanents de l'Etat Vu la loi organique n° 2013-14 du 27 septembre 2013 relative aux lois de finances ;

Vu la loi n° 94-009 du 28 juillet 1994 portant création, organisation et fonctionnement des offices à caractères social, culturel et scientifique ;

Vu la loi n° 2004-20 du 17 août 2007 portant règles de procédures applicables devant les formations juridictionnelles de la Cour Suprême ;

Vu la loi n° 2009-02 du 07 août 2009 portant code des marchés publics et des délégations de service public en République du Bénin ;

Vu la loi n° 2011-20 du 12 octobre 2011 portant lutte contre la corruption et autres infractions connexes en République du Bénin ;

Vu la loi n° 2013-01 du 22 avril 2013 portant code foncier et domanial en République du Bénin;

Vu la loi n°64-35 du 31 décembre 1964 portant codification des droits, impôts et taxes fiscales d'enregistrement, de timbre, de publicité foncière et hypothécaire, et sur les revenus des capitaux mobiliers et les textes qui l'ont modifiée ;

Vu l'Ordonnance n°2/PR/MFE du 10 janvier 1966 portant codification des impôts directs et indirects et les textes qui l'ont modifiée ;

Vu loi n°2014-20 du 12 septembre 2014 portant Code des Douanes en République du Bénin ;

Vu l'ordonnance n°69.5/PR/MEF du 13 février 1969 relative au statut des comptables publics ;

Vu l'ordonnance n°73-27 du 27 mars 1973 portant modification des articles 13 et 23 de l'ordonnance n°69.5/PR/MEF du 13 février 1969 relative au statut des comptables publics ;

Vu la proclamation, le 29 mars 2011 par la Cour Constitutionnelle, des résultats définitifs de l'élection présidentielle du 13 mars 2011 ;

Vu le décret n° 2014-512 du 20 août 2014, portant composition du Gouvernement ;

Vu le décret n°2014- 564 du 1er octobre 2014 portant attributions, organisation et fonctionnement du Ministère de l'Economie, des Finances et des Programmes de Dénationalisation ;

Vu le décret 2013-267 du 12 juin 2013 portant attributions, organisation et fonctionnement du Ministère du Travail, de la Fonction Publique, de la Réforme Administrative et Institutionnelle ;

Sur proposition du Ministre de l'Economie, des Finances et des Programmes de Dénationalisation

Le Conseil des Ministres entendu en sa séance du 03 octobre 2014,

DECRETE :

TITRE PREMIER : DES DISPOSITIONS GENERALES

Article premier : Le présent décret fixe les règles fondamentales régissant l'exécution des budgets publics, la comptabilité, le contrôle des opérations financières, la gestion des deniers, valeurs et biens appartenant ou confiés à l'Etat et à ses établissements publics à caractère administratif.

Les collectivités locales et leurs établissements, les organismes de protection sociale ainsi que les autres organismes publics que la loi assujettit aux règles de la comptabilité publique, sont régis par des textes particuliers qui s'inspirent des principes définis par le présent décret.

Article 2 : Les organismes publics comprennent l'Etat, les collectivités locales, les établissements publics à caractère administratif, les organismes de protection sociale et les autres organismes que la loi assujettit aux règles de la comptabilité publique.

Les deniers appartenant ou confiés à l'Etat, à ses établissements publics à caractère administratif, aux collectivités locales et leurs établissements, aux organismes de protection sociale ainsi qu'aux autres organismes publics au sens de l'article précédent, sont des deniers publics soumis aux dispositions du présent décret.

Sous les peines prévues par la loi, il est interdit à quiconque, fonctionnaire ou particulier non pourvu d'un titre légal, de s'immiscer dans la gestion des deniers publics.

Article 3 : Les biens immobiliers, les biens mobiliers, les valeurs, titres et matières qui constituent le patrimoine de l'Etat sont acquis, affectés, conservés et cédés dans les conditions fixées d'une part, par le présent décret et d'autre part, par les règles particulières concernant la passation des marchés publics, la comptabilité des deniers, des valeurs et celle des matières.

Article 4 : Les ressources et les charges de l'Etat sont prévues et autorisées pour chaque année civile, par une loi de finances qui est exécutée conformément aux lois, règlements en vigueur.

Les ressources et les charges de l'Etat sont constituées de recettes et de dépenses budgétaires ainsi que de ressources et de charges de trésorerie. La loi de finances de l'année contient le budget de l'Etat qui décrit les recettes et les dépenses autorisées.

Aucune recette ne peut être liquidée ou encaissée, si elle n'a été au préalable autorisée par une loi de finances. Aucune dépense publique ne peut être engagée ou payée, si elle n'a été au préalable prévue au budget de l'Etat et n'est couverte par des crédits régulièrement ouverts.

De même, les emprunts à moyen et long termes, les cessions d'actifs ainsi que les prêts et avances, font l'objet d'autorisation par une loi de finances.

En cours d'année, des actes modificatifs de la loi de finances peuvent intervenir pour changer la répartition initiale sous la forme d'ouverture de crédits par décret d'avances, de transferts de crédits, de virements de crédits, de fonds de concours, de reports de crédits et de rétablissements de crédits dans les conditions fixées par la loi organique relative aux lois de finances.

Cependant, les recettes non prévues par une loi de finances initiale peuvent être liquidées ou encaissées, à condition d'être autorisées par un décret pris en conseil des Ministres et régularisées dans la plus prochaine loi de finances.

Lorsque les dispositions d'ordre législatif ou règlementaire entraînent des charges nouvelles ou des pertes de ressources, aucun projet de loi ne peut être définitivement voté, aucun décret ne peut être pris tant que ces charges ou ces pertes de ressources n'ont pas été prévues, évaluées et soumises à l'avis conforme du Ministre en charge des Finances.

TITRE I : DES ORDONNATEURS ET DES COMPTABLES

CHAPITRE PREMIER : DES DISPOSITIONS COMMUNES

Article 5 : Les opérations relatives à l'exécution de la loi de finances font intervenir deux catégories d'agents : les ordonnateurs et les comptables publics.

Article 6 : Les fonctions d'ordonnateur et celles de comptable public sont incompatibles. Les conjoints, les ascendants et les descendants des ordonnateurs ne peuvent être comptables des organismes auprès desquels ces ordonnateurs exercent leurs fonctions.

En ce qui concerne spécifiquement les opérations de gestion des matières, les incompatibilités telles que définies à l'alinéa précédent s'appliquent également aux magasiniers-fichistes des matières.

Ces incompatibilités peuvent être étendues par les lois et règlements en vigueur, notamment le statut des comptables publics.

Article 7 : Il est interdit à toute personne non pourvue d'un titre légal d'exercer des fonctions d'ordonnateur ou de comptable public, sous peine de poursuites prévues par la loi.

Le titre légal de l'ordonnateur ou du comptable public résulte de leur nomination conformément aux lois et règlements en vigueur.

Article 8 : L'ordonnateur est accrédité auprès du comptable public aussitôt après son entrée en fonction.

Le comptable public est accrédité auprès de l'ordonnateur aussitôt après sa prise de fonction.

L'accréditation s'effectue par notification de l'acte de nomination et du spécimen de signature à la diligence de l'ordonnateur ou du comptable public.

CHAPITRE II : DES ORDONNATEURS

Article 9 : Est ordonnateur toute personne ayant qualité, au nom de l'Etat, de prescrire l'exécution des recettes et/ou des dépenses inscrites au budget ou de donner des ordres de mouvements des matières.

Les ministres et les présidents des institutions constitutionnelles sont ordonnateurs principaux des crédits, des programmes, des budgets annexes et des matières de leur ministère ou de leur institution.

Nonobstant les dispositions de l'alinéa précédent, le ministre chargé des finances dispose du pouvoir de régulation des crédits budgétaires et de gestion de la trésorerie de l'Etat et assure la coordination et la centralisation de toutes les activités liées à la gestion du patrimoine de l'Etat.

Les ministres et présidents d'institutions constitutionnelles exercent leurs attributions d'ordonnateur par le biais d'ordonnateurs délégués au niveau des administrations centrales et d'ordonnateurs secondaires au niveau des services déconcentrés de l'Etat.

Les directeurs des établissements publics nationaux sont ordonnateurs principaux des recettes et des dépenses de ces établissements. Ils peuvent déléguer leurs pouvoirs dans les conditions prévues par les lois et règlements régissant les établissements publics.

Les ordonnateurs peuvent également être suppléés en cas d'absence ou d'empêchement.

Article 10 : Le ministre chargé des finances est ordonnateur principal unique des recettes du budget général, des comptes spéciaux du Trésor et de l'ensemble des opérations de trésorerie. Il prescrit l'exécution des recettes, constate les droits de l'Etat, liquide et émet les titres de créances correspondants.

Le ministre chargé des finances est ordonnateur principal des crédits, des programmes, des budgets annexes et des matières de son ministère.

Article 11 : Le ministre chargé des finances est responsable de l'exécution de la loi de finances et du respect de l'équilibre budgétaire et financier défini par celle-ci. A ce titre, il dispose d'un pouvoir de régulation budgétaire qui lui permet, au cours de l'exécution du budget :

- d'annuler un crédit devenu sans objet au cours de l'exercice ;
- d'annuler un crédit pour prévenir une détérioration de l'équilibre budgétaire et financier de la loi de finances ;
- de subordonner l'utilisation des crédits par les ordonnateurs aux disponibilités de trésorerie de l'Etat.

Les crédits relatifs aux dépenses déjà engagées ne peuvent pas faire l'objet d'annulation.

L'état des crédits gelés dans le cadre de la régulation budgétaire doit être porté à la connaissance du Parlement à travers les rapports ou situations d'exécution de la loi de finances.

Article 12 : Les ordonnateurs prescrivent l'exécution des dépenses mentionnées au titre III du présent décret.

Sous réserve des dispositions particulières des articles 9 et 10 du présent Décret, ils procèdent aux engagements, liquidations et ordonnancements.

Les ordonnateurs émettent les ordres de mouvement affectant les biens et matières de l'Etat.

Article 13 : Les ordonnateurs sont accrédités auprès des comptables publics assignataires des opérations dont ils prescrivent l'exécution, conformément aux dispositions de l'article 8 du présent décret.

Article 14 : Les engagements, liquidations et ordonnancements sont retracés dans la comptabilité budgétaire.

De même, les mouvements des matières sont retracés dans la comptabilité administrative des matières.

Article 15 : Les ordonnateurs sont personnellement responsables des contrôles qui leur incombent dans l'exercice de leurs fonctions. Ils sont responsables de la légalité, de la régularité et de l'exactitude des certifications qu'ils délivrent.

Ils encourent une responsabilité qui peut être disciplinaire, pénale ou civile, sans préjudice des sanctions qui peuvent leur être infligées par la juridiction des comptes à raison des fautes de gestion.

Dans les conditions définies par la loi organique relative aux lois de finances, les membres du gouvernement et les présidents des institutions constitutionnelles encourent, à raison de l'exercice de leurs attributions, les responsabilités que prévoient la Constitution et les textes subséquents.

CHAPITRE 3 : DES COMPTABLES PUBLICS

Section première : De la définition et des catégories de comptables publics

Article 16 : Est comptable public, tout agent public régulièrement habilité pour effectuer, à titre exclusif, au nom de l'Etat ou d'un autre organisme public, des opérations de recettes, de dépenses, de maniement de titres ou de mouvements de matières, soit au moyen de fonds, valeurs et matières dont il a la garde, soit par virement interne d'écritures, soit par l'intermédiaire d'autres comptables.

Les modalités de nomination des comptables publics sont définies par le statut des comptables publics.

Est comptable de fait, toute personne qui, sans avoir la qualité de comptable public ou sans agir sous le contrôle et pour le compte d'un comptable public, s'immisce dans la gestion de deniers publics, valeurs ou matières.

Article 17 : Les comptables publics sont comptables deniers et valeurs, comptables des matières ou comptables d'ordre.

Article 18 : Les comptables deniers et valeurs sont des personnes habilitées, affectées au maniement et à la conservation des fonds publics, des valeurs qui sont des valeurs de portefeuille, bons, traites, obligations, rentes et actions de société.

Les comptables deniers et valeurs sont :

- les comptables directs du Trésor ;
- les comptables des administrations financières ;
- les agents comptables des établissements publics.

Article 19 : Les comptables des matières sont des personnes habilitées à assurer la gestion des matières et la tenue de la comptabilité.

A ce titre, ils prennent en charge les ordres de mouvements émanant des ordonnateurs des matières et assurent la garde et la conservation des matières.

Article 20 : Les comptables d'ordre sont ceux qui centralisent et présentent dans leurs écritures et leurs comptes les opérations financières et les mouvements des matières exécutés par d'autres comptables.

Toutefois, les fonctions de comptable d'ordre ne sont pas incompatibles avec celles de comptable deniers, valeurs et des matières.

Article 21 : Le comptable supérieur est le comptable qui a sous son autorité hiérarchique un ou des comptables subordonnés.

Le comptable principal rend ses comptes à la Juridiction des comptes. Le comptable secondaire est celui dont les opérations sont centralisées par un comptable principal à qui il rend compte.

Article 22 : Les fonctions de directeur chargé de la comptabilité publique ou de directeur chargé du Trésor sont incompatibles avec les fonctions de comptable public.

Article 23 : Le comptable public visé à l'article 17 est seul habilité à effectuer les opérations ci-après décrites :

- la prise en charge et le recouvrement des rôles, bulletins de liquidation et ordres de recettes et autres titres de perception qui lui sont remis par un ordonnateur, des créances constatées par un contrat ou un marché public, un titre de propriété ou tout autre titre ou acte dont il assure la conservation ainsi que l'encaissement des droits au comptant et des recettes de toutes natures que les administrations publiques sont habilitées à recevoir ;
- le visa, la prise en charge et le règlement des dépenses, soit sur ordre émanant d'un ordonnateur accrédité, soit au vu des titres présentés par les créanciers, soit de sa propre initiative, ainsi que la suite à donner aux oppositions et autres significations ;
- la garde et la conservation des fonds, valeurs, titres et matières appartenant ou confiés à l'Etat ou aux autres organismes publics ;
- le maniement des fonds et les mouvements des comptes de disponibilités ;
- la conservation des pièces justificatives des opérations et des documents de comptabilité ;
- la tenue de la comptabilité du poste qu'il dirige.

Article 24 : Sous l'autorité du ministre chargé des finances, les comptables directs du Trésor, principaux ou secondaires, exécutent toutes opérations budgétaires, financières, et de trésorerie de l'Etat, des budgets annexes et des comptes spéciaux du Trésor.

Les comptables directs du Trésor sont organisés en réseau comptable.

Article 25 : Les comptables des administrations financières des Impôts et des Douanes sont des fonctionnaires ou agents ayant qualité de comptables deniers et valeurs et chargés en particulier du recouvrement d'impôts, de droits, de redevances et de recettes diverses, ainsi que des pénalités fiscales et des frais de poursuites dans les conditions fixées par le Code général des impôts, le Code des douanes, le Code du domaine de l'Etat, ainsi que les lois et règlements.

Les comptables des administrations financières et les comptables des matières sont également organisés en réseaux comptables comprenant des comptables supérieurs et subordonnés, principaux et secondaires, distincts du réseau comptable du Trésor.

Les opérations des comptables des administrations financières sont centralisées dans les écritures du Trésor Public.

Article 26 : Les agents comptables des établissements publics exécutent toutes les opérations de recettes et de dépenses budgétaires ainsi que toutes les opérations de trésorerie de l'établissement auprès duquel ils sont accrédités.

L'agent comptable a la qualité de comptable principal.

Des comptables secondaires peuvent être désignés selon les modalités prévues par les textes en vigueur et spécifiquement les textes particuliers organisant les établissements publics.

Article 27 : Des régisseurs de recettes et des régisseurs d'avances peuvent être nommés auprès d'un ordonnateur pour exécuter des opérations d'encaissement ou de décaissement pour le compte d'un comptable public. Ils sont personnellement et pécuniairement responsables de leurs opérations.

Le comptable public de rattachement a l'obligation de contrôler sur pièces et sur place, les opérations et la comptabilité des régisseurs. Il est personnellement et pécuniairement responsable des opérations des régisseurs dans la limite des contrôles qui lui incombent.

Les modalités de création, de fonctionnement des régies de recettes et des régies d'avances ainsi que les modalités de nomination des régisseurs sont fixées par un arrêté du ministre chargé des Finances.

Section 2 : Des droits et obligations des comptables publics

Article 28 : Les comptables publics sont astreints à la prestation de serment devant le tribunal de première instance du ressort territorial de leur premier poste et à la constitution de garanties.

La formule de serment est définie par le statut des comptables publics.

Aucun comptable ne peut entrer en fonction s'il n'a pas justifié de l'accomplissement de ces deux obligations.

Un arrêté du ministre chargé des finances fixe les conditions de constitution, de gestion et de libération des garanties des comptables publics.

Tout comptable public est logé sur les lieux du service si le poste est doté d'un logement de fonction. A défaut il bénéficie d'une indemnité compensatrice.

Le comptable a également droit à des indemnités attachées à sa fonction qui sont fixées par le statut des comptables publics.

Article 29 : Les comptables publics sont accrédités auprès des ordonnateurs et le cas échéant, des autres comptables publics avec lesquels ils sont en relation.

Article 30 : Les comptables publics peuvent déléguer leurs pouvoirs à un ou plusieurs mandataires ayant qualité pour agir en leur nom et sous leur responsabilité. Sauf dérogation autorisée par le ministre chargé des finances, le mandataire doit être choisi parmi les agents du poste.

Le mandataire est accrédité dans les mêmes conditions que le comptable titulaire.

Article 31 : Les seuls contrôles que les comptables publics sont tenus d'exercer sont les suivants :

a) en matière de recettes, le contrôle :

- de l'autorisation de percevoir les recettes, dans les conditions prévues, pour l'Etat et des autres organismes publics, par les lois et règlements ;
- de la mise en recouvrement et de la liquidation des créances ainsi que de la régularité des réductions et des annulations de titres de recettes, dans la limite des éléments dont ils disposent ;

b) en matière de dépenses, le contrôle :

- de la qualité de l'ordonnateur ou de son délégué ;
- de l'assignation de la dépense ;
- de la validité de la créance, portant sur :
  - la justification du service fait, résultant de la certification délivrée par l'ordonnateur ainsi que des pièces justificatives produites ;
  - l'intervention préalable des contrôles, autorisations, approbations, avis ou visas réglementaires ;
  - la production des justifications et, le cas échéant, du certificat de prise en charge à l'inventaire ;
  - l'application des règles de prescription et de déchéance ;
- du caractère libératoire du règlement incluant le contrôle de l'existence éventuelle d'oppositions, notamment de saisies-arrêts ou de cessions ;

c) en matière de patrimoine, le contrôle :

- de la prise en charge à l'inventaire des actifs financiers et non financiers acquis ;
- de la conservation des droits, privilèges et hypothèques sur les immobilisations incorporelles et corporelles.

d) en matière de régies de recettes et de régies d'avances, le contrôle sur pièces et sur place de leurs opérations.

Article 32 : Les comptables publics procèdent à l'arrêté périodique de leurs écritures dans les conditions fixées par le plan comptable de l'Etat.

Au 31 décembre de chaque année, ils procèdent obligatoirement à l'arrêté de toutes les caisses publiques. A cette date, il est établi un procès-verbal constatant et détaillant l'état de l'encaisse, des valeurs et des matières ainsi que celui des comptes de dépôts accompagné d'un état de rapprochement.

Article 33 : Les comptes de l'Etat sont produits à la juridiction des comptes au plus tard le 30 juin de l'exercice suivant celui au titre duquel ils sont établis.

En cas de retard, des amendes peuvent être infligées aux comptables publics par la juridiction des comptes.

En cas de besoin, un comptable public commis d'office peut être désigné par le ministre chargé des finances pour produire les comptes de gestion.

Les comptes de gestion déposés en état d'examen à la juridiction financière sont jugés dans un délai de cinq (05) ans. Si au-delà de ce délai le jugement n'est pas prononcé, le comptable public est déchargé d'office de sa gestion sans préjudice d'autres poursuites.

Section 3 : De la responsabilité des comptables publics

Article 34 : La responsabilité des comptables publics peut être engagée dans les situations suivantes :

- un déficit de caisse ou un manquant en valeurs ou dans les matières a été constaté ;
- une recette n'a pas été recouvrée faute de diligences de la part du comptable public ;
- une dépense a été irrégulièrement payée, en manquement aux obligations de contrôles énumérés à l'article 31 du présent décret ;
- par la faute du comptable public, l'organisme public a dû procéder à l'indemnisation d'un autre organisme public ou d'un tiers.

Le comptable public dont la responsabilité est engagée a l'obligation de verser, de ses deniers personnels, une somme égale soit au montant du déficit ou du manquant constaté, de la perte de recette subie, de la dépense payée à tort ou de l'indemnité mise de son fait à la charge de l'Etat ou de tout autre organisme public.

Les comptables publics ne sont ni personnellement ni pécuniairement responsables des erreurs commises dans l'assiette et la liquidation des produits qu'ils sont chargés de recouvrer.

Les gestions irrégulières entraînent, pour leurs auteurs déclarés comptables de fait par la juridiction des comptes, les mêmes obligations et responsabilités que pour les comptables publics patents.

Article 35 : Les comptables publics ne sont pas tenus de déférer aux ordres irréguliers qui engagent leur responsabilité personnelle et pécuniaire, sauf réquisition émanant de l'ordonnateur principal dans les conditions définies à l'article 66 du présent décret. Dans ce cas, la responsabilité de ce dernier se substitue à celle du comptable public.

Article 36 : La responsabilité pécuniaire d'un comptable public est mise en jeu par une décision de débet de nature soit administrative, soit juridictionnelle. Le débet administratif résulte d'un arrêté du ministre chargé des finances. Le débet juridictionnel résulte d'un arrêt de la juridiction des comptes.

Les arrêtés de débet produisent les mêmes effets et sont soumis aux mêmes règles d'exécution que les décisions juridictionnelles. Ils sont susceptibles de recours.

Le comptable de fait peut être condamné par la juridiction des comptes à une amende, en raison de son immixtion dans les fonctions de comptable public. Cette amende est calculée suivant l'importance et la durée de la détention ou du maniement des deniers. Son montant ne pourra dépasser le total des sommes indûment détenues ou maniées.

Article 37 : Les comptables publics peuvent obtenir une décharge de responsabilité ou la remise gracieuse des sommes laissées à leur charge. La décharge de responsabilité ou la remise gracieuse est accordée par arrêté du ministre chargé des finances, sur avis du Directeur chargé de la Comptabilité Publique en cas de débet administratif, et sur avis conforme de la juridiction des comptes en cas de débet juridictionnel.

Les comptables publics peuvent bénéficier d'un sursis de versement pendant l'examen de leur demande de décharge de responsabilité ou de remise gracieuse.

En cas de décharge de responsabilité ou de remise gracieuse, les débets restent à la charge du budget de l'organisme public concerné dans les conditions fixées par décret pris en Conseil des Ministres.

Section 4 : De la cessation de la fonction du comptable public et de la libération des garanties

Article 38 : La cessation de fonction d'un comptable public est prononcée dans les mêmes formes que sa nomination.

Hormis le cas de décès ou d'absence irrégulière, la cessation de fonction d'un comptable public donne lieu à l'établissement d'un procès-verbal de remise de service.

Dans les conditions définies par la réglementation, le ministre chargé des finances ou toute autre autorité supérieure compétente peut désigner, dans l'attente de la prise de fonction du comptable titulaire, un comptable intérimaire qui a les mêmes droits et obligations que ce dernier.

Article 39 : La libération des garanties constituées par un comptable public ne peut intervenir que dans les conditions suivantes :

- pour les comptables principaux : après arrêts définitifs de quitus rendus par la juridiction des comptes sur les différentes gestions dont ils avaient la charge jusqu'à leur cessation de fonction ou par intervention de la prescription acquisitive conformément aux dispositions de la loi organique relative aux lois de finances ;
- pour les comptables secondaires : après obtention du certificat de décharge délivré par le Directeur chargé de la comptabilité publique, sur avis des comptables principaux auxquels ces comptables secondaires sont rattachés.

Le certificat de décharge est délivré dans un délai fixé par un arrêté du ministre chargé des finances. Il permet uniquement d'accorder la libération des garanties, mais n'emporte pas de conséquences quant à l'appréciation de la responsabilité éventuelle du comptable secondaire.

La libération des garanties est accordée par décision du ministre chargé des finances sur proposition du Directeur chargé de la comptabilité publique, après constatation que les conditions prévues ci-dessus sont réunies.

TITRE III : DES OPERATIONS D'EXECUTION DU BUDGET

CHAPITRE PREMIER : DES OPÉRATIONS DE RECETTES

Article 40 : Les recettes de l'Etat sont autorisées par la loi de finances. Elles comprennent les produits d'impôts, de taxes, de droits, les rémunérations des services rendus, les redevances et les subventions, les fonds de concours, les dons et les autres produits autorisés par les lois et règlements en vigueur ou résultant de décisions de justice ou de conventions.

Sous réserve des dispositions de la loi de finances, les recettes des Etablissements Publics à caractère Administratif sont autorisées par leurs conseils d'administration ou organe délibérant en tenant lieu.

Article 41 : Toutes contributions directes ou indirectes autres que celles qui sont légalement instituées, à quelque titre et sous quelque dénomination que ce soit, sont formellement interdites à peine, pour les agents qui confectionneraient les rôles et tarifs et ceux qui en feraient le recouvrement, d'être poursuivis comme concussionnaires, sans préjudice de l'action en répétition, pendant trois années contre tous receveurs, comptables ou individus, qui en auraient fait la perception.

Sont également punissables des peines prévues à l'égard des concussionnaires, tous détenteurs de l'autorité publique qui, sous une forme quelconque et pour quelque motif que ce soit, auront sans autorisation de la loi, accordé des exonérations en franchises de droit, impôt ou taxe publique ou auront effectué gratuitement la délivrance de produits ou services payants de l'Etat ou des autres organismes publics.

Article 42 : Il est fait recette au budget de l'Etat du montant intégral de tous les produits, quelle qu'en soit la provenance, et sans contraction entre les recettes et les dépenses.

Section première : De la constatation, de la liquidation et de l'ordonnancement des recettes

Article 43 : Dans les conditions prévues pour chacune d'elles, les recettes sont constatées, liquidées et ordonnancées avant d'être prises en charge et recouvrées.

La constatation a pour objet d'identifier et d'évaluer la matière imposable.

La liquidation a pour objet de déterminer le montant de la créance sur les redevables et d'indiquer les bases sur lesquelles elle est effectuée.

Toute créance constatée et liquidée fait l'objet d'un titre de perception ou d'un ordre de recette émis par l'ordonnateur du budget concerné qui en a seul l'initiative.

En matière d'impôts directs et taxes assimilées, les rôles émis forment titres de perception.

En matière d'impôts indirects et taxes assimilées, les états de liquidation forment titres de perception.

Les redevances pour services rendus et autres produits divers et éventuels de l'Etat ou des autres organismes publics sont perçus sur ordres de recettes formant titres de perception des créances constatées par états de liquidation ou décisions administratives.

Pour les recettes encaissées sur versements spontanés des redevables, des titres de régularisation sont établis périodiquement.

Toute erreur de liquidation donne lieu, soit à l'émission d'un ordre d'annulation ou de réduction de recette, soit à l'émission d'un ordre de recette complémentaire.

Article 44 : Les règles d'exigibilité des créances de l'Etat sont fixées par les lois et règlements.

Les actes formant titres de perception sont notifiés aux comptables publics pour prise en charge selon les modalités déterminées par des textes particuliers ; ils sont notifiés aux redevables par avis les informant de la date d'échéance et des modalités de règlement.

Section 2 : Du recouvrement et des restes à recouvrer

Article 45 : Les modalités de recouvrement des recettes et des restes à recouvrer sont régies par les lois et règlements.

Article 46 : La procédure habituelle en matière de recouvrement est amiable.

Sauf exception tenant soit à la nature ou au caractère contentieux de la créance, soit à la nécessité de prendre sans délai des mesures conservatoires, le recouvrement forcé est précédé d'une tentative de recouvrement amiable.

Article 47 : Le recouvrement forcé des créances est poursuivi par les voies et moyens de droit en vertu d'un titre ayant force exécutoire.

Les rôles et états de liquidation d'impôts et taxes assimilées, les décisions de justice et les arrêtés de débets pris par les autorités compétentes forment titres de perception.

Les titres de recette sont rendus exécutoires par les ordonnateurs qui les ont émis. Ils sont à cet effet revêtus de la formule exécutoire, datés et signés par les ordonnateurs.

Article 48 : Le recouvrement des états exécutoires est poursuivi jusqu'à opposition du débiteur devant la juridiction compétente.

Les réclamations et contestations de toutes natures relatives à l'assiette et à la liquidation des droits n'ont pas d'effet suspensif sur les poursuites, si elles ne sont pas assorties de garanties acceptées par le Trésor Public, à hauteur des sommes contestées sauf dispositions contraires définies par une loi de finances.

Article 49 : Les redevables de l'Etat s'acquittent de leurs dettes par versement d'espèces, par remise de chèques ou effets bancaires ou postaux, ou par versement ou virement dans l'un des comptes de disponibilités ouverts au nom du Trésor Public.

Toutefois, dans les cas prévus par la loi, les redevables peuvent s'acquitter par remise de valeurs.

Ils peuvent également dans les conditions prévues par les lois et règlements, s'acquitter par remise d'effets de commerce ou d'obligations cautionnées.

Article 50 : Tout versement en numéraires donne lieu à la délivrance d'une quittance.

Pour les autres modes de paiement, des déclarations de recettes sont délivrées, après exécution du règlement, aux parties qui les réclament expressément.

Il n'est pas délivré de reçu lorsque le redevable reçoit en échange de son versement des timbres, formules ou tickets.

Article 51 : Le Débiteur de l'Etat est libéré s'il présente un reçu régulier, s'il évoque le bénéfice d'une prescription et que celle-ci est effective ou s'il établit la réalité de l'encaissement par un comptable public des effets bancaires ou postaux émis au profit du Trésor public.

Article 52 : Les comptables publics sont responsables du recouvrement de la totalité des droits liquidés par les ordonnateurs et pris en charge par leurs soins.

Ils justifient de l'apurement de ces prises en charge dans les délais et formes prévus par la réglementation en vigueur.

L'apurement résulte soit de recouvrements effectifs, soit de réduction ou d'annulation de droits préalablement liquidés, soit d'admission en non-valeur.

Section 3 : De la compensation et de la prescription de la créance publique

Article 53 : Les débiteurs de l'Etat ne peuvent pas se prévaloir de leurs créances vis-à-vis de l'Etat pour s'opposer au paiement de leurs dettes.

Par contre, le comptable doit, préalablement à tout paiement, opérer la compensation légale entre les dettes et les créances assignées sur sa caisse.

Article 54 : Les règles de prescription des créances de l'Etat sont régies par les lois et règlements.

CHAPITRE 2 : DES OPÉRATIONS DE DÉPENSES

Article 55 : Les dépenses de l'Etat sont autorisées par la loi de finances. Celles de ses établissements publics à caractère administratif sont autorisées par leurs conseils d'administration respectifs ou organes délibérants en tenant lieu.

Article 56 : Les dépenses sont engagées, liquidées et ordonnancées avant d'être payées.

Toutefois, certaines catégories de dépenses limitativement énumérées par décret peuvent, dans les conditions prévues par les textes en vigueur, être payées avant ordonnancement, mais doivent faire l'objet d'un ordonnancement de régularisation.

L'engagement, la liquidation et l'ordonnancement constituent la phase administrative de la dépense et le paiement en constitue la phase comptable.

Section première : De la phase administrative de la dépense publique

Article 57 : L'engagement juridique de la dépense publique est l'acte par lequel l'Etat crée ou constate à son encontre, une obligation de laquelle résultera une charge.

L'engagement comptable de la dépense publique consiste à affecter des crédits au paiement de la dépense.

Le montant total des engagements ne doit pas dépasser le montant des autorisations budgétaires sauf en cas de mise en œuvre des mécanismes de décret d'avances et de report de crédit.

En cas d'urgence et de nécessité impérieuse d'intérêt national, des crédits supplémentaires peuvent être ouverts par décret d'avances pris en Conseil des Ministres. L'Assemblée Nationale en est immédiatement informée et un projet de loi de finances portant ratification de ces crédits est déposé dès l'ouverture de sa plus prochaine session.

Les reports s'effectuent par décret pris en Conseil des ministres, en majoration des crédits de paiement pour les investissements de l'année suivante, sous réserve de la disponibilité des financements correspondants. Ce décret, qui ne peut être pris qu'après clôture des comptes de l'exercice précédent, est consécutif à un rapport du ministre en charge des finances. Ce rapport évalue et justifie les ressources permettant de couvrir le financement des reports, sans dégradation du solde du budget autorisé de l'année en cours.

Seuls les ordonnateurs peuvent dans les formes et les conditions prévues par les lois et règlements, engager des dépenses à la charge de l'Etat.

Article 58 : La liquidation a pour objet de vérifier la réalité de la dette et d'arrêter le montant exact de la dépense. Elle est faite au vu des titres et pièces justifiant la preuve des droits acquis par le créancier.

En ce qui concerne notamment les fournitures, services et travaux, les titres et pièces sont constitués par des marchés, des mémoires ou factures en original détaillant les livraisons, services ou travaux effectués et les procès-verbaux de réception signés par les ordonnateurs, le contrôleur financier ou son délégué, les services utilisateurs, éventuellement par les responsables des services techniques dans le cadre de la réglementation en vigueur.

Sauf dans les cas d'avance ou de paiement préalable autorisés par les lois et règlements, les services liquidateurs de l'Etat ne peuvent arrêter les droits des créanciers, y compris pour ce qui concerne les acomptes sur marché de travaux, biens ou services, qu'après constatation du service fait.

Pour les dépenses ordinaires, le service fait doit intervenir au plus tard le 31 décembre de l'année au cours de laquelle la dépense a été engagée.

Article 59 : L'ordonnancement est l'acte administratif par lequel, conformément aux résultats de la liquidation, l'ordre est donné par l'ordonnateur au comptable assignataire de payer la dette de l'Etat.

Les titres de paiement signés par les ordonnateurs sont assignés sur la caisse des comptables de l'Etat compétents.

Article 60 : L'ordonnancement peut également intervenir à titre de régularisation en vue de prescrire à un comptable principal d'imputer définitivement dans ses écritures des opérations effectuées à titre provisoire, tant par lui-même et ses subordonnés que par des régisseurs d'avances.

Article 61 : Dans le cadre du contrôle de la régularité des pièces justificatives de dépenses, les comptables peuvent réclamer aux ordonnateurs des certificats administratifs ou pièces justificatives complémentaires.

Article 62 : Le montant de chaque pièce justificative des mandats de paiement doit être énoncé non seulement en chiffres, mais aussi en toutes lettres sauf si le montant en chiffres énoncé est édité par un moyen électronique.

Les ratures, altérations, surcharges et renvois doivent être approuvés et signés par ceux qui ont arrêté les pièces justificatives et mandats de paiement.

L'usage d'une griffe est interdit pour toute signature à apposer sur les mandats de paiement et pièces justificatives.

Article 63 : Les mandats de paiement ne peuvent être émis que dans la limite des crédits ouverts, sous réserve de leur caractère évaluatif. Ils doivent énoncer l'année, l'objet, le bénéficiaire ainsi que l'imputation budgétaire de la dépense ;

Les mandats de paiement sont soumis au visa préalable du contrôleur financier sauf dérogation prévue par les textes en vigueur.

Article 64 : Les modalités pratiques d'exécution de la dépense, lors de la phase administrative, sont fixées par arrêté du ministre chargé des finances.

Section 2 : De la phase comptable de la dépense publique et de la réquisition de paiement

Article 65 : Le paiement est l'acte par lequel l'Etat se libère de sa dette. Sous réserve des exceptions prévues par les lois et règlements, les paiements ne peuvent intervenir qu'à l'échéance de la dette, après l'exécution du service, au vu de décisions individuelles d'attribution de subvention, d'allocation ou d'avance.

Article 66 : Lorsqu'à l'occasion des contrôles prévus en matière de dépenses à l'article 31, des irrégularités sont constatées par les comptables, ceux-ci sont tenus de refuser le visa de la dépense.

Les comptables sont tenus d'adresser aux ordonnateurs une déclaration écrite et motivée de leurs refus de visa, accompagnée des pièces rejetées, et en font copie par voie hiérarchique au Ministre chargé des Finances.

En cas de désaccord persistant, l'ordonnateur principal, après avoir recueilli l'avis consultatif du ministre chargé des finances, dont le comptable public concerné reçoit ampliation peut réquisitionner le comptable dans le respect des dispositions prévues à l'alinéa 4 ci-dessous. Dans ce cas, le comptable procède au paiement de la dépense, et annexe au mandat, une copie de sa déclaration de rejet, une copie de l'avis consultatif du Ministre chargé des finances et l'original de l'acte de réquisition qu'il a reçu. Une copie de la réquisition et une copie de la déclaration des rejets sont transmises à la juridiction des Comptes et au ministre chargé des finances et publiées au Journal Officiel de la République du Bénin.

Toutefois, les comptables ne peuvent déférer à la réquisition de l'ordonnateur dès lors que le refus de visa est motivé par :

- l'absence de justification du service fait, sauf pour les avances et les subventions ;
- le caractère non libératoire du règlement.

Lorsque le comptable obtempère, en dehors des cas ci-dessus, à l'ordre de payer de l'ordonnateur, il cesse d'être responsable personnellement et pécuniairement de la dépense en cause. Dans ce cas, la responsabilité est transférée à l'ordonnateur.

Article 67 : Toutes oppositions ou autres significations ayant pour objet de suspendre un paiement doivent être faites, sous peine de nullité, entre les mains du comptable assignataire de la dépense, et pour des créances expressément désignées.

A défaut pour le saisissant ou l'opposant de remplir les formalités prescrites en la matière par la réglementation en vigueur, l'opposition sera réputée non avenue.

Article 68 : Les règlements de dépenses sont faits par remise d'espèces, de chèques, virement, ou d'autres instruments de paiement autorisés par l'Etat. Ces règlements ne doivent intervenir que sous réserve de l'application par le comptable assignataire des dispositions de l'article 53 relatives à la compensation légale.

Les comptables assignataires sont chargés de vérifier les droits et qualités des parties prenantes et la régularité de leurs acquits et, à cet effet, d'exiger les pièces justificatives prévues par l'acte portant nomenclature des pièces justificatives de dépenses.

Article 69 : Le paiement des dépenses par virement à un compte bancaire ou postal est obligatoire pour tout règlement supérieur à un montant fixé par la réglementation en vigueur.

Article 70 : Lorsque, à la demande des intéressés et en respect de la réglementation en vigueur, le paiement est effectué par un mode de règlement qui génère des frais, ceux-ci sont déduits du montant des sommes dues.

Article 71 : Le paiement est libératoire s'il a été effectué selon l'un des modes de règlement prévus à l'article 68 du présent décret au profit de la personne capable de donner valablement quittance, soit en qualité de créancier, soit en qualité de mandataire, d'ayant droit ou d'ayant cause dudit créancier, conformément aux lois et règlements en vigueur.

Article 72 : Lorsque le créancier de l'Etat refuse de recevoir le paiement, la somme en cause est consignée dans les écritures du Trésor Public dans l'attente de la solution du litige.

Section 3 : De la prescription de la dette publique

Article 73 : Conformément aux dispositions de la loi organique relative aux lois de finances, sont prescrites au profit de l'Etat, toutes les créances de tiers qui n'ont pas été réclamées dans un délai de quatre ans à partir du premier jour de l'année suivant celle au cours de laquelle les droits ont été acquis.

L'interruption, la suspension ou l'exemption de la prescription qui découle des dispositions du présent article sont régies par les lois et règlements en vigueur.

Section 4 : Dispositions particulières

Article 74 : Les cessions ou prêts de biens meubles de toute nature intervenant entre services de l'Etat et des autres organismes publics donnent lieu à ordre de mouvement avant leur exécution.

Si leur montant ne peut être déterminé exactement qu'après exécution, il est procédé à un ordonnancement en régularisation.

CHAPITRE 3 : DES OPÉRATIONS DE TRÉSORERIE

Article 75 : Sont définis comme opérations de trésorerie tous les mouvements de numéraires, de valeurs mobilisables, de comptes de dépôts, de comptes courants et de comptes de créances et de dettes à court, moyen et long termes.

Les opérations de trésorerie comprennent :

- les opérations d'encaissement et de décaissement ;
- l'approvisionnement et le dégagement en fonds des caisses publiques ;
- l'escompte, la mise en pension et l'encaissement des traites et obligations émises au profit de l'Etat ;
- la gestion des fonds déposés par les correspondants et les opérations faites pour leur compte ;
- les tirages sur financements extérieurs, l'émission, la conversion, la gestion et le remboursement des emprunts publics à court, moyen et long termes ;
- les opérations de prêts et avances ;
- l'encaissement des produits des cessions d'actifs.

Article 76 : Les opérations de trésorerie sont exécutées exclusivement par les comptables publics, soit à leur propre initiative, soit sur l'ordre du ministre chargé des finances ou à la demande des tiers qualifiés pour leur compte. Les opérations de trésorerie sont décrites pour leur montant respectif et sans contraction.

Les charges et produits résultant de ces opérations sont imputés aux comptes budgétaires.

Article 77 : Les fonds détenus par les comptables publics sont gérés selon le principe de l'unité de caisse.

Un poste comptable dispose, sauf dérogation expresse du ministre chargé des finances, d'une seule caisse, d'un seul compte courant bancaire ou postal, quel que soit le nombre d'organismes publics dont il assure la gestion.

Ce principe s'applique à toutes les disponibilités des comptables publics quelle qu'en soit la nature. Il entraîne l'obligation de comptabiliser à un seul compte financier toutes les disponibilités correspondant à sa nature.

L'unité de trésorerie est le principe selon lequel le Trésor Public a un seul compte courant ouvert à la banque centrale dans lequel toutes les ressources de l'Etat sont déposées et duquel tous les décaissements sont effectués.

Hormis les mouvements de numéraire nécessités par l'approvisionnement et le dégagement des caisses des comptables publics, tous les règlements entre comptables publics sont réalisés par compte de transfert ou par virement de compte.

Les comptables publics procèdent à l'encaissement des titres et obligations qu'ils détiennent. Ils les présentent à l'escompte dans les conditions prévues par la réglementation bancaire en vigueur.

Les plafonds des encaisses des comptables publics, ainsi que les conditions et délais de leur dégagement, sont fixés par arrêté du ministre chargé des finances en ce qui concerne les comptables du Trésor Public et des administrations financières des Impôts et des Douanes, et par délibération du conseil d'administration des établissements publics à caractère administratif.

Article 78 : Tous les fonds publics, y compris les ressources extérieures mobilisées au titre des projets sont déposés dans un compte unique du Trésor Public ouvert dans les livres de la Banque Centrale des Etats de l'Afrique de l'Ouest, en abrégé BCEAO.

Toutefois, le ministre chargé des finances peut autoriser l'ouverture de comptes :

- sur le territoire national, à la BCEAO ou dans une banque primaire pour y déposer les fonds mobilisés dans le cadre de conventions de financement des bailleurs de fonds. Dans ce cas, la convention de financement prévoit les modalités de gestion desdits comptes ;
- sur le territoire national, dans des banques primaires situées dans des localités non desservies par des agences de la BCEAO ;
- à l'étranger, dans des institutions financières agréées par le ministre chargé des finances.

Article 79 : Les agents de l'Etat et des autres organismes publics ne peuvent se faire ouvrir ès qualité un compte de disponibilités que sur autorisation du Ministre chargé des finances.

Tout compte ouvert en violation des dispositions de l'alinéa précédent fait encourir à son titulaire la responsabilité de comptable de fait.

Article 80 : Les conditions d'ouverture et de fonctionnement des comptes de disponibilités ouverts au nom des comptables de l'Etat sont fixées par arrêté du Ministre chargé des finances.

Article 81 : Le Ministre chargé des finances fixe les conditions de la participation des banques et des établissements financiers à l'exécution des opérations de trésorerie.

Article 82 : Les fonds appartenant au Trésor public sont insaisissables.

Article 83 : Les correspondants du Trésor public sont les organismes et particuliers qui, soit en application des lois et règlements, soit en vertu de conventions, déposent, à titre obligatoire ou facultatif, des fonds au Trésor public ou sont autorisés à procéder à des opérations de recettes et/ou de dépenses par l'intermédiaire de ses comptables.

Un arrêté du ministre chargé des finances fixe les conditions d'ouverture ou de fonctionnement des comptes ouverts au nom des correspondants du Trésor ainsi que le taux et le mode de liquidation de l'intérêt qui peut, éventuellement, leur être alloué.

Sauf autorisation donnée par le ministre chargé des finances, il ne peut être ouvert qu'un seul compte au Trésor par correspondant.

Les comptes ouverts au nom des correspondants ne peuvent présenter de découvert.

Article 85 : Les conditions et modalités d'émission des emprunts de l'Etat sont fixées par décret pris sur rapport du Ministre chargé des finances.

Article 86 : La conversion de la dette publique ne peut être opérée que conformément aux autorisations données par une loi de finances.

Article 87 : Les conditions dans lesquelles les titres d'emprunt émis par l'Etat, détériorés, perdus ou volés peuvent être frappés d'opposition, remplacés ou remboursés, sont fixées par arrêté du ministre chargé des Finances.

CHAPITRE 4 : DES OPÉRATIONS SUR LE PATRIMOINE

Article 88 : Le patrimoine financier de l'Etat est l'ensemble des actifs financiers détenus, à savoir les espèces, les dépôts à vue et à terme, les valeurs mobilières ou les créances sur les tiers.

Le patrimoine non financier est l'ensemble des biens corporels et incorporels appartenant à l'Etat.

Article 89 : La gestion du patrimoine de l'Etat relève de la compétence de chaque ordonnateur principal dans la limite de la part existant dans son ministère ou institution.

Toutefois, le ministre chargé des finances joue un rôle prépondérant en ce qui concerne la gestion du patrimoine financier et non financier de l'Etat.

Les modalités de prise en charge, d'emploi et de conservation des biens et des matières, des objets et des valeurs sont fixées par arrêté du ministre chargé des finances et du ministre concerné.

Les règles de classement et d'évaluation des divers éléments du patrimoine mobilier et immobilier et des stocks, les méthodes de calcul des amortissements et des provisions ainsi que les modalités de réévaluation sont fixées par décret pris en Conseil des Ministres.

Les biens corporels et incorporels appartenant à l'Etat ou à tout autre organisme doté d'un comptable public sont insaisissables.

Article 90 : Les conditions de réforme et de cession des biens durables du patrimoine sont déterminées par décret pris en Conseil des Ministres.

CHAPITRE 5 : DE LA JUSTIFICATION DES OPÉRATIONS

Article 91 : Les opérations de recettes, de dépenses, de trésorerie et de patrimoine qui sont décrites aux chapitres 1 à 4 du titre III doivent être appuyées des pièces justificatives prévues dans une nomenclature établie par arrêté du ministre chargé des finances après avis de la juridiction des comptes.

Article 92 : Les pièces justificatives des opérations de recettes, de dépenses, de trésorerie et de patrimoine sont produites à la juridiction des comptes à l'appui des comptes de gestion.

Toutefois à la demande de celle-ci, elles peuvent être tenues à sa disposition pendant toute la durée de ses investigations. Lorsqu'elles sont conservées par les comptables publics, elles ne peuvent être détruites avant l'examen des comptes concernés ou avant la durée de prescription applicable à l'opération.

La durée de conservation des pièces justificatives est de dix ans.

Article 93 : En cas de perte, de vol, de destruction ou de détérioration de pièces justificatives remises aux comptables, ceux-ci se font établir un certificat de perte appuyé d'un rapport circonstancié transmis au comptable supérieur qui peut autoriser le comptable subordonné à pourvoir au remplacement des pièces sous forme de duplicata.

Le comptable-supérieur examine la demande d'autorisation de délivrance de duplicata.

Dans la même situation, la demande d'autorisation de délivrance de duplicata d'un comptable principal de l'Etat est adressée au Directeur en charge de la comptabilité publique.

Article 94 : L'établissement de documents et de pièces justificatives sous forme de pièces électronique peut être effectué dans les conditions définies par le ministre en charge des finances.

TITRE IV : DE LA COMPTABILITE ET DES COMPTES DE L'ETAT

CHAPITRE PREMIER : DES DISPOSITIONS COMMUNES

Article 95 : Le plan comptable de l'Etat s'inspire du Système Comptable Ouest Africain et des autres normes comptables internationales, tout en tenant compte des spécificités de l'Etat.

Article 96 : La comptabilité de l'Etat a pour objet la description de ses opérations financières.

A cet effet, elle est organisée en vue de permettre :

- l'information des autorités de contrôle et de gestion ;
- la connaissance et le contrôle des opérations budgétaires et des opérations de trésorerie ;
- la connaissance de la situation du patrimoine ;
- la détermination des résultats annuels ;

- l'analyse du coût des actions engagées dans le cadre de la mise en œuvre des programmes
- l'intégration des opérations dans la comptabilité économique nationale ;
- des analyses économiques et financières en vue de l'établissement de ratios et tableaux de bord.

Article 97 : La comptabilité de l'Etat comprend une comptabilité budgétaire, une comptabilité générale, une comptabilité des matières, valeurs et titres et une comptabilité d'analyse du coût des actions engagées dans la mise en œuvre des programmes.

Sous réserve des dispositions prévues aux articles ci-après, les règles générales et particulières applicables à chaque type de comptabilité sont définies par les dispositions réglementaires.

Article 98 : La comptabilité de l'Etat comprend :

- toutes les opérations rattachées au budget de l'année en cause jusqu'à la date de clôture de ce budget telle que définie par la loi organique relative aux lois de finances ;
- toutes les opérations de trésorerie et les opérations sur le patrimoine faites au cours de l'année ainsi que les opérations de régularisation.

Les comptes de l'Etat sont arrêtés à la fin de la période d'exécution du budget, par les ordonnateurs en ce qui concerne la comptabilité budgétaire et par les comptables publics en ce qui concerne la comptabilité générale de l'Etat et la comptabilité des matières.

CHAPITRE 2 : DE LA COMPTABILITÉ BUDGÉTAIRE

Article 99 : La comptabilité budgétaire a pour objet de retracer, pour l'exercice concerné, les opérations d'exécution du budget de l'Etat et des autres organismes publics en recettes et en dépenses et conformément à la nomenclature de présentation et de vote du budget ou de l'état des prévisions.

Cette comptabilité est renseignée par les comptables publics en ce qui concerne les encaissements et paiements relatifs aux opérations de recettes et de dépenses.

Elle permet de suivre les liquidations, émissions, prises en charge, recouvrements et restes à recouvrer en matière de recettes, d'une part, les engagements, liquidations, ordonnancements, paiements et restes à payer en matière de dépenses, d'autre part.

La comptabilité budgétaire dégage un résultat correspondant à la différence entre les recettes encaissées et les dépenses ordonnancées sur le budget général, les budgets annexes et les comptes spéciaux au titre de l'année considérée.

Article 100 : La comptabilité budgétaire tenue par les ordonnateurs couvre la phase administrative des opérations de recettes et de dépenses.

Elle est une comptabilité à partie simple.

Article 101 : La période couverte par la comptabilité budgétaire est la gestion couvrant l'année civile, sans période complémentaire. Une circulaire du ministre chargé des finances fixe les délais-limites pour l'arrêté des opérations d'engagement, de liquidation et d'ordonnancement au titre de l'exécution du budget d'une année donnée.

Article 102 : Les comptes générés par la comptabilité budgétaire sont constitués des comptes administratifs établis par les ordonnateurs et consolidés par le ministre chargé des finances, appuyés d'un état de développement des recettes budgétaires et d'un état de développement des dépenses budgétaires établis par le comptable principal.

CHAPITRE 3 : DE LA COMPTABILITÉ GÉNÉRALE DE L'ETAT

Article 103 : La comptabilité générale de l'Etat a pour objet de décrire le patrimoine de l'Etat et son évolution. Elle doit être sincère et refléter une image fidèle du patrimoine et de la situation financière de l'Etat. Elle est une comptabilité à partie double et est fondée sur le principe de la constatation des droits et obligations selon lequel les opérations sont prises en compte au titre de l'exercice auquel elles se rattachent indépendamment de leur date de paiement ou d'encaissement.

L'encaissement de ces recettes et le règlement des dépenses sont enregistrées au titre de l'année au cours de laquelle elles sont encaissées ou payées.

Des opérations de régularisation de recettes et de dépenses peuvent s'effectuer par les comptables publics pendant une période complémentaire à la clôture de l'exercice, dont la durée ne peut excéder un mois.

Aucune opération budgétaire ne doit s'effectuer au cours de cette période complémentaire

Article 104 : L'organisation de la comptabilité générale de l'Etat est fondée sur les principes suivants :

- la déconcentration de la comptabilité générale, en vue de la rapprocher du fait générateur et des ordonnateurs ainsi que leurs services gestionnaires ;
- l'inscription au bilan de l'Etat de tous les flux de gestion portant sur l'actif et le passif, en vue de la connaissance du patrimoine public et partant, de la capacité de l'Etat à faire face à ses engagements.

Article 105 : La comptabilité générale de l'Etat est tenue, par année civile, exclusivement par les comptables directs du Trésor et les comptables des administrations financières

Article 106 : Les modalités d'exécution des opérations de régularisations pendant la période complémentaire sont définies dans les procédures comptables prévues par l'arrêté portant Plan comptable de l'Etat.

Article 107 : Les comptes annuels de l'Etat sont présentés par le ministre chargé des finances et comprennent le Compte Général de l'Administration des Finances et les états financiers.

Le Compte Général de l'Administration des Finances comprend :

- la balance générale des comptes ;
- le développement des recettes budgétaires ;
- le développement des dépenses budgétaires ;
- le développement des opérations constatées aux comptes spéciaux du Trésor ;
- le développement des comptes de résultats.

Le Compte Général de l'Administration des Finances est produit à la juridiction des comptes à l'appui du projet de loi de règlement.

La comptabilité générale de l'Etat permet également de produire les états financiers de l'Etat comprenant le bilan, le compte de résultat, le tableau des opérations financières du Trésor, le tableau des flux de trésorerie et l'état annexé dans les conditions définies par l'arrêté portant Plan Comptable de l'Etat.

CHAPITRE 4 : DE LA COMPTABILITÉ DES MATIÈRES

Article 108 : La comptabilité des matières est une comptabilité d'inventaire permanent ayant pour objet la description des existants, et des mouvements relatifs aux biens mobiliers et immobiliers et des valeurs inactives appartenant à l'Etat et autres organismes publics.

Elle permet de réceptionner, de retracer, de suivre et de contrôler en quantité et en qualité les différents corps ayant une propriété physique, liquide et matérielle.

Elle décrit l'existant et les mouvements d'entrée et de sortie concernant :

- les immobilisations incorporelles et corporelles ;
- les stocks de marchandises, fournitures ;
- les titres nominatifs, au porteur ou à ordre, et les valeurs diverses appartenant ou confiées à l'Etat ainsi que les objets qui lui sont remis en dépôt ;
- les formules, titres, tickets et vignettes destinés à l'émission ou à la vente.

Des inventaires et comptes d'emploi sont établis périodiquement et à l'occasion des contrôles effectués par les organes habilités.

CHAPITRE 5 : DE LA COMPTABILITÉ D'ANALYSE DES COÛTS

Article 109 : La comptabilité d'analyse des coûts a pour objet de faire apparaître les éléments de coûts des actions engagées dans le cadre des programmes de mise en œuvre des politiques publiques.

Elle permet de justifier les crédits indispensables à la conduite des actions et de mettre en évidence les éléments nécessaires à la mesure de la performance au sein des programmes.

Elle est destinée à fournir des éléments de comparaison dans l'espace et dans le temps et éventuellement entre différentes structures administratives.

TITRE V : DU CONTROLE DE L'EXECUTION DU BUDGET

Article 110 : Sans préjudice des pouvoirs du Parlement, les opérations d'exécution du budget de l'Etat sont soumises à un double contrôle : le contrôle administratif et le contrôle juridictionnel.

Le contrôle administratif est le contrôle de l'administration sur ses agents, incluant le contrôle interne *a priori*, le contrôle concomitant et le contrôle *a posteriori*.

Le contrôle juridictionnel est exercé par la Juridiction des comptes.

CHAPITRE PREMIER : DU CONTRÔLE ADMINISTRATIF

Section première : Des caractéristiques du contrôle administratif

Article 111 : Le contrôle administratif s'exerce soit sous la forme de contrôle hiérarchique, soit sous la forme de contrôle organique par l'intermédiaire de corps et organes de contrôle spécialisés.

Section 2 : Des contrôles exercés par les contrôleurs financiers

Article 112 : Les contrôleurs financiers exercent des contrôles *a priori* et *a posteriori* des opérations budgétaires de dépenses de l'Etat.

Ils relèvent du ministre chargé des finances et sont placés auprès des ordonnateurs et peuvent émettre des avis sur la qualité de la gestion des ordonnateurs, la conduite des programmes et leurs performances.

Il est interdit à toute personne non pourvue d'un titre légal, d'exercer la fonction de Contrôleur financier, sous peine de poursuites prévues par la loi.

Le titre légal résulte de la nomination et de l'accréditation du Contrôleur financier, conformément aux lois et règlements en vigueur.

Article 113 : Les contrôles *a priori* exercés par les contrôleurs financiers portent sur les opérations budgétaires.

Tous les actes des ordonnateurs portant engagement de dépenses, notamment les marchés publics ou contrats, arrêtés ou décisions sont soumis au visa préalable du Contrôleur financier.

Ces actes sont examinés au regard de l'imputation de la dépense, de la disponibilité des crédits, de l'application des dispositions d'ordre financier, des lois et règlements, de leur conformité avec les autorisations parlementaires, des conséquences que les mesures proposées peuvent avoir sur les finances publiques.

Toute ordonnance de paiement, tout mandat de paiement ou toute délégation de crédits ne peut être présenté à la signature de l'ordonnateur qu'après avoir été soumis au visa du Contrôleur financier ou de son délégué. Les mandats de paiement et les délégations de crédits non revêtus du visa du Contrôleur financier ou de son délégué sont nuls et de nul effet.

Le contrôleur financier ou ses délégués sont autorisés à constater sur place la matérialité des travaux, prestations ou fournitures objet des dépenses soumises à leur visa.

Le Contrôleur financier ou son délégué s'assure notamment que les mandats de paiement se rapportent à un engagement de dépenses déjà visé par lui.

Si les titres de paiement lui paraissent entachés d'irrégularités, il doit en refuser le visa.

Article 114 : Le Contrôleur financier ou son délégué tient la comptabilité des dépenses engagées, afin de suivre la consommation des crédits et de déterminer les crédits disponibles.

Article 115 : Les contrôleurs financiers évaluent *a posteriori* les résultats et les performances des programmes, au regard des objectifs fixés, des moyens utilisés et de l'organisation des services des ordonnateurs.

Les contrôleurs financiers participent :

- à l'identification et à la prévention des risques financiers ainsi qu'à l'analyse des facteurs explicatifs de la dépense et du coût des politiques publiques ;
- à la vérification de la sincérité des prévisions de dépenses ;
- au contrôle du document annuel de programmation budgétaire initial, des documents prévisionnels de gestion, leurs modifications en cours de gestion ainsi que les projets d'actes d'affectation de crédits d'engagement de dépenses.

Article 116 : Par exception aux dispositions de l'article 113, le Contrôleur financier adapte dans les conditions définies par les lois et règlements en vigueur, les modalités de mise en œuvre de ses contrôles, au regard de la qualité et de l'efficacité du contrôle interne ainsi que du contrôle de gestion mis en œuvre par l'ordonnateur.

Les modalités d'allègement du contrôle *a priori* sont fixées par un arrêté du ministre chargé des finances.

Section 3 : De la responsabilité du contrôleur financier

Article 117 : Le contrôleur financier est responsable au plan disciplinaire, pénal et civil, sans préjudice des sanctions qui peuvent lui être infligées par la juridiction des comptes, du visa qu'il appose sur les actes portant engagement de dépenses ou les mandats de paiement ou les délégations de crédits.

Le contrôleur financier est personnellement responsable des contrôles portant sur la disponibilité des crédits, sur la vérification des prix par rapport à la mercuriale en vigueur et, au titre de la validité de la créance, sur l'exactitude des calculs de liquidation de la dépense.

Si les mesures proposées lui paraissent entachées d'irrégularités au regard des dispositions qui précèdent, le contrôleur financier refuse son visa. En cas de désaccord persistant, il en réfère au ministre chargé des finances. Il ne peut être passé outre au refus de visa que sur autorisation écrite du ministre chargé des

Finances. Dans ce cas, la responsabilité du ministre chargé des finances se substitue à celle du contrôleur financier.

De la même manière, si les mesures proposées lui paraissent entachées d'irrégularités au regard des dispositions qui précèdent, le délégué du contrôleur financier refuse son visa. En cas de désaccord persistant, il en réfère au contrôleur financier. Il ne peut être passé outre au refus de visa que sur autorisation écrite du contrôleur financier. Dans ce cas, la responsabilité du contrôleur financier se substitue à celle de son délégué.

De même, lorsque le contrôleur financier délivre une autorisation écrite permettant de passer outre le refus de visa de son délégué auprès d'un ministère, d'une institution ou d'une autre administration publique centrale ou déconcentrée, la responsabilité du contrôleur financier se substitue à celle de son délégué.

Section 4 : Des autres organes de contrôle administratif

Article 118 : L'Exécutif peut créer par décret, des organes de contrôle concomitant et de contrôle *a posteriori*. Ces structures de contrôle interne à l'administration exercent leurs activités sur toutes les opérations liées à l'exécution du budget de l'Etat ainsi que sur celles de tout organisme de droit public ou privé bénéficiant de concours publics. Elles interviennent sur pièces et/ou sur place, sur les actes des ordonnateurs et sur ceux des comptables. Ils peuvent à tout moment effectuer des contrôles pendant l'exécution desdites opérations.

Article 119 : Les organes et corps de contrôle exercent leurs missions d'inspection, de vérification ou d'audit, conduisent leurs investigations et élaborent leurs rapports conformément à la réglementation qui les régit et aux normes internationales en vigueur.

Article 120 : Chaque rapport de contrôle, d'inspection et d'audit fait l'objet d'une réponse écrite de la part du service audité, le cas échéant par sa hiérarchie ou sa tutelle, qui précise les modalités et plans de mise en œuvre des recommandations dudit rapport.

Dans tous les cas, les droits des différentes parties doivent être garantis.

Les rapports produits à la suite des contrôles, vérifications et audits effectués par les organes et corps de contrôle administratif, sont mis à la disposition du public, dans les conditions déterminées par la réglementation en vigueur.

Articlé 121 : Les modalités de coordination des activités des différents organes de contrôle administratif sont précisées par décret.

CHAPITRE 2 : DU CONTRÔLE JURIDICTIONNEL

Article 122 : La Juridiction des comptes juge les comptes des comptables publics et se prononce sur la qualité de la gestion des ordonnateurs, notamment l'exécution de leurs programmes.

La juridiction financière contrôle également l'exécution de la loi de finances. Elle élabore et transmet au Gouvernement un rapport annuel sur l'exécution des lois de finances et une déclaration générale de conformité entre les comptes individuels des comptables publics et les comptes généraux de l'Etat.

La juridiction financière procède à la certification des comptes en lieu et place de la déclaration générale de conformité.

TITRE VI : DES DISPOSITIONS TRANSITOIRES ET FINALES

Article 123 : Les dispositions du présent décret entrent en vigueur pour compter du 1er janvier 2015.

Toutefois, il est prévu un moratoire de deux (02) ans, échéant le 31 décembre 2016, pour procéder à l'application intégrale des dispositions portant sur :

- les avis sur la qualité des procédures comptables et des comptes publics prévus à l'article 122 du présent décret ;
- l'application intégrale des règles et procédures découlant du principe de la constatation des droits et obligations régissant la comptabilité générale telle que définie ci-dessus aux articles 105 à 109 ;
- la déconcentration de la fonction d'ordonnateur principal prévue aux articles 9 et suivants ;
- le délai accordé jusqu'en 2019 pour la mise en œuvre de la procédure de certification des comptes par la juridiction financière telle que prévue par l'article 122.

Pendant la période du moratoire, les dispositions du décret n° 2001-039 du 15 février 2001 portant règlement général sur la comptabilité publique restent applicables.

Article 124 : Sous réserve des dispositions spécifiques prévues à l'article 128, le présent décret abroge toutes dispositions antérieures contraires.

Article 125 : Le présent décret sera publié au Journal Officiel de la République du Bénin.

Fait à Cotonou, le 07 octobre 2014
Par le Président de la République,
Chef de l'Etat, Chef du Gouvernement,
Dr Boni Y AYI

Le Ministre d'Etat chargé de l'Enseignement
Supérieur et de la Recherche Scientifique,
François Adebayo ABIOLA

Le Ministre de l'Economie, des Finances
et des Programmes de Dénationalisation,
Komi KOUTCHE

Le Ministre du Travail, de la Fonction Publique,
de la Réforme dministrative et Institutionnelle,
Aboubacar YAYA

BURKINA FASO : RÉGLMENT GÉNÉRAL SUR LA COMPTABILITÉ PUBLIQUE

BURKINA FASO

Unité - Progrès - Justice

DECRET N°2016-598 /PRES/PM/MINEFID

Portant règlement général sur la comptabilité publique.

LE PRESIDENT DU FASO, PRESIDENT DU CONSEIL DES MINISTRES,

Vu la Constitution ;

Vu le décret n°2016-001/PRES du 06 janvier 2016 portant nomination du Premier Ministre ;

Vu le décret n°2016-003/PRES/PM du 12 janvier 2016 portant composition du Gouvernement ;

Vu la loi n°39-2013/AN du 23 avril 2013 portant code de transparence dans la gestion des finances publiques au Burkina Faso ;

Vu la loi organique n°073-2015/CNT du 06 novembre 2015 relative aux lois de finances ;

Vu le décret n°2016-006/PRES/PM/SGG-CM du 08 février 2016 portant attributions des membres du Gouvernement ;

Vu le Décret n°2016-38i/PRES/PM/MINEFID du 20 mai 2016 portant organisation du Ministère de l'Economie, des Finances et du Développement ;

Sur rapport du ministre de l'Economie, des Finances et du Développement ;

Le Conseil des Ministres, entendu en sa séance du 1er juin 2016 ;

DECRETE

TITRE I : DES DISPOSITIONS GENERALES

Article 1 : Le présent décret fixe les règles fondamentales régissant l'exécution des budgets publics, la comptabilité, la gestion des deniers, valeurs et biens appartenant ou confiés à l'Etat et le contrôle des opérations financières. Les collectivités territoriales et les établissements publics sont régis par des textes particuliers qui s'inspirent des principes définis dans le présent décret.

Ces personnes morales sont désignées dans le présent décret sous le terme « organismes publics »

Article 2 : Les deniers appartenant ou confiés à l'Etat et aux autres organismes publics sont des deniers publics soumis aux dispositions du présent décret.

Article 3 : Les biens mobiliers et immobiliers, les valeurs, titres et matières qui constituent le patrimoine de l'Etat et des autres organismes publics sont acquis, affectés, conservés et cédés dans les conditions fixées par le présent décret et les règles particulières concernant la passation et l'exécution des marchés, la comptabilité des deniers, des valeurs et celle des matières.

La réglementation propre aux biens de l'Etat est applicable aux biens des autres organismes publics, sauf dispositions spéciales dérogatoires les concernant.

Article 4 : Les ressources et les charges de l'Etat sont autorisées par une loi de finances qui est exécutée conformément aux lois, règlements et instructions en vigueur.

Aucune recette ne peut être liquidée ou encaissée, aucune dépense publique ne peut être engagée ou payée si elle n'a été au préalable autorisée par une loi de finances.

De même, les emprunts à moyen et long termes, les cessions d'actifs et les prêts et avances font l'objet d'autorisation par une loi de finances. En cours d'année, des opérations modificatives de la loi de finances peuvent intervenir pour changer la répartition initiale sous la forme d'ouverture de crédits par décret d'avances, de transferts de crédits, de virements de crédits, de fonds de concours, de reports de crédits et de rétablissements de crédits dans les conditions fixées par la loi relative aux lois de finances.

Article 5 : La Direction chargée de la comptabilité publique veille à l'élaboration et à la mise en œuvre des normes en matière de comptabilité publique. Les fonctions de Directeur chargé de la comptabilité publique sont incompatibles avec celles de comptable public.

TITRE II : DES ORDONNATEURS ET DES COMPTABLES

CHAPITRE 1 : DES DISPOSITIONS COMMUNES

Article 6 : Les opérations relatives à l'exécution de la loi de finances et à la gestion des biens de l'Etat font intervenir deux catégories d'agents : les ordonnateurs et les comptables.

Article 7 : Les fonctions d'ordonnateur et de comptable sont incompatibles.

Toutefois, sur habilitation du Ministre chargé des finances, certains comptables publics peuvent assumer outre leurs fonctions propres, la liquidation de certaines recettes ou de certaines dépenses assignées à leurs caisses.

Les conjoints, ascendants, descendants au premier degré des ordonnateurs ne peuvent être comptables des organismes publics auprès desquels lesdits ordonnateurs exercent leurs fonctions.

Dans les conditions prévues par les dispositions législatives et réglementaires particulières, l'exercice de certaines activités est interdit aux ordonnateurs et aux comptables publics.

Article 8 : Il est interdit à toute personne non pourvue d'un titre légal d'exercer des fonctions d'ordonnateur, de contrôleur financier ou de comptable public, sous peine de poursuites prévues par la loi.

Le titre légal résulte de la nomination et de l'accréditation d'un ordonnateur, d'un contrôleur financier ou d'un comptable public conformément aux lois et règlements.

Article 9 : L'accréditation est l'obligation qui est faite à un agent intervenant dans les opérations financières de l 'Etat de notifier à d'autres agents désignés par les lois et règlements, son acte de nomination et son spécimen de signature.

L'accréditation s'effectue par diligence de l'agent lui-même dès son installation et sous sa responsabilité.

CHAPITRE 2 : DES ORDONNATEURS

Article 10 : Est ordonnateur toute personne ayant qualité au nom de l'Etat de prescrire l'exécution des recettes et/ou des dépenses inscrites au budget.

Les ministres et les présidents des institutions constitutionnelles sont ordonnateurs principaux des crédits, des programmes et des budgets annexes de leur ministère ou de leur institution, sous réserve du pouvoir de régulation des crédits budgétaires et de gestion de la trésorerie de l'Etat du ministre chargé des finances et du pouvoir du contrôleur financier définis dans la loi relative aux lois de finances.

Les ministres et les présidents des institutions constitutionnelles exercent leurs attributions d'ordonnateur par le moyen d'ordonnateurs délégués au niveau des administrations centrales et d'ordonnateurs secondaires au niveau des services déconcentrés de l'Etat.

Les ordonnateurs peuvent déléguer tout ou partie des crédits dont ils ont la charge à des agents publics dans les conditions fixées par la règlementation en vigueur.

Les ordonnateurs peuvent également être suppléés en cas d'absence ou d'empêchement.

Article 11 : Le ministre chargé des finances est ordonnateur principal unique des recettes du budget général, des comptes spéciaux du Trésor et de l'ensemble des opérations de trésorerie. Il prescrit l'exécution des recettes, constate les droits de l'Etat, liquide et émet les titres de créances correspondants.

Le ministre chargé des finances est ordonnateur principal des crédits, des programmes et des budgets annexes de son ministère.

Article 12 : Le ministre chargé des finances est responsable de l'exécution de la loi de finances et du respect de l'équilibre budgétaire et financier défini par celle-ci. A ce titre, il dispose d'un pouvoir de régulation budgétaire qui lui permet, au cours de l'exécution du budget :

- d'annuler un crédit devenu sans objet au cours de l'exercice ;

- d'annuler un crédit pour prévenir une détérioration de l'équilibre budgétaire et financier de la loi de finances.

En outre, le ministre chargé des finances peut subordonner l'utilisation des crédits par les ordonnateurs aux disponibilités de trésorerie de l'Etat.

Article 13 : Les ordonnateurs prescrivent l'exécution des dépenses. A cet effet, ils procèdent aux engagements ; liquidations et ordonnancements des dépenses sous réserve des dispositions particulières prévues par la réglementation en vigueur.

Les ordonnateurs émettent les ordres de mouvement affectant les biens et matières de l'Etat.

Article 14 : Les ordonnateurs peuvent déléguer leurs compétences d'ordonnateur.

Un texte règlementaire précise davantage les dispositions du présent article.

Article 15 : Les ordonnateurs sont accrédités auprès des comptables publics assignataires des opérations dont ils prescrivent l'exécution, conformément aux dispositions de l'article 9 du présent décret.

Article 16 : Les ordonnateurs sont personnellement et pécuniairement responsables des contrôles qui leur incombent dans l'exercice de leurs fonctions. Ils encourent une responsabilité qui peut être disciplinaire, pénale ou civile, sans préjudice des sanctions qui peuvent leur être infligées par la Cour des comptes à raison des fautes de gestion.

Dans les conditions définies par la loi relative aux lois de finances, les membres du gouvernement et les présidents des institutions constitutionnelles encourent, à raison de l'exercice de leurs attributions, les responsabilités que prévoit la constitution.

Article 17 : Les actes d'engagement, de liquidation et d'ordonnancement des ordonnateurs sont retracés dans la comptabilité budgétaire permettant de suivre le déroulement des opérations budgétaires et d'effectuer le rapprochement avec les écritures des comptables publics.

CHAPITRE 3 : DES COMPTABLES PUBLICS

Section 1 : De la définition et des catégories de comptables publics

Article 18 : Est comptable public tout agent public régulièrement habilité pour effectuer, à titre exclusif, au nom de l'Etat ou d'un autre organisme public, des opérations de recettes, de dépenses, de maniement de titres ou de gestion des matières, soit au moyen de fonds et valeurs dont il a la garde, soit par virement interne d'écritures, soit par l'intermédiaire d'autres comptables, soit pour assurer la garde et la conservation des biens et matières.

Les modalités de nomination des comptables publics sont définies par le décret portant régime juridique applicable aux comptables publics.

Article 19 : Est comptable de fait, toute personne qui, sans avoir la qualité de comptable public ou sans agir sous le contrôle et pour le compte d'un comptable public, s'immisce dans la gestion de deniers ou matières publics.

Article 20 : Les différentes catégories de comptables publics sont :

- les comptables en deniers et en valeurs ;
- les comptables matières ;
- les comptables d'ordre.

Les comptables en deniers et en valeurs sont des personnes habilitées, affectées au maniement et à la conservation des fonds publics, des valeurs qui sont des valeurs de portefeuille, bons, traites, obligations, rentes et actions de société.

Les comptables en deniers et en valeurs sont :

- les comptables directs du Trésor ;
- les comptables des administrations financières ;
- les comptables spéciaux du Trésor ;
- les comptables principaux des établissements publics.

Les comptables des matières sont des personnes habilitées à assurer la tenue de la comptabilité et la gestion des matières. A ce titre, ils prennent en charge les ordres de mouvements émanant des ordonnateurs des matières et assurent la garde et la conservation des matières.

Les comptables d'ordre sont ceux qui centralisent et présentent dans leurs écritures et leurs comptes les opérations financières exécutées par d'autres comptables. Toutefois, les fonctions de comptable d'ordre ne sont pas incompatibles avec celles de comptable deniers et valeurs.

Les comptables publics sont responsables personnellement et pécuniairement de la garde et de la conservation des existants, ainsi que de la régularité de leurs écritures comptables.

Article 21 : Les comptables publics sont principaux ou secondaires.

Le comptable principal rend ses comptes à la Cour des comptes.

Le comptable secondaire est celui dont les opérations sont centralisées par un comptable principal auquel il rend compte.

Le comptable public assure la conservation des pièces justificatives des opérations et documents de comptabilité ainsi que la tenue de la comptabilité du poste qu'il dirige.

Le délai de conservation des pièces justificatives dans le poste comptable est de cinq ans à partir de la transmission du compte de gestion au juge des comptes.

Article 22 : Le comptable assignataire est celui qui a compétence pour suivre, en raison de ses attributions fonctionnelles ou territoriales, une opération déterminée et la décrire dans ses écritures.

Article 23 : Sont comptables centralisateurs, les comptables publics qui reçoivent des opérations effectuées par des comptables secondaires en vue, soit de leur consolidation dans leurs écritures après ou sans apurement, soit de leur consolidation et transfert après apurement à d'autres comptables assignataires.

Article 24 : Le comptable public en deniers et en valeurs visé à l'article 20 du présent décret est seul habilité à effectuer les opérations ci-après décrites :

- la prise en charge et le recouvrement des titres de perception qui leur sont remis par les ordonnateurs, des créances constatées par un contrat, un titre de propriété ou tout autre titre ou acte dont il assure la conservation ainsi que l'encaissement des droits au comptant et des recettes de toute nature que les organismes publics sont habilités à recevoir ;
- le visa, la prise en charge et le règlement des dépenses, soit sur ordre émanant d'un ordonnateur accrédité, soit au vu des titres présentés par les créanciers, soit de sa propre initiative, ainsi que la suite à donner aux oppositions et autres significations ;
- la garde et la conservation des fonds, valeurs, et titres appartenant ou confiés à l'Etat ou aux autres organismes publics ;
- le maniement des fonds et les mouvements des comptes de disponibilités.

En outre, il peut assurer la garde et la conservation des matières appartenant ou confiées à l'Etat ou aux autres organismes publics.

Article 25 : Sous l'autorité du ministre chargé des finances, les comptables directs du Trésor, les comptables des administrations financières, principaux ou secondaires, exécutent toutes opérations budgétaires, financières et de trésorerie de l'Etat, des budgets annexes et des comptes spéciaux du Trésor.

Article 26 : Les comptables directs du Trésor, principaux ou secondaires, exécutent sous l'autorité administrative du directeur chargé de la comptabilité publique par délégation du ministre chargé des finances, toutes opérations budgétaires, financières, et de trésorerie de l'Etat, des budgets annexes, des comptes spéciaux du Trésor et des collectivités territoriales.

Les comptables directs du Trésor sont organisés en réseau de postes comptables.

Article 27 : Les comptables des administrations financières des Impôts et des Douanes sont des fonctionnaires ou agents ayant qualité de comptables deniers et valeurs. Ils sont chargés en particulier du recouvrement d'impôts, de droits, de redevances et de recettes diverses, ainsi que des pénalités et amendes fiscales et des frais de poursuites dans les conditions fixées par la règlementation fiscale, domaniale, foncière, cadastrale et le Code des douanes ainsi que les lois et règlements en vigueur.

Les comptables des administrations financières sont organisés en réseaux de postes comptables comprenant des comptables principaux et secondaires, distincts du réseau du Trésor dans les conditions fixées par la réglementation en vigueur.

Les opérations des comptables des administrations financières sont centralisées dans les écritures du Trésor.

Article 28 : Les comptables spéciaux du Trésor sont des comptables secondaires.

Ils comprennent :

- le receveur des créances diverses ;
- les régisseurs de recettes et les régisseurs d'avances ;
- les officiers comptables.

Le receveur des créances diverses est chargé du recouvrement des créances contentieuses.

Les régisseurs de recettes et les régisseurs d'avances sont habilités à exécuter, sous le contrôle d'un autre comptable public, des catégories d'opérations particulières de recettes et de dépenses.

Ils sont personnellement et pécuniairement responsables de leurs opérations. Le comptable public de rattachement a l'obligation de contrôler sur pièces et sur place les opérations et la comptabilité des régisseurs. Il est personnellement et pécuniairement responsable des opérations des régisseurs dans la limite des contrôles qui lui incombent. Les modalités de création, de fonctionnement des régies de recettes et des régies d'avances, ainsi que les conditions de nomination des régisseurs sont fixées par la règlementation en vigueur.

Les officiers comptables sont chargés d'exécuter les opérations de recettes et de dépenses des corps de troupes, unités, organes militaires ou établissements administrés comme tels, dotés d'un fonds d'avances constitué, utilisé et apuré dans des conditions fixées par décret en Conseil des ministres sur rapport du ministre chargé des finances.

Article 29 : A titre exceptionnel, des personnes peuvent être désignées gestionnaires d'avances pour des opérations ponctuelles. A ce titre, ils reçoivent des avances subventionnées par le budget de l'Etat dont le montant est fixé par le ministre chargé des finances sur proposition du ministre dont ils dépendent. Ils produisent les justifications de l'emploi de ces avances dans les conditions fixées par les instructions ministérielles.

Article 30 : Les comptables nommés auprès des établissements publics, exécutent toutes les opérations de recettes et de dépenses budgétaires ainsi que toutes les opérations de trésorerie des organismes auprès desquels ils sont accrédités. Ils ont la qualité de comptable principal.

Des comptables secondaires peuvent être désignés selon les modalités prévues par la réglementation en vigueur.

Section 2 : Des obligations des comptables publics

Article 31 : A l' occasion de l'exercice de leur fonction, les comptables publics sont tenus de prêter serment et de constituer des garanties. A cet effet, l'administration dispose de trois mois à compter de la date d'installation des comptables pour mettre en œuvre les diligences requises. La formule de serment est définie par le régime juridique applicable aux comptables publics.

Article 32 : Les comptables publics sont accrédités auprès des ordonnateurs ainsi que, le cas échéant, des autres comptables publics avec lesquels ils sont en relation.

Article 33 : Les comptables publics peuvent déléguer leurs pouvoirs à un ou plusieurs mandataires ayant qualité pour agir en leur nom et sous leur responsabilité dans les conditions définies par le régime juridique applicable aux comptables publics.

Article 34 : Les seuls contrôles que les comptables publics sont tenus d'exercer sont les suivants :

En matière de recettes, ils assurent :

- dans les conditions prévues pour l'Etat et chaque catégorie d'organismes publics par les lois et règlements, le contrôle de l'autorisation de percevoir les recettes ;
- dans la limite des éléments dont ils disposent, le contrôle de la régularité des titres de recettes ainsi que des réductions et des annulations.

En matière de dépenses, ils effectuent le contrôle :

- de l'existence des pièces à l'étape paiement ;
- de la qualité de l'ordonnateur et de l'assignation de la dépense ;
- de l'existence d'éventuelles oppositions ;
- du caractère libératoire du règlement ;
- de la prescription et de la déchéance sur les titres de règlement non acquittés.

En matière de patrimoine, ils contrôlent :

- la prise en charge à l'inventaire des actifs financiers et non financiers acquis ;
- la conservation des droits, privilèges et hypothèques des immobilisations incorporelles et corporelles.

Article 35 : Les comptables publics procèdent à l'arrêté périodique de leurs écritures dans les conditions fixées par la réglementation en vigueur.

Au 31 décembre de chaque année, ils procèdent obligatoirement à l'arrêté de toutes les caisses publiques. A cette date, il est établi un procès-verbal constatant et détaillant l'état de l'encaisse et des valeurs ainsi que celui des comptes de dépôts justifié par un état de rapprochement.

Un arrêté du ministre chargé des finances fixe les modalités relatives à l'organisation, au déroulement, au délai de dépôt, d'exploitation et de publication des rapports de ces opérations de contrôle.

Article 36 : Les comptes de gestion des comptables publics sont transmis à la Cour des comptes au plus tard le 30 juin de l'exercice suivant celui au titre duquel ils sont établis.

En cas de retard imputable au comptable public, des amendes lui sont infligées par la Cour des comptes.

En cas de défaillance d'un comptable public, un commis d'office peut être désigné par le ministre chargé des finances pour produire les comptes de gestion dans les conditions fixées par la règlementation en vigueur.

Section 3 : De la responsabilité des comptables publics

Article 37 : La responsabilité personnelle et pécuniaire des comptables publics se trouve engagée dans les situations suivantes :

- un déficit de caisse ou un manquant en deniers ou en valeurs a été constaté ;
- une recette n'a pas été recouvrée ;
- une dépense a été irrégulièrement payée, en manquement aux obligations de contrôles énumérés à l'article 34 du présent décret ;
- par la faute du comptable public, l'organisme public a dû procéder à l'indemnisation d'un autre organisme public ou d'un tiers.

Le comptable public dont la responsabilité est engagée a l'obligation de verser, de ses deniers personnels, une somme égale soit au montant du déficit ou manquant constaté, soit de la perte de recette subie, soit de la dépense payée à tort ou de l'indemnité mise de son fait à la charge de l'Etat ou de tout autre organisme public.

Les comptables publics ne sont ni personnellement ni pécuniairement responsables des erreurs commises dans l'assiette et la liquidation des produits qu'ils sont chargés de recouvrer.

Les gestions irrégulières entraînent, pour leurs auteurs déclarés comptables de fait par la Cour des comptes, les mêmes obligations et responsabilités que les gestions patentes pour les comptables publics selon les modalités procédurales décrites par la loi portant organisation, fonctionnement et attributions de la Cour des comptes et procédures applicables devant elle.

Les conditions dans lesquelles la responsabilité des comptables matières est engagée ainsi que les modalités de mise en œuvre de cette responsabilité sont précisées dans les textes régissant la comptabilité des matières.

Article 38 : Les comptables publics ne sont pas tenus de déférer aux ordres irréguliers qui engagent leur responsabilité personnelle et pécuniaire, sauf réquisition émanant de l'ordonnateur principal dans les conditions définies à l'article 101 du présent décret. Dans ce cas, la responsabilité de ce dernier se substitue à celle du comptable.

Article 39 : La responsabilité pécuniaire d'un comptable public est mise en jeu par un acte ou arrêté de débet de nature soit administrative, soit juridictionnelle. Le débet administratif résulte d'un arrêté du ministre chargé des finances. Le débet juridictionnel résulte d'un arrêt de la Cour des comptes.

Les arrêtés de débet produisent les mêmes effets et sont soumis aux mêmes règles d'exécution que les décisions juridictionnelles. Ils sont susceptibles de recours.

Le comptable de fait peut être condamné par la Cour des comptes à une amende, en raison de son immixtion dans les fonctions de comptable public. Cette amende est calculée suivant l'importance et la durée de la détention ou du maniement des deniers. Son montant ne pourra dépasser le total des sommes indûment détenues ou maniées.

Article 40 : Les comptables publics peuvent obtenir une décharge de responsabilité ou la remise gracieuse des sommes laissées à leur charge dans les conditions prévues par le régime juridique applicable aux comptables publics.

Les comptables publics peuvent bénéficier d'un sursis de versement pendant l'examen de leur demande de décharge de responsabilité ou de remise gracieuse.

En cas de décharge de responsabilité ou de remise gracieuse, les débets restent à la charge du budget de l'Etat ou de l'organisme public concerné.

Section 3 : De la cessation de la fonction du comptable public et de la libération des garanties

Article 41 : La cessation de fonction d'un comptable public donne lieu à l'établissement d'un procès-verbal de remise de service.

Hormis les cas de décès ou d'absence irrégulière, aucun comptable public ne peut cesser ses fonctions sans qu'il n'ait été établi un procès-verbal contradictoire de remise de service.

En tout état de cause, la date de cessation de fonctions est la date effective de la remise de service.

Article 42 : Sur délégation du ministre chargé des finances, le responsable du réseau comptable concerné désigne un comptable intérimaire pour assurer la gestion du poste jusqu'à l'installation du nouveau titulaire.

Le comptable intérimaire a, sous réserve de restrictions expresses, les mêmes pouvoirs que le titulaire.

Le comptable intérimaire qui encourt les mêmes responsabilités personnelles et pécuniaires que le comptable titulaire, n'est astreint ni à la prestation de serment ni à la constitution de garantie.

Un procès-verbal de remise de service doit être établi aussi bien à l'entrée qu'à la sortie de fonctions du comptable intérimaire

La durée de l'intérim ne peut être supérieure à trois mois, renouvelable une fois sur décision du responsable du réseau comptable concerné.

Article 43 : La libération des garanties ne peut être obtenue qu'après cessation définitive de fonction. Elle s'opère dans les conditions prévues par le régime juridique applicable aux comptables publics.

TITRE III : DE L'ELABORATION DU BUDGET

Article 44 : Le 15 janvier au plus tard de l'année précédant celle donnant son nom au budget, une circulaire signée par le Président du Faso précise le calendrier des concertations et des activités liées à la préparation du projet de loi de finances jusqu'à sa transmission au parlement.

Article 45 : Le 1er mai au plus tard de l'année précédant celle donnant son nom au budget, une circulaire signée par le Président du Faso est adressée à chaque Président d'Institution constitutionnelle ou ministre. Elle précise les conditions dans lesquelles doivent être présentées les propositions budgétaires pour l'année à venir.

Elle a notamment pour objet de :

- fixer les normes et méthodes suivant lesquelles seront présentées les demandes concernant les dépenses ordinaires et les dépenses en capital ;
- définir les documents justificatifs à fournir. Elle invite en outre, chaque Président d'Institution constitutionnelle et ministre à établir, à l'appui de ses propositions, une note synthétique faisant ressortir à la fois :
    - l'état de réalisation du budget précédent et du budget en cours ainsi que les difficultés rencontrées ;
    - l'orientation future envisagée dans le cadre de la politique sectorielle de l'Institution constitutionnelle ou du département ministériel intéressé et, par voie de conséquence, les activités auxquelles il est prévu de donner un caractère prioritaire et celles dont la réduction est envisagée ;
    - les incidences, évaluées de façon aussi précise que possible que les augmentations proposées de dépenses en capital auront sur le budget de fonctionnement ;
    - la prise en compte des indications et recommandations du document de programmation pluriannuelle des dépenses.

Article 46 : Chaque Président d'Institution constitutionnelle ou ministre communique immédiatement la circulaire présidentielle avec ses propres instructions, s'il y a lieu, à ses différents services. Leurs réponses sont centralisées, vérifiées et coordonnées par le bureau chargé de la préparation du budget dans chaque Institution ou département ministériel.

Sur la base de ces travaux, chaque Président d 'Institution constitutionnelle ou ministre arrête les propositions de son Institution ou de son département.

Article 47 : Les propositions des Présidents d'institutions constitutionnelles ou des ministres respectifs accompagnées des observations du contrôle financier, sont adressées au ministre chargé des finances au plus tard à la fin de la première décade du mois de juin de l'année précédant celle donnant son nom au budget.

Article 48 : La vérification et la remise au point des propositions budgétaires des Présidents d'Institutions constitutionnelles ou ministres sont réglées par discussions au sein d'une commission budgétaire en présence des Présidents d'institutions constitutionnelles et des ministres concernés ou de leurs représentants.

Article 49 : Le ministre chargé des finances évalue, sur la base des rendements des années précédentes et de tous les éléments dont il dispose, le produit des impôts ainsi que les autres ressources ordinaires de l'Etat.

TITRE IV : DES OPERATIONS D'EXECUTION DU BUDGET

CHAPITRE 1 : DES OPÉRATIONS DE RECETTES

Section 1 : Des dispositions communes

Article 50 : Les recettes de l'Etat comprennent les produits d'impôts, de taxes, de droits, les dons et les autres produits autorisés par les lois et règlements en vigueur ou résultant de décisions de justice ou de conventions.

Article 51 : Seules les recettes définies à l'article 50 du présent décret peuvent être perçues.

Sauf autorisation du conseil des ministres, il est interdit d'accorder des exonérations en franchise des recettes définies à l'article sus-cité ou d'effectuer gratuitement la délivrance de produits ou services payants de l'Etat.

Article 52 : Il est fait recette au budget de l'Etat et des autres organismes publics du montant intégral de tous les produits, quelle qu'en soit la provenance, et sans contraction entre les recettes et les dépenses, les frais de perception et de régie et les autres frais accessoires étant portés en dépenses auxdits budgets.

Toutefois. peuvent faire l'objet de répartition entre le budget de l'Etat, des organismes publics et des autres parties agréées, tous produits d'amende, de pénalité, de confiscation et autres frais accessoires.

Un décret pris en Conseil des ministres sur proposition du ministre chargé des finances fixe les modalités de cette répartition.

Section 4 : De la constatation, de la liquidation et de l'ordonnancement des recettes

Article 53 : Dans les conditions prévues pour chacune d'elles, les recettes sont constatées, liquidées et ordonnancées avant d'être prises en charge et recouvrées.

La constatation a pour objet d'identifier et d'évaluer la matière imposable.

La liquidation a pour objet de déterminer le montant de la créance sur les redevables et d'indiquer les bases sur lesquelles elle est effectuée.

Toute créance constatée et liquidée fait l'objet d'un titre de perception ou d'un ordre de recette émis par l'ordonnateur du budget concerné qui en a seul l'initiative.

En matière d'impôts, de droits et taxes assimilées, les avis d'imposition, les états et bulletins de liquidation forment titres de perception.

Les redevances pour services rendus et les autres produits divers et éventuels de l'Etat sont perçus sur ordres de recettes formant titres de perception des créances constatées par états de liquidation ou décisions administratives.

Pour les recettes encaissées au comptant, par anticipation ou par versements spontanés, un titre de régularisation est établi périodiquement par l'ordonnateur du budget.

Toute erreur de liquidation donne lieu, soit à l'émission d'un ordre d'annulation ou de réduction de recette, soit à l'émission d'un ordre de recette complémentaire.

Article 54 : Toutes contributions directes ou indirectes autres que celles qui sont légalement instituées, à quelque titre et sous quelque dénomination qu'elles se perçoivent, sont formellement interdites sous peine, pour les agents qui confectionneraient des titres de perception et fixeraient des tarifs et ceux qui en feraient le recouvrement, d'être poursuivis comme concussionnaires, sans préjudice de l'action en répétition pendant trois années contre tous comptables ou individus qui en auraient fait la perception.

Article 55 : Sont passibles des peines prévues par la réglementation en vigueur, tous détenteurs de l'autorité publique qui, sous une forme quelconque et pour quelque motif que ce soit, auront sans autorisation législative ou règlementaire accordé des exonérations en franchises de droit, d'impôt ou de taxe publique ou auront effectué gratuitement la délivrance de produits ou services payants de l'Etat ou des autres organismes publics.

Article 56 : Les amendes pénales, civiles et administratives, les confiscations, réparations, restitutions, dommages et intérêts, frais ayant le caractère de réparation et intérêts moratoires ainsi que les frais de justice sont liquidés sur la base des textes légaux régissant chaque catégorie et des décisions judiciaires ou administratives qui les ont prononcés. Sont assimilés aux condamnations pécuniaires, les droits de timbre et d'enregistrement correspondants.

Article 57 : Le titre de perception est constitué suivant le cas, par l'extrait de jugement ou la décision administrative qui est transmise au comptable concerné.

Le recouvrement des condamnations pécuniaires est poursuivi contre les débiteurs solidaires, les personnes civilement responsables et leurs ayants causes par voie de commandement, saisie et vente ou par voie de contrainte par corps.

Section 3 : Des recouvrements et des restes à recouvrer

Article 58 : Les redevables de l'Etat et des autres organismes publics s'acquittent de leurs dettes par versement d'espèces, par remise de chèques ou d'effets bancaires ou postaux ou par versement ou virement dans l'un des comptes de disponibilité ouverts au nom des comptables publics.

Toutefois, dans les cas prévus par la loi, les redevables peuvent s'acquitter par remise de valeurs ou par l'exécution de prestations en nature.

Ils peuvent également dans les conditions prévues par les textes régissant l'Etat, les autres organismes publics ou la catégorie de recette en cause, s'acquitter par remise d'effets de commerce ou d'obligations cautionnées dont le recouvrement ou la mobilisation incombe au comptable public.

Article 59 : Tout versement en numéraires ou par chèque bancaire ou postal donne lieu à la délivrance d'une quittance dont le numéro et la date sont mentionnés sur la pièce justificative de la recette.

Pour les autres modes de paiement, des quittances d'ordre sont délivrées, après exécution du règlement, aux parties qui les réclament expressément. Il n'est pas délivré de quittance lorsque le redevable reçoit en échange de son versement des timbres, formules ou tickets comportant une valeur faciale.

Article 60 : Le débiteur de l'Etat est libéré s'il présente une quittance régulière, s'il invoque le bénéfice d'une prescription effective ou s'il établit la réalité de l'encaissement par un comptable public des effets bancaires ou postaux émis au profit du Trésor public.

Article 61 : Les règles propres à l'Etat et le cas échéant, à chaque catégorie de créances, fixent les conditions dans lesquelles le recouvrement d'une créance peut être suspendu ou abandonné ou dans lesquelles, une remise de dette, une transaction ou une adhésion à un concordat peut intervenir.

Article 62 : Le montant des amendes et pénalités infligées par l'administration à un fournisseur ou à un entrepreneur de travaux peut être recouvré soit par voie de précomptes sur les paiements faits à l'intéressé, soit par versement direct à la caisse du comptable.

Toute opposition au recouvrement doit être formée entre les mains du comptable compétent dans le délai d'un mois à compter de la date de dépôt du titre de perception.

En cas d'opposition, le comptable transmet le dossier à l'Agent Judiciaire du Trésor.

Article 63 : Le recouvrement des amendes judiciaires dues par les détenus peut être effectué, soit par voie de contrainte par corps ou de recommandation sur écrou, soit par prestations de travaux.

Les condamnations pécuniaires qui n'ont pu être recouvrées sont admises en non-valeurs sous le contrôle de la Cour des comptes.

Les amendes forfaitaires pour contravention de police sont perçues directement par les agents verbalisateurs.

Article 64 : Les transactions en matière de délits à la réglementation des eaux, de la faune et de la flore sont effectuées conformément aux textes en vigueur.

Article 65 : Certaines créances peuvent faire l'objet d'ordres de recette ou de reversement émis par l'ordonnateur. Ceux-ci sont exécutoires de plein droit.

Les ordres de recettes ou de reversement sont transmis pour recouvrement au comptable direct du Trésor du lieu de résidence du débiteur. Celui-ci en est informé par l'ordonnateur par avis indiquant le montant et l'origine de la dette à payer.

Article 66 : Si le débiteur est un fournisseur, le montant de l'ordre de recette ou de reversement peut être recouvré par voie de précomptes sur les paiements faits à l'intéressé. Celui-ci conserve la faculté de se libérer par un versement direct à la caisse du comptable. Toute opposition au recouvrement doit être formée entre les mains du comptable compétent dans le délai d'un mois à compter de la date de dépôt de l'ordre de recette ou de reversement.

En cas d'opposition, le comptable transmet le dossier à l'Agent Judiciaire du Trésor.

Article 67 : Si le débiteur est un agent public, le montant de l'ordre de recette ou de reversement est repris par voie de précompte sur le traitement ou le salaire de l'intéressé dans la limite de la portion saisissable fixée par la réglementation en vigueur.

Article 68 : Si le débiteur n'a pas à recevoir de paiement des caisses du Trésor, le comptable adresse au débiteur un avis à s'acquitter des sommes dues.

Les poursuites sont exercées comme en matière d'impôts directs.

Article 69 : Des remises totales ou partielles peuvent être accordées à titre gracieux aux redevables par le ministre chargé des finances. Les demandes ne peuvent être prises en considération qu'à partir du moment où le redevable a versé la première fraction des sommes faisant l'objet de 1' ordre de· recette ou de reversement.

Article 70 : L'ordonnateur est autorisé à ne pas émettre les ordres de recette correspondant aux créances dont le montant initial est inférieur à mille francs sauf si la créance a été préalablement encaissée.

Les créances pour lesquelles l'ordonnateur n'a pas émis d'ordres de recettes sont considérées comme acquises aux débiteurs.

Article 71 : Les règles d'exigibilité des créances de l'Etat sont fixées par les législations fiscales et douanières et, concernant les recettes non fiscales, par les textes les ayant instituées.

Article 72 : Les actes formant titres de perception sont notifiés aux comptables pour prise en charge selon des modalités déterminées par des textes particuliers. Ils sont notifiés aux redevables par avis les informant de la date d'échéance et des modalités de règlement.

Article 73 : La procédure habituelle en matière de recouvrement est amiable. Sauf exception tenant soit à la nature ou au caractère contentieux de la créance, soit à la nécessité de prendre sans délai des mesures conservatoires, le recouvrement forcé est précédé d'une tentative de recouvrement amiable.

Article 74 : Le recouvrement forcé des créances est poursuivi par les voies et moyens de droit en vertu d'un titre ayant force exécutoire.

Les ordres de recette, les avis d'imposition, les états et bulletins de liquidation d'impôts et taxes assimilées, les décisions de justice et les arrêtés de débets pris par les autorités compétentes forment titres de perceptions exécutoires.

Article 75 : Le recouvrement des états exécutoires est poursuivi jusqu'à opposition du débiteur devant la juridiction compétente.

Les réclamations et contestations de toutes natures relatives à l'assiette et à la liquidation des droits n'ont pas d'effet suspensif sur les poursuites si elles ne sont pas assorties de garanties acceptées par le Trésor.

Article 76 : Les comptables publics sont responsables du recouvrement de la totalité des droits liquidés et ordonnancés par les ordonnateurs et pris en charge par leurs soins.

Ils doivent justifier de l'apurement de ces prises en charge dans les formes et délais prévus par la réglementation en vigueur.

L'apurement résulte soit de recouvrements effectifs, soit de réduction ou d'annulation de droits préalablement liquidés et ordonnancés, soit d'admission en non-valeur.

Article 77 : Les responsabilités des comptables publics en matière de recouvrement sont engagées et mises en jeu dans les conditions fixées aux articles 37 à 39 du présent décret.

Section 5 : De la compensation et de la prescription de la recette publique

Article 78 : Les redevables de l'Etat et des autres organismes publics ne peuvent opposer la compensation légale dans le cas où ils se trouvent dans le même temps créanciers de l'Etat ou des autres organismes publics.

Dans la même situation, préalablement à tout paiement, le comptable public doit opérer la compensation légale entre les dettes et les créances assignées sur sa caisse.

Article 79 : Les règles de prescription des recettes de l'Etat et des autres organismes publics sont régies par les textes législatifs et règlementaires.

CHAPITRE 2 : DES OPÉRATIONS DE DÉPENSES

Section 1 : Des dispositions communes

Article 80 : Les dépenses de l'Etat et des .autres organismes publics doivent être inscrites au budget et être conformes aux lois et règlements.

Article 81 : Avant d'être payées, les dépenses sont engagées, liquidées et ordonnancées.

Toutefois, certaines catégories de dépenses limitativement énumérées peuvent, dans des conditions prévues par les textes en vigueur, faire l'objet d'un ordonnancement de régularisation après paiement.

Un arrêté du ministre chargé des finances fixe les catégories de dépenses auxquelles s'applique cette procédure.

Périodiquement, le comptable adresse à l'ordonnateur l'état détaillé et récapitulatif des opérations effectuées au titre du présent article.

Section 2 : De la phase administrative de la dépense publique

Article 82 : L'engagement juridique de la dépense publique est l'acte par lequel l'Etat crée ou constate à son encontre une obligation de laquelle résultera une charge.

L'engagement comptable de la dépense publique consiste à affecter des crédits au paiement de la dépense.

Le montant total des engagements doit rester dans la limite des autorisations budgétaires et demeurer subordonné aux lois et règlements en vigueur.

Article 83 : Les engagements des dépenses d'amortissement et des charges de la dette publique et des dépenses en atténuation des recettes des gestions antérieures ne peuvent intervenir au-delà du 31 décembre.

Les engagements des dépenses de personnel, de matériel et de transfert ne peuvent pas intervenir au-delà du 20 novembre de l'année.

Les engagements des dépenses d'équipement et d'investissement ne peuvent pas intervenir au-delà du 30 octobre de l'année sauf si elles peuvent être liquidées avant le 31 décembre.

Article 84 : Du point de vue de leur engagement, les dépenses de l'Etat sont permanentes ou éventuelles.

Les dépenses permanentes sont celles qui se reproduisent chaque année tant que l'acte d'engagement initial n'a pas été modifié.

Les dépenses éventuelles sont celles dont la durée et l'imputation sur une ou plusieurs années financières sont prévues par l'acte d'engagement.

Article 85 : Une dépense ne peut être proposée à l'engagement pour être mise à la charge de l'Etat que :

- par les ordonnateurs ou leurs délégués spécialement habilités par les textes en vigueur ;
- dans les formes et conditions prévues par les lois et règlements relatifs à chaque catégorie de dépenses.

Article 86 : Les propositions d'engagements sont transmises pour visa au contrôleur financier. Celles qui doivent donner lieu à mandatement par les ordonnateurs délégués ou secondaires prennent la forme de délégation de crédits.

Aucune dépense ne peut recevoir un commencement d'exécution avant approbation du contrôleur financier, sauf exception prévue par la réglementation.

En cas d'observations, le contrôleur financier renvoie au service initiateur, les propositions d'engagement avec ses observations.

Article 87 : Il ne peut être passé outre à l'avis défavorable du contrôleur financier que sur décision du ministre chargé des finances.

Article 88 : Doivent être engagées au début de l'année, suivant relevés fournis par l'ordonnateur :

- les dépenses permanentes ;
- les dépenses éventuelles engagées antérieurement au 1er janvier et payables en totalité ou en partie, sur l'exercice en cours.

Article 89 : Tout ordonnateur est responsable de l'ajustement continu de la comptabilité de ses engagements aux réalités constatées au fur et à mesure de l'exécution du service.

Cet ajustement donne lieu à l'établissement de propositions d'engagements complémentaires ou de dégagements qui font l'objet de visa préalable du contrôleur financier.

Sauf instruction du ministre chargé des finances autorisant la révision périodique des engagements relatifs à certaines dépenses permanentes, ces propositions doivent être établies par l'ordonnateur dès qu'il a connaissance des éléments modifiant ses prévisions antérieures.

Article 90 : La liquidation a pour objet de vérifier la réalité de la dette et d'arrêter le montant de la dépense. Elle ne peut être faite qu'au vu des titres et pièces offrant la preuve des droits acquis par les créanciers. Ces pièces et titres sont fixés par arrêté du ministre chargé des finances.

La constatation des droits du créancier consiste à vérifier que sa créance existe et qu'elle est exigible.

L'arrêt des droits du créancier consiste à fixer le montant exact de sa créance à la date de sa liquidation.

Article 91 : Les liquidations de dépenses, toutes catégories confondues ne peuvent intervenir au-delà du 31 décembre.

Article 92 : Les services de l'ordonnateur chargés de la liquidation des opérations de l'Etat ne peuvent arrêter les droits des créanciers, y compris pour ce qui concerne les acomptes sur marché de travaux et fournitures ou prestations, qu'après constatation du service fait, sauf les cas d'avances ou de paiements préalables autorisés par les lois et règlements en vigueur.

La constatation des droits doit faire l'objet d'un enregistrement comptable.

Article 93 : L'ordonnancement est l'acte administratif par lequel, conformément aux résultats de la liquidation, l'ordre est donné par l'ordonnateur principal au comptable assignataire de payer la dette de l'Etat ou des autres organismes publics.

Il est matérialisé par l'établissement d'une ordonnance de paiement qui doit être revêtue du visa du comptable préalablement à tout paiement.

Article 94 : Le mandatement est l'acte administratif par lequel, conformément aux résultats de la liquidation, l'ordre est donné par l'ordonnateur délégué ou secondaire au comptable assignataire de payer la dette de l'Etat.

Il est matérialisé par l'établissement d'un mandat de paiement qui doit être revêtu du visa du comptable préalablement à tout paiement.

Article 95 : L'ordonnancement des dépenses toutes catégories confondues ne peut intervenir au-delà du 31 décembre de l'année.

Article 96 : Chaque ordonnance ou mandat de paiement énonce l'année ainsi que l'imputation budgétaire de la dépense, conformément aux dispositions portant nomenclature budgétaire de l'Etat.

Sauf dérogation accordée par le ministre chargé des finances, les ordonnances et mandats sont assignés sur la caisse du comptable assignataire du territoire de résidence administrative de l'ordonnateur principal ou délégué et de l'ordonnateur secondaire intéressé.

Article 97 : La forme et les modalités d'émission des ordonnances et des mandats de paiement sont fixées par la réglementation en vigueur. Les règles relatives à l'engagement, à la liquidation, à l'ordonnancement et au mandatement sont applicables à l'ensemble des dépenses publiques de l'Etat.

Toutefois, des modifications portant sur des points particuliers peuvent y être apportées par arrêté du ministre chargé des finances.

Section 3 : De la phase comptable de la dépense publique et de la réquisition de paiement

Article 98 : Dans le cadre du contrôle de la régularité des pièces justificatives de dépenses, les comptables sont habilités à réclamer aux ordonnateurs des certificats administratifs ou des pièces justificatives complémentaires.

Article 99 : Le montant de chaque pièce justificative des ordonnances ou mandats de paiement doit être énoncé en chiffres et en lettres, exception faite pour les opérations traitées à l'aide d'une application informatique.

Les ratures, altérations, surcharges et renvois doivent être approuvés et signés par ceux qui ont arrêté les pièces justificatives des ordonnances ou mandats de paiement.

L'usage d'une griffe est interdit pour toute signature à apposer sur les ordonnances ou mandats de paiement et pièces justificatives.

Article 100 : Le paiement est l'acte par lequel l'Etat ou l'organisme public se libère de sa dette.

Tout agent qui procède au paiement doit, sous sa responsabilité, s'assurer du caractère libératoire de l'acquit qui lui est donné.

Sous réserve des exceptions prévues par les lois et règlements, le paiement ne peut intervenir avant, soit l'échéance de la dette, soit l'exécution du service ou la décision individuelle d'attribution de subvention, d'allocation ou d'avance.

Article 101 : Lorsqu'à l'occasion des contrôles prévus en matière de dépenses à l'article 34 du présent décret, des irrégularités sont constatées par les comptables, ceux-ci sont tenus de refuser le visa de la dépense.

Les comptables sont tenus d'adresser aux ordonnateurs une déclaration écrite et motivée de leurs refus de visa, accompagnée des pièces rejetées.

En cas de désaccord persistant, l'ordonnateur principal concerné, après avoir recueilli l'avis consultatif du ministre chargé des finances, peut par écrit réquisitionner le comptable d'effectuer le paiement de la dépense.

Dans ce cas, le comptable procède au paiement, et annexe au mandat, une copie de sa déclaration de rejet et l'original de l'acte de réquisition qu'il a reçu. Une copie de la réquisition et une copie de la déclaration des rejets sont transmises à la Cour des comptes, et le cas échéant, au ministre chargé des finances et publiées.

Toutefois, les comptables ne peuvent déférer à la réquisition de l'ordonnateur dès lors que le refus de visa est motivé par le caractère non libératoire du règlement.

Lorsque le comptable obtempère, en dehors du cas ci-dessus, à l'ordre de payer de l'ordonnateur, il cesse d'être responsable personnellement et pécuniairement de la dépense en cause. Dans ce cas, la responsabilité est transférée à l'ordonnateur.

Article 102 : Toute opposition ou toute autre signification ayant pour objet de suspendre le paiement doit être adressée au comptable assignataire de la dépense. A défaut pour le saisissant ou l'opposant de remplir les formalités prescrites en la matière, l'opposition ou la signification sera réputée non avenue.

Article 103 : Les règlements de dépenses sont faits soit par remise d'espèces ou de chèques, soit par virement bancaire ou postal dans les conditions fixées par la réglementation régissant la matière.

Cependant, ces règlements ne doivent intervenir que sous réserves des dispositions de l'article 81 du présent décret.

Les chèques sur le Trésor sont soumis sans restriction aucune à la législation sur les chèques.

Article 104 : Les comptables sur la caisse desquels est assignée une dépense sont seuls chargés, sous leur responsabilité et selon le droit commun, de vérifier les droits et qualités des parties prenantes et la régularité de leurs acquits et, à cet effet, d'exiger la production de toutes justifications utiles.

Article 105 : Lorsque le créancier de l'Etat refuse de recevoir le paiement, la somme correspondante est consignée dans les écritures du Trésor dans l'attente de la solution du litige.

Section 6 : De la prescription de la dépense publique

Article 106 : Sont prescrites au profit de l'Etat, toute créance de tiers qui n'a pas été payée dans un délai de quatre ans à partir du premier jour de l'année suivant celle au cours de laquelle les droits ont été acquis.

Article 107 : La prescription est interrompue par :

- toute demande écrite de paiement ou toute réclamation écrite adressée par un créancier à l'autorité administrative, dès lors que la demande ou la réclamation a trait au fait générateur, à l'existence, au montant ou au paiement de la créance, alors même que l'administration saisie n'est pas celle qui aura finalement la charge du règlement ;
- tout recours formé devant une juridiction, relatif au fait générateur, à l'existence, au montant ou au paiement de la créance, quel que soit l'auteur du recours et même si la juridiction saisie est incompétente pour en connaître, et si l'administration qui aura finalement la charge du règlement n'est pas partie à l'instance ;

- toute communication écrite d'une administration intéressée, même si cette communication n'a pas été faite directement au créancier qui s'en prévaut, dès lors que cette communication a trait au fait générateur, à l'existence, au montant ou au paiement de la créance ;
- toute émission de moyen de règlement, même si ce règlement ne couvre qu'une partie de la créance ou si le créancier n'a pas été exactement désigné.

Un nouveau délai de quatre (4) ans court à compter du premier jour de l'année suivant celle au cours de laquelle a lieu l'interruption.

Toutefois, si l'interruption résulte d'un recours juridictionnel, le nouveau délai court à partir du premier jour de l'année suivant celle au cours de laquelle la décision est passée en force de chose jugée.

Article 108 : La prescription ne court ni contre le créancier qui ne peut agir, soit par lui-même ou par l'intermédiaire de son représentant légal, soit pour un cas de force majeure, ni contre celui qui peut être légitimement regardé comme ignorant l'existence de sa créance ou de la créance de celui qu'il représente légalement.

Article 109 : Les autorités administratives ne peuvent renoncer à opposer la prescription qui découle de l'article 106 du présent décret.

Toutefois, par décision prise par le ministre chargé des finances, les créanciers de l'Etat peuvent être relevés en tout ou en partie de la prescription à raison de circonstances particulières et notamment de la situation du créancier.

CHAPITRE 3 : DES OPÉRATIONS DE TRÉSORERIE

Article 110 : Sont définis comme opérations de trésorerie tous les mouvements de numéraires, de valeurs mobilisables, de comptes de dépôts, de comptes courants et de comptes de créances et de dettes à court, moyen et long termes.

Les opérations de trésorerie comprennent :

- les encaissements et les décaissements ;
- l'approvisionnement et le dégagement en fonds des caisses publiques ;
- l'escompte et l'encaissement des traites et obligations émises au profit de l'Etat dans le cadre de la réglementation en vigueur ;
- la gestion des fonds déposés par les correspondants et les opérations faites pour leur compte ;
- les tirages sur financements extérieurs, l'émission, la conversion, la gestion et le remboursement des emprunts publics à court, moyen et long termes ;
- les prêts et avances ;
- l'encaissement des produits des cessions d'actifs.

Article 111 : Les opérations de trésorerie sont exécutées exclusivement par les comptables publics, soit à leur propre initiative, soit sur l'ordre du ministre chargé des finances ou à la demande des tiers qualifiés pour leur compte. Les opérations de trésorerie sont décrites pour leur montant respectif et sans contraction.

Les charges et produits résultant de l'exécution des opérations de trésorerie sont imputés aux comptes budgétaires.

Article 112 : Les fonds détenus par les comptables publics sont gérés selon le principe de l'unité de caisse. Un poste comptable dispose, sauf dérogation expresse du ministre chargé des finances, d'une seule caisse, d'un seul compte courant bancaire ou postal quel que soit le nombre d'unités administratives dont il assure la gestion.

L'unité de trésorerie est le principe selon lequel le Trésor a un seul compte ouvert à la banque centrale dans lequel toutes les ressources de l'Etat sont déposées et duquel tous les décaissements sont effectués.

Hormis les mouvements de numéraires nécessités par l'approvisionnement et le dégagement des caisses des comptables publics, tous les règlements entre comptables publics sont réalisés par compte de transfert ou par virement de compte.

Les comptables publics procèdent à l'encaissement des titres et obligations qu'ils détiennent. Ils les présentent à l'escompte dans les conditions prévues par la réglementation bancaire en vigueur.

Les plafonds des encaisses des comptables publics, ainsi que les conditions et délais de·leur dégagement, sont fixés par circulaire du Directeur chargé de la comptabilité publique.

Article 113 : Tous les fonds publics, y compris les ressources extérieures mobilisées au titre des projets sont déposés dans un compte unique du Trésor public ouvert dans les livres de la Banque Centrale des Etats de l'Afrique de l'Ouest (BCEAO). Toutefois, le ministre chargé des finances peut autoriser l'ouverture de comptes :

- sur le territoire national, à la BCEAO ou dans une banque commerciale pour y déposer les fonds mobilisés dans le cadre de conventions de financement des bailleurs de fonds. Dans ce cas, la convention de financement prévoit les modalités de gestion desdits comptes ;
- sur le territoire national, dans des banques commerciales ;
- à l'étranger, dans des institutions financières agréées par le ministre chargé des finances.

Les fonds appartenant ou confiés à l'Etat ou aux autres organismes publics sont insaisissables.

Article 114 : Les ordonnateurs et autres agents de l'Etat n'ayant pas qualité de comptable public ne peuvent en aucun cas se faire ouvrir ès qualité un compte de disponibilités.

Article 115 : Les correspondants du Trésor sont les personnes morales ou physiques et les organismes qui, soit en application des lois et règlements, soit en vertu de conventions, déposent à titre obligatoire ou facultatif, des fonds au Trésor ou sont autorisés à procéder à des opérations de recettes et de dépenses par l'intermédiaire de ses comptables.

Le ministre chargé des finances fixe les conditions d'ouverture ou de fonctionnement des comptes ouverts au nom des correspondants ainsi que le taux et le mode de liquidation de l'intérêt qui peut, éventuellement, leur être alloué. Sauf autorisation donnée par le ministre chargé des finances, il ne peut être ouvert qu'un seul compte par correspondant.

Les comptes ouverts au nom des correspondants ne peuvent pas présenter de découvert.

Article 116 : Les conditions et modalités des émissions des emprunts de l'Etat sont fixées par décret, pris en Conseil des ministres sur rapport du ministre chargé des finances.

Les créances résultant d'un emprunt de l 'Etat à long terme donnent lieu à la remise d'un titre au souscripteur ou au bénéficiaire. Elles font l'objet, le cas échéant, d'une inscription au crédit d'un compte courant de titres dans les conditions fixées par décret en Conseil des ministres sur rapport du ministre chargé des finances.

Sauf dérogations prévues par la loi, les titres sont établis à la demande du bénéficiaire ou du souscripteur sous forme au porteur ou nominative. Sous la même réserve, ces titres sont cessibles, négociables et peuvent faire l'objet d'une conversion au nominatif ou au porteur.

Les titres d'emprunts ne peuvent être délivrés aux souscripteurs avant que ceux-ci ne se soient libérés de la totalité de leur souscription.

La conversion de la dette publique ne peut être opérée que conformément aux autorisations données par une loi de finances.

La réglementation en vigueur fixe les conditions dans lesquelles les titres d'emprunt émis par l'Etat détériorés, perdus ou volés peuvent être frappés d'opposition, remplacés ou remboursés.

CHAPITRE 4 : DES OPÉRATIONS SUR LE PATRIMOINE

Article 117 : Les opérations sur le patrimoine concernent le patrimoine financier et non financier de l'Etat.

Le patrimoine financier de l'Etat est l'ensemble des actifs financiers détenus, à savoir les espèces, les dépôts à vue et à terme, les valeurs mobilières ou les créances sur les tiers.

Le patrimoine non financier est l'ensemble des biens corporels et incorporels appartenant à l'Etat.

Les modalités de prise en charge, d'emploi et de conservation des biens et des matières, des objets et des valeurs sont fixées conformément à la réglementation en vigueur.

Article 118 : La gestion du patrimoine de l'Etat et des autres organismes publics relève de la compétence de chaque ordonnateur dans la limite de la part existant dans son ministère ou institution, sous réserve des pouvoirs des autorités chargées du patrimoine non financier.

Les règles de classement et d'évaluation des divers éléments du patrimoine mobilier et immobilier et des stocks, les limites dans lesquelles doivent être fixés les taux d'amortissement ou les provisions pour dépréciation ainsi que les modalités de réévaluation sont prévues par la réglementation sur la comptabilité des matières.

Les biens corporels et incorporels appartenant ou confiés à l'Etat ou aux autres organismes publics sont insaisissables.

Article 119 : Les conditions de·réforme et de cession des biens durables du patrimoine sont déterminées par la réglementation sur la comptabilité des matières.

CHAPITRE 5 : DE LA JUSTIFICATION DES OPÉRATIONS

Article 120 : Les opérations de recettes, de dépenses, de trésorerie et de patrimoine qui sont décrites aux chapitres précédents du présent décret doivent être appuyées des pièces justificatives prévues dans une nomenclature établie par arrêté pris par le ministre chargé des finances après avis de la Cour des comptes.

Article 121 : Les pièces justificatives des opérations de recettes, de dépenses, de trésorerie et de patrimoine produites à l'appui des comptes adressés à la Cour des comptes sont tenues à sa disposition pendant toute la durée de ses investigations.

Lorsqu'elles sont conservées par les comptables publics, elles ne peuvent être détruites avant l'examen des comptes concernés ou avant la durée de prescription applicable à l'opération.

La durée de conservation des pièces justificatives est de dix (10) ans.

Article 122 : En cas de perte, de vol, de destruction ou de détérioration de pièces justificatives remises aux comptables, il est établi sur constat de l'autorité compétente, un procès-verbal transmis au Directeur chargé de la comptabilité publique qui peut autoriser le comptable à pourvoir au remplacement des pièces sous forme de duplicata.

CHAPITRE 6 : DES OPÉRATIONS DE RÉGULARISATION

Article 123 : Lorsqu'une dépense ou une recette a reçu une imputation qui ne peut être régulièrement maintenue et que le paiement ou le recouvrement est compris dans l'exercice courant, l'ordonnateur établit et adresse au comptable public, un certificat de réimputation indiquant les corrections à effectuer dans les écritures.

Le certificat est joint aux pièces justificatives de la gestion des comptables publics.

Article 124 : Lorsqu' une dépense ou une recette régulièrement imputée par l'ordonnateur a été mal classée dans les écritures du comptable, celui- ci établit un certificat de faux classement dont il est fait emploi de la manière qui vient d'être indiqué pour le certificat de réimputation.

Article 125 : Au vu des pièces justificatives mentionnées aux deux articles précédents, le comptable constate dans sa comptabilité, les mouvements de recettes et de dépenses qui en résultent.

Au moyen de ces opérations, les crédits sur lesquels des dépenses annulées avaient été originairement imputées redeviennent disponibles.

Article 126 : Les ordonnateurs sont tenus d'émettre les titres de régularisation à la demande des comptables intéressés dans un délai d'un mois.

Les opérations de régularisation se rapportant à des droits constatés au cours de l'année financière expirée sont prises en compte jusqu'au 31 janvier par les comptables principaux de l'Etat.

Toutes autres opérations de régularisation sont définies et exécutées dans les conditions fixées par les instructions du ministre chargé des finances.

TITRE V : DE LA COMPTABILITE ET DES COMPTES DE L'ETAT

CHAPITRE 1 : DES DISPOSITIONS COMMUNES

Article 127 : Le plan comptable de l'Etat et des autres organismes publics s'inspire du Système Comptable Ouest Africain et des autres normes comptables internationales, tout en tenant compte des spécificités de l'Etat.

Article 128 : La comptabilité de l'Etat et des autres organismes publics a pour objet, la description de leurs opérations financières.

A cet effet, elle est organisée en vue de permettre :

- l'information des autorités de gestion et de contrôle ;
- la connaissance et le contrôle des opérations budgétaires et des opérations de trésorerie ;
- la connaissance de la situation du patrimoine ;
- le calcul du prix de revient, du coût et du rendement des services ;
- la détermination des résultats annuels ;
- l'intégration des opérations dans la comptabilité économique nationale ;
- des analyses économiques et financières permettant notamment l'établissement de ratios et tableaux de bord.

Article 129 : La comptabilité de l'Etat et des autres organismes publics retrace :

- toutes les opérations rattachées au budget de l'année concernée jusqu'à la date de clôture de ce budget selon les règles propres à l'Etat ou aux autres organismes publics ;

- toutes les opérations de trésorerie ;
- toutes les opérations concernant les biens, les objets et les valeurs de l'Etat et des autres organismes publics faites au cours de l'année ainsi que les opérations de régularisation.

Article 130 : La comptabilité de l'Etat et des autres organismes publics comprend :

- une comptabilité budgétaire tenue par les ordonnateurs ;
- une comptabilité générale tenue par les comptables publics ;
- une comptabilité des matières tenue par les comptables publics ;
- une comptabilité analytique tenue par les comptables publics.

Article 131 : Les comptes de l'Etat et des autres organismes publics sont arrêtés à la fin de la période d'exécution du budget par les ordonnateurs en ce qui concerne la comptabilité budgétaire et par les comptables publics en ce qui concerne la comptabilité générale de l'Etat et la comptabilité des matières.

Sous réserve des dispositions prévues aux articles ci-après, les règles générales de comptabilité sont définies par les décrets, arrêtés ou instructions pris pour leur application.

CHAPITRE 2 : DE LA COMPTABILITÉ BUDGÉTAIRE

Section 1 : Des dispositions communes

Article 132 : La comptabilité budgétaire a pour objet de retracer, pour l'exercice concerné, les opérations d'exécution du budget de l'Etat et des autres organismes publics en recettes et en dépenses et conformément à la nomenclature de présentation et de vote du budget ou de l'état des prévisions.

Cette comptabilité est renseignée par les comptables publics en ce qui concerne les encaissements et paiements relatifs aux opérations de recettes et de dépenses.

Elle permet de suivre les liquidations, émissions, prises en charge, recouvrements et restes à recouvrer en matière de recettes, d'une part, les engagements, liquidations, ordonnancements ou mandatements, paiements et restes à payer en matière de dépenses, d'autre part.

La comptabilité budgétaire dégage un résultat correspondant à la différence entre les recettes encaissées et les dépenses ordonnancées sur le budget général et les comptes spéciaux au titre de l'année considérée.

Article 133 : La comptabilité budgétaire tenue par les ordonnateurs couvre la phase administrative des opérations de recettes et de dépenses.

Elle est tenue en partie simple.

Article 134 : Les comptes générés par la comptabilité budgétaire sont constitués des comptes administratifs établis par les ordonnateurs et consolidés par le ministre chargé des finances, appuyés d'un état de développement des recettes budgétaires et d'un état de développement des dépenses budgétaires établis par les comptables principaux.

Article 135 : Les modalités de production des comptes administratifs des ordonnateurs et de leur consolidation sont définies par arrêté du ministre chargé des finances.

Section 2 : De la comptabilité des engagements

Article 136 : La comptabilité des engagements est une comptabilité de prévisions qui a pour but de fournir à tout moment, une évaluation approchée des dépenses imputables à l'exercice en cours ou, pour ce qui concerne les autorisations d'engagement, à la période concernée.

Tout ordonnateur tient la comptabilité de ses engagements.

Article 137 : Les propositions d'engagements sont établies par rubrique budgétaire dans les formes prescrites par le ministre chargé des finances.

Elles font apparaître :

- la situation des crédits ainsi que pour les dépenses de personnel, les effectifs autorisés ;
- la situation des engagements précédents ;
- la nature et le montant de l'engagement proposé, ainsi que pour les dépenses de personnel, l'effectif concerné.

Article 138 : Le contrôleur financier tient un livre d'enregistrement des autorisations de dépenses éventuelles. Chaque engagement de dépense est enregistré à sa date, sous un numéro de série ininterrompu par budget et par année financière.

Article 139 : Les autorisations d'engagements qui doivent avoir leur effet sur plusieurs exercices consécutifs sont enregistrées en outre sur un livre spécial.

Article 140 : Le contrôleur financier suit sur un registre des dépenses engagées, l'emploi et la disponibilité des crédits ouverts par les lois, décrets et arrêtés.

Ce registre est tenu par année financière au moyen des états et relevés fournis par les divers services qui administrent les crédits ainsi que des renseignements consignés au livre d'enregistrement des autorisations d'engagements.

Le registre des dépenses engagées indique par rubrique le montant du crédit initial et les modifications successives qui peuvent y être introduites, les engagements effectués en début d'année dans les conditions prévues par l'article 88 du présent décret et les engagements effectués au cours de l'année budgétaire.

Le compte ouvert à chaque rubrique mentionne en outre, les modifications apportées aux évaluations initiales résultant des régularisations d'ordre, notamment les ré-imputations, les reversements de trop payés et les réintégrations de fonds.

Article 141 : Le contrôleur financier établit trimestriellement une situation récapitulant par rubrique, les crédits ouverts et les dépenses engagées, et l'adresse à l'ordonnateur du budget concerné, accompagnée de ses observations.

En ce qui concerne le budget de l'Etat, une ampliation de cette situation est également adressée au Directeur chargé du budget.

Article 142 : En fin d'année et à la clôture de l'année financière, le contrôleur financier adresse à l'ordonnateur du budget concerné, un relevé détaillé des autorisations d'engagement comportant les engagements sur l'année financière suivante et, le cas échéant, sur les années financières à venir.

En ce qui concerne le budget de l'Etat, une ampliation de ce relevé est également adressée au Directeur chargé du budget.

Section 3 : De la comptabilité des liquidations et des ordonnancements

Article 143 : La comptabilité budgétaire de l'Etat et des autres organismes publics destinée à suivre les opérations de recettes est tenue par les ordonnateurs à l'aide :

- du livre journal des droits constatés ;
- du registre des comptes de recettes ;
- du registre des baux et concessions.

Article 144 : Le livre journal des droits constatés est destiné à l'enregistrement immédiat et successif des titres de recettes émis. Il comporte l'inscription dans des colonnes distinctes, du numéro d'ordre, de la date d'inscription, de la nature du titre établissant la créance, de l'objet de la créance, de la désignation des débiteurs et du montant de la recette à recouvrer.

Le registre des comptes de recettes est destiné au classement par rubrique budgétaire de toutes les opérations enregistrées au livre journal.

Le registre des baux et concessions comporte les principales données financières des baux et concessions ainsi que les liquidations effectuées.

Article 145 : La comptabilité des liquidations destinée à suivre les opérations de dépenses est tenue par les ordonnateurs à l'aide :

- du livre journal des bons d'engagement ;
- du livre d'enregistrement des créances ;
- du registre des marchés et baux.

Article 146 : Le livre journal des bons d'engagement est destiné à l'enregistrement, par rubrique budgétaire, des propositions d'engagement, des liquidations et de la constatation des paiements

Le livre d'enregistrement des créances est destiné à l'enregistrement dans l'ordre chronologique des créances présentées à la liquidation et contient toutes les indications relatives à cette liquidation et à son imputation budgétaire.

Le registre des marchés et baux est destiné à l'enregistrement des principales données financières des marchés et baux ainsi que des liquidations effectuées.

Article 147 : La comptabilité des ordonnancements destinée à suivre les opérations de dépenses est tenue par les ordonnateurs à l'aide :

- du livre journal des ordonnances ou mandats délivrés ;
- du livre des comptes par programme ;
- du registre des comptes de dépenses.

Article 148 : Le livre journal des ordonnances ou mandats délivrés est destiné à l'enregistrement immédiat et successif par ordre numérique des ordonnances et des mandats individuels ou collectifs émis durant l'année financière.

Le livre des comptes par programme est destiné à l'enregistrement d'une part, des crédits alloués et d'autre part, des dépenses acceptées par le Trésor.

Le registre des comptes de dépenses est destiné au classement par rubrique budgétaire, de toutes les opérations enregistrées au livre des comptes par programme.

Article 149 : Les modalités de tenue de la comptabilité des liquidations et des ordonnancements seront précisées par la réglementation en vigueur.

Article 150 : L'ordonnateur tient en outre :

- un livre d'enregistrement des recouvrements ;
- un registre de répartition des crédits délégués aux ordonnateurs délégués ou secondaires.

Article 151 : Le livre d'enregistrement des recouvrements tenu par rubrique de recettes indique pour chaque trimestre, le montant cumulé des recouvrements tel qu'il résulte des situations fournies par le comptable.

Le registre de répartition de crédits délégués aux ordonnateurs délégués ou secondaires tenu par programme est destiné à l'enregistrement des mandats de délégation émis.

Article 152 : Sur instructions du ministre chargé des finances, les livres et registres prévus aux articles précédents pourront être adaptés à l'utilisation des procédés informatiques de comptabilisation des opérations de l'Etat et des autres organismes publics.

Article 153 : Indépendamment des livres et registres visés aux articles ci-dessus, les ordonnateurs principaux et secondaires tiennent tous des carnets de détail, livres et comptes auxiliaires nécessaires.

Article 154 : Les livres de comptabilité tenus par les ordonnateurs principaux, délégués et secondaires sont totalisés mensuellement au montant brut des opérations du mois.

Après addition ou soustraction des opérations d'ordre, les totaux nets du mois sont ajoutés aux antérieurs pour faire ressortir la situation des comptes. Avant l'arrêté des écritures, les ordonnateurs principaux et secondaires s'assurent de leur conformité avec celles tenues par les comptables publics.

A la clôture de l'année financière, tous les livres sont clos et arrêtés au total net des opérations en recettes et en dépenses.

Article 155 : Dans les cinq premiers jours de chaque mois et à la fin de l'année financière, tout ordonnateur délégué en matière de recettes établit pour le mois écoulé et adresse au ministre chargé des finances, une situation précisant, par paragraphe ou rubrique budgétaire, avec rappel des antérieurs :

- le montant des droits constatés ou liquidés au profit de l'Etat ;
- le relevé des titres émis pendant le mois ;
- l'état de répartition par titre, article, paragraphe ou rubrique, du total des titres émis ;
- le montant des recouvrements effectués.

Article 156 : Dans les cinq premiers jours de chaque mois, tout ordonnateur délégué ou secondaire adresse, pour le mois écoulé, à l'ordonnateur principales situations précisant par rubrique, avec rappel des antérieurs :

- le montant des crédits et, le cas échéant, des autorisations d'engagement réparties ;
- le montant des dépenses engagées ;
- le montant des dépenses liquidées ;
- le montant des dépenses ordonnancées ou mandatées ;
- le montant des dépenses payées.

Article 157 : Dans les dix premiers jours de chaque mois, les ordonnateurs principaux adressent au ministre chargé des finances, les situations suivantes retraçant pour le mois écoulé, par budget, par année financière et, éventuellement par compte spécial :

- le relevé des ordonnances ou des mandats acceptés par le comptable assignataire ;
- l'état de répartition par programme, par article et subdivisions d'article, du total des mandats acceptés.

Ces situations sont obligatoirement visées par le comptable assignataire.

Article 158 : Trimestriellement, l'ordonnateur adresse au contrôleur financier une situation détaillant par rubrique, les crédits ouverts, les dépenses ordonnancées ou mandatées.

Egalement, les comptables principaux concernés lui adressent un bordereau des paiements effectués pendant le trimestre écoulé.

Article 159 : A la clôture de leurs opérations de l'année, les ordonnateurs délégués et secondaires adressent à l'ordonnateur principal, une situation visée par le contrôleur financier précisant par programme, article et subdivisions d'article, le montant des crédits non utilisés.

L'ordonnateur principal procède à l'annulation de ces crédits sans emploi.

L'annulation de crédits est également visée par le contrôleur financier.

Article 160 : La période couverte par la comptabilité budgétaire est la gestion couvrant l'année civile, sans période complémentaire. Un arrêté du ministre chargé des finances fixe les délais pour l'arrêté des opérations d'engagement, de liquidation et d'ordonnancement au titre de l'exécution du budget.

CHAPITRE 3 : DE LA COMPTABILITÉ GÉNÉRALE

Article 161 : La comptabilité générale a pour objet de décrire le patrimoine de l'Etat et son évolution. Elle est tenue en partie double et est fondée sur le principe de la constatation des droits et des obligations dans les conditions fixées par le Plan comptable de l'Etat.

La comptabilité générale est une comptabilité d'exercice. Les opérations sont prises en compte au titre de l'exercice auquel elles se rattachent indépendamment de leur date de paiement ou d'encaissement.

Elle a pour objet de retracer :

- les opérations budgétaires ;
- les opérations de trésorerie ;
- les opérations faites avec des tiers et les opérations d'attente et de régularisation ;
- les flux de gestion internes : amortissements, provisions, produits et charges rattachés.

La comptabilité générale de l'Etat s'appuie sur la comptabilité des matières.

Article 162 :L'organisation de la comptabilité générale de l'Etat est fondée sur les principes suivants :

- la déconcentration de la comptabilité générale, en vue de la rapprocher du fait générateur et des ordonnateurs ainsi que leurs services gestionnaires ;
- l'inscription au bilan de l'Etat de tous les flux de gestion portant sur les actifs non financiers, les dettes et créances, en vue de la connaissance du patrimoine public et partant, de la capacité de l'Etat à faire face à ses engagements.

Article 163 : La comptabilité générale de l'Etat est tenue exclusivement par les comptables directs du Trésor et les comptables des administrations financières par année civile.

Elle est assortie d'une période complémentaire d'une durée d'un mois à compter de la fin de l'exercice budgétaire.

Seules les opérations de régularisation d'ordre comptable sont effectuées au cours de la période complémentaire. Aucune opération budgétaire n'est effectuée au cours de cette période.

Article 164 : Les comptables publics enregistrent leurs opérations dans les livres ci- après :

- les journaux divisionnaires ;
- le journal centralisateur.

Article 165 : Les journaux divisionnaires ou journaux de premières écritures sont destinés à enregistrer les opérations au moment même de leur réalisation.

L'enregistrement des opérations dans les journaux divisionnaires se fait au jour le jour à raison d'une ligne par opération. Ces journaux sont arrêtés définitivement en fin de journée.

Article 166 : Le journal centralisateur décrit les opérations enregistrées dans les journaux divisionnaires à raison d'une ligne par journal et d'un total par compte élémentaire, sur ce registre centralisateur.

Ce journal fait apparaître la totalité de la comptabilité générale journalière du poste comptable et le cumul des écritures depuis le premier jour de l'exercice.

Article 167 : La balance présente la situation des comptes ouverts et mouvementés au cours de la période. Elle comporte huit colonnes réparties entre les débits et les crédits ainsi qu'il suit :

- la balance d'entrée en débits et en crédits ;
- les opérations de la gestion en débits et en crédits ;
- les totaux en débits et en crédits de la balance d'entrée et des opérations de la gestion ;
- les balances de sorties correspondant aux soldes en fin de période.

Article 168 : Les modalités d'exécution des opérations de régularisations pendant la période complémentaire sont définies dans les procédures comptables prévues par le plan comptable de l'Etat.

Article 169 : Les comptes annuels de l'Etat sont dressés par le ministre chargé des finances et comprennent le compte général de l'administration des finances et les états financiers.

Le compte général de l'administration des finances comprend :

- la balance générale des comptes du Trésor ;
- le développement des recettes budgétaires ;
- le développement des dépenses budgétaires ;
- le développement des opérations constatées aux comptes spéciaux du Trésor ;
- le développement des comptes de résultats.

Le compte général de l'administration des finances est produit au plus tard le 30 juin de l'année suivant celle donnant son nom au budget et transmis à la Cour des comptes à l'appui du projet de loi de règlement.

La comptabilité générale de l'Etat permet également de produire les états financiers de l'Etat comprenant le bilan, le compte de résultat, le tableau des opérations financières du Trésor, le tableau des flux de trésorerie et l'état annexé dans les conditions définies par le plan comptable de l'Etat.

Article 170 : Les modalités et les supports de tenue de la comptabilité générale de l'Etat sont définis par arrêté du ministre chargé des finances.

CHAPITRE 4 : DES COMPTABILITÉS DES MATIÈRES, VALEURS ET TITRES

Article 171 : La comptabilité des matières est une comptabilité d'inventaire permanent ayant pour objet la description des existants, des biens meubles et immeubles, des stocks autres que les deniers et valeurs de l'Etat.

Elle permet un suivi des immobilisations incorporelles, des immobilisations corporelles, des stocks et des valeurs inactives.

La comptabilité des valeurs et titres est une comptabilité d'inventaire permanent ayant pour objet la description des existants, des valeurs et titres de l'Etat.

Article 172 : La comptabilité des matières est tenue en partie simple. Elle décrit l'existant et les mouvements d'entrée et de sortie concernant :

- les immobilisations incorporelles et corporelles ;
- les stocks de marchandises, fournitures ;
- les objets remis en dépôt.

Des inventaires et comptes d'emploi sont établis à date fixe et à l'occasion des contrôles effectués par les organes habilités.

Article 173 : La comptabilité des valeurs et titres est tenue en partie simple. Elle décrit l'existant et les mouvements d'entrée et de sortie concernant :

- les titres nominatifs, au porteur ou à ordre, et les valeurs diverses appartenant ou confiées à l'Etat ;
- les formules, titres, tickets et vignettes destinés à l'émission ou à la vente.

La comptabilité des valeurs et titres fait partie intégrante de la comptabilité générale.

Article 174 : Les biens corporels et incorporels acquis avant la date de mise en vigueur du présent décret, sont inventoriés, immatriculés, valorisés et enregistrés dans les livres suivant les modalités, méthodes et techniques définies par la règlementation de la comptabilité des matières.

Les nouvelles acquisitions sont enregistrées au fur et à mesure des certifications délivrées par les ordonnateurs et des imputations données par les comptables aux comptes appropriés.

Des rapprochements contradictoires trimestriels sont effectués entre les données de la comptabilité des matières et celles de la comptabilité générale.

Article 175 : La comptabilité des matières est tenue par des comptables matières désignés conformément à la réglementation en vigueur. Ces derniers sont personnellement et pécuniairement responsables des mouvements qu'ils effectuent sur les éléments du patrimoine.

L'organisation et le système comptables applicables à la comptabilité des matières sont définis par la réglementation en vigueur.

CHAPITRE 5 : DE LA COMPTABILITÉ ANALYTIQUE

Article 176 : La comptabilité analytique a pour objet de faire apparaître les éléments de coûts des services rendus ou de prix de revient des biens produits et des services fournis ainsi que de permettre le contrôle des rendements et performances des services.

Les modalités de mise en œuvre de cette comptabilité sont définies par un arrêté du ministre chargé des finances.

TITRE VI : DU CONTROLE DE L'EXECUTION DU BUDGET

Article 177 : Sans préjudice des pouvoirs du Parlement, les opérations d'exécution du budget de l'Etat sont soumises à un double contrôle, administratif et juridictionnel.

Le contrôle administratif est le contrôle de l'administration sur ses agents, incluant le contrôle interne *a priori*, concomitant et *a posteriori*.

Le contrôle juridictionnel est exercé par la Cour des comptes.

CHAPITRE 1 : DU CONTRÔLE ADMINISTRATIF

Section 1 : Des caractéristiques du contrôle administratif

Article 178 : Le contrôle administratif s'exerce soit sous la forme de contrôle hiérarchique fonctionnel, soit sous la forme de contrôle organique par l'intermédiaire d'organes de contrôle spécialisés.

Section 2 : Des contrôles exercés par les contrôleurs financiers

Article 179 : Les contrôleurs financiers exercent des contrôles *a priori* et *a posteriori* des opérations budgétaires de l'Etat.

Ils relèvent du ministre chargé des finances et sont placés auprès des ordonnateurs.

Article 180 : Les contrôles *a priori* exercés par les contrôleurs financiers portent sur les opérations budgétaires.

Tous les actes portant engagement de dépenses ou de nature à avoir des répercussions sur les finances de l'Etat ou de tout autre organisme public et notamment les décrets en Conseil des ministres, les arrêtés, les contrats, les conventions, les instructions, les mesures ou décisions émanant d'un Président d'Institution, d'un ministre ou d'un agent public sont soumis au visa préalable du contrôleur financier.

Le contrôleur financier peut, pour des motifs se rapportant à l'imputation de la dépense, à la disponibilité des crédits, à l'existence et à la régularité des pièces justificatives à produire, à la sincérité des propositions de dépenses, à l'application des dispositions d'ordre financier des lois et règlements, à la conformité des actes avec les autorisations parlementaires et aux conséquences que les mesures proposées peuvent avoir sur les finances publiques, émettre un avis défavorable motivé et donné dans un délai de huit jours à compter de la date à laquelle le projet lui a été communiqué.

Article 181 : Le contrôleur financier est informé des lieux, date et ordre du jour des réunions des commissions administratives traitant des questions financières. Il peut assister à ces réunions ou s'y faire représenter.

Article 182 : Le contrôleur financier peut requérir de tout service administratif, la communication de tous documents financiers et comptables nécessaires à l'accomplissement de sa mission.

Article 183 : Le contrôleur financier suit en permanence l'exécution des opérations budgétaires et de trésorerie de l'Etat et des autres organismes publics.

A cet effet, lui sont adressées notamment toutes situations périodiques établies par les directions chargées du budget et de la comptabilité publique portant sur les droits constatés, les recouvrements effectués, les dépenses engagées, les mandatements, la balance des opérations budgétaires et de trésorerie faisant ressortir les disponibilités du Trésor.

Article 184 : Les contrôleurs financiers évaluent a *posteriori* les résultats et les performances des programmes, au regard des objectifs fixés, des moyens utilisés et de l'organisation des services des ordonnateurs.

Article 185 : Par exception aux dispositions de l'article 180 du présent décret et conformément à l'article 15 de la loi organique n°073-2015/CNT du 06 novembre 2015 relative aux lois de finances, le contrôleur financier adapte, dans les conditions définies par la réglementation en vigueur, les modalités de mise en œuvre de ses contrôles au regard de la qualité et de l'efficacité du contrôle interne ainsi que du contrôle de gestion mis en œuvre par l'ordonnateur.

Article 186 : Les modalités d'exercice ou de mise en œuvre du contrôle financier, du contrôle de gestion et du contrôle interne sont précisées par la réglementation en vigueur.

Section 3 : De la responsabilité du contrôleur financier

Article 187 : Le contrôleur financier est personnellement et pécuniairement responsable des contrôles portant sur la disponibilité des crédits et sur la vérification des prix par rapport à la mercuriale en vigueur.

Si les mesures proposées lui paraissent entachées d'irrégularités au regard des dispositions qui précèdent, le contrôleur financier refuse son visa. En cas de désaccord persistant, il en réfère au ministre chargé des finances. Il ne peut être passé outre au refus de visa que sur autorisation écrite du ministre chargé des finances. Dans ce cas, la responsabilité du ministre chargé des finances se substitue à celle du contrôleur financier.

De même, lorsque le contrôleur financier délivre une autorisation écrite permettant de passer outre le refus de visa de son délégué auprès d'un ministère, d'une institution ou d'une autre administration publique centrale ou déconcentrée, la responsabilité du contrôleur financier se substitue à celle de son délégué.

Section 4 : Des autres organes de contrôle administratif

Article 188 : L'Exécutif peut créer d'autres organes de contrôle a *posteriori.* Les autres structures de contrôle interne à l'administration exercent leurs activités sur toutes les opérations liées à l'exécution du budget de l'Etat ainsi que sur celles de tout organisme de droit public ou privé bénéficiant de ressources publiques. Elles interviennent sur pièces et/ou sur place, sur les actes des ordonnateurs et sur ceux des comptables. Ils peuvent à tout moment effectuer des contrôles pendant l'exécution desdites opérations.

Article 189 : Les organes de contrôle exercent leurs missions d'inspection, de vérification ou d'audit, conduisent leurs investigations et élaborent leurs rapports conformément aux normes en vigueur.

Article 190 : Les rapports produits à la suite des contrôles, vérifications et audits effectués par les organes de contrôle administratifs, sont mis à la disposition du public, dans les conditions déterminées par la réglementation en vigueur.

Dans tous les cas, les droits des différentes parties doivent être garantis.

Article 191 : Les modalités de coordination des activités des différents organes de contrôle administratif sont prévues par la réglementation en vigueur.

CHAPITRE 2 : DU CONTRÔLE JURIDICTIONNEL

Article 192 : Dans les conditions fixées par la réglementation en vigueur, la Cour des comptes juge les comptes des comptables publics et se prononce sur la qualité de la gestion des ordonnateurs, notamment la bonne exécution de leurs programmes.

Les comptables principaux de l'Etat établissent un compte de gestion, sur chiffres et sur pièces, par budget et par exercice budgétaire définitivement clôturé.

Les comptes de gestion sont transmis au ministre chargé des finances pour mise en état d'examen dans les conditions fixées par la réglementation en vigueur. Ils sont transmis à la Cour des comptes au plus tard le 30 juin de l'exercice suivant celui au titre duquel ils sont établis.

TITRE VII: DES DISPOSITIONS TRANSITOIRES ET FINALES

Article 193 : Le ministre chargé des finances prend les dispositions pour conférer au plus tard le 1er janvier 2019, aux ministres sectoriels et aux présidents d'institutions constitutionnelles et assimilées, la qualité d'ordonnateur principal des crédits, des programmes et des budgets annexes de leurs ministères ou institutions.

Article 194 : Le ministre chargé des finances prend les dispositions pour l'application intégrale au plus tard le 1er janvier 2019 des règles et procédures découlant du principe de la constatation des droits et obligations telles que définies aux articles 161 et 162 du présent décret.

Article 195 : En attendant la mise en œuvre des dispositions des articles 193 et 194 ci-dessus, le décret n°2005-255/PRES/PM/MFB du 12 mai 2005, portant règlement général sur la comptabilité publique et son modificatif restent applicables.

Article 196 : Des textes réglementaires complètent ou précisent les dispositions du présent décret.

Article 197 : Sous réserve des dispositions de l'article 195 du présent décret, sont abrogés, le décret n°2005-255/PRES/PM/MFB du 12 mai 2005, portant règlement général sur la comptabilité publique et son modificatif.

Article 198 : Sous réserve des dispositions de l'article 195 ci-dessus, le présent décret entre en vigueur à partir du 1er janvier 2017.

Article 199 : Le Ministre de l'Economie, des Finances et du Développement est chargé de l'exécution du présent décret qui sera publié au Journal Officiel du Faso.

Ouagadougou, le 08 juillet 2016
Le Premier Ministre
Paul Kaba THIEBA

Le Ministre de l'Economie,
des Finances et du Développement
Hadizatou Rosine COULIBALY/SORI

COTE D'IVOIRE : RÉGLMENT GÉNÉRAL SUR LA COMPTABILITÉ PUBLIQUE

REPUBLIQUE DE COTE D'IVOIRE

PRESIDENCE DE LA REPUBLIQUE

Union - Discipline - Travail

DECRET N° 2014-416 DU 09 JUILLET 2014

PORTANT REGLEMENT GENERAL SUR LA COMPTABILITE PUBLIQUE

LE PRESIDENT DE LA REPUBLIQUE,

Sur rapport conjoint du Ministre auprès du Premier Ministre, chargé de l'Economie et des Finances et du Ministre auprès du Premier Ministre, chargé du Budget;

Vu la Constitution ;

Vu le Traité de l'Union Economique et Monétaire Ouest Africaine ;

Vu la loi organique n°2014-336 du 05 juin 2014 relative aux lois de finances ;

Vu la loi organique n°2014-337 du 05 juin 2014 portant Code de Transparence dans la Gestion des Finances Publiques ;

Vu le décret n°2012-1118 du 21 novembre 2012 portant nomination du Premier Ministre, Chef du Gouvernement ;

Vu le décret n°2012-1119 du 22 novembre 2012 portant nomination des Membres du Gouvernement, tel que modifié par les décrets n° 2013-505 du 25 juillet 2013, n° 2013-784, n°2013-785, n° 2013-786 du 19 novembre 2013 et n° 2014-89 du 12 mars 2014 ;

Vu le décret n° 2013-506 du 25 juillet 2013 portant attributions des Membres du Gouvernement, tel que modifié par le décret n° 2013-802 du 21 novembre 2013 ;

LE CONSEIL DES MINISTRES ENTENDU,

DECRETE :

TITRE 1 : DISPOSITIONS GENERALES

Article 1 : Le présent décret fixe les règles fondamentales régissant l'exécution des budgets publics, la comptabilité, le contrôle des opérations financières, la gestion des deniers, valeurs et biens appartenant ou confiés à l'Etat et aux établissements publics nationaux.

Les collectivités territoriales et leurs établissements ainsi que les organismes de sécurité sociale, le cas échéant, sont régis par des textes particuliers qui s'inspirent des principes définis dans le présent décret.

Article 2 : Les biens immobiliers, les biens mobiliers, les deniers, les valeurs, titres et matières qui constituent le patrimoine de l'Etat, des établissements publics nationaux et des collectivités territoriales sont acquis, affectés, conservés et cédés dans les conditions fixées par le présent décret et les règles particulières concernant la passation des marchés publics, la comptabilité des deniers, des valeurs et celle des matières.

Article 3 : Les ressources et les charges de l'Etat et des établissements publics nationaux sont autorisées par une loi de finances qui est exécutée conformément aux lois et règlements en vigueur.

Aucune recette publique ne peut être liquidée ou encaissée, aucune dépense publique ne peut être engagée ou payée si elle n'a été au préalable autorisée par une loi de finances.

De même, les emprunts à moyen et long termes, les cessions d'actifs, les prêts et avances font l'objet d'autorisation par une loi de finances.

En cours d'année, des actes modificatifs de la loi de finances peuvent intervenir pour changer la répartition initiale sous la forme d'ouverture de crédits par décret d'avances, de transferts de crédits, de virements de crédits, de fonds de concours, de reports de crédits et de rétablissements de crédits dans les conditions fixées par la loi organique relative aux lois de finances.

Les ressources et les charges des collectivités territoriales sont prévues et autorisées par leurs budgets respectifs approuvés par arrêté du Ministre chargé des Collectivités territoriales.

Article 4 : L'exécution de la loi de finances relève exclusivement de l'ordonnateur, du contrôleur financier ou budgétaire et du comptable public.

Article 5 : Les administrations et services en charge de la gestion des finances publiques et leurs personnels bénéficient de moyens financiers et matériels nécessaires à la bonne exécution de leurs missions.

Les modalités d'application de cette disposition sont précisées par un décret spécifique.

TITRE II : ORDONNATEURS ET COMPTABLES PUBLICS

CHAPITRE 1 : DISPOSITIONS COMMUNES

Article 6 : Les fonctions d'ordonnateur et celles de comptable public sont incompatibles.

Les conjoints, les ascendants et les descendants des ordonnateurs ne peuvent être comptables des organismes auprès desquels ces ordonnateurs exercent leurs fonctions.

Ces incompatibilités peuvent être étendues par les textes règlementaires.

Article 7 : Il est interdit à toute personne non pourvue d'un titre légal d'exercer des fonctions d'ordonnateur, de contrôleur financier, de contrôleur budgétaire ou de comptable public, sous peine de poursuites prévues par la loi.

Le titre légal résulte de la nomination d'un ordonnateur ou d'un comptable public conformément aux lois et règlements en vigueur.

Article 8 : Tout détenteur d'un titre légal, pour exercer ses fonctions, doit être accrédité.

L'accréditation est l'obligation qui est faite à un agent intervenant dans les opérations financières de l'Etat, des établissements publics nationaux et des collectivités territoriales, de notifier à d'autres agents désignés par les lois et règlements, son acte de nomination et son spécimen de signature.

L'accréditation de l'ordonnateur s'effectue sous sa responsabilité et de manière diligente dès sa prise de fonction.

L'accréditation du comptable public s'effectue sous sa responsabilité et de manière diligente dès son installation et sa prise de fonction.

CHAPITRE II : ORDONNATEURS

Article 9 : Est ordonnateur toute personne ayant qualité au nom de l'Etat, des établissements publics nationaux et des collectivités territoriales, de prescrire l'exécution des recettes ou des dépenses inscrites au budget.

Les ministres et les présidents des institutions constitutionnelles sont ordonnateurs principaux des crédits, des programmes et des budgets annexes de leur ministère ou de leur institution, sous réserve du pouvoir de régulation des crédits budgétaires et de gestion de la trésorerie de l'Etat du Ministre chargé des finances.

Les ministres et les présidents d'institutions constitutionnelles peuvent exercer leurs attributions d'ordonnateur par le moyen d'ordonnateurs délégués.

Les ordonnateurs peuvent déléguer tout ou partie des crédits dont ils ont la charge à des agents publics dans les conditions déterminées par les textes règlementaires

Les directeurs des établissements publics nationaux sont ordonnateurs principaux des recettes et des dépenses de ces établissements. Ils peuvent déléguer leurs pouvoirs dans les conditions prévues par les lois et règlements régissant les établissements publics.

Les ordonnateurs peuvent également être suppléés en cas d'absence ou d'empêchement.

Article 10 : Le Ministre chargé des Finances est ordonnateur principal unique des recettes du budget général, des comptes spéciaux du Trésor et de l'ensemble des opérations de trésorerie. Il prescrit l'exécution des recettes, constate les droits de l'Etat, liquide et émet les titres de créances correspondants.

Article 11 : Le Ministre chargé des Finances est responsable de l'exécution de la loi de finances et du respect de l'équilibre budgétaire et financier défini par celle-ci. A ce titre, il dispose d'un pouvoir de régulation budgétaire qui lui permet, au cours de l'exécution du budget :

- d'annuler un crédit devenu sans objet au cours de l'exercice ;
- d'annuler un crédit pour prévenir une détérioration de l'équilibre budgétaire et financier ;
- de subordonner l'utilisation des crédits par les ordonnateurs aux disponibilités de trésorerie de l'Etat.

Article 12 : Les ordonnateurs prescrivent l'exécution des dépenses mentionnées au titre III du présent décret.

Sous réserve des dispositions particulières de l'article 11 ci-dessus, ils procèdent aux engagements, liquidations et ordonnancements des dépenses publiques ainsi qu'à l'émission des ordres de mouvement affectant les biens et matières de l'Etat.

Article 13 : Les ordonnateurs sont accrédités auprès des comptables publics assignataires des opérations dont ils prescrivent l'exécution, conformément aux dispositions des articles 7 et 8 du présent décret.

Article 14 : Les ordonnateurs sont personnellement responsables des contrôles qui leur incombent dans l'exercice de leurs fonctions. Ils encourent une responsabilité qui peut être disciplinaire, pénale ou civile, sans préjudice des sanctions qui peuvent leur être infligées par la juridiction financière en raison des fautes de gestion.

Dans les conditions définies aux articles 91 à 95 de la loi organique relative aux lois de finances, les membres du gouvernement et les présidents des institutions constitutionnelles encourent, en raison de l'exercice de leurs attributions, les responsabilités que prévoit la Constitution.

Article 15 : Les actes des ordonnateurs, engagement, liquidation et ordonnancement, sont retracés dans la comptabilité budgétaire permettant de suivre le déroulement des opérations budgétaires et d'effectuer le rapprochement avec les écritures des comptables publics.

CHAPITRE III : COMPTABLES PUBLICS

Section 1 : Définition et catégories de comptables publics

Article 16 : Est comptable public tout agent public régulièrement habilité à effectuer, à titre exclusif, au nom de l'Etat ou d'un organisme public, des opérations de recettes, de dépenses ou de maniement de titres, soit au moyen de fonds et valeurs dont il a la garde, soit par virement interne d'écritures, soit par l'intermédiaire d'autres comptables publics.

Est organisme public toute entité telle que définie par l'article 58 de la loi organique relative aux lois de finances.

Les comptables publics ont la charge exclusive de manier les deniers publics et de tenir la comptabilité de l'Etat, des établissements publics nationaux et des collectivités territoriales.

Les modalités de nomination des comptables publics sont définies par les textes réglementaires.

Est comptable de fait toute personne qui, sans avoir la qualité de comptable public ou sans agir sous le contrôle et pour le compte d'un comptable public, s'immisce dans la gestion de deniers publics.

Article 17 : Les différentes catégories de comptables publics sont :

- les comptables principaux ;
- les comptables secondaires ;
- les comptables supérieurs ;
- les comptables subordonnés ;
- les comptables deniers et valeurs ;
- les comptables d'ordre.

Le comptable principal rend ses comptes à la juridiction financière.

Le comptable secondaire est celui dont les opérations sont centralisées par un comptable principal auquel il rend compte.

Le comptable supérieur est le comptable qui a sous son autorité hiérarchique un ou des comptables subordonnés. Il est diplômé du Cycle Supérieur de l'Ecole Nationale d'Administration, option Trésor.

Les comptables deniers et valeurs sont des personnes habilitées, affectées au maniement et à la conservation des fonds publics, des valeurs qui sont des valeurs de portefeuille, bons, traites, obligations, rentes et actions de société. Ce sont les comptables directs du Trésor, les comptables des administrations financières et les agents comptables des établissements publics.

Les comptables d'ordre sont ceux qui centralisent et présentent dans leurs écritures et leurs comptes les opérations financières exécutées par d'autres comptables. Toutefois, les fonctions de comptable d'ordre ne sont pas incompatibles avec celles de comptable deniers et valeurs.

Les fonctions de Directeur Général, de Directeur chargé du Trésor et de Directeur chargé de la Comptabilité Publique sont incompatibles avec les fonctions de comptable public.

Article 18 : Le comptable deniers et valeurs mentionné à l'article 17 du présent décret est seul habilité à effectuer les opérations ci-après décrites :

- la prise en charge et le recouvrement des rôles, titres de perception, bulletins de liquidation et ordres de recettes non fiscales qui lui sont remis par un ordonnateur, des créances constatées par un contrat ou un marché public, un titre de propriété ou tout autre titre ou acte dont il assure la conservation ainsi que l'encaissement des droits au comptant et des recettes de toute nature que les administrations publiques sont habilitées à recevoir ;

- le visa, la prise en charge et le règlement des dépenses, soit sur ordre émanant d'un ordonnateur accrédité, soit au vu des titres présentés par les créanciers, soit de sa propre initiative, ainsi que la suite à donner aux oppositions et autres significations ;
- la gardeet la conservation des fonds, valeurs, titres et matières appartenant ou confiés à l'Etat ou aux autres administrations publiques ;
- le maniement des fonds et les mouvements des comptes de disponibilités ;
- la conservation des pièces justificatives des opérations et des documents de comptabilité ;
- la tenue de la comptabilité du poste qu'il dirige.

Article 19 : Sous l'autorité du Ministre chargé des Finances, les comptables directs du Trésor Public, principaux ou secondaires, exécutent toutes opérations budgétaires, financières et de trésorerie de l'Etat, des budgets annexes et des comptes spéciaux du Trésor.

Article 20: Les comptables des administrations financières des Impôts et des Douanes sont des fonctionnaires ou agents ayant qualité de comptables deniers et valeurs et chargés en particulier du recouvrement d'impôts, de droits, de redevances et de recettes diverses ainsi que des pénalités fiscales et des frais de poursuites dans les conditions fixées par le Code général des impôts, le Code des douanes, le Code du domaine de l'Etat et les lois et règlements.

Les comptables principaux des administrations financières sont issus de la Direction Générale du Trésor et de la Comptabilité Publique.

Les comptables des administrations financières peuvent être organisés en réseaux de postes comptables comprenant des comptables supérieurs ou subordonnés, principaux ou secondaires, distincts du réseau du Trésor Public, dans les conditions fixées par les textes règlementaires.

Les opérations des comptables des administrations financières sont centralisées dans les écritures du Trésor Public.

Article 21 : Les agents comptables des établissements publics nationaux exécutent toutes les opérations de recettes et de dépenses budgétaires ainsi que toutes les opérations de trésorerie de l'établissement auprès duquel ils sont accrédités.

L'agent comptable, chef des services de la comptabilité, a la qualité de comptable principal.

Des comptables secondaires peuvent être désignés selon les modalités prévues par les textes règlementaires et les textes particuliers organisant les établissements publics nationaux.

Article 22 : Les comptables publics peuvent avoir sous leur autorité des régisseurs de recettes ou d'avances.

Ces régisseurs sont habilités à exécuter des opérations d'encaissement ou de décaissement. Ils sont personnellement et pécuniairement responsables de leurs opérations.

Le comptable public de rattachement a l'obligation de contrôler sur pièces et sur place les opérations et la comptabilité des régisseurs. Il est personnellement et pécuniairement responsable des opérations des régisseurs dans la limite des contrôles qui lui incombent.

Les modalités de création, d'organisation, de fonctionnement, de contrôle et de clôture des régies de recettes et d'avances auprès de l'Etat, des établissements publics nationaux et des projets d'investissement sont fixées par décret.

Les régisseurs de recettes et d'avances sont nommés par arrêté du Ministre chargé des Finances, sur proposition du Directeur Général chargé du Trésor et de la Comptabilité Publique, après avis du comptable assignataire.

Section II : Droits et obligations des comptables publics

Article 23 : Les comptables publics sont astreints à la prestation de serment devant les juridictions compétentes et à la constitution de garanties.

La formule de serment est définie par les textes règlementaires.

Aucun comptable ne peut entrer en fonction s'il n'a pas justifié de l'accomplissement de ces deux obligations.

Un arrêté du Ministre chargé des Finances fixe les conditions de constitution, de gestion et de libération des garanties des comptables publics.

Article 24 : Les comptables publics sont accrédités auprès des ordonnateurs ainsi que, le cas échéant, des autres comptables publics avec lesquels ils sont en relation.

Ils sont administrateurs des crédits destinés au fonctionnement des services dont ils ont la charge.

Article 25 : Les comptables publics peuvent déléguer leurs pouvoirs à un ou plusieurs mandataires ayant qualité pour agir en leur nom et sous leur responsabilité.

Sauf dérogation autorisée par le Ministre chargé des Finances, le mandataire doit être choisi parmi les agents du poste.

Le mandataire est accrédité dans les mêmes conditions que le comptable titulaire.

Article 26 : Les seuls contrôles que les comptables publics sont tenus d'exercer sont les suivants :

a) en matière de recettes, le contrôle :

- de l'autorisation de ercevoir les recettes, ans les conditions prévues, pour l'Etat et chaque catégorie d'administrations publiques, par les lois et règlements ;
- de la mise en recouvrement et de la liquidation des créances ainsi que de la régularité des réductions et des annulations de titres de recettes, dans la limite des éléments dont ils disposent ;

b) en matière de dépenses, le contrôle :

- de la qualité de l'ordonnateur ou de son délégué, et de l'assignation de la dépense ;
- de la validité de la créance, portant sur :
  - la justification du service fait, résultant de la certification délivrée par l'ordonnateur ainsi que des pièces justificatives produites ;
  - l'intervention préalable des contrôles, autorisations, approbations, avis ou visas réglementaires ;
  - la production des justifications et, le cas échéant, du certificat de prise en charge à l'inventaire ;
  - l'application des règles de prescription et de déchéance ;
- de la disponibilité des crédits au niveau du programme ou de la dotation ;
- du caractère libératoire du règlement incluant le contrôle de l'existence éventuelle d'oppositions, notamment de saisies-arrêts ou de cessions ;

c) en matière de patrimoine, le contrôle :

- de la prise en charge à l'inventaire des actifs financiers et non financiers acquis ;
- de la conservation des droits, privilèges et hypothèques des immobilisations incorporelles et corporelles.

Article 27 : Les comptables publics procèdent à l'arrêté périodique de leurs écritures dans les conditions fixées par la réglementation comptable en vigueur.

Au 31 décembre de chaque année, ils procèdent obligatoirement à l'arrêté de toutes les caisses publiques. A cette date, il est établi un procès-verbal constatant et détaillant l'état de l'encaisse et des valeurs ainsi que celui des comptes de dépôts justifié par un état de rapprochement.

Un arrêté du Ministre chargé des Finances fixe les modalités relatives à l'organisation, au déroulement, au délai de dépôt, d'exploitation et de publication des rapports de ces opérations de contrôle.

Article 28 : Les comptes de l'Etat, des établissements publics nationaux et des collectivités territoriales sont produits à la juridiction financière au plus tard le 30 juin de l'exercice suivant celui au titre duquel ils sont établis.

En cas de retard, des amendes peuvent être infligées aux comptables publics par la juridiction financière.

En cas de besoin, un comptable public commis d'office peut être désigné par le Ministre chargé des Finances pour produire les comptes de gestion ou financiers.

Section III : Responsabilité des comptables publics

Article 29 : La responsabilité des comptables publics est engagée conformément à l'article 97 de la loi organique relative aux lois de finances.

Le comptable public dont la responsabilité est engagée a l'obligation de verser, de ses deniers personnels, une somme égale soit au montant du déficit ou manquant constaté, de la perte de recette subie, de la dépense payée à tort ou de l'indemnité mise de son fait à la charge de l'Etat ou de tout autre organisme public.

Les comptables publics ne sont ni personnellement ni pécuniairement responsables des erreurs commises dans l'assiette et la liquidation des produits qu'ils sont chargés de recouvrer.

Les gestions irrégulières entrainent, pour leurs auteurs déclarés comptables de fait par la juridiction financière, les mêmes obligations et responsabilités que les gestions patentes pour les comptables publics selon les modalités procédurales décrites par la loi portant organisation et fonctionnement de ladite juridiction.

Article 30 : Les comptables publics ne sont pas tenus de déférer aux ordres irréguliers qui engagent leur responsabilité personnelle et pécuniaire, sauf en cas de réquisition émanant de l'ordonnateur principal dans les conditions définies à l'article 51 du présent décret. Dans ce cas, la responsabilité de ce dernier se substitue à celle du comptable public.

Article 31 : La responsabilité pécuniaire d'un comptable public est mise en jeu par une décision de débet de nature soit administrative, soit juridictionnelle. Le débet administratif résulte d'un arrêté du Ministre chargé des Finances. Le débet juridictionnel résulte d'un arrêt de la juridiction financière.

Les arrêtés de débet produisent les mêmes effets et sont soumis aux mêmes règles d'exécution que les décisions juridictionnelles. Ils sont susceptibles de recours.

Le comptable de fait peut être condamné par la juridiction financière à une amende, en raison de son immixtion dans les fonctions de comptable public.

Cette amende est calculée suivant l'importance et la durée de la détention ou du maniement des deniers. Son montant ne pourra dépasser le total des sommes indûment détenues ou maniées.

Article 32 : Les comptables publics peuvent obtenir une décharge de responsabilité ou la remise gracieuse des sommes laissées à leur charge dans les conditions prévues par les textes règlementaires en vigueur.

Les comptables publics peuvent bénéficier d'un sursis de versement pendant l'examen de leur demande de décharge de responsabilité ou de remise gracieuse.

En cas de décharge de responsabilité ou de remise gracieuse, les débets restent à la charge du budget de l'Etat ou de l'organisme public concerné, dans les conditions fixées par la réglementation en vigueur.

Section IV : Cessation de la fonction du comptable public et libération des garanties

Article 33 : La cessation de fonction d'un comptable public est prononcée dans les mêmes formes que sa nomination.

Hormis le cas de décès ou d'absence irrégulière, la cessation de fonction provisoire ou définitive d'un comptable public donne lieu à l'établissement d'un procès-verbal de remise de service.

Dans les conditions fixées par la réglementation en vigueur, le Ministre chargé des Finances ou toute autre autorité supérieure compétente peut désigner, dans l'attente de la prise de fonction du comptable titulaire, un comptable intérimaire qui a les mêmes droits et obligations que ce dernier

Ce comptable intérimaire doit être, au minimum, de même rang que le comptable titulaire.

La durée de l'intérim ne peut excéder trois mois renouvelables une fois.

Article 34 : La libération des garanties constituées par un comptable public ne peut intervenir que dans les conditions suivantes :

- pour les comptables principaux : après arrêts définitifs de quitus rendus par la juridiction financière sur les différentes gestions dont ils avaient la charge jusqu'à leur cessation de fonction ou par intervention de la prescription acquisitive conformément aux dispositions de l'article 85 et 86 de la loi organique relative aux lois de finances ;
- pour les comptables secondaires : après obtention du certificat de décharge délivré par le Directeur Général chargé de la Comptabilité Publique, sur avis des comptables principaux auxquels ces comptables secondaires sont rattachés.

Le certificat de décharge est délivré dans un délai fixé par les textes règlementaires. Il permet uniquement d'accorder la libération des garanties, mais n'emporte pas de conséquences quant à l'appréciation de la responsabilité éventuelle du comptable secondaire.

La libération des garanties est accordée par décision du Ministre chargé des Finances, sur proposition du Directeur Général chargé de la Comptabilité Publique, après constatation que les conditions prévues ci- dessus sont réunies.

TITRE III : OPERATIONS D'EXECUTION DU BUDGET

CHAPITRE 1 : OPERATIONS DE RECETTES

Article 35 : Les recettes de l'Etat comprennent les produits d'impôts, de taxes, de droits, les dons et les autres produits autorisés par les lois et règlements en vigueur ou résultant de décisions de justice ou de conventions.

Article 36 : Seules les recettes définies à l'article 35 ci-dessus peuvent être perçues.

Il est interdit d'accorder des exonérations en franchise des recettes définies à l'article 35 du présent décret ou d'effectuer gratuitement la délivrance de produits ou services payants de l'Etat.

Article 37 : Il est fait recette au budget de l'Etat du montant intégral de tous les produits, quelle qu'en soit la provenance, et sans contraction entre les recettes et les dépenses.

Section 1 : Constatation, liquidation et ordonnancement des recettes

Article 38 : Les recettes sont constatées, liquidées et ordonnancées avant d'être prises en charge et recouvrées.

La constatation a pour objet d'identifier et d'évaluer la matière imposable.

La liquidation a pour objet de déterminer le montant de la créance sur les redevables et d'indiquer les bases sur lesquelles elle est effectuée.

Toute créance constatée et liquidée fait l'objet d'un titre de perception ou d'un ordre de recette émis par l'ordonnateur du budget concerné qui en a seul l'initiative.

En matière d'impôts et taxes assimilées, les rôles, les avis d'imposition, les états de liquidation et les titres de régularisation forment titres de perception.

Les redevances pour services rendus et les autres produits divers et éventuels de l'Etat sont perçus sur ordres de recettes formant titres de perception des créances constatées par états de liquidation ou décisions administratives.

Toute erreur de liquidation donne lieu soit à l'émission d'un ordre d'annulation ou de réduction de recette, soit à l'émission d'un ordre de recette complémentaire.

Article 39 : Les règles d'exigibilité des créances de l'Etat sont fixées par la loi.

Les actes formant titres de perception sont notifiés par les ordonnateurs aux comptables publics pour prise en charge. Ils sont notifiés aux redevables par avis les informant de la date d'échéance et des modalités de règlement.

Section II : Recouvrement des recettes

Article 40 : Les modalités de recouvrement des recettes sont régies par les dispositions législatives et règlementaires en vigueur.

Article 41 : Les redevables de l'Etat, des établissements publics nationaux et des collectivités territoriales s'acquittent de leurs dettes par versement d'espèces, par remise de chèque ou effets bancaires ou par virement dans un compte de disponibilités des comptables publics. Ils peuvent également, dans les conditions prévues par la loi, s'acquitter de leurs dettes par remise d'effets de commerce ou d'obligations cautionnées.

Les versements en espèce donnent lieu à la délivrance d'une quittance. Pour les autres modes de paiement, des déclarations de recette sont délivrées après exécution du règlement aux parties. Il n'est pas délivré de reçu lorsque le redevable reçoit, en échange de son versement, des timbres, formules, tickets ou valeurs.

Section III : Compensation et prescription des recettes

Article 42 : Les débiteurs de l'Etat, des établissements publics nationaux et des collectivités territoriales ne peuvent pas se prévaloir de leurs créances vis- à-vis de l'Etat pour s'opposer au paiement de leurs dettes.

Par contre, le comptable public doit, préalablement à tout paiement, opérer la compensation légale entre les dettes et les créances assignées sur sa caisse.

Article 43 : Les règles de prescription des recettes de l'Etat sont régies par les textes règlementaires en vigueur.

CHAPITRE II : OPERATIONS DE DEPENSES

Article 44 : Les dépenses de l'Etat et des établissements publics nationaux sont autorisées par la loi de finances.

Article 45 : Les dépenses sont engagées, liquidées et ordonnancées avant d'être payées.

Toutefois, certaines catégories de dépenses préalablement énumérées de façon limitative par un décret pris en Conseil des Ministres peuvent être payées avant ordonnancement, mais doivent faire l'objet d'un ordonnancement de régularisation dans un délai de soixante jours à compter de la date de paiement.

Section 1 : Phase administrative de la dépense publique

Article 46 : L'engagement juridique de la dépense publique est l'acte par lequel l'Etat crée ou constate à son encontre une obligation de laquelle résultera une charge.

L'engagement comptable de la dépense publique consiste à affecter des crédits au paiement de la dépense.

Le montant total des engagements ne doit pas dépasser le montant des autorisations budgétaires, exception faite des crédits évaluatifs, et doit demeurer subordonné aux lois et règlements en vigueur.

Article 47 : La liquidation a pour objet de vérifier la réalité de la dette et d'arrêter le montant exact de la dépense. Elle est faite au vu des titres et pièces justifiant la preuve des droits acquis par les créanciers.

Sauf dans les cas d'avance ou de paiement préalable autorisés par les lois et règlements en vigueur, les services liquidateurs de l'Etat, des établissements publics nationaux et des collectivités territoriales ne peuvent arrêter les droits des créanciers, y compris pour ce qui concerne les acomptes sur marché de travaux, biens ou services, qu'après constatation du service fait.

Article 48 : L'ordonnancement est l'acte administratif par lequel, conformément aux résultats de la liquidation, l'ordre est donné par l'ordonnateur au comptable assignataire de payer la dette de l'Etat, des établissements publics nationaux et des collectivités territoriales.

Les ordres de paiement signés par les ordonnateurs sont assignés sur la caisse des comptables de l'Etat, des établissements publics nationaux et des collectivités territoriales.

Article 49 : Les modalités pratiques d'exécution de la dépense, lors de la phase administrative, sont fixées par un décret spécifique.

Section 2 : Phase comptable de la dépense publique et de la réquisition de paiement

Article 50 : Le paiement est l'acte par lequel l'Etat, les établissements publics nationaux et les collectivités territoriales se libèrent de leur dette. Sous réserve des exceptions prévues par les lois et règlements en vigueur, les paiements ne peuvent intervenir qu'à l'échéance de la dette, après l'exécution du service, au vu de décisions individuelles d'attribution de subvention, d'allocation ou d'avance.

Article 51 : Lorsque des irrégularités sont constatées par les comptables publics, à l'occasion des contrôles en matière de dépenses prévus à l'article 26 du présent décret, ils sont tenus de refuser le visa de la dépense.

Les comptables publics sont tenus également d'adresser aux ordonnateurs et au Ministre chargé des Finances une déclaration écrite et motivée de leurs refus de visa, accompagnée des pièces rejetées.

En cas de désaccord persistant, l'ordonnateur principal, après avoir recueilli l'avis consultatif du Ministre chargé des Finances, peut réquisitionner le comptable public selon les dispositions prévues par la réglementation en vigueur.

Dans ce cas, le comptable public procède au paiement de la dépense et annexe au mandat, une copie de sa déclaration de rejet et l'original de l'acte de réquisition qu'il a reçu. Une copie de la réquisition et une copie de la déclaration des rejets sont transmises à la juridiction financière et au Ministre chargé des Finances, qui les fait publier au Journal Officiel.

Toutefois, sous réserve des dispositions particulières prévues par la réglementation en vigueur, les comptables publics ne peuvent déférer à la réquisition de l'ordonnateur dès lors que le refus de visa est motivé par :

- l'indisponibilité de crédits ;
- l'absence de justification du service fait, sauf pour les avances et les subventions ;
- le caractère non libératoire du règlement.

Lorsque le comptable public obtempère, en dehors des cas ci-dessus énumérés, à l'ordre de payer de l'ordonnateur, il cesse d'être responsable personnellement et pécuniairement de la dépense en cause. Dans ce cas, la responsabilité est transférée à l'ordonnateur.

Article 52 : Toutes oppositions ou autres significations ayant pour objet de suspendre le paiement doivent être adressées au comptable assignataire de la dépense. A défaut, pour le saisissant ou l'opposant, de remplir les formalités prescrites en la matière, l'opposition ou la signification sera réputée non avenue.

Article 53 : Les règlements de dépenses sont faits par virement, remise de chèques, d'espèces ou tout autre instrument de paiement dans les conditions fixées par la réglementation en vigueur.

Ces règlements ne doivent intervenir que sous réserve de l'application par le comptable assignataire des dispositions de l'article 42 du présent décret relatives à la compensation légale.

Les comptables assignataires sont chargés de vérifier les droits et qualités des parties prenantes et la régularité de leurs acquits et, à cet effet, d'exiger les pièces justificatives prévues par la réglementation en vigueur.

Article 54 : Lorsque le créancier de l'Etat, des établissements publics nationaux ou des collectivités territoriales refuse de recevoir le paiement, la somme correspondante est consignée dans les écritures du Trésor Public, dans l'attente de la résolution du litige.

Section III : Prescription de la dépense publique

Article 55 : Les règles de prescription de la dépense publique sont prévues à l'article 73 de la loi organique relative aux lois de finances.

CHAPITRE III : OPERATIONS DE TRESORERIE

Article 56 : Sont définis comme opérations de trésorerie tous les mouvements de numéraires, de valeurs mobilisables, de comptes de dépôts, de comptes courants et de comptes de créances et de dettes à court, moyen et long termes.

Les opérations de trésorerie comprennent :

- les opérations d'encaissement et de décaissement ;
- l'approvisionnement et le dégagement en fonds des caisses publiques ;
- l'escompte et l'encaissement des traites et obligations émises au profit del'Etat dans le cadre de la réglementation en vigueur ;
- la gestion des fonds déposés par les correspondants et les opérations faites pour leur compte ;
- les tirages sur financements extérieurs, l'émission, la conversion, la gestion et le remboursement des emprunts publics à court, moyen et long termes ;
- les opérations de prêts et avances ;
- l'encaissement des produits des cessions d'actifs.

Article 57 : Les opérations de trésorerie sont exécutées exclusivement par les comptables publics soit à leur propre initiative, soit sur l'ordre du Ministre chargé des Finances ou à la demande des tiers qualifiés pour leur compte. Les opérations de trésorerie sont décrites pour leurs montants respectifs et sans contraction.

Article 58 : Les fonds détenus par les comptables publics sont gérés selon le principe de l'unité de caisse. Un poste comptable dispose, sauf dérogation expresse du Ministre chargé des Finances, d'une seule caisse, d'un seul compte courant bancaire quel que soit le nombre d'unités administratives dont il assure la gestion.

L'unité de trésorerie est le principe selon lequel le Trésor Public a un seul compte ouvert à la banque centrale dans lequel toutes les ressources détenues par l'ensemble des comptables publics sont déposées au nom de l'Etat et duquel tous les décaissements sont effectués.

Hormis les mouvements de numéraires nécessités par l'approvisionnement et le dégagement des caisses des comptables publics, tous les règlements entre comptables publics sont réalisés par compte de transfert ou par virement de compte.

Les comptables publics procèdent à l'encaissement des titres et obligations qu'ils détiennent. Ils les présentent à l'escompte dans les conditions prévues par la réglementation bancaire en vigueur.

Les plafonds des encaisses des comptables publics ainsi que les conditions et délais de leur dégagement sont fixés par arrêté du Ministre chargé des Finances.

Article 59 : Tous les fonds publics, y compris les ressources extérieures mobilisées au titre des projets, sont déposés dans un Compte Unique du Trésor Public ouvert dans les livres de la Banque Centrale des Etats de l'Afrique de l'Ouest, en abrégé BCEAO.

Toutefois, le Ministre chargé des Finances peut autoriser l'ouverture de comptes :

- sur le territoire national, à la BCEAO ou dans une banque commerciale pour y déposer les fonds mobilisés dans le cadre de conventions de financement des bailleurs de fonds. Dans ce cas, la convention de financement prévoit les modalités de gestion desdits comptes ;
- sur le territoire national, dans des banques commerciales situées dans des localités non desservies par des agences de la BCEAO ;
- à l'étranger, dans des institutions financières agréées par le Ministre chargé des Finances.

Les ordonnateurs et autres agents de l'Etat n'ayant pas qualité de comptable public, de régisseur de recettes ou d'avances ne peuvent en aucun cas se faire ouvrir, ès qualité, un compte de disponibilités.

Le Ministre chargé des Finances est seul habilité à autoriser l'ouverture de compte de disponibilités

Article 60 : Les fonds appartenant à l'Etat, aux établissements publics nationaux, aux collectivités territoriales et détenus par les comptables publics, sont insaisissables par les tiers.

Article 61 : La conversion de la dette publique ne peut être opérée que conformément aux autorisations données par une loi de finances.

Les textes règlementaires fixent les conditions dans lesquelles les titres d'emprunt émis par l'Etat détériorés, perdus ou volés, peuvent être frappés d'opposition, remplacés ou remboursés.

Article 62 : Les correspondants du Trésor Public sont les organismes et particuliers qui, soit en application des lois et règlements, soit en vertu de conventions, déposent, à titre obligatoire ou facultatif, des fonds au Trésor Public ou sont autorisés à procéder à des opérations de recettes et de dépenses par l'intermédiaire de ses comptables.

Les textes règlementaires fixent les conditions d'ouverture ou de fonctionnement des comptes ouverts au nom des correspondants.

Les comptes ouverts au nom des correspondants ne peuvent présenter de découvert.

CHAPITRE IV : OPERATIONS SUR LE PATRIMOINE

Article 63 : Le patrimoine financier de l'Etat, des établissements publics nationaux et des collectivités territoriales est l'ensemble des actifs financiers détenus, à savoir les espèces, les dépôts à vue et à terme, les valeurs mobilières ou les créances sur les tiers.

Le patrimoine non financier est l'ensemble des biens corporels et incorporels appartenant à l'Etat, aux établissements publics nationaux et aux collectivités territoriales.

Article 64 : La gestion du patrimoine de l'Etat, des établissements publics nationaux et des collectivités territoriales relève de la compétence de chaque ordonnateur dans la limite de la part existant dans son ministère ou institution, sous réserve des pouvoirs des autorités chargées du patrimoine non financier.

Les modalités de prise en charge, d'emploi et de conservation des biens et des matières, des objets et des valeurs sont fixées selon la réglementation en vigueur.

Les règles de classement et d'évaluation des divers éléments du patrimoine mobilier et immobilier et des stocks, les limites dans lesquelles doivent être fixés les taux d'amortissement ou les provisions pour dépréciation ainsi que les modalités de réévaluation sont prévues par un dispositif communautaire.

En attendant la mise en place de ce dispositif communautaire, la réglementation en vigueur s'applique.

Les biens corporels et incorporels appartenant à l'Etat ou à tout autre organisme public doté d'un comptable public sont insaisissables

Article 65 : Les conditions de réforme et de cession des biens durables du patrimoine sont déterminées par la réglementation en vigueur.

CHAPITRE V : JUSTIFICATION DES OPERATIONS

Article 66 : Les opérations de recettes, de dépenses, de trésorerie et de patrimoine qui sont décrites aux chapitres I à IV du titre III du présent décret, doivent être appuyées des pièces justificatives prévues dans une nomenclature établie par arrêté pris par le Ministre chargé des Finances, après avis de la juridiction financière.

Article 67 : Les pièces justificatives des opérations de recettes, de dépenses, de trésorerie et de patrimoine produites à l'appui des comptes adressés à la juridiction financière sont tenues à sa disposition pendant toute la durée de ses investigations.

Lorsqu'elles sont conservées par les comptables publics, elles ne peuvent être détruites avant l'examen des comptes concernés ou avant la durée de prescription applicable à l'opération.

La durée de conservation des pièces justificatives est de dix ans à compter du premier jour de l'année suivant celle de la reddition des comptes à la juridiction financière. Elle peut être prorogée par les textes règlementaires.

Article 68 : En cas de perte, de vol, de destruction ou de détérioration de pièces justificatives remises aux comptables publics, il est établi un certificat de perte, un procès-verbal de destruction ou de détérioration, transmis au comptable supérieur qui peut autoriser le comptable subordonné à pourvoir au remplacement des pièces sous forme de duplicata après avis de l'autorité chargée de l'inspection au sein du Trésor Public.

Lorsqu'il s'agit d'un comptable supérieur, cette autorisation est accordée par l'autorité chargée de l'inspection au sein du Trésor Public.

TITRE IV : COMPTABILITE ET COMPTES DE L'ETAT

CHAPITRE 1 : DISPOSITIONS COMMUNES

Article 69 : Le plan comptable de l'Etat s'inspire du Système Comptable Ouest Africain et des autres normes comptables internationales, tout en tenant compte des spécificités de l'Etat.

Article 70 : La comptabilité de l'Etat, des établissements publics nationaux et des collectivités territoriales a pour objet la description de leurs opérations financières.

A cet effet, elle est organisée en vue de permettre :

- l'information des autorités de contrôle et de gestion ;
- la connaissance et le contrôle des opérations budgétaires et des opérations de trésorerie ;
- la connaissance de la situation du patrimoine ;
- la détermination des résultats annuels ;
- le calcul du prix de revient, du coût et du rendement de l'activité des services ;
- l'intégration des opérations dans la comptabilité économique nationale ;
- des analyses économiques et financières en vue de l'établissement de ratios et tableaux de bord.

Article 71 : La comptabilité de l'Etat, des établissements publics nationaux et des collectivités territoriales comprend une comptabilité budgétaire et une comptabilité générale.

Sous réserve des dispositions prévues aux articles ci-après, les règles générales de comptabilité sont définies par la réglementation en vigueur.

Article 72 : La comptabilité de l'Etat, des établissements publics nationaux et des collectivités territoriales comprend :

- toutes les opérations rattachées au budget de l'année en cause jusqu'à la date de clôture de ce budget selon la réglementation en vigueur ;
- toutes les opérations de trésorerie et les opérations sur le patrimoine faites au cours de l'année ainsi que les opérations de régularisation.

Les comptes de l'Etat, des établissements publics nationaux et des collectivités territoriales sont arrêtés à la fin de la période d'exécution du budget par les ordonnateurs en ce qui concerne la comptabilité budgétaire et la comptabilité des matières, et par les comptables principaux en ce qui concerne la comptabilité générale de l'Etat.

CHAPITRE II : COMPTABILITE BUDGETAIRE

Article 73 : La comptabilité budgétaire a pour objet de retracer, pour l'exercice concerné, les opérations d'exécution du budget de l'Etat, des établissements publics nationaux et des collectivités territoriales en recettes et en dépenses et conformément à la nomenclature de présentation et de vote du budget ou de l'état des prévisions.

Cette comptabilité est renseignée par les comptables publics en ce qui concerne les encaissements et paiements relatifs aux opérations de recettes et de dépenses.

Elle permet de suivre les liquidations, émissions, prises en charge, recouvrements et restes à recouvrer en matière de recettes, d'une part, les engagements, liquidations, ordonnancements, paiements et restes à payer en matière de dépenses, d'autre part

La comptabilité budgétaire dégage un résultat correspondant à la différence entre les recettes encaissées et les dépenses liquidées sur le budget général et les comptes spéciaux, au titre de l'année considérée.

Article 74 : La comptabilité budgétaire tenue par les ordonnateurs couvre la phase administrative des opérations de recettes et de dépenses.

Elle est tenue en partie simple.

Article 75 : La période couverte par la comptabilité budgétaire est la gestion couvrant l'année civile, sans période complémentaire. Une circulaire du Ministre chargé des Finances fixe les délais-limites pour l'arrêté des opérations d'engagement, de liquidation et d'ordonnancement au titre de l'exécution du budget d'une année donnée.

Article 76 : Les comptes générés par la comptabilité budgétaire sont constitués des comptes administratifs établis par les ordonnateurs et consolidés par le Ministre chargé des Finances, appuyés d'un état de développement des recettes budgétaires et d'un état de développement des dépenses budgétaires établis par le comptable principal.

CHAPITRE III : COMPTABILITE GENERALE DE L'ETAT

Article 77 : La comptabilité générale de l'Etat, des établissements publics nationaux et des collectivités territoriales a pour objet de décrire le patrimoine de l'Etat et son évolution. Elle est tenue en partie double et est fondée sur le principe de la constatation des droits et des obligations dans les conditions fixées par le décret portant Plan Comptable de l'Etat.

Les opérations sont prises en compte au titre de l'exercice auquel elles se rattachent indépendamment de leur date de paiement ou d'encaissement.

La comptabilité générale de l'Etat, des établissements publics nationaux et des collectivités territoriales s'appuie sur la comptabilité des matières.

La comptabilité générale de l'Etat, des établissements publics nationaux et des collectivités territoriales est une comptabilité d'exercice. Elle a pour objet de retracer :

- les opérations budgétaires ;
- les opérations de trésorerie ;
- les opérations faites avec des tiers et les opérations d'attente et de régularisation ;
- les mouvements du patrimoine et des valeurs ;
- les flux de gestion internes : amortissements, provisions, les produits et charges rattachés.

Article 78 : L'organisation de la comptabilité générale de l'Etat, des établissements publics nationaux et des collectivités territoriales est fondée sur les principes suivants :

- la déconcentration de la comptabilité générale, en vue de la rapprocher du fait générateur et des ordonnateurs ainsi que de leurs services gestionnaires ;
- l'inscription au bilan de l'Etat, des établissements publics nationaux et des collectivités territoriales de tous les flux de gestion portant sur les actifs non financiers, les dettes et créances, en vue de la connaissance du patrimoine public et partant, de la capacité de l'Etat, des établissements publics nationaux et des collectivités territoriales à faire face à ses engagements.

Article 79 : La comptabilité générale de l'Etat, des établissements publics nationaux et des collectivités territoriales est tenue exclusivement par les comptables directs du Trésor Public et les comptables des administrations financières par année civile.

Elle peut être assortie d'une période complémentaire d'une durée maximum d'un mois à compter de la fin de l'exercice budgétaire.

Seules des opérations de régularisation d'ordre comptable peuvent être effectuées au cours de la période complémentaire. Aucune opération budgétaire ne peut être effectuée au cours de cette période.

Article 80 : Les modalités d'exécution des opérations de régularisations pendant la période complémentaire sont définies dans les procédures comptables prévues par le décret portant Plan Comptable de l'Etat.

Article 81 : Les comptes annuels de l'Etat sont dressés par le Ministre chargé des Finances et comprennent le Compte Général de l'Administration des Finances et les états financiers.

Le Compte Général de l'Administration des Finances comprend :

- la balance générale des comptes ;
- le développement des recettes budgétaires ;
- le développement des dépenses budgétaires ;
- le développement des opérations constatées aux comptes spéciaux du Trésor ;
- le développement des comptes de résultats.

Le Compte Général de l'Administration des Finances est produit à la juridiction financière à l'appui du projet de loi de règlement.

La comptabilité générale de l'Etat permet également de produire les états financiers de l'Etat comprenant le bilan, le compte de résultat, le tableau des opérations financières du Trésor, le tableau des flux de trésorerie et l'état annexé, dans les conditions définies par le décret portant Plan Comptable de l'Etat.

CHAPITRE IV : COMPTABILITE DES MATIERES, VALEURS ET TITRES

Article 82 : La comptabilité des matières, valeurs et titres est une comptabilité d'inventaire permanent ayant pour objet la description des existants, des biens mobiliers et immobiliers, des stocks autres que les deniers et valeurs de l'Etat.

Elle permet un suivi des immobilisations incorporelles, des immobilisations corporelles, des stocks et des valeurs inactives.

La comptabilité des matières peut être tenue en partie simple ou en partie double.

Elle décrit l'existant et les mouvements d'entrée et de sortie concernant :

- les immobilisations incorporelles et corporelles ;
- les stocks de marchandises, fournitures ;
- les titres nominatifs, au porteur ou à ordre, et les valeurs diverses appartenant ou confiées à l'Etat ainsi que les objets qui lui sont remis en dépôt ;

- les formules, titres, tickets et vignettes destinés à l'émission ou à la vente.

Des inventaires et comptes d'emploi sont établis à date fixe et à l'occasion des contrôles effectués par les organes habilités.

Article 83 : Les biens corporels et incorporels, acquis avant la date de mise en vigueur du présent décret, sont inventoriés, immatriculés, valorisés et enregistrés dans les livres suivant les modalités, méthodes et techniques définies dans un référentiel harmonisé à l'usage de l'Etat.

Les nouvelles acquisitions sont enregistrées au fur et à mesure des certifications délivrées par les ordonnateurs et des imputations données par les comptables publics aux comptes appropriés.

Des rapprochements contradictoires périodiques sont effectués entre les données de la comptabilité des matières et celles de la comptabilité générale de l'Etat.

Article 84 : La comptabilité des matières est tenue par des agents habilités par l'ordonnateur.

Ces derniers sont personnellement et pécuniairement responsables des mouvements qu'ils ordonnent sur les éléments du patrimoine.

L'organisation et le système comptables applicables à la comptabilité des matières sont définis par des textes réglementaires.

CHAPITRE V : COMPTABILITE D'ANALYSE DES COUTS

Article 85 : La comptabilité d'analyse des coûts a pour objet de faire apparaître les éléments de coûts des services rendus ou de prix de revient des biens produits et des services fournis ainsi que de permettre le contrôle des rendements et performances des services, notamment dans le cadre des budgets de programmes et de la gestion axée sur les résultats.

Les modalités de mise en œuvre de cette comptabilité sont définies par la réglementation en vigueur.

TITRE V : CONTROLE DE L'EXECUTION DU BUDGET

Article 86 : Sans préjudice des pouvoirs du Parlement, les opérations d'exécution du budget de l'Etat, des établissements publics nationaux et des collectivités territoriales sont soumises à un double contrôle, administratif et juridictionnel.

Le contrôle administratif est le contrôle de l'administration sur ses agents, incluant le contrôle interne, le contrôle *a priori*, le contrôle concomitant et le contrôle *a posteriori*.

Le contrôle juridictionnel est exercé par la juridiction financière ou, le cas échéant, par la Cour des comptes de l'Union Economique et Monétaire Ouest Africaine.

CHAPITRE 1 : CONTROLE ADMINISTRATIF

Section 1 : Caractéristiques du contrôle administratif

Article 87 : Le contrôle administratif s'exerce soit sous la forme de contrôle hiérarchique, soit sous la forme de contrôle organique par l'intermédiaire de corps et organes de contrôle spécialisés.

Section 2 : Contrôles exercés par le contrôleur financier ou le contrôleur budgétaire

Article 88 : Le contrôleur financier ou le contrôleur budgétaire exerce des contrôles *a priori* et *a posteriori* des opérations budgétaires de l'Etat, des établissements publics nationaux et des collectivités territoriales.

Il relève du Ministre chargé des Finances et est placé auprès de l'ordonnateur.

Article 89 : Les contrôles *a priori* exercés par le contrôleur financier ou budgétaire portent sur les opérations budgétaires.

Tous les actes des ordonnateurs portant engagement de dépenses, notamment les marchés publics ou contrats, arrêtés, mesures ou décisions émanant d'un ordonnateur, sont soumis au visa préalable du contrôleur financier ou budgétaire.

Ces actes sont examinés au regard de l'imputation de la dépense, de la disponibilité des crédits, des lois et règlements en vigueur.

Toute ordonnance de paiement, tout mandat de paiement ou toute délégation de crédits ne peut être présenté à la signature de l'ordonnateur qu'après avoir été soumis au visa du contrôleur financier ou budgétaire. Les ordonnances ou mandats de paiement et les délégations de crédits non revêtus du visa du contrôleur financier ou budgétaire sont nuls et de nul effet.

Le contrôleur financier ou budgétaire s'assure notamment que les ordonnances et les mandats se rapportent à un engagement de dépenses déjà visé par lui.

Si les titres de paiement lui paraissent entachés d'irrégularités, il doit en refuser le visa.

Article 90 : Le contrôleur financier ou budgétaire tient la comptabilité des dépenses engagées afin de suivre la consommation des crédits et de déterminer la disponibilité ou non de crédits suffisants pour de nouveaux engagements de dépenses.

Article 91 : Le contrôleur financier ou budgétaire évalue *a posteriori* les résultats et les performances des programmes, au regard des objectifs fixés, des moyens utilisés et de l'organisation des services des ordonnateurs.

Article 92 : Par exception aux dispositions de l'article 87 du présent décret et conformément à l'article 15 de la loi organique relative aux lois de finances, le contrôleur financier ou budgétaire adapte, dans les conditions définies par la réglementation en vigueur, les modalités de mise en œuvre de ses contrôles au regard de la qualité et de l'efficacité du contrôle interne ainsi que du contrôle de gestion mis en œuvre par l'ordonnateur.

Section 3 : Responsabilité du contrôleur financier ou budgétaire

Article 93 : Le contrôleur financier ou budgétaire est personnellement responsable des contrôles portant sur la disponibilité des crédits, sur la vérification des prix par rapport à la mercuriale en vigueur et, au titre de la validité de la créance, sur l'exactitude des calculs de liquidation de la dépense et sur la réalité du service fait.

Si les mesures proposées lui paraissent entachées d'irrégularités au regard des dispositions qui précèdent, le contrôleur financier ou budgétaire refuse son visa. En cas de désaccord persistant, il en réfère au Ministre chargé des Finances. Il ne peut être passé outre au refus de visa que sur autorisation écrite du Ministre chargé des Finances. Dans ce cas, la responsabilité du Ministre chargé des Finances se substitue à celle du contrôleur financier ou budgétaire.

Article 94 : L'Etat peut créer des organes et corps de contrôle *a posteriori*. Ces organes et corps de contrôle interne à l'administration exercent leurs activités sur toutes les opérations liées à l'exécution du budget de l'Etat ainsi que sur celles de tout organisme de droit public ou privé bénéficiant de ressources publiques. Ils interviennent sur pièces ou sur place, sur les actes des ordonnateurs et sur ceux des comptables publics. Ils peuvent à tout moment effectuer des contrôles pendant l'exécution desdites opérations.

Article 95 : Les organes et corps de contrôle exercent leurs missions d'inspection, de vérification ou d'audit, conduisent leurs investigations et élaborent leurs rapports conformément aux normes internationales en vigueur.

Article 96 : Les rapports produits à la suite des contrôles, vérifications et audits effectués par les organes et corps de contrôle, sont mis à la disposition du public, dans les conditions déterminées par les textes règlementaires.

Chaque rapport de contrôle, d'inspection et d'audit fait l'objet d'une réponse écrite de la part du service audité, qui précise comment les recommandations dudit rapport seront appliquées.

Dans tous les cas, les droits des différentes parties doivent être garantis.

Article 97 : Les modalités de coordination des activités des différents organes et corps de contrôle sont prévues par décret.

CHAPITRE II : CONTROLE JURIDICTIONNEL

Article 98 : La juridiction financière juge les comptes des comptables publics et se prononce sur la qualité de la gestion des ordonnateurs, notamment la bonne exécution de leurs programmes.

Les comptables principaux de l'Etat établissent un compte de gestion ou financier, sur chiffres et sur pièces, par budget et par exercice budgétaire définitivement clôturé. Ce compte est transmis à la juridiction financière au plus tard le 30 juin de l'exercice suivant celui au titre duquel il est établi.

Les comptes de gestion ou financiers, déposés en état d'examen à la juridiction financière, doivent être jugés dans un délai de cinq ans.

En l'absence de jugement de la juridiction financière dans ce délai, le comptable public est déchargé d'office de sa gestion.

TITRE VI : DISPOSITIONS TRANSITOIRES ET FINALES

Article 99 : Le Ministre chargé des Finances demeure l'ordonnateur principal unique du budget général, des budgets annexes et des comptes spéciaux du Trésor, jusqu'au premier janvier 2017.

Le Ministre chargé des Finances peut déléguer son pouvoir d'ordonnancement à un ou plusieurs ministres ainsi qu'aux présidents des institutions prévues par la Constitution pour leurs budgets respectifs.

Article 100 : Le présent décret entre en vigueur à compter du 1er janvier 2017.

Toutefois, les dispositions relatives aux règles et procédures découlant du principe de la constatation des droits et obligations régissant la comptabilité générale telle que définie aux articles 76 à 80 du présent décret ainsi que celles relatives à la mise en œuvre de la comptabilité des matières, entrent en application au plus tard le premier janvier 2019.

Article 101 : Le Ministre auprès du Premier Ministre, chargé de l'Economie et des Finances et le Ministre auprès du Premier Ministre, chargé du Budget assurent, chacun en ce qui le concerne, l'exécution du présent décret qui sera publié au Journal Officiel de la République de Côte d'Ivoire.

Fait à Abidjan, le 09 juillet 2014
Le President
Alassane OUATTARA

Copie certifiée conforme à l'original
Le Secrétaire Général du gouvernement
Sansan KAMBILE
Magistrat

TABLE DES MATIÉRES

LES LOIS ORGANIQUES RELATIVES AUX LOIS DE FINANCES

LES RÉGLEMENTS GÉNÉRAUX SUR LA COMPTABILITÉ PUBLIQUE

Le Sénégal
aux éditions L'Harmattan

Dernières parutions

L'ESTHÉTIQUE SOCIALE DES PULAAR
Socioanalyse d'un groupe ethnolinguistique
Sy Harouna
L'esthétique sociale pulaar est une mise en ordre éthique de la vie sociale. Elle est l'inventaire systématique de ce qu'il y a de beau et de laid dans le social relativement à ses valeurs, à ses normes, à ses règles et à ses codes qui commandent des postures, des relations, des rapports et des qualités appropriés. L'analyse des contradictions de la société pulaar du Fuuta Tooro a révélé des logiques et des stratégies fondées sur des rapports de castes et sur les représentations sociales que ces rapports produisent.
(31.00 euros, 304 p.)
ISBN : 978-2-343-11189-6, ISBN EBOOK : 978-2-14-002810-6

LE BAYNUNK GUNAAMOLO, UNE LANGUE DU SUD DU SÉNÉGAL
Analyse phonologique, morphologique et syntaxique
Diop Sokhna Bao - Préface de Denis Creissels
Le Sénégal est un pays multilingue avec des langues majoritaires et des langues minoritaires, de par le nombre de leurs locuteurs, mais également de par la quantité de travaux dont chacune dispose. Les langues majoritaires ont fait l'objet de nombreuses recherches, à la différences des langues minoritaires. Ce constat est à l'origine du choix porté sur la description de la variante gunaamolo du baynunk (parlé au sud du Sénégal, plus précisément à Niamone, dans la région de Ziguinchor) qui est une langue en danger très peu décrite. L'utilité et l'intérêt de ce travail résident dans la sauvegarde et la connaissance de cette langue et sa communauté. Elle peut servir aussi de référence à des recherches futures.
(Coll. Études africaines, 38.50 euros, 392 p.)
ISBN : 978-2-343-09614-8, ISBN EBOOK : 978-2-14-002913-4

DE L'HÉRITAGE ARABO-ISLAMIQUE SAINT-LOUISIEN
Une illustration par les œuvres d'Abbas Sall et d'Abdoulaye Fall Magatte
Fall Cheikh Tidiane - Préface de Samba Dieng et Postface de Mouhamed Habib Kébé
Cet ouvrage porte sur la réhabilitation du legs culturel arabo-islamique ouest-africain en général et saint-louisien en particulier. Revaloriser un pan du patrimoine culturel par l'entremise de l'imagination poétique locale de deux intellectuels demeure l'objectif principal de cette étude. Une partie descriptive constituée de la traduction d'une cinquantaine de poèmes suivie d'un volet analytique constitue la méthodologie de ce travail de recherche. La moisson tirée de ce travail préliminaire apporte quelques éclairages sur l'intérêt de la traduction de manuscrits arabes, notamment ceux produits par d'éminents ulémas du Sénégal, tels les deux poètes faisant l'objet de cette étude.
(Harmattan Sénégal, 35.00 euros, 340 p.)
ISBN : 978-2-343-11306-7, ISBN EBOOK : 978-2-14-003014-7

L'AGRICULTURE DU SÉNÉGAL SOUS LA COLONISATION

Diop Ismaïla

L'introduction de l'arachide au Sénégal au début du XXe siècle révolutionne le paysage agricole. La France décide alors de faire du Sénégal une colonie arachidière. Le Sénégal devient la troisième puissance arachidière du monde après les États-Unis et l'Inde. Cette monoculture extensive aboutit à un déficit vivrier chronique, une dégradation des sols, une dépendance vis-à-vis des importations de riz en provenance d'Asie. Pour y remédier, le rapport de la mission Roland Portères de 1952 recommande des mesures d'aménagement du territoire, de restauration des sols, de promotion de l'agriculture intégrée sérère.

(Harmattan Sénégal, 23.50 euros, 218 p.)

ISBN : 978-2-343-11129-2, ISBN EBOOK : 978-978-2-14-002836-6

CASAMANCE

À quand la paix ?

Bassène René Capain - Préface du père Nazaire Diatta

Malgré leur volonté et leur engagement affichés d'aller vers la fin du conflit armé en Casamance, la position des parties en guerre n'a jamais réellement évolué. L'État du Sénégal se dit prêt à négocier sur tous les points, sauf sur ceux relatifs à l'intégrité territoriale et l'unité nationale, alors que, de son côté, le MFDC soutient une position contraire en déclarant être disposé à ne négocier que sur la question se rapportant à l'indépendance totale de la Casamance. Cette situation montre que le conflit armé est encore loin de finir en Casamance.

(28.50 euros, 276 p.)

ISBN : 978-2-343-10426-3, ISBN EBOOK : 978-2-14-002593-8

PARCOURS D'UN JOURNALISTE AUTODIDACTE

Ndiaye Pape Ngagne - Préface de Mamoudou Ibra Kane

Pape Ngagne Ndiaye, par son style, est devenu un rendez-vous incontournable de l'espace audiovisuel sénégalais. L'émission « Faram Faccce » qu'il anime présentement sur TFM est très courue des hommes et femmes politiques pressés de se soumettre au feu roulant et nourri des questions du redoutable interviewer, unique dans son genre. Ce livre n'est pas seulement une autobiographie, mais aussi une réflexion thématique et une sélection rigoureuse de certains numéros de la célèbre émission qui se veut « un décryptage des questions majeures de l'actualité nationale ».

(37.00 euros, 360 p.) ISBN : 978-2-343-09916-3, ISBN EBOOK : 978-978-2-14-002822-9

DES FRANCENABE AUX MODOU-MODOU

L'émigration sénégalaise contemporaine

Fall Papa Demba - Préface du Professeur Abdoulaye Bara Diop

Principalement centré sur la France et ses anciennes colonies d'Afrique, le champ migratoire sénégalais s'est, de manière originale, progressivement étendu à des destinations naguère méconnues ou peu fréquentées (comme les États-Unis, l'Italie, l'Espagne, l'Afrique du Sud ou le Brésil). Peu à peu, les migrants sont devenus des acteurs incontournables du développement. La prise en compte de ces populations, et de leurs mouvements, devient donc nécessaire aux programmes et politiques de développement durable.

(Harmattan Sénégal, 40.00 euros, 559 p., Illustré en noir et blanc)

ISBN : 978-2-343-10796-7, ISBN EBOOK : 978-2-14-002539-6

« DOYEN » AMADY ALY DIENG, LE TRANSMETTEUR INTÉGRAL (1932-2015)

Économie biographique ou sémio-Histoire

Ngaïdé Abdarahmane

Amady Ali Dieng nous a quittés il y a un an. Pour lui rendre hommage et s'en rappeler les enseignements, l'auteur de cet ouvrage a décidé de compiler ses nombreux écrits ou interventions. Les quatorze textes qui composent cette anthologie sont représentatifs et significatifs de la personnalité, du style et des préoccupations d'Amady Ali Dieng. On y retrouve son style, son humour et son esprit critique.

(Harmattan Sénégal, 23.50 euros, 228 p., Illustré en noir et blanc)

ISBN : 978-2-343-10855-1, ISBN EBOOK : 978-2-14-002561-7

41 RULES TO BE HAPPY
Kane Babaly
Seeing that happiness is the goal towards which all men strive for, the author wrote this book to help the reader in treasuring the joyous of life and realizing his desires in entirety, to be fulfilled, to claw his way to the top and to assure him it will turn out well in the end. Moreover, this book intends to give the keys us to get the secret for reaching we want in this life. 41 rules to be happy is a little self help book which has 41 rules that are meant to allow every reader to live life in full potential.
(Harmattan Sénégal, 14.50 euros, 138 p.)
ISBN : 978-2-343-10904-6, ISBN EBOOK : 978-2-14-002583-9

SÉNÉGAL
Les limites du Plan Sénégal Émergent
Mansour Samb El Hadji
Cet ouvrage présente une analyse profonde des politiques publiques en décortiquant le Plan Sénégal Émergent (PSE) qui jusque-là n'a fait l'objet d'aucune analyse critique sérieuse. Le Sénégal est face à un défi, le défi de son émergence, un défi qu'il compte relever avec tous ses fils. Ce défi qui mobilise aujourd'hui tout le monde doit nous pousser à proposer de nouveaux chemins et à animer un débat nécessaire et incontournable dans tout processus d'émergence.
(Harmattan Sénégal, 27.00 euros, 276 p.)
ISBN : 978-2-343-09721-3, ISBN EBOOK : 978-2-14-002372-9

SÉNÉGAL
Dynamiques paysannes et souveraineté alimentaire
Le procès de production, la tenue foncère et la naissance d'un mouvement paysan
Diop Amadou Makhouredia - Préface d'Yves Guillermou ; Postface de Fodé Niang
Le présent ouvrage contribue à la compréhension des stratégies développées par la petite paysannerie et les dynamiques qui animent les exploitations agricoles familiales permettant la production de biens nécessaires à l'alimentation et l'entretien des familles. La capacité des paysans à prendre en main leurs propres préoccupations a été mise en évidence par l'émergence d'organisations, de groupements, d'associations et d'unions dans tout l'espace rural sénégalais.
(Harmattan Sénégal, 26.00 euros, 256 p.)
ISBN : 978-2-343-10852-0, ISBN EBOOK : 978-2-14-002457-3

HISTOIRE ET SOCIOLOGIE DES RELIGIONS AU SÉNÉGAL
Tamba Moustapha
Le Sénégal reste une exception dans le domaine religieux : 90 % de musulmans, 5 % de chrétiens et 5 % d'adeptes de l'animisme. C'est aussi le pays où les musulmans et les catholiques partagent le même cimetière, où les conjoints partagent des religions différentes, où les écoles privées catholiques comptent 60 à 70 % d'élèves de confession musulmane, etc. Ce phénomène n'est pas dû au hasard. L'histoire et la sociologie des religions permettent de l'expliquer amplement. Cet ouvrage souligne cette exception sénégalaise pour montrer qu'au moment où notre monde est en proie au fanatisme, à l'intolérance et au terrorisme religieux, le Sénégal propose un autre « modèle ».
(Coll. Études africaines, série Economie, 41.00 euros, 426 p.)
ISBN : 978-2-343-10424-9, ISBN EBOOK : 978-2-14-002506-8

FIGURES DU POLITIQUE ET DE L'INTELLECTUEL AU SÉNÉGAL
L.S. Senghor - M. Dia - A. Ly - CH. A. Diop A. Diouf & F. Mitterrand - J.R. De Benoist - A. Seck - TH. Fall - A. M. Samb - A.M. Samb JR - TH. Monod - H. Bocoum - G. R. Thilmans
Samb Djibril
Cet ouvrage réunit des personnalités politiques et/ou intellectuelles très diverses : Léopold Sédar Senghor, l'Immortel Noir ; Mamadou Dia, le brillant économiste ; François Mitterrand et Abdou Diouf, deux experts politiques, ou encore Théodore Monod, le savant probe. Ces figures sont autant de coryphées auxquels l'auteur a voulu rendre hommage, afin de rappeler que la terre africaine du Sénégal ne manque pas de princes de l'esprit ni de nourriture intellectuelle.
(26.00 euros, 266 p.)
ISBN : 978-2-343-10731-8, ISBN EBOOK : 978-2-14-002513-6

TÉLÉVISIONS AU SÉNÉGAL
Entre désert de contenu et sécheresse intellectuelle
Djimbira Cheikh Mouhamadou
« Il faut lire ce livre en considérant qu'il a été sciemment écrit dans l'intention de nuire à la société spectaculaire. Il n'a jamais rien d'outrancier. » Cette pensée de Guy Debord nous permet de comprendre à bien des égards, l'ouvrage de Cheikh Mouhamadou Djimbira qui est un plaidoyer pour la création de programmes audiovisuels de qualité.
(11.50 euros, 80 p.)
ISBN : 978-978-2-343-10790-5, ISBN EBOOK : 978-978-2-14-002528-0

UN SCOUT SÉNÉGALAIS
L'aventure citoyenne (deuxième édition)
Ndene Pascal - Préface de Jacques Moreillon
Lorsque nous parlons de l'adolescence, nous évoquons l'autonomie, la responsabilisation, la citoyenneté, le jeu, les relations avec les parents et avec les pairs. Toutes ces questions sont abordées dans ce livre qui montre avec humour le parcours éducatif d'un adolescent dans le scoutisme. Ce livre s'adresse à tous les jeunes, garçons et filles, aux parents et éducateurs de tout milieu social et culturel, ainsi qu'à tous les scouts et guides du monde.
(14.00 euros, 124 p.)
ISBN : 978-2-343-10965-7, ISBN EBOOK : 978-2-14-002526-6

LA PENSÉE DE CHEIKH AHMADOU BAMBA FACE AUX DÉFIS AFRICAINS
Sow Cheikh Mar
Cheikh Ahmadou Bamba Mbacké a su déterminer une nouvelle vision aux yeux de ses contemporains en formulant d'une façon très claire des idées novatrices capables de faire bouger le peuple. Cette conception de la société dans sa globalité a permis «à chaque individu de devenir un centre d'initiative, de création et de responsabilité à tous les niveaux : celui de l'économie, de la politique, de la culture ; une conception qui ne soit ni individualiste, ni totalitaire mais fondée sur les communautés de base».
(Harmattan Sénégal, 24.00 euros, 238 p.)
ISBN : 978-2-343-10021-0, ISBN EBOOK : 978-2-14-002284-5

LE MODERNISME EN ISLAM
Introduction à la pensée de Sayyid Amir Ali
Diagne Mbengue Ramatoulaye
« Les thèmes abordés par le Professeur Ramatoulaye Diagne dans sa lecture de la pensée d'Amir Ali ont tous un lien indéfectible avec le pluralisme et la paix. (...) Dans la lecture de son ouvrage, on arrive à comprendre que le modernisme d'Amir Ali est une sorte de renouveau dans la pensée islamique. C'est un mouvement d'intellection qui intègre, dans une cohérence architecturale, l'usage de la raison, l'esprit du soufisme pratique ghazalien et la finalité de la prière qui concilie l'ascèse de l'âme à la transformation positive des sociétés. » Abdoul Aziz Kebe, Ancien Chef du Département d'Arabe UCAD-DAKAR.
(Harmattan Sénégal, 15.00 euros, 144 p.)
ISBN : 978-2-343-09977-4, ISBN EBOOK : 978-2-14-002211-1

MA RENCONTRE AVEC ALLAH
De l'obscurité à la lumière
Mbengue Adama Ousmane
Cet ouvrage traite surtout de la question essentielle du Mahdi qui vient pour apporter les solutions idoines en s'appuyant sur la Sharia mouhammadiya et la Tariqah ahmadiya afin d'offrir à tout individu le meilleur profil dans la société idéale qu'il compte établir.
(Harmattan Sénégal, 14.50 euros, 134 p.)
ISBN : 978-2-343-10299-3, ISBN EBOOK : 978-2-14-002277-7

Structures éditoriales du groupe L'Harmattan

L'Harmattan Italie
Via degli Artisti, 15
10124 Torino
harmattan.italia@gmail.com

L'Harmattan Hongrie
Kossuth l. u. 14-16.
1053 Budapest
harmattan@harmattan.hu

L'Harmattan Sénégal
10 VDN en face Mermoz
BP 45034 Dakar-Fann
senharmattan@gmail.com

L'Harmattan Cameroun
TSINGA/FECAFOOT
BP 11486 Yaoundé
inkoukam@gmail.com

L'Harmattan Burkina Faso
Achille Somé – tengnule@hotmail.fr

L'Harmattan Guinée
Almamya, rue KA 028 OKB Agency
BP 3470 Conakry
harmattanguinee@yahoo.fr

L'Harmattan RDC
185, avenue Nyangwe
Commune de Lingwala – Kinshasa
matangilamusadila@yahoo.fr

L'Harmattan Congo
67, boulevard Denis-Sassou-N'Guesso
BP 2874 Brazzaville
harmattan.congo@yahoo.fr

L'Harmattan Mali
Sirakoro-Meguetana V31
Bamako
syllaka@yahoo.fr

L'Harmattan Togo
Djidjole – Lomé
Maison Amela
face EPP BATOME
ddamela@aol.com

L'Harmattan Côte d'Ivoire
Résidence Karl – Cité des Arts
Abidjan-Cocody
03 BP 1588 Abidjan
espace_harmattan.ci@hotmail.fr

L'Harmattan Algérie
22, rue Moulay-Mohamed
31000 Oran
info2@harmattan-algerie.com

L'Harmattan Maroc
5, rue Ferrane-Kouicha, Talaâ-Elkbira
Chrableyine, Fès-Médine
30000 Fès
harmattan.maroc@gmail.com

Nos librairies en France

Librairie internationale
16, rue des Écoles – 75005 Paris
librairie.internationale@harmattan.fr
01 40 46 79 11
www.librairieharmattan.com

Librairie l'Espace Harmattan
21 bis, rue des Écoles – 75005 paris
librairie.espace@harmattan.fr
01 43 29 49 42

Lib. sciences humaines & histoire
21, rue des Écoles – 75005 paris
librairie.sh@harmattan.fr
01 46 34 13 71
www.librairieharmattansh.com

Lib. Méditerranée & Moyen-Orient
7, rue des Carmes – 75005 Paris
librairie.mediterranee@harmattan.fr
01 43 29 71 15

Librairie Le Lucernaire
53, rue Notre-Dame-des-Champs – 75006 Paris
librairie@lucernaire.fr
01 42 22 67 13

www.ingramcontent.com/pod-product-compliance
Lightning Source LLC
LaVergne TN
LVHW021137061026
849535LV00002B/281
* 9 7 8 2 3 4 3 1 4 8 6 1 8 *